자원풀이로 깨치는 가나다순 한자 3500

자원풀이로 깨치는 가나다순 한자 3500

초판 1쇄 인쇄 2018년 4월 20일
초판 1쇄 발행 2018년 4월 26일

지은이 조대산

펴 낸 곳 도서출판 이비컴
펴 낸 이 강기원

편집디자인 박상현
표지디자인 라이트북스
마 케 팅 원보국, 박선왜

주   소 서울시 동대문구 천호대로 81길 23, 201호
대표전화 (02)2254-0658   팩스 (02)2254-0634
전자우편 bookbee@naver.com

등록번호 제6-0596호(2002.4.9)
ISBN   978-89-6245-151-1 (13710)

ⓒ 조대산, 2018

· 책값은 표지 뒤에 있습니다.
· 이 책은 도서출판 이비컴이 저작권자와의 계약에 따라 발행한 것이므로
  저작권자 또는 본사의 서면 허락을 통해 내용을 사용할 수 있습니다.
· 파본이나 잘못 인쇄된 책은 구입하신 서점에서 교환해드립니다.

「이 도서의 국립중앙도서관 출판예정도서목록(CIP)은 서지정보유통지원시스템 홈페이지
(http://seoji.nl.go.kr)와 국가자료공동목록시스템(http://www.nl.go.kr/kolisnet)에서
이용하실 수 있습니다.(CIP제어번호: CIP2018012232)」

자원풀이로 깨치는 가나다순 한자 3500

이비락 樂

책을 내면서

　수년간 한국외국어대학교와 한양대학교에서 한자 특강 강사로 한자 강의를 한 적이 있었습니다. 수강하는 학생들의 대부분이 한자 지식을 필요로 하거나 아니면 한자 수준이 떨어지는 학생들이 대부분이었습니다. 그러나 한 권으로 집약된 필자의 한자 책 강의를 마친 시점에는 거의 모든 학생이 한자에 자신감은 물론, 나아가서는 타인을 지도할 수 있는 정도의 수준으로 바뀌었다는 점이었습니다.

　이는 대학생뿐만 아니라 초·중·고교생에게도 같은 현상이 나타났는데 이러한 일이 가능한 것은 한자가 그렇게 어렵게 만들어진 문자가 아니라는 점입니다. 이는 한자가 자연 생활을 바탕으로 인간 생활에 관련된 내용을 누구라도 이해할 수 있는 정도의 뜻을 담아 만든 문자이기 때문입니다.

　다만 한자를 그저 단순히 암기하는 식의 학습에 의존하는 학습 방법에 문제가 있었던 것이었습니다. 글자 하나하나가 만들어진 배경이나 구성원리가 있는 점을 무시하고 무작정 외우다 보니 재미가 없어지고 깊이가 없으며 또 사실상 잘 익혀지지 않음으로 인해 흥미를 잃어버리는 것입니다. 게다가 책을 구입한 많은 독자의 대부분이 책을 끝까지 보지 못하는 것이 현실이었습니다.

　이러한 점을 고려하여 내용에 충실하되 최소의 시간으로 최대의 효과를 낼 수 있도록 간결하며 체계적으로 학습하기 편리한 책이 되도록 노력하였습니다.

　책의 구성과 간단한 일러두기를 소개하면 다음과 같습니다.

1. 부수(部首) 214자 풀이와 그 예를 들어 상세히 설명하였습니다.
   - 부수를 모르고 한자를 안다고 할 수 없습니다.
   - 부수를 알면 한자의 절반을 안다고 할 수 있습니다.
2. 가나다순으로(8급~3급) 구분하여 찾기 쉽게 익힐 수 있도록 구성하였습니다.
   - 8급에서 3급(1,817자)까지는 상세한 자원풀이를 기반으로 소개하였으며, 2급에서 1급은 음과 훈, 부수와 획수만 표시하여 비교적 간단하게 학습할 수 있도록 구성하였습니다.

- 각 한자에는 부수와 획수, 해당 한자의 자원풀이, 약자, 중요 단어와 어휘 설명, 관련 사자성어 등을 상세히 설명하였습니다.
- 자모(子母)식 학습 방법에 입각하여 하단에는 같은 음(音)의 1, 2급 한자와 급수한자 외의 한자인 특급한자도 포함하였습니다. 특급한자는 *로 표시하고 별색으로 구분해두었습니다.

3. 부록에는 한자의 약자와 반대자, 유의자 및 알아두어야 할 사자성어를 해설과 함께 상세히 수록하였습니다.

4. 본 책은 글자(字) 하나 하나가 어떻게 만들어졌는지를 스토리텔링 형식으로 풀어 암기하기 쉽게 설명하고 있습니다.

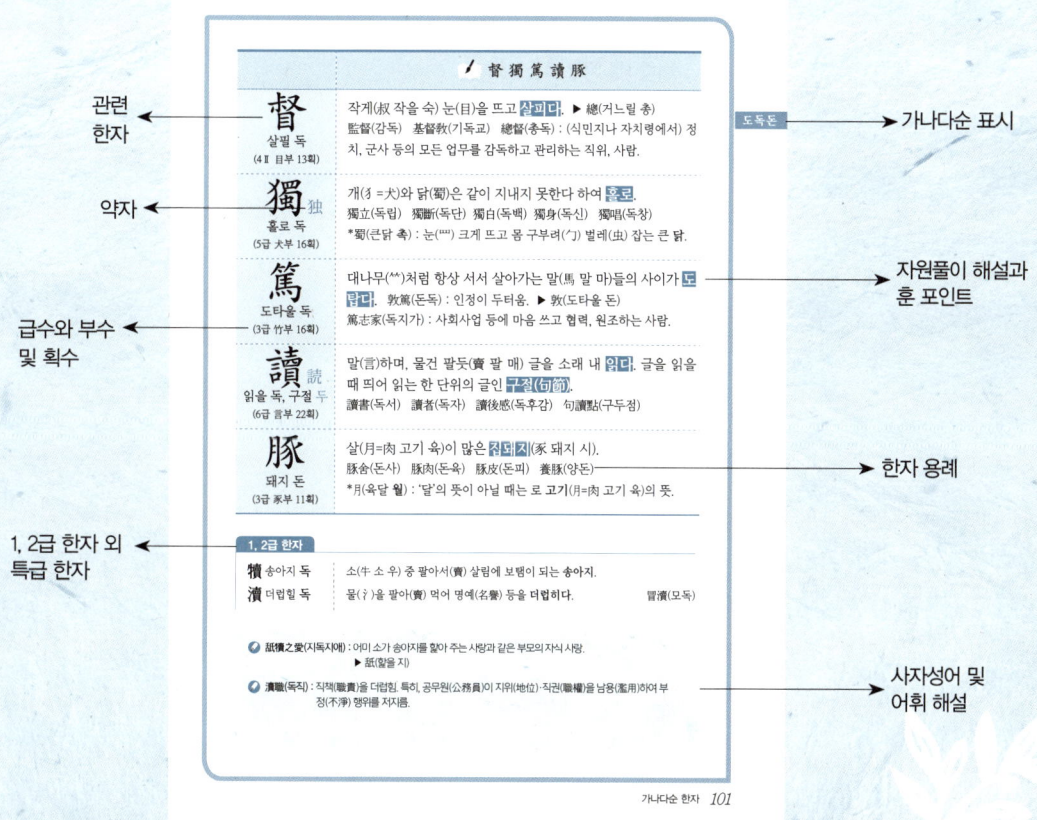

차 례

한자 학습법 ·7
한자 구성의 6가지 ·8
한자의 음 ·9
점과 획의 명칭 ·10
까다로운 부수 찾기 ·11
잘못 세기 쉬운 획수 ·13
부수의 올바른 이해 ·14
부수 214자 ·16
부수 214자 풀이 ·18

가나다순으로 깨치는
3급 배정한자 1,817자 ·27
2급 배정한자 538자 ·394
1급 배정한자 1,145자 ·400

부록

여러 음을 가진 한자 ·414 · 약자 ·416
반대자 · 상대자 ·418 · 반의어 · 유의자 ·420
유의어 ·422 · 동음이의어 ·426
사자성어 ·428

한자 학습법

1. **작자나 저자의 입장에서 생각해봅니다.**
   - 글자(字)를 만든 사람의 입장에서 보면 뜻의 접근이 쉬워진다.
   - 저자의 의도와 책의 특징 및 구성을 먼저 파악한다.

2. **한자가 만들어진 시대와 환경을 고려해봅니다.**
   - 한자가 만들어진 먼 과거로 돌아가 그 시대의 입장에서 본다.
   - 농경, 전쟁, 제사, 기원 등에 관계되는 한자가 많은 점을 참고한다.
   - 한자는 자연과 인간 생활 및 정신세계에 기초한다.

3. **한자의 구성 원리와 자원(字源)을 이해합니다.**
   - 한자는 부수와 부수 또는 부수와 한자의 조합이다.
   - 자모(字母)를 통하여 익히면 효율적이며 경제적이다.

✽ 이 책을 통한 한자 학습 방법

1. 한자 구성의 기본 글자인 **부수한자 214자** 풀이
2. 찾기 쉽게 가나가순으로 정리한 **한자의 구조와 자원풀이**
3. 1급과 2급의 훈, 음, 부수, 획수는 별도 정리한 것으로 학습
4. 약자, 여러 음을 가진 자, 동음이의어, 사자성어 등의 학습

본 한자 책은 글자(字) 하나하나가 어떻게 만들어졌는지를 누구나 이해하기 쉽게 스토리텔링 형식으로 풀이하여 설명하고 있습니다.

한자 구성의 6가지(六書)

한자의 구성 형태는 6가지로 분류하여 육서(六書)라고 합니다.
육서(六書)는 한자를 논리성과 합리적인 방법으로 분류한 것으로 한자를 습득하는 데 있어서, 한자를 보는 눈을 가지게 함은 물론, 육서의 이해를 통하여 처음 본 한자라도 기본적인 한자 지식을 활용, 그 뜻을 쉽게 파악할 수 있습니다.

1. 상형(象形)	사물의 모양이나 형태를 본떠 만든 글자(구체적 개념). 山　木　馬　鳥　象(코끼리 상)
2. 지사(指事)	형태를 그리기가 힘들며 위치나 방향, 또는 무언가를 지적하는 글자(추상적 개념). 上　下　中　本　辛(매울 신)
3. 회의(會意)	두 글자의 뜻을 합하여 새로운 뜻을 만든 글자. 林　森　志　信　休
4. 형성(形聲)	뜻글자와 소리글자를 합하여 만든 글자.(가장 많음) 問　聞　味　頭(豆는 음, 頁은 머리의 뜻)
5. 전주(轉注)	원래의 뜻과 또한 다른 뜻으로도 쓰이는 글자. 樂 : 악기 **악**, 즐길 **락**, 좋아할 **요** 惡 : 악할 **악**, 미워할 **오** 北 : 북녘 **북**, 달아날 **배**
6. 가차(假借)	뜻은 다르나 음이 같은 다른 글자를 빌려 쓰는 법. 외래어 등을 한자음으로 나타낼 때 쓰이며, 음을 빌릴 때 되도록 뜻과 연관성 있는 글자를 빌려서 쓴다. 이태리(伊太利 : Italy)　불란서(佛蘭西 : France) 불타(佛陀 : Buddha)　기독(基督 : Christ)교

한자의 음(音)

한자음이란 **한자를 읽을 때 나는 소리**를 말합니다. 유럽이 그리스어나 라틴어를 받아들여 신어를 만들 때 음을 각국의 언어에 순응시켜 나름대로 음의 체계를 형성하였듯이, 우리의 한자음도 중국의 자음이 한자와 함께 각 시대에 끊임없이 전래되어 우리의 언어에 순응, 정착한 음을 말합니다.

음의 유래 및 발달 과정을 설명하기는 다소 복잡하나 초보자의 입장을 고려하여 **한자음은 "한자를 읽을 때 나는 소리를 듣고 적은 것"**으로 간단히 정의를 내리고자 합니다. 한자는 400여 자의 자모(字母)가 음의 근본을 이루고 있으며, 특히 여기에서는 원래 같은 음의 요소를 가진 글자(字)들이 소리의 장단, 강약 등에 의하여 다르게 들려 표기상 다른 음으로 되어 있는 글자들의 연관성을 통하여 한자음의 이해를 돕고자 합니다.

✻ 상호 연관성 있는 자음(子音)이 들어있는 한자음의 이해

ㄱ ㅇ ㅎ	▶ 입을 둥글게 하여 내는 음으로 연관성 있음. 可(옳을 **가**) - 阿(언덕 **아**) - 河(물 **하**) 干(방패 **간**) - 岸(언덕 **안**) - 汗(땀 **한**) 降(내릴 **강**, 항복할 **항**) → 하나에서 갈라져 나온 음.
ㄷ 과 ㅌ ㅈ 과 ㅊ	▶ 음의 고저나 강약에 의하여 음이 나누어진 글자. 糖(달 **당**, **탕**) 宅(집 **댁**, **택**) 洞(마을 **동**, 통할 **통**) 中(가운데 **중**)-忠(충성 **충**) 早(일찍 **조**)-草(풀 **초**) 靑(푸를 **청**)-情(뜻 **정**) 次(버금 **차**)-資(재물 **자**)
ㅂ 과 ㅍ	▶ 파열음으로 연관성을 가짐. 反(반대할 **반**)-販(팔 **판**) 半(반 **반**)-判(가를 **판**) 補(채울 **보**)-捕(잡을 **포**) 便(오줌 **변**, 편할 **편**)
ㅅ 과 ㅈ ㅅ ㅈ ㅊ	▶ 발음상 비슷하게 나는 연관성이 있음. 直(곧을 **직**)-植(심을 **식**) 失(잃을 **실**)-秩(차례 **질**) 召(부를 **소**) - 照(비칠 **조**) - 超(넘을 **초**) 辰(때 **신**, 별 **진**) 狀(모양 **상**, 문서 **장**)

점(點)과 획(劃)의 명칭

한자는 점과 직선, 곡선을 이용하여 시작과 끝맺음을 어떻게 잘 처리하느냐에 따라 글자(字)의 멋과 힘을 나타낼 수 있으므로 정확히 알아야 합니다.

✽ 점, 곡선, 직선의 호칭

까다로운 부수(部首) 찾기

글자의 어느 쪽이 부수인지 구분하기 힘든 한자

한자	부수	한자	부수	한자	부수	한자	부수	한자	부수	한자	부수	한자	부수
丁	一	事	亅	兼	八	卓	十	壹	士	己	己	明	日
七	一	于	二	冊	冂	南	十	壽	士	巷	己	昌	日
丈	一	五	二	再	冂	危	卩	夜	夕	師	巾	晝	日
丑	一	井	二	凡	几	卯	卩	天	大	席	巾	普	日
丘	一	互	二	凰	几	厄	厂	奉	大	常	巾	智	日
丙	一	亞	二	出	凵	厚	厂	委	女	平	干	曲	日
世	一	享	亠	初	刀	去	厶	威	女	年	干	更	日
中	丨	來	人	前	刀	參	厶	孔	子	幸	干	書	日
丸	丶	傘	人	務	力	及	又	季	子	幹	干	替	日
丹	丶	元	儿	勝	力	反	又	孰	子	幾	幺	最	日
主	丶	兄	儿	勇	力	受	又	安	宀	建	廴	會	日
乃	丿	光	儿	募	力	古	口	密	宀	式	弋	望	月
久	丿	兆	儿	勿	勹	各	口	寶	宀	弘	弓	朱	木
之	丿	充	儿	化	匕	合	口	寺	寸	弟	弓	束	木
乎	丿	克	儿	匠	匚	周	口	將	寸	愛	心	東	木
乘	丿	兎	儿	匹	匚	和	口	尙	小	或	戈	柔	木
九	乙	內	入	區	匚	咸	口	就	尢	所	戶	業	木
乞	乙	全	入	千	十	四	囗	局	尸	承	手	次	欠
也	乙	兩	入	升	十	垂	土	尾	尸	摩	手	欲	欠
乳	乙	公	八	午	十	執	土	巡	川	敎	攴	正	止
乾	乙	六	八	半	十	報	土	巨	工	整	攴	此	止
予	亅	兵	八	卒	十	壬	士	巳	己	旣	无	武	止

까다로운 부수(部首) 찾기

글자의 어느 쪽이 부수인지 구분하기 힘든 한자

한자	부수	한자	부수	한자	부수	한자	부수	한자	부수	한자	부수	한자	부수
歲	止	理	玉	盾	目	胡	肉	襲	衣	輝	車	雁	隹
歷	止	現	玉	眞	目	能	肉	西	襾	辨	辛	集	隹
歸	止	琴	玉	矣	矢	脈	肉	要	襾	辯	辛	雙	隹
母	母	甚	甘	知	矢	脫	肉	視	見	辭	辛	雜	隹
每	母	甲	田	短	矢	肯	肉	親	見	辱	辰	韓	韋
毒	母	申	田	碧	石	臥	臣	解	角	農	辰	頃	頁
民	氏	由	田	磨	石	臨	臣	計	言	部	邑	須	頁
求	水	男	田	私	禾	臭	自	記	言	配	酉	順	頁
災	火	畜	田	秋	禾	致	至	豈	豆	酒	酉	類	頁
炭	火	畫	田	突	穴	臺	至	豚	豕	醜	酉	馮	馬
烏	火	疎	疋	窓	穴	與	臼	象	豕	醫	酉	驗	馬
焉	火	疑	疋	窮	穴	興	臼	豫	豕	采	釆	髮	髟
燕	火	癸	癶	竟	立	舊	臼	貞	貝	重	里	鬪	鬥
營	火	登	癶	章	立	舍	舌	貢	貝	量	里	鮮	魚
爽	爻	發	癶	聖	耳	舞	舛	貳	貝	衡	行	鳴	鳥
牧	牛	百	白	聞	耳	蛋	虫	賓	貝	間	門	鳳	鳥
牽	牛	皇	白	職	耳	蜀	虫	賴	貝	閏	門	鴻	鳥
狀	犬	盜	皿	廳	耳	衰	衣	赦	赤	閑	門	鹽	鹵
玆	玄	盟	皿	肅	聿	衷	衣	軟	車	隷	隶	麗	鹿
率	玄	直	目	肯	肉	裁	衣	載	車	雇	隹	黙	黑
王	玉	相	目	育	肉	裏	衣	輩	車	雅	隹	黨	黑

잘못 세기 쉬운 획수(劃數)

한자의 원형(原形)이나 글씨체가 바뀌어 획수를 잘못 세기 쉬우나
한자의 획수는 이미 정해진 획수(劃數)로 세어야 한다.

- 艹 : 3획. '풀'의 뜻으로 쓰일 때는 4획(艹)임. 예) 花 8획 苦 9획
- 辶 : 쓰기는 3획이나 '辶'과 같은 4획으로 셈. 예) 近=近 8획 退=退 10획
- 臼 : '臼'는 6획, 밑이 갈라진 '臼'는 7획으로. 예) 舊(臼 18획) 興(臼 16획)
- 厶 : '厶'은 2획이나 '内'은 5획으로 되어 있음. 예) 去 5획 私 7획

✽ 획수에 주의해야 할 한자들

乙	1	卑	8	此	6	麥	11	乘	10	瓜	5	表	8
弓	3	果	8	御	11	夊	3	北	5	圍	14	衷	10
可	5	分	4	艹	4	俊	9	印	6	垂	8	丫	3
丘	5	考	6	展	10	夏	10	段	9	畢	11	邦	7
之	4	汚	6	備	12	夂	4	氏	4	臼	6	降	9
乃	2	吳	7	芳	8	收	6	民	5	兒	8	艮	6
及	4	極	13	寬	15	散	12	旅	10	寫	15	飛	9
凹	5	匸	2	成	7	敬	13	方	4	舊	18	殼	12
凸	5	匠	6	骨	10	幣	15	乜	3	臼	7	鹿	11
亞	8	巨	5	帥	9	世	5	互	4	與	14	比	4
以	5	臣	6	亥	6	甘	5	瓦	5	興	16	黽	13
叫	5	姬	9	幺	3	西	6	爿	4	年	6	鼎	13
仰	6	熙	13	幼	5	度	9	片	4	舛	6	鼠	13
卵	7	乂	3	糸	6	席	10	牙	4	舞	14	獵	18
戶	4	延	7	夂	3	庶	11	潛	15	韋	9	齊	14
后	6	毒	8	冬	5	黃	12	玆	10	烏	11	龍	16
免	7	毒	8	後	9	燕	16	爪	4	衣	6	龜	16

13

부수(部首)의 올바른 이해

부수란 : 인간사에 관계된 유형, 무형의 모든 것을 중요 항목으로 나누어 이 가운데 중심이 되는 것의 모양을 본떠 만든 '**뜻 글자**'입니다.
　　　部(나눌 부) : 유형, 무형의 모든 것을 대분류함.
　　　首(머리 수) : 사람의 머리처럼 가장 중요하여 중심이 되는 것.

유래(由來) : 청(淸)나라 때 가장 큰 자전(字典)인 강희자전(康熙字典)에
　　　　　　 1획(一)부터 17획(龠)까지 **214字**가 수록된 것을 현재 사용.

✻ **부수의 위치, 형태에 따른 분류**

명칭	부수 위치	형태
변(邊)	부수가 글자의 왼쪽에 있는 것. (扌 彳 冫)	
방(傍)	부수가 글자의 오른쪽에 있는 것.(刂 阝 頁)	
머리(冠)	부수가 글자의 위에 있는 것. (宀 ⺌ 艹)	
발(脚)	부수가 글자의 밑에 있는 것. (灬 心 廾)	
받침(辵)	부수가 왼쪽에서 밑으로 있는 것.(辶 廴 走)	
엄(掩)	부수가 위에서 왼쪽으로 있는 것.(广 疒 尸)	
몸(口)	글자를 에워싸고 있는 것.(囗 門 凵 匚 行)	

부수자란? 음과 뜻을 가지고 있으며 부수로 쓰이는 글자.
부수 명칭이란? 음과 뜻보다는 부수를 부르는 이름을 말한다.

부수는 세월의 흐름에 따라 그 **명칭이 변하여 사용되고 있는** 것이 많이 있는데, 그 중 일부는 **원래의 뜻이 사라지고 부르는 명칭만 남아** 실제의 뜻을 모르고 사용하는 관계로 인하여 학습 향상을 저해하는 요인이 되었기에, 여기에 그와 관련된 부수를 적어 그 **원래의 뜻을 알 수 있도록** 하였습니다.

✽ 부수자(部首字)의 명칭과 원래의 뜻

부수	부수 명칭	원래의 뜻	관련 자	
亠	돼지해머리	머리 부분 두	京(서울 경)	亭(정자 정)
冫	이수변	얼음 빙	冬(겨울 동)	凍(얼 동)
冖	민갓머리	덮을 멱	冠(갓 관)	冥(저승 명)
宀	갓머리	집 면	家(집 가)	守(지킬 수)
凵	위터진입구	입 벌릴 감	凶(흉할 흉)	出(날 출)
匚	터진입구	상자 방	匠(장인 장)	匪(도둑 비)
匸	터진에운담	감출 혜	區(나눌 구)	匿(숨을 닉)
彐彑	터진가로왈	돼지머리 계	彙(무리 휘)	彗(비 혜)
厂	민엄호	언덕 한	岸(언덕 안)	厄(재앙 액)
广	엄호밑	터진 집 엄	庫(창고 고)	店(가게 점)
厶	마늘모	사사로울 사	私(개인 사)	去(갈 거)
巛	개미허리	내 천	州(고을 주)	巡(돌 순)
廴	민책받침	길게 걸을 인	建(세울 건)	延(끌 연)
辶	책받침	멀리 갈 착	送(보낼 송)	速(빠를 속)
攵攴	둥글월문	칠, 두드릴 복	攻(칠 공)	敲(두드릴 고)
殳	갖은둥글월문	창, 칠 수	殺(죽일 살)	毆(때릴 구)
爿	장수장변	널빤지 장	牀(평상 상)	牆(담 장)
癶	필발머리	걸을 발	登(오를 등)	發(나아갈 발)
豸	갖은돼지시	맹수 치	豹(표범 표)	貍(너구리 리)

부수(部首) 214자

1 획

부수	뜻	음
一	한	일
丨	뚫을	곤
丶	점	주
丿	삐침	별
乙	새	을
亅	갈고리	궐

2 획

부수	뜻	음
二	두	이
亠	머리부분	두
人	사람	인
儿	어진사람	인
入	들	입
八	여덟	팔
冂	멀	경
冖	덮을	멱
冫	얼음	빙
几	책상	궤
凵	구덩이	감
刀	칼	도
力	힘	력
勹	쌀	포
匕	비수	비
匚	상자	방
匸	감출	혜
十	열	십
卜	점	복
卩	무릎	절
厂	언덕	한
厶	사사로울	사
又	또	우

3 획

부수	뜻	음
口	입	구
囗	에워쌀	위
土	흙	토
士	선비	사
夂	뒤져올	치
夊	천천히걸을	쇠
夕	저녁	석
大	큰	대
女	여자	녀
子	아들	자
宀	집	면
寸	마디	촌
小	작을	소
尢	절름발이	왕
尸	주검	시
屮	싹날	철
山	메	산
川	내	천
工	장인	공
己	몸	기
巾	수건	건
干	방패	간
幺	작을	요
广	터진집	엄
廴	길게걸을	인
廾	들	공
弋	주살	익
弓	활	궁
彑	돼지머리	계
彡	터럭	삼
彳	조금걸을	척
阝	고을	읍
阝	언덕	부

4 획

부수	뜻	음
心	마음	심
戈	창	과
戶	외짝문	호
手	손	수
支	가를	지
攵	칠	복
文	글월	문
斗	말	두
斤	도끼	근
方	사방	방
无	없을	무
日	날	일
曰	말할	왈
月	달	월
木	나무	목
欠	하품	흠
止	그칠	지
歹	뼈앙상할	알
殳	칠	수
毋	말	무
比	견줄	비
毛	터럭	모
氏	성씨	씨
气	기운	기
水	물	수
火	불	화
爪	손톱	조
父	아비	부
爻	엇걸릴	효
爿	널빤지	장
片	조각	편
牙	어금니	아
牛	소	우
犬	개	견
耂	늙을	로
艹	풀	초
辶	멀리갈	착

5 획

부수	뜻	음
玄	검을	현
玉	구슬	옥
瓜	오이	과
瓦	기와	와
甘	달	감
生	날	생
用	쓸	용
田	밭	전
疋	발	소
疒	병들	녁
癶	걸을	발
白	흰	백

皮	가죽	피	舛	발엇갈릴	천	**8획**		
皿	그릇	명	舟	배	주	金	쇠	금
目	눈	목	艮	볼	간	長	어른	장
矛	창	모	色	빛	색	門	문	문
矢	화살	시	虍	범	호	隶	밑	이
石	돌	석	虫	벌레	충	隹	새	추
示	보일	시	血	피	혈	雨	비	우
内	짐승발자국	유	行	다닐	행	靑	푸를	청
禾	벼	화	衣	옷	의	非	아닐	비
穴	구멍	혈	襾	덮을	아	**9획**		
立	설	립	**7획**			面	낯	면
6획			見	볼	견	革	가죽	혁
竹	대나무	죽	角	뿔	각	韋	다룸가죽	위
米	쌀	미	言	말씀	언	韭	부추	구
糸	실	사	谷	골짜기	곡	音	소리	음
缶	질그릇	부	豆	콩	두	頁	머리	혈
网	그물	망	豕	돼지	시	風	바람	풍
羊	양	양	豸	맹수	치	飛	날	비
羽	깃	우	貝	조개	패	食	먹을	식
而	말이을	이	赤	붉을	적	首	머리	수
耒	생기	뢰	走	달릴	주	香	향기	향
耳	귀	이	足	발	족	**10획**		
聿	붓	율	身	몸	신	馬	말	마
肉	고기	육	車	수레	거	骨	뼈	골
臣	신하	신	辛	매울	신	高	높을	고
自	스스로	자	辰	때	신	髟	머리길	표
至	이를	지	酉	닭	유	鬥	싸움	두
臼	절구	구	釆	분별할	변	鬯	술	창
舌	혀	설	里	마을	리	鬲	솥	력

鬼	귀신	귀
11획		
魚	고기	어
鳥	새	조
鹵	소금밭	로
鹿	사슴	록
麥	보리	맥
麻	삼	마
12획		
黃	누를	황
黍	기장	서
黑	검을	흑
黹	바느질	치
13획		
黽	맹꽁이	맹
鼎	솥	정
鼓	북	고
鼠	쥐	서
14획		
鼻	코	비
齊	가지런할	제
15획		
齒	이	치
16획		
龍	용	룡
龜	거북	귀
17획		
龠	피리	약

부수(部首) 214자 해설

1획

	한자	음		해설
一	한	일	:	손가락 하나, 또는 가로 선을 **하나** 그어 하나를 가리킴.
丨	뚫을	곤	:	송곳을 본뜬 자로, 위에서 내려 **뚫음**의 뜻.
丶	점, 불똥	주	:	**점**이나 떨어져 나간 **불똥** 모양.
丿	삐침	별	:	오른쪽에서 왼쪽으로 **삐**치면서 당기는 모양. * ㄟ : 파임 **불**
乙	새	을	:	**새**의 굽은 앞가슴, **구부러진** 새싹 모양. * 乚 : '새을변'
亅	갈고리	궐	:	밑 끝이 구부러진 **갈고리**를 본뜬 글자.

2획

	한자	음		해설
二	두	이	:	두 손가락 또는 두 선을 그어 둘을 나타냄.
亠	머리부분	두	:	상투 튼 사람 모습. **머리 부분**이나 **위**. '돼지해머리'라고도 함.
人	사람	인	:	다리를 벌리고 서 있는 **사람**. * 亻 : '사람인변' 儿 어진사람 인 ㄏ 누운사람 인 ㇇ 굽은사람 인
儿	어진사람	인	:	걸어가는 사람의 **다리**. 사람의 뜻으로 많이 쓰임.
入	들	입	:	사람이 장막 따위를 밀치고 **들어가는** 모양.
八	여덟	팔	:	두 손의 네 손가락 펴서 등지게 하여 **여덟**. 갈라짐을 표시.
冂	멀	경	:	**멀리** 둘러싸고 있는 **성곽** 모양. 또는 **둘러싸다**.
冖	덮을	멱	:	덮개 본뜬 자. '민갓머리'라고도 함.
冫	얼음	빙	:	고드름에서 떨어지는 물 모양에서 **차다, 춥다, 얼다**. '이수변'.
几	책상	궤	:	기대앉는 **책상**이나 **덮개**의 모양. '안석 궤'라고도 함.
凵	구덩이	감	:	위가 터진 그릇 또는 **구덩이** 모양. '위터진입구'라고도 함.
刀	칼	도	:	칼의 모양을 본뜬 자로 **베다, 자르다**. * 刂 : '선칼 도'라 함.
力	힘	력	:	또는 쟁기질을 하는 남성의 **힘**을 나타낸 글자.
勹	쌀	포	:	사람이 팔이나 손으로 무언가를 **감싸**고 있는 모양.
匕	비수	비	:	날카로운 **비수, 숟가락** 또는 앉아 있는 **사람**의 모습.
匚	상자	방	:	통나무 측면을 파서 만든 **홈통, 상자**. '터진입구'라고도 함.
匸	감출	혜	:	덮개(一)를 하여 **가리거나, 감춤**. '터진에운담'이라고도 함.
十	열	십	:	두 손 열 손가락을 엇걸어 **열** 또는 **많다**는 뜻으로도 쓰임.
卜	점	복	:	동물의 뼈를 태울 때 생긴 **가로 세로의 금** 모양으로 **점**을 침.
卩	무릎	절	:	튀어 나온 **무릎** 모양. '병부 절'이라고도 함. 卪=(마디 절)
厂	언덕	한	:	가파른 낭떠러지 모양. **언덕, 벼랑, 절벽**. '민엄호'라고도 함.
厶	사사로울	사	:	**팔꿈**치를 구부려 물건을 감싸는 모양으로, 자신의 이익만을 챙긴다는 데서 **사사롭**다. 마늘 모양 같아 '마늘 모'라고도 함.
又	손, 또	우	:	깍지 낀 두 손, 즉 하나가 아닌 둘이라 하여 **또, 다시**의 뜻.

3획

口	입	구	: 사람의 둥근 **입**을 본뜬 자로 **먹다, 말하다**.
囗	에워쌀	위	: 울타리나 성벽으로 **에워싼** 모양. '큰입구몸'이라고도 함.
土	흙	토	: 싹(十)이 돋아나는 땅(一)의 **흙**을 나타낸 글자.
士	선비	사	: 하나(一)를 들으면 열(十)을 아는 **선비**.
夂	뒤져올	치	: 머뭇거리며 걸어오는 다리의 모양으로 **뒤지다**.
夊	천천히걸을	쇠	: 두 다리를 끌며 **천천히 걸어감**.
夕	저녁	석	: 달(月)에서 한 획을 줄인 반달 모양의 달이 뜬 **저녁**. 고기 조각.
大	큰	대	: **어른**이 양팔 벌리고 서 있는 모양으로 큼을 뜻함.
女	여자	녀	: **여자**가 앉아서 바느질 하는 모습.
子	아들	자	: 양팔 벌린 **아이** 모습으로. 아들, **자식, 씨, 열매, 접미사, 학자**.
宀	집	면	: 지붕으로 덮여 있는 **집**. '갓머리'라고도 함.
寸	마디	촌	: 손목에서 맥박이 뛰는 사이를 엄지(丶)로 맥을 재는 모양에서 **재다, 헤아리다**, 길이의 단위인 **한 치(3.03Cm)**. 법도, 손의 뜻.
小	작을	소	: 흙을 뚫어(丨←丄) 가르고(丿丶) 나오는 싹이 **작음**.
尢	절름발이	왕	: 한쪽 다리를 **절며 걷는** 다리. * '大'의 변형 글자.
尸	주검,지붕	시	: 사람이 죽어 누워 있는 모양. 집의 뜻으로도 쓰임.
屮	싹날	철	: 흙(凵 구덩이 감)을 뚫고(丨) 삐쭉이 나오는 **싹**.
山	메	산	: 우뚝 솟은 **산** 모양.
川	내	천	: **내**의 모양. 川 = 巛 : '개미허리' 巛 큰도랑 괴 〈 도랑 견
工	장인	공	: 상하의 판자에 구멍 뚫어 막대로 연결한 자로 **공구**. 공구를 사용하는 물건을 만드는 **장인**.
己	몸	기	: 구부러져 있는 상태에서 일어나는 **몸**을 그림.
巾	수건	건	: 몸(丨)에 누른(冂) **수건, 천**이나 **천의로 만든 것**.
干	방패	간	: 두(二) 개를 뚫어(丨뚫을 곤) 겹쳐 만든 **방패**.
幺	작을	요	: 실 뭉치 또는 웅크리고 있는 **작은 아기** 모습으로 **작다, 어리다**.
广	터진집	엄	: 한쪽이 터져 있는 **집**으로, **어떤 용도로 쓰이는 집**. '엄호밑'.
廴	길게걸을	인	: 다리를 끌며 **길게 걸어가는** 모습. '민책받침'이라고도 함.
廾	들	공	: 두 손으로 **들어 올리는** 모양. 廾(스물 입)의 변형.
弋	주살	익	: 줄을 매어 쓰는 화살을 **주살**이라 하며 이를 본뜬 글자. 무기, 도구 등. 푯말을 나타내어 '**푯말 익**'이라고도 함.
弓	활	궁	: **활**의 모양.
彐	돼지머리	계	: 멧돼지 머리 모양. *彑 = 彐 손가락 계

부수(部首) 214자 해설

부수	뜻	음	해설
彡	터럭	삼	보기 좋게 자란 **머리털**.
彳	조금걸을	척	허벅다리(ノ) 정강이(ノ) 발(ㅣ). **걷다, 가다**는 뜻. '두인변'.
阝	고을	읍	볼록 나온 언덕 아래에 형성된 **고을**(阝 = 邑). '우부방'이라고 함.
阝	언덕	부	볼록 나온 **언덕**. * 항상 글자 좌측에 씀으로 '좌부방'이라고 함. 阝(언덕 부)와 阝(고을 읍)이 같은 모양인 것은 마주보고 있는 두 언덕이기에 모양은 같으나, 해 뜨는 동쪽에 고을을 형성하였기에 글자 우측(동쪽)에 阝를 쓰면 '고을', 그 반대편(좌측)에 쓰면 '언덕'을 뜻하게 됨. *阝 = 阜 언덕 부
	4 획		
心	마음	심	사람의 심장. **속, 생각, 감정, 한가운데**. *心 = 忄 = ㅅ '심방변'.
戈	창	과	날이 세 갈래로 된 **창**이나 **무기**의 뜻.
戶	외짝문	호	한쪽을 축으로 열고 닫는 문이 하나 달린 **방**이나 **집**. '지게 호'.
手	손	수	손 모양. 扌 : '才'(재주 재)와 모양이 비슷하여 '재방변'이라 함.
支	가를	지	갈라진 대나무 가지(十)를 손(又)에 쥐고 있는 모양에서 **가르다**.
攵	칠	복	사람(ᅩ)이 뭔가 들고 이리(ノ)저리(乀) **치다**. '등글월문'. 攵 = 攴(두드릴 복) : 점치기(卜) 위해 손(又)으로 무언가를 **두드리다**.
文	글월	문	갓(亠) 쓴 이가 획을 이리저리(ノ 乀) 그어 만든 **글, 글씨, 무늬**.
斗	말	두	곡식(丶丶)의 양을 헤아리는 **말**의 모양. *1말 : **열 되**로 **18리터**.
斤	도끼	근	도끼의 모양으로 **끊다, 베다, 무기**의 뜻. 무게의 단위인 '근'.
方	사방	방	쟁기 모양으로 이것이 **나아가는 방향**. '모방'이라고 함.
无	없을	무	'天'의 변형자로, 하늘은 텅 비어 아무것도 **없음**. '이미기몸'.
日	날	일	**해** 모양으로 **밝다, 따뜻하다, 날씨** 등의 뜻.
曰	말할	왈	입(口) 안의 혀(一)를 움직여 **말하다**.
月	달	월	**달** 모양으로 **밝다, 세월**. * 달의 뜻이 아닌 다른 뜻으로 쓰일 때는 '육달 월'(月=肉 고기 육)이라 하여 **고기, 목 밑 신체부분**을 나타냄.
木	나무	목	서 있는 **나무**.
欠	하품	흠	**입을 크게 벌리며** 사람(人)이 하는 **하품**.
止	그칠	지	사람이 멈추어 선 모양에서 **그치다**. 두 발.
歹	뼈앙상할	알	뼈(一)에 살(夕 고기 석)이 조금 붙은 **뼈. 죽음**. '죽을사변'. *歹=歺
殳	칠	수	**창**이나 **몽둥이**(几)를 손(又)에 들고 **치다**. '갖은둥글월문'
毋	말	무	입(口)을 막아(十) 말을 **못하게 하다**.
比	견줄	비	두 사람을 **나란히** 세워놓고 **비교함**.
毛	터럭	모	짐승의 **꼬리털**이나 새의 **깃털**을 본뜬 글자.

氏	성씨	씨 :	**뿌리**가 뻗어나가는 모양. 이와 같이 뻗어나가는 **사람의 성씨**.
气	기운	기 :	피어오르는 수증기 모양으로 뻗어나는 **기운**. '기운기엄'라 함.
水	물	수 :	흐르는 **물**을 보고 그린 자. *水 = 氺 水 = 氵 '삼수변'.
火	불	화 :	타오르는 불 모양으로 **불, 타다, 태우다**의 뜻. *火 = 灬 '불화발'.
爪	손톱	조 :	긁어당기는 **손톱**을 본뜬 자. *爪 = 爫 : '손톱조머리'라 부름.
父	아비	부 :	두 손(八)에 회초리 들고 매질하는(乂 벨 예) 엄한 **아버지**.
爻	엇걸릴	효 :	엇걸려 있는 모양에서 **주고받거나, 사귀다**는 뜻.
爿	널빤지	장 :	통나무를 둘로 쪼갤 때 생긴 왼쪽의 **길쭉한 널빤지**. '장수장변'.
片	조각	편 :	통나무를 둘로 쪼갰을 때 생기는 오른쪽의 작은 **조각** 모양.
牙	어금니	아 :	뾰족한 **어금니** 모양. 또는 코끼리의 상아(象牙) 모양
牛	소	우 :	소를 옆에서 보고 그린 글자. *牜
犬	개	견 :	앞발 들고 있는 **개**. 개 크기의 짐승이나 좋지 않은 뜻. *犬 = 犭 '개사슴록변'이라 하며, 사슴(鹿 사슴 록)의 뿔 모양.
耂	늙을	로 :	땅(土)에 지팡이(丿)를 짚고 있는 **노인**. '늙을로엄'.
艹	풀	초 :	풀 모양. '草'의 머리 부분이기에 '**초두**'라 부름. '艹'은 4획.
辶	멀리갈	착 :	쉬엄쉬엄 **멀리 걸어가는** 모습에서 **가다**. '책받침'.
玄	검을	현 :	중국 하늘을 덮고(亠) 있는 작은(幺 작을 요) 알갱이 황사(黃砂)가 **가물가물하게** 보이거나, 햇빛을 가려 그 빛이 **어두움**.

5 획

玉	구슬	옥 :	**구슬** 여러(三) 개를 꿴(丨) 모양. '王'와 혼동을 피하기 위해 점(丶)을 덧붙임. 글자 안에서 '王은 대개 '玉'의 뜻으로 쓰인 것.
瓜	오이	과 :	끝이 구부러진 **오이**가 매달려 있는 모양.
瓦	기와	와 :	엇걸려 물려 있는 **기와**를 보고 그린 글자.
甘	달	감 :	입(口) 속 혀(一)로 **단맛**을 보는 모양.
生	날	생 :	싹이 땅(土)을 뚫고 돋아나는 모양에서 **낳다**.
用	쓸	용 :	점통(冂)으로 점을 쳐 맞으면 (中 맞힐 중) 그 일을 **힘써 한다**.
田	밭	전 :	여러 갈래로 구분 지어져 있는 **밭**이나 논.
疋	발	소 :	발목에서 발끝까지의 모양으로 **발**을 . *疋 = 龰
疒	병들	녁 :	집(广 집 엄)에 찬바람(冫 얼 빙)이 들어와 **병들다**.
癶	걸을	발 :	두 발을 벌리고 **걸어 나가는** 모양. '필발머리'라 함(發 필 발).
白	흰	백 :	해(日)에서 뻗어 나오는(丿) 빛이 **희다**.
皮	가죽	피 :	짐승의 **가죽**을 손(又 손 우)으로 당겨(丨) 벗기는 모양.
皿	그릇	명 :	위가 넓고 받침이 있는 **그릇**.

부수(部首) 214자 해설

부수	훈	음	해설
目	눈	목 :	눈을 그린 글자로 **보다**의 뜻이 많음. *目 = 罒 누운눈 목
矛	창	모 :	긴 자루가 달린 끝이 **뾰족한 창**.
矢	화살	시 :	화살 모양. **빠르다**와 활에 비해 **짧다**는 뜻을 가짐.
石	돌	석 :	언덕 밑에 굴러 떨어진 돌(口).
示	보일	시 :	**제단** 모양. 제물을 제단에 올려 신에게 **보임**. *礻 '보일시변'.
禸	짐승발자국	유 :	새나 짐승의 **발자국**을 본뜬 글자.
禾	벼	화 :	익으면 고개 숙이며(ノ) 자라는(木) **벼** 또는 곡식.
穴	구멍	혈 :	비바람 피할(宀) 수 있게 파헤쳐진(八) **굴**이나 **구멍**.
立	설	립 :	땅(一)에 두 발로 **서 있는** 사람의 모습.
	6 획		
竹	대나무	죽 :	**대나무**의 대와 그 잎을 그린 글자. *竹 = 𥫗 '대죽머리'라 함.
米	쌀	미 :	이쪽저쪽(丷) 나무(木)에 과일 열리듯 벼에서 나온 **쌀**.
糸	실	사 :	작고(幺 작을 요) 가는(小) **실**.
缶	질그릇	부 :	배가 불룩하고 아가리가 좁은 **질그릇**. *'장군 **부**'라고도 함. 장군 : 물, 술, 간장 따위를 담아 옮길 때 쓰는 뚜껑이 있는 통.
网	그물	망 :	얽혀(乂乂) 있는 **그물** 모양. * 网 = 罒 '罒'은 5획
羊	양	양 :	두 뿔이 나 있는 **양** 머리를 앞에서 보고 그린 글자. *羊 = 𦍌 𦍋
羽	깃	우 :	새의 **깃** 또는 **날개**를 그린 글자.
而	말이을	이 :	늙은이의 긴 턱수염 모양. 잔소리가 많은 늙은이의 말이 길게 **이어지다**. 문장에서 **그리고, 그러나**로 해석.
耒	쟁기	뢰 :	잡초(丰 무성할 봉)를 갈아엎고 밭을 가는 나무(木)로 된 **쟁기**.
耳	귀	이 :	소리를 듣는 사람의 **귀** 모양.
聿	붓	율 :	세 손가락(彐 손 계)과 나머지 두 손가락(二)으로 쥔(ㅣ) **붓**.
肉	고기	육 :	**고깃덩이** 힘살 단면을 본떠 그린 자. * 肉 = 月 육달 월 *月 : 달의 뜻이 아닌 다른 뜻으로 쓰일 때는 '육달 월'이라 하여 **고기나, 목 밑 신체 부분**을 나타냄.
臣	신하	신 :	임금 앞에서 몸을 구부리고 엎드린 **신하**.
自	스스로	자 :	**코** 모양. 중국인은 자기 코를 가리키며 **자기**를 나타낸 데서 유래.
至	이를	지 :	한(一) 마리 새 발(禸 새발자국 유)이 땅(土)에 **이름**.
臼	절구	구 :	곡식이 들어 있는 **절구** 모양. *臼은 7획임.
舌	혀	설 :	천(千 일천 천) 개의 입(口)이 있어도 **혀**가 없으면 말 할 수 없다는 데서 또는 방패(干 방패 간) 같이 입(口)을 막는 **혀**.

舛	발엇갈릴	천	: 고기 조각(夕 고기조각 석)과 소(牛←牛의 축약형) 즉 쇠고기를 먹는다는 것은 좋은 일이기에 **발을 엇갈려 춤추는** 모양에서.
舟	배	주	: 통나무(冂) 파서 만든 **쪽배**에서 노(一) 젓는 모양.
艮	볼	간	: 눈(目)을 뜨고 보는 모양에서 **눈, 보다**는 뜻.
色	빛	색	: 사람이 몸을 굽혀(ク 굽은사람 인) 앉았다. 물컹하여 보니 큰 뱀(巴 뱀 파)임을 알고 깜짝 놀라 변하는 **얼굴색**에서 유래.
虍	범	호	: 얼룩덜룩한 줄무늬의 **호랑이** 가죽을 본뜬 글자.
虫	벌레	충	: 사리고 있는 뱀. 주먹 크기보다 작은 동물을 나타냄.
血	피	혈	: 제사 때 쓸 피(丿)가 그릇(皿 그릇 명) 위에 떨어지는 모양.
行	다닐	행	: 왼발(彳 걸을 척)과 오른발(亍 걸을 촉)을 움직여 걸어 가는 모양에서 **다닌다, 행하다**.
衣	옷	의	: **위에 입는 옷 모양. 천으로 만든 것**. *衤 '옷의변'
襾	덮을	아	: 그릇의 아가리나 구멍에 끼워 막는 **마개** 모양. **덮는다**. *襾 = 西
	7 획		
見	볼	견	: 사람이 눈(目)으로 서서(儿 걷는사람 인) **본다**.
角	뿔	각	: 짐승의 굽은(ク) **뿔** 모양을 그린 글자.
言	말씀	언	: 두(二) 번 이상 거듭(二) 생각한 후 입으로(口) **말한다**.
谷	골짜기	곡	: 갈라져(八) 있는 산(人) **골짜기** 입구(口)를 그린 글자.
豆	콩	두	: 콩꼬투리 같이 생겨 **콩**의 뜻. 또한 **제기(祭器)**의 모양이기 함.
豕	돼지	시	: **돼지**의 머리, 등, 발, 꼬리를 그린 글자.
豸	맹수	치	: 발을 들고 덤벼들려는 **맹수** 모양.
貝	조개	패	: 줄무늬 있는 **조개**가 살을 내밀어 이동하는 모습. 작고 단단하며 광택 나는 조개를 **화폐**로 사용함.
赤	붉을	적	: 흙(土) 구덩이에서 타는 불(火) 빛이 **붉다**.
走	달릴	주	: 땅(土) 위를 다리(疋 발 소)를 벌려 **달리는** 모습.
足	발	족	: 무릎 아래의 **발** 모양을 그린 자. *足 = ⻊
身	몸	신	: 배가 크고 근육이 단단하게 형성 된 **좋은 몸**.
車	수레	거	: 두(二) 바퀴 달린 수레를 위에서 본 모양.
辛	매울	신	: 세워(立) 놓고 죄인 이마에 '十'자를 바늘로 새긴다는 데서, 혹독하여 **맵다**. 글자 안에서는 **죄인**의 뜻으로 많이 쓰임.
辰	때 별	신 진	: 조개가 입을 벌려 움직이는 모양으로, 이 **때** 농사철(봄)을 알리는 전갈자리**별**이 나타나는 데서 온 글자.

부수(部首) 214자 해설

酉	닭	유	:	술병 모양으로 酒(술 주)의 옛 자. **술, 술병**의 뜻으로만 쓰임. *'닭'의 뜻으로 쓰이게 됨은 술은 보통 일이 끝날 때인 유시(酉時:17시)부터 마시는데 이 무렵에 닭이 닭장으로 들어간다 하여 시간을 나타내는 동물 중 하나인 닭이 됨.
釆	분별할	변	:	쌀(米)에 떠 있는 불순물(丿)을 가려내는 데서 **분별하다**.
里	마을	리	:	농토(田) 가까운 땅(土)에 자리 잡은 마을. * 1里는 약 393m
8 획				
金	쇠	금	:	덮여(亼) 있는 흙(土) 속 여기저기(丶丿)에 흩어져 있는 **금속**.
長	어른	장	:	수염이 긴 노인이 지팡이 짚고 있는 모양으로 **길다, 어른**의 뜻.
門	문	문	:	두 짝으로 된 문. **집, 열다, 닫다** 등의 뜻을 가짐.
隶	밑	이	:	손(彐 손 계)으로 밑에 있는 물(氺)을 뜨는 모습.
隹	새	추	:	새가 앉아 있는 모양. 보통 꽁지가 짧고 **작은 새**.
雨	비	우	:	구름(一)에서 넓게(冂) 떨어지는(丨) **비**(丶丶).
靑	푸를	청	:	둥근(円 = 圓 둥글 원의 약자) 화분에서 뚫고 (丨뚫을 곤) 나온 많은 (三) 새싹이 **푸르다**. 푸르니 **젊다**. *靑 = 青
非	아닐	비	:	새의 두 날개가 서로 다른 두 방향으로 향하여 같은 방향이 **아니다**. 또는 **나쁘다, 없다** 등.
9 획				
面	낯	면	:	사람의 앞 얼굴을 본뜬 글자.
革	가죽	혁	:	짐승의 가죽을 벗겨 펴놓고 말리는 모양에서 **털 뽑은 가죽**. 또한 좋게 **고치다**의 뜻.
韋	다룸가죽	위	:	부드럽게 한 소(牛 소 우)의 **가죽**을 본뜬 글자. *다룸가죽 : 매만져서 부드럽게 만든 가죽.
韭	부추	구	:	땅(一) 위에 여러 갈래로 나온 **부추**.
音	소리	음	:	사람이 서서(立) 입(日)으로 내는 **소리**.
頁	머리	혈	:	사람의 **머리**(一)에서 얼굴(自), 목(八)까지 신체. '頁'은 부수로만 쓰임.
風	바람	풍	:	모든(凡 모두 범) 벌레(虫 벌레 충)는 **바람**에 민감하다 하여.
飛	날	비	:	새가 두 날개를 펴고 **나는** 모양.
食	먹을	식	:	사람(人)이 좋은(良 좋을 량) 것을 **먹는다**. 그런 **밥**. *食 = 𠊊 㿝
首	머리	수	:	털 난 머리 모양. 머리는 맨 위에 있어 **우두머리**.
香	향기	향	:	쌀밥(米)에서 나는, 입맛(日)을 돋구는 고소한 냄새에서 **향기**.
10 획				
馬	말	마	:	달리는 **말**의 모습.

骨	뼈	골	:	살을 발라낸 **뼈**에 살(月=肉)이 조금 붙어 있는 모양.
高	높을	고	:	성곽(冂 성곽 경) 위에 높이 세워 만든 망루 모양에서 **높다**.
髟	머리길	표	:	늘어져 있는 **긴**(镸=長) **머리카락**(彡). * '長'은 8획 '镸'은 7획.
鬥	싸움	두	:	서로 맞서서(ㅣㅣ) 왕(王)이 되려고 **싸우다**.
鬯	술	창	:	그릇(凵)에 기장쌀로 **담근** 술을 국자(匕)로 푸는 모양.
鬲	솥	력	:	**오지병** 또는 굽은 다리가 셋 달린 큰 솥. *오지병 : 진흙으로 만들어 잿물을 입혀 구은 병.
鬼	귀신	귀	:	비뚤어진(丿) 생각(思 생각 사의 줄임)으로 사사롭게(厶←私 개인 사) 사람을 해치는 **귀신(鬼神)**. 또는 큰 머리에 뿔난 **도깨비**.
	11 획			
魚	고기	어	:	**물고기**의 머리(⺈), 몸통(田), 지느러미(灬) 모양.
鳥	새	조	:	꽁지가 긴 **새**가 앉아 있는 모양.
鹵	소금	로	:	엉기어 있는 **소금**을 포대(囗)에 담아 묶은(卜) 모양.
鹿	사슴	록	:	**사슴**의 뿔, 머리, 몸통, 다리를 보고 그린 글자.
麥	보리	맥	:	중요성이 쌀보다 뒤쳐져(夂 뒤져올 치) 오는 (來) 곡식인 **보리**.
麻	삼	마	:	집(广 집 엄)에 **삼** 줄기를 늘어놓고 섬유를 뽑는 모양.
	12 획			
黃	누를	황	:	구덩이(凵 구덩이 감)를 나란히(二) 쭉 파서(丿、) 씨를 뿌림으로 말미암아(由 말미암을 유) 곡식 등을 얻을 수 있는 **누런** 땅.
黍	기장	서	:	벼(禾 벼 화)과의 식물로 물(氺) 넣어(入 들 입) 술을 만드는데 가장 좋은 **기장**을 뜻하는 글자.
黑	검을	흑	:	불(灬=火)을 때니 흙(土)으로 만든 굴뚝 구멍(口)으로 갈라져(、丿) 빠져나가는 연기에 그을려 **검음**을 뜻함
黹	바느질	치	:	천(巾)에 수놓는 모양에서 **바느질하다**.
	13 획			
黽	맹꽁이	맹	:	큰 두 눈에 배가 불룩 나온 **맹꽁이**.
鼎	솥	정	:	두 귀와 발이 세 개인 **솥** 모양.
鼓	북	고	:	음식(十) 제기(豆)에 올리듯, 올려놓고 나뭇가지(支)로 치는 **북**.
鼠	쥐	서	:	절구(臼 절구 구) 밑에서 곡식을 주워 먹는 꼬리(乀)가 긴 **쥐**.
	14 획			
鼻	코	비	:	코 모양인 自에, 논밭(田)에서 난 것을 손(廾 들 공) 으로 줍듯, 공기를 흡입해 주는 **코**를 뜻하는 글자.

부수(部首) 214자 해설

齊	가지런할	제	:	곡식을 베어서 가지런히 묶은 모양에서 **가지런하다**.
15 획				
齒	이	치	:	나란히(止) 혀(一) 위(人人) 아래(人人)로 잇몸(凵)에 박힌 **이**.
16 획				
龍	용	룡	:	몸(月 육달 월)을 세워(立 설 립) 꾸불꾸불 하늘로 오르는 **용**.
龜	거북 갈라질	귀 균	:	머리와 꼬리를 내놓고 네 발로 기어가는 **거북**. 거북 등껍데기 모양에서 **트다, 갈라지다**는 뜻.
17 획				
龠	피리	약	:	여러 구멍(口口口)에서 나는 소리가 뭉쳐서(侖 뭉치 륜) 소리의 조화를 이루는 **피리**. *侖 : 글 적은 종이를 사람(人)이 하나(一)의 책(册)으로 뭉침.

가나다순으로 깨치는
3급 배정한자 1,817자

학이불사즉망, 사이불학즉태
(學而不思則罔, 思而不學則殆)

배우기만하고 생각하지 않으면 얻는 것이 없고,
생각하기만 하고 배우지 않으면 위태롭다.

- 『논어』 위정편 -

✏ 可 歌 加 架 假

可 옳을 가
(5급 口부 5획)

장정(丁)이 입(口)으로 옳은 말하여 일 진행을 가능하게 함.
可決(가결) 可能(가능) 可望(가망) 可否(가부) 許可(허가)
*丁(장정 정) : 팔(一)을 펴고 서(亅) 있는 장정. ▶ 決(정할 결)

歌 노래 가
(7급 欠부 14획)

잘 부르기(哥) 위하여 입을 크게 벌리고(欠 하품 흠) 노래 부르다.
歌手(가수) 國歌(국가) 校歌(교가) 軍歌(군가)
*哥(부를 가) : 가능한(可 가능할 가) 한 입 크게 벌려 부르다(金哥).

加 더할 가
(5급 力부 5획)

더욱더 힘(力)을 내라고 말(口)로 부추겨 힘을 더하다.
加減(가감) 加工(가공) 加算(가산) 加速(가속) 加熱(가열)

架 걸칠 가
(3Ⅱ 木부 9획)

나무(木)를 더하여(加) 가로질러 양쪽에 걸치다. 시렁.
架橋(가교) 架設(가설) 書架(서가) 十字架(십자가)
*시렁 : 물건을 올려놓기 위해 벽에 건너지른 두 긴 나무.

假 仮 거짓 가
(4Ⅱ 人부 11획)

사람(亻)이 빌려서(叚 빌릴 가) 쓰는 것은 진짜가 아니라 거짓.
假面(가면) 假想(가상) 假設(가설) 假定(가정)
*叚 : 지붕(尸) 고칠, 두(二) 손(又)으로 쓸 연장(丨)을 빌리다.

1, 2급 한자

呵 꾸짖을 가   입(口)으로 옳은(可) 일이 아닌 경우는 **꾸짖는다**.   呵責(가책)

柯 가지 가   나무(木)에서 성장 가능한(可) 쪽으로 뻗어 나온 **가지**
              南柯一夢(남가일몽) : 꿈과 같이 헛된 한때의 부귀영화(富貴榮華)

苛 가혹할 가   풀(艹)을 밟듯 옳은(可) 사람을 짓밟으니 **가혹(苛酷)하다**.

🔵 苛政猛於虎(가정맹어호) : 가혹한 정치(政治)는 호랑이보다 사납다.
공자(孔子)가 길을 산길을 가다가 세 무덤 앞에서 울고 있는 부인에게 그 연유(緣由)를 물으니 "시아버님과 남편에 이어 이번에는 자식까지 호랑이한테 잡혀 먹혔답니다. 그래도 여기서 사는 이유(理由)는 혹독(酷毒)한 세금(稅金) 등을 내지 않기 때문이지요".

暇 佳 街 家 價

暇 한가할 가 (4급 日부 13획)
날(日)을 빌려(叚) 쉰다 하여 한가하다. ▶ 餘(남을 여)
病暇(병가)　餘暇(여가)　閑暇(한가)　休暇(휴가)
*又(손·또 우) : 깍지 낀 두 손, 즉 하나가 아닌 둘이라 하여 또.

佳 아름다울 가 (3Ⅱ 人부 8획)
사람(亻) 모습이 잘 다듬어진 홀(圭)처럼 아름답다.
佳人薄命(가인박명)　佳作(가작)　漸入佳境(점입가경)
*圭(홀 규) : 신하가 손에 들고 있는 잘 다듬어진 명판(名板).

街 거리 가 (4Ⅱ 行부 12획)
다니기(行) 좋게 반듯하게(圭) 닦아 놓은 큰 거리.
街道(가도)　街路樹(가로수)　商街(상가)　市街(시가)
*行(다닐 행) : 왼발(彳 걸을 척)과 오른발(亍 걸을 촉)로 다닌다.

家 집 가 (7급 宀부 10획)
한 지붕(宀 집 면) 아래 돼지(豕 돼지 시)를 함께 키우는 농촌 집. 집에서 오래 해 온 일의 숙련자나 화가·작가 등의 전문가(專門家).
家門(가문)　家長(가장)　國家(국가)

價 価 값 가 (5급 人부 15획)
사람(亻)이 장사(賈)할 때 부르는 값. ▶ 値(값 치)
價格(가격)　價値(가치)　物價(물가)　油價(유가)　定價(정가)
*賈(장사 고) : 덮거나(襾 덮을 아) 쌓아 놓고 재물(貝) 파는 장사.

1, 2급 한자

 시집갈 가　　여자(女)가 다른 집(家)으로 시집가다.　　　　　出嫁(출가)　再嫁(재가)
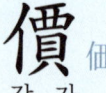 일할 가　　　곡식(禾 벼 화) 경작을 집(家)안 일로 하여 일하다.　　稼動率(가동률)

📖 圭(홀 규) : 제후(諸侯)나 공(功)이 있는 신하에게 넓은 영토(土)를 내릴 때 함께 주는 신표(信標). 임금 앞에 늘어선 신하들이 손에 들고 있는 잘 다듬어진(圭) 명판(名板)을 홀(笏 홀 홀)이라 함. 또는 벼슬아치가 임금을 뵐 때 조복(朝服)에 갖추어 손에 쥐던 물건.

📖 出家(출가) : 속세(俗世)를 떠나 종교인(宗敎人)이 되는 일.

가 각

各閣却脚角

各 각각 각 (6급 口부 6획)	앞 사람 말과 뒷(夂) 사람 말(口)이 각각 **다르다**. 各各(각각) 各界(각계) 各別(각별) 各樣(각양) ▶樣(모양 양) *夂(뒤져올 치) : 두 다리를 끌며 **천천히 걸어감**. 뒤쳐짐. 뒤.
閣 집 각 (3Ⅱ 門부 14획)	여기저기에서 각각(各) 문(門 문 문)이 있는 **큰 집**. 閣下(각하) 改閣(개각) 內閣(내각) 鐘閣(종각)
却 물리칠 각 (3급 卩부 7획)	뒤로 갈(去 갈 거) 때 무릎(卩 무릎 절) 구부리고 물러나는 데서 **물러나다** 또는 물러가라고 **물리친다**. 却說(각설) 却下(각하) 棄却(기각) 退却(퇴각) ▶棄(버릴 기)
脚 다리 각 (3Ⅱ 肉부 11획)	신체(月←肉) 중 구부러지며 물러나는(却) **다리**. 脚光(각광) 脚本(각본) 脚色(각색) 橋脚(교각) 馬脚(마각) *月(육달 월) : '달'의 뜻이 아닐 때는 '月=肉 고기 육'으로 신체의 뜻.
角 뿔 각 (6급 角부 7획)	굽고(⺈ 굽은사람 인) 둥근(用의 줄임)짐승의 **뿔** 모양. 角度(각도) 角木(각목) 三角(삼각) 直角(직각) *用 : 점치는 둥근 점통(冂)을 보고 그린 자. ▶用(쓸 용)

1, 2급 한자

恪 삼갈 각	사람의 마음(心) 각각(各) 다르니 **삼가다**.	恪別(각별)

- 閣僚(각료) : 내각(內閣)의 구성원(構成員)인 각부 장관(長官).
- 內閣(내각) : ('궁궐에 두고 천자가 정치를 상의하던 최고 기관'의 뜻에서) 국무총리 또는 수상과 행정 각 부의 장관으로 이루어지는 행정부 최고 합의 기관.
- 閣下(각하) : 집 처마아래 있는 **시종을 부르던 말**이 변해 윗사람을 부르는 말로 됨.
- 馬脚(마각) : 연극(演劇) 따위에서 말의 탈을 쓴 사람의 다리를 이르는 말에서, 거짓으로 꾸며 숨겨 놓은 본성(本性)이나 실상(實相).

가나다순 한자

刻 覺 姦 干 刊

刻 새길 각 (4급 刀부 8획)
속에 든 뼈대(亥)처럼 안으로 깊이 파(刂 칼 도) 새긴다.
刻苦(각고) 刻印(각인) 時刻(시각) 刻骨難忘(각골난망)
*亥(돼지 해) : 돼지의 머리(亠)와 몸, 다리의 뼈대를 본뜬 자.

覺 깨달을 각 (4급 見부 20획)
보고(見) 배워(學 배울 학의 줄임) 깨닫는다.
覺悟(각오) 感覺(감각) 味覺(미각) 視覺(시각) 聽覺(청각)
*見(볼 견) : 사람이 눈(目)으로 서서(儿 어진사람 인) 본다.

姦 간음할 간 (3급 女부 9획)
여자(女) 여럿 모이면 좋지 않은 짓을 한다 하여 간사(奸邪)하다. 姦淫(간음) 姦通(간통) 强姦(강간) ▶ 淫(음란할 음)

干 방패 간 (4급 干부 3획)
두(二) 개를 뚫어(丨 뚫을 곤) 겹쳐 만든 방패. 막는다.
干滿(간만) : 밀물과 썰물. 干支(간지) : 천간(天干)과 지지(地支).
干拓(간척) : 바다의 물을 막아(干) 육지나 경지를 만드는 일.

刊 새길 간 (3Ⅱ 刀부 5획)
방패(干 방패 간)에 칼(刂)로 이름이나 무늬를 새긴다.
刊行(간행) 發刊(발간) 日刊(일간) 朝刊(조간) 出刊(출간)
*(선칼 도) : '刀'가 부수로 우측에 위치할 때 쓰임(刊 劍).

1, 2급 한자

竿 장대 간   대(竹)로 방패(干)를 공격하는 모양에서 긴 나무인 장대.   竿頭(간두)
奸 간사할 간   약한 여자(女)가 상대를 막기(干) 위해 내는 꾀가 간사함.   奸邪(간사)

干支(간지) : 천간(天干)과 지지(地支)를 아우르는 말

10干 : 甲 乙 丙 丁 戊 己 庚 辛 壬 癸
　　　　갑 을 병 정 무 기 경 신 임 계

12支 : 子 丑 寅 卯 辰 巳 午 未 申 酉 戌 亥
　　　　자 축 인 묘 진 사 오 미 신 유 술 해

肝 幹 看 懇 間

肝 간 간 (3Ⅱ 肉부 7획)
몸(月)에서 독성 해독하여 병 막아주는(干 막을 간) 간.
肝炎(간염)　肝硬化(간경화)　九曲肝腸(구곡간장) ▶ 硬(굳을 경)
*月(육달 월) : '달'의 뜻이 아닐 때는 '月=肉 고기 육'로 **신체**의 뜻.

幹 줄기 간 (3Ⅱ 干부 13획)
나뭇가지(十十) 사이로 비치는 햇빛(日)을, 씌워서(人) 막는(干 막을 간) 천막 칠 때 쓰이는 중심이 되는 나무의 줄기.
幹部(간부)　幹線道路(간선도로)　基幹産業(기간산업)

看 볼 간 (4급 目부 9획)
손(手 손 수)을 눈(目 눈 목) 위에 얹어 잘 살펴보다.
看過(간과)　看病(간병)　看板(간판)　看護員(간호원)
走馬看山(주마간산) : 달리는 말 위에서 산을 보듯, 대강 봄.

懇 정성 간 (3Ⅱ 心부 17획)
짐승(豸 맹수 치)이 무언가 바라보듯(艮), 무언가 바라는 간절한 마음(心).　懇曲(간곡)　懇談會(간담회)　懇請(간청)
*艮(볼 간) : 눈(目의 변형) 뜨고 보는 모양에서 **눈, 보다**.

間 사이 간 (7급 門부 12획)
문(門)틈 사이로 햇빛(日)이 들어오는 모양에서 사이.
間食(간식)　間髮(간발)　空間(공간)　人間(인간) ▶ 髮(터럭 발)
*門(문 문) : 두 짝으로 된 문. **집, 열다, 닫다** 등의 뜻.

1, 2급 한자

艱 어려울 간　가죽(革)처럼 질긴 사람(大)이 봐도(艮) **어렵다**.　艱難辛苦(간난신고)
墾 개간할 간　멧돼지(豸)가 눈(艮) 부릅뜨고 땅(土) 파듯, **땅을 일군다**.　開墾(개간)
癎 간질 간　병(疒)이 사이(間)를 두고 발작(發作)하는 **간질**.　癎疾(간질)
　* 疒(병들 녁) : 집(广 집 엄)에 찬바람(冫 얼을 빙)이 들어와 **병들다**.

📖 懇談會(간담회) : 격식(格式) 없이 생각하는 바를 정답게 서로 이야기하는 모임

簡 渴 甘 減 感

簡 간단할 간 (4급 竹부 18획)
대쪽(竹) 사이(間)에 간단하게 적은 글이나 편지.
簡潔(간결) 簡單(간단) 簡略(간략) 簡素(간소) 書簡(서간)
*竹(대나무 죽) : 대나무의 대와 잎 모양. *竹 = ⺮ '대죽머리'

渴 마를 갈 (3급 水부 12획)
물(氵) 흐름이 그쳐(曷 그칠 갈) 마르다. 말라 없어짐.
渴求(갈구) 渴望(갈망) 渴症(갈증) 枯渴(고갈) 解渴(해갈)
*曷 : 말(曰) 없이 몸 구부리고(勹) 사람(人)이 의자(乚)에 앉음.

甘 달 감 (4급 甘부 5획)
입(口) 혀(一)로 단맛 보는 모양. ▶ 渴(마를 갈) 盡(다할 진)
甘味(감미) 甘受(감수) 甘井先渴(감정선갈) 苦盡甘來(고진감래)
甘言利說(감언이설) : 달콤하고 이로운 말로 상대는 꾀는 말.

減 줄어들 감 (4Ⅱ 水부 12획)
모든 물(氵)은 다(咸 다 함) 시간이 가면서 준다.
減量(감량) 減産(감산) 減少(감소) 減員(감원) 加減(가감)
*咸 : 창(戈) 하나(一) 들고 뜻을 모아 다 함께 소리를 지름(口).

感 느낄 감 (6급 心부 13획)

모두(咸 다 함)가 마음(心)으로 고마움 등을 느끼다.
感氣(감기) 感動(감동) 感謝(감사) 交感(교감) 語感(어감)
感慨無量(감개무량) : 사물에 대한 느낌이 한이 없음.

1, 2급 한자

喝 소리칠 갈	목(口) 쉬어 소리 안 나올(曷) 정도로 크게 소리치다.	恐喝(공갈)
葛 칡 갈	여름이 지나고 나면 덩굴(艹) 자람이 멈추는(曷) 칡	葛根(갈근)
褐 갈색 갈	갈포(葛布)로 만든 옷(衤)의 색깔과 같은 갈색(褐色)	褐炭(갈탄)
紺 감색 감	실(糹 실 사)에 과일처럼 단맛(甘)이 나게 하는 색을 물들인 데서 나온 색인 감색	紺色(감색) 紺靑(감청)
嵌 새겨넣을 감	단(甘) 것을 입(欠 하품 흠)에 넣듯, 파인 산(山) 골짜기처럼 표면에 무늬를 파고 새겨 넣음	象嵌靑瓷(상감청자)

📖 象嵌靑瓷(상감청자) : (물체) 표면(表面)에 무늬를 파고 그 속에 금(金), 은(銀), 등을 부어 채우거나 자개를 끼워 만든 청자

간갈감
갑강

敢 監 鑑 甲 江

敢 감히 감 (4급 攵부 12획)
적을 치고(攻) 승리 표시로 적의 귀(耳)를 잘라오니 용감하다.
敢行(감행)　果敢(과감)　勇敢(용감)　焉敢生心(언감생심)
*攻(칠 공) : 장인(工)이 연장 들고 치듯(攵 칠 복) 상대방을 치다.

監 살필 감 (4Ⅱ 皿부 14획)
신하(臣 신하 신) 한(一) 사람(ᅩ)이 그릇(皿)에 담긴 음식을 살피다. 監督(감독)　監視(감시)　監獄(감옥)
*皿(그릇 명) : 위가 넓고 받침이 있는 그릇. ▶督(살필 독)

鑑 거울 감 (3Ⅱ 金부 22획)
잘 닦인 금속(金)거울로 비추어 잘 살펴봄(監 살필 감).
鑑賞(감상)　鑑別(감별)　鑑識(감식)　鑑定(감정)　印鑑(인감)
*金(쇠 금) : 덮여(亼) 있는 흙(土) 속 여기저기(丶丿)에 있는 금속.

甲 갑옷 갑 (4급 田부 5획)
돋아난 싹이 껍질 뒤집어쓰고 있는 모양에서 갑옷.
싹은 처음이라 하여 십간(十干)의 첫째.
甲富(갑부)　鐵甲(철갑)　回甲(회갑)　甲午更張(갑오경장)

江 강 강 (7급 水부 6획)
물(氵)이 넓게(工) 흐르는 강. ▶村(마을 촌) 湖(호수 호)
江南(강남)　江北(강북)　江村(강촌)　江湖(강호)　漢江(한강)
*工 : 넓은 강폭을 나타냄. 巛 내 천 巜 큰도랑 괴 〈 도랑 견

1, 2급 한자

匣 궤 갑　　갑옷(甲) 등을 넣어 두는 상자(匚 상자 방) 같은 궤　　　文匣(문갑)
閘 물문 갑　물을 막거나(甲) 열어 수위 조절하는 문(門)인 물문　　閘門(갑문)

🔹 甲午更張(갑오경장) : 조선 고종 31년(1894년, 갑오년)에, 김홍집 등의 개화파들이 민씨 일당의 수구파(守舊派) 정권을 물리치고 정치 제도를 근대적으로 개혁(改革)한 일

🔹 甲子士禍(갑자사화) : 조선 연산군 10년(1504년), 연산군(燕山君)이 어머니 윤씨의 폐위(廢位) 사실을 알고, 성종의 후궁들과 왕자, 그리고 십여 명의 신하들을 죽인 사건

📖 降 剛 綱 鋼 康

降 내릴 강, 항복할 항 (4급 阜부 9획)	언덕(阝 언덕 부)을 천천히(夂 천천히걸을 쇠), 소(牛 소 우)가 걷듯이 **내려온다**. 여기서 성이나 말에서 내려와 항복의 뜻. 降雨(강우) 降版(강판) 昇降機(승강기) 降伏(항복)
剛 굳셀 강 (3Ⅱ 刀부 10획)	변치 않는 산등성이(岡)처럼 칼(刂)에도 굴하지 않아 **굳세다**. 剛健(강건) 剛直(강직) 外柔內剛(외유내강) *岡(산등성이 **강**) : 그물(网)처럼 이어져 솟아(山) 있는 **산등성이**.
綱 벼리 강 (3Ⅱ 糸부 14획)	산등성이(岡)처럼 둥근 그물 둘레를 연결한 실(糸)인 **벼리**. 綱領(강령) 紀綱(기강) 三綱五倫(삼강오륜) *벼리 : 그물코를 꿰어 오므렸다 폈다 하는 **가장 중요한** 줄.
鋼 강철 강 (3Ⅱ 金부 16획)	쇠(金) 중 강하고 단단하여, 변치 않는 산등성이(岡)처럼 그 모양(模樣)이 잘 변하지 않는 **강철**. 鋼鐵(강철) 鋼板(강판) 製鋼(제강) 鐵鋼(철강)
康 편안할 강 (4Ⅱ 广부 11획)	집(广 집 엄)에서 손(彐)으로 물(氺=水)을 길으니 **편안함**. 健康(건강) 康寧(강녕) : 몸 건강하고 마음 편함. ▶健(튼튼할 건) *彐(손 **계**) : 갈라져 있는 손의 **손가락**. 寧(평안할 녕)

1, 2급 한자

糠 쌀겨 강	쌀(米)을 먹기 편하게(康) 쓿을 때 나오는 **쌀겨**	糟糠之妻(조강지처)

💡 **糟糠之妻 不下堂(조강지처 불하당)** : 지게미(糟 지게미 조)와 쌀겨(糠 쌀겨 강)
　　　　　　　　　　　　　　먹으며 함께 고생한 아내는 집에서 내보내지 않음

같은 자모(字母)를 가지고 있으나 음이 다르게 표기되는 경우

> ㄱ
ㅇ
ㆁ
>
> 可(옳을 가) - 阿(언덕 아) - 河(물 하) 覺(깨달을 각) - 學(배울 학) 干(방패 간) - 岸(언덕 안)
> *降(내릴 강, 항복할 항) 見(볼 견, 나타날 현) → 하나에서 갈라져 나온 두 개의 음

強 講 介 改 皆

強 強할 강 (6급 弓부 12획)
활(弓)처럼 둥글고 입(口) 큰 딱정벌레(虫)의 힘이 **강하다**.
強國(강국) 強度(강도) 強力(강력) 強壓(강압) 強直(강직)
*虫(벌레 충) : 사리고 있는 **뱀**이나 **작은 벌레** 모양.

講 강론할 강 (4Ⅱ 言부 17획)
말(言)로 얽혀(冓 엇걸어쌓을 구) 있는 내용을 **자세히 설명하다**. 講壇(강단) 講論(강론) 講士(강사) 講義(강의)
*冓 : 우물틀(井) 쌓듯, 거듭해서(再 거듭 재) **엇걸어 쌓은 모양**.

介 끼일 개 (3Ⅱ 人부 4획)
사람(人) 둘(丿丨) 사이에 **끼이다**.
介入(개입) 介在(개재) 媒介(매개) 仲介(중개)
介意(개의) : 마음에 두고 걱정함. ▶ 媒(중매 매)

改 고칠 개 (5급 攵부 7획)
몸(己 몸 기)에 매를 대서(攵)라도 잘못을 **고치다**.
改良(개량) 改名(개명) 改善(개선) 改正(개정) 改革(개혁)
*攵(칠 복) : 사람(一)이 뭔가 들고 이리(丿)저리(乀) **치다**.

皆 다 개 (3급 白부 9획)
비교(比)할 것도 없이 **다** 같이 찬성의 말(白 말할 백)을 한다 하여. 皆勤(개근) 皆兵(개병) 皆骨山(개골산)
*比(견줄 비) : 두 사람을 **나란히** 세워놓고 **비교(比較)함**.

1, 2급 한자

芥 겨자 개	식물(艹) 중 반찬이나 음식에 끼어들어가는 **겨자**	芥子(개자)
偕 함께 해	사람(亻)이 모두 다(皆) 같이 살아간다 하여 **함께**	偕老(해로)
楷 해서 해	반듯하게 자라는 나무(木)처럼 모든(皆) 글자를 바르게 다듬어 만든 서체인 **해서(楷書)**	
諧 익살 해	말(言)·행동을 재미있게 하여 모두(皆)를 웃기는 **익살**	諧謔(해학)

🔹 해서(楷書) : 여러 글자체를 통하여 한(漢, BC 202~AD 220년)말에 글자의 체계(體系)가 잡혀 해서(현재의 正字)가 만들어져 지금까지 쓰임.

個 開 蓋 慨 概

個 낱 개 (4Ⅱ 人부 10획)
사람(亻)마다 굳게(固) 가지고 있는 개성으로, 이처럼 개인행동을 한다 하여 낱낱. 個別(개별) 個性(개성)
*固(굳을 고) : 성곽(口 에워쌀 위)이 쌓은지가 오래되(古) 굳어짐.

開 열 개 (6급 門부 12획)
문(門 문 문)의 빗장(一)을 들어(廾) 열다.
開發(개발) 開放(개방) 開業(개업) 開閉(개폐) 開學(개학)
*廾(들 공) : 두 손으로 드는 모양. '卄(스물 입)'의 변형.

蓋 덮을 개 (3Ⅱ ++부 14획)
풀(卄)로 안 보이게(去) 그릇(皿 그릇 명)을 덮는다.
蓋然性(개연성) : 그러하리라고 생각되는 성질. 覆蓋(복개)
*去(없앨 거) : 흙(土) 밟고 각자(厶 ← 私) 가게 하여 없애다.

慨慨 슬퍼할 개 (3급 心부 14획)
이미(旣 이미 기) 지난 일에 대한 아쉬움에 마음(忄)이 슬프다.
慨歎(개탄) 感慨無量(감개무량) 憤慨(분개) ▶ 憤(성낼 분)
*旣 : 쌀밥(白)을 수저(匕)로 먹어 이미 없다(旡 없을 무) 하여.

槪概 대강 개 (3Ⅱ 木부 15획)
만들기 전에 나무(木)로 미리(旣 이미 기) 모양을 대강 만듦.
槪念(개념) 槪略(개략) 槪論(개론) 槪要(개요)
*旡(없을 무) : '天'의 변형자로, 하늘은 텅 비어 아무것도 없음.

1, 2급 한자

漑 물댈 개   물(氵)이 이미(旣) 흐르는 곳에서 끌어 물을 대다.   灌漑(관개)

- 開門納賊(개문납적) : 문을 열어 도둑을 맞아들임. 스스로 화(禍)를 만듦
- 蓋棺事定(개관사정) : 관 뚜껑을 덮은 후에야 비로소 생전의 공과 실을 알 수 있음
- 蓋世之才(개세지재) : 세상(世上)을 덮을 만한 재주를 가진 인재(人才)

客巨拒距去

客 손 객 (5급 宀부 9획)	남의 집(宀 집 면)에 각자(各) 드나드는 **손님**. 客觀(객관) 客室(객실) 主客顚倒(주객전도) ▶顚(꼭대기 전) *各(각각 각) : 앞 사람과 뒷(夂 뒤져올 치) 사람 말(口)이 **각각 다르다**.
巨 클 거 (4급 工부 5획)	'ㄷ' 자 모양의 큰 자를 손에 쥔 모양에서 **크다**. 巨金(거금) 巨大(거대) 巨物(거물) 巨富(거부) 巨商(거상) 巨視的(거시적) : 전체를 크게 파악하여 보는 것. ↔微(미)視的
拒 막을 거 (4급 手부 8획)	손(扌 손 수)을 크게(巨 클 거) 휘저으며 **막는다**. 拒否(거부) 拒逆(거역) 拒絶(거절) 抗拒(항거) ▶否(아닐 부) 逆(거스릴 역) 絶(끊을, 막을 절) 抗(막을 항)
距 거리 거 (3Ⅱ 足부 12획)	발(足 발 족)을 크게(巨) 벌린 것처럼 떨어진 **거리**. 距離(거리) ▶離(떼놓을 리) *足(발 족) : 무릎 아래의 발 모양. *足 = 𧾷
去 갈, 없앨 거 (5급 厶부 5획)	흙(土)을 밟고 각자 개인(厶 사사 사)이 **간다**. **지난 일**, **없애다**. 去來(거래) 過去(과거) 去勢(거세) : 동물의 생식기를 없앰. *厶 : **팔꿈치** 구부려 자기 이익만을 챙긴다 하여 **사사롭다**. 개인.

▶犢(송아지 독) 截(끊을 절) 疎(멀어질 소)

- 去官留犢(거관유독) : 벼슬을 물러날 때 송아지를 두고 감. - 암소가 끄는 수레를 타고 부임한 현령이 1년 후 그 암소가 송아지를 낳았는데 전임할 때 두고 갔다는 고사
- 去頭截尾(거두절미) : 머리와 꼬리를 자름. 앞뒤의 사설은 빼고 요점만 말함
- 去者莫追(거자막추) : 가는 사람은 붙잡지 않음
- 去者日疎(거자일소) : 가까운 사람도 멀리 가거나 죽으면 점점 정이 멀어짐
- 去弊生弊(거폐생폐) : 폐단(弊端)을 없애려다 도리어 딴 폐단이 생김

居車據擧件

居 살 거 (4급 尸부 8획)
집(尸 지붕 시)에서 오래(古 오랠 고) 살다.
居留(거류) 居室(거실) 居住(거주) 居處(거처) 隱居(은거)
*古 : 열(十) 사람 입(口)을 통한 것은 이미 오래 된 옛 것.

車 수레 거,차 (7급 車부 7획)
두(二) 바퀴 달린 수레. 自轉車(자전거) 車道(차도) 電車(전차)
車馬費(거마비) : (차나 말을 타는 비용이라는 뜻으로) '교통비(交通費)'를 달리 이르는 말. ▶ 轉(구를 전) 道(길 도) 費(쓸 비)

據  拠 증거 거 (4급 手부 16획)
사람은 손(扌)에, 범(虍 범 호)과 멧돼지(豕 돼지 시)는 동굴에 의지해 산다는 데서 의거(依據)하다. 근거하다.
根據(근거) 論據(논거) 占據(점거) 準據(준거) 證據(증거)

擧 挙 들 거 (5급 手부 18획)
찬성의 뜻으로 손(手) 들어준다(與). 擧國(거국) 擧動(거동)
*與(줄 여) : 한(一) 사람이 몸 구부려(𠆢 ← 굽은사람 인) 절굿공이(丨)로 절구(臼 절구 구)를 찧고 한(一) 사람은 손(八)으로 뒤집는 모양에서, 일에 참여(參與)한 사람에게 만든 음식 나누어 주다.

件 조건 건 (5급 人부 6획)
사람(亻)이 소(牛)를 고를 때 따지는 여러 조건(條件).
件數(건수) 物件(물건) 事件(사건) 用件(용건)
*牛(소 우) : 소를 옆에서 보고 그린 자. ▶ 條(가지 조)

1, 2급 한자

軋 삐걱거릴 알	수레(車)가 고르지 못한 길(乚)을 갈 때 **삐걱거림**		軋轢(알력)
轢 삐걱거릴 력	수레바퀴(車)가 돌 때 소리(樂 악기 악)가 나며 **삐걱거림**		
輯 모을 집	돌아다니며(車) 묻고(口) 들어(耳) 자료 등을 **모으다**.		編輯(편집)

📖 **居安思危(거안사위)** : 편안할 때 위태(危殆)로움을 생각하여 대비(對備)함

📖 **擧案齊眉(거안제미)** : 밥상을 눈썹위로 받들어 올림. 아내가 남편을 극진히 받듦

거건걸

建健乾乞傑

建 세울 건
(5급 廴부 9획)

붓(聿 붓 율)으로 법을 써서 변방까지 멀리(廴) 보내어 나라의 기강을 바로 세운다. 建國(건국) 建設(건설)
*廴(길게걸을 인) : 다리를 끌며 길게 걸어가는 모습을 그린 자.

健 튼튼할, 자주 건
(5급 人부 11획)

사람(亻)이 바르게 서(建) 있어 튼튼하다. ▶ 康(편안할 강)
튼튼하니 일 등을 많이 자주한다 하여. 忘(잊을 망)
健康(건강) 健兒(건아) 健全(건전) 健忘症(건망증)

乾 하늘 건
(3Ⅱ 乙부 11획)

나뭇가지(十十) 사이로 해(日) 돋으면 사람(一) 일어나듯 새(乙 새 을) 날아오르는 하늘. 해 돋은 하늘에 의하여 사물이 마르다.
乾杯(건배) 乾魚物(건어물) 乾燥(건조)

乞 빌 걸
(3급 乙부 3획)

사람(一)이 새(乙 새 을)처럼 몸을 구부리고 구걸하다.
乞食(걸식) 乞人(걸인) 求乞(구걸) ▶ 求(구할 구)
*亻 사람인변 儿 어진사람 인 ⺈ 굽은사람 인 ⼂ 누운사람 인

傑 뛰어날 걸
(4급 人부 12획)

사람(亻)의 두 발(舛)이 단상(木)에 있으니 뛰어나다.
傑作(걸작) 傑出(걸출) 人傑(인걸) 豪傑(호걸) ▶ 豪(클 호)
*舛(발엇갈릴 천) : 고기(夕 고기조각 석)와 소(⺧ ← 牛의 축약). 즉 쇠고기를 먹는다는 것은 좋은 일이기에 발 엇갈려 춤추는 모양.

1, 2급 한자

鍵 열쇠 건 쇠(金 쇠 금)로 만들어, 서(建) 있는 빗상을 여는 열쇠   關鍵(관건)
腱 힘줄 건 몸(月 육달 월=肉)을 세우는(建) 힘줄   腱反射(건반사) 아킬레스腱

📎 태극기(太極旗)의 4 괘(卦)

乾(하늘 건) : 8괘의 하나. 모양은 「☰」. 양의 괘로 하늘을 나타냄
坤(땅 곤) : 8괘의 하나. 모양은 「☷」. 음의 괘(卦)로 땅을 나타냄
坎(구덩이 감) : 8괘의 하나. 모양은 「☵」. 물을 상징(象徵)함
離(떨어질 리) : 8괘의 하나. 모양은 「☲」. 불을 상징함

儉劍檢格隔

儉 儉
검소할 검
(4급 人부 15획)

사람(亻) 여럿(僉)이 함께 잘 살려면 **검소해야** 함.
儉素(검소) 儉約(검약) 勤儉節約(근검절약) ▶勤(부지런할 근)
*僉(여러 첨) : 사람(人人) 의견(口口)을 모은다(亼)는 데서 **여럿**.

劍 剣
칼 검
(3Ⅱ 刀부 15획)

무술 연마한 여러(僉) 사람이 차고 다니는 칼(刂)인 **검**.
劍客(검객)　劍道(검도)　劍舞(검무)　劍術(검술)
*亼(모을 집) : 사람(人)을 한(一) 곳에 **모으다**.

檢 検
검사할 검
(4Ⅱ 木부 17획)

재목으로 쓸 나무(木)를 여럿(僉)이 살피거나 **검사함**.
檢問(검문)　檢査(검사)　檢算(검산)　檢視(검시)　檢察(검찰)
*僉(여러 첨) : 사람들(人人) 의견(口口)을 모은다(亼) 하여 여럿.

格
모양 격
(5급 木부 10획)

나무(木)에도 나름대로 각각(各)의 **모양** 있음. 格式(격식)
格言(격언) : 속담, 고사성어처럼 사리에 들어맞으며 교훈적인 말.
*各(각각 각) : 앞과 뒷(夂 뒤져올 치) 사람 말(口)이 **각각 다르다**.

隔
사이 격
(3Ⅱ 阜부 13획)

떨어져 있는 양쪽 언덕(阝) 같은 곳에 솥(鬲)을 거는 데서 **떨어져 있는 사이**. 隔離(격리)　隔世之感(격세지감)
*鬲(솥 력) : 오지병 또는 굽은 다리가 셋 달린 큰 솥.

1, 2급 한자

僉 여러 첨　　사람들(人人) 의견(口口)을 모은다(亼)는 데서 **여럿**.
　　　　　　　僉知(첨지) : 나이 많은 사람을 낮추어 일컫는 말.

斂 거둘 렴　　여럿(僉)을 다그쳐서(攵 칠 복) **거두다**.　　　　　意見收斂(의견수렴)

殮 염할 렴　　죽으면(歹) 여럿(僉)이 함께 죽은 사람을 염(殮)**하다**.
　　　　　　　殮布(염포) : 염습할 때 시체(屍體)를 묶는 일.

▶ 苛斂誅求(가렴주구) : 가혹(苛酷)하게 세금(稅金) 따위를 거두거나 하는 정치(政治)

▶ 殮襲(염습) : 죽은 이의 몸을 씻기고 옷을 입히고 염포로 묶는 일　▶襲(염할 습)

검격견

激擊犬見肩

激 격할 격 (4급 水부 16획)	물(氵)이 바위에 부딪치는(敫) 모양이 **심하다**. 激動(격동) 激烈(격렬) 激憤(격분) 激鬪(격투) 過激(과격) *敫(칠 약) : 햇살(白) 퍼져(放 놓을 방) 물체에 부딪치다, 치다.
擊 撃 칠 격 (4급 手부 17획)	수레(車 수레 거)에서 빠지기 쉬운 바퀴를 보강한(凵 입벌릴 감) 전차를 타고 창(殳 창 수)을 손(手)에 들고 **치다**. 擊退(격퇴) 攻擊(공격) 射擊(사격) 遊擊隊(유격대)
犬 개 견 (4급 犬부 4획)	앞발 들고 있는 **개**. 軍犬(군견) 珍島犬(진도견) 愛犬(애견) 犬猿之間(견원지간) : 개와 원숭이 사이. 사이가 매우 나쁜 관계.
見 볼 견, 나타날 현 (5급 見부 7획)	사람이 눈(目)으로 서서(儿) **본다**. 보이게 **나타나다**. 見聞(견문) 見學(견학) 發見(발견) 意見(의견) *儿(어진사람 인) : 걷는 사람의 **다리**. 사람의 뜻으로 많이 쓰임.
肩 어깨 견 (3급 肉부 8획)	문(戶)처럼 몸(月 육달 월)에서 딱 벌어진 **어깨**. 肩骨(견골) 肩章(견장) 肩着(견착) 兩肩(양견) *戶(외짝문 호) : 열고 닫는 문이 하나만 달린 **방**이나 **집**.

1, 2급 한자

檄 격문 격	나무(木)에 적을 진다(敫)는 등의 급한 내용을 적어 붙인 **격문(檄文)**
邀 맞이할 요	적을 치러(敫) 간다(辶 갈 착)는 데서 **맞이하다**는 뜻 邀擊(요격)

- 犬馬之勞(견마지로) : 윗사람에게 충성을 다하는 자신의 수고를 낮추어 하는 말
- 見利思義(견리사의) : 눈앞의 이익이 보일 때 그것이 옳은지를 생각한다.
- 見蚊拔劍(견문발검) : 모기 보고 칼 빼기. 대수롭지 않은 일에 크게 대처함

가나다순 한자

堅牽絹遣決

堅 굳을 견
(4급 土부 11획)

건물 세울 수 있게 다져진 **굳은**(臤) 지반(土)이라 하여,
堅固(견고) 堅實(견실) 堅持(견지) ▶ 持(가질 지)
*臤(굳을 간) : 신하(臣)가 두 손(又) **굳게** 맞잡고 서 있는 모양.

牽 끌 견
(3급 牛부 11획)

검은(玄) 천을 덮어(冖 덮을 멱) 소(牛 소 우)를 **끌다**.
牽引(견인) 牽制(견제) 牽強附會(견강부회) 牽牛織女(견우직녀)
*玄 : 하늘 덮은(亠) 작은(幺) 황사가 햇빛을 가려 빛이 **어두움**.

絹 비단 견
(3급 糸부 13획)

누에(肙)에서 나온 실(糸)로 짠 **명주**(明紬), **비단**.
 絹紗(견사) 絹織物(견직물) 人造絹(인조견) ▶ 紬(명주 주)
*肙(벌레 연) : 보기에 입(口)과 몸통(月)으로 된 **작은 벌레**.

遣 보낼 견
(3급 辶부 14획)

중앙(中)에서 한(一) 사람을 뽑아 임무를 주어 언덕(𠂤) 넘어 멀리 **보내다**(辶). 派遣(파견) ▶ 派(나누어보낼 파)
*𠂤(쌓일 퇴) : 여러 개가 겹쳐 쌓여 있어 **쌓이다, 많다, 언덕**.

決 정할 결
(5급 水부 7획)

중요한 물꼬(氵=水)를 틀까(夬) 말까를 **정한다**는 뜻.
決算(결산) 決選(결선) 決心(결심) 決定(결정) 表決(표결)
*夬(터놓을 쾌) : 사람(大)이 활(弓) 당기어 벌린 모양에서 **터놓다**.

1, 2급 한자

鵑 두견새 견 — 누에(肙)가 실을 토하듯, 애절하게 우는 새(鳥)인 **두견새**. 杜鵑(두견)

捐 낼 연 — 손(扌)으로 누에(肙)가 실을 토해 내듯, **재물을 내다**.
義捐金(의연금) : 어떤 사회적 공익(公益)을 위하여 금품을 냄

抉 도려낼 결 — 손(扌)으로 썩은 부분 등을 터서(夬) **도려내다**.
剔抉(척결) : 송두리째 파헤쳐 깨끗이 없앰   ▶ 剔(뼈바를 척)

● 杜鵑(두견) : 1. 두견이. 2. '진달래'의 딴 이름
● 두견이 : 다른 새의 둥우리에 알을 낳아 다른 새의 어미에 의해서 길러지는 새

缺 訣 結 潔 兼

缺 欠
빠질 결
(4Ⅱ 缶부 10획)

그릇(缶) 일부가 깨져(夬) 모자라다, 빠지다.
缺格(결격) 缺勤(결근) 缺席(결석) 缺員(결원)
*缶(질그릇 부) : 배 불룩하고 아가리 좁은 질그릇.

訣
헤어질 결
(3Ⅱ 言부 11획)

할 말(言)을 터놓고(夬) 한 후 헤어지다. 이것도 비결(秘訣).
訣別(결별) 永訣(영결) : 죽은 사람과 영원히 이별함.
*夬(트일 쾌) : 사람(大)이 당기는 활(弓)의 한쪽이 트인 모양.

結
맺을 결
(5급 糸부 12획)

실(糸 실 사) 매듯, 좋은(吉) 날 택해 계약 등을 맺다.
結果(결과) 結局(결국) 結末(결말) 結實(결실) 結婚(결혼)
*吉(좋을 길) : 고매한 인품의 선비(士)의 말(口)은 참되고 좋다.

潔 潔
깨끗할 결
(4Ⅱ 水부 15획)

삼(丯)을 칼(刀)로 베어 가른 실(糸)을 물(氵)에 빨아 실이 깨끗하다. 潔白(결백) 不潔(불결) 純潔(순결) 淸潔(청결)
*丯(무성할 봉) : 많은(三) 풀이 흙 뚫고(丨뚫을 곤) 나와 무성함.

兼 兼
겸할 겸
(3Ⅱ 八부 10획)

벼(禾 벼 화) 둘을 한(一) 손(彐)에 쥐고 있는 모양에서 겸하다.
兼備(겸비) 兼業(겸업) 兼用(겸용) 兼職(겸직)
*彐(손 계) : 갈라져 있는 손가락. 손의 뜻으로 많이 쓰임.

1, 2급 한자

| 慊 찐덥지않을 겸 | 마음(忄)이 여러(兼) 개, 즉 흐뭇하지 아니하나는 뜻 | 慊然(겸연)쩍다 |
| 嫌 싫어할 혐 | 남자는 여자(女)가 마음을 겸해(兼) 가짐을 싫어한다. | 嫌惡(혐오) |

- 祝 結婚(결혼) : 정식(正式)으로 부부(夫婦) 관계(關係)를 맺음을 축하(祝賀)함
- 祝 華婚(화혼) : 눈부시게 아름다운 혼인(婚姻)의 뜻으로 남의 혼인을 축하하여 이르는 말로 보통 여자 쪽에 많이 쓰임
- 祝 壽宴(수연) : 환갑(還甲)이나 오래 산 것을 축하(祝賀)하는 잔치로 나이에 관계없이 일반적(一般的)으로 가장 많이 쓰임

📖 謙京景更硬

謙 謙 겸손할 겸 (3Ⅱ 言부 17획)	사양한다는 말(言)을 거듭(兼)한다 하여 **겸손하다**. 謙遜(겸손) 謙讓之德(겸양지덕) : 겸손하고 양보하는 미덕.
京 서울 경 (6급 亠부 8획)	높이(高 높을 고의 줄임) 솟아 있는(小) 궁성 모양으로 나라를 다스리는 궁성 있는 **서울**.　▶ 畿(경기 기) 京畿(경기) 京城(경성) 上京(상경) : (시골에서) 서울로 올라옴.
景 볕 경 (5급 日부 12획)	해(日)가 궁(京) 비추는 모양에서 **밝거나 볼 만한 곳**. 景觀(경관) 景氣(경기) 景致(경치) 夜景(야경) 絕景(절경)
更 고칠 경, 다시 갱 (4급 日부 7획)	한마디(一)의 말(日)이라도 틀렸을 때에는 이를 바르게 **고쳐**서, **다시** 말함이 사람(人)의 도리. **밤**. 三更(삼경) 更新(갱신) : 다시 새로워지거나 새롭게 함.　[면허증 갱신] 更新(경신) : (지금까지 있던 것을) 고쳐 새롭게 함. [기록 경신]
硬 굳을 경 (3Ⅱ 石부 12획)	흐르는 용암이 돌(石)과 같이 다시(更 다시 갱) 단단하게 **굳음**. 硬度(경도) 硬直(경직) 強硬(강경) 肝硬化(간경화)

1, 2급 한자

鯨 고래 **경**　　물고기(魚)가 서울(京)의 궁처럼 큰 **고래**. 捕鯨(포경)
憬 그리워할 **경**　마음(忄)으로 보기 좋은(景) 것에 대해 **그리워하다**.　憧憬(동경)
梗 막힐 **경**　　나무(木)로 만든 틀로 야간(更 밤 경) 통행을 막아 길이 **막히다**.
　　　　　　　梗塞(경색) : 흐르지 못하고 막힘. [자금경색, 심근경색]　▶ 塞(막힐 색)

🔵 畿(경기) : 임금이 사는 궁을 중심으로 3리에 성(城)이 있고 7리에 곽(廓)이 있어 성곽(城郭) 안 10리
(4km)를 경(京)이라 했다. 곽 바깥 100리를 교(郊), 교에서 100리를 전(甸 경기 전)이라 하여 경
(京) 200리 안쪽을 경기라 했다(고려 헌종 때 정함). 중국은 경(京)에서 500리 안쪽을 기(畿)라 함.

庚 耕 徑 經 輕

庚 천간 경 (3급 广부 8획)
손(⺕)에 쥔 방패로 사람(人)이 몸을 가리듯(广 가릴 엄) 하늘에 있는 **일곱째 천간(天干)**. 庚戌國恥(경술국치)
*⺕(손 **계**) : 갈라져 있는 손의 **손가락**을 그린 자.

耕 밭갈 경 (3Ⅱ 耒부 10획)
쟁기(耒)로 가로 세로(井 우물 정)로 **밭을 갈다**.
耕作(경작) 耕地(경지) 農耕(농경) 晝耕夜讀(주경야독)
*耒(쟁기 **뢰**) : 잡초(丰 무성할 봉) 갈아엎는 나무(木)로 된 쟁기.

徑 径 지름길 경 (3Ⅱ 彳부 10획)
물줄기(巠) 따라가는(彳 갈 척) 것이 빠른 **지름길**.
半徑(반경) 直徑(직경) 捷徑(첩경) ▶捷(이길 첩)
*巠(물줄기 **경**) : 한(一) 줄기에서 내(巛)와 강(工)이 되는 **물줄기**.

經 経 책,지날,다스릴 경 (4Ⅱ 糸부 13획)
물 흐르듯(巠) 조리 있게 써 엮은(糸) **책**. 물 흐르듯(巠) 베틀을 실(糸)이 **지나간다**. 베 짤 때 실(糸) 얽히지 않도록 짜듯, 세상을 물 흐르듯(巠) 잘 **다스린다**.
經過(경과) 經歷(경력) 經營(경영) 經濟(경제) 聖經(성경)

輕 軽 가벼울 경 (5급 車부 14획)
수레(車 수레 거)가 물 흐르듯(巠) 가는 것은 **가볍기**에.
輕量(경량) 輕率(경솔) 輕油(경유) 輕音樂(경음악)

1, 2급 한자

莖 줄기 경 물이 흐르듯(巠) 쭉 뻗은 풀(艹)의 줄기 陰莖(음경)
痙 심줄당길 경 병(疒)으로 인해 몸에 물 흐르듯(巠) 뻗은 **심줄 당기다**. 痙攣(경련)
頸 목 경 물줄기(巠) 같이 생겨 머리(頁)와 연결된 목 ▶刎(목벨 문)
  刎頸之交(문경지교) : 목을 베어 줄 수 있을 정도의 절친한 사귐

💧 經濟(경제) : 세상을 잘 다스려 백성을 구제한다. 경세제민(經世濟民)의 준말.
  - 경제는 사람이 살아가는데 있어 가장 중요한 사항이나 인간은 경제 발전이라는 명목 아래 자연을 파괴, 그 대가로 경제 성장을 이루어 왔다. 이제는 사람을 잘 다스려 자연을 보호하여 세계(世界)를 구제하는 경인제세(經人濟世)의 경제(經濟)가 되어야 할 것이다.

卿 竟 境 鏡 頃

卿 卿 벼슬 경 (3급 卩부 12획)	희고(白) 긴(丨) 두(二) 개의 이를 가진 토끼(卯)처럼 모든 일을 사심이 없이 행하는 **벼슬**. 樞機卿(추기경) *卯(토끼 묘) : 뒷다리(卩무릎 절) 긴 **토끼**가 앉아 있는 모양.
竟 마칠 경 (3급 立부 11획)	소리(音)를 사람(儿 어진사람 인)이 질러 오래 해 온 어려운 일을 마침내 마침. 畢竟(필경) : 마침내, 결국에는 *音(소리 음) : 사람이 서서(立) 입(日 말할 왈) 으로 내는 **소리**.
境 지경 경 (4Ⅱ 土부 14획)	영토(土)가 끝나는(竟 마칠 경), 즉 땅의 경계인 지경(地境). 境界(경계) 境內(경내) 國境(국경) 環境(환경)
鏡 거울 경 (4급 金부 19획)	금속(金)을 갈고 닦으니 마침내(竟) 거울이 됨. 內視鏡(내시경) 望遠鏡(망원경) 眼鏡(안경) 顯微鏡(현미경)
頃 잠깐 경 (3Ⅱ 頁부 11획)	비수(匕 비수 비)에 목(頁)을 찔러 목숨이 잠깐 사이에 끊어짐. 頃刻(경각) 萬頃蒼波(만경창파) : 끝없이 넓고 푸른 바다. *頁(머리 혈) : 사람 **머리**(一)에서 얼굴(自), 목(丿、)까지 신체.

📘 樞機(추기) : 문의 지도리와 쇠뇌의 방아쇠. 사물의 가장 중요한 곳. ▶ 樞(지도리 추)

📘 樞機卿(추기경) : 로마 카톨릭교회(敎會)에서 교황(敎皇)을 뽑고 보좌(補佐)하며 해당 구역(區域)의 교회를 총괄(總括)하는 성직자(聖職者)를 일컫는다.

📘 破鏡(파경) : 깨진 거울. 부부가 영영 합칠 수 없음을 뜻한다. 즉 이혼(離婚).
　　전쟁으로 떨어져 있게 된 부부가 다시 만날 기회가 있을 경우를 대비해 거울을 쪼개어 한쪽씩 가지게 되었다. 전쟁이 끝나고 남편이 부인을 찾고 있을 때 어느 시장에서 깨진 반쪽 거울을 파는 여인이 있다고 하여 가서 보니 바로 아내였던 것이었다는 고사(故事)가 지금은 이혼(離婚)을 뜻하게 되었다.

暇 佳 街 家 價

傾 기울 경 (4급 人부 13획)
사람(亻)의 생각이 잠깐(頃) 사이에 기울어짐.
傾斜(경사) 傾聽(경청) 傾向(경향) 左傾(좌경)

慶 경사 경 (4Ⅱ 心부 15획)
사슴(鹿 사슴 록의 축약) 한(一) 마리를 축하하는 마음(心)으로 가지고 간다(夊 걸을 쇠) 하여 경사의 뜻.
慶事(경사) 慶州(경주) 慶祝(경축) 國慶日(국경일)

敬 공경할 경 (5급 攵부 14획)
구차한(苟) 마음의 나를 매로(攵 칠 복) 혼내는 이를 공경한다.
敬禮(경례) 敬老思想(경로사상) 敬天愛人(경천애인)
*苟(구차할 구) : 풀성귀(艹)만 싸서(勹 쌀 포) 먹고(口) 사니 구차하다.

警 경계할 경 (4Ⅱ 言부 20획)
공경하는(敬) 자세로 말한다(言) 하여 조심, 경계하다.
警戒(경계) 警告(경고) 警備(경비) 警察(경찰) 警護(경호)
*攵(칠 복) : 사람(一)이 뭔가 들고 이리(丿)저리(乀) 치다.

驚 놀랄 경 (4급 馬부 23획)
조심성(敬 공경할 경) 많은 말(馬)이 잘 놀란다.
驚氣(경기) 驚異(경이) 驚天動地(경천동지) 驚歎(경탄)

- 傾城美人(경성미인) : 성주(城主)가 혹하여 성이 기울 정도로 썩 뛰어난 미녀(美女).
- 傾國之色(경국지색) : 임금이 혹하여 국정(國政)을 게을리 함으로써 나라를 위태(危殆)롭게 할 정도의 미녀.
- 絕世佳人(절세가인) : 이 세상에서 비길 사람이 없을 만큼 아름다운 여자.
  ▶ 絕 : 뛰어나 극에 이르다는 뜻.
- 驚天動地(경천동지) : 하늘이 놀라고 땅이 움직일 정도로 놀라게 함.

競 系 係 戒 械

競 다툴 경 (5급 立부 20획)	서로 서서(立 설 립) 서로가 형(兄)이라는 데서 **다투다**. 競起(경기) 競馬(경마) 競賣(경매) 競爭(경쟁) 競合(경합) *兄(맏 형) : 아우에게 도움 말(口)을 해주는 사람(儿 어진사람 인)인 **형**.
系 이을 계 (4급 糸부 7획)	매듭(ノ)을 매어 실(糸)을 **이어나감**을 뜻함, 특히 위아래로 이어지는 **계보(系譜)** · **직계(直系)** · **계통(系統)**. 系列社(계열사) 家系(가계) 母系(모계) 體系(체계)
係 관계할 계 (4Ⅱ 人부 9획)	사람(亻)이 어떤 일과 이어져(系) 있어 **관계하다**. 係員(계원) 係長(계장) 關係(관계) ▶ 關(빗장 관) *亻'사람인변' 儿 어진사람 인 ⺈ 굽은사람 인 ⺈ 누운사람 인
戒 경계할 계 (4급 戈부 7획)	창(戈 창 과) 들고(廾) **경계(警戒)** · **주의(注意)하다**. 戒律(계율) 訓戒(훈계) 一罰百戒(일벌백계) *廾(들 공) : 두 손으로 드는 모양. 廿(스물 입)의 변형.
械 기계 계 (3Ⅱ 木부 11획)	나무(木)로 벌주기(戒) 위해 만든 **틀**. 후에 **기계**의 뜻. 機械(기계) : 동력으로 움직여서 일정한 일을 하게 만든 장치. 器械(기계) : 동력 장치를 지니지 아니한 구. [의료~. ~체조]

📝 **斷機之戒**(단기지계) : 짜던 베도 도중에 자르면 쓸모 없이 되듯, 학문(學問)도 꾸준히 계속(繼續)해야 함.
– 맹자(孟子)가 어렸을 때 공부(工夫)를 포기(抛棄)하고 집에 돌아오자, 그의 어머니가 짜고 있던 베를 자르며 "학문(學問)을 중도(中途)에 그만 둔 것은 짜고 있는 베를 끊는 것과 같다"고 하여 훈계(訓戒)하였다는 고사(故事)이다.

경계

 季 計 界 契 癸

季 계절 계 (4급 子부 8획)	벼(禾)나 곡식이 열매(子 열매 자) 맺는 **계절**(季節). 春季(춘계) 夏季(하계) 秋季(추계) 冬季(동계) *禾(벼 **화**) : 익으면 고개 숙이며(丿) 자라는(木) 벼, 곡식.
計 셈할 계 (6급 言부 9획)	말(言 말씀 언)로 수량을 십(十) 단위로 헤아리며 **셈하다**. 셈을 하여 계획(計劃)을 세운다 하여 **꾀하다**. 計略(계략) 計算(계산) 計測(계측) 時計(시계) 會計(회계)
界 지경 계 (6급 田부 9획)	밭(田) 사이에 끼여(介) 있는 경계선 즉 **지경(地境)**. 世界(세계) 外界(외계) 政界(정계) ▶ 政(다스릴 정) *介(끼일 **개**) : 사람(人) 둘(丿丨) 사이에 **끼이다**.
契 契 맺을 계 (3Ⅱ 大부 9획)	여러(丰) 내용을 새겨(刀) 큰(大) 계약 등을 **맺다**. 契機(계기) 契約(계약) 契丹(거란 = 글안 ← 글단 ▶ 契 종족이름 글) *丰(무성할 **봉**) : 많은(三) 풀이 흙을 뚫고(丨) 나와 **무성함**.
癸 천간 계 (3급 癶부 9획)	하늘(天)을 덮고(癶 덮을 발) 있는 **열째 천간(天干)**. 癸丑日記(계축일기) : 광해군(1623) 때에, 일기체로 기록한 글. *癶(덮을 **발**) : 윗부분을 넓게 **덮고** 있는 모양. ▶ 丑(소 축)

1, 2급 한자

楔 쐐기 설	나무(木)에 여러(丰 무성할 봉) 번 칼(刀)길히여 깍이 만든, 큰(大) 것을 고정하거나 쪼개는데 쓰는 **쐐기**. 楔形文字(설형문자)

- 甲骨文字(갑골문자) : 거북 등딱지나 짐승 뼈에 새긴, 중국 고대 상형 문자
- 象形文字(상형문자) : 물체 모양을 본떠 만든, 한자와 고대 이집트 문자
- 楔形文字(설형문자) : 쐐기 모양 글자로 기원전 3,500~1,000년 경에 바빌로니아, 고대 페르시아 등에서 쓰던 글자를 일컫는다. ▶ 楔(쐐기 설)

桂 啓 階 谿 鷄

桂 계수나무 계 (3Ⅱ 木부 10획)	나무(木) 껍질이 홀(圭)처럼 중요하게 쓰이는 계수나무. 桂林(계림) 桂皮(계피) 月桂冠(월계관) 月桂樹(월계수) *圭(홀 규) : 신하가 손에 들고 있는 잘 다듬어진 명판(名板).
啓 열 계 (3Ⅱ 口부 11획)	마음의 문(戶 외짝문 호)을 열도록 회초리로 치거나(攵 칠 복) 말(口)로 타이르며 인도(引導)하다, 가르치다. 啓導(계도) 啓蒙(계몽) 啓發(계발) 啓示(계시)
階 계단 계 (4급 阜부 12획)	언덕(阝)진 부분에 여러(皆 다 개) 개의 돌을 쌓아 만든 계단. 階級(계급) 階段(계단) 階層(계층) 段階(단계) *皆 : 비교할(比) 것도 없이 다 같은 말(白 말할 백)을 한다 하여.
溪 谿 시내 계 (3Ⅱ 水부 13획)	물(氵)에 손(爫)을 담글 수 있는 작거나(幺 작을 요) 큰(大) 시내. 溪谷(계곡) 碧溪(벽계) 淸溪(청계) 退溪(퇴계) *爪(손톱 조) : 긁어당기는 손톱 모양. *爪 = 爫 '손톱조머리'
鷄 鷄 닭 계 (4급 鳥부 21획)	손톱(爫 손톱 조)과 같이 작고(幺) 큰(大) 발톱으로 싸우는 새(鳥 새 조)인 닭. 鷄卵(계란) 養鷄(양계) 鬪鷄(투계) *幺(작을 요) : 실 뭉치 또는 웅크리고 있는 작은 아기 모습.

📖 **啓蒙主義(계몽주의)** : 17~18세기 영국, 프랑스, 독일 등지에서 전성기를 이루었던 사상(思想)으로, 계몽하여 봉건적(封建的)이고 권위적인 낡은 사상을 깨고 인간의 합리적인 이성에 바탕을 둔 인본주의(人本主義)를 실천하려 했던 철학(哲學).

📖 **鷄肋(계륵)** : 닭갈비라는 말로, 먹자니 먹을 것이 없고 그냥 버리자니 아까워 이러지도 저러지도 못하는 형편. 조조가 한중(漢中)을 평정 하였으나 그 곳을 지키자니 힘들고, 내어 주자니 아까워하고 있을 때 저녁 식사에 닭고기가 나왔다. 그 중 닭갈비를 먹으려 하니 막상 먹을 것이 없고 그냥 버리자니 아까운 것을 현재의 자신이 처해 있는 한중(漢中)을 닭갈비에 비유하여 그 날 밤 군호(軍號)로 하였던 데서 유래한다.

📖 繫繼告考高

繫 맬 계 (3급 糸부 19획)	수레(車) 바퀴가 벗어나지 않도록 양쪽에 나무를 덧대고(니) 여기에 비녀장(殳 창 수)을 꽂고 끈(糸)으로 얽어매다. 繫留(계류) : 붙잡아 매어 놓음. 連繫(연계)
繼 継 이을 계 (4급 糸부 20획)	작은(幺 작을 요) 실(糸 실 사)들을 여러 겹으로 잇다. 繼母(계모) 繼續(계속) 繼承(계승) 繼走(계주) 中繼(중계) *幺(작을 요) : **실 뭉치** 또는 웅크리고 있는 **작은** 아기 모습.
告 알릴 고 (5급 口부 6획)	소(牛의 축약)가 받으려 하자 위험을 소리쳐(口) 알린다. 告發(고발) 告白(고백) 告訴(고소) 警告(경고) 廣告(광고) *牛(소 우) : **소**를 옆에서 보고 그린 자. ▶訴(하소연할 소)
考 생각할 고 (5급 耂부 6획)	노인(耂 늙을 로)이 막힌(丂)일에 대하여 깊이 생각한다. 考古學(고고학) 考慮(고려) 考案(고안) ▶慮(생각 려) 案(생각 안) *丂(막힐 고) : 위(一)가 **막혀** 나아가지 못하고 구부러짐.
高 높을 고 (6급 高부 10획)	성곽(冂) 위에 높이 세워 만든 망루 모양에서 높다. 高校(고교) 高級(고급) 高度(고도) 高速(고속) 高手(고수) *冂(둘러쌀 경) : 멀리 둘러싸고 있는 **성곽** 또는 **둘러싸다**.

1, 2급 한자

鵠 고니, 과녁 곡	눈에 잘 띄어 일러진(告) 새(鳥)인 **고니**. 고니 같은 큰 새를 활로 겨냥하듯, 쏠 때 목표로 만들어 놓은 **과녁**. 正鵠(정곡)
拷 때릴 고	손(扌)으로, 생각해(考) 내라고 **때리다**. 拷問(고문)
敲 두드릴 고	손을 높이(高) 들어 **두드린다**(攴 칠 복). ▶推(밀 추, 밀 퇴) 推敲(퇴고) : 지은 시나 글의 자구(字句)를 여러 번 고친다는 뜻.

🔵 燕雀安知 鴻鵠之志哉(연작안지 홍곡지지재) : 연작이 어찌 홍곡의 뜻을 알리오.
소인(小人)이 어찌 대인(大人)의 큰 뜻을 알겠는가라는 뜻의 비유(比喩). ▶安(어찌 안)

稿古枯苦姑

稿
원고 고
(3Ⅱ 禾부 15획)

볏단(禾 벼 화) 높게(高) 쌓아 올린 볏짚. 벼이삭이 나옴으로 벼의 자람이 시작되듯, 처음 써 놓은 원고.
稿料(고료)　原稿(원고)　草稿(초고)　脫稿(탈고)　投稿(투고)

古
오랠 고
(6급 口부 5획)

열(十) 사람 입(口)을 통한 것은 이미 오래 된 옛 것.
古今(고금)　古代(고대)　古文(고문)　古書(고서)　古蹟(고적)
古典主義(고전주의) : 근대 유럽에서 일어난 예술 사조(思潮).

枯
마를 고
(3급 木부 9획)

나무(木) 오래되(古) 마르다. 또는 말라 없어지다.
枯渴(고갈)　枯死(고사)　枯葉(고엽)　枯木生花(고목생화) : 마른 나무에 꽃이 핌. 곤궁한 사람이 행운을 만남.

苦
쓸 고
(6급 ⺾부 9획)

약초(⺾)나 나물 등이 오래되(古) 쓰다. 쓰니 괴롭다.
苦樂(고락)　苦生(고생)　苦心(고심)　苦痛(고통)
*⺾(풀 초) : 풀 모양. '⺾'은 3획이 아닌 '++'과 같은 4획으로 셈.

姑
시어미, 할미 고
(3Ⅱ 女부 8획)

여자(女)가 오래(古) 살아 할머니나 시어미가 됨.
姑母(고모)　姑婦(고부)　姑從四寸(고종사촌) : 고모 아들이나 딸.
姑息之計(고식지계) : 아녀자가 꾸미듯, 당장 편함을 취하는 꾀.

1, 2급 한자

膏 기름 고　높이(高) 부어오른 몸(月)에 바르는 고약(膏藥). 이 같은 기름.
　　　　　　膏粱珍味(고량진미) : 기름진 고기와 곡식으로 만든 맛있는 음식.

藁 짚 고　　풀단(⺾)·장작(木)을 높이(高) 쌓듯, 탈곡 후 높이 쌓아 놓은 짚.
　　　　　　席藁待罪(석고대죄) : 거적 깔고 벌주기 기다림. 죄에 대한 처벌 기다림.

嚆 울 효　　입(口)으로 풀피리(⺾)를 불면 음이 높이(高) 올라가며 울다.

📖 嚆矢(효시) : 날아가며 우는 화살에서, 사물의 시초(始初)나 선례(先例)를 가리킴.
　- 옛 중국에서 우는 화살(嚆矢)을 적진에 쏨으로 개전(開戰)의 신호(信號)로 삼았다.

故 固 孤 庫 鼓

故 연고 고 (4Ⅱ 攵부 9획)
옛(古) 일을 들추어(攵) 그 까닭을 캐어본다 하여 **고향(故鄕)** · **연고(緣故)·죽음**. 故國(고국) 故事(고사) 事故(사고)
*攵(행할 복) : 사람(一)이 뭔가 들고 이리(丿)저리(乀) 행하다.

固 굳을 고 (5급 口부 8획)
쌓은 성곽(口 에워쌀 위)이 오래되(古) **굳어짐**.
固有(고유) 固定(고정) 固執(고집) 固體(고체) 堅固(견고)
*口 : 울타리나 성벽으로 **에워싼** 모양. '큰입구몸'이라고도 함.

孤 외로울 고 (4급 子부 8획)
오이(瓜) 덩굴이 먼저 마르고 오이만 남듯, 부모 잃은 홀아이(子)가 **외롭다**. 孤島(고도) 孤立(고립) 孤兒院(고아원)
*瓜(오이 과) : 끝이 구부러진 **오이가** 매달려 있는 모양.

庫 창고 고 (4급 广부 10획)
물건이나 수레(車 수레 거)를 넣어두는 집(广)인 **창고**.
寶庫(보고) 史庫(사고) 在庫(재고) 車庫(차고) 倉庫(창고)
*广(터진집 엄) : 한쪽이 터져 있는 **집, 어떤 용도로 쓰이는 집**.

鼓 북 고 (3Ⅱ 鼓부 13획)
음식(十) 제기(豆 제기 두)에 올리듯, 올려놓고 나뭇가지(支)로 치는 **북**. 鼓舞(고무) 鼓手(고수) 鼓笛(고적) 鼓吹(고취)
*支(지탱할 지) : 대나무 가지(十)를 손(又)에 **쥐고 있는** 모양.

1, 2급 한자

痼 고질병 고   병(疒 병질 녁)이 오래되어 굳은(固) **고질병**.   痼疾病(고질병)
錮 가둘 고   쇠(金) 창살 안에 단단히(固 단단할 고) **가두다**.   禁錮刑(금고형)
辜 허물 고   오래(古) 죄인(辛 죄인 신)으로 잘못 살은 **허물**.   無辜(무고)
做 만들 주   사람(亻)이 어떤 연고(緣故)에 따라 짓다, **만들다**.   做工夫(주공부)

◉ **工夫(공부)** : 1. '工夫'는 불교(佛敎)의 '주공부(做工夫)'에서 유래한 말로 불도(佛道)를 열심히 닦는 데에 있어서도 특히 '**참선에 진력하는 것**'이 본 뜻.

2. '工(장인 공)'은 기술적인 면을, '夫(지아비 부)'는 갓을 쓴 사람의 모양으로 **글로 이루어진** 면을 배우고 익힌다는 뜻을 가진 단어이다(중국어 발음 '쿵후'로 잘 알려져 있다).

顧 曲 谷 哭 穀

顧 돌아볼 고 (3급 頁부 21획)
한 일(雇 품살 고)에 대하여 머리(頁 머리 혈)를 돌려 뒤를 보듯, 돌아본다. 顧客(고객) 顧問(고문) 回顧錄(회고록)
*雇 : 집(戶)에서 기르는 새(隹)처럼, **품삯 주고 사람을 부리다**.

曲 굽을 곡 (5급 日부 6획)
입(口)의 혀(一)를 길게 내미니(ㅣㅣ) 구부러진다. 곡선을 이루는 악곡(樂曲).
曲線(곡선) 歌曲(가곡) 作曲(작곡)

谷 골짜기 곡 (3Ⅱ 谷부 7획)
갈라져(八) 있는 산(人)의 골짜기 입구(口)를 그린 자.
溪谷(계곡) 深山幽谷(심산유곡) 進退維谷(진퇴유곡)

哭 울 곡 (3Ⅱ 口부 10획)
입과 입으로(口口), 개(犬 개 견) 부르짖듯 슬피 울다.
哭聲(곡성) 鬼哭(귀곡) 痛哭(통곡) 號哭(호곡) : 목 놓아 울음.

穀 곡식 곡 (4급 禾부 15획)
사람(士 선비 사)이, 덮여(冖 덮을 멱) 있는 한(一) 겹의 껍질이 있는 벼(禾 벼 화)를 찧어서(殳 칠 수) 먹는 곡식.
穀物(곡물) 穀食(곡식) 穀倉(곡창) 雜穀(잡곡)

1, 2급 한자

殼 껍질 각
사람(士)이 덮여있는(冖 덮을 멱) 하나(一)의 껍질(几)을 절구에 찧어서(殳 칠 수) 먹는 모양에서 **껍질**의 뜻. 地殼(지각) 脫殼(탈각)

- 曲肱之樂(곡굉지락) : 팔베개하고 누워 있는 가난한 생활(生活)도 도에 살면 그것이 즐거운 삶.
  ▶ 肱(팔뚝 굉)
- 曲學阿世(곡학아세) : 배운 학문을 왜곡(歪曲)시켜 시류나 이익에 영합함.
- 脫殼(탈각) : (벌레 따위가) 껍질을 벗음. 낟알 따위가 껍데기 벗음.
  철학적인 뜻으로, 자기만의 좁은 세계에서 벗어나 큰 세계로 나옴.

困坤骨孔工

困 곤란할 곤 (4급 口부 7획)
둘러싸인(口) 공간에서 나무(木) 자라기 곤란하다.
困境(곤경)　困窮(곤궁)　困難(곤란)　貧困(빈곤)　疲困(피곤)
*口(에워쌀 위) : 울타리나 성벽으로 에워싼 모양.

坤 땅 곤 (3급 土부 8획)
흙(土)이, 의견을 펼쳐 아뢰듯(申) 넓게 펼쳐진 땅.
乾坤坎離(건곤감리) : 하늘 ☰　땅 ☷　물 ☵　불 ☲
*申(아뢸 신) : 말(曰 말할 왈)의 핵심을 찔러(丨뚫을 곤) 아뢰다.

骨 뼈 골 (4급 骨부 10획)
살을 발라낸 뼈에 살(月=肉)이 조금 붙어 있는 모양.
骨格(골격)　骨盤(골반)　骨折(골절)　骨肉相爭(골육상쟁)
*月(육달 월) : '달'의 뜻이 아닐 때는 로 고기(月=肉 고기 육)의 뜻

孔 구멍 공 (4급 子부 4획)
작고(子) 구부러져(乚 새 을) 있는 구멍.
孔子(공자)　氣孔(기공)　毛孔(모공)　眼孔(안공) : 눈구멍
*孑(작을 혈) : '子'의 변형으로 작다는 뜻을 나타냄.

工 장인 공 (7급 工부 3획)
판자에 구멍 뚫어 막대로 연결한 자로 공구. 공구로 물건을 만드는 장인.　工事(공사)　工場(공장)　手工(수공)

1, 2급 한자

滑 미끄러울 활　물기(氵)가 있는 뼈(骨)는 미끄럽다. 滑走路(활주로)　　　潤滑(윤활)

猾 교활할 활　양전한 개(犭개 견)도 좋아하는 뼈(骨)를 차지하기 위해서는 악착같이 구는 모양에서 교활하다는 뜻. 狡猾(교활)　▶ 狡(교활할 교)

孑 작을 혈　'子'의 변형으로 작다. 작고 약하니 외롭다.　孑孑單身(혈혈단신)

📖 孔子(공자) : 춘추(春秋) 시대 노(魯)나라 사람(BC 551~BC 479)으로 이름은 구(丘), 자(字)는 중니(仲尼).
철학자(哲學者)이자 사상가(思想家)로 유교(儒敎)를 창시하였다.
육경(六經),곧 예(禮)·악(樂)·시(詩)·서(書)·역(易)·춘추(春秋)를 편집(編輯) 정리했다.
훗날 제자들이 공자의 언행(言行)·문답(問答)을 기록한 책, 논어(論語) 7권이 있다.

功 攻 空 貢 恐

功 공로 공 (6급 力부 5획)	장인(工)이 힘써(力) 일하여 이룬 공로(功勞). 功臣(공신) 功績(공적) 武功(무공) 成功(성공) *力(힘 력) : 쟁기질을 하는 남성의 **힘**을 나타낸 자
攻 칠 공 (4급 攵부 7획)	장인(工 장인 공)이 연장 들고 치듯(攵) 상대방을 치다. 攻擊(공격) 攻防(공방) 速攻(속공) 專攻(전공) 侵攻(침공) *攵(칠 복) : 사람(ㅡ)이 뭔가 들고 이리(ノ)저리(㇏) **치다**.
空 구멍 공 (7급 穴부 8획)	목재에 구멍(穴)을 장인(工)이 파 만드니 속이 텅 비어 있는 하늘과 같음. 空間(공간) 空軍(공군) 空中(공중) *穴(구멍 혈) : 비바람 피할(宀) 수 있게 파헤쳐진(八) 굴이나 **구멍**.
貢 바칠 공 (3Ⅱ 貝부 10획)	장인(工 장인 공)이 만든 물건을 재물(貝)처럼 위에 바친다. 貢納(공납) 貢物(공물) 貢獻(공헌) 朝貢(조공) *貝(조개 패) : 작고 단단하며 광택 나는 조개를 **화폐**로 사용함.
恐 두려울 공 (3Ⅱ 心부 10획)	장인(工)도 모두(凡) 만든 물건에 문제가 있지 않을까 마음으로(心) 두려워하다. 恐龍(공룡) 恐怖(공포) 恐慌(공황) *凡(모두 범) : 물체(丶)를 **모두** 덮고(几) 있는 천의 모양에서.

- 貢物(공물) : 백성이 궁중이나 나라에 세금으로 바치던 특산물 ▶ 貢(특산물바칠 공)
- 朝貢(조공) : 왕조(王朝) 때, 속국(屬國)이 종주국(宗主國)에 때마다 예물을 바치던 일
  - 조공은 약소국이 강대국에게 일방적으로 바친다는 것보다는 조공무역을 통하여 양국간의 우호와 필요한 물자 교류의 역할이 많았었다.
- 恐慌(공황) : 놀랍고 두려워서 어찌할 바를 모름. 경제(經濟)-. ▶ 慌(다급할 황)
- 空理空論(공리공론) : 실천(實踐)이 없는 쓸데 없는 이론(理論)
- 空行空返(공행공반) : 행하는 것이 없으면 돌아오는 것도 없음 ▶ 返(돌아올 반)

공과

 公 共 供 恭 果

公
공평할 공
(6급 八부 4획)

사사로움(厶 사사로울 사)을 가르고(八) 대중에게 공평하게 한다.
公立(공립)   公式(공식)   公用(공용)   公正(공정)
*厶 : 팔꿈치를 구부려 자기 쪽으로 물건을 감싸는 모양에서.

共
함께 공
(6급 八부 6획)

많은(卄) 사람이 두 손(八)을 하나(一)로 모아 함께 받드는 모양.
共同(공동)   共産(공산)   共用(공용)   共有(공유)
*卄(스물 입) : 열(十)에 열(十)을 더해 스물을 나타낸 자.

供
드릴 공
(3Ⅱ 人부 8획)

사람들(亻)이 함께(共 함께 공) 받들어 모신다, 바치다.
供給(공급)   供物(공물)   供養米(공양미)   提供(제공)
供養(공양) : 어른에게 음식을 드리며 섬기는 일.

恭
공경할 공
(3Ⅱ 心부 10획)

마음(⺗ = 心)으로 함께(共 함께 공) 받들어 공경하다.
恭敬(공경)   恭待(공대)   尊敬(존경)   過恭非禮(과공비례)

果
열매 과
(6급 木부 8획)

밭(田)에 심는 과일나무(木)로 여기에서 나는 열매.
果樹園(과수원)   果實(과실)   成果(성과)   ▶ 樹(심은나무 수)
結果(결과) : 열매를 맺음. 어떤 원인에서 초래된 결말의 상태.

1, 2급 한자

菓 과자 과   초목(艹)의 열매(果)처럼 맛있는 **과자(菓子)**.   茶菓(다과)
顆 낱알 과   열매(果)나 머리(頁) 같이 보통 둥근 **낱알**.   顆粒(과립)
裸 벗을 라   옷(衤)을, 먹기 위해 과일(果) 벗기듯 **벗다**.   全裸(전라)
巢 새집 소   냇가(巛) 나무에 열매처럼(果) 걸친 **새집**.   巢窟(소굴)
彙 무리 휘   멧돼지가 주둥이(彑 돼지머리 계)로 파먹는, 흙에 덮여있는(冖), 자신에게는
            과일(果)과 같은 감자나 고구마가 **무리**져 있다. 語彙(어휘)

🔹 裸垈地(나대지) : 건물이나 담이 없는 빈 대지(垈地). ▶ 垈(집터 대)

課科過誇寡

課 매길 과 (5급 言부 15획)
농사의 결과(果)를 물어(言) 세금 매기거나 부과함.
課稅(과세) 課外(과외) 課題(과제) 公課金(공과금)
*言(말씀 언) : 두(二) 번 거듭(二) 생각한 후 입으로(口) 말하다.

科 나눌 과 (6급 禾부 9획)
곡식(禾 벼 화)을 말(斗)로 헤아리는 과정이나 나누다.
科目(과목) 科學(과학) 敎科(교과) 內科(내과) 理科(이과)
*斗(말 두) : 곡식(、、) 양을 헤아리는 말. 한 말은 18리터.

過 지날 과 (5급 辶부 13획)
비뚤어진(咼) 입에서 잘못 나간(辶 갈 착) 말. 실수나 지나간 일.
過去(과거) 過失(과실) 過速(과속) 過言(과언)
*咼(입비뚤 과) : 입(口)의 뼈(骨 뼈 골의 줄임)가 비뚤어진 모양.

誇 자랑할 과 (3Ⅱ 言부 13획)
말(言)을 사실보다 크게(夸 큰체할 과) 즉 자랑하다.
誇大廣告(과대광고) 誇示(과시) 誇張(과장) 張(넓힐 장)
*夸 : 막힌(亐 막힐 고) 입김 크게(太) 내 뱉듯이 큰소리치다.

寡 적을 과 (3Ⅱ 宀부 14획)
집(宀 집 면)의 우두머리(頁 머리 혈)인 남편과 갈라진(分 나눌 분) 과부. 또는 갈라짐으로 그 수가 적음.
寡黙(과묵) 寡婦(과부) 寡少(과소) 衆寡不敵(중과부적)

1, 2급 한자

渦 소용돌이 와	물(氵)이 비틀리며(咼) 거칠게 도는 소용돌이.	渦中(와중)
蝸 달팽이 와	벌레(虫) 중 작고 큰 원(咼) 모양인 달팽이.	蝸角之爭(와각지쟁)

- 過恭非禮(과공비례) : 지나친 공손(恭遜)은 도리어 예가 아님.
- 過猶不及(과유불급) : 지나친 것은 오히려 모자람만 못함. ▶ 猶(오히려 유)
- 過麥田醉(과맥전취) : 밀밭만 지나가도 취함. 술을 못 마시거나 약한 사람

과곽관

郭冠官管館

郭 성곽 곽 (3급 邑부 11획)
행복 누리도록(享 누릴 향) 고을(阝 고을 읍)의 성을 둘러싼 성곽, 성씨. 城郭(성곽) 外郭(외곽) 郭氏(곽씨)
*享 : 높은(高의 줄임) 자리에 오른 자식(子)이 복을 누리다.

冠 갓 관 (3Ⅱ 冖부 9획)
두(二) 손(寸)으로 사람(儿)이 덮어(冖) 쓰는 갓.
冠詞(관사) 衣冠(의관) 弱冠(약관) : 남자가 20살을 이르는 말.

官 벼슬 관 (4Ⅱ 宀부 8획)
담(自의 줄임) 높게 지은 집(宀 집 면)인 관청. 여기서 일하는 관리(官吏). 官職(관직) 官廳(관청) 高官(고관)
*自(쌓일 퇴) : 여러 개가 겹쳐 쌓여 있어 쌓이다, 많다는 뜻.

管 대롱 관 (4급 竹부 14획)
대(竹)로 만든 대롱. 대로 만든 피리를 관청(官)에서 보관(保管), 관리(管理)함. 管絃樂(관현악) 銅管(동관)
*官(관청 관) : 담(自 쌓일 퇴의 줄임) 높게 지은 집(宀)인 관청.

館 舘 집 관 (3Ⅱ 食부 17획)
여행하는 관리(官 벼슬 관)가 밥(食) 먹고 묵도록 진 큰 집. 館舍(관사) 圖書館(도서관) 博物館(박물관) 本館(본관)
*食(먹을 식) : 사람(人)이 먹는 좋은(良 좋을 량) 밥. *食 = 𩙿 食

1, 2급 한자

廓 둘레 곽   성곽(郭)을 눌러싸고 있는 울타리라는 데시 둘레.   外廓(외곽)
棺 널 관   나무(木)로 벼슬(官)하던 사람이 죽으면 넣는 널.   入棺(입관)

- 冠詞(관사) : 영어에서 관사는 'a·an·the'를 말하는데 이는 '외출 할 때 항상 갓을 쓰고 나가던 것처럼 명사가 나올 때 항상 앞에 붙는다' 하여 붙여진 이름.

- 管鮑之交(관포지교) : 믿음과 의리(義理)가 두터운 친분(親分)
  – 포숙아(鮑叔牙)는 친구 관중(管仲)이
  1. 같이 장사를 해서 이익(利益)을 더 차지했어도 2. 싸움터에서 도망쳤을 때에도
  3. 포숙아의 주군을 해하려 했었던 일도 용서(容恕)하고 관중을 도와주었다는 고사(故事).

貫 慣 寬 關 觀

貫 꿸 관 (3Ⅱ 貝부 11획)
돈(貝)을 꿰어(毌) 놓은 모양. 무게의 단위인 관(貫).
貫祿(관록)　貫通(관통)　貫徹(관철)　始終一貫(시종일관)
*毌(말 무) : 입(口)을 막거나(十) 꿰어 말을 못하게 하다.

慣 버릇 관 (3Ⅱ 心부 14획)
마음(忄)에 막힘(貫) 없이 익숙하거나 몸에 밴 습관.
慣例(관례)　慣習(관습)　慣用(관용)　慣行(관행)　習慣(습관)
*心(마음 심) : 사람 심장 모양으로 속, 감정, 한가운데. *心=忄 㣺

寬 寛 너그러울 관 (3Ⅱ 宀부 15획)
집(宀 집 면) 화초(艹) 보니(見) 마음(丶) 너그러워지다.
寬待(관대) : 너그럽게 대우함. 寬容(관용) : 너그럽게 받아들임.
*見(볼 견) : 사람이 눈(目)으로 서서(儿 어진사람 인) 본다.

關 関 빗장 관 (5급 門부 19획)
북에 실(幺幺 ← 絲 실 사) 꿰어(䒑 북양귀 관) 넣듯, 문(門) 잠글 때 끼워 넣는 빗장. 빗장 끼이듯 서로 관계되다.
關係(관계)　關聯(관련)　關門(관문)　關東八景(관동팔경)
*북 : 베틀에 딸린 부속품. 날씰의 틈을 왔다갔다하며 씨실을 풀어줌

觀 観 볼 관 (5급 見부 25획)
황새(雚)가 둘러보는(見 볼 견) 모양에서 살펴보다.
觀光(관광)　觀念(관념)　觀戰(관전)　主觀的(주관적)
*雚(황새 관) : 위에서 내려다보고(吅) 있는 새(隹 새 추)인 황새.

1, 2급 한자

灌 물댈 관
물(氵)을 황새(雚)가 마실 때 긴 부리에 물 흐르듯, 물을 끌어 대다.
灌漑(관개) : 농사에 필요한 물을 논밭에 끌어 대는 일. ▶ 漑(물댈 개)
灌木(관목) : 키가 작고 중심 줄기가 분명하지 아니한 나무. 진달래, 앵두 등 떨기나무. 低木(저목). ↔ 喬木(교목)

顴 광대뼈 관
키 큰 황새(雚) 머리(頁)처럼 얼굴에서 드러난 광대뼈. 顴骨(관골)
*(머리 혈) : 사람 머리(一)에서 얼굴(自), 목(丿丶)까지 신체.

1貫(관) : 3.75Kg　　1량(兩) : 37.5g　　1돈 : 3.75g

1斤(근) : 고기의 경우는 600g 야채, 과일 등은 400g. – 야채, 과일 등은 1관의 10분의 1인 375g이 1근이나 거래 편의를 위해 보통 400g으로 통용한다. 참고로 먼 옛날의 1근은 250g.

*관우의 청룡언월도(靑龍偃月刀)는 60근이었다고 한다.

光狂廣鑛掛

光 빛 광 (6급 儿부 6획)	불 켜서 높은(兀) 곳에 올려 두는데 여기에서 나오는(丶丨丿) 빛. 光明(광명) 光線(광선) 發光(발광) 夜光(야광) 光榮(광영) *兀(우뚝할 올) : 평평하고(一) 다리(儿 다리 인) 길어 높은 탁자.
狂 미칠 광 (3Ⅱ 犬부 7획)	개(犭=犬 개 견)가 폭군(王)처럼 날뛴다하여 미치다. 狂犬病(광견병) 狂氣(광기) 狂亂(광란) 發狂(발광) *犭(짐승, 개 견) : 발을 들고 덤벼드는 큰 개나 짐승의 뜻.
廣 広 넓을 광 (5급 广부 15획)	집(广)이 누런(黃누를 황) 빛을 띤 땅처럼 넓다. 廣告(광고) 廣野(광야) 廣場(광장) 廣幅(광폭) *广(집 엄) : 한쪽이 터져 있는 집, 어떤 용도로 쓰이는 집.
鑛 鉱 쇳돌 광 (4급 金부 23획)	쇠(金)가 함유된 돌이 넓게(廣) 묻혀 있다 하여 쇳돌. 鑛脈(광맥) 鑛物(광물) 鑛山(광산) 鑛業(광업) 炭鑛(탄광)
掛 걸 괘 (3급 手부 11획)	손(扌)으로 흙담(圭 쌍토 규)에 점(卜)의 결과를 알 수 있게 걸다. 掛圖(괘도) 掛鐘時計(괘종시계) *卜(점 복) : 태운 동물 뼈의 갈라진 금 모양을 보고 점을 침.

1, 2급 한자

曠 밝을 광	해(日)가 있는 넓은(廣) 하늘 같이 넓다.	曠野(광야)
卦 점괘 괘	서옥(圭)처럼 반짝하며 점(卜)을 치면 나오는 **점괘**.	八卦(팔괘)
奎 별이름 규	큰(大) 서옥(圭 서옥 규)처럼 빛나는 **별**이나 글.	奎章閣(규장각)
硅 규소 규	돌(石)이 서옥(圭 서옥 규)처럼 빛나는 **규소**(硅素).	硅石(규석)
閨 규방 규	문(門)을 서옥(圭)으로 장식한 **규방**(閨房). 여기 거처하는 규수(閨秀).	

📘 八卦(팔괘) : 우주 만물을 아우르는 여덟 가지의 바탕으로, 건(乾), 태(兌), 이(離), 진(震), 손(巽), 감(坎), 간(艮), 곤(坤). 이 괘를 두 개씩 겹쳐 64괘를 만들어 점을 침.

怪塊愧壞巧

怪 괴이할 괴
(3Ⅱ 心部 8획)

마음(忄) 같이, 힘써(圣) 일해도 잘 되지 않아 **이상하다, 괴이하다**.
怪奇(괴기) 怪談(괴담) 怪物(괴물) 怪狀(괴상)
*圣(힘쓸 골) : 손(又 손 우)으로 흙(土)일을 **힘써하다**.

塊 덩이 괴
(3급 土部 13획)

머리 큰 도깨비(鬼)처럼 흙(土)이 뭉쳐서 된 **덩어리**.
塊炭(괴탄) 金塊(금괴) 銀塊(은괴) 肉塊(육괴)
*鬼(도깨비 귀) : 큰 머리에 뿔난 **도깨비**. ▶ 炭(숯 탄)

愧 부끄러울 괴
(3급 心部 13획)

마음(忄)에 귀신(鬼 귀신 귀)을 생각함은 **부끄러운** 일이 있기 때문. 無愧我心(무괴아심) : 부끄럼 없는 깨끗한 마음.
*鬼 : 비뚤어진(丿) 생각(思)으로 사사롭게(厶) 사람 해치는 **귀신**.

壞 (壊) 무너질 괴
(3Ⅱ 土部 19획)

흙(土)이 앞을 가릴(褱) 정도로 한꺼번에 **무너지다**.
壞滅(괴멸) 壞血病(괴혈병) 崩壞(붕괴) 破壞(파괴)
*褱(가릴 회) : 옷(衣)으로 눈(罒) 물(二丨二 ← 氷) 닦을 때 **가린다**.

巧 교묘할 교
(3Ⅱ 工部 5획)

장인(工)은 막힘(丂) 없이 물건 잘 만든다는 데서 **교묘(巧妙)하다**. 巧言(교언) 技巧(기교) 精巧(정교)
*丂(막힐 고) : 위(一)가 **막혀** 나아가지 못하고 굽어 있는 모양.

1, 2급 한자

傀 꼭두각시 괴	사람(亻)이 귀신(鬼)들린 듯 조종을 당하는 **꼭두각시**.	傀儡(괴뢰)
魁 우두머리 괴	귀신(鬼)처럼 생겨 말(斗 말 두) 술 마시는 **우두머리**.	首魁(수괴)
蒐 모을 수	풀(艹)을 귀신(鬼)들린 듯 많이 **모으다**는 뜻.	蒐集(수집)

📖 巧言令色(교언영색) : 남의 환심(歡心)을 사기 위해 말을 교묘(巧妙)하게 하고 표정(表情)을 좋게 꾸밈.
▶ 令(꾸밀 영)

📖 巧遲拙速(교지졸속) : 경우(境遇)에 따라 조금 서툴러도 빠른 것이 낫다.

交 校 較 郊 橋

交 사귈 교
(6급 亠부 6획)

갓(亠) 쓴 아비(父 아비 부)가 **오고가며** 사람들을 **사귀다**.
交代(교대) 近郊(근교) 社交(사교) 外交(외교) 交通(교통)
*亠(머리부분 두) : 상투 모양으로 **머리 부분**이나 **위**를 나타냄.

校 학교 교
(8급 木부 10획)

나무(木) 엇걸어(交) 똑바로 쌓은 모양. 이처럼 사람 가르쳐 **바르게** 인도하는 **학교(學校)**. 校門(교문) 校長(교장)

較 비교할 교
(3Ⅱ 車부 13획)

수레(車)가 교차(交)할 때 그 크기가 **비교됨**.
比較(비교) 日較差(일교차) ▶ 比(견줄 비) 差(다를 차)
*車(수레 거) : 두(二) 바퀴 달린 **수레**를 위에서 본 모양.

郊 들 교
(3급 邑부 9획)

쉽게 왕래(交)할 수 있는 **고을**(阝) **근처 지역**. 들.
郊外(교외) 近郊(근교) 遠郊(원교) ▶ 遠(멀 원)
*阝 (고을 읍) : 볼록 나온 언덕 아래에 형성된 **고을**(阝 =邑).

橋 다리 교
(5급 木부 16획)

나무(木)로 높이(喬) 만든 **다리**. ▶ 脚(다리 각) 梁(들보 량)
橋脚(교각) 橋梁(교량) 大橋(대교) 陸橋(육교) 鐵橋(철교)
*喬(높을 교) : 나무가 구부러질(夭 굽을 요) 정도로 **높게**(高) 자람.

1, 2급 한자 / 특급

狡 교활할 교
짐승(犭 짐승 견) 같은 사람과 사귀니(交) **교활하다**. 狡猾(교활)

絞 목맬 교
실줄(糸 실 사)을 교차시켜(交) **목을 매다**. 絞殺(교살)

咬 물 교
입(口)의 이를 교차시켜(交) **물다**. 또는 새가 **지저귀다**.
咬傷(교상) : 짐승이나 독사 따위에 물려서 상처를 입음.

皎 달빛 교
흰(白 흰 백) 것과 사귀다(交) 즉 흰색과 가까운 **흰 달빛**
皎皎(교교)하다 : (달빛이) 썩 맑고 밝다. 희고 깨끗하다.

蛟 교룡 교
물속 벌레(虫 벌레 충)와 함께 사는(交) 용인 **교룡**
蛟龍(교룡) : 물속에 살며 뱀 모양에 네 발 달린 상상의 동물
蛟龍得雲雨(교룡득운우) : 영웅이 때를 만나 큰 뜻을 이룸을 비유

鮫 상어 교*
물고기(魚 고기 어) 중 이를 교차시켜(交) 무는 **상어** 鮫皮(교피)

矯敎九究口

矯 바로잡을 교
(3급 矢부 17획)

굽은 화살(矢 화살 시)을 높이(喬) 날도록 바로잡다.
矯角殺牛(교각살우)　矯導所(교도소)　齒牙矯正(치아교정)
*夭(굽을 요) : 비스듬히(丿) 큰(大) 것이 굽어있는 모양.

敎 가르칠 교
(8급 攵부 11획)

말을 주고받으며(爻 엇걸릴 효) 또는 회초리로 치며(攵)
아이(子)나 제자(弟子)를 가르치다. 敎生(교생) 敎室(교실)
*攵(칠 복) : 사람(一)이 뭔가 들고 이리(丿)저리(乀) 치다.

九 아홉 구
(8급 乙부 2획)

열 십(十)의 가로 획을 구부려 열보다 적은 아홉.
또는 많음을 나타냄. 九月(구월)　▶ 死(죽을 사)
九死一生(구사일생) : 여러 번 죽을 고비를 넘기고 간신히 살아남.

究 연구할 구
(4Ⅱ 穴부 7획)

구불구불한(九) 굴 속(穴)을 끝까지 들어가 본다 하여, 연구(研究)하다. 探究(탐구) 學究(학구) ▶ 研(갈 연) 探(찾을 탐)
*穴(구멍 혈) : 비바람 피할(宀) 수 있게 파헤쳐진(八) 굴, 구멍.

口 입 구
(7급 口부 3획)

사람의 둥근 입을 본뜬 자. 먹다, 말하다. ▶ 禍(재앙 화)
食口(식구)　人口(인구)　入口(입구)　出口(출구)　之(~의 지)
口禍之門(구화지문) : 입은 재앙의 문. 말조심하지 않으면 화를 당함.

1, 2급 한자

僑 붙어살 교	사람(亻)이 높은(喬) 뜻을 품고 다른 나라에 붙어살다.	僑胞(교포)
嬌 아리따울 교	여자(女)가, 높게(喬) 뻗은 나무처럼 늘씬하여 아리땁다.	愛嬌(애교)
驕 교만할 교	말(馬) 위에 높이(喬) 앉아 있으면 교만해지기 쉽다 하여.	驕慢(교만)
鳩 비둘기 구	구구(九九) 소리를 내는 새(鳥 새 조)인 비둘기.	鳩首會議(구수회의)

📖 鳩首會議(구수회의) : 비둘기들이 먹이를 하나라도 더 먹으려는 모양에서, 자신들의 이익(利益)만을 위하여 머리 맞대고 하는 회의(會議).

久 丘 句 拘 苟

久 오랠 구 (3Ⅱ 丿부 3획)
사람(人)이 늙어서 앞으로 굽은(丿)모양에서 **오래다**.
耐久性(내구성) 永久(영구) 悠久(유구) 恒久(항구)
▶ 耐(견딜 내) 永(길 영) 悠(멀 유) 恒(항상 항)

丘 언덕 구 (3Ⅱ 一부 5획)
땔감 하러 도끼(斤) 하나(一) 들고 갈 만한 작은 **언덕**.
丘陵地(구릉지) 砂丘(사구) 比丘僧(비구승) : 독신의 중.
*斤(도끼 근) : 도끼의 모양으로 **끊다**, **베다**, 무기의 뜻.

句 글귀 구 (4Ⅱ 口부 5획)
말(口)을 일정한 형식으로 묶은(勹) **글귀**.
句文(구문) 句節(구절) 詩句(시구) 美辭麗句(미사여구)
*勹(쌀 포) : 사람이 팔이나 손으로 무언가를 **감싸고** 있는 모양.

拘 잡을 구 (3Ⅱ 手부 8획)
손(扌)을 묶고 입(口)을 감싸(勹) 막으며 **잡다**.
拘禁(구금) 拘留(구류) 拘束(구속) 拘置所(구치소)
*手(손 수) : 손 모양. *手 = 扌 : '재방변'이라 함.

苟 구차할 구 (3급 艹부 9획)
푸성귀(艹)만을 싸서(勹) 먹고(口) 사니 **구차하다**.
苟且(구차) : 1.매우 가난함. 2. 떳떳하지 못함. ▶ 且(또 차)
*勹(쌀 포) : 사람이 팔이나 손으로 무언가를 **감싸고** 있는 모양.

1, 2급 한자

灸 뜸 구   오래도록(久) 뜨겁게(火) 하여 **뜸뜨다**.   鍼灸(침구) ▶ 鍼(의료용침 침)
柩 널 구   나무(木)로 만든 시신 넣어(匚) 오래(久) 가도록하는 **널**.   運柩(운구)
邱 땅이름 구   언덕(丘) 아래에 형성된 고을(阝고을 읍)으 **땅이름**.   大邱(대구)

🔵 丘陵地(구릉지) : 높이 300m 미만(未滿)의 밋밋한 기복(起伏)이 있는 산지(山地)

🔵 天長地久(천장지구) : 하늘과 땅은 영원(永遠)히 변치 않음.

具俱求救球

具 갖출 구 (5급 八부 8획)	제사상(一)에 상다리(八) 휠 정도로 높이(冂) 많이(三) 차려 갖추다. 具備(구비) 具體的(구체적) 家具(가구) 道具(도구) *冂(성곽 경) : 멀리 둘러싸고 있는 높은 성곽. 또는 둘러싸다.
俱 함께 구 (3급 人부 10획)	일정한 조건을 갖춘(具 갖출 구) 사람(亻)이 함께 모임. 俱現(구현) 俱樂部(구락부) : 클럽(club)의 한자식 음역(音譯). *具 : 상(一) 상다리(八) 휠 정도로 높이(冂) 많이(三) 차려 갖춤.
求 구할 구 (4Ⅱ 水부 7획)	한(一) 방울(丶)의 물(氷 = 水)이라도 필요하니 구하다. 求道(구도) 求愛(구애) 救人(구인) 求職(구직) 渴求(갈구) 求同存異(구동존이) : 공통점은 찾아 합의하고 이견은 남겨둔다.
救 구제할 구 (5급 攵부 11획)	구할(求) 가치가 있을 때는 매(攵)를 대서라도 구제함. 救國(구국) 救急(구급) 救濟(구제) 救助(구조) 救出(구출) *攵(칠 복) : 사람(一)이 뭔가 들고 이리(丿)저리(乀) 치다.
球 둥글 구 (6급 玉부 11획)	옥돌(王 ← 玉)을 구해(求) 갈고 닦으니 둥글게 됨. 球根(구근) : 알뿌리 球技(구기) 野球(야구) 地球(지구) *玉(구슬 옥) : 구슬 여러(三) 개를 꿴(丨뚫을 곤) 모양.

🖋 알쏭달쏭 부수 이야기

攵(칠 복) : 사람(一)이 뭔가 들고 이리(丿)저리(乀) 치다. 文자와 닮아서 '등글월문'이라고도 한다.

- 攻 칠 공 : 장인(工 장인 공)이 연장을 들고 치듯(攵) 상대방을 치다. 攻擊(공격)

攴(두드릴 복) : 점을 치기(卜 점 복) 위해 손(又 손 우)으로 무언가를 두드리다.

- 敲 두드릴 고 : 손을 높이(高 높을 고) 들어 두드린다(攴). 推敲(퇴고)

區 驅 構 舊 懼

區 区
나눌, 구역 구
(6급 匚부 11획)

물건(品)을 감추기(匚) 위해 **나누다**. 나누어 놓은 **구역**.
區別(구별) 區分(구분) 區域(구역) 市區邑面里(시구읍면리)
*匚(감출 혜) : 덮개(一)를 하여 터진(ㄴ) 위를 **가리거나, 감춤**.

驅 驱
몰 구
(3급 馬부 21획)

말(馬)을 일정한 구역(區)으로 **몰다**, 또는 **몰아내다**.
驅迫(구박) 驅步(구보) 驅使(구사) 驅逐艦(구축함) 驅蟲(구충)
*品(물품 품) : 여러 사람 입(口)에 오르내릴 정도로 훌륭한 **물품**.

構
얽을 구
(4급 木부 14획)

나무(木)를 엇걸어 쌓은(冓) 모양에서 **얽다**는 뜻.
構圖(구도) 構文(구문) 構成(구성) 構造(구조) 構築(구축)
*冓 : 우물틀(井) 쌓듯, 거듭해서(再 거듭 재) **엇걸어 쌓은** 모양.

舊 旧
예 구
(5급 臼부 18획)

풀(艹)밭의 새(隹 새 추)가 절구(臼)의 곡식을 먹으려고 모양에서 과거 지나간 추억의 **옛날**. 舊式(구식) 舊屋(구옥)
*臼(절구 구) : 곡식이 들어 있는 **절구**.

懼
두려울 구
(3급 心부 21획)

눈(目目)이 큰 새(隹)인 부엉이를 밤에 보니 마음(忄)이 **두렵다**.
疑懼心(의구심) : 의심하고 두려워하는 마음.
*隹(새 추) : 앉아 있는 보통 꽁지가 짧고 작은 새 모양.

1, 2급 한자

嘔 도힐 구	입(口)으로 어떤 곳(區)을 향하여 **도하다**.	嘔吐(구도)
崛 험할 구	높은 산(山)이 있는 구역(區)은 대체로 **험하다**.	崎嶇(기구)
歐 유럽 구	옛날 부족함(缺 모자랄 결)이 많은 구역(區)인 **유럽**	歐羅巴(구라파)
毆 때릴 구	몸의 일정 부분(區)을 친다(殳 칠 수) 하여 **때리다**.	毆打(구타)
鷗 갈매기 구	일정한 구역(區)에만 사는 새(鳥)인 **갈매기**	白鷗(백구)
舅 시아비 구	집에서 절구(臼) 일을 돕는 남자(男)인 **시아비, 장인**	舅姑(구고)
鼠 쥐 서	절구(臼) 밑에서 곡식 주워 먹는 꼬리(乀)가 긴 쥐	鼠生員(서생원)

局國菊軍君

局
판 국
(5급 尸부 7획)

자(尺의 변형)로 재듯이 잘 판단하여 말한다(口)하여 일이 돌아가는 판. 局面(국면) 局長(국장) 藥局(약국)
*尺(자 척) : 죽은(尸 주검 시) 사람의 치수를 재는(乀) 자.

國 国
나라 국
(8급 口부 11획)

에워싼(口) 국경을 말할(口) 수 있는 주권을 가진 국민이 하나(一) 되어 지키는(戈 창 과) 나라. 國民(국민)
*口(에워쌀 위) : 울타리나 성벽으로 에워싼 모양. '큰입구몸'이라고도 함.

菊
국화 국
(3Ⅱ ++부 12획)

꽃(++) 중 쌀(米)을 한줌 쥔(勹) 모양인 국화(菊花).
*匊(줌 국) : 손(勹 쌀 포)으로 쌀(米 쌀 미)을 한줌 쥔 모양.

軍
군사 군
(8급 車부 9획)

수레(車 수레 거) 둘러싸고(冖) 있는 군사(軍事).
軍民(군민)　軍人(군인)　白軍(백군)　靑軍(청군)
*冖(덮을 멱) : 덮개나 지붕을 본뜬 글자. 집의 뜻으로도 쓰임.

君
임군 군
(4급 口부 7획)

다스리는(尹) 말(口)을 하는 임금, 남편, 사내.
君子(군자)　君臣(군신)　郎君(낭군)　聖君(성군)　暴君(폭군)
*尹(다스릴 윤) : 손(彐 손 계)에 지휘봉(丿)을 들고 다스린다.

📖 **當局者迷(당국자미)** : 실제 그 일을 맡아 보는 사람이 오히려 그 실정에 어두움.

📖 **國破山河在(국파산하재)** : 나라는 망했어도 산과 강은 그대로라는 뜻으로, 세상은 무상(無常)하고 자연은 유구(悠久)하다는 말.

　- 당(唐)나라의 수도인 장안이 안녹산의 반란으로 파괴된 것을 피난에서 돌아온 시인 두보(杜甫, 712~770)가 보고 지은 시의 첫 구절.(國破山河在 城春草木深 ----)

📖 **十日之菊(십일지국)** : 국화는 9월 9일이 절정이므로 이미 때가 지났음을 뜻함.

郡群屈弓窮

郡 고을 군
(6급 邑부 10획)

임금(君) 명 받아 백성 다스리는 고을(阝 고을 읍= 邑).
郡民(군민) 郡守(군수) 郡廳(군청) 守(지킬 수) ▶ 廳(관청 청)
*군(郡) : 지방 행정 단위로써 도(道) 〉군(郡) 〉 읍(邑) 〉 면(面).

群 무리 군
(4급 羊부 13획)

사내(君 사내 군) 목동이 이끄는 양(羊 양 양)의 무리.
群島(군도) 群衆(군중) 群雄割據(군웅할거) ▶ 割(나눌 할)
群鷄一鶴(군계일학) : 많은 가운데 걸출한 한 사람.

屈 굽을 굴
(4급 尸부 8획)

집(尸 지붕 시)을 출입(出 날 출) 할 때 몸을 구부림.
屈曲(굴곡) 屈服(굴복) 屈折(굴절) 屈指(굴지) 卑屈(비굴)
*尸 : 집의 지붕 모양. 집(戶 집 호)의 뜻으로도 쓰임.

弓 활 궁
(3Ⅱ 弓부 3획)

굽은 활 모양. 弓道(궁도) 弓術(궁술) 洋弓(양궁) 良弓(양궁)
傷弓之鳥(상궁지조) : 한 번 화살을 맞아 다친 새는 굽은 나무만 봐도
놀란다. 한 번 혼이 난 일로 인해 늘 경계하고 두려워 함.

窮 궁할 궁
(4급 穴부 15획)

굴(穴 구멍 혈)을 몸(身 몸 신)을 활(弓)처럼 구부리고 들어가다
막혀 막히다. 막혀 궁하다와 살림살이가 궁하니 가난하다.
窮理(궁리) 窮地(궁지) 困窮(곤궁) 無窮(무궁)

1, 2급 한자

窘 막힐 군   굴(穴 구멍 혈)을 사내(君)가 들어가 보니 막혀 있음.   窘塞(군색)
掘 팔 굴   손(扌)으로 몸을 구부리고(屈) 흙이나 땅을 파다.   發掘(발굴)
窟 동굴 굴   몸을 구부리고(屈) 들어가는 뚫린(穴 구멍 혈) 동굴.   洞窟(동굴)
崛 우뚝솟을 굴   산(山)이 구불구불(屈)이어지며 우뚝 솟아오름을 뜻한 글자.
　　　　　　　崛起(굴기) : 갑자기 높이 우뚝 솟음. [大國~의 한해가 되기를]

📘 窮鳥入懷(궁조입회) : 궁지에 몰린 새가 품안에 날아듦. 사람이 급하면 적에게도 의지할 수 있음. 절박한 사정이 있어서 도움을 청해오는 사람이 있으면 일단 도와야 함.

宮 卷 券 拳 勸

宮 집 궁 (4Ⅱ 宀부 10획)
집(宀 집 면)이 등뼈(呂)처럼 이어져 있는 큰 집인 궁. 중요한 궁 같은 아기집. 宮城(궁성) 古宮(고궁) 王宮(왕궁)
*呂(등뼈 려) : 위(口) 아래(口)로 이어져(丿) 있는 등뼈 모양.

卷 卷 책 권 (4급 卩부 8획)
양손(丿、) 둘(二)을 이용해 사람(人)이 꿇어(卩) 앉아서 쓴 책.
卷末(권말) 卷數(권수) 席卷(석권) 壓卷(압권)
* 卩(무릎 절) : 튀어 나온 무릎 모양. * 卩 = 巳(마디 절)

券 문서 권 (4급 刀부 8획)
양손(丿、) 둘(二)을 이용해 사람(人)이 쓴 것을 증표로 나누어(刀) 가지는 문서(文書). ▶債(빚 채)
福券(복권) 旅券(여권) 入場券(입장권) 證券(증권) 債券(채권)

拳 주먹 권 (3Ⅱ 手부 9획)
양손(丿、) 둘(二)을 이용해 사람(人)이 구부려 쥔 손(手)인 주먹. ▶跆(밟을 태)
拳銃(권총) 拳鬪(권투) 鐵拳(철권) 跆拳道(태권도)

勸 勧 권할 권 (4급 力부 20획)
황새(藿)가 힘써(力) 먹이 찾듯 열심히 하라고 권하다.
勸告(권고) 勸獎(권장) 勸學(권학) 勸善懲惡(권선징악)
*藿(황새 관) : 위에서 내려다보고(口口) 있는 큰 새(隹)인 황새.

1, 2급 한자

倦 게으를 권	사람(亻)이 보통 책(卷) 읽기를 게을리 한다는 데서...	倦怠(권태)
捲 말 권	손(扌)으로, 대쪽을 엮어 만든 책(卷)을 말다.	捲土重來(권토중래)
圈 둘레 권	한 묶음의 책(卷)처럼 하나로 에워싼(囗) 둘레.	首都圈(수도권)

🔵 **捲土重來(권토중래)** : 흙먼지를 말아 일으키며 다시 쳐들어온다는 뜻으로, 한 번 실패한 사람이 세력을 회복해서 다시 도전해 온다는 말.
- 항우(項羽)가 죽은 지 1000여년이 지난 당(唐)나라 말기 시인 두목(杜牧)이 지은 시의 일부로 한 때의 부끄러움을 참으면 강동은 준재가 많은 곳이므로 권토중래 할 수 있는 기회가 있었음에도 그렇게 하지 않고 31세에 자결한 항우를 애석히 여기며 지은 데서 유래한다.

權 厥 軌 鬼 貴

權 권세 권 (4Ⅱ 木부 22획)
나무(木) 높은 곳에 세력 형성하고 있는 황새(雚) 모양에서 권세(權勢). 權力(권력) 權限(권한) 權不十年(권불십년)
*佳(새 추) : 앉아 있는 보통 꽁지가 짧고 작은 새 모양.

厥 오랑캐 궐 (3급 厂부 12획)
언덕(厂 언덕 한)을 거슬러(屰 거꾸로 역) 오르니 숨차고(欠 하품 흠) 힘들어 고개 숙이듯, 고개 숙이며 문화 배우는 오랑캐. 이러한 그들에서 3인칭인 그. 突厥(돌궐)

軌 궤도 궤 (3급 車부 9획)
많은(九) 차들(車 수레 차)이 다니는 길인 궤도.
軌道(궤도) : 기차나 전차가 다니게 만든 일정한 길. 軌跡(궤적)
*九(많을 구) : 아홉은 열에 가까운 수라는 뜻에서 많음을 나타냄.

鬼 귀신 귀 (3Ⅱ 鬼부 10획)
비뚤어진(丿) 생각(思. 생각 사의 변형)으로 사사롭게 (厶←私 개인 사) 사람 해치는 귀신. ▶餓(굶주릴 아)
鬼神(귀신) 鬼才(귀재) 神出鬼沒(신출귀몰) 餓鬼(아귀)

貴 귀할 귀 (5급 貝부 12획)
사물 중(中) 첫째(一) 가는, 재물(貝)이 가장 귀하다.
貴社(귀사) 貴族(귀족) 貴重(귀중) 貴下(귀하) 珍貴(진귀)
*貝(조개 패) : 작고 단단하며 광택 나는 조개를 화폐로 사용함.

1, 2급 한자

闕 대궐 궐	문(門) 안에서 사람들이 몸 숙이고(厥) 있는 내궐(大闕).		補闕(보궐)
蹶 일어날 궐	발(足)과 함께 숙이고(厥.) 있는 몸이 힘차게 일어나다.		蹶起(궐기)
獗 날뛸 궐	짐승(犭)이 몸을 웅크려(厥) 덤비듯 함부로 날뛰다.		猖獗(창궐)
潰 무너질 궤	귀한(貴) 것이 물(氵)에 닿아 헐거나 무너지다.		胃潰瘍(위궤양)

📖 權不十年(권불십년)이요 花無十日紅(화무십일홍)이라. ▶紅(붉을 홍)
- 권력은 십년을 넘기기 어려우며 열흘 가는 붉은 꽃은 없다. 권세나 영화는 길지 않음을 비유.

龜 歸 叫 糾 規

龜 龟
거북 귀, 터질 균
(3급 龜부 16획)

머리와 꼬리를 내놓고 네 발로 기어가는 거북. 거북 등껍데기 모양에서 트다, 갈라지다는 뜻. ▶ 龜(땅이름 구)
龜鑑(귀감) 龜船(귀선) 龜裂(균열) 龜浦(구포 ; 부산광역시)

歸 帰
돌아갈 귀
(4급 止부 18획)

오랜(自 많을 퇴) 세월 머물며(止 그칠 지) 비(帚 비 추)로 마당 쓸며 지내던 고향에 돌아오다. ▶ 省(살필 성)
歸京(귀경) 歸省(귀성) 歸屬(귀속) 歸着(귀착) 歸鄕(귀향)

叫
부르짖을 규
(3급 口부 5획)

입(口)을 크게 벌리고 목을 꼬며(丩) 부르짖다.
叫喚地獄(규환지옥) : 고통으로 울부짖는 지옥. 絶叫(절규)
*丩(얽힐 구) : 덩굴이 얽힌 모양에서. ▶ 絶(끊을 절)

糾
꼬일 규
(3급 糸부 8획)

실(糸 실 사)이 복잡하게 얽혀(丩) 꼬이다.
糾明(규명) 糾彈(규탄) 糾合(규합) 勞使紛糾(노사분규)
*糸(실 사) : 작고(幺 작을 요) 가는(小) 실. ▶ 紛(어지러울 분)

規
법 규
(5급 見부 11획)

사람들(夫)이 보고(見 볼 견) 항상 지켜야 할 법.
規約(규약) 規律(규율) 規定(규정) 規則(규칙) 法規(법규)
*夫(사내 부) : 갓(一) 쓴 어른(大)이나 사내. 글 읽는 지아비.

📘 한자로 풀어 보는 '법'에 관한 글자들

憲(헌) : 해(害 해로울 해)를 입지 않고 눈(罒)으로 살피며 안심(心)하고 살도록 만든 법.

法(법) : 세상의 흐름(氵)을 막는 나쁜 것들을 없애기(去 없앨 거) 위해 만든 법.

規(규) : 사람(夫 사내 부)이 보고(見 볼 견) 알 수 있도록 바르게 재어 만든 법.

制(제) : 사람(人)이 천(巾)을 다듬듯(刂), 지나치면 제재(制裁)를 가하겠다는 법.

則(칙) : 조개(貝)가 정확히 둘로 갈라지듯(刂), 공정하거나 원칙(原則)을 나타낸 법.

律(률) : 붓(聿 붓 율)으로 적어 사람들 행동양식(彳←行)의 표준(標準)을 나타낸 법.

均菌克極劇

균 규 균 극

| 均
고를 균
(4급 土부 7획) | 물건 쌀(勹 쌀 포) 때 가지런히(二) 하듯 흙(土)을 평평하게 **고르다**. 均等(균등) 均一(균일) 均衡(균형) 平均(평균) |

| 菌
곰팡이 균
(3Ⅱ ++부 12획) | 곡식(禾 벼 화)을 넣어두는 곳간(囗)에서 자란(艹) **곰팡이**나 **세균(細菌)**. 病菌(병균) 細菌(세균) 抗菌(항균)
菌絲(균사) : 곰팡이나 버섯 등의 몸 이루고 있는 가는 실 모양. |

| 克
이길 극
(3Ⅱ 儿부 7획) | 오래(古) 참고 견디는 사람(儿)이 어려움을 **이기다**.
克服(극복) 克己復禮(극기복례) : 욕심을 버리고 예로 돌아감.
*古(오랠 고) : 열(十) 사람 입(口)을 통한 것은 이미 **오래** 된 일. |

| 極
다할 극
(4Ⅱ 木부 13획) | 나무(木) 다루는 장인이 막힘(丂 막힐 고) 없이 입(口)과 손(又 손 우)으로 한결(一) 같이 정성을 **끝**가지 **다하다**. 極端(극단) 極度(극도) 極樂(극락) 太極旗(태극기) |

| 劇
꾸밀 극
(4급 刂부 15획) | 범(虍 범 호)과 멧돼지(豕)가 칼(刂) 들고 서로 싸우면 **심하게 꾸민 연극(演劇)**. 劇團(극단) 劇場(극장) 劇化(극화)
*豕(돼지 시) : **돼지**의 머리, 등, 발, 꼬리를 그린 자. |

1, 2급 한자

| 剋 억누를 극 | 이기려고(克) 칼(刂)로 상대를 **억누르다**. 相剋(상극) |

💊 均田制(균전제) : 1. 나라가 백성(百姓)에게 토지를 고르게 나누어 주던 제도(制度).
  2. 토지의 규모(規模)에 따라서 세금(稅金)을 고르게 매기던 제도.

* 極樂(극락) : 1. (佛) 더 없이 안락한 곳이라는 뜻으로, 아미타불(阿彌陀佛)이 살고 있는 정토(淨土). 살아서 염불한 사람이 죽어서 이곳에서 안락한 경지에 이른다고 한다.

斤 近 根 筋 勤

斤 도끼 근 (3급 斤부 4획)
도끼의 모양으로 끊다, 베다, 무기의 뜻. 도끼날을 저울추로 사용했던 데서 무게의 단위인 근. 斤數(근수)
*1근 : 고기는 600g. 야채, 과일은 400g. 먼 옛날은 250g

近 가까울 근 (6급 辶부 8획)
도끼(斤)를 들고 다니는(辶 갈 착) 거리는 보통 가깝다.
近間(근간) 近世(근세) 近代(근대) 近親(근친) 遠近(원근)
*辶(갈 착) : 쉬엄쉬엄 멀리 걸어가는 모습에서 가다.

根 뿌리 근 (6급 木부 10획)
나무(木)에서 눈에 보이지(艮) 않는 부분인 뿌리.
根幹(근간) 根本(근본) 根性(근성) ▶ 幹(줄기 간) 本(뿌리 본)
*艮(볼 간) : 눈(目)의 변형자로, 눈을 뜨고 보는 모양에서.

筋 힘줄 근 (4급 竹부 12획)
대(竹)처럼 몸(月)에서 탄력과 힘(力)을 지닌 힘줄.
筋力(근력) 筋肉(근육) 鐵筋(철근)   ▶ 鐵쇠 철
*月(육달 월) : '달'의 뜻이 아닐 때는 '月=肉 고기 육'로 신체의 뜻.

勤 勤 부지런할 근 (4급 力부 13획)
질긴 진흙(堇)처럼 끈질기게 힘써(力) 부지런히 일하다.
 勤儉(근검) 勤勉誠實(근면성실) 勤務(근무) 勤勞(근로)
*堇(진흙 근) : 가죽(革 가죽 혁)과 같이 질긴 흙(土)인 진흙.

1, 2급 한자

饉 흉년들 근   먹을(食) 푸성귀마저 진흙(堇) 땅에서 나는 않는 흉년.   饑饉(기근)
槿 무궁화 근   나무(木)가 진흙(堇) 땅에서 잘 자라며 생명력 질긴 무궁화(無窮花).
肋 갈비 륵   몸(月 몸 월)에서 외부의 힘(力)에 견디기 위한 뼈인 갈비.   肋骨(늑골)

📖 槿域(근역) : 무궁화가 많이 자라는 나라. 지난날 중국이 우리나라를 이르던 말들로 청구(靑丘)·해동(海東)·동국(東國)·좌해(左海) 등이 있으나 이는 중국을 중심으로 두고 우리나라를 그 주변 국가로 본 명칭이기 때문에 불필요한 사용은 바람직하지 않다.

📖 槿花(근화) : 대한민국(大韓民國)의 국화(國花)로 '끈기 있음'을 상징한다.

僅 謹 金 錦 今

僅 겨우 근 (3급 人부 13획)	사람(亻)이 진흙(堇) 길을 힘들게 간다 하여 **겨우**. 僅僅得生(근근득생) : 겨우겨우 살아감. 僅少(근소) *革(가죽 혁) : 짐승의 **가죽**을 벗겨 펴놓고 말리는 모양.
謹 삼갈 근 (3급 言부 18획)	말할(言) 때, 진흙(堇)길을 조심히 걸어가듯 **삼간다**. 勤愼(근신) 謹嚴(근엄) 謹弔(근조) 謹賀新年(근하신년) *言(말씀 언) : 두(二) 번 거듭(二) 생각한 후 입으로(口) **말하다**.
金 쇠 금, 성 김 (8급 金부 8획)	덮여(스) 있는 흙(土) 속에 흩어져(丶丿) 있는 **금속, 성**. * '금(金)'씨가 '김'씨로 불리게 된 것은 조선 태조 이성계의 성씨 '이 (李)'에 들어 있는 **나무(木)를 쇠(金)가 이긴다하여** '金'자를 성씨로 쓰거나 부를 때는 '금'이 아닌 '김'으로 부르라 명한데서.
錦 비단 금 (3Ⅱ 金부 16획)	금빛(金 황금 금) 같이 고운, 흰(白 흰 백) 누에고치에서 나온 실 로 짠 천(巾 수건 건)인 **비단**(緋緞). 錦江(금강) 錦上添花(금상첨화) 錦衣還鄕(금의환향)
今 이제 금 (6급 人부 4획)	사람(人) 한(一) 명이 몸을 구부리고(ㄱ) 일하고 있는 현재(現在) 를 나타내어 **지금(모습)**인 **이제**를 뜻한 자. 今年(금년) 今日(금일) 今世紀(금세기) 今後(금후)

1, 2급 한자

衾 이불 금	지금(今) 옷(衣 옷 의)처럼 덮고 있는 **이불**.	衾枕(금침)
矜 자랑스럴 긍	창(矛 창 모)을 이제(今) 잘 다룰 수 있어 **자랑스럽다**.	矜持(긍지)

- 金蘭之交(금란지교) : 쇠처럼 단단하고 난초(蘭草)처럼 향기로운 사귐.
- 錦上添花(금상첨화) : 비단 위에 꽃무늬를 더함. 좋은 일에 또 좋은 일이 더해짐.

琴 禁 禽 及 級

琴 거문고 금 (3Ⅱ 玉부 12획)
구슬(王王) 부딪치듯 지금(今 이제 금)도 아름다운 소리를 내는 **거문고**. 琴瑟(금슬) 心琴(심금) 風琴(풍금)
*今 : 사람(人) 한(一) 명이 몸 구부리고(ㄱ) 일하는 **지금, 이제**.

禁 금할 금 (4Ⅱ 示부 13획)
숲(林 수풀 림)에서 함부로 제사(示) 지냄을 **금하다**. 禁忌(금기) 禁斷(금단) 禁煙(금연) 禁止(금지) 監禁(감금)
*示(제단 시) : **제단** 모양으로 제물을 제단에 올려 신에게 보임.

禽 새 금 (3Ⅱ 内부 13획)
날개(人)로 덮고(亠) 있는 가슴(凶 ← 胸 가슴 흉)과 다리(内) 모양의 **새**. 禽獸(금수) 家禽類(가금류) ▶ 獸(짐승 수)
*内(발자국 유) : 새나 짐승의 **발자국**을 본뜬 자.

及 미칠 급 (3Ⅱ 又부 4획)
어느 범위 내(乃 이에 내)에 사람(人)이 **이르다, 들다**. 及第(급제) 普及(보급) 言及(언급) 波及(파급)
*乃 : 지팡이(丿) 짚은 굽은(乛) 노인. 사람은 곧 **이에** 이른다.

級 등급 급 (6급 糸부 10획)
실(糸)은 차례로 이어지는(及) 데서 차례로 정해진 **등급**. 級數(급수) 級訓(급훈) 等級(등급) 學級(학급)
*及(이를 급) : 어느 범위 내(乃 이에 내)에 사람(人)이 **이르다, 들다**.

1, 2급 한자

襟 옷깃, 가슴 금 　옷(衤 옷 의)에서 함부로 행동함을 금하는(禁) 부분인 **옷깃**. 옷깃 부분인 **가슴**. 　胸襟(흉금) : 가슴 속에 품은 생각.

擒 잡을 금 　손(扌)으로 새(禽 새 금)을 사로잡다. 　七縱七擒(칠종칠금)

扱 다룰 급 　손(扌)으로 어느 수준에 이루도록(及) **다루다**. 　取扱注意(취급주의)

汲 물길을 급 　강(江)이나 우물가(氵)에 이르러(及) **물을 긷다**. 　汲水(급수)

● 琴瑟相和(금슬상화) : 부부 사이가 다정하고 화목함. - 금슬(琴瑟) : 거문고와 비파. '금실'의 원말. - '금실' : 남편과 아내가 서로 화합(和合)하며 주고받는 사랑. 한글로 쓰거나 말할 때는 '금실'. [부부의 '금실'이 좋다(○). '금슬'이 좋다 (×)]

給急肯己忌

給 줄 급
(5급 糸부 12획)

실(糸 실 사) 모아(合) 길게 잇듯, 물건 등을 쭉 대주다.
給料(급료) 給食(급식) 供給(공급) 自給自足(자급자족)
*合(합할 합) : 사람들(人)을 한(一) 곳에 모아 뜻(口)을 합하다.

急 급할 급
(6급 心부 9획)

사람(⺈)의 손(⺕ 손 계)과 마음(心)이 급하다.
急性(급성) 急所(급소) 急速(급속) 急行(급행) 特急(특급)
*⺈ 굽은사람 인   ⺊ 누운사람 인   儿 어진사람 인

肯 즐길 긍
(3급 肉부 8획)

서서(止) 고기(月=肉 고기 육)를 먹으며 즐기다.
肯定的(긍정적) 肯志(긍지) 首肯(수긍)
*止(그칠 지) : 사람이 멈추어 선 모양에서 그치다. 두 발.

己 몸 기
(5급 己부 3획)

일어나는 몸. 利己(이기) 自己(자기) 十年知己(십년지기)
己卯士禍(기묘사화) : 조선 중종 14년(1519년) 조광조의 개혁정치에
위기 느낀 수구파가 개혁파들을 역모로 몰아 세력을 무너뜨린 사건.

忌 꺼릴 기
(3급 心부 7획)

몸(己)을 얽어매는 마음(心)이라는 데서, 삼가 꺼리다.
忌日(기일) 忌避(기피) 禁忌(금기) ▶避(피할 피) 禁(금할 금)
*心(마음 심) : 사람 심장 모양으로 속, 감정, 한가운데. *心=忄 ⺗

1, 2급 한자

杞 구기나무, 기 나라

나무(木) 열매가 몸(己)에 좋은 **구기자**(枸杞子).   杞憂(기우)

● **杞憂**(기우) : 杞人憂天(기인우천)의 준말로, 기(杞)나라 사람의 근심.(사람이 하는 걱정의 대부분은 일어
나지도 않을 쓸데 없는 것.)

- 기(杞)나라 사람 중에 '하늘이 무너질까 땅이 꺼질까' 걱정하여 침식을 폐하고 말았다. 친구가 걱정되어 찾아
와 "하늘은 공기가 모인 것이라 무너질 수 없고, 땅은 속이 꽉 찬 덩어리로 되어 있어 꺼질 수가 없다"라고 하
자 안심하였다는 고사(故事).

紀 記 起 其 基

紀 벼리 기
(4급 糸부 9획)

실그물(糸)에서 몸(己 몸 기) 같이 중요한 **벼리**. 벼리가 그물을 헝클어지지 않게 잡는다 하여 **기강**, **기율**.
紀綱(기강) 紀念(기념) 紀元(기원) 紀律(기율) 西紀(서기)

記 적을 기
(7급 言부 10획)

형태가 없는 말(言)을 형태, 즉 몸(己 몸 기)을 만들어 **적음**.
記事(기사) 日記(일기) 登記(등기) : 장부에 적어 올림.
*言(말씀 언) : 두(二) 번 거듭(二) 생각한 후 입으로(口) **말하다**.

起 일어날 기
(4Ⅱ 走부 10획)

달리듯(走) 몸(己 몸 기)을 바르게 **일으키다**.
起立(기립) 起死回生(기사회생) 起床(기상) 起案(기안)
*走(달릴 주) : 땅(土)을 다리(疋 발 소)를 벌려 **달리다**.

其 그 기
(3Ⅱ 八부 8획)

곡식 고르는 키(箕) 모양. 키 두는 일정한 **그곳, 거기**라는 데서 그가 됨.   其他(기타) 各其(각기)
*箕(키 기) : 대(竹)로 만든 곡식을 고르는 키(其) 모양.

基 터 기
(5급 土부 11획)

키(其 ← 箕)로 곡식(穀食) 고르듯 흙(土) 잘 골라 놓은 **터**.
基金(기금) 基本(기본) 基礎(기초)   ▶ 礎(주춧돌 초)
基督(기독) : 구세주(救世主)를 뜻하는 '그리스도'의 음역(音譯).

1, 2급 한자

棋 바둑 기	나무판(木)에 키(其) 엮은 모양처럼 그어 만든 **바둑판**.	棋院(기원)
箕 키 기	대(竹)로 엮어(其) 곡식을 까불리는데 쓰는 **키**.	箕子朝鮮(기자조선)
騏 천리마 기	말(馬) 중 그것(其)이 최고라는 데서 **천리마**.	騏驎(기린)
麒 기린 기	사슴(鹿) 같이 순한 목이 긴(其) 동물인 **기린(麒麟)**.	麒麟兒(기린아)

📖 麒麟(기린) : 하루에 천리(千里)를 달린다는 상상(想像)의 말.   ▶ 驎(얼룩말 린)
📖 麒麟兒(기린아) : 슬기와 재주가 남달리 뛰어난 젊은이.   ▶ 麟(기린 린)

期 旗 欺 奇 寄

期 기약할 기 (5급 月부 12획)
정해 놓은 그(其) 날짜(月)나 기간(期間)·기약(期約).
期待(기대) 期限(기한) 乾期(건기) 雨期(우기) 初期(초기)

旗 깃발 기 (7급 方부 14획)
사방(方)의 사람들(㇉)을 통제하는 그것(其 그 기)이 깃발.
旗手(기수) 國旗(국기) 校旗(교기) 軍旗(군기) 白旗(백기)
*方(사방 방) : 쟁기 모양으로 이것이 **나아가는 방향** 또는 **사방**.

欺 속일 기 (3급 欠부 12획)
그것(其)이라고 하품(欠)하듯 말하는 것은 진실이 아닌 속임.
欺瞞(기만) 詐欺(사기) ▶ 瞞(속일 만)
*欠(하품 흠) : **입을 크게 벌리며**(ク) 사람(人)이 하는 **하품**

奇 기이할 기 (4급 大부 8획)
너무 커서(大) 가히(可 가히 가) 기이하다. 기이하여 짝이 없다는 데서 홀수. 奇數(기수) 奇怪(기괴) 奇妙(기묘)
*可 : 장정(丁)은 입(口)으로 **옳은 말**을 할 만하다 하여 **가히**.

寄 붙어살 기 (4급 宀부 11획)
남의 집(宀)에, 기이한(奇) 운명(運命)이라 붙어살다.
寄附(기부) 寄生(기생) 寄宿(기숙) 寄與(기여) 寄贈(기증)
* 宀(집 면) : 지붕으로 덮여 있는 **집**. ▶ 附(보낼 부) 贈(줄 증)

1, 2급 한자

崎 험할 기   산(山) 형세가 기이할(奇) 정도로 **험하다**.   ▶ 嶇 험할 구   崎嶇(기구)

畸 뙈기밭 기   논밭(田) 모양이 일정치 않고 **기이한**(奇) **뙈기밭**.   畸形(기형)
* 뙈기 : 1. 논밭의 한 구역. 2. 논밭의 작은 한 조각.

綺 비단 기   옷감(糸) 중 기이하게(奇) 아름다운 **비단(緋緞)**. * 綺羅星(기라성) : 반짝이는 수많은 별처럼, 실력자들이 늘어선 것을 비유(比喩).

椅 의자 의   나무(木)로 기묘하게(奇) 엮어 만든 **의자(椅子)**.   竹椅(죽의)

騎 幾 機 畿 企

騎 말탈 기 (3Ⅱ 馬부 18획)

말(馬 말 마)을 기이할(奇) 정도로 잘 **타다**.
騎馬(기마) 騎兵(기병) 騎手(기수) ▶ 手(재주있는사람 수)
*騎虎之勢(기호지세) : 일을 중도에 그만둘 수 없는 형편.

幾 몇 기 (3급 幺부 12획)

실(幺幺)을 베틀(一)에 걸어 놓고 북을 이쪽(ㄴ) 저쪽(ㅣ)으로 보내, 사람(人)이 실(丶) 공급하며 베 짤 때 베틀에 걸린 실올이 **몇** 가닥인지 물음. 幾何學(기하학)

機(机) 틀, 때 기 (4급 木부 16획)

나무(木)로 베를 짜는(幾) 틀. 베 짜기 좋은 **시기(時機)**.
機械(기계) 機能(기능) 機會(기회) 動機(동기) 危機(위기)
*幺(작을 요) : 실 뭉치 또는 웅크리고 있는 작은 아기 모습.

畿 경기 기 (3Ⅱ 田부 15획)

서울에서 몇(幾) 리 안쪽의 논밭(田) 많은 땅인 **경기**.
京畿道(경기도) 湖西(호서) : 충청남북도
*경(京) 200리 안쪽을 경기(京畿)라 했음(고려 현종 때 정함).

企 세울 기 (3Ⅱ 人부 6획)

사람(人)이 멀리 내다 볼 때 발(止 그칠 지) 뒤꿈치를 들어 보듯, 멀리 내다보고 계획 등을 **세우다**.
企圖(기도) 企業(기업) 企劃(기획) ▶ 圖(꾀할 도)

1, 2급 한자

 주릴 기

먹어(食) 본지가 몇(幾)날 만이라 하여 **굶주리다**는 뜻. 饑饉(기근)
* 饑 : 오곡이 익지 않는 것. 饉 : 채소가 자라지 않는 것

📝 啐啄同機(줄탁동기) ▶ 啐(알 안에서 쫄 줄) 啄(어미가 밖에서 쫄 탁)
 - 병아리가 알을 깨고 나오려고 알을 쫄 때 어미가 밖에서 이를 도와 적절한 시점에 쪼아 생명의 탄생(誕生)을 도와준다는 뜻. 이처럼 모든 일에는 좋은 시기가 있다는 말로 사업·사제(師弟)의 만남·자식에 대한 부모 교육도 시기(時機)가 중요하다는 말.

📝 京畿(경기) : 임금이 사는 궁(宮) 중심으로 3리(里)에 성(城)이 있고 7리에 곽(廓)이 있어 성곽(城郭) 안 10리 (4km)를 경(京)이라 했음. 곽 바깥 100리를 교(郊), 교에서 100리를 전(甸 경기 전)으로, 경(京) 200리 안쪽을 경기라 했음(고려 현종 때 정함).

汽 氣 技 祈 豈

汽
증기 기
(5급 水부 7획)

물(氵)이 끓어 **수증기**가 피어오르는(气) 모양에서. 汽船(기선) 汽車(기차) 蒸氣(증기) ▶ 蒸(찔 증)
*气(기운 기) : 피어오르는 수증기 모양으로 뻗어나는 **기운**.

氣 气
기운 기
(7급 气부 10획)

밥(米 쌀 미) 지을 때 피어오르는 증기(气) 등이 나중에 구름, 비가 된다는 데서 **기후**. 또는 피어오르는 증기 같이 솟는 **기운**.
生氣(생기) 人氣(인기) 氣(상기) : 얼굴이 화끈 달아오름.

技
재주 기
(5급 手부 7획)

손가락(扌 손 수)이 갈라져(支) 있어 부릴 수 있 **재주**.
技能(기능) 技法(기법) 技士(기사) 技術(기술) 技藝(기예)
*支(가를 지) : 대나무 가지(十)를 손(又)에 쥐고 **가르다. 갈라지다**.

祈
빌 기
(3Ⅱ 示부 9획)

제단(示) 앞에서 두 손을 도끼날(斤 도끼 근)처럼 모아 **빌다**.
祈福(기복) 祈雨祭(기우제) 祈願(기원)
*示(제단 시) : **제단** 모양으로 제물을 제단에 올려 신에게 보임.

豈
어찌 기
(3급 豆부 10획)

산(山)에, 들에 나는 콩(豆)이 **어찌** 나겠는가.
豈不成功(기불성공) : 어찌 성공하지 못하겠는가?
*豆(콩 두) : 콩꼬투리 같이 생겨 **콩**.

1, 2급 한자

愾 성낼 개	마음(忄)속 감정을 기운차게(氣) 드러내 **성내다**.		敵愾心(적개심)
妓 기생 기	여자(女)의 삶이 남자에 의해 여러 갈래로 갈라지는(支)		妓生(기생)
岐 갈림길 기	산(山)에 여러 갈래로 갈라져(支) 있는 **갈림길**.		岐路(기로)
凱 이길 개	어찌(豈) 잔칫상(几 책상 궤)이 없으랴 **이기고** 돌아왔는데.		凱旋(개선)

💧 력(力) 7 기(技) 3 : 요령보다는 시간과 노동력이 필요.
씨름판에서나 들을 수 있는 이 말은 학문을 추구하는 이에도 해당하는 말이다.
力 : 힘이 들더라도 인내를 가지고 **끊임없는 노력(努力)**을 통하여 얻어지는 부분.
技 : 힘과 노력이 헛되지 않게 하며, 더 **효과(效果)적으로 공부**를 할 수 있는 방법론.
技가 부족하더라도 力을 게을리 하지 않는다면 차이는 있지만 실을 맺을 수 있다.

旣飢棄器緊

旣 이미 기 (3급 尢부 11획)
흰(白) 쌀밥을 수저(匕)로 퍼서 먹어 이미 없다(旡)는 데서 **이미**.
旣往之事(기왕지사) : 이미 지나간 일.
*旡(없을 무) : '天'의 변형자로, 하늘은 텅 비어 아무것도 **없음**.

飢 주릴 기 (3급 食부 11획)
상(几)에 차려 먹을 밥(食 밥 식)이 없어 **굶주리다**.
飢渴(기갈) 飢餓(기아) 虛飢(허기) 飢不擇食(기불택식)
*几(책상 궤) : 기대앉는 **책상**이나 **덮개**의 모양. 餓(주릴 아)

棄 버릴 기 (3급 木부 12획)
기르지(育 기를 육의 줄임) 못하기에 한(一) 산(山) 속의 나무(木) 많은 곳에 **버리다**. 遺棄(유기) : 내어다 버림.
棄權(기권) 投棄(투기) 破棄(파기) 廢棄(폐기)

器 그릇 기 (4Ⅱ 口부 16획)
개고기(犬 개 견)를 담아 여럿(口口)이 먹는 모양에서 그릇 또는 **기구(器具)**. 武器(무기) 食器(식기) 樂器(악기)

緊 팽팽할 긴 (3Ⅱ 糸부 14획)
굳게(臤) 당겨진 실(糸)이 **팽팽하다**. ▶ 縮(오무라들 축)
緊急(긴급) 緊密(긴밀) 緊要(긴요) 緊張(긴장) 緊縮(긴축)
*臤(굳을 간) : 신하(臣)가 두 손(又) **굳게** 맞잡고 서 있는 모양.

- 旣往不咎(기왕불구) : 이미 지난 잘못은 책망(責望)해도 소용(所用) 없음.
- 飢不擇食(기불택식) : 굶주린 사람은 먹을 것을 가리지 않음.
- 飢者甘食(기자감식) : 굶주린 사람은 아무 음식이나 달게 먹음.
- 大器晩成(대기만성) : 큰 그릇은 늦게 이루어짐. ▶ 晩(늦을 만)
  크게 될 인물(人物)은 오랜 노력(努力) 끝에 이루어짐.

기긴길
나낙난

吉 那 諾 暖 難

吉 길할 길 (5급 口부 6획)	고매한 인품의 선비(士)의 말(口)은 참되고 좋다. 길운(吉運) 길일(吉日) 길흉(吉凶) ▶ 凶(흉할 흉) *士(선비 사) : 하나(一)를 들으면 열(十)을 아는 선비.
那 어찌 나 (3급 邑부 7획)	칼(刀) 두(二) 개로 고을(阝 고을 읍)을 어찌 지키랴. 짧은 시간에 당하니 이것이 지옥. 'China'의 음역인 '지나(支那)'. 刹那(찰나) 那落(나락) : 지옥. ▶ 刹(짧은시간 찰)
諾 허락할 낙 (3Ⅱ 言부 16획)	말(言)이 사실과 같아(若 같을 약) 허락하다. 許諾(허락) 受諾(수락) 承諾(승낙) 快諾(쾌락) *若 : 오른손(右)으로 돌보는 채소(艹)의 모양이 비슷하여 같다.
暖 따뜻할 난 (4Ⅱ 日부 13획)	햇빛(日)을 당기다(爰). 즉 햇빛이 잘 들어 따뜻하다. 暖流(난류) 溫暖(온난) 寒暖(한난) 三寒四溫(삼한사온) *爰(당길 원) : 손(爫)으로 한(一) 명의 벗(友)을 끌어당기다.
難 어려울 난 (4Ⅱ 隹부 19획)	가죽(革)처럼 끈질긴 사람(大)도 새(隹 새 추)를 잡기는 어렵다. 難民(난민) 難解(난해) 論難(논란) 災難(재난) *革(가죽 혁) : 짐승의 가죽을 벗겨 펴놓고 말리는 모양.

🖊 梵語(범어) = 산스크리트(Sanskrit)
- '梵'은 인도말 'Brahman'을 음역한 것으로 '청정(淸淨)'의 뜻
- 고대인도(古代印度)의 상류층(上流層)에서 쓰던 언어(言語)
- 불경(佛經)이나 고대인도 문학(文學)은 이 언어(言語)로 기록

涅槃(열반 ; nirvana의 음역) : 모든 번뇌(煩惱)에서 벗어나 진리(眞理)를 체득(體得)함.
佛陀(불타 ; Buddha의 음역) : '바른 진리(眞理)를 깨달은 사람'을 일컫는 말. 부처
奈落(나락 ; Naraka의 음역) : 1. [불] 지옥(地獄). 2. 벗어날 수 없는 극한 상황
般若(반야 ; Prajna 의 음역) : 대승 불교에서 불법의 참다운 이치를 아는 지혜(智慧)
埃及(애급) : 이집트(Egypt)의 한자 음역(音譯)   예) 出埃及記(출애급기)

가나다순 한자

	📖 男 南 納 娘 乃
男 사내 남 (7급 田부 7획)	논이나 밭(田)에서 힘써(力) 일하는 사내. 男女老少(남녀노소) 男性(남성)　長男(장남)　南男北女(남남북녀) : 우리나라에서 남쪽 지방은 남자가 잘나고 북쪽 지방은 여자가 아름답다는 말.
南 남녘 남 (8급 十부 9획)	많은(十) 풀이 나 있는 들판(冂)에 양(羊 양 양의 축약)이 있는 따뜻한 남녘. 남대문(南大門)　남산(南山)　남한(南韓) *冂(멀 경) : **멀리** 둘러싸고 있는 **성곽**. 또는 **둘러싸다**.
納 들일 납 (4급 糸부 10획)	직물(糸) 짜서 관청에 바친다(內 들일 내) 하여 드리다. 納期(납기)　納得(납득)　納稅(납세)　納入(납입)　納品(납품) 納凉(납량) : 여름철에 더위를 피하여 서늘함을 맛봄.
娘 아가씨 낭 (3Ⅱ 女부 10획)	여자(女)의 일생 중 좋은(良 좋을 량) 때인 아가씨. 郞子(낭자) : 아직 시집가지 않은 젊은 여자. 아가씨. 처녀. *良(어질 량) : 보는(艮 볼 간) 눈동자(丶)가 바른 데서 **어질다**.
乃 이에 내 (3급 丿부 2획)	지팡이(丿 삐침 별) 짚은 허리 굽은(⺃) 노인 모습으로 이처럼 사람은 곧 이에 이른다는 데서. 人乃天(인내천) : (천도교의 근본 교리로) '사람이 곧 하느님'.

📝 **南橘北枳(남귤북지)** : 사람의 성품이 처한 환경에 따라 변함. ▶枳(탱자나무 지)

– 초(楚)나라 왕이 궁궐 뜰 아래에 절도죄로 잡혀온 제(齊)나라 죄수를 가리키며 제나라 사신에게 "제나라 사람은 원래 도둑질을 잘하오?"라 묻자. 사신이 "남쪽 귤을 북쪽으로 옮겨 심으면 탱자가 되는 것은 토질 때문이지요. 제나라에 살 때는 도둑질을 몰랐는데, 초나라에 와서 도둑질을 한 것을 보면 역시 초나라의 풍토 때문이 아니겠습니까?"라고 답하여 초나라 왕의 사과와 함께 후한 대접을 받았다는 이야기에서 유래한다.

📝 **男負女戴(남부여대)** : 남자는 등에 지고 여자는 머리에 이다.

가난한 사람이 살 곳을 찾아 이리저리 떠돌아다님. ▶ 負(질 부) 戴(머리에일 대)

內 奈 耐 女 年

남냐냥
내녀년

內 안 내
(7급 入부 4획)

빈(冂) 공간 속으로 들어간다(入 들 입)는 데서 **안, 속**.
內外(내외) 內面(내면) 內室(내실) 市內(시내) 邑內(읍내)
*冂(빌 경) : 둘러싸고 있는 안쪽이 **비어있는** 모양.

奈 어찌 내
(3급 大부 8획)

큰(大) 제사(示 제단 시)를 **어찌** 잘 지낼 것인가.
莫無可奈(막무가내) 奈落(Naraka, 범) : 1. [불] 지옥(地獄).
2. 구원할 수 없으며 도저히 벗어날 수 없는 극한 상황.

耐 견딜 내
(3Ⅱ 而부 9획)

수염(而)을 손(寸 마디 촌)으로 만지는 모양에서, 부드럽고 긴
수염처럼 끊이지 않고 끈질기게 **참고 견디다**.
耐久性(내구성) 耐火(내화) 忍耐(인내) ▶ 忍(참을 인)

女 여자 녀
(8급 女부 3획)

여자가 앉아서 바느질 하는 모습.
女軍(여군) 女王(여왕) 女人(여인) 女子(여자)
*'女'는 사회성을 비추어 '계집 녀' 보다는 '여자 녀'라고 함이 옳음.

年 해 년
(8급 干부 6획)

사람(亻)이 소(牛 소 우의 변형)로 농사 지으며 보내는 일하는
개념의 한 **해**. 少年(소년) 靑年(청년) 學年(학년)
*亻 사람인변 儿 어진사람 인 勹 굽은사람 인 亠 누운사람 인

1, 2급 한자

| 衲 기울,승복 납 | 옷(衤)은 안(內)으로 들이며 **깁는다**. 기워서 입는 승복. | 衲衣(납의) |
| 訥 말더듬을 눌 | 말(言)이 입 안(內)에서 나오지 않아 **말더듬다**. | 訥辯家(눌변가) |

📖 한자에서 '女'자의 쓰임

한자에서 女자의 쓰임을 보자면 약간 **좋지 않은** 뜻으로 사용되고 있음을 여러 한자를 통하여 알 수 있다. 가령,
姦(간사할 간) **妨**(방해할 방) **妄**(망령될 망) **妬**(시기할 투) 이유인 즉, 옛날의 여성은 남성과 달리 교육의 기
회가 적었으며 사회적으로 나서서 할 수 있는 일이 드물었기 때문에, 여성을 다소 남성보다 부족하거나 낮게 평
가(評價)하였다. 이는 **한자에 있어서 아쉬운 일면**(一面)이라 할 수 있겠다.

念寧奴努怒

念 생각 념 (5급 心부 8획)	지금(今) 마음(心)에 항상(恒常) 가지고 있는 생각. 念頭(염두) 念慮(염려) 念力(염력) 紀念(기념) 理念(이념) *今(이제 금) : 사람(人) 한(一) 명이 몸 구부려(フ) 일하는 지금.
寧 편안할 녕 (3Ⅱ 宀부 14획)	집(宀 집 면) 그릇(皿 그릇 명)에 가득 음식 먹는 장정(丁 장정 정)의 마음(心)이 편안(便安)하다. 安寧(안녕) 康寧(강녕) : 몸이 건강하고 마음이 편함. ▶康(편안할 강)
奴 종 노 (3Ⅱ 女부 5획)	여자(女) 같이 손(又)으로 일 많이 하는 종. 奴婢(노비) 奴隷(노예) 賣國奴(매국노) 匈奴(흉노) *又(손·또 우) : 깍지 낀 두 손, 즉 하나가 아닌 둘이라 하여 또.
努 힘쓸 노 (4Ⅱ 力부 7획)	무언가 하고자 할 때는 종(奴)처럼 자신을 낮추고 힘써(力) 한다. 努力(노력) *力(힘 력) : 쟁기질을 하는 남성의 힘을 나타낸 자.
怒 성낼 노 (4Ⅱ 心부 9획)	종(奴)과 같이 좁은 마음(心)을 가진 사람이 성내다. 怒氣(노기) 怒發大發(노발대발) 天人共怒(천인공노) *奴(종 노) : 여자(女) 같이 손(又 손 우)으로 일 많이 하는 종.

1, 2급 한자

駑 둔할 노 — 머리 회전이 둔한 종(奴)처럼 말(馬) 움직임이 둔하다. 駑馬(노마)
拏 붙잡을 나 — 죄지은 사람(奴 노예 노)을 손(手)으로 붙잡는다. 漢拏山(한라산)

寧爲鷄口 勿爲牛後(영위계구 물위우후) ▶寧(차라리 녕) 爲(될 위) 勿(말 물)
닭의 머리가 될지언정 소의 꼬리가 되지 말라.
큰 인물(人物)을 따르기 보다는 작으나마 우두머리가 되라는 말.

農 惱 腦 能 泥

農 농사 농 (7급 辰부 13획)	허리 굽혀(曲), 별(辰 별 진) 보이는 새벽부터 나가 일하는 <u>농사(農事)</u>. 農家(농가) 農夫(농부) 農村(농촌) 農土(농토) *曲(굽을 곡) : 입(口)의 혀(一)를 길게 내미니(ㅣㅣ) **구부러짐**.	
惱 悩 괴로울 뇌 (3급 心부 12획)	마음(忄)과 머리(巛+囟 = 머리 뇌)가 시달려 <u>괴롭다</u>. 苦惱(고뇌) 煩惱(번뇌) 惱殺(뇌쇄) : 애가 타도록 몹시 괴로움. ▶ 巛(내 천) 囟(숨구멍 신) 苦(쓸 고) 煩(괴로울 번) 殺(매우 쇄)	
腦 脳 골 뇌 (3Ⅱ 肉부 13획)	머리(巛+囟 = 머리 뇌) 안의 살(月= 肉)인 <u>골</u>. 腦裏(뇌리) 腦炎(뇌염) 頭腦(두뇌) 洗腦(세뇌) 首腦部(수뇌부) *'巛'은 정수리(囟 정수리 신) 위에 난 털. ▶ 裏(속, 안 리)	
能 능할 능 (5급 肉부 10획)	곰의 주둥이(厶)·몸통(月)·발(匕)을 나타내어, 곰이 발을 잘 사용하여 끈기 있게 일을 한다는 데서 <u>능하다</u>는 뜻. 能力(능력) 可能(가능) 無能(무능) 有能(유능) 才能(재능)	
泥 진흙 니 (3Ⅱ 水부 8획)	흐름이 그친(尼 여승 니) 물(氵) 속에 있는 <u>진흙</u>. 泥田鬪狗(이전투구) : 뻘밭에서 싸우듯, 꼴사납게 싸우는 사람. *尼 : 죽어(尸) 굽은(匕) 모양. 여자의 생을 **그치고** 중이 된 **여승**.	

1, 2급 한자

濃 짙을 농	물(氵) 풍족하여 농사(農)기 잘 되어 곡식의 색이 **짙다**.	濃度(농도)
膿 고름 농	농사(農)짓다 다친 몸(月 몸 월)에서 나오는 **고름**.	蓄膿症(축농증)
熊 곰 웅	모든 것에 능하며(能) 따뜻한(灬=火) 가죽을 한 곰.	熊膽(웅담)
尼 여승 니	사람이 구부리고(匕) 죽은(尸 주검 시) 모양에서, 여자로서의 생을 그치고 중이 된 **여승(女僧)**. 比丘尼(비구니)	

● **比丘僧**(비구승) : 출가(出家)하여 독신(獨身)으로 불도(佛道)를 닦는 스님
● **帶妻僧**(대처승) : 아내를 거느리고 살림을 하는 스님

多 茶 丹 旦 但

多 많을 다 (6급 夕부 6획)
고기(夕)를 썰어서 쌓아놓은 모양에서 **많다**.
多讀(다독)　多少(다소)　多數(다수)　多才(다재)　多幸(다행)
*夕(고기조각 석) : '육달 월(月=肉)'의 줄임으로 썰어 놓은 **고기 조각**.

茶 차 다, 차 차 (3Ⅱ ⺾부 10획)
초목(⺾木)의 잎이나 열매를 사람(人)이 다려 먹는 **차**.
茶道(다도)　茶房(다방)　茶禮(차례)　綠茶(녹차)　紅茶(홍차)
茶飯事(다반사) : 항상 차를 마시거나 밥 먹듯이 늘 있는 일.

丹 붉을 단 (3Ⅱ 丶부 4획)
광석 캐는 굴 입구(冂)와 평평한 나무(一)로 만든 갱목, 광물을 가리키는 '丶'를 합쳐 광산에서 캔 광물인 단사(丹砂)가 **붉음**.
丹田(단전)　丹楓(단풍)　一片丹心(일편단심)

旦 아침 단 (3Ⅱ 日부 5획)
해(日)가 수평선이나 지평선(一) 위로 떠오르는 **아침**.
元旦(원단) : 설날 아침.　　　▶ 旦(해돋을무렵 단)

但 다만 단 (3Ⅱ 人부 7획)
사람(亻)만이 아침(旦)에 뜨는 해의 의미(意味)를 안다는 데서 **오직**, 또는 **단지(但只)**를 뜻하게 된 자.
但書(단서) : 글머리에서 '但'자를 써서 조건이나 예외를 나타냄.

1, 2급 한자

侈 사치할 치 　사람(亻)이 너무 많이(多) 먹거나 쓴다 하여 **사치하다**. 　奢侈(사치)

📖 **丹心歌(단심가)** : 한 조각의 붉은 마음. 즉 한결 같은 마음. ▶ 丹(성실한마음 단)

- 조선(朝鮮) 건국 초기 고려(高麗)의 충신 정몽주(鄭夢周)의 마음을 떠보기 위해 후에 조선 3대 태종(太宗)이 된 이성계(李成桂)의 아들 이방원(李芳遠)이 정몽주를 찾아 "이런들 어떠하리 저런들 어떠하리..."라는 시 '하여가(何如歌)'를 읊자, 이에 정몽주는 "이 몸이 죽고 죽어 일백 번 고쳐 죽어 백골(白骨)이 진토(塵土)되고 넋이야 있던 없던 임 향한 일편단심(一片丹心) 고칠 날이 있으랴"라고 하는 '단심가(丹心歌)'로 답하였다는 고사에서 유래한다.

壇檀段短單

壇 제단 단
(5급 土부 16획)

흙(土)으로 높고 크게(亶) 쌓아 만든 제단(祭壇).
壇上(단상) 登壇(등단) : (어떤 사회 분야에) 처음 등장함.
*亶(클 단) : 갓(亠)은 둥글며(回) 아침(旦 아침 단)해 같이 큼.

檀 박달나무 단
(4Ⅱ 木부 17획)

나무(木) 중에서 크고(亶 클 단) 단단한 박달나무.
檀君朝鮮(단군조선) : 단군이 기원전 2333년에 아사달에 도읍을 정하고 세운 나라 이름. 고조선(古朝鮮)이라고도 한다.

段 계단 단
(4급 殳부 9획)

비스듬히(丿) 세워(丨)서 층지게(三) 잘 다듬어(殳) 만든 계단(階段). 段階(단계) 段落(단락) 文段(문단) 手段(수단)
*殳(칠 수) : 창·몽둥이(几 책상 궤)를 손(又 손 우)에 들고 치다.

短 짧을 단
(6급 矢부 12획)

화살(矢), 콩(豆 콩 두) 모두 짧다.
短文(단문) 短命(단명) 短點(단점) 長短點(장단점)
*矢(화살 시) : 화살 모양. 빠르다와 활에 비해 짧다는 뜻.

單 (单) 하나 단
(4Ⅱ 口부 12획)

여러 입(口口)에서 나온 말(曰)을 모아(十) 하나로.
單價(단가) 單獨(단독) 單式(단식) 單語(단어) 單位(단위)
單刀直入(단도직입) : 본론(本論)이나 결론(結論)을 바로 말함.

1, 2급 한자

緞 비단 단 — 실(糸 실 사)로 단계직(段)으로 잘 짠 비단(緋緞). 綢緞(주단)

鍛 쇠불릴 단 — 쇠(金)에 단계(段)별로 불질 하여 쇠를 달구어 두드림. 鍛鍊(단련)

💡 檀君(단군) : 우리 겨레가 우리나라를 처음 세운 분으로 모시는 최초의 임금으로 단군조선(檀君朝鮮)을 세우신 분.

(참고 : '단군'의 어원은 고대 아시아 족 사이에 최고의 샤먼(제사장, 祭司長)을 가리키던 '텡그리(tengri)'에서 나왔다고 본다. '단골'(당골)도 같은 말에서 온 것으로 보이는데 모두 신과 인간의 중재자로서 권위와 숭배의 대상인 사람을 가리키는 말이었다.

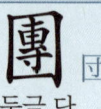 團 端 斷 達 淡

團 団
둥글 단
(5급 口부 14획)

울타리(口) 안에서 오로지(專 오로지 전) 하나로 둥글게 뭉치다.
團結(단결) 團長(단장) 團體(단체) 團合(단합)
*專 : 물레를 손(寸)으로 한 방향으로만 돌리는 데서 오로지.

端
바를 단
(4Ⅱ 立부 14획)

바로 서(立 설 립) 나오는 풀끝(耑)이 일정하게 바르며 이것이 일의 시작. 端緒(단서) 端正(단정) 發端(발단)
*耑(끝 단) : 산(山)에 난 가지런한 풀끝(而) 모양에서 끝.

斷 断
끊을 단
(4Ⅱ 斤부 17획)

작은 실들(幺幺)이 여러 겹으로 이어져 있는 것을 도끼(斤 도끼 근)로 끊는다. 딱 끊듯 결단(決斷)하다.
斷念(단념) 斷絶(단절) 不斷(부단) 分斷(분단) 切斷(절단)

達
통달할 달
(4Ⅱ 辶부 13획)

풀이 좋은 땅(土)쪽으로 양(羊 양 양)이 가서(辶 갈 착) 이르다. 즉 좋은 단계에 이르다는 뜻. ▶熟(익을 숙)
達成(달성) 達人(달인) 到達(도달) 熟達(숙달) 通達(통달)

淡
맑을 담
(3Ⅱ 水부 11획)

물(氵)을 끓이면(炎 불탈 염) 속에 든 성분이 묽어져 물맛이 심심해진다 하여 묽다는 뜻이 됨.
淡白(담백) 淡水(담수) : 민물 淡靑(담청) 雅淡(아담)

1, 2급 한자

撻 매질할 달 　손(扌)으로, 높은 수준에 도달(達) 할 수 있도록 엄히 매질하다.
指導鞭撻(지도편달) : 가르치고 이끌기 위하여 매질을 한다는 말.

痰 가래 담 　병(疒 병질 녁)으로 몸이 뜨거워(炎) 생기는 것이 가래. 　血痰(혈담)
祛痰劑(거담제) : 가래를 제거하여 호흡을 돕는 약. 도라지 따위.

- 社團(사단) : 다수인의 집합체(集合體)로, 그 자체의 특정(特定)한 목적을 위하여 결합(結合)된 독립(獨立) 단일체. '사단법인(社團法人)'의 준말.
- 師團(사단) : 군대의 편성 단위. 사령부(司令部)를 가진 독자적으로 작전을 수행할 수 있는 최소 단위 부대. 군단의 아래, 여단(旅團)·연대(聯隊)의 위임.
- 旅團(여단) : 사단보다 작고 연대보다 큰 부대. 보통 2개 연대로 구성. ▶旅(군대 려)

談擔答畓踏

談 말씀 담 (5급 言부 15획)
말(言 말씀 언)에 따스한 불꽃(炎)이 이는 좋은 말씀.
談話(담화) 德談(덕담) 相談(상담) 情談(정담) 會談(회담)
*炎(불탈 염) : 불(火)이 타오르는(火) 모양에서 불꽃, 덥다.

擔 担 멜 담 (4Ⅱ 手부 16획)
손(扌)으로 물건을 잘 살피어(詹 살필 첨) 좋은 쪽을 멘다.
擔當(담당) 擔保(담보) 擔任(담임) 分擔(분담)
*詹 : 몸 구부리고(⺈) 언덕(厂) 아래 사람(儿) 말(言)을 살핀다.

答 답할 답 (7급 竹부 12획)
대쪽(竹)에 질문에 합치된(合)된 내용 적어 답하다.
答紙(답지) 名答(명답) 正答(정답) 自問自答(자문자답)
*合(합할 합) : 사람들(人)을 한(一) 곳에 모아 뜻(口)을 합하다.

畓 논 답 (3급 田부 9획)
물(水)이 차 있는 밭(田) 즉 논. 田畓(전답) 乾畓(건답)
天水畓(천수답) : 비가 와야 모를 내는 논. 천둥지기. 하늘바라기.
門前沃畓(문전옥답) : 집 앞의 기름진 논. ▶ 沃(기름질 옥)

踏 밟을 답 (3Ⅱ 足부 15획)
발(⻊ 발 족)을 거듭하여(沓) 밟는다. ▶ 襲(계승할 습)
踏步(답보) 踏査(답사) 踏襲(답습) 踏十里(답십리)
*沓(거듭 답) : 물(水)이 흐르듯 말(曰 말할 왈)을 거듭하다.

1, 2급 한자

澹 담박할 담 — 물속(氵) 살피어(詹) 지니 맑다. 맑고 산뜻하여 담박하다.   澹泊(담박)
憺 불안할 담 — 잘 살펴보는(詹) 마음(忄)이라는 데서 불안하다는 뜻.   慘憺(참담)
膽 쓸개 담 — 몸(月)에 들어온 음식물을 살피어(詹) 소화를 돕는 쓸개.   熊膽(웅담)
瞻 볼 첨 — 눈(目)으로 잘 살피어(詹) 본다는 뜻.   瞻星臺(첨성대)
蟾 두꺼비 섬 — 벌레(虫 벌레 충)를 살피고(詹) 있다가 순식간에 잡아먹는 두꺼비.
蟾津江(섬진강) : 전라북도(全羅北道)에 있는 강 이름.

唐糖堂當黨

唐 당나라 당 (3Ⅱ 口부 10획)
집(广 집 엄)에서 손(彐 손 계)에 몽둥이 들고 갑자기 큰소리쳐서(口) 황당하다. 과거에 큰소리 칠만했던 당나라.
唐突(당돌)　唐詩(당시)　唐慌(당황)　荒唐(황당)

糖 사탕, 달 당 (3Ⅱ 米부 16획)
쌀죽(米 쌀 미) 쑤어 엿기름을 넣고 끓이니 갑자기(唐) 단맛 나는 엿·사탕이 됨. 糖料(당료)　糖分(당분)　砂糖(사탕)
*唐(갑자기 당) : 집(广)에서 몽둥이 들고(彐) 갑자기 소리침(口).

堂 집 당 (6급 土부 11획)
높게(尙 높을 상) 땅(土) 위에 지은 어떤 목적으로 지은 집.
明堂(명당)　書堂(서당)　食堂(식당)　正正堂堂(정정당당)
*尙 : 지붕 높은(小) 집(冂) 입구(口). 이러한 큰 집을 받들다.

當 当 마땅할 당 (5급 田부 13획)
논밭(田) 가치를 높이(尙 높일 상) 생각함이 마땅하다.
當到(당도)　當落(당락)　當番(당번)　當然(당연)　正當(정당)
*當局者迷(당국자미) : 일의 담당자가 도리어 그 실정에 어두움.

黨 党 무리 당 (4Ⅱ 黑부 20획)
높은(尙 높일 상) 뜻으로 어둠(黑)을 밝히기 위하여 모인 무리.
黨權(당권) 黨利黨略(당리당략)　野黨(야당)　與黨(여당)
*尙 : 지붕 높은(小) 집(冂) 입구(口). 이러한 큰 집을 받들다.

 당(唐, 618~907)

수(隋)나라를 대항(對抗)해 일어난 이연(李淵)이 대륙(大陸)을 통일(統一) 후 당으로 바꿈.
이연의 둘째 아들 이세민(李世民)이 뒤를 이어 당 태종(太宗)에 올라 나라를 안정시켰다.
당 고종의 비(妃)로 들어온 무광이 황제로 오르니 그녀가 바로 측천무후(則天武后, 690)이다.
당 현종의 후궁 양귀비(楊貴妃)의 수양아들을 자처한 안녹산의 난(755)으로 국력 쇠퇴하였고,
황소가 난을 일으키고(870) 그의 부하였던 주전충이 마지막 황제를 폐위시켰다(907).

大代貸待帶

大 큰 대 (8급 大부 3획)
양팔 벌리고 서 있는 큰 어른 모양.
大小(대소) 大人(대인) 大韓民國(대한민국) 東大門(동대문)
大學(대학) : 우리나라 최고의 교육 기관. ▶ 韓(나라 한)

代 대신할 대 (6급 人부 5획)
푯말(弋)을 세워 사람(亻)을 대신하다.
代理(대리) 代身(대신) 代表(대표) 時代(시대) 現代(현대)
*弋(푯말 익) : 세워 놓은 푯말 모양. ▶ 現(나타날 현)

貸 빌릴 대 (3Ⅱ 貝부 12획)
빌려 쓰는 대가(代)로 돈(貝 조개 패)을 준다는 데서 빌리다 또는 빌려주다. 貸與(대여) 貸出(대출) 賃貸(임대)
*代(대신할 대) : 푯말(弋 푯말 익)을 세워 사람(亻)을 대신하다.

待 기다릴 대 (6급 彳부 9획)
일 보러 관청(寺)에 가면(彳 걸을 척) 보통 기다린다.
待期(대기) 待接(대접) 待合室(대합실) 期待(기대)
*寺(관청 시) : 토지(土)를 법도(寸 법도 촌) 있게 관리하는 관청.

帶 띄 대 (4Ⅱ 巾부 11획)
입은 옷 위에 하나(一)의 긴 띠를 홈(凵 구덩이 감)을 따라 끼워 장식하여(丿乚) 빙 둘러(巾 두를 잡) 매는 데서.
帶劍(대검) 腹帶(복대) 革帶(혁대) 熱帶地方(열대지방)

1, 2급 한자

垈 집터 대
土는 보통 농토(農土)를 의미하는데, 농사(農事)를 대신(代)하여 집을 앉히는 택지(宅地)를 뜻한 자.　　　　　　　　　　　垈地(대지)

袋 자루 대
옷(衣 옷 의)을 대신(代)할 수 있는 포대나 자루.　　包袋(포대)

▶ 大乘佛敎(대승불교) : ('큰 수레'를 가리키는 범어로) 출가(出家)자만을 구원의 대상으로 하는 것이 아니고, 널리 인간 전체의 구원을 주장하는 불교 교리(敎理)를 말한다.

▶ 小乘佛敎(소승불교) : 人格(인격)의 완성(完成)을 통해서 해탈(解脫)을 얻고자 하는, 불교의 한 교법(敎法).

隊對臺德刀

隊 무리 대 (4II 阜部 12획)
산언덕(阝 언덕 부) 사방팔방(八)으로 먹이 찾아다니는 멧돼지(豕) 무리. 隊列(대열) 隊員(대원) 軍隊(군대)
*豕(돼지 시) : 돼지의 머리, 등, 발, 꼬리를 그린 자.

對 对 대할 대 (6급 寸部 14획)
많은(丵) 일을 한결(一) 같이 법도(寸 법도 촌) 있게 대하다. 對答(대답) 對等(대등) 對立(대립) 對面(대면) 對話(대화)
*丵(무성할 착) : 풀('立'에 ㅣㅣㅣ를 더해)이 많이(十) 나 있어 무성함.

臺 台 대 대 (3II 至部 14획)
좋게(吉) 덮어(冖) 바닥에서 높게 이르게(至 이를 지) 만든 높은 대 또는 무대(舞臺). 臺詞(대사) 靑瓦臺(청와대)
*吉(좋을 길) : 고매한 인품의 선비(士)의 말(口)은 참되고 좋다.

德 徳 바를 덕 (5급 彳部 15획)
행실(彳 걸을 척)을 바른(直) 마음(心) 가짐으로 행하다. 德望(덕망) 德性(덕성) 道德(도덕) 美德(미덕) 亡德(망덕)
*直(곧을 직) : 열(十) 번을 보아도(目 앉은(乚) 자세가 곧다.

刀 칼 도 (3II 刀部 2획)
칼의 모양을 본뜬 자로 베다, 자르다. ▶ 粧(단장할 장)
刀劍(도검) 果刀(과도) 短刀(단도) 面刀(면도) 銀粧刀(은장도)
單刀直入(단도직입) : 논점의 본론이나 결론을 바로 말함.

1, 2급 한자

墜 떨어질 추 : 떼를 이룬 무리(隊)중 일부가 땅(土)에 떨어지다. 墜落(추락)
擡 들 대 : 손(扌)을 무대(臺 무대 대)에 올라 높이 쳐든다. 擡頭(대두)

- 對症療法(대증요법) : 1. (병의 근원을 다스리기 어려울 때) 겉으로 드러나는 증세(症勢)에 따라서 병을 다스리는 치료 법. 2. 사고(事故)의 근본(根本) 원인(原因)을 따져 시정(是正)하지 아니하고 나타난 몇 가지 사건 사고만을 처리하여 마무리 하는 일.
- 德必有隣(덕필유린) : 덕이 있으면 반드시 따르는 사람이 있어 외롭지 않음.
- 擡頭(대두) : 뱀이 머리를 쳐드는 모양에서, 이처럼 좋지 않은 현상이나 세력(勢力)이 머리를 쳐들고 나타남.

	 島 挑 桃 逃 跳
島 섬 도 (5급 山부 10획)	새(鳥 새 조)가 쉬어가는 바다에 솟아 있는(山) **섬**. 獨島(독도)　半島(반도)　鬱陵島(울릉도)　島嶼國家(도서국가) ▶ 獨(홀로 독)　鬱(막힐 울)　陵(언덕 릉)　嶼(작은섬 서)
挑 건드릴 도 (3급 手부 9획)	손(扌)으로 여러(兆) 번에 걸쳐 **건드리다**. 挑戰(도전)　挑發(도발) : 남을 집적거리어 일을 일으킴. *兆(많을 조) : 점치기 위해 거북 껍질을 태워 **갈라진 많은 금**.
桃 복숭아 도 (3Ⅱ 木부 10획)	나무(木) 열매 씨가 금이 많이(兆) 나 있는 **복숭아**. 桃三李四(도삼이사)　桃園結義(도원결의)　武陵桃源(무릉도원) 桃色雜誌(도색잡지) : 성적인 음란한 내용을 주로 다루는 잡지.
逃 달아날 도 (4급 辶부 10획)	여러 갈래(兆) 길로 멀리 (辶 멀리갈 착) **달아나다**. 逃亡(도망)　逃走(도주)　逃避(도피)　▶ 避(피할 피) *兆(많을 조) : 갈라져 있는 많은 길의 모양에서 **많다**는 뜻.
跳 뛸 도 (3급 足부 13획)	발(足)을 여러(兆 많을 조) 번 굴려 **뛴다**. 跳躍(도약) : 뛰어 오름.　　▶ 躍(뛸 약) *足(발 족) : 무릎 아래의 **발** 모양.　*足 = 𧾷

1, 2급 한자

| 嶼 작은섬 서 | 바다에 솟아있으며(山) 큰 섬과 더불어(與) 있는 작은 섬. | 島嶼(도서) |

🔵 桃李不言(도리불언)이나 下自成蹊(하자성혜)라! ▶ 蹊(지름길 혜)

복숭아나무와 자두나무는 말이 없어도 그 밑에는 저절로 길이 생긴다.

- 한(漢)나라 초기의 명장(名將) 이광(李廣)을 칭찬하는 말. 복숭아 자두에는 그 꽃의 아름다움이나 맛있는 과실(果實) 때문에 많은 사람들이 찾아들기에 나무 밑에는 저절로 길이 생긴다. 이처럼 **훌륭한 사람 밑에는 아무 말이 없어도 저절로 그 사람의 인격(人格)을 흠모(欽慕)하여 사람들이 모여든다는 말이다.**

到倒度渡徒

到 이를 도
(5급 刂부 8획)

무사히 목적지에 이르기(至) 위하여 칼(刂) 지니고 가 안전히 목적지에 **이르다**. 到達(도달) 到來(도래) 倒着(도착)
*至(이를 지) : 한(一) 마리 새 발(厶 새발자국 유)이 땅(土)에 **이르다**.

倒 넘어질 도
(3Ⅱ 人부 10획)

많은 사람(亻)들이 목표에 이르기(到) 전에 좌절하거나 실패로 **넘어진다**. 倒産(도산) 倒置(도치) 卒倒(졸도) 壓倒(압도)
* 刂(선칼 도) : '刀'가 부수로 우측에 위치할 때 쓰임(刑 劍).

度 헤아릴 도, 탁
(6급 广부 9획)

집(广)에서 여러(廿 스물 입) 사람이 손(又 손 우)으로 **헤아림**. 이와 같이 여러 사람이 만든 **기준 법도**(法度).
角度(각도) 速度(속도) 溫度(온도) 度地(탁지) : 토지를 측량함.

渡 건널 도
(3Ⅱ 水부 12획)

물(氵)의 깊이를 헤아려(度 헤아릴 도) **건넌다**.
渡河(도하) 過渡期(과도기) 不渡(부도) 讓渡(양도)
*广(터진집 엄) : 한쪽이 터져 있는 **집, 어떤 용도로 쓰이는 집**.

徒 무리 도
(4급 彳부 10획)

걷거나(彳 걸을 척) 뛰어다니는(走) **무리**. 生徒(생도)
徒黨(도당) 暴徒(폭도) 無爲徒食(무위도식) ▶ 徒(헛될 도)
*走(달릴 주) : 땅(土)을 다리(疋 발 소)를 벌려 **달리다**.

1, 2급 한자

鍍 도금할 도 　 금속(金)의 성질을 잘 헤아려(度) **도금하다**. 　 鍍金(도금)

- 倒錯(도착) : 인간의 본능(本能)이나 감정(感情) 또는 덕성(德性)의 이상(異常)으로 사회나 도덕에 어그러진 행동(行動)을 나타내는 일. [성(性)~]
- 度量衡(도량형) : '길이, 부피, 무게' 또는 이들을 재는 '자, 되, 저울'을 이르는 말.
  ▶ 度(길이를재는자 도) 量(부피를헤아리는되 량) 衡(무게를재는저울 형)

📖 陶 途 塗 都 盜

陶 그릇 도 (3Ⅱ 阜부 11획)	언덕(阝 언덕 부) 아래에 있는 가마에, 흙으로 싸서(勹 쌀 포) 구워 만든 그릇(缶 질그릇 부)인 질그릇. 陶工(도공) 陶藝(도예) 陶醉(도취) 人格陶冶(인격도야)
途 길 도 (3Ⅱ 辶부 11획)	내(余)가 일을 해 나아가는(辶 갈 착) 과정인 길. 途中(도중) 開途國(개도국) 別途(별도) 中途(중도) *予(나 여) : 사람이 바로 서 있는 모양에서 바른 나의 뜻.
塗 칠할 도 (3급 土부 13획)	물(氵)을, 내(余 나 여)가 흙(土)에 부어 만든 진흙을 바르다. 塗料(도료) 塗色(도색) 塗裝(도장) 道聽塗說(도청도설) 塗炭之苦(도탄지고) : 진흙 속이나 숯불에 빠진 괴로움.
都 도읍 도 (5급 邑부 12획)	사람(者)이 많이 사는 고을(阝 고을 읍)인 도읍(都邑). 都市(도시) 都心(도심) 古道(고도) 首都(수도) *者(사람 자) : 늙으면(耂) 백발(白 흰 백) 되어 죽는 모든 사람.
盜 훔칠 도 (4급 皿부 12획)	그릇(皿 그릇 명)의 것이 탐나 입을 벌리고(欠 하품 흠) 침(氵)을 흘리는 데서 도둑이나 훔치다. 盜難(도난) 盜用(도용) 盜賊(도적) 盜聽(도청) 强盜(강도)

1, 2급 한자

淘 일 도	물(氵)을 그릇(匋 질그릇 도)에 담아 곡식 등을 **일다**.	淘汰(도태)
葡 포도 도	덩굴(艹)이 질그릇(匋) 뚜껑 덮듯이 덮는 **포도**(葡萄).	靑葡萄(청포도)
屠 죽일 도	사람(者)이 동물 등을 **죽여**(尸 주검 시) **잡는다**.	屠殺(도살)
睹 볼 도	눈(目)으로 사람(者)이 **보다**.	目睹(목도) : 눈으로 봄
賭 내기걸 도	재물(貝) 걸고 사람(者)이 **내기하다**.	賭博(도박)

🔵 淘汰(도태) : 1. 물에 일어서 쓸데없는 것을 흘려버림. 2. 불필요하거나 부적당한 것을 가려내어 버림. 3. 환경이나 조건에 적응하지 못한 생물이 멸망함. ▶ 汰(일 태)

📖 道 導 圖 稻 毒

道
길 도
(7급 辶부 13획)

살아가는데(辶 갈 착) 있어 머리(首)에 있는 중요한 바른 길.
또는 큰 길. 道路(도로) 人道(인도) 車道(차도)
*首(머리 수) : 털 난 머리. 머리는 맨 위에 있어 우두머리.

導
이끌 도
(4Ⅱ 寸부 16획)

갈 길(道)을 손(寸 마디 촌)을 잡아 바르게 이끌어 줌.
導入(도입) 引導(인도) 主導(주도) 指導(지도)
*辶(갈 착) : 쉬엄쉬엄 멀리 걸어가는 모습에서 가다.

圖 図
그림 도
(6급 口부 14획)

먹는데(口) 중요한 농토를 갓(亠) 쓰고 돌아다니며(回 돌 회) 동서 남북(口)을 그린 그림. 그림이나 지도를 그려 일 등을 꾀하다.
圖書(도서) 圖畵(도화) 企圖(기도) 意圖(의도) 地圖(지도)

稻 稲
벼 도
(3급 禾부 15획)

손(爫)으로 절구(臼)에 넣고 찧어 먹는 벼(禾 벼 화).
稻熱病(도열병) 立稻先賣(입도선매) : 자라고 있는 벼를 미리 팔다.
*臼(절구 구) : 곡식이 들어 있는 절구.

毒 毒
독할 독
(4Ⅱ 毋부 8획)

하나(一)의 버섯을 땅(土)에서 따서 먹었는데 독버섯이어 말을 못한다(毋 말 무) 데서 독. ▶ 素(바탕 소)
毒性(독성) 毒素(독소) 毒藥(독약) 食中毒(식중독)

❓ '길'에 대하여

道(길 도) : 큰 길. 또는 사람이 중히(首) 여기며 가야할(辶) 길
路(길 로) : 좁은 길. 자기 발로(足) 걸어 가야할 각자(各)의 길
途(길 도) : 일을 행하는 과정에 놓여 있는 길 (용도用途, 방도方途, 도중途中)
街(거리 가) : 네거리(行)가 있으며 반듯하게(圭) 나 있는 큰 길

- 보통 남북으로 나 있는 길은 '街', 동서(東西)로 나 있는 길은 '路'로 구분한다.

督 獨 篤 讀 豚

督 살필 독 (4Ⅱ 目부 13획)
작게(叔 작을 숙) 눈(目)을 뜨고 **살피다**. ▶ 總(거느릴 총)
監督(감독) 基督教(기독교) 總督(총독) : (식민지나 자치령에서) 정치, 군사 등의 모든 업무를 감독하고 관리하는 직위, 사람.

獨 独 홀로 독 (5급 犬부 16획)
개(犭=犬)와 닭(蜀)은 같이 지내지 못한다 하여 **홀로**.
獨立(독립) 獨斷(독단) 獨白(독백) 獨身(독신) 獨唱(독창)
*蜀(큰닭 촉) : 눈(罒) 크게 뜨고 몸 구부려(勹) 벌레(虫) 잡는 큰 닭.

篤 도타울 독 (3급 竹부 16획)
대나무(竹)처럼 항상 서서 살아가는 말(馬 말 마)들의 사이가 **도탑다**. 敦篤(돈독) : 인정이 두터움. ▶ 敦(도타울 돈)
篤志家(독지가) : 사회사업 등에 마음 쓰고 협력, 원조하는 사람.

讀 読 읽을 독, 구절 두 (6급 言부 22획)
말(言)하며, 물건 팔듯(賣 팔 매) 글을 소래 내 **읽다**. 글을 읽을 때 띄어 읽는 한 단위의 글인 **구절(句節)**.
讀書(독서) 讀者(독자) 讀後感(독후감) 句讀點(구두점)

豚 돼지 돈 (3급 豕부 11획)
살(月=肉 고기 육)이 많은 **집돼지**(豕 돼지 시).
豚舍(돈사) 豚肉(돈육) 豚皮(돈피) 養豚(양돈)
*月(육달 월) : '달'의 뜻이 아닐 때는 로 **고기**(月=肉 고기 육)의 뜻.

1, 2급 한자

犢 송아지 독   소(牛 소 우) 중 팔아서(賣) 살림에 보탬이 되는 **송아지**.
瀆 더럽힐 독   물(氵)을 팔아(賣) 먹어 명예(名譽) 등을 **더럽히다**.   冒瀆(모독)

- 舐犢之愛(지독지애) : 어미 소가 송아지를 핥아 주는 사랑과 같은 부모의 자식 사랑.
  ▶ 舐(핥을 지)
- 瀆職(독직) : 직책(職責)을 더럽힘. 특히, 공무원(公務員)이 지위(地位)·직권(職權)을 남용(濫用)하여 부정(不淨) 행위를 저지름.

敦 突 冬 同 洞

敦 도타울 돈
(3급 攵부 12획)
행복 누리도록(享 누릴 향) 회초리를 대서(攵 칠 복)라도 올바르게 다스려야 서로의 정이 도타워 진다는 데서.
敦篤(돈독) : 인정이 도타움. 敦化門(돈화문) : 창덕궁의 정문.

突 갑자기 돌
(3Ⅱ 穴부 9획)
구멍(穴)에서 개(犬)가 갑자기 튀어나오는 모양.
突擊(돌격) 突發(돌발) 突進(돌진) 突破(돌파) 衝突(충돌)
*穴(구멍 혈) : 비바람 피할(宀) 수 있게 파진(八) 굴이나 구멍.

冬 겨울 동
(7급 冫부 5획)
계절 중 맨 뒤(夂)에 오며 얼음(冫 얼음 빙) 어는 겨울.
立冬(입동) : 이십사절기의 하나. 이때부터 겨울에 들어선다 함.
*夂(뒤져올 치) : 두 다리를 끌며 천천히 걸어감.

同 같을 동
(7급 口부 6획)
둘러싸고(冂) 있는 사람의 말(口)이 한가지로(一) 같다.
同門(동문) 同色(동색) 同性(동성) 同數(동수) 同時(동시)
*冂(둘러쌀 경) : 멀리 둘러싸고 있는 성곽. 또는 둘러싸다.

洞 마을 동, 통할 통
(7급 水부 9획)
흐르는 물(氵)을 같이(同) 쓰는 마을. 물(氵)과 같이(同) 막힘없이 통하다. 洞口(동구) : 마을 어귀. 洞里(동리) : 마을. 洞長(동장)
洞察(통찰) : 환히 내다봄. 꿰뚫어 봄. ▶ 察(알 찰)

1, 2급 한자

桐 오동나무 동 — 나무(木) 속이 같은(同) 간격으로 구멍 나 있는 오동(梧桐)나무.
胴 몸통 동 — 몸(月=肉)에서 두께가 일정한(同) 몸통.　　　　　　胴體(동체)

'ㄷ' 'ㅌ'
'ㅈ' 'ㅊ'

🔵 음의 고저나 강약에 의하여 음이 나누어진 글자
中(가운데 중) - 忠(충성 충)　　早(일찍 조) - 草(풀 초)
靑(푸를 청) - 情(뜻 정)　　次(버금 차) - 資(재물 자)
糖(달 당, 탕) 宅(집 댁, 택)　洞(마을 동, 통할 통)

銅 東 凍 童 動

銅 구리 동
(4Ⅱ 金부 14획)

금(金) 같은(同) 색인 황동(黃銅)에서 구리를 뜻한 자.
銅管(동관)　銅線(동선)　銅錢(동전)　靑銅器(청동기)
*金(쇠 금) : 덮여(人) 있는 흙(土) 속 여기저기(丶丿)에 있는 **금속**.

東 동녘 동
(8급 木부 8획)

나무(木) 사이로 뜨는 해(日) 뜨는 동쪽.　東洋(동양)
東宮(동궁) : 1. 황태자(皇太子)나 왕세자(王世子)가 거처하는 집.
　　　　　 2. 떠오르는 태양과 같은 '황태자'나 '왕세자'를 이르는 말.

凍 얼 동
(3Ⅱ 冫부 10획)

동쪽(東 동녘 동)에서 찬 기운이 오니 얼음(冫)이 얼다.
凍結(동결)　凍死(동사)　凍傷(동상)　冷凍(냉동)　解凍(해동)
*冫(얼음 빙) : 고드름에서 떨어지는 물 모양. **차다, 춥다, 얼다**.

童 아이 동
(6급 立부 12획)

마을(里)에서 서서(立 설 립) 뛰어 노는 아이.
童心(동심)　童顔(동안)　童話(동화)　兒童(아동)　學童(학동)
*里(마을 리) : 농토(田) 가까운 땅(土)에 자리 잡은 **마을**.

動 움직일 동
(7급 力부 11획)

무거운(重 무거울 중) 것을 힘(力)을 써 움직이다.
動力(동력)　動物(동물)　手動(수동)　自動(자동)
*重 : 천(千) 개의 마을(里)을 다스려야 하니 책임이 **무겁다**.

1, 2급 한자

棟 건물, 용마루 **동**　지붕 위를 기로 꿰뚫어(東) 지른 나무(木)인 **마룻대**나 **용마루**.
　　　　　　　　　　용마루가 있는 **큰 집**이나 **건물**. 病棟(병동)　▶ 梁(들보 량)
　　　　　　　　　　棟梁之材(동량지재) : 집안이나 나라의 기둥이 될 만한 튼 인물.

憧 그리워할 동　마음(忄)으로 어린(童) 시절을 그리워하다.　　　　　　憧憬(동경)
瞳 눈동자 동　　바라보는 눈(目)이 맑은 아이(童)들의 눈동자.　　　　　瞳孔(동공)
撞 칠 당　　　　손(扌)으로 아이(童)들이 공을 치고 논다는 데서.　　　撞球(당구)
董 골동품 동　　풀밭(艹)에 버려져 거듭(重)된 세월을 지내온 골동품.　骨董品(골동품)
慟 서러울 통　　마음(忄)이 움직일(動) 때는 서러울 때라는 데서.　　　哀慟(애통)

豆頭斗屯鈍

豆 콩 두 (4Ⅱ 豆부 7획)	콩꼬투리 같이 생겨 콩. 豆滿江(두만강) 大豆(대두) : 콩. 豆腐(두부) 種豆得豆(종두득두) : 콩을 심어 콩을 거둠. 원인에 따라 그에 맞은 결과가 생김. ▶ 腐(썩을 부) 種(씨 종)
頭 머리 두 (6급 頁부 16획)	제기(豆 제기 두) 모양 같이 생긴 신체의 머리(頁). 頭角(두각) 頭腦(두뇌) 頭痛(두통) 白頭山(백두산) *頁(머리 혈) : 사람 머리(一)에서 얼굴(自), 목(丿)까지 신체 본뜬 자.
斗 말 두 (4Ⅱ 斗부 4획)	곡식(丶丶) 양을 헤아리는 말의 모양. 한 말은 18리터. 斗酒不辭(두주불사) : 말술을 사양치 않음. ▶ 辭(사양할 사) 北斗(북두) : '北斗七星(북두칠성)'의 준말.
屯 머무를 둔 (3급 丿부 4획)	땅을 뚫고(丿 삐침 별) 구덩이(凵 구덩이 감)에서 새싹(乚)이 나 온 모양. 그 싹이 포기 지어져 모이다. 모여서 머무르다. 屯兵(둔병) 屯營(둔영) 駐屯(주둔) ▶ 營(진칠 영)
鈍 둔할 둔 (3급 金부 12획)	쇠(金)로 만든 무기의 날이, 땅을 뚫고(丿) 구덩이(凵 구덩이 감) 에서 나온 새싹(乚)의 떡잎(屯) 같이, 두껍게 되어 무디다. 鈍感(둔감) 鈍器(둔기) 鈍才(둔재) 愚鈍(우둔)

- 饅頭(만두) : 제갈량(諸葛亮)이 남만(南蠻)을 정벌하고 돌아 올 때 어느 강에 이르러 건너려 하였으나 풍랑(風浪)이 심하여 건널 수가 없었다. 이유(理由)인 즉, 사람 머리 49개로 수신(水神)에게 제사(祭祀)를 지내야 건널 수 있다는 이야기를 듣고, 살인을 할 수 없어 밀가루로 머리 모양을 만들어 속에 고기를 넣고 제사를 지냈다는 고사에서 유래한다.
  ('蠻頭'라 쓰지 않고 '饅頭'라 씀은 남만인(南蠻人)들을 비하하지 않기 위함이라 한다.)

- 頭東尾西(두동미서) : 제사상에서 생선 머리는 동쪽, 꼬리는 서쪽으로 향하게 둔다.

- 頭寒足熱(두한족열) : 한방에서 머리는 시원하게 발은 따뜻하게 함이 몸에 좋다함.

得登燈等騰

得 얻을 득 (4Ⅱ 彳부 11획)
일터에 나가(彳 걸을 척) 아침(旦 아침 단)부터 열심히 손(寸 마디 촌)을 움직여 일을 하여 많은 것을 얻다.
得失(득실) 得點(득점) 所得(소득) 習得(습득) 利得(이득)

登 오를 등 (7급 癶부 12획)
발판(豆) 밟고 오르는(癶 걸을 발) 모양에서 오르다.
登校(등교) 登山(등산) 登場(등장) ▶ 場(마당 장)
*豆(제기 두) : 제사 지내는 그릇의 윗부분이 평평함을 뜻함.

燈 등불 등 (4Ⅱ 火부 16획)
불(火)을 켜서 높은 곳에 올려(登 오를 등) 두는 등불.
燈火(등화) 燈下不明(등하불명) 電燈(전등) 風前燈火(풍전등화)
*癶(걸을 발) : 두 발 벌리고 걸어가는 모양. '필발머리'라 함.

等 등급 등 (6급 竹부 12획)
대쪽(竹)에 쓴 내용을 관청(寺 관청 시)에서 고르게 매기는 등급(等級). 等級(등급) 等數(등수) 平等(평등)
*寺(관청 시) : 토지(土)를 법도(寸 법도 촌) 있게 관리하는 관청.

騰 오를 등 (3급 馬부 20획)
몸(月)과 양손(丿丶) 둘(二)을 이용해 사람(人)이 말(馬 말 마)에 오르다. 騰落(등락) 急騰(급등) 暴騰(폭등)
*月(육달 월) : '달'의 뜻이 아닐 때는 '月=肉 고기 육'로 신체의 뜻.

1, 2급 한자

鄧 나라이름 등 — 높은 시내에 고을을 세운 나라인 등나라. 성씨. 鄧小平(등소평)

橙 등자나무 등 — 나무에 가시가 있어 도르기 어려운 등자나무. 橙子(등자)

澄 맑을 징 — 물은 올라가 있는 즉 윗부분이 맑다는 뜻. 明澄(명징)

謄 베낄 등 — 몸(月)과 양손(丿丶) 둘(二)을 이용해 말(言)을 베낀다. 謄本(등본)

藤 등나무 등 — 초목(艹) 중, 물 솟아(滕 물솟을 등) 퍼지듯, 번지며 자라는 등나무.
葛藤(갈등) : 칡이나 등나무 넝쿨이 엉키듯, 풀기 어려운 상황.
* 滕 : 배(舟의 변형) 바닥(一)의 큰(大) 틈(丿丶)으로 물(氺) 솟아오름.

羅 絡 落 樂 卵

羅 벌일 라 (4Ⅱ 网부 19획)
그물(罒 그물 망)을 매어(維) 놓은 모양에서 벌리다.
羅列(나열) 新羅(신라) 羅城(나성) : 로스엔젤레스, LA.
*維(맬 유) : 실(糸)로 잡은 새(隹 새 추)의 다리를 묶어 매다.

絡 이을 락 (3Ⅱ 糸부 12획)
실(糸)로 떨어져 있는 각각(各 각각 각)의 것을 이음.
脈絡(맥락) 連絡(연락) 經絡(경락) : 병이 겉에 나타나는 자리.
*各 : 앞 사람과 뒷(夂 뒤져올 치) 사람 말(口)이 각각 다르다.

落 떨어질 락 (5급 ⺾부 13획)
풀(⺾) 잎에서 물방울(氵)이 똑똑(各) 떨어지다.
落馬(낙마) 落心(낙심) 落葉(낙엽) 落第(낙제) 登落(등락)
*⺾(풀 초) : 풀 모양. '草'의 머리 부분이기에 '초두'라 부름.

樂(楽) 악기 악, 좋아할 요, 즐길 락 (6급 木 15)
북통(白) 양쪽에 줄(幺幺)을 맨 북인 악기를 나무(木) 받침대에 올려놓은 모양. 음악 들으니 즐겁고 이를 좋아한다.
樂器(악기) 音樂(음악) 娛樂(오락) 樂山樂水(요산요수)

卵 알 란 (4급 卩부 7획)
길쭉한 물주머니(卵)안에 있는 검은(丶) 개구리 알을 보고 그린 자.
鷄卵(계란) 産卵(산란) 受精卵(수정란)
卵細胞(난세포) : 알세포. 난자(卵子) 細(가늘 세) 胞(태보 포)

1, 2급 한자

洛 물이름 락   물(氵)은 흐르며 각각(各)의 물 이름을 가짐.   洛東江(낙동강)
烙 지질 락   불(火)로 구별하기 위해 각각(各)을 지진다.   烙印(낙인)
酪 소젖 락   술(酉) 담그듯 가공하여 각각(各)의 용도로 쓰이는 소젖.
　　　　　　酪農業(낙농업) : 젖소나 염소 등을 길러 젖을 짜거나, 그 젖을 가공하여
　　　　　　유제품(乳製品)을 만드는 일.　　　　　　　　　▶ 乳(젖 유)
駱 낙타 락   말(馬)처럼 타기 좋게 각각(各) 혹을 가진 낙타.   駱駝(낙타)
賂 뇌물줄 뢰   재물(貝) 바쳐 각자(各) 목적 달성하려는 뇌물.   賂物(뇌물)

亂 蘭 欄 濫 覽

亂 乱 어지러울 란 (4급 乙부 13획)
얽힌 실타래나, 새(乚)떼처럼 **어지럽다**. ▶ 髮(터럭 발)
亂世(난세) 亂動(난동) 亂髮(난발) 戰亂(전란) 避亂(피란)
*乙(새 을) : 새의 굽은 앞가슴. 새싹이 구부러진 모양. 乙 = 乚

蘭 蘭 난초 란 (3Ⅱ ++부 21획)
잎(++)이 난간(闌) 살대처럼 뻗으며 자라는 **난초**(蘭草).
金蘭之交(금란지교) : 쇠처럼 단단하고 난초처럼 향기로운 사귐.
*闌(난간 란) : 문(門)의 안과 바깥을 구분(柬 가릴 간)하는 **난간**.

欄 欄 난간 란 (3Ⅱ 木부 21획)
나무(木)로 만든, 문(門 문 문) 안쪽과 바깥쪽을 구분(柬)하는 **난간**. 欄干(난간) 空欄(공란) ▶ 干(방패, 막을 간)
*柬(가릴 간) : 나누어(八) 묶는다(束 묶을 속)는 데서 **가리다**.

濫 넘칠 람 (3급 水부 17획)
물(氵)을 다룰 때 잘 살핌(監 살필 감)은 차면 **넘치기** 때문.
濫發(남발) 濫伐(남벌) 濫用(남용) 濫獲(남획)
*監 : 신하(臣) 한(一) 사람(丶)이 그릇(皿)의 음식을 살피다.

覽 覽 볼 람 (4급 見부 21획)
살피어(監) **본다**(見). 특히 **잘 살피어 보다**.
觀覽(관람) 博覽會(박람회) 遊覽船(유람선) 展覽(전람)
*見(볼 견) : 사람이 눈(目)으로 서서(儿 어진사람 인) **본다**.

1, 2급 한자

瀾 물결 란   물(氵)이 난간(闌 난산 란)저럼 높게 일렁이는 큰 **파도**.   波瀾(파란)
爛 밝을 란   불(火) 켜서 난간(闌)에 놓으니 **밝다**. 燦爛(찬란) ▶ 燦(빛날 찬)

- 爛商討論(난상토론) : 저절로 결론(決論)에 이르도록 충분히 서로 의견(意見)을 주고받는 토론(討論).
  ▶ 商(장사, 헤아릴 상)
- 濫觴(남상) : ('술잔을 띄운다'는 말로) 큰 강도 이처럼 적은 양의 물에서 비롯된다 하여, 사물(事物)의 시초(始初)를 가리키는 말이다.

浪朗郎廊來

浪 물결 랑 (3Ⅱ 水부 10획)
물(氵)이 보기 좋게(良) 출렁이는 모양에서 물결.
浪費(낭비) 浪說(낭설) 激浪(격랑) 放浪(방랑) 風浪(풍랑)
*良(좋을 량) : 보는(艮 볼 간) 눈동자(丶)가 바른 데서 좋다.

朗 朗 밝을 랑 (5급 月부 11획)
어질고 좋음(良)이 달(月)처럼 밝고, 명랑(明朗)하다.
朗讀(낭독) 朗報(낭보) ▶ 報(알릴 보)
*良(어질 량) : 보는(艮 볼 간) 눈동자(丶)가 바르다 하여 어질다.

郎 郎 사내 랑 (3Ⅱ 邑부 10획)
어질고(良) 착하며 고을(阝) 출신의 멋진 사내.
郎君(낭군) 郎徒(낭도) 新郎(신랑) 花郎(화랑) ▶ 徒(무리 도)
*阝(고을 읍) : 볼록 나온 언덕 아래에 형성된 고을(阝=邑).

廊 廊 복도 랑 (3Ⅱ 广부 13획)
집(广)에서 사내(郎)가 머무는 행랑(行廊). 또는 복도.
舍廊(사랑) 畫廊(화랑) 廊下(낭하) : 복도.
*广(터진집 엄) : 한쪽이 터져 있는 집, 어떤 용도로 쓰이는 집.

來 来 올 래 (7급 人부 8획)
나무(木) 아래로 사람들(人人)이 쉬러 오다.
來年(내년) 來日(내일) 外來語(외래어)
來世(내세) : 죽은 뒤에 영혼이 다시 태어나 산다는 미래의 세상.

1, 2급 한자

狼 이리 랑   개(犭=犬)보다 크고 몸 좋은(良) 이리.   ▶ 狽 이리 패 藉(깔개 자)
     어지러울 랑   개(犭)는 좋은(良) 것도 못쓰게 하여 **어지럽게 하다**.   狼藉(낭자)
萊 명아주 래   풀(艹) 중 봄이 오면 싹이 나오는(來) 명아주.   부산 東萊(동래)구

📎 철에 따라 모양이 바뀐다는 강원도(江原道)에 있는 **금강산의 계절별(季節別) 이름**
     - 金剛山(금강산, 봄) 蓬萊山(봉래산, 여름) 楓嶽山(풍악산, 가을) 皆骨山(개골산, 겨울)

📎 狼狽(낭패) : 뜻하지 않은 실패나 사고를 당하여 곤경에 처하게 됨.
     (狼은 뒤 두 다리가 아주 짧음. 狽는 앞 두 다리가 짧음).
     - '狼'과 '狽'는 앞뒤로 서로 의지해야지만 걸을 수 있는데 이들은 이기적이며 협동심이 없어 볼 때마다 항상
        다투거나 하여 나아가지 못하는 나쁜 상태만을 보임.

冷 掠 略 良 兩

冷 찰 랭
(5급 冫부 7획)

얼음(冫 얼을 빙) 같이 명령(令)은 차다. ▶ 麵(밀가루 면)
冷麵(냉면) 冷水(냉수) 冷戰(냉전)) 冷情(냉정) 溫冷(온냉)
*令 : 사람(人) 한(一) 곳에 모아 놓고(卩무릎 절) 내리는 **명령**.

랑래랭
략량

掠 노략질 략
(3급 手부 11획)

손(扌)으로 서울(京) 같이 좋은 곳에 침입해 빼앗다.
掠奪(약탈) 擄掠(노략) ▶ 奪(빼앗을 탈) 擄(사로잡을 로)
*京(서울 **경**) : 높이(高의 줄임) 솟아 있는(小) 궁성이 있는 서울.

略 줄일 략
(4급 田부 11획)

밭(田)의 경계를 발걸음으로 각기(各) 대충 정하여 줄여 만듦.
대략 정한 이웃 밭을 침략(侵掠)하여 빼앗다.
略圖(약도) 略歷(약력) 略式(약식) 略字(약자) 省略(생략)

良 어질 량
(5급 艮부 7획)

보는(艮) 눈동자(丶 점 주)가 바른 모양에서 어질다.
良民(양민) 良書(양서) 良民(양민) 良質(양질) 良好(양호)
*艮(볼 **간**) : 눈(目의 변형) 뜨고 보는 모양에서 **눈, 보다**.

兩 两 두 량
(4Ⅱ 入부 8획)

양쪽에 같은 무게의 물건을 올려놓는(入 들 입) 저울(帀)의 모양
에서 둘의 뜻. 兩家(양가) 兩國(양국) 兩親(양친)
兩班(양반) : 동반(東班)과 서반(西班). 신분이 높은 상류 계급.

1, 2급 한자

倆 재주 량   사람(亻)이 두(兩 두 량) 가시 일을 행할 수 있는 **재주**.   技倆(기량)
輛 수레 량   바퀴 둘(兩) 달린 수레(車)의 모양으로 **수레를 세는 단위**.   車輛(차량)

🔹 良禽擇木(양금택목) : 좋은 새는 나무를 가려 둥지를 튼다. 훌륭한 사람을 가려 섬김.
🔹 良藥苦口(양약고구) : 병에 좋은 약은 입에 쓰다. 충언은 귀에 거슬리나 이롭게 함.
🔹 兩手執餠(양수집병) : 양손에 떡을 쥠. 다 좋으나 다는 가지기 어려운 경우.

凉 諒 量 糧 梁

凉
서늘할 량
(3Ⅱ 氵부 11획)

물(氵)이, 넓은 서울(京)처럼 많아 **시원하고 서늘함**.
納凉(납량) : 여름에 더위 피하고 서늘함을 맛봄. 淸凉(청량)
*京(서울 경) : 높이(高의 줄임) 솟아 있는(小) 궁성이 있는 서울.

諒
헤아릴 량
(3급 言부 15획)

말(言)을 큰(京) 마음으로 **헤아려** 듣는다.
諒知(양지) : 살펴서 앎. 諒察(양찰) : 헤아려 살핌.

量
수량 량
(5급 里부 12획)

말(曰 말할 왈) 한마디(一)만 들어도 마을(里)의 상황을 짐작하여 **헤아린다**. 量産(양산) 分量(분량) 質量(질량)
*里(마을 리) : 농토(田) 가까운 땅(土)에 자리 잡은 **마을**.

糧
식량 량
(4급 米부 18획)

쌀(米 쌀 미)은 헤아려(量) 먹어야 할 중요한 **양식**.
糧穀(양곡) 糧食(양식) 軍糧(군량) 食糧(식량)
*米 : 이쪽저쪽(丶丿) 나무(木)에 과일 열리듯 벼에서 나온 **쌀**.

梁
들보 량
(3Ⅱ 木부 11획)

물(氵)로 이쪽저쪽(丿丶)으로 나누어진(刀 칼 도) 길을 연결한 나무(木)인 **들보**.
橋梁(교량) 上梁式(상량식)

1, 2급 한자

樑 들보 **량**   나무(木)로 크게 만든 들보(梁)인 **대들보**. 上樑式(상량식) = 梁
粱 기장 **량**   물(氵) 먹고 상처(刃丶 상처 창) 없이 자라는 쌀(米)인 **기장**.
* 膏粱珍味(고량진미) : 기름진 고기와 좋은 곡식으로 만든 맛있는 음식.

📖 諒解覺書(양해각서) : 계약(契約)이나 조약(條約)에 이르기 전에 상호 협조, 수정을 약속한 증서.(MOU : Memorandum Of Understanding)

📖 梁上君子(양상군자) : 들보 위의 군자(君子). 즉 도둑을 점잖게 부르는 말.
– 후한(後漢) 때 진식(陣寔)이라는 사람의 집 들보에 도둑이 숨어 있는데, 진식이 아들과 손자들을 불러 "사람은 처음부터 악(惡)하지 않으나 스스로 노력하지 않으면 저 들보 위의 군자와 같이 된다"고 훈계하니 도둑이 놀라 내려와 용서를 구했다는 고사에서 유래한다.

 旅 廬 勵 麗 力

旅 나그네 려 (5급 方부 10획)	사방(方)으로 뻗어나가는 뿌리(氏)처럼 사방을 돌아다니는 사람(亻)인 나그네. 旅客(여객) 旅路(여로) 旅費(여비) * 氏(성씨 씨) : 뿌리가 뻗어나듯 뻗어나가는 사람의 성씨.
廬 생각할 려 (4급 心부 15획)	범(虍 범 호)의 두려움에 대하여 생각(思, 생각 사), 염려(念慮)하다. 考慮(고려) 配慮(배려) 思慮(사려) 心慮(심려) * 思 : 논, 밭(田) 농사에 대한 계획을 마음(心)으로 생각한다.
勵 励 힘쓸 려 (3Ⅱ 力부 17획)	언덕(厂 언덕 한)에서 많은(萬 일만, 많을 만) 사람들이 힘써(力) 일하다. 激勵(격려) 督勵(독려) 獎勵(장려) * 萬 : 초원(艹)에 사는 승(禹 짐승 우)처럼 많다와 일만(一萬).
麗 고울 려 (4Ⅱ 鹿부 19획)	두 마리 사슴(鹿)이 나란히 짝지어 가는 모습이 곱다. 麗水(여수 ; 전라남도) 華麗(화려) 高句麗(고구려) 高麗(고려) * 鹿(사슴 록) : 사슴의 뿔, 머리, 몸통, 다리를 그린 자.
力 힘 력 (7급 力부 2획)	쟁기질을 하는 남성의 힘을 나타낸 자. 國力(국력) 水力(수력) 全力(전력) 學力(학력) 重力(중력) : 지구가 지구위에 있는 물체를 중심으로 끌어당기는 힘.

량려력

● 高句麗(고구려)·百濟(백제)·新羅(신라) 高麗(고려)·朝鮮(조선)의 건국과 의미

高句麗 : 주몽(朱蒙)이 세운 '산 높고 물 맑은 아름다운 나라.'(BC 37~AD 668)

百 濟 : 온조(溫祚)가 한강(漢江) 북쪽에 도읍(都邑)을 정하고 건국. 삼국사기에는 '百濟는 백채의 집'의 의미라 함.(BC 18~AD 660)

新 羅 : 박혁거세(朴赫居世)가 경상북도 경주(慶州)를 도읍으로 건국. 모든 것을 휘감아 다시 '새롭게 펼친다.'(BC 57~AD 935).

高 麗 : 고구려(高句麗)의 후예인 왕건이 '高句麗를 계승한 나라'라는 뜻으로 지은 이름. 세상에 '코리아'로 알려진 것은 바로 '고려'를 말한다(918~1392년).

朝 鮮 : 아침(朝:)의 해가 빛나며 아름다운(鮮:) 동방의 고요한 나라(1392~1897년).

歷 曆 連 蓮 憐

歷 歷
지낼 력
(5급 止부 15획)

오랜 세월(厤) 지내온 지금까지(止 그칠 지)의 나날들.
歷代(역대) 歷史(역사) 歷任(역임) 經歷(경력) 學歷(학력)
*厤(세월 력) : 언덕(厂) 개간하여 벼(禾)농사 짓기까지의 많은 세월.

曆 曆
달력 력
(3Ⅱ 日부 16획)

세월(厤)을 날수(日)로 적은 책으로 보통 달력의 뜻.
陰曆(음력) 陽曆(양력) 册曆(책력) : 절기 따위를 적은 책.
*厂(언덕 한) : 가파른 낭떠러지 모양으로 언덕, 벼랑, 절벽.

連
이을 련
(4Ⅱ 辶부 11획)

수레(車 수레 거)를 길게(辶 멀리갈 착) 이음.
連結(연결) 連續(연속) 連打(연타) 連休(연휴)
*車(수레 거) : 두(二) 바퀴 달린 수레를 위에서 본 모양.

蓮
연꽃 련
(3Ⅱ ⺾부 15획)

물속에서 뿌리가 이어져(連) 나가는 물풀(⺾)인 연꽃.
蓮根(연근) 蓮池(연지) 蓮花(연화) 木蓮(목련) 白蓮(백련)
*辶(멀리갈 착) : 쉬엄쉬엄 멀리 걸어가는 모습에서 가다.

憐
가련할 련
(3급 心부 15획)

밥(米 쌀 미)을 못 먹어 비틀거리며 걷는(舛 발엇갈릴 천) 모습을 보니 마음(忄)으로 불쌍히 여기다.
憐憫(연민) 可憐(가련) 同病相憐(동병상련) ▶ 憫(불쌍히여길 민)

1, 2급 한자

瀝 물흐를 력   물(氵)은 오랜 세월(厤) 막힘없이 흐른다는 데서...   披瀝(피력)
靂 벼락 력   비(雨) 오는 동안(厤)에 간간이 내리치는 벼락.   靑天霹靂(청천벽력)

✏️ 불교(佛敎)의 상징(象徵) 연꽃(蓮)

불교(佛敎)를 상징(象徵)하는 연꽃은 다소 지저분한 물속 진흙 속에 뿌리를 내리고 살아간다. 진흙 속 뿌리가 줄기를 뻗어 물 위에서 아름다운 꽃을 피우는 것이 마치 속세(俗世)에서 살아가는 중생(衆生)이 여러 어려움을 이기고 깨달음을 얻어 마음의 평화(平和)와 삶의 의미(意味)를 한층 심화(深化)시킴을 표현(表現)하는 꽃이라 할 수 있다.

練 鍊 聯 戀 劣

練 練
익힐 련
(5급 糸부 15획)

실(糸 실 사)에서 불순물 가리는(柬) 일을 반복해 **익히다**.
練習(연습) 洗練(세련) 訓練(훈련) ▶洗(씻을 세)
*柬(가릴 간) : 나누어(八) 묶는다(束 묶을 속)는 데서 **가리다**.

鍊 錬
단련할 련
(3Ⅱ 金부 17획)

쇠(金)의 성질을 가려(柬) 단단하게 **단련(鍛鍊)하다**.
鍊金術(연금술) 練習(연습) 敎鍊(교련) 老鍊(노련)
*金(쇠 금) : 덮여(亼) 있는 흙(土) 속 여기저기(ヽ丿)에 있는 **금속**.

聯 联
이을 련
(3Ⅱ 耳부 17획)

실(幺幺) 꿴(卝) 북양귀 관) 북의 귀(耳)를 통하여 실이 풀려 나가며 천 **잇는다**. 聯盟(연맹) 聯合(연합) 關聯(관련)
*북 : 베틀에 딸린 부품. 날씨 틈을 왔다 갔다 하며 씨실 풀어줌.

戀 恋
사모할 련
(3Ⅱ 心부 23획)

끊이지 않고 이어지는(䜌) 마음(心)에서 **사모하다**.
戀歌(연가) 戀慕(연모) 戀人(연인) 戀愛(연애) 戀情(연정)
*䜌(이어질 련) : 말(言 말씀 언)이 실(絲 실 사)처럼 **이어지다**.

劣
못날 렬
(3급 力부 6획)

어려서(少 어릴 소) 힘(力 힘 력)이 **부족하거나**, 일을 제대로 못해 **못나다**. ▶卑(낮을 비) 憂(뛰어날 우) 拙(못날 졸)
劣等(열등) 劣勢(열세) 卑劣(비열) 優劣(우열) 拙劣(졸렬)

력련렬

1, 2급 한자

揀 가려 간
뽑을

손(扌)으로 잘 가리어(柬 가릴 간) **뽑다**. 擇 가릴 택
揀選(간선) 分揀(분간) 揀擇(간택) : 가려 뽑음.

諫 간할 간

옳지 못한 일을 고치도록 말(言 말씀 언)을 잘 가리어(柬) **간하다**.
諫言(간언) 諫爭(간쟁) 直諫(직간) 忠諫(충간)

💧 鍊金術(연금술) : 금을 제련(製鍊)하는 기술(技術), 특히 구리, 주석, 납 같은 쇠붙이로 금이나 은 같은 귀금속(貴金屬)을 만들려고 했던 화학(化學)기술을 가리킴.

列 烈 裂 廉 獵

列 벌일 렬 (4Ⅱ 刀부 6획)
짐승 고기(歹 뼈앙상할 알)를 칼(刂 선칼 도)로 발라 벌려 놓음.
列擧(열거) 列島(열도) 列傳(열전) 配列(배열)
*歹 : 뼈(一)에 살(夕 고기조각 석)이 조금 붙은 뼈. 죽음.

烈 세찰 렬 (4급 火부 10획)
고기를 벌려(列) 놓고 굽는 불길(灬 = 火)이 세차다.
烈士(열사) 極烈(극렬) 先烈(선열) ▶先(먼저 선)
*灬(불 화) : '火'를 글자 아래쪽에 쓸 경우. '불화발'이라 함.

裂 찢어질 렬 (3Ⅱ 衣부 12획)
벌어진(列) 옷(衣), 즉 찢어지거나 터짐을 뜻함.
裂傷(열상) 決裂(결렬) 龜裂(균열) 分裂(분열) 破裂(파열)
*衣(옷 의) : 위에 입는 옷 모양. 衣 = 衤 '옷의 변'이라 함.

廉 廉 쌀, 청렴할 렴 (3급 广부 13획)
집(广 집 엄)에서 여러(兼) 일하니 청렴(淸廉). 청렴함은 비싼 것과 거리 멀어 싸다. 廉價(염가) 廉恥(염치)
*兼(겸할 겸) : 벼(禾) 둘을 한(一) 손(彐)에 쥔 모양에서 겸하다.

獵 猎 사냥할 렵 (3급 犬부 18획)
개(犭=犬)가 짐승 목(巤 목갈기 렵)을 물어 사냥하다.
獵奇(엽기) 獵銃(엽총) 密獵(밀렵) 涉獵(섭렵) 狩獵(수렵)
*巤 : 내(巛)처럼 흐르는 긴 털이 목덜미(囟)에 난 동물의 갈기.

1, 2급 한자

簾 발 렴
대(竹)로 만들어 집(广 터진집 엄)에서 방이 보이지 않도록 가리거나 햇빛 차단(遮斷) 등 여러(兼) 용도(用途)로 쓰이는 발.   垂簾(수렴)

- 垂簾聽政(수렴청정) : 발(簾 발 렴)을 늘어뜨리고 정사(政事)를 봄.
  - 임금의 나이가 어려 정사(政事)를 볼 수 없을 때 왕대비(왕의 어머니)나 대왕대비(왕의 할머니)가 대신하여 발 뒤에 앉아 신하의 의견(意見)을 듣고 정사를 돌보던 제도.

- 廉石(염석) : 청렴(淸廉)한 돌. - 섬에서 태수(太守)를 그만두고 바다를 건너오는 길에 짐이 하나도 없어 배가 뒤집힐까봐 실었다는 돌.

靈 令 領 零 嶺

靈 _靈
신령 령
(3Ⅱ 雨부 21획)

비(雨) 내리는 주문(口 외는 무당(巫)의 대상인 신령.
靈感(영감) 靈驗(영험) 妄靈(망령) 神靈(신령) 魂靈(혼령)
*巫(무당 무) : 위(一)의 신과 아래(一)의 사람 잇는(丨) 사람(人).

令
명령 령
(5급 人부 5획)

사람(人)을 한(一) 곳에 모아(亼) 놓고 무릎(卩 무릎 절) 꿇린 후 내리는 명령(命令). 號令(호령) 訓令(훈령)
*亼(모을 집) : 사람(人)을 한(一) 곳에 모으다. ▶ 號(부를 호)

領
다스릴 령
(5급 頁부 14획)

명령(令) 내리는 우두머리(頁)가 다스리다.
領空(영공) 首領(수령) 大統領(대통령) ▶ 統(거느릴 통)
*頁(머리 혈) : 신체의 목을 포함한 머리에 있는 부분을 나타냄.

零
떨어질 령
(3급 雨부 13획)

비(雨) 떨어지듯 명령(令 명령 령)도 위에서 떨어지다.
零細民(영세민) : 수입이 적어 겨우 살아가는 주민. 零下(영하)
*雨(비 우) : 구름(一)에서 넓게(冂) 떨어지는(丨) 비(丶丶).

嶺
재 령
(3Ⅱ 山부 17획)

산(山)봉우리를 거느리고(領) 있는 높은 고개인 재.
대관령(大關嶺)을 기준으로 영동(嶺東) · 영서(嶺西)라 함.
*領(다스릴 령) : 명령(令) 내려 우두머리(頁 머리 혈)가 다스리다.

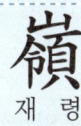

렬렴렵령

1, 2급 한자

囹 감옥 령   명령(令)에 의해 죄인을 가두는(囗 에워쌀 위) 감옥.   囹圄(영어)
玲 고울 령   명령하듯(令) 사람을 부를 때 나는 고운 옥소리(王←玉).   玲瓏(영롱)
鈴 방울 령   쇠(金)로 만든, 명령(令)을 내릴 때 흔드는 방울.   掩耳盜鈴(엄이도령)
齡 나이 령   하늘이 내린 명령(令)에 따라 살아가는 동물들의 나이는 그 이(齒)를 보면 알
              수 있다는 데서.   年齡(연령) 妙齡(묘령)의 아가씨
巫 무당 무   위(一)의 신과 아래(一)의 사람 잇는(丨) 사람(人).   巫堂(무당)
誣 속일 무   무당(巫)은 가끔 말(言)로 사람을 속이다.   誣告罪(무고죄)
覡 남자무당 격 보기 드문 무당(巫)인 남자무당, 박수.   巫覡信仰(무격신앙)

가나다순 한자 115

例隷禮老勞

例 법식 례 (6급 人부 8획)
사람(亻)이 알기 쉽게 벌려(列) 놓은 보기나 법식.
例文(예문)　例示(예시)　例外(예외)　事例(사례)　先例(선례)
*列(벌릴 렬) : 고기(歹 뼈앙상할 알)를 칼(刂)로 발라 **벌려 놓음**.

隷 따를 례 (3급 隷부 16획)
선비(士)를, 제단(示)에 음식 올리듯, 밑에서(隶) 받들어 모시는 종이 주인을 따른다. 隷屬(예속)　奴隷(노예)
*隶(밑 이) : 손(彐 손 계)으로 밑에 있는 물(氺) 뜨는 모습.

禮 礼 예도 례 (6급 示부 18획)
제사(示 제단 시) 지낼 때 풍성하게(豊) 차려놓고 지내는 절차인 예절. 禮式(예식)　禮儀(예의)　禮節(예절)
*豊(풍성할 풍) : 제기(豆)에 올린 떡이 커서 굽을(曲) 정도로 **풍성함**.

老 늙을 로 (7급 耂부 6획)
늙어(耂 늙을 로) 등이 굽은(匕) 노인에서 늙음의 뜻.
老年(노년)　老母(노모)　老少(노소)　老人(노인)
*匕(비수 비) : 날카로운 **비수**, **숟가락**, 굽은 **사람**의 모습.

勞 労 일할 로 (5급 力부 12획)
불(火火) 켜 놓고 집(冖)에서 힘(力) 써 일하다.
勞苦(노고)　勞動(노동)　勞使(노사)　疲勞(피로)
*冖(덮을 멱) : 덮개나 지붕을 본뜬 글자. 집의 뜻으로도 쓰임.

- 非禮勿視(비례물시) : 예의(禮儀)가 아니면 보지 않음.
- 老馬之智(노마지지) : 늙은 말의 지혜(智慧). 경험(經驗)이 많은 사람이 갖춘 지혜.
  - 춘추시대(春秋時代)의 명재상(名宰相) 관중(管仲)이 소국인 고죽(孤竹)을 봄에 정벌(征伐)하러 나섰다 겨울에 돌아오다 폭설(暴雪)을 만나 길을 잃었다. 이 때 짐 말 중에서 늙은 말을 풀어 놓고 그 말을 따르니 길이 나와 무사히 돌아왔다는 고사에서 유래한다.
- 勞而無功(노이무공) : 노력은 많았으나 보람이 없음.

路 露 爐 鹿 綠

路 길 로 (6급 足부 13획)
발(𧾷 = 足 발 족)로 각자(各 각각 각)가 걸어가는 길.
路線(노선)　道路(도로)　通路(통로)　街路樹(가로수)
*各 : 앞 사람과 뒷(夂 뒤져올 치) 사람 말(口)이 각각 다르다.

露 이슬 로 (3Ⅱ 雨부 20획)
비(雨)가 온 듯 길가(路 길 로)의 풀잎에 내린 이슬.
길(路)에서 비(雨)를 맞는 모양에서 드러내놓다.
露骨的(노골적)　露店商(노점상)　草露(초로)　披露宴(피로연)

爐 炉 화로 로 (3Ⅱ 火부 20획)
불(火)을 담는 큰 그릇(盧 큰그릇 로)인 화로(火爐).
輕水爐(경수로)　煖爐(난로)　鎔鑛爐(용광로)　風爐(풍로)
*盧 : 호랑이(虍 범 호) 발을 한, 음식(田) 담는 큰 그릇(皿).

鹿 사슴 록 (3급 鹿부 11획)
사슴의 뿔, 머리, 몸통, 다리를 그린 글자.
鹿角(녹각)　鹿茸(녹용)　▶茸(무성할, 뿔 용)

綠 绿 푸를 록 (6급 糸부 14획)
실(糸)을 나무껍질(彔 깎을 록) 삶아 물들이니 그 색이 푸르다.
綠色(녹색)　綠陰(녹음)　綠地(녹지)　草綠(초록)
*彔 : 멧돼지가 주둥이(彑)로 나무껍질을 수액(氺)이 나오게 깎음.

📝 **草露(초로)** : 풀잎에 맺힌 이슬. 덧없는 인생(人生)을 비유(比喻)하는 말.

📝 **披露宴(피로연)** : 잔치(宴)를 열어 일반인에게 널리 알린다(披露)는 뜻.
- 우리가 항상 접하고 있는 결혼식(結婚式) 피로연을 보면 단순히 식당에서 식사하는 것이라 생각하는 사람이 많은 것 같다. 피로연의 자리는 어떤 사실(事實)을 널리 알림은 물론, 그 자리를 통하여 사람을 만나고 서로 간의 소개(紹介)와 인사(人事)를 나누는 자리이다.

📝 **鹿皮曰(녹비왈)** : 사슴 가죽을 아래위로 당기면 '日'자가 '日'자로도 된다는 데서, 주견(主見) 없이 이랬다 저랬다 함을 빗대는 말.

錄綠論弄雷

錄 錄
기록할 록
(4Ⅱ 金부 16획)

금속(金)을 파거나 깍아서(彔 깍을 록) 기록(記錄)한다.
錄音(녹음) 錄畵(녹화) 記錄(기록) 目錄(목록) 收錄(수록)
*彔 : 멧돼지가 주둥이(彑)로 나무껍질을 수액(氺)이 나오게 깎음.

祿 祿
녹 록
(3Ⅱ 示부 13획)

제사(示) 때 위패(位牌) 깍아(彔 깍을 록) 모시는 이가 받는 녹봉.
祿俸(녹봉) 國祿(국록) 貫祿(관록)
*示(제단 시) : 제단 모양으로 제물을 제단에 올려 신에게 보임.

論
논할 론
(4Ⅱ 言부 15획)

말(言 말씀 언)을 책 엮듯(侖 뭉치 륜) 조리 있게 하면서 논하다.
論述(논술) 論語(논어) 論評(논평) 理論(이론)
*侖 : 글 적은 종이를 사람(人)이 하나(一)의 책(冊)으로 뭉침.

弄
희롱할 롱
(3Ⅱ 廾부 7획)

구슬(王=玉)을 손(廾)에 가지고 놀며 즐기다, 희롱하다.
弄談(농담) 才弄(재롱) 戲弄(희롱) 弄假成眞(농가성진)
*廾(들 공) : 두 손으로 드는 모양. 卄(스물 입)의 변형.

雷
우레 뢰
(3Ⅱ 雨부 13획)

비(雨) 올 때 천둥소리 내며 밭(田)에 떨어지는 우레.
雷管(뇌관) 落雷(낙뢰) 魚雷(어뢰) 地雷(지뢰) 爆雷(폭뢰)
*雨(비 우) : 구름(一)에서 넓게(冂) 떨어지는(丨) 비(ヽヽ).

1, 2급 한자

剝 벗길 박 　칼(刂)로 얇게 깍거나(彔) 껍질 같은 것을 벗기다. 　　　剝皮(박피)

- 論功行賞(논공행상) : 공이 크고 작음을 논하여 상을 줌.
- 弄瓦之慶(농와지경) : 실패(瓦 기와, 실패 와)를 가지고 노는 경사. 딸을 낳은 경사.
  – 옛날 중국에서 딸을 낳으면 장난감으로 실패를 주었다고 한다.
- 弄璋之慶(농장지경) : 구슬(璋 반쪽홀 장)을 가지고 노는 경사. 아들을 낳은 경사.
  – 옛날 중국에서 아들을 낳으면 장난감으로 구슬을 주었다 한다.

賴 了 料 僚 龍

賴 賴 의뢰할 뢰 (3Ⅱ 貝부 16획)	나무 다발(束 묶을 속)을 지고(負) 갈 것을 믿고 의뢰하다. 無賴漢(무뢰한) 信賴(신뢰) 依賴(의뢰) ▶ 漢(사나이 한) *負(짐질 부) : 사람(⺈ 굽은사람 인)이 재물(貝)을 등에 **지다**.
了 마칠 료 (3급 亅부 2획)	아이(子 아들 자)가 양팔을 몸에 붙이고 태어난 모양에서, 어려운 해산이 끝났다 하여 마치다. 滿了(만료) 修了(수료) 完了(완료) 終了(종료)
料 헤아릴 료 (5급 斗부 10획)	쌀(米 쌀 미)을 말(斗)로 한 말, 두 말 담아 헤아린다. 料金(요금) 料理(요리) 原料(원료) 飮料(음료) 材料(재료) *斗(말 두) : 곡식(丶丶) 담아 양을 헤아리는 **말**(18리터).
僚 동료 료 (3급 人부 14획)	사람(亻)들이 크게(大) 양쪽(丶丿)으로 늘어서 해(日)처럼 밝게 작은(小) 일까지 돌보는 관료. 이러한 일 같이 하는 동료. 閣僚(각료) : 각부 장관. 官僚(관료) 同僚(동료)
龍 竜 용 룡 (4급 龍부 16획)	몸(月)을 세워(立 설 립) 꾸불꾸불 하늘을 오르는 용. 龍宮(용궁) 龍床(용상) 龍王(용왕) 龍顔(용안) : 임금의 얼굴. *月(육달 월) : '달'의 뜻이 아닐 때는 '月=肉 고기 육'로 **신체**의 뜻.

록론롱
뢰료룡

📝 **畵龍點睛(화룡점정)** ▶ 睛(눈동자 정)

용을 그릴 때 마지막에 눈을 그려 완성(完成)시킴, 사물(事物)의 완성에 있어 가장 중요(重要)한 부분(部分).

- 화가(畵家)가 부탁을 받고 벽에 용을 그리게 되었다. 그런데 동자만은 그리지 않고 남겨 놓아 사람들이 그 이유(理由)를 묻자, "눈동자를 그리면 용이 살아 날아올라가 버립니다"라고 화가가 말하자 무슨 농담이냐며 독촉(督促)하자 눈동자를 그려 넣으니 갑자기 뇌성(雷聲)과 함께 날 아 올라가 버렸다는 고사에서 유래한다.

累 涙 漏 樓 屢

累 포갤 루 (3Ⅱ 糸부 11획)
밭이랑(田)이 실(糸)처럼 겹쳐져 있어 여러, 포갠다.
이랑 : 한 고랑과 한 누눅을 합하여 이르는 말.
累計(누계) 累積(누적) 累進稅(누진세) 累卵之勢(누란지세)

涙 눈물 루 (3급 水부 11획)
집(戶)에 갇힌 개(犬 개 견)가 흘리는(氵) 눈물.
落淚(낙루) 催淚彈(최루탄) ▶ 催(재촉할 최)
*戶(집 호) : 열고 닫는 문이 하나만 달린 방이나 집.

漏 샐 루 (3Ⅱ 水부 14획)
빗물(雨 氵)이 집(尸)에 새어 들어오는 모양.
漏落(누락) 漏水(누수) 漏電(누전) 漏出(누출)
*尸(지붕 시) : 집의 지붕 모양을 그린 자.

樓 楼 누각 루 (3Ⅱ 木부 15획)
나무(木)로 만든 여러(婁 여러 루) 층으로 된 누각.
樓閣(누각) 望樓(망루) 鐘樓(종루) 慶會樓(경회루)
*婁 : 여럿을 하나(一)로 묶어(串 꿸 관) 여자(女)가 이고 있음.

屢 屡 여러 루 (3급 尸부 14획)
죽을(尸) 고비를 여러(婁) 번 겪는다 하여 여러, 자주.
屢屢(누누) : 여러 번. 자주. 屢次(누차) : 여러 차례
*尸(주검 시) : 사람이 죽어 누워 있는 모양.

1, 2급 한자

戾 돌아올 려	집(戶 집 호)으로 개(犬)가 항상 되돌아오는 특성에서.	返戾(반려)
僂 곱사등이 루	사람(亻) 중 여러(婁) 등뼈가 굽은 곱사등이.	佝僂病(구루병)
褸 남루할 루	옷(衤=衣)을 여러(婁) 해를 입다 보니 남루해지다.	襤褸(남루)

📀 **累卵之勢**(누란지세) : 알을 쌓아놓은 것과 같은 매우 위태로운 형세(形勢).

流 柳 留 類 六

流 흐를 류 (5급 水부 9획)
물(氵)은 한(一) 줄기로 시작하여 굽이쳐(厶) 흐르다 끝에는 넓게(川 내 천) **흐른다**. 流動(유동) 流行(유행)
*厶(팔꿈치 사) : **팔꿈치**를 구부려 물건을 감싸는 모양에서 **굽다**.

柳 버드나무 류 (4급 木부 9획)
나뭇가지(木)가 무성하게(卯 무성할 묘) 자라 늘어진 **버드나무**.
細柳(세류) 花柳界(화류계) : 노는 계집들의 사회.
*卯 : **무성한** 봄기운 들이려 두 문짝을 활짝 열어 놓은 모양에서.

留 머무를 류 (4Ⅱ 田부 10획)
논밭(田)에서 자란 농작물을 비스듬이(丿) 팔(厶 팔꿈치 사)로 잡아 칼(刀)로 수확 하며 **머물러** 산다 하여.
留級(유급) 留念(유념) 留保(유보) 留任(유임) 留學(유학)

類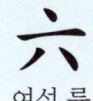 무리 류 (5급 頁부 19획)
쌀알(米 쌀 미) 같이 많은 개들(犬)이 머리(頁 머리 혈) 맞대고 모여 있는 무리. 무리는 서로 **닮다**. 類似(유사) 種類(종류)
類類相從(유유상종) : 같은 무리끼리 서로 내왕(來往)하며 사귐.

六 여섯 륙 (8급 八부 4획)
팔(八)에서 막대기 두(丨一) 개를 빼니 **여섯**. ▶旬(열흘 순)
六旬(육순) 六月(유월) * 滑音調(활음조) 현상 : 두 음소가 이어날 때 **소리내기 쉽고 듣기 부드럽게** 변하는 현상. 十月(시월)

1, 2급 한자

溜 방울져떨어질 류 │ 물(氵)이 머물러(留) 있다가 방울 **방울져** 떨어지다. │ 蒸溜(증류)
榴 석류 류 │ 나무(木) 열매가 오래 머물러(留) 있는 **석류(石榴)**. │ 手榴彈(수류탄)
瘤 혹 류 │ 병(疒 병들 녁)으로 부푼 피부가 머물러(留) 생긴 혹. │ 靜脈瘤(정맥류)
劉 묘금도 류 │ 묘(卯)·금(金)·도(刂)자가 들어 있는 **성씨(姓氏)** 자. │ 劉氏(류씨)

📘 **類類相從(유유상종)** : 같은 무리끼리 서로 왕래(往來)하며 사귐.
 - 이 말은 낮은 수준(水準)에 쓰는 말이니 고매(高邁)한 이들의 만남에는 조심(操心)해서 사용(使用)해야 함.
   (뛰어난 이는 몰려다님을 꺼려함)

陸 倫 輪 律 栗

陸 뭍 륙 (5급 阜부 11획)
작은 언덕(阝 언덕 부)과 큰 언덕(坴)으로 이루어진 **뭍**.
陸上(육상) 陸地(육지) 陸海(육해) 內陸(내륙) 着陸(착륙)
*坴(언덕 륙) : 흙(土)이 흙(土)을 덮고(儿) 있는 모양의 큰 **언덕**.

倫 인륜 륜 (3Ⅱ 人부 10획)
사람(亻)이 뭉쳐(侖 뭉치 륜) **사는데 지켜야 할 도리(道理)**.
倫理(윤리) 不倫(불륜) 人倫(인륜) 天倫(천륜)
*侖 : 글 적은 종이를 사람(人)이 하나(一)의 책(冊)으로 **뭉침**.

輪 바퀴 륜 (4급 車부 15획)
수레(車 수레 거)에 있어 바퀴살이 뭉쳐서(侖) 된 **바퀴**.
輪轉機(윤전기) : 인쇄하는 기계. 輪廻(윤회) 五輪旗(오륜기)

律 법 률 (4Ⅱ 彳부 9획)
사람이 살아가며(彳 걸을 척) 지켜가야 할 바를 붓(聿)으로 적은 **법**. 律動(율동) 律令(율령) 法律(법률) 自律(자율)
*聿(붓 율) : 세 손가락(彐)과 나머지 손가락(二)으로 쥔(丨) 붓.

栗 밤 률 (3Ⅱ 木부 10획)
가시로 덮여(覀) 있는 나무(木)인 **밤나무, 밤**.
栗谷(율곡) : 이이의 호. 生栗(생률) 黃栗(황률)
*覀(덮을 아) : 그릇 아가리에 끼워 막는 **마개, 덮는다**. 覀=襾

1, 2급 한자

淪 빠질 륜   물(氵)에 전체가 통째로(侖) **빠지다**.   淪落(윤락)
慄 두려워할 률   마음(忄)으로, 밤(栗)의 가시에 찔릴까 **두려워하다**.   戰慄(전율)

- 輪回(윤회) : (佛) 중생(衆生)의 영혼(靈魂)은 해탈(解脫)을 얻을 때까지 없어지지 않고 태어나고 죽는 일을 되풀이하게 됨을 이르는 말.
- 二律背反(이율배반) : 서로 모순(矛盾)되거나 대립(對立)되는 두 명제(命題)가 같은 타당성(妥當性)을 가지고 주장(主張)되는 일.

率 隆 陵 李 利

率 비율 률, 거느릴 솔 (3Ⅱ 玄부 11획)	머리 검은(玄 검을 현) 사람을 여기저기서 많이 모아(十) **거느리다**. 잘 거느리기 위해 일정하게 나눈 비율. 率先(솔선) 輕率(경솔) 引率(인솔) 比率(비율) 效率(효율) *玄 : 하늘을 덮은(亠) 작은(幺) 황사가 햇빛을 가려 빛이 **어두움**.	륙륜률 룽릉리
隆 솟을 륭 (3Ⅱ 阜부 12획)	언덕(阝 언덕 부)을 서서히(夂 뒤져올 치) 오르듯, 태어난 한(一) 생명(生)도 **위로 솟듯 크게** 자란다. 隆起(융기) 隆盛(융성) 隆崇(융숭) 盛(풍성할 성) 崇(받들 숭)	
陵 언덕 릉 (3Ⅱ 阜부 11획)	언덕(阝) 중에서도 더욱 높은(夌) 큰 **언덕**. 언덕(阝)처럼 높게(夌) 만든 **왕릉**(王陵). 江陵(강릉) 泰陵(태릉) *夌(높을 릉) : 흙(土) 밝고(儿) 천천히(夂) 오르는 데서 **높다**.	
李 자두나무 리 (6급 木부 7획)	나무(木)에 귀한 열매(子 열매 자)가 여는 **자두나무**. 李下不整冠(이하부정관) : 자두나무 밑에서 갓 바로 잡지 않는다. 李氏朝鮮(이씨조선) : 근세조선을 임금의 성을 좇아 일컫는 말.	
利 이로울 리 (6급 刀부 7획)	벼(禾)농사를 끝이 날카로운 연장(刂)으로 지으니 **편리**(便利)**하고 이롭다**. 利用(이용) 利益(이익) 利子(이자) *禾(벼 화) : 익으면 고개 숙이며(丿) 자라는(木) **벼**, 곡식.	

1, 2급 한자

凌	능가할 릉 업신여 길	불이 얼으면(冫) 물의 높음(夌)을 **능가한다**. 능력이나 시력이 능가하는 이가 남을 **업신여기다**.	凌駕(능가) 凌蔑(능멸)
稜	모서리 릉	벼(禾 벼 화)를 높게(夌 높을 릉) 쌓아 생긴 **모서리**.	稜線(능선)
綾	비단 릉	실(糸) 중 품질이 높은(夌) 명주실로 짠 **비단**(緋緞).	綾紗(능사)
悧	영리할 리	생각이나 판단(忄)이 예리하다(銳利) 하여 **영리하다**.	怜悧(영리)
痢	이질 리	병(疒) 중, 몸을 이롭게(利) 하려고 설사를 시키는 이질.	痢疾(이질)

梨 里 理 裏 吏

梨 배나무 리
(3급 木부 11획)

사람을 이롭게(利 이로울 리) 하는 나무(木)인 배나무.
梨花(이화) 烏飛梨落(오비이락) : 까마귀 날자 배가 떨어짐.
*刂(선칼 도) : '刀'가 부수로 우측에 위치할 때 쓰임(刊 劍).

里 마을 리
(7급 里부 7획)

농토(田) 가까운 땅(土)에 자리 잡은 마을. ▶ 城(토성 성)
또는 거리를 나타내는 단위로 쓰임(1리는 약 393m).
里長(이장) 萬里長城(만리장성) *1海里(해리) : 약 1,852미터.

理 다스릴 리
(6급 玉부 11획)

옥돌(王←玉)을 잘 다듬듯 마을(里)을 잘 다스리다.
理科(이과) 理性(이성) 理由(이유) 道理(도리) 地理(지리)
*玉(구슬 옥) : 구슬 여러(三) 개를 꿴(丨뚫을 곤) 모양.

裏 속 리
(3Ⅱ 衣부 13획)

산천(山川)에 둘러싸여 있는 마을(里 마을 리)처럼 옷(衣 옷 의)
의 안쪽이라는 데서 안, 속, 보이지 않는 곳.
裏面(이면) 裏書(이서) 表裏不同(표리부동) : 겉과 속이 다름.

吏 아전 리
(3Ⅱ 口부 6획)

한(一) 마음으로 역사 기록하는(史 역사적을 사) 벼슬아치인 아전(衙前). 吏房(이방) 官吏(관리) ▶ 衙(관청 아)
*史 : 입(口)으로 전해오는 사실적인 내용을 사람(人)이 적는다.

1, 2급 한자

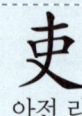 단위 리

언덕(厂) 아래 세운 마을(里)을 다스리다. 단위로 쓰임.   *釐의 속자
1. 길이 단위 [10자 5치 4푼 3리]
2. 무게 단위 [10근 5돈 4푼 3리]
3. 돈의 단위 [10원 20전 30리]
4. 백분율(%) [타율 5할 4푼 3리]

🔵 **裏書**(이서) → **背書**(배서) : (經) 어음, 수표(手票) 따위의 소유자(所有者)가 그 증권(證券)의 뒷면에 필요한 사항을 적고 서명 하는 일.

🔵 **吏讀**(이두) : 우리말을 한자의 뜻과 소리를 빌려 표기(表記)하던 표기법.

履 離 隣 林 臨

履 밟을 리 (3Ⅱ 尸부 15획)	죽음(尸 주검 시)에 임하여 살아온 길을 다시(復 다시 부) **신**을 신고 되돌아 밟아본다는 데서 **밟는다**는 뜻. 履歷書(이력서) 履修(이수) 履行(이행) 瓜田不納履(과전불납리)
離 떠날 리 (4급 隹부 19획)	짐승(离)이나 새(隹 새 추)가는 철이 되면 **떠난다**. 離別(이별) 離職(이직) 離脫(이탈) 離合集散(이합집산) *离(짐승 리) : 머리(亠) · 가슴(凶) · 발(内 발자국 유)로 **짐승**의 뜻.
隣 이웃 린 (3급 阜부 15획)	언덕(阝 언덕 부) 아래 함께 농사(米 쌀 미) 지으며 왕래하며(舛 발엇갈릴 천) 살아가는 가까운 **이웃**. 隣近(인근) 隣接(인접) 善隣(선린) 德必有隣(덕필유린)
林 수풀 림 (7급 木부 8획)	나무(木)가 많이 나 있는 **수풀**. 山林(산림) 國有林(국유림) 森林(삼림) : 나무가 많이 우거진 곳. 수풀. ▶ 森(빽빽할 삼) 林野(임야) : 숲이 있거나 아직 개간되지 않은 땅. 野(들 야)
臨 임할 림 (3Ⅱ 臣부 17획)	몸을 구부린 신하(臣 신하 신)처럼 사람(亠)이 몸을 굽혀 물건(品 물건 품)을 다루기 위해 가까이 **임함**. 臨迫(임박) 臨時(임시) 臨戰(임전) 臨終(임종) 降臨(강림)

리린림

1, 2급 한자

麟 기린 **린**   사슴(鹿) 몸에 쌀(米)처럼 많은 무늬가 있는 다리(舛) 긴 **기린**(麒麟).
鱗 비늘 **린**   물고기(魚)에서 쌀(米)처럼 많이 엇걸려(舛) 있는 **비늘**.   逆鱗(역린)
淋 임질 **림**   물(氵)이 숲(林)에서 **나오듯 고름이 나오는 병**.   淋疾(임질)

- 逆鱗(역린) : 1. 거꾸로 붙어 있는 비늘. 임금의 진노(震怒)의 비유(比喩).
  - 용의 턱 밑에 비늘 하나가 거꾸로 붙어 있는데 이를 건드리면 용이 노하여 죽인다 함.

- 臨渴掘井(임갈굴정) : 목이 말라서야 우물을 팜.
    미리 준비(準備)가 없다가 일을 당해서 서두름.

立馬麻摩莫

立 설 립 (7급 立부 5획)
땅(一)에 두 발로 서 있는 사람의 모습. ▶ 冬(겨울 동)
立冬(입동) 立場(입장) 自立(자립) 中立(중립)
立春(입춘) : 24절기의 첫째 절기. 계절이 봄으로 들어감.

馬 말 마 (5급 馬부 10획)
네 발(灬)로 달리는 말. 馬力(마력) 馬夫(마부) 馬車(마차)
馬脚露出(마각노출) : 숨기고 있던 일을 부지중 드러내거나 드러남.
馬耳東風(마이동풍) : 말 귀에 봄바람. 남의 말을 귀담아 듣지 아니함.

麻 삼 마 (3Ⅱ 麻부 11획)
집(广)에 삼의 줄기를 늘어놓고 섬유를 뽑는 모양.
痲藥(마약) 麻衣太子(마의태자) 大麻草(대마초)
*广(터진집 엄) : 한쪽이 터져 있는 집, 어떤 용도로 쓰이는 집.

磨 갈 마 (3Ⅱ 石부 16획)
삼(麻)을 돌(石)로 짓이겨 겉껍질 벗기는 데서 갈다.
磨滅(마멸) 磨耗(마모) 研磨(연마) 切磋琢磨(절차탁마) : 옥돌을 자르고 갈고 쪼고 문질러 빛을 냄. 학문이나 인격을 닦음.

莫 없을 막 (3Ⅱ 艹부 11획)
초목(艹) 아래로 해(日)가 크게(大) 지며 없어져 없다.
莫强(막강) 大(막대) 莫無可奈(막무가내) 莫上莫下(막상막하)
莫逆之友(막역지우) : 거스름이 없을 정도로 뜻이 잘 맞는 벗.

1, 2급 한자

摩 문지를 마	삼(麻)껍질을 물에 빨고 다듬고(手) **문지르다**.	摩擦(마찰)
痲 저릴 마	마약(痲藥)을 먹은 듯, 손발이 **저리는** 병(疒 병질 녁).	痲痺(마비)
魔 마귀 마	마약(痲藥)을 먹어서 **마귀(魔鬼)**들린 것 같다는 뜻.	病魔(병마)
寞 쓸쓸할 막	집(宀 집 면)에 사람이 없으니(莫) **쓸쓸하다**.	索寞(삭막)
膜 꺼풀 막	몸(月 육달 월)에 있는 듯 없는 듯한 막이나 **꺼풀**.	網膜(망막)

📖 立錐之地(입추지지) : 송곳 하나 꽂을 만한 아주 좁은 공간. - 진(秦)나라가 많은 나라를 멸망시킨 뒤 송곳을 세울 정도의 좁은 땅까지 빼앗아 버렸다는 이야기에서 유래함.

幕 漠 晚 萬 滿

마막만

幕 휘장 막 (3Ⅱ 巾부 14획)
안보이게(莫), 가리는 천(巾)인 **휘장(揮帳)**.
幕舍(막사) 開幕(개막) 銀幕(은막) 帳幕(장막) 黑幕(흑막)
*巾(수건 건) : 몸(丨)에 두른(冂) 수건, 천, 천의로 만든 것.

漠 사막 막 (3Ⅱ 水부 14획)
물(氵) 없는(莫) 사막. 사막처럼 **넓게 펼쳐진 곳**.
沙漠(사막) 漠漠(막막) 漠然(막연) ▶沙(모래 사)
*莫(없을 막) : 초목(艹) 아래로 해(日) 크게(大) 지며 **없어지다**.

晚 늦을 만 (3Ⅱ 日부 11획)
햇빛(日)을 면하는(免 면할 면) 시간인 해지는 **늦은 때**.
晚秋(만추) 晚學(만학) 晚時之歎(만시지탄) 大器晚成(대기만성)
*免 : 토끼(兔)가 꼬리(丶)만 잘리고 도망가 죽음을 **면하다**.

萬 万 일만 만 (8급 艹부 13획)
초원(艹 풀 초)에 사는 수많은 짐승(禺)들처럼 **많다**와 **일만(一萬)**을 나타낸 자. 萬國(만국) 萬民(만민) 萬人(만인)
*禺(짐승 우) : 밭(田)에 웅크리고 앉아있는(内) **짐승의 모양**.

滿 満 찰 만 (4Ⅱ 水부 14획)
물(氵)이 그릇(凵 그릇 감)의 양(兩 둘 량)쪽에 가득 **차다**.
滿開(만개) 滿發(만발) 滿月(만월) 滿足(만족) 充滿(충만)
*兩 : 양쪽에 물건을 올려놓는(入入) 저울(帀)의 모양에서 둘.

1, 2급 한자

娩 낳을 만	여자(女)가 태아 기르기를 면하고(免) 아이를 낳다.	分娩(분만)
挽 당길 만	손(扌)으로 어려움에 빠지지 않고 면하도록(免) 당기다.	挽留(만류)
瞞 속일 만	눈(目)을 가득 차(滿의 줄임) 있다고 하여 속이다.	欺瞞(기만)

- 萬牛難回(만우난회) : 만 마리의 소가 끌어도 돌리기 어려움, 고집이 매우 센 사람.
- 圓滿(원만) : 둥근 그릇에 물을 담으면 물의 모양이 둥글게 되며, 각진 용기(容器)에 담으면 그 물도 모난 모양이 된다. 이는 군주(君主)와 백성의 관계와도 같다는 것이다.
  즉, 백성(百姓)은 그릇에 담기는 물이니 그릇인 군주가 모나지 않은 둥근 모양이어야 한다.

慢 漫 末 亡 妄

慢 게으를 만 (3급 心부 14획)
마음(忄)이 퍼진(曼) 상태(狀態)로 게으르다.
慢性(만성) 緩慢(완만) 自慢(자만) 怠慢(태만)
*曼(퍼질 만) : 햇빛(日)이 그물(罒)을 손(又)으로 펴듯 퍼지다.

漫 흩어질 만 (3급 水부 14획)
물(氵)이 제멋대로 퍼져(曼) 흩어짐을 뜻한 자.
漫談(만담) 漫評(만평) 漫畫(만화) 放漫(방만) 散漫(산만)
*又(손·또 우) : 깍지 낀 두 손, 즉 하나가 아닌 둘이라 하여 또.

末 끝 말 (5급 木부 5획)
나무(木) 윗부분이 넓게(一) 퍼진 모양에서 자람이 끝남.
末期(말기) 末年(말년) 末端(말단) 終末(종말) 週末(주말)
末世(말세) : 정치, 도덕 등이 쇠퇴하여 끝판에 이르는 세상.

亡 망할 망 (5급 亠부 5획)
덮어(亠) 놓은 것의 한쪽이 뚫려(乚) 물건이 없어지다. 있어야 할 것이 없어져 망하다. 망하니 달아나다. 목숨이 없어져 죽다.
亡國(망국) 亡命(망명) 亡失(망실) 亡子(망자) 敗亡(패망)

妄 망령될 망 (3Ⅱ 女부 6획)
정신 나간(亡 잃을 망) 여자(女)라는 데서 망령되다.
妄覺(망각) 妄靈(망령) 妄發(망발) 妄想(망상) 妄言(망언)
*亡 : 덮어(亠) 놓은 것의 한쪽이 터져(乚) 물건이 없어지다.

1, 2급 한자

蔓 덩굴 만 — 식물(植物)의 줄기(艹)가 퍼져(曼) 나가는 덩굴. 蔓延(만연)
鰻 장어 만 — 물고기(魚) 중 길게(曼) 생긴 장어(長魚). 鰻炙(만적)
饅 만두 만 — 밀가루 반죽을 펴서(曼) 속을 채워 먹는(食) 만두. 饅頭(만두)
抹 없앨 말 — 손(扌)의 끝(末)으로 문질러 지워 없애다. 抹殺(말살)
沫 거품 말 — 물(氵)이 공기를 담아 끝(末)에 생기는 거품. 泡沫消火器(포말소화기)
靺 말갈 말 — 가죽(革 가죽 혁)으로 발 끝(末)에 신는 버선. 버선은 추위가 심한 말갈족이 신고 다녔다는 데서 말갈족을 뜻한 자. 靺鞨(말갈)

忙 忘 茫 罔 望

忙 바쁠 망
(3급 心부 7획)

다른 일에 마음(忄) 쓸 여유가 없을(亡 없을 망) 정도로 **바쁘다**.
忙中閑(망중한)   公私多忙(공사다망)
*心(마음 심) : 사람의 심장 모양. 속, 감정, 한가운데. *心=忄小

忘 잊을 망
(3급 心부 7획)

마음(心)에서 없어져(亡 없을 망) **잊다**. ▶ 健(자주 건)
忘却(망각) 健忘症(건망증) 難忘(난망) 背恩忘德(배은망덕)
*忘年之交(망년지교) : 나이를 따지지 않고 재주와 학문으로 사귐.

茫 아득할 망
(3급 艹부 10획)

초목(艹)이 물(氵)에 잠겨 없어질(亡 없을 망) 정도의 홍수 등으로 **아득하거나**, 이처럼 **물이 많음**.
茫漠(망막) 茫茫大海(망망대해) ▶ 漠(사막, 넓을 막)

罔 없을 망
(3급 罒부 8획)

그물(网 그물 망)에 물고기가 들지 않아(亡 없을 망) **없다**.
罔極(망극) 罔測(망측) 怪常罔測(괴상망측)
*亡 : 덮어(亠) 놓은 것의 한쪽이 터져(乚) 물건이 **없어지다**.

望 바랄 망
(5급 月부 11획)

없는(亡) 사람을 달밤(月)에 서서(王=壬) 돌아오길 **바라다**.
望樓(망루) 所望(소망) 失望(실망) 野望(야망) 展望(전망)
*壬(북방 임) : 갓(丿) 쓴 선비(士)가 책임진 **북방** 경계라는 데서.

만말망

1, 2급 한자

芒 까끄라기 망	풀(艹)의 성실이 없어시고(亡) 남은 **까끄라기**.	芒種(망종)
惘 멍할 망	마음(忄)이 없어질(罔) 정도로 **멍하다**.	惘惘(민망)
網 그물 망	실(糸)로 만들어 없는(亡) 듯이 쳐 놓는 그물.	漁網(어망)

● 望梅解渴(망매해갈) : 신 매실(梅實)을 생각하게 하여 생긴 침으로 갈증을 풀음.
　– 위(魏)나라의 조조(曹操)가 후퇴(後退)할 때 갈증(渴症)을 호소(呼訴)하는 부하들에게 매실(梅實) 이야기를 해주었더니 금세 입 안에 침이 괴어 갈증을 풀었다는 고사에서 유래한다.

● 芒種(망종) : 24절기의 아홉째, 보리가 익어 먹을 수 있게 되고, 모를 논에 심을 때.

✏️ 每梅妹埋媒

每 항상 매 (7급 毋부 7획)	사람(⺊)은 **항상(恒常)** 어미(母)를 그리워한다는 뜻. 每日(매일) 每月(매월) 每年(매년) 每事(매사) 每時(매시) *⺊ 누운사람 **인** 儿 어진사람 **인** 勹 굽은사람 **인**
梅 梅 매화 매 (3Ⅱ 木부 11획)	나무(木) 중 매년(每) 아름다운 꽃이 피는 **매화(梅花)**. 梅實(매실) 梅蘭菊竹(매란국죽) : 매화, 난초, 국화, 대나무. 梅毒(매독) : 나선균(螺旋菌)에 의해서 일어나는 전염병의 성병.
妹 누이 매 (4급 女부 8획)	여자(女) 중에서 아직(未)도 어려보이는 **손아래 누이**. 妹夫(매부) 妹弟(매제) 妹兄(매형) 男妹(남매) 姉妹(자매) *未(아직 **미**) : 나무(木) 윗부분이 **아직** 덜 자라 짧은(一) 모양.
埋 묻을 매 (3급 土부 10획)	마을(里) 근처 땅(土)에 **묻는다**. 埋立(매립) 埋沒(매몰) 埋伏(매복) 埋葬(매장) *里(마을 **리**) : 농토(田) 가까운 땅(土)에 자리 잡은 **마을**.
媒 중매 매 (3Ⅱ 女부 12획)	여자(女)를 아무개(某 아무개 모)에게 소개하니 **중매**. 媒介體(매개체) 冷媒(냉매) 仲媒(중매) 觸媒(촉매) *某 : 단맛(甘 달 감) 나는 나무(木)열매는 **아무**에게도 좋다 하여.

1, 2급 한자

昧 어두울 매   날(日)이 아직(未) 밝기 전 **어두운** 상태(狀態)라는 데서.   三昧(삼매)
寐 잠잘 매   집(宀 집 면) 침대(爿 널빤지 장)에서 아직(未) 일어나지 않고 **자**다.
              寤寐不忘(오매불망) : 자나 깨나 잊지 못함.   ▶ 寤(깰 오)
魅 홀릴 매   귀신(鬼) 들린 듯 성장이 아직(未) 어린사람이 **홀리**다.   魅力(매력)
煤 그을음 매 불(火)에 무언가(某)를 태우니 생기는 좋지 않은 그을음.   煤煙(매연)

💡 三昧(삼매, samadhi, 범) : 1.(佛) 잡념(雜念)을 버리고 한 가지 일에만 정신(精神)을 집중하는 일. 2. 어떤 일에 열중(熱中)하여 다른 생각을 하지 않는 상태.

買 賣 脈 麥 盲

買 살 매 (5급 貝부 12획)
망태기(罒)에 돈(貝 조개 패)으로 사서 담는 데서 **사다**.
買收(매수) 買入(매입) ▶ 收(거둘 수)
*网(그물 망) : 얽혀(乂乂) 있는 그물 모양. *网 = 罒 ⺳

賣 売 팔 매 (5급 貝부 15획)
선비(士)는 사기(買) 보다는 자신의 학식·능력을 **팔다**.
賣場(매장) 賣店(매점) 賣出(매출) 發賣(발매) 販賣(판매)

脈 줄기 맥 (4Ⅱ 肉부 10획)
몸(月=肉)에, 언덕(厂 언덕 한)에 뻗어 나온 나무뿌리(氏 성씨 씨) 같이 뻗어 있는 **혈맥**(血脈)이나 줄기.
動脈(동맥) 山脈(산맥) 人脈(인맥) 一脈相通(일맥상통)

麥 麦 보리 맥 (3Ⅱ 麥부 11획)
중요성이 쌀보다 뒤쳐져(夂) 오는(來 올 래) **보리**.
麥芽糖(맥아당) : 보리의 눈에서 빼난 당. 麥酒(맥주)
*夂(뒤져올 치) : 두 다리를 끌며 **천천히 걸어감**.

盲 소경 맹 (3Ⅱ 目부 8획)
볼 수 있는 눈(目)이 없다(亡 없을 망) 하여 **소경**.
盲目的(맹목적) 盲信(맹신) 盲腸(맹장) 色盲(색맹)
*亡 : 덮어(亠) 놓은 것의 한쪽이 터져(乚) 물건이 **없어지다**.

매 맥 맹

- 買占(매점) : 값이 오를 것을 예상하고 폭리(暴利)를 얻기 위해 물건을 휩쓸어 사둠.
- 賣惜(매석) : 물가 폭등(暴騰)에 의한 폭리를 바라고 어떠한 상품을 팔기 꺼리는 일.
- 麥秀之嘆(맥수지탄) : 보리만 무성(茂盛)함을 보고 고국이 멸망(滅亡)함을 탄식함.
- 盲玩丹靑(맹완단청) : 장님의 단청 구경. 보아도 알지 못하고 형식(形式)만 갖춤.
  ▶ 玩(놀 완)

가나다순 한자

孟猛盟免勉

孟 맏 맹 (3Ⅱ 子부 8획)
큰 그릇(皿 그릇 명)에 목욕 시키고 있는 맏아들(子).
孟子(맹자)   孟母三遷(맹모삼천)

猛 사나울 맹 (3Ⅱ 犬부 11획)
개(犭=犬)가 크고(孟 클 맹) 사납다. ▶ 烈(세찰 렬)
猛烈(맹렬)   猛獸(맹수)   猛威(맹위)   勇猛(용맹)
*犭(짐승 견) : 발을 들고 덤벼드는 모양에서 큰 개나 짐승.

盟 맹세할 맹 (3Ⅱ 皿부 13획)
명확히(明) 하기 위해 그릇(皿 그릇 명)에 피 담아 마시며 맹세하다.
盟誓(맹서)   盟約(맹약)   加盟(가맹)   同盟(동맹)
*明(밝을 명) : 낮은 해(日)가, 밤은 달(月)이 있어 밝다.

免 면할 면 (3Ⅱ 儿부 7획)
덫에 걸린 토끼(免=兎 토끼 토)가 꼬리(丶)만 잘리고 도망간 모양에서 죽음이나 어려움 등을 면하다.
免稅(면세)   免除(면제)   免責(면책)   免許(면허)   減免(감면)

勉 힘쓸 면 (4급 力부 9획)
가난한 생활 등을 면하기(免) 위해서 힘써하다(力).
勉學(면학)   勤勉(근면)   勸勉(권면)   ▶ 勤(부지런할 근)
*儿(걷는다리 인) : 걷는 사람의 다리. 사람의 뜻으로 많이 쓰임.

1, 2급 한자

萌 싹틀 맹
풀(艹)이 밝은(明) 빛을 보아 **싹트다**. 萌芽(맹아) : 식물의 싹이 트는 일. 새로운 일의 시초(始初). 일이 시작하는 조짐(兆朕)

- 🔵 **孟子**(맹자, BC 372~BC 289) : 전국시대의 사상가로 노(魯)나라 사람.
- 🔵 **孟母三遷之敎**(맹모삼천지교) : 맹자의 어머니가 자식 교육을 위해 세 번 이사를 함.
  - 처음에는 공동묘지 근처에서 살았는데 맹자가 장사(葬事)지내는 흉내를 내는 것을 보고 시장(市場) 근처로 옮겼더니, 물건 파는 놀이 등을 하자 다시 글방 근처로 옮기니 글 읽는 흉내를 냈다는 고사에서 유래한다.(처음에는 공동묘지 근처 → 시장 근처 → 글방 근처).

面 眠 綿 滅 名

面 낯 면 (7급 面부 9획)	사람의 앞 얼굴을 본뜬 자. 面上(면상) 面長(면장) 正面(정면) 紙面(지면) : 종이의 겉면. 신문의 기사가 실리는 면. 面目(면목) : 얼굴의 생김새. 얼굴. 체면(體面). ▶ 紙(종이 지)
眠 잘 면 (3Ⅱ 目부 10획)	눈(目) 감고 백성들이(民 백성 민) 잠을 자다는 뜻. 冬眠(동면) 熟眠(숙면) 催眠(최면) 不眠症(불면증) *民 : 여러 성씨(氏)가 하나(一) 되어 만든 나라의 뿌리인 **백성**.
綿 솜 면 (3Ⅱ 糸부 14획)	실(糸) 뽑아 흰(白) 천(巾 수건 건) 짜는데 쓰이는 솜. 솜이 촘촘히 이어져 있듯이 자세하다, 이어지다. 綿密(면밀) 綿絲(면사) 綿花(면화) 周到綿密(주도면밀)
滅 멸할 멸 (3Ⅱ 水부 13획)	물(氵)로 사나운 개(戌)처럼 타오르는 불(火) 끄니 불이 꺼져 없어지다, 멸하다. 滅亡(멸망) 滅種(멸종) 消滅(소멸) *戌(개 술) : 창(戈 창 과)을 든 사람(人)의 옆에 있는 **개**.
名 이름 명 (7급 口부 6획)	저녁(夕)에 부르는(口) 이름. 名門(명문) 名山(명산) 名色(명색) : 이름과 허울. 실질적인 내용은 없고 이름뿐임. *夕(저녁 석) : '月'에서 한 획을 줄인 반달 모양의 달이 뜬 **저녁**.

1, 2급 한자

麵 밀가루 **면**	보리(麥)의 빈(面)을 알 수 없을 정도로 빻은 **밀가루**. 冷麵(냉면)

- 面從腹背(면종복배) : 겉으로는 따르는 척하나 속으로는 배반(背反)함.
- 滅私奉公(멸사봉공) : 사심을 버리고 공공(公共)을 위해 열심히 일함.
- 名不虛傳(명불허전) : 명성(名聲)은 헛되이 퍼져서 된 것이 아니라 그만한 까닭이 있어 얻은 것임.

銘命明冥鳴

銘 새길 명 (3Ⅱ 金부 14획)
금속(金)에 이름(名)이나 글을 새기다. ▶ 碑(돌기둥 비)
銘記(명기) 銘心(명심) 碑銘(비명) 座右銘(좌우명)
*金(쇠 금) : 덮여(亼) 있는 흙(土) 속 여기저기(丶丿)에 있는 **금속**.

命 목숨 명 (7급 口부 8획)
말(口)로 명령(亼 명령 령) 내린다. 명령은 목숨 같음.
生命(생명) 王命(왕명) 人命(인명) 天命(천명)
*亼 : 사람(人) 한(一) 곳에 모아 놓고(卩무릎 절) 내리는 **명령**.

明 밝을 명 (6급 日부 8획)
낮은 해(日), 밤은 달(月)이 있어 밝다. ▶ 哲(밝을 철)
明白(명백) 明暗(명암) 發明(발명) 失明(실명) 自明(자명)

冥 어두울 명 (3급 冖부 10획)
서녘 아래로(冖) 해(日) 지는 겨울철 6(六)시는 어둡다. 어둡다
는 데서 저승. 冥福(명복) 冥想(명상) 冥王星(명왕성)
*冖(덮을 멱) : **덮개**나 **지붕**을 본뜬 글자. **집**의 뜻으로도 쓰임.

鳴 울 명 (4급 鳥부 14획)
입(口)으로 새(鳥 새 조)가 울다. 悲鳴(비명) 自鳴鐘(자명종)
共鳴(공명) : 남의 생각이나 주장, 감정 등에 찬성함.
百家爭鳴(백가쟁명) : 전국시대 사상가들의 논쟁을 가리킨 말.

📝 태양계(太陽系 : Solar System)
태양을 중심으로 하여 움직이고 있는 천체(天體)의 무리로 행성(行星)과 이에 딸린 위성(衛星) 및 수많은 소행성(小行星), 혜성(彗星), 유성(流星) 등이 있다.

水星 - 金星 - 地球 - 火星 - 木星 - 土星 - 天王星 - 海王星 - 冥王星
수성   금성   지구   화성   목성   토성   천왕성   해왕성   명왕성
(명왕성은 2005년부터 태양계의 행성(行星)에서 제외되었다.)

📝 明哲保身(명철보신) : 어지러운 세상에서 이치(理致)에 밝아 자기 몸을 잘 보호함.

毛 母 侮 某 謀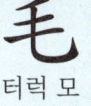

毛 터럭 모
(4Ⅱ 毛부 4획)

짐승의 **꼬리털**. 새의 **깃털**.
毛根(모근) 毛髮(모발) 毛布(모포)
九牛一毛(구우일모) : 많은 가운데 극히 적은 일부분.

母 어미 모
(8급 毋부 5획)

젓 먹이는 좌우 유방(丶丶)을 가진 **어미**.　　母國(모국)
母校(모교) : 자기의 출신(出身) 학교(學校).　▶ 校(학교 교)
生母(생모) : 자기를 낳아 준 어머니.　　　　生(날　생)

侮 모욕할 모
(3급 人부 9획)

사람(亻)은 못난 사람들을 항상(每) **업신여긴다**.
侮辱(모욕)　受侮(수모)　辱(욕되게할 욕)　▶ 受(받을 수)
*每(항상 매) : 사람(𠂉)은 **항상(恒常)** 어미(母)를 그리워한다.

某 아무개 모
(3급 木부 9획)

단맛(甘) 나는 나무(木)열매는 **아무**에게도 좋다.
某年(모년)　某月(모월)　某日(모일)　某時(모시)　某氏(모씨)
*甘(달　감) : 입(口) 속 혀(一)로 **단맛**을 보는 모양.

謀 꾀할 모
(3Ⅱ 言부 16획)

말(言)을 통하여 아무도(某 아무개 모) 모르게 어떤 일을 **꾀하다**.
謀略(모략)　謀議(모의)　謀陷(모함)　圖謀(도모)
*言(말씀 언) : 두(二) 번 거듭(二) 생각한 후 입으로(口) **말하다**.

1, 2급 한자

耗 줄어들 모 | 쟁기(耒)로 잡초(毛)를 갈아 없애듯, 소금씩 **줄어듦**.　　消耗品(소모품)

🔵 **毛遂自薦(모수자천)** : 자기가 자기를 추천(推薦)함.

- 진(秦)나라가 조(趙)나라 수도인 한단(邯鄲)을 포위하자 초(楚)나라에 구원을 청할 사자(使者)를 뽑을 때 모수(毛遂)가 스스로 나서자 "자네가 재주가 있었다면 벌써 주머니 속 송곳처럼 비어져 나와 알려져 있을 터이나 아직까지 아무 재주도 보여주지 못했으니 안되겠네."라 하자 모수는 "일찌감치 저를 주머니에 넣었더라면 벌써 비어져 나왔을 것입니다. 그래서 지금 저를 주머니에 넣어달라고 스스로 천거하는 것입니다." 라 하였다. 과연 모수는 초왕을 설득하여 일을 성사시켰다는 고사에서 유래한다.

募暮模慕冒

募 모을 모
(3급 力부 13획)

없는(莫 없을 막) 사람을 채우기 위해 힘써(力) 모음.
募金(모금) 募兵(모병) 募集(모집) 公募(공모) 應募(응모)
*莫 : 초목(卄) 아래로 해(日)가 크게(大) 지며 없어져 **없다**.

暮 저물 모
(3급 日부 15획)

없어진(莫 없을 막) 해(日) 즉 해가 져 날이 저물다.
朝令暮改(조령모개) : 아침에 내린 명(命)을 저녁에 고침.
歲暮(세모) : 한 해의 마지막 무렵. 섣달그믐께.

模 본뜰 모
(4급 木부 15획)

나무(木)로 없어지지(莫 없을 막) 않도록 모양 본뜨다.
模倣(모방) 模範(모범) 模樣(모양) 模造(모조) 規模(규모)
*莫 : 초목(卄) 아래로 해(日)가 크게(大) 지며 없어져 **없다**.

慕 사모할 모
(3Ⅱ 心부 15획)

없는(莫) 사람을 마음(㣺 = 心)으로 사모하다.
思慕(사모) 愛慕(애모) 戀慕(연모) 追慕(추모)
*莫(없을 막) : 초목(卄) 아래로 해(日) 크게(大) 지며 **없어지다**.

冒 무릅쓸 모
(3급 冂부 9획)

두(二) 눈(目)을 수건으로 둘러싸(冂 둘러쌀 경) 가리고 나아가듯 한다 하여, 무릅쓰다의 뜻으로 쓰이는 자.
冒頭(모두) : 말이나 글의 첫머리. 冒險(모험)

1, 2급 한자

摸 찾을 모   손(扌)으로 없거나(莫) 없어진 것을 더듬어 **찾는다**.   摸索(모색)
帽 모자 모   천(巾)으로 만든, 두(二) 눈(目) 위쪽을 둘러싸듯(冂) 쓰는 **모자**(帽子).

冒險(모험)과 探險(탐험)

모험이 위험을 무릅쓴다면 탐험은 위험을 무릅쓰고 찾아다니는 것을 말한다. 인류의 역사는 모험과 탐험의 역사다. 오지(奧地)의 자원을 확보하기 많은 나라와 사람들은 다음과 같은 절차를 밟는다. **처음은 탐험가를 보내** 그곳의 지형, 기후, 원주민 등의 생활양식을 파악. **둘째로는** 선교사 등을 보내 부드럽고 평화적인 분위기를 만든 후, 세 번째는 상인을 보내 재물에 물들게 하고 **마지막에는 군대를 보내 모든 걸 빼앗는다.**

貌 木 目 牧 睦

貌 모습 모 (3Ⅱ 豸부 14획)
서 있는 맹수(豸 맹수 치)처럼, 서 있는 사람의 목(ヽ), 몸통(日), 다리(儿 다리 인) 모양에서 **전체적인 모습**.
美貌(미모) 容貌(용모) 全貌(전모) ▶ 容(얼굴 용)

木 나무 목 (8급 木부 4획)
서 있는 **나무. 나무로 만든 것**. 木材(목재) ▶ 材(재목 재)
木石(목석) : 나무와 돌. 나무나 돌처럼 감정 무디고 무뚝뚝한 사람.
* ㅣ(뚫을 곤) : 송곳을 본뜬 자로 위에서 내려 **뚫음**의 뜻.

目 눈 목 (6급 目부 5획)
눈을 그린 자. **보다**. 目的(목적) 目標(목표) 目次(목차)
目不識丁(목불식정) : 낫 놓고 기역자도 모름. 매우 무식함.
目不忍見(목불인견) : 차마 눈뜨고 볼 수 없을 정도로 끔찍한 상황.

牧 칠 목 (4Ⅱ 牛부 8획)
소(牛 소 우)를 먹이 쪽으로 모는(攵 칠 복) 모양에서 **기르다**. 소를 이끌어 가듯 사람을 바른 길로 이끌며 **다스린다**.
牧童(목동) 牧民官(목민관) 牧師(목사) 牧場(목장)

睦 화목할 목 (3Ⅱ 目부 13획)
바라보는 눈(目)이 위아래(坴)로 정다우니 **화목하다**.
親睦(친목) 和睦(화목) 親(친할 친) ▶ 和(화할 화)
*坴(언덕 륙) : **위아래로 흙(土)이 흙(土)을 덮은(儿) 큰 언덕**.

 다산(茶山) 정약용(丁 若鏞)의 3대 지서

牧民心書(목민심서) : 관리가 백성을 다스림에 있어 마음에 새겨야 할 사항(事項) 들을 지적(指摘)해 놓은 책. ▶ 牧(칠, 다스릴 목) 欽(공경할 흠)

欽欽心書(흠흠심서) : 죄수를 다루는 일에 경솔한 당시에, 관리가 죄수를 다루거나 유의(留意)할 점을 적은 책. ▶表(신하가 임금에게 올리는 글 표)

經世遺表(경세유표) : 나라를 다스리는데 필요한 여러 제도에 대하여 임금에게 올린 내용의 책.
- 遺表 : 신하가 죽을 즈음에 임금에게 올리는글.

目不識丁(목불식정) : 낫 놓고 기역자도 모름. 매우 무식(無識)한 사람을 이르는 말.

沒夢蒙卯妙

沒 빠질 몰 (3Ⅱ 水부 7획)
물(氵)에 사람(勹 굽은사람 인)이 손(又 손 우)을 담그어 잠기듯 어딘가에 빠지다. ▶ 收(거둘 수) 沈(가라앉을 침)
沒頭(몰두) 沒落(몰락) 沒收(몰수) 沒入(몰입) 沈沒(침몰)

夢 꿈 몽 (3Ⅱ 夕부 14획)
눈썹(卝)이 눈(目=罒)을 덮고(冖 덮을 멱) 자면서 저녁(夕 저녁 석)에 꾸는 꿈. ▶ 遊(돌아다닐 유)
夢想家(몽상가) 夢遊病(몽유병) 吉夢(길몽) 解夢(해몽)

蒙 어리석을 몽 (3Ⅱ 艹부 14획)
풀(卝)로 지붕 하여 덮은(冖 덮을 멱) 우리 안에서 먹는 일 한(一) 가지에만 관심 있는 돼지(豕 돼지 시)는 어리석다.
蒙古(몽고 ; 나라 이름) 啓蒙思想(계몽사상)

卯 토끼 묘 (3급 卩부 5획)
귀를 세우고 앉아 있는 뒷다리(卩 무릎 절)가 긴 토끼.
己卯士禍(기묘사화) : 조선 중종 14년(1519년) 수구파에 의해 개혁파에 속하는 선비들이 죽음과 유배를 당한 정치적 사건.

妙 묘할 묘 (4급 女부 7획)
여자(女)의 자잘한(少 적을 소) 속마음은 알 수 없어 묘하다. ▶ 案(생각 안) 巧(기교 교)
妙技(묘기) 妙味(묘미) 妙手(묘수) 妙案(묘안) 巧妙(교묘)

1, 2급 한자

殁 죽을 몰   뼈(歹 뼈 알)만 남은 사람(勹)이 죽고 또(又) 죽는다.   戰殁(전몰)

📖 **中石沒鏃(중석몰촉)** : 쏜 화살의 화살촉이 돌에 박힘. ▶ 中(맞힐 중) 鏃(화살촉 촉)
정신(精神)을 집중해서 전력을 다하면 어떤 일에도 성공할 수 있음.
- 전한(前漢) 장수인 이광(李廣)이 어느 날 황혼녘에 초원을 지나다 웅크리고 있는 호랑이를 발견하고 '한 발에 호랑이를 죽이지 못하면 잡혀 먹힌다고 생각하며' 집중하여 쏘니 명중(命中)했다. 가까이 가서보니 그것은 화살이 깊이 박힌 돌이었던 것이었다.

苗墓廟戊茂

苗 싹 묘
(3급 ++부 9획)

논밭(田)에 나(++) 있는 싹. 苗木(묘목) 苗板(묘판)
種苗(종묘) : 식물의 씨나 싹을 심어 苗木(묘목)을 가꿈
*++ : 풀 모양. '草'의 머리 부분이기에 '초두'라 부름. '++'은 4획

墓 무덤 묘
(4급 土부 14획)

생명 없는(莫 없을 막) 이를 흙(土)으로 덮은 무덤.
墓碑(묘비) 墓所(묘소) 墓地(묘지) 聖廟(성묘) ▶ 省(살필 성)
*莫 : 초목(++) 아래로 해(日)가 크게(大) 지며 없어져 없다.

廟 사당 묘
(3급 广부 15획)

조상님의 신주(神主)를 모시고 아침(朝 아침 조)마다 참배(參拜)
드리는 집(广 집 엄)인 사당(祠堂). 廟堂(묘당)

戊 천간 무
(3급 戈부 5획)

창(戈 창 과) 막듯(厂) 하늘에 있는 다섯째 천간(天干).
10干 : 甲 乙 丙 丁 戊 己 庚 辛 壬 癸
　　　 갑 을 병 정 무 기 경 신 임 계

茂 무성할 무
(3Ⅱ ++부 9획)

초목(++)이 비스듬히(丿 삐침 별), 많이 세워둔 창(戈)처럼 풍성
해 무성하다. 茂林(무림) 茂盛(무성)
*戈(창 과) : 날이 세 갈래로 된 창이나 무기의 뜻.

몰몽묘무

1, 2급 한자

描 그릴 묘 　 붓을 쥐고(扌) 초목의 싹(苗) 등을 그리다. 　　 描寫(묘사) 描出(묘출)
猫 고양이 묘 　 짐승(犭 짐승 견) 중 싹(苗)처럼 몸이 부드러운 고양이.

- 戊午士禍(무오사화) : 조선 연산군 4년(1498년 무오년)에 훈구(勳舊)파가 사림(士林)파를 몰아내기 위하여 일으킨 사건.
- 猫頭縣鈴(묘두현령) : 고양이 목에 방울 달기. 듣기는 좋으나 실현(實現)이 불가능
  = 項(목 항)　 (不可能)한 이론(理論). ▶ 懸(매달 현) 鈴(방울 령)

武 貿 務 霧 無

武 무예 무 (4Ⅱ 止부 8획)
두(二) 손에 무기(弋 주살 익) 들고, 싸움이나 전쟁 방지(止 그칠 지)할 목적으로 만들어진 무기·무사·무예.
武功(무공) 武器(무기) 武力(무력) 武士(무사) 武術(무술)

貿 비꿀 무 (3Ⅱ 貝부 12획)
많은(卯 무성할 묘의 변형) 물건(貝 조개 패) 등을 거래를 통하여 바꾸다. 貿易(무역) 貿易風(무역풍) ▶ 易(바꿀 역)
*卯 : **무성한** 봄기운 들이려 두 문짝을 활짝 열어 놓은 모양에서.

務 힘쓸 무 (4Ⅱ 力부 11획)
창(矛)으로 찌르고 치고(攵 칠 복) 힘써(力) 행하다.
事務室(사무실) 實務(실무) 業務(업무) 義務(의무)
*矛(창 모) : 긴 자루가 달린 끝이 **뾰족한** 창.

霧 안개 무 (3급 雨부 19획)
비(雨)가 힘차게(務 힘쓸 무) 내린 후 생기는 안개.
雲霧(운무) 噴霧器(분무기) 五里霧中(오리무중) ▶ 噴(뿜을 분)
*雨(비 우) : 구름(一)에서 넓게(冂) 떨어지는(丨) 비(丶丶).

無 없을 무 (5급 火부 12획)
새(隹)를 불판(一)에 놓고 불(灬=火)로 굽는 모양으로 새의 생명이 없음. 無念(무념) 無病(무병) 無用(무용)
*隹(새 추) : 앉아 있는 보통 꽁지가 짧고 **작은 새** 모양

1, 2급 한자

撫 어루만질 무	손(扌)으로, 문제 따위를 없애기(無) 위해 **어루만지다**.	撫摩(무마)
蕪 거칠 무	잡초(艹) 이외에는 아무것도 없는(無) **황무지**.	荒蕪地(황무지)

📝 武(호반 무)

'호반(虎班)'이라 함은 '서반(西班)'의 별칭으로 '범'과 같이 용맹(勇猛)스럽다는 뜻.

- '양반(兩班)'은 '문반(文班)'과 무반(武班)을 아울러 이르는 말이나 이는 다시, 문반은 보통 동쪽에 살아 '동반(東班)', 무반은 서쪽에 살아 '서반(西班)'이라 부르기도 했다.

舞 墨 默 文 紋

舞 춤출 무 (4급 舛부 14획)
새(隹 새 추)를 불판(一)에 올려 구워 먹으며 발을 엇갈려(舛 발 엇갈릴 천) **춤추며** 논다는 데서.
舞臺(무대) 舞踊(무용) 歌舞(가무) ▶ 踊(춤출 용)

墨 먹 묵 (3Ⅱ 土부 15획)
검은(黑 검을 흑) 흙(土)으로 만든 **먹**.
水墨畵(수묵화) : 먹물의 짙고 옅은 효과를 사용하여 그린 그림.
近墨者黑(근묵자흑) : 나쁜 사람과 가까이 하면 물들기 쉬움.

默 잠잠할 묵 (3Ⅱ 黑부 16획)
어두운(黑 검을 흑) 밤에 개(犬 개 견)도 짖지 않는 **고요함**. 또는 이처럼 말없이 **잠잠**하다. ▶ 秘(숨길 비)
默念(묵념)   默秘權(묵비권)   默認(묵인)   沈默(침묵)

文 글월 문 (7급 文부 4획)
갓(亠) 쓴 이가 획을 이리저리(丿 乀) 그어 만든 **글자, 글씨** 또는 **무늬**.   文身(문신) 文字(문자) 文學(문학)
文明(문명) : 지식과 기술 발달로 생활 편리하고 물질 풍족해진 상태.

紋 무늬 문 (3Ⅱ 糸부 10획)
실(糸)로 글(文) 쓰듯 이리저리 수놓은 **무늬**.
波紋(파문)   花紋席(화문석) : 꽃무늬를 놓아 짠 돗자리.
*糸(실 **사**) : 작고(幺 작을 요) 가는(小) 실.

무묵문

1, 2급 한자

汶 내이름 문	물(氵)이 글(文) 읽는 소리를 내며 **흐르는 내**.	汶山(경기도 문산)
蚊 모기 문	벌레(虫) 중 글(文) 읽듯 내려다보고 있는 **모기**.	見蚊拔劍(견문발검)
紊 문란할 문	글(文)을 실(糸)처럼 어지럽게 쓰면 **문란해지다**.	紊亂(문란)
吝 아낄 린	글(文)을 함부로 쓰지 않듯 말하는(口) 것을 **아끼다**.	吝嗇(인색)

📖 **墨子**(묵자, BC 480~BC 390) : 전국시대 초기의 사상가이자 철학자.

난세(亂世)의 원인은 남을 사랑하는 마음이 없는데 있다며 서로 사랑하고 남을 이롭게 하면, 그것은 이윽고 자신도 이롭게 한다는 겸애설(兼愛說)과 몸소 근면검소하였다 한다.

門 問 聞 勿 物

門 문 문 (8급 門부 8획)
두 짝으로 된 문, 집, 열다. 門下生(문하생) 校門(교문)
四大門(사대문) : 조선(朝鮮) 때, 서울의 사방에 두었던 큰 문인
흥인지문(동대문), 숭례문(남대문), 돈의문(서대문), 숙정문(북대문)

問 물을 문 (7급 口부 11획)
문(門) 열듯 입(口) 열어 묻다. ▶答(답할 답) 題(낼 제)
問答(문답) 問題(문제) 自問(자문) 質問(질문) 質(물을 질)
愚問賢答(우문현답) : 어리석은 질문에 현명한 대답.

聞 들을 문 (6급 耳부 14획)
문(門 문 문) 열듯 귀(耳 귀 이)를 열고 듣다.
見聞(견문) 所聞(소문) 新聞(신문) 風聞(풍문)
聞一知十(문일지십) : 하나를 들으면 열을 안다. 지극히 총명함.

勿 말 물 (3Ⅱ 勹부 4획)
싼(勹 쌀 포) 물건이 모두 빠져(丿丿) 남은 것이 없음.
또는 그렇게 하지 말라는 뜻. 勿論(물론)
勿驚(물경) : 놀라지 말라. 엄청난 것을 말할 때 미리 하는 말.

物 만물 물 (7급 牛부 8획)
소(牛 소 우)는 버릴게 없다(勿) 하여 만물을 뜻한 자.
物理(물리) 萬物(만물) 事物(사물) 人物(인물) 植物(식물)
*勿(없을 물) : 싼(勹 쌀 포) 물건이 모두 **빠져**(丿丿) 남은 것이 **없음**.

📖 格物致知 · 正心誠意 · 修身齊家 · 治國平天下
　 격물치지 · 정심성의 · 수신제가 · 치국평천하

格物致知 : 사물의 본질(本質)이나 이치(理致)를 끝까지 연구하여 지식을 명확히 하며,

正心誠意 : 바른 마음과 성실(誠實)하게 자신(自身)이 나아갈 길에 대해 뜻 세우며,

修身齊家 : 몸과 마음을 바르게 닦고 능력(能力)을 키워 집안을 평안(平安)하게 하고,

治國平天下 : 국가(國家)에 도움이 되며 나아가 세계(世界)의 평화(平和)에 기여함.

未 味 米 迷 尾

未 아직 미 (4Ⅱ 木부 5획)
나무(木) 윗부분이 덜 자라 짧은(一) 모양에서 아직.
未達(미달) 未備(미비) 未成年(미성년) 未完成(미완성)
前代未聞(전대미문) : 지금까지 들어본 적이 없는 진귀한 일.

味 맛 미 (4Ⅱ 口부 8획)
입(口)으로 아직(未 아직 미) 덜 익은 무언가를 맛보다.
味覺(미각) 妙味(묘미) 別味(별미) 調味(조미) 興味(흥미)
意味深長(의미심장) : 말이나 글의 뜻이 매우 깊다.

米 쌀 미 (6급 米부 6획)
이쪽저쪽(丶丿) 나무(木)에 과일 열리듯 벼에서 나온 쌀.
精米(정미) : 벼를 찧어 쌀을 만드는 일. ▶ 精(세밀할 정)
玄米(현미) : 껍질만 벗기고 쓿지 않은 쌀.   玄(검을 현)

迷 헷갈릴 미 (3급 辶부 10획)
길이 여러 방향(米 쌀 미)이라 어디로 가야(辶) 할지 헷갈린다.
迷宮(미궁) 迷路(미로) 迷惑(미혹) 昏迷(혼미)
*辶(갈 착) : 쉬엄쉬엄 멀리 걸어가는 모습에서 가다.

尾 꼬리 미 (3Ⅱ 尸부 7획)
동물이 죽어도(尸) 유용하게 쓰이는 털(毛 터럭 모) 있는 꼬리.
尾行(미행) 交尾(교미) 末尾(말미)
*尸(주검 시) : 사람이 죽어 누워 있는 모양.

문물미

📖 尾行(미행)과 微行(미행)

* 尾行(미행) : 남의 뒤를 몰래 따라감. [형사는 마약 밀매업자의 뒤를 미행했다.]

* 微行(미행) : 미복잠행(微服潛行)의 준말. [임금이 미행으로 민정(民情)을 살피다.]
  [법] 외교 사절이나 국가 원수가 신분 알리지 아니하고 하는 외국 여행.

* 尾生之信(미생지신) : 신의(信義)가 두터움 또는 고지식하여 융통성(融通性)이 없음.
  – 미생은 어느 날 애인(愛人)과 다리 밑에서 만나기로 하여 기다리는 도중(途中) 장대비로 개울물이 불어나기 시작(始作)하였으나 그 장소(場所)를 떠나지 않고 기다리다 결국(結局) 교각(橋脚)을 끌어안은 채 익사(溺死)하였다는 고사에서 유래한다.

가나다순 한자

美 眉 微 民 敏

美 아름다울 미 (6급 羊부 9획)	양(羊)이 크고(大) 살쪄 아름답다. ▶ 術(재주 술) 美國(미국) 美術(미술) 美人(미인) 八方美人(팔방미인) *羊(양 양) : 두 뿔 있는 양 머리 보고 그린 자. 羊 = 𦍌 𦍋
眉 눈썹 미 (3급 目부 9획)	지붕(尸) 같이 위에서 눈(目) 보호하는 털(丨)인 눈썹. 眉間(미간) 白眉(백미) : 가장 뛰어남. 焦眉(초미) : 매우 위급함. *尸(지붕 시) : 집의 지붕 모양을 그린 자. ▶ 焦(그을릴 초)
微 작을 미 (3Ⅱ 彳부 13획)	걸어서(彳 걸을 척) 산(山) 아래 하나(一)의 굽은(几) 길을 조금씩 움직여(攵 행할 복) 가는 모양에서 작다. 微動(미동) 微妙(미묘) 微細(미세) 微笑(미소) 輕微(경미)
民 백성 민 (8급 氏부 5획)	여러 성씨(氏)가 한(一) 덩어리 되어 만든 나라의 뿌리인 백성(百姓). 民生(민생) : 국민의 생활. 國民(국민) *氏(성씨 씨) : 뿌리가 뻗어나듯 뻗어나가는 사람의 성씨.
敏 敏 빠를 민 (3급 攵부 11획)	항상(每) 가르치며 잘못은 매(攵 칠 복)로 지도하니 행동 등이 빠르다. 敏感(민감) 過敏(과민) 銳敏(예민) *每(항상 매) : 사람(一)은 항상(恒常) 어미(母)를 그리워한다.

- 韓國(한국, KOREA) : 마르코 폴로에 의해 '高麗(고려, COREA)'가 유럽에 소개 되면서 코리아로 불렸다.
- 中國(중국, CHINA) : 진(秦)나라가 '치나(支那, CHINA)'로 서방에 전해지면서 유래되었다.
- 日本(일본) : 일본국의 중국음 [ji-pen-kuo]가 마르코 폴로에 의해 'Zipangu'로 전와되었다.
- 英國(영국) : '英吉利國'을 줄여서. 佛蘭西(불란서, FRANCE) 伊太利(이태리, ITALY)
- 和蘭(화란, HOLLAND → THE NETHERLANDS) : Holt(숲의) 나라(lant)라는 데서 유래한다.
- 希臘(희랍) : 고대 '그리스' 'HELLA'를 한자어로 음역한 것. 露西亞(로서아, RUSSIA)
- 埃及(애급, IGYPT) 西班牙(서반아, ESPANA) 獨逸(독일, DEUTSCH → GERMANY)
- 美國(미국) : '美'는 '아메리카'의 음역인 '美利堅(미리견)'이 줄어서 된 말. '아메리카'는 신대륙임을 주장한 이태리 항해사 'AMERIGO VESPUCCI'의 이름에서 유래한다.

憫 密 蜜 朴 泊

憫 연민할 민
(3급 心부 15획)

마음(忄)으로 대문(門 문 문)에 붙어 있는 조문(弔文)을 보고 **불쌍히 여기다.** 憫憫(민망) 憐憫(연민) ▶ 惘(멍할 망)
*文(글월 문) : 갓(亠) 쓴 이가 획을 그어(丿乀) 만든 **글자.**

密 빽할 밀
(4Ⅱ 宀부 11획)

집(宀 집 면)은 반드시(必 반드시 필) 산(山)의 나무처럼 **빽빽이** 들어선다. 密談(밀담) 密室(밀실) 密約(밀약)
*必 : 심장(心)에 비수(丿)가 들어와도 할 것은 **반드시** 한다.

蜜 꿀 밀
(3급 虫부 14획)

집(宀) 안을 반드시(必 반드시 필) 곤충(虫 벌레 충)이 채우는 **꿀.** 蜜月(밀월) 蜂蜜(봉밀) ▶ 蜂(벌 봉)
*宀(집 면) : 지붕으로 덮여 있는 **집.** '갓머리'라고도 함.

朴 소박할 박
(6급 木부 6획)

나무(木)껍질의 갈라진(卜) 모양처럼 자연 그대로라는 데서 **투박하거나 순박(淳朴)하다.** 素朴(소박) 質朴(질박)
*卜 : 갈라진 나무껍질 모양. 또는 동물의 뼈를 태운 뒤 생긴 금.

泊 머무를 박
(3급 水부 8획)

물가(氵=水)에 흰(白) 돛을 단 **배를 대다.** 배를 대고 **머무르다.** 民泊(민박) 宿泊(숙박) 碇泊(정박) ▶ 碇(닻 정)
*白(흰 **백**) : 해(日)에서 뻗어 나오는(丿) 빛이 **희다.**

미민밀

1, 2급 한자

閔 성씨 민 — 문(門) 안에서 글(文) 읽는 집안인 **민씨** 십안. 閔妃(민비)

謐 고요할 밀 — 반드시(必) 조심스레 닦는 그릇(皿 그릇 명)처럼 말(言)도 조심스럽게 한다하여 조용하다, 나아가 **고요하다.** 靜謐(정밀) ▶ 靜(고요할 정)

瑟 비파 슬 — 구슬(王) 부딪치듯 항상(必) 맑은 소리 나는 **비파**(琴瑟). 琴瑟(금슬)

珀 호박 박 — 옥(王←玉) 중 희고 깨끗하여(白) 투명한 **호박**(琥珀). ▶ 琥(호박 호)

舶 큰배 박 — 배(舟)가 흰(白) 돛을 높이 달고 외국을 다니는 **큰 배.** 舶來品(박래품)

箔 발 박 — 대(竹)로 만든 문 앞에 머무르게(泊) 하는 **발. 얇은 조각.** 金箔(금박)

가나다순 한자 145

拍迫博薄反

拍 칠 박 (4급 手부 8획)
손(扌)으로 무언가를 말하며(白 흰, 말할 백) 박수치다.
拍子(박자)　拍車(박차) : 일을 촉진하기 위하여 더하는 힘.
*白(말할 백) : 해(日)에서 나오는(丿) 흰 빛처럼 솔직히 말하다.

迫 다가올 박 (3Ⅱ 辶부 9획)
흰(白) 돛을 단 큰 배가 다가오다(辶). 다가오듯 다그치다.
迫頭(박두) : 가까이 닥치어 옴.　强拍(강박)　壓迫(압박)
*辶(멀리갈 착) : 쉬엄쉬엄 멀리 걸어가는 모습에서 가다.

博 넓을 박 (4Ⅱ 十부 12획)
여러(十) 방면으로 펼치는(尃) 모양에서 넓다는 뜻.
博士(박사)　博識(박식)　博愛(박애) : 차별 없이 두루 사랑함.
*尃(펼 부) : 큰 실패(甫 클 보)의 실을 손(寸)으로 펼치다.

薄 薄 엷을 박 (3Ⅱ 艹부 17획)
풀(艹)이 물(氵) 위에 펼쳐져(尃 펼 부) 있는 모양이 엷다.
薄福(박복)　薄俸(박봉)　淺薄(천박)　如履薄氷(여리박빙)
*甫(클 보) : 열(十) 번 실(丶) 감아 쓰는(用 쓸 용) 큰 실패.

反 반대할 반 (6급 又부 4획)
벼랑(厂 언덕 한)을 손(又 손 우)으로 무언가를 반복(反復)해서 잡으며 반대로 올라가는 데서 반대(反對)하다, 되돌아오다.
反感(반감)　反共(반공)　反省(반성)

1, 2급 한자

搏 칠 박
손(扌)을 크게 펼쳐서(尃) 손바닥 등으로 치다.　　搏動(박동)

膊 팔뚝 박
신체(月) 중 펴지는(尃) 부분인 팔뚝.　　上膊(상박) 下膊(하박)
*月(육달 월) : '달'의 뜻이 아닐 때는 '月=肉 고기 육'로 신체의 뜻.

縛 묶을 박
실(糸) 같은 줄로 펼쳐진(尃) 물건 등을 묶는다.　　結縛(결박)

📖 反正(반정) : 본래의 올바른(正) 상태로 돌아가는(反) 것. (중종반정中宗反正, 인조반정仁祖反正)
📖 反芻(반추) : 1. (소나 염소가) 한 번 삼킨 것을 게워서 다시 씹는 일. ▶ 芻(꼴 추)
　　　　　2. 어떤 일을 되풀이하여 음미(吟味)하거나 생각하는 일.
　　- 꼴 : 마소를 먹이는 풀 또는 마소를 먹이기 위해 베는 풀.

返叛飯半伴

返 돌이킬 반 (3급 辶부 8획)

반대(反 반대할 반)로 간다(辶 갈 착) 하여 돌이키다.
返納(반납) 返送(반송) 返品(반품) 返還(반환)
*反 : 벼랑(厂)을 손(又)으로 무언가를 잡으며 반대로 오름.

叛 배반할 반 (3급 又부 9획)

반(半 반 반)으로 갈려 반대(反 반대할 반)한다 하여 배반(背叛)하다. 叛軍(반군) 叛亂(반란) 叛逆(반역)
*半(반 반) : 소(牛 소 우)는 커서 잡으면 반으로 갈라놓음.

飯 飯 밥 반 (3Ⅱ 食부 13획)

먹을(食 먹을 식) 때 반복해서(反 반복할 반) 먹는 밥.
飯店(반점) 飯酒(반주) 白飯(백반) 殘飯(잔반) 朝飯(조반)
*反 : 벼랑(厂)을 손(又)으로 반복(反復)해 잡으며 오르는 데서.

半 반 반 (6급 十부 5획)

소(牛)는 커서 잡으면 반으로 갈라놓는 모양에서.
半球(반구) 半島(반도) 半身(반신) 半音(반음) 前半(전반)
*牛(소 우) : 소를 옆에서 보고 그린 자. ▶球(공 구)

伴 짝 반 (3급 人부 7획)

사람(亻) 인생의 반(半)을 차지하는 중요한 짝.
伴侶者(반려자) 伴奏(반주) 同伴(동반) 隨伴(수반)
*半(반 반) : 소(牛 소 우)는 커서 잡으면 반으로 갈라놓음.

박반

1, 2급 한자

畔 밭두둑 반
밭(田)을, 반(半)으로 나누듯, 경계를 나타내는 밭두둑. 가장자리.
湖畔(호반) : 호숫가. [호반의 도시] ▶湖(호수 호)

絆 줄 반
물건 맬 때, 실(糸)로 만든 나누어(半) 쓰는 줄. 絆瘡膏(반창고)

- 半島(반도) : 대륙(大陸)에서 바다 쪽으로 길게 나와 3면(面)이 둘러싸인 큰 땅.
- 半面之分(반면지분) : 얼굴만 약간 알 정도의 친분(親分)이 두텁지 못한 사이.

般 盤 班 拔 發

般 일반 반
(3급 舟부 10획)

배(舟 배 주)를 노로 저어(殳 몽둥이 수) 나아가는 모양. 여러 사람이 타는 배라는 데서 **일반, 보통**의 뜻.
萬般(만반) 一般(일반) 全般(전반) 般若心經(반야심경)

盤 소반 반
(3Ⅱ 皿부 15획)

일반적인(般 일반 반) 물건을 담는 그릇(皿 그릇 명)인 **소반(小盤)**. 밑이 넓고 평평하다 하여 사물의 **밑바탕**.
盤石(반석) 基盤(기반) 巖盤(암반) 銀盤(은반) 音盤(음반)

班 나눌 반
(6급 玉부 10획)

증표로 한쪽을 주려고 쌍옥(王王)을 칼(刂)로 **나누다**.
班長(반장) 兩班(양반) : 동반(東班)과 서반(西班). 조선 중엽 이후에 지체나 신분(身分)이 높은 상류(上流) 계급을 일컫는 말.

拔 뺄 발
(3Ⅱ 手부 8획)

개가 달릴(犮) 때 발을 쭉 빼듯 손(扌 손 수)으로 **뺀다**.
拔群(발군) 拔本塞源(발본색원) 奇拔(기발) 選拔(선발)
*犮(개달릴 **발**) : **개**(犬)가 발을 앞으로(丿) 뻗으며 달리는 모양.

發 発 나아갈 발
(6급 癶부 12획)

활(弓)을 **쏘고** 창(殳)을 던지니 앞으로 **나아간다**(癶 걸을 발).
發見(발견) 發想(발상) 發信(발신) 發展(발전)
*殳(창 **수**) : 손(又)에 들고(几 책상 궤) 치는 **창**이나 **몽둥이**.

1, 2급 한자

搬 옮길 **반**	물건 등을 일반적으로(般) 손(扌)으로 **옮기다**.	搬入(반입)
槃 쟁반 **반**	일반적으로(般) 많이 쓰는 나무(木)로 만든 **쟁반**.	涅槃(열반)
跋 발뒤꿈치 **발**	개가 발(足)로 달릴(犮) 때 보이는 **발뒤꿈치**.	跋文(발문)
魃 가뭄귀신 **발**	개도 물 찾아 달아나는(犮) 귀신(鬼)인 **가뭄귀신**.	旱魃(한발)
撥 튕길 **발**	손(扌)으로 나아가게(發) **튕긴다**.	反撥(반발)
醱 술괼 **발**	담근 술(酉)에서 거품이 솟는(發) 모양에서 **술괴다**.	醱酵(발효)

▶ 跋文(발문) : 책 본문 끝에 그 내용의 대강이나 그에 관련된 일을 간략하게 적은 글.

髮 方 防 妨 芳

髮 터럭 발 (4급 髟부 15획)
개가 달릴(犮) 때 뒤로 늘어지는 긴(镸 = 長) 터럭(彡 터럭 삼).
假髮(가발)   毛髮(모발)   白髮(백발)   長髮(장발)
*犮(개달릴 발) : 개(犬)가 발을 앞으로(丿) 뻗으며 달리는 모양.

方 사방 방 (7급 方부 4획)
쟁기 모양으로 이것이 나아가는 방향인 사방(四方).
方法(방법)   方向(방향)   東方(동방)   地方(지방)
*方은 '모 방'이라고도 함. 이는 붙인 배 두 척의 네 모퉁이.

防 막을 방 (4II 阜부 7획)
사방(方 사방 방)으로 언덕(阝) 쌓아 적 침입을 막는다.
防水(방수)   防音(방음)   防止(방지)   防寒(방한)   國防(국방)
*阝(언덕 부) : 볼록 나온 언덕.   ▶ 寒(찰 한)

妨 방해할 방 (4급 女부 7획)
여자(女)가 나아가는(方 방향 방) 길을 막아 방해하다.
妨害(방해)   無妨(무방) : 거리낄 것이 없음. 괜찮음.

芳 꽃다울 방 (3II ++부 8획)
꽃(++)에서 사방(方)으로 퍼지는 향기에서 꽃답다. 향기롭다.
芳年(방년)   芳名錄(방명록)   芳香劑(방향제)
綠陰芳草(녹음방초) : 푸른 나무 그늘과 향기로운 풀. 여름철.

반발방

1, 2급 한자

彷 거닐 방   일정한 발걸음(彳 걸을 척) 방향(方)이 없이 **거닐다**.   彷徨(방황)
坊 동네 방   흙(土) 좋은 이곳저곳 사방(方)에 형성된 **동네**.   坊坊曲曲(방방곡곡)
紡 실뽑을 방   목화(木花)에서 실(糸)을 일정한 방향(方)으로 **뽑는다**.   紡織(방직)

🔵 間髮(간발) : '間不容髮(간불용발)'에서 온 말로 '틈이나 차가 매우 작음'의 뜻.
🔵 芳名(방명) : (꽃다운 이름이라는 뜻으로) 남의 이름 높여 부르는 말.

房 放 倣 訪 傍

房 방 방
(4Ⅱ 戶부 8획)
집(戶) 안 여기저기(方 사방 방)에 만들어 놓은 방.
監房(감방)　獨房(독방)　册房(책방)　文房四友(문방사우)
*戶(집 호) : 열고 닫는 문이 하나만 달린 **방**이나 **집**.

放 놓을 방
(6급 攵부 8획)
사방(方 사방 방)으로 가도록 다스리지(攵) 않고 풀어 놓아줌.
放牧(방목)　放生(방생)　放心(방심)　放學(방학)
*攵(칠 복) : 사람(一)이 뭔가 들고 이리(ノ)저리(㇏) **치다**.

倣 모방할 방
(3급 人부 10획)
사람(亻)이 자신을 버리고(放) 남의 것을 모방한다.
模倣(모방)　▶ 模(본뜰 모)　方(사방 방)　攵(행할 복)
*方(사방 방) : 쟁기가 **사방**으로 나아가는 모양. 또는 **방향**.

訪 찾을 방
(4Ⅱ 言부 11획)
말(言)로 찾는 곳의 방향(方 방향 방)을 물어 찾다.
訪問(방문)　訪韓(방한)　來訪(내방)　答訪(답방)　巡訪(순방)
*言(말씀 언) : 두(二) 번 거듭(二) 생각한 후 입으로(口) 말하다.

傍 곁 방
(3급 人부 12획)
사람(亻)이 서(立) 있는 방향(方)인 옆.
傍觀(방관)　傍聽客(방청객)　▶ 觀(볼 관)　聽(들을 청)
*立(설 립) : 땅(一)에 두 발로 **서 있는** 사람의 모습.

1, 2급 한자

榜 붙이는방 **방**　글 적어 목판(木)에 붙여 세워(立) 사방(方)에 **알리는 방**. 落榜(낙방)

膀 오줌통 **방**　몸(月) 서(立 설 립) 있는 앞쪽 방향(方)으로 떨어지는 오줌을 보관(保管)하는
　　　　　　　오줌통. 膀胱(방광) ▶ 胱(오줌통 광)
　　　　　　*月(육달 월) : 달이 아닌 다른 뜻으로 쓰일 때는 '육달 월'(月=肉)이라 하여
　　　　　　　고기, 또는 목 밑 신체부분. 胃(밥통 위) 膝(무릎 슬)

謗 헐뜯을 **방**　말(言)을 서(立) 있는 옆 방향(方)에서 나쁘게 **헐뜯는다**.　　　　誹謗(비방)

● 文房四友(문방사우) : 서재에 갖추어야 할 네 가지 벗. 종이·붓·벼루·먹.
● 傍若無人(방약무인) : 곁에 사람이 없는 것 같이 말이나 행동(行動)을 제멋대로 함.

邦杯拜背配

邦 나라 방
(3급 邑부 7획)
무성하게(丰) 많은 고을(阝 고을 읍)이 모여 된 나라.
邦畵(방화) 聯邦(연방) 友邦(우방) 異邦人(이방인)
*丰(무성할 봉) : 많은(三) 풀이 흙을 뚫고(丨) 나와 무성함.

杯 잔 배
(3급 木부 8획)
나무(木)로 만들어 손으로 쥐기 좋게 만든(不) 잔.
後來者三杯(후래자삼배) : 뒤늦게 온 사람이 먼저 온 사람과의 취기를 맞추는 일. 乾杯(건배) 苦杯(고배) 祝杯(축배)

拜 절 배
(4Ⅱ 手부 9획)
두 손(手 손 수)을 합하여 절하다. 歲拜(세배) 禮拜(예배)
拜上(배상) : '삼가 올림'의 뜻으로, 흔히 한문투의 편지에 씀.
拜謁(배알) : (지체 높은 분을) 만나 뵘. ▶謁(아뢸 알)

背 등 배
(4Ⅱ 肉부 9획)
사람은 보통 따뜻한 남쪽을 향해 있으므로 북쪽(北 북녘 북)을 향하고 있는 신체(月 육달 월)라는 데서 등.
背景(배경) 背反(배반) 背信(배신) 背泳(배영) 背後(배후)

配 나눌, 짝 배
(4Ⅱ 酉부 10획)
술(酉)을 사람(己 몸 기)에게 나누어 따라주거나 술 부어놓고 신랑, 신부가 몸을 구부려 절한다 하여 짝.
配給(배급) 配當(배당) 配達(배달) 配偶者(배우자)
*酉(닭 유) : 술병 모양. 酒(술 주)의 옛 자. 술, 술병의 뜻.

1, 2급 한자

盃 잔 배   쥐기 좋으며(不) 그릇(皿 그릇 명)처럼 넓직한 잔. '杯'의 속자(俗字).
胚 아이밸 배   몸(月 육달 월)이 커진다(丕) 하여 아이를 배다.   胚芽(배아)

- 절할 때 손의 위치 : 좋은 일(명절·제사 등)로 큰 절을 할 때 남자는 오른손 위에 왼손을 살짝 포개어 절을 하며 좋지 않은 일에는 반대로 한다. (여자의 경우는 반대로)

- 背水陣(배수진) : 물을 등지고 진을 침. 목숨을 걸고 어떤 일에 대처(對處)함.
  - 한(漢)나라의 명장 한신(韓信)이 조(趙)나라의 공격에 배수진을 치고 싸워 대승한 후 부하 장수들에게 "우리의 군사는 급히 편성(編成)한 오합지졸(烏合之卒)이기에 사지(死地)에 두어야만 필사적(必死的)으로 싸우는 법이야."라고 했다는 고사에서 유래한다.

倍 培 排 輩 白

倍 곱절 배
(5급 人부 10획)

사람(亻)이 갈라지지(咅) 않고 함께 살면 곱절로 느다.
倍加(배가) 倍數(배수) 百倍(백배) ▶ 加(더할 가)
*咅(갈라질 부) : 서서(立 설 립) 말싸움(口) 끝에 갈라지다.

培 북돋을 배
(3Ⅱ 土부 11획)

흙(土)을 가르고(咅) 초목 심고 흙을 덮어 올려 북돋다, 기르다.
培養(배양) 培土(배토) 栽培(재배) ▶ 栽(심을 재)
*根培枝達(근배지달) : 학문 기초가 튼튼하면 학식이 저절로 늘음.

排 밀칠 배
(3Ⅱ 手부 11획)

사람은 손(扌)으로 새는 날개(非)로 밀치다.
排球(배구) 排除(배제) 排出(배출) 排斥(배척) 排他(배타)
*非(아닐 비) : 새의 두 날개가 뻗은 방향은 같은 방향이 아니다.

輩 무리 배
(3Ⅱ 車부 15획)

두 날개(非 날개 비) 펼치듯 수레(車 수레 거)의 행렬이 양쪽으로 펼쳐져 가는 무리.
輩出(배출) 先輩(선배) 年輩(연배) 暴力輩(폭력배) 後排(후배)

白 흰 백
(8급 白부 5획)

해(日)에서 뻗어 나오는(丿) 빛이 희다, 깨끗하게 말하다.
白軍(백군) 白金(백금) 白人(백인) 告白(고백) 靑白(청백)
*丿(삐침 별) : 오른쪽에서 왼쪽으로 삐치면서 당기는 모양.

1, 2급 한자

陪 모실 배   언덕(阝) 높은 곳에 서서(立) 말하는(口) 현인을 **모시다**.   陪審(배심)
賠 물어줄 배   끼친 손해를 돈(貝)으로 서서(立) 사과하며(口) **물어주다**.   賠償(배상)
菩 보살 보   초목(艹) 아래 서서(立) 입(口)으로 기도하는 **보살**(菩薩).   菩提(보리)
魄 넋 백   죽어서 흰(白) 뼈만 남기고 귀신(鬼)이 된 **넋**.   魂飛魄散(혼비백산)

📖 菩薩(보살) : (佛) 1. 위로는 부처를 따르고 아래로는 중생(衆生)을 제도(濟度)하는 불교의 성인. 2. '고승(高僧)'을 높이어 일컫는 말. 3. '나이 많은 여신도'를 일컫는 말.

伯 百 煩 番 飜

伯 맏 백
(3Ⅱ 人부 7획)

사람(亻) 중에서 흰(白 흰 백) 수염이 난 큰아버지.
伯父(백부) : 큰아버지. 畵伯(화백) : 화가를 높여 이르는 말.
伯仲之勢(백중지세) : 세력 따위가 비슷하여 우열 가리기 어려움.

百 일백 백
(7급 白부 6획)

하나(一)부터 수를 세다 일정 단위가 되면 소리치는(白 말할 백)
숫자인 일백. 많다. 百方(백방) 百姓(백성)
*白 : 입(日)에서 나오는(丿) 말이라 하여 말하다는 뜻. [주인白]

煩 괴로울 번
(3급 火부 13획)

불(火)이 머리(頁)에 일 정도로 심적으로 괴롭다.
煩雜(번잡) 百八煩惱(백팔번뇌) ▶ 雜(섞일 잡) 惱(괴로울 뇌)
*頁(머리 혈) : 사람 머리(一)에서 얼굴(自), 목(丿ヽ)까지 신체.

番 차례 번
(6급 田부 12획)

분별해서(釆) 익은 곡식을 밭(田)에서 차례로 거두어들임.
番地(번지) 番號(번호) 軍番(군번) 順番(순번) 週番(주번)
*釆(분별할 변) : 쌀(米)에 섞여있거나 불순물(丿) 가려내 분별하다.

飜 번역할 번
(3급 飛부 21획)

나는(飛 날 비) 새가 날개를 차례(番)로 뒤집다. 글을 뒤집는 즉
번역하다. 飜覆(번복) 飜案(번안) 飜譯(번역)

1, 2급 한자

潘 뜨물 반
 성씨

쌀을 물(氵)로 씻을 때 맨 처음(番)에 나오는 뜨물. 성씨(姓氏).
潘水(반수) 潘基文(반기문) 전(前) 유엔(UN) 사무총장(事務總長)

磻 강이름 반

돌(石) 사이사이 차례(番)로 흐르는 반계(磻溪)라는 강 이름.

📘 八煩惱(백팔번뇌) : 불교(佛敎)에서 이르는 108 가지 번뇌.
 - 번뇌의 수는 육관(六官 : 눈·코·귀·입·몸·뜻)의 하나하나에 해당이 되는 세 가지의 번뇌(苦·樂·不苦不樂)
  로 18가지, 이것들이 각각 탐(貪)· 무탐(無貪)의 번뇌로 나누어 36가지가 되며, 이들이 과거·현재·미래에
  똑같이 해당되므로 모두 108가지 번뇌가 된다.

📘 磻溪隧錄(반계수록) : 실학파 선구자인 반계 유형원이 우리나라 여러 제도를 고찰하고 경제(토지 제도),
 교육, 관리 임용(任用)의 세 가지 개혁안을 논하여 지은 책.

繁 伐 罰 凡 犯

繁 繁
번성할 번
(3Ⅱ 糸부 17획)

실(糸)을 빠르게(敏 빠를 민) 뽑으니 날로 번성하다.
繁盛(번성) 繁榮(번영) 繁昌(번창) 繁華街(번화가)
*敏 : 항상(每) 가르치며 매(攵 칠 복)로 지도하니 빠르다.

伐
칠 벌
(4Ⅱ 人부 6획)

사람(亻)이 창(戈)을 들고 나무나 적군을 치다.
伐木(벌목) 伐草(벌초) 殺伐(살벌) 征伐(정벌)
*戈(창 과) : 날이 세 갈래로 된 창이나 무기의 뜻.

罰
벌할 벌
(4Ⅱ 网부 14획)

그물(罒)에 잡힌 죄인 꾸짖으며(言) 칼(刂 선칼 도) 들어 벌하다.
罰金(벌금) 罰則(벌칙) 體罰(체벌) 刑罰(형벌)
*网(그물 망) : 얽혀(乂乂) 있는 그물 모양.   *网 = 罒 冖

凡
모두 범
(3Ⅱ 几부 3획)

물체(丶)를 덮고(几 덮을 궤) 있는 천의 모양으로 전체를 덮는다 하여 모두라는 뜻과, 모두는 평범(平凡)하다.
凡事(범사)   凡常(범상)   凡人(범인)   非凡(비범)

犯
범할 범
(4급 犬부 5획)

짐승(犭)이 발(巳 무릎 절)을 들고 덤벼들려는 모양에서 범하다. 犯人(범인) 犯罪(범죄) 犯行(범행) 防犯(방범)
*犭(짐승 견) : 발을 들고 덤벼드는 모양에서 큰 개나 짐승의 뜻.

1, 2급 한자

閥 문벌 벌   문(門)에 사람(亻)이 창(戈) 들고 지키는 지체 높은 문벌(門閥).
筏 뗏목 벌   대나무(竹)를 베어(伐) 만든 뗏목.   筏橋(벌교) 筏夫(벌부)
汎 넓을 범   물(氵)이 모두(凡)를 덮은 모양. 넓다, 전체의 뜻.   汎社會的(범사회적)
帆 돛 범   수건(巾) 모양으로 만들어 모든(凡) 바람을 모으는 돛.   帆船(범선)
梵 범어 범   숲(林) 속 절에서 모든(凡) 중이 읽는 글인 범어(梵語 ; Sanskrit).

凡事普人情後來好相見 : 평소(平素) 남에게 많은 정을 베풀면 후에 좋은 인상(印象)을 가진 이의 모
범 사 보 인 정 후 래 호 상 현   습을 가지게 됨.

範 法 碧 壁 變

範 모범 범 (4급 竹부 15획)
대나무(⺮) 틀 수레(車 수레 거)에 죄인을 무릎 꿇려서(㔾 무릎 절) 압송하며 본보기로 보여주는 **법(法)**.
範圍(범위) 敎範(교범) 規範(규범) 模範(모범) 示範(시범)

法 법 법 (5급 水부 8획)
물(氵) 흘러가듯(去) 사람 삶이 잘 흐르도록 만든 **법**.
法官(법관) 法律(법률) 法院(법원) 法庭(법정) 法治(법치)
*去(갈 **거**) : 흙(土)을 밟고 각자 개인(厶=私 개인 사)이 **간다**.

碧 푸를 벽 (3Ⅱ 石부 14획)
흰(白 흰 백)빛을 띠는 **푸른빛**의 옥(王 = 玉) 돌(石).
碧空(벽공) 碧溪水(벽계수) : 물 맑아 푸른빛이 도는 시냇물.
碧眼(벽안) : 눈동자가 파란 눈. 서양 사람을 이르는 말.

壁 벽 벽 (4Ⅱ 土부 16획)
비바람을 피하기(辟) 위하여 흙(土)을 쌓아 만든 **벽**.
壁報(벽보) 壁畫(벽화) 障壁(장벽) ▶ 障(막힐 장)
*辟(피할 **벽**) : 죽음(尸)의 구렁텅이(口)로부터 죄인(辛)이 **피하다**.

變 変 변할 변 (5급 言부 23획)
계속해서(䜌) 회초리(攵 칠 복) 대며 가르치니 **변하다**.
變動(변동) 變色(변색) 變數(변수) 變質(변질) 變化(변화)
*䜌(이어질 **련**) : 말(言 말씀 언)이 실(絲 실 사)처럼 **이어지다**.

번벌범
법벽변

1, 2급 한자

僻 후미실 벽	사람(亻)이 위험을 피해서(辟) 사는 곳은 후미지다.	僻地(벽지)
劈 쪼갤 벽	피해야(辟) 할 편협한 생각 등을 칼(刀)로 쪼개다.	劈頭(벽두)
癖 버릇 벽	병적이며(疒 병질 녁) 피해(辟) 갈 수 없는 버릇.	盜癖(도벽)
璧 구슬옥 벽	적 피하려고(辟) 완벽히 지은 성처럼 흠 없는 구슬(玉).	完璧(완벽)
霹 벼락 벽	비(雨)가 내릴 때 피해야하는(辟) 떨어지는 벼락.	霹靂(벽력)
闢 열 벽	문(門)을 더 이상 피할(辟) 일이 없어 활짝 연다.	開闢(개벽)

가나다순 한자

辨 辯 邊 別 丙

辨 분변할 변 (3급 辛부 16획)
두 죄인(辛)의 잘 잘못을 칼(刂)로 가르듯, 분별한다.
辨明(변명) 辨別(변별) 辨理士(변리사) 辨證法(변증법)
*辛(죄인 신) : 세워(立) 놓고 이마에 '十'자를 새기는 죄인.

辯 말잘할 변 (4급 辛부 21획)
죄인들(辛)을 도와 잘 말한다(言 말씀 언)는 뜻.
辯論(변론) 辯護士(변호사) 答辯(답변) 代辯人(대변인)
*言 : 두(二) 번 거듭(二) 생각한 후 입으로(口) 말하다.

邊 가 변 (4Ⅱ 辶부 19획)
콧(自)구멍(穴 구멍 혈) 안쪽(方 방향 방)은 보이지 않듯 멀리 떨어진(辶 갈 착) 변두리. 邊方(변방) 江邊(강변)
*自 : 코 모양. 중국인은 자기 코를 가리키며 자기를 나타낸 데서.

別 나눌 별 (6급 刀부 7획)
입(口)으로 먹기 좋게 칼(刀의 축약)과 칼(刂)로 나누다.
別館(별관) 分別(분별) 別世(별세) : 세상(世上)을 떠남.
*刂(선칼 도) : '刀'가 부수로 우측에 위치할 때 쓰임(刊 劍).

丙 남녘 병 (3Ⅱ 一부 5획)
한(一) 사람(人)이 성곽(冂 성곽 경)에 올라 북녘을 바라보는 이 곳은 남녘. 丙子胡亂(병자호란) : 丙子년 오랑캐 난.
- 조선 인조 14년(1636) 청(淸)의 침입으로 조선과 청의 싸움.

1, 2급 한자

辦 힘쓸 판   죄인들(辛 죄인 신)을 변호하기 위하여 **힘쓰다**(力).
辦公費(판공비) : 공무(公務)를 처리하는데 드는 비용(費用).

辮 땋을 변   줄(糸)로 죄인들(辛 죄인 신)을 묶듯 머리를 길게 **땋다**.
辮髮(변발) : 둘레 머리는 밀어 까고 가운데 머리만 길게 땋아 늘인 머리

📖 丙子胡亂(병자호란) : 병자년 오랑캐의 난. 조선 인조 14년(1636) 청(淸)의 침입으로 조선과 청의 싸움. 결국 패전으로 끝난 전쟁이었으나 작은 힘에도 불구하고 항전했던 점은 높이 평가할 수 있다. 하지만 이 패배로 인해 청의 속국이 되어 자주성을 잃은 민족 국가로 '淸日 전쟁'에서 청이 패할 때(1895)까지 지내야만 했다. 성곽의 증축, 수리를 비롯하여 여러 면에서 청의 사전 허락을 얻어야 하는 주체성 없는 시대를 맞이하였던 점은 부인할 수 없는 사실이다.

病 兵 竝 屛 步

病 병들 병 (6급 疒부 10획)
병들어(疒) 몸에서 따뜻한 남녁(丙)처럼 열이 나는 **병**.
病名(병명) 病弱(병약) 病院(병원) 萬病(만병) 問病(문병)
*疒(병들 녁) : 집(广 집 엄)에 찬바람(冫얼을 빙) 들어와 **병들다**.

兵 병사 병 (5급 八부 7획)
도끼(斤)를 양 손(八) 위(一)에 들고 있는 **병사(兵士)**.
兵器(병기) 兵力(병력) 兵士(병사) 兵卒(병졸) 將兵(장병)
*斤(도끼 근) : 도끼의 모양으로 **끊다, 베다, 무기**의 뜻.

竝 並 나란할 병 (3급 立부 10획)
두 사람이 함께 서(立) 있는 모양에서 **나란하다**.
竝列(병렬) 竝設(병설) : 함께 설치함. 竝行(병행)
*立(설 립) : 땅(一)에 두 발로 **서 있는** 사람의 모습.

屛 屏 병풍 병 (3급 尸부 11획)
집(尸 지붕 시)에서 쓰는 나무틀에 종이 합쳐(幷 합할 병, 8획) 만든 **병풍**. 屛風(병풍) 畫屛(화병)
*幷 : 벽의 못(丷)에 방패(干干) 두 개를 합쳐서 걸어둔 모양.

步 걸을 보 (4Ⅱ 止부 7획)
걷다 멈추고(止) 하여 보폭 작게(小 작을 소) **걷다**.
步道(보도) 步幅(보폭) 步行(보행) 速步(속보) 進步(진보)
*止(그칠 지) : 사람이 멈추어 선 모양에서 **그치다. 두 발**.

1, 2급 한자

柄 잡을 병   나무(木)의 남쪽(丙) 가지에 앉아 있는 새를 **잡다**.   身柄(신병)
陋 좁을 루   언덕(阝언덕 부) 남쪽(丙) 굽은(乚) 지형이 **좁은** 모양.   固陋(고루)
倂 아우를 병   사람(亻)이 함께(幷 합할 병) 하니 **아우르다**는 뜻.   倂合(병합)
甁 병 병   기와(瓦)와 함께(幷 합할 병, 6획) 굽는 **병**.   酒甁(주병) 花甁(화병)
餠 떡 병   먹기(食) 좋게 나란히(幷 아우를 병) 만든 **떡**.   畫中之餠(화중지병)
陟 오를 척   언덕(阝언덕 부)을 걸어서(步) **오르다**.   進陟(진척)

保報普譜補

保 보호할 보 (4Ⅱ 人부 9획)
사람(亻)이 나무(木)에 올라 적의 정세를 살펴 알림으로써(口) 적의 침입(侵入)으로부터 지켜 보호(保護)함.
保健(보건) 保管(보관) 保留(보류) 保安(보안) 保育(보육)

報 알릴 보 (4Ⅱ 土부 12획)
한(一) 명의 죄인(辛 죄인 신)을 무릎(卩)을 꿇린 후 손(又 손 우)을 묶고 원수 갚다. 이러한 내용을 세상에 알리다.
報告(보고) 報道(보도) 報恩(보은) 情報(정보)

普 넓을 보 (4급 日부 19획)
해(日)는 가리지 않고 나란히(並=竝) 골고루 세상을 여기저기 넓게 비친다는 데서. 普及(보급) 普通(보통)
*竝(나란할 병) : 두 사람이 함께 서(立) 있는 모양에서 **나란하다**.

譜 족보 보 (3Ⅱ 言부 17획)
넓게(普 넓을 보) 퍼져 있는 말(言)을 모아 적은 족보 · 악보.
家譜(가보) 系譜(계보) 樂譜(악보) 族譜(족보)

補 채울 보 (3Ⅱ 衣부 12획)
찢어진 옷(衤=衣)을 실패(甫)로 깁다. 부족함을 채우다.
補強(보강) 補修(보수) 補完(보완) 補習(보습) 補充(보충)
*甫(실패 보) : 열(十) 번 실(丶) 감아 쓰는(用 쓸 용) 큰 실패.

1, 2급 한자

輔 도울 보 수레(車)의 굴러감을 두 개의 큰(甫) 바퀴가 돕다. 輔佐(보좌)
堡 작은성 보 공격을 막기(保) 위해 돌 · 흙(土)으로 쌓은 진지(陣地). 堡壘(보루)
褓 보자기 보 옷(衤)처럼 사물을 보호(保)하는 보자기. 襁褓(강보) ▶襁(포대기 강)
褒 기릴 포 국가나 단체를 보호(保)하고 발전시킨 이에게 상으로 귀한 옷(衣)을 주어 그 뜻을 기리다. 褒賞(포상) : 칭찬하고 권장하여 상을 줌.

褓負商(보부상) : 봇짐장수와 등짐장수를 아울러 이르던 말. ▶負(짐질 부)

寶 卜 伏 服 福

寶 宝
보배 보
(4Ⅱ 宀부 20획)

집(宀 집 면) 안에 있는 그릇(缶 질그릇 부)에 들어 있는 값진 구슬(王=玉)이나 재물(貝 조개 패)이라는 데서 보배.
寶物(보물) 寶石(보석) 家寶(가보) 國寶(국보)

卜
점 복
(3급 卜부 2획)

점치기 위해 거북의 껍데기나 동물의 뼈를 태울 때 생긴 가로세로의 금 모양으로, 그 금을 보고 길흉(吉凶)을 판단한 데서 점.
卜術(복술) 卜債(복채) ▶債(빚 채)

伏
엎드릴 복
(4급 人부 6획)

사람(亻)이 개(犬)처럼 엎드리다. 伏兵(복병) 起伏(기복)
伏線(복선) : 1. 뒷일을 헤아려서 미리 넌지시 마련해 두는 것. 2. 소설, 희곡에서 앞으로 일어날 사건을 미리 암시하여 두는 일.

服
옷 복
(6급 月부 8획)

몸(月) 하체(卩 무릎 절)를 감싸기 위해 손(又 손 우)으로 옷을 입다. 옷 입듯 몸을 위해 먹다. 아래옷처럼 복종하다.
洋服(양복) 衣服(의복) 服用(복용) 服從(복종) ▶從(따를 종)
*月(육달 월) : '달'의 뜻이 아닐 때는 (月=肉 고기 육)로 고기, 신체,

福
복 복
(5급 示부 14획)

제단(示)에서 한(一) 입(口) 먹고 살도록 농사(田) 잘 되기를 비니 복 받음.
福音(복음) 祝福(축복) 福(행복)
*示(제단 시) : 제단 모양으로 제물을 제단에 올려 신에게 보임.

1, 2급 한자

輻 바퀴살 복
모여들

폭:한(一) 입(口) 먹고 살 농작물이 밭(田)에 나 있듯, 수레(車)바퀴 안에 차 있는 바퀴살. 바퀴살 모이듯 모여들다. 輻射(복사) 輻輳(폭주)

💡 五福(오복) : 유교(儒敎)에서 말하는 다섯 가지 복을 말한다. ▶攸(닦을 유)
수(壽)·부(富)·강녕(康寧)·유호덕(攸好德 덕이 좋아 닦음)·고종명(考終命 제 명에 죽음).
또는 일반적으로 다음 다섯 가지를 오복(五福)이라 한다.
수(壽 오래 삶)·부(富 넉넉함)·귀(貴 존경받음)·강(康 건강함)·다산(多産 많은 자식)
- '이(齒) 좋으면 오복의 하나라고 하는데, 이 말은 이가 좋아 밥 잘 먹고, 잘 먹으니 건강(健康)하고, 건강하니 자식(子息) 많이 낳고 오래 산다는 뜻이 함축(含蓄)되어 치아(齒牙)의 중요(重要)함을 이르는 말.

📖 復 複 腹 覆 本

復 회복할 복, 다시 부
(4Ⅱ 彳부 12획)

사람(亻 누운사람 인)이 해(日)지면 천천히(夊 천천히걸을 쇠) 걸어서(彳 걸을 척) 다시 집으로 돌아옴을 거듭한다.
復古(복고) 復習(복습) 復活(부활) 復興(부흥)

複 겹칠 복
(4급 衣부 14획)

옷(衤 옷 의)을 사람(亻)이 해(日)지면 걸어서(夊 걸을 쇠) 집으로 돌아옴을 거듭하듯, 거듭 겹쳐 입는 데서.
複利(복리) 複寫(복사) 複數(복수) 複式(복식) 複製(복제)

腹 배 복
(3Ⅱ 肉부 13획)

신체(月 육달 월) 중, 사람(亻)이 먹은(日) 것을 천천히(夊)이 소화하는 배. 腹部(복부) 腹案(복안) : 품고 있는 생각.
*夊(천천히걸을 쇠) : 두 다리를 끌며 **천천히 걸어감**.

覆 덮을 복
(3Ⅱ 襾부 18획)

열려 있는 것을 덮개(襾 덮을 아)로 다시(復 다시 부) 덮는다. 그 덮개를 엎어 덮는다는 데서 뒤집다는 뜻.
覆蓋(복개) : 뚜껑이나 덮개를 덮음. 覆面(복면) 顚覆(전복)

本 근본 본
(6급 木부 5획)

나무(木)의 아래(一) 부분인 뿌리. 근본(根本). 학문의 근본인 책. 日本(일본) 教本(교본) : 교재(教材)로 쓰는 책.
讀本(독본) : 직접 가르치지 않고 혼자 읽어서 익히도록 한 책.

1, 2급 한자

馥 향기 복   향기(香 향기 향)가 거듭해서(復의 줄임) 나온다는 데서.   花馥(화복)
鰒 전복 복   어패류(魚) 중 살과 껍데기가 거듭해서(復의 줄임) 쓰이는 **전복**(全鰒)
愎 괴팍할 퍅   마음(忄)에 두고 거듭해서(復의 줄임) 잘못 등을 따지니 **괴팍**(乖愎)함.

▶ 返(돌아올 반) 盆(동이 분)

 覆水不返盆(복수불반분) : 한번 엎지른 물은 다시 그릇에 담을 수 없음.
1. 한번 떠난 아내는 다시 돌아올 수 없음
2. 일단 저지른 일은 다시 되돌릴 수 없음

奉 封 峰 逢 蜂

奉 받들 봉 (5급 大부 8획)
많은(丰) 어른(大)들을 두 손(一 十)으로 받들다.
奉仕(봉사) 奉養(봉양) : (어버이나 조부모를) 받들어 모심.
*丰(무성할 봉) : 많은(三) 풀이 흙을 뚫고(丨) 나와 무성함.

封 봉할 봉 (3Ⅱ 寸부 9획)
홀(圭) 주며 법도(寸 법도 촌) 있게 다스리라고 봉하다.
封建主義(봉건주의) 封鎖(봉쇄) 封印(봉인) 册封(책봉)
*圭(홀 규) : 제후에게 영토(土) 내릴 때 함께 주는 신표(信標).

峰 봉우리 봉 (3Ⅱ 山부 10획)
산등성이(山)가 서로 만나는(夆 만날 봉) 산봉우리. =峯
仁壽峰(인수봉) : 서울 강북구 삼각산의 봉우리. 最高峰(최고봉)
*夆 : 걸을(夂 걸을 치) 때 무성한(丰) 풀이 발에 걸리듯 만나다.

逢 만날 봉 (3Ⅱ 辶부 11획)
만나려고(夆 만날 봉) 먼 길 가서(辶 갈 착) 만나다.
逢變(봉변) 逢賊(봉적) 逢着(봉착) 相逢(상봉)
*辶(갈 착) : 쉬엄쉬엄 멀리 걸어가는 모습에서 가다.

蜂 벌 봉 (3급 虫부 13획)
곤충(虫 벌레 충) 중 만나서(夆 만날 봉) 집단으로 사는 벌.
蜂起(봉기) 蜂蜜(봉밀) 蜂針(봉침) 養蜂(양봉)
*虫(벌레 충) : 사리고 있는 뱀이나 작은 벌레 모양.

복본봉

1, 2급 한자

俸 봉급 봉   사람(亻)이 일을 하고 받들어(奉) 받는 봉급(俸給).   薄俸(박봉)
棒 몽둥이 봉   나무(木)를 들고(奉) 있는 모양에서 몽둥이를 뜻함.   鐵棒(철봉)
烽 봉화 봉   불(火)을 산봉우리(夆 ← 峰) 위에서 피우는 봉화.   烽火(봉화)
鋒 칼끝 봉   쇠칼(金)에서 산봉우리(夆 ← 峰)처럼 뾰족한 칼끝.   先鋒(선봉)
縫 꿰맬 봉   실(糸)로 천 등을 서로 맞대어(逢) 꿰매다.   縫合(봉합)

🔵 蜂起(봉기) : 벌떼와 같이 백성(百姓)들이 학정(虐政)에 일제히 들고 일어서는 것.

 鳳父夫扶否

鳳
봉황새 봉
(3Ⅱ 鳥부 14획)

모든(凡) 새(鳥 새 조) 가운데 으뜸인 봉황(鳳凰).
龍味鳳湯(용미봉탕) : 맛이 좋고 매우 진귀한 음식.
*凡(모두 범) : 물체(丶)를 모두 덮고(几) 있는 천의 모양에서.

父
아비 부
(8급 父부 4획)

두 손(丿丶)에 회초리 들고 매를 대는(乂) 엄한 아버지.
父母兄弟(부모형제) 生父(생부) 學父母(학부모)
*乂(벨 예) : 뭔가 들고 이리(丿)저리(丶) 치거나 베다.

夫
사내 부
(7급 大부 4획)

갓(一) 쓴 어른(大)이나 사내. 또는 글을 읽는 지아비.
夫婦(부부) 工夫(공부) 丈夫(장부) 漁夫(어부) 兄夫(형부)

扶
도울 부
(3Ⅱ 手부 7획)

손(扌=手)으로 사내(夫)의 일을 돕는다. 扶養(부양)
扶助(부조) : 잔칫집, 상가(喪家) 등에 돈이나 물건을 보냄.
*흔히 '부주'한다고 하나 이는 '부조(扶助)'의 잘못된 발음임.

否
아닐 부
(4급 口부 7획)

아니다(不 아닐 부)고 말하여(口) ··가 아님을 뜻함.
否決(부결) 否認(부인) 可否(가부) 與否(여부)
否定(부정) : 옳지 않거나 그러하지 아니하다고 단정함.

1, 2급 한자

斧 도끼 부   아비(父)가 쓰는 작은 도끼(斤).   斧鉞(부월) : 작은 도끼와 큰 도끼.
釜 가마 부   아비(父)처럼 큰, 쇠(金의 축약)로 만든 가마솥.   釜山(부산)광역시

📖 磨斧作針(마부작침) : 어려운 일도 참고 계속하면 언젠가는 이루어짐.
— 시인 이태백(李太白)이 공부가 싫증 나 하산하다 냇가에서 바늘을 만들려고 도끼를 갈고 있는 한 노파를 만났다. "언제 되겠냐"는 말에 할머니는 "되고말고, 중도에 그만두지만 않는다면…" 이 말에 이태백은 반성(反省)한 후 다시 학문에 매진(邁進)했다는 고사에서 유래한다.

赴 付 附 府 符

赴 다다를 부
(3급 走부 9획)

달려가(走) 점(卜 점 복)친 결과를 알리려 **다다르다**.
赴任(부임) : 임명을 받아 임지(任地)에 옴. ▶ 任(맡을 임)
*走(달릴 주) : 땅(土)을 다리(疋 발 소)를 벌려 **달리다**.

付 줄 부
(3Ⅱ 亻부 5획)

사람(亻)이 손(寸)으로 물건을 주다. 주며 **부탁하다**.
交付(교부) 納付(납부) 發付(발부) 配付(배부) 付託(부탁)
*寸(마디 촌) : 손목에서 맥박(丶) 뛰는 사이의 거리인 한 **마디**.

附 붙을 부
(3Ⅱ 阜부 8획)

언덕(阝) 같이 큰 것에 사람(亻)이 손(寸 마디 촌)으로 **붙이다**.
簿錄(부록) 附着(부착) 附屬(부속) 附加價値(부가가치)
*阝(언덕 부) : 볼록 나온 **언덕**. 부수로만 쓰임. 阝 = 阜(언덕 부)

府 관청 부
(4Ⅱ 广부 8획)

민원을 처리해 주는(付) 집(广 집 엄)인 **관청**(官廳).
政府(정부) 三府(삼부) : 입법부, 사법부, 행정부를 말함.
*付(줄 부) : 사람(亻)이 손(寸 마디촌)으로 물건 등을 **주다**.

符 부호 부
(3Ⅱ 竹부 11획)

대쪽(竹)에 써 주는(付) **부적**이나 **부호**. ▶ 籍(문서 적)
符籍(부적) 附合(부합) 符號(부호) 名實相符(명실상부)
*竹(대나무 죽) : **대나무**의 대와 잎 모양. *竹 = 𥫗 '대죽머리'

1, 2급 한자

訃 부고 부 | 점친(卜) 결과를 말하듯(言) **죽음 알리다**. | 訃告(부고)

- 🔹 **五臟(오장)** : 肝臟(간장), 心臟(심장), 肺臟(폐장), 腎臟(신장), 脾臟(비장)
  - 脾臟 : 위의 왼쪽에 있는 내장. 적혈구를 파괴해 백혈구를 만드는 곳
- 🔹 **六腑(육부)** : 胃(위), 小腸(소장), 大腸(대장), 膀胱(방광), 膽(담), 三焦(삼초)
- 🔹 **三焦(삼초)** : 각 기관의 신진대사를 전반적으로 잘 이루어지도록 주관함
  - 上焦(상초) : 심장, 폐를 중심으로 흉부의 기능을 다스림
  - 中焦(중초) : 위, 소장, 대장, 비장을 중심으로 복부를 다스림
  - 下焦(하초) : 신장, 방광 등을 포함하여 하복부 기능을 주관함

✏️ 腐 負 浮 部 婦

腐 썩을 부 (3Ⅱ 肉부 14획)	관청(府 관청 부)의 곳간에 넣어둔 고기(肉 고기 육)가 오래되 썩는다. 不正腐敗(부정부패) 豆腐(두부) 陳腐(진부) : 낡아 새롭지 못함. ▶ 陳(늘어놓을 진)
負 질 부 (4급 貝부 9획)	사람(⺈ 굽은사람 인)이 재물(貝 조개 패)을 등에 지고 있는 모양으로 짐지다, 빚지다는 뜻을 나타낸 자. 負擔(부담) 負傷(부상) 負債(부채) 自負心(자부심)
浮 뜰 부 (3Ⅱ 水부 10획)	물(氵)에서 손(爫)으로 아이(子)를 띄운 모양에서 뜨다. 浮刻(부각) 浮上(부상) 경기浮揚(부양) 浮沈(부침) *爪(손톱 조) : 긁어당기는 손톱을 본뜬 자. *爪 = 爫
部 나눌 부 (6급 邑부 11획)	갈라져(㕻) 나온 여러 고을(阝). 즉 국토를 다스리기 좋게 나누다. 部分(부분) 部品(부품) 內部(내부) *㕻(갈라질 부) : 서서(立) 말싸움(口) 끝에 갈라지다.
婦 婦 며느리 부 (4Ⅱ 女부 11획)	여자(女) 중 비(帚 비 추)를 들고 쓸고 닦는 며느리나, 아내. 夫婦(부부) 主婦(주부) 孝婦(효부) 子婦(자부) : 며느리 *帚 : 손(彐 손 계)에 잡은(冖 덮을 멱) 청소하는 비(巾) 모양.

1, 2급 한자

咐 분부할 부	입(口)으로 부탁(付託)할 일이 있어 **분부하다**. 分付(분부)
腑 장부 부	몸(月)에서 관청(府)처럼 일을 하는 **장부**(臟腑). 五臟六腑(오장육부)
駙 곁말 부	주된 말(馬) 옆에서 도움이 되어 주는(付) 말인 **곁말**. 駙馬(부마)
孵 알깔 부	어미가 알(卵 알 란)을 발톱(爫 손톱 조)으로 굴려 새끼(子)가 알을 **까고 나오**게 하는 데서. 孵化(부화)
剖 가를 부	서서(立) 소리치며(口) 칼(刂)로 내리쳐 물체를 **가르다**. 解剖(해부) 剖檢(부검) : 시체를 해부하여 죽은 원인을 검사함.

副 富 賦 簿 北

副 버금 부 (4Ⅱ 刂부 11획)
한(一) 입(口) 먹고 살 수 있는 밭(田) 작물을 나누어(刂) 지신에게 제사 지냄. 지신 제사는 종묘(宗廟) 제사의 다음 가는 일이라 하여 버금. 副詞(부사) 副社長(부사장)

富 부자 부 (4Ⅱ 宀부 12획)
집(宀 집 면)에 한(一) 입(口) 먹고 살 수 있는 밭(田)의 작물이 가득 차 있으니 부자(富者). ▶ 强(굳셀 강)
富强(부강) 富貴(부귀) 富有(부유) 貧富(빈부) 豊富(풍부)

賦 매길 부 (3Ⅱ 貝부 15획)
세금(貝)을 강압적(武)으로 매겨 부과하다. 거둔 세금으로 백성에게 혜택주다. 賦課(부과) 附與(부여) 天賦(천부)
*武(무력 무) : 두(二) 손에 무기(弋) 들고, 서(止) 있는 모양.

簿 장부 부 (3Ⅱ 竹부 19획)
대쪽(竹)에 먹물(氵)로 찍어 펼쳐(尃) 적는 장부(帳簿).
簿記(부기) 名簿(명부) 家計簿(가계부) 置簿(치부)
*尃(펼 부) : 큰 실패(甫 클 보)의 실을 손(寸)으로 펼치다.

北 북녘 북, 달아날 배 (8급 匕부 5획)
두 사람이 등 맞댄 모양. 추위 등지고 앉는 쪽인 북쪽. 서로 갈라져 등지고 달아나 패배(敗北)하다. 北韓(북한)
*匕(비수 비) : 날카로운 비수, 숟가락 또는 앉아 있는 사람 모습.

1, 2급 한자

傅 스승 부   사람(亻) 중 지식을 아낌없이 별치는(尃) 스승.   師傅(사부)
賻 부의 부   돈(貝)을 지갑 등을 펼쳐(尃) 정성껏 내어 **부의**(賻儀)**하다**.
敷 펼 부   필요한 곳에 크게(甫 클 보), 놓아(放 놓을 방) **펴다**.   敷設(부설)

- 賻儀(부의) : 초상난 집에 부조(扶助)로 돈이나 물건을 보내는 일.
- 敷設(부설) : (철도·교량·지뢰·기뢰 등을) 설치(設置)함.
- 敷衍(부연) : 알기 쉽게 덧붙여 자세(仔細)히 설명(說明)함.

分 粉 紛 奔 奮

分 나눌 분 (6급 刀부 4획)
칼(刀 칼 도)로 물건을 나눈다(八 여덟, 나눌 팔).
크거나 복잡한 것을 작게 나누어 쉽게 이해하다.
分母(분모) 分配(분배) 分別(분별) 分數(분수) 分野(분야)

粉 가루 분 (4급 米부 10획)
쌀(米 쌀 미)이 나누어(分 나눌 분) 지고 나누어져 된 가루.
粉末(분말) 粉筆(분필) 粉乳(분유) 粉紅(분홍)
*米 : 이쪽저쪽(ヽ丿) 나무(木)에 과일 열리듯 벼에서 나온 쌀.

紛 어지러울 분 (3Ⅱ 糸부 10획)
실(糸)이 여러 갈래로 나누어져(分) 엉켜 어지럽다.
紛糾(분규) 紛亂(분란) 紛失(분실) 紛爭(분쟁) 內紛(내분)
*糸(실 사) : 작고(幺 작을 요) 가는(小) 실. ▶ 糾(꼬일 규)

奔 달릴 분 (3Ⅱ 大부 9획)
크게(大) 자란 풀(卉 풀 훼) 베느라 바쁘다. 달리다.
奔走(분주) 狂奔(광분) 東奔西走(동분서주)
*卉(풀 훼) : 손에 들(卄 들 공) 수 있는 수십(十)가지 관상용 풀.

奮 떨칠 분 (3Ⅱ 大부 14획)
크게(大) 새(隹)가 밭(田)에서 날아오르는 모양에서 떨치다.
奮發(분발) 奮鬪(분투) 激奮(격분) 孤軍奮鬪(고군분투)
*隹(새 추) : 앉아 있는 보통 꽁지가 짧고 작은 새 모양.

1, 2급 한자

扮 꾸밀 분   손(扌)으로 필요한 부분을 나누어(分) 꾸미다.   扮裝(분장)
吩 분부할 분 입(口)으로 할 일을 잘 나누어(分) 분부하다.   分付(분부)
盆 동이 분   위가 나누어지듯(分) 파인 그릇(皿 그릇 명)인 동이.   盆地(분지)
雰 안개 분   비(雨) 내리듯 미세하게 나뉘어(分) 떨어지는 안개.   雰圍氣(분위기)
頒 반포할 반 머리(頁 머리 혈) 속의 내용을 나누어(分) 알린다 즉 반포(頒布)하다.

- 盆栽(분재) : 화초(花草)나 나무 등을 화분(花盆)에 심어 가꿈.
- 頒布(반포) : 모든 사람이 알도록 세상에 널리 펴서 퍼뜨림.

墳 憤 不 佛 拂

墳 무덤 분 (3급 土부 15획)
흙(土) 크게(賁) 쌓아 만든 '墓(무덤 묘)'보다 큰 **무덤**.
墳墓(분묘) 古墳(고분) 封墳(봉분) : 흙을 둥글게 쌓은 무덤.
*賁(클 분) : 조개껍질(貝) 많이(十) 많이(卄) 쌓여 **크게** 된 모양.

憤 분할 분 (4급 心부 15획)
마음(忄)에 쌓이고 쌓여서(賁) 생긴 **울분**이나 **분함**.
憤怒(분노) 憤痛(분통) 憤敗(분패) 悲憤慷慨(비분강개)
*貝(조개 패) : 줄무늬 있는 **조개**가 살을 내밀어 이동하는 모습.

不 아닐 불, 부 (7급 一부 4획)
하나(一)의 작은(小) 잘못도 해서는 안 된다는 데서 **아니다**.
不安(불안) 不孝(불효) 不道德(부도덕) 不正(부정)
*뒤에 오는 음이 'ㄷ', 'ㅈ'으로 시작되는 경우는 '부'로 발음.

佛 仏 부처 불 (4Ⅱ 人부 7획)
사람(亻) 같지 아니한(弗 아닐 불) 성인(聖人)인 **부처**.
佛家(불가) 佛經(불경) 佛敎(불교) 佛像(불상) 佛心(불심)
*弗 : 활(弓)에 비뚤거나(丿) 짧은(丨) 화살은 쓰는 게 아니다.

拂 떨칠 불 (3Ⅱ 手부 8획)
손(扌)으로 내 것이 아닌(弗 아닐 불) 것을 **털어 낸다**.
拂拭(불식) 假拂(가불) 先拂(선불) 支拂(지불) 還拂(환불)
*扌(손 수) : 손 모양. *手 = 扌 : '才'와 비슷하여 '재방변'이라 함.

1, 2급 한자

噴 뿜을 분 : 입(口)을 크게(賁) 벌리고 재채기 하듯, 밖으로 **뿜다**. 噴水(분수)

📘 佛敎(불교) : 석가모니(釋迦牟尼)를 교조(敎祖)로 삼고 그의 가르침을 믿고 따르는 종교(宗敎). 기원전(紀元前) 5세기(世紀) 초에 인도(印度)에서 일어났다.

- 종교는 전쟁, 학정(虐政) 등에 의한 혼란의 시기에 발생과 전파가 이루어진다. 후한 1세기 무렵 중국에 전해진 불교는 인본주의(人本主義)에 의한 삶에 한계를 느낀 시대에 들어와 전파되어 한반도에는 삼국시대에 자리를 잡게 된다. 그러나 이러한 신본주의(神本主義)가 해답은 아니다. 13세기 북방 민족에 시달리던 남송 시절 주희(朱熹)에 의해 인본주의인 유학(儒學)이 다시 꽃을 피우고 조선 역시 주자학 같은 성리학이 생기게 되었다.

朋 崩 比 批 非

朋 벗 붕
(3급 月부 8획)

몸(月)과 몸(月)을 가까이 하는 다정한 벗이나 무리.
朋黨(붕당) 朋友有信(붕우유신) : 친구 사이는 믿음이 있어야 함.
*'朋'은 부수가 '月(달 월)'로 되어 있으나 '육달 월'로 보기도 함.

崩 무너질 붕
(3급 山부 11획)

산(山)이 한꺼번(朋 무리 붕)에 무너진다는 뜻. 임금의 죽음은 산이 무너지는 것과 같다 하여 붕어하다.
崩壞(붕괴) 崩落(붕락) 崩御(붕어) : 임금의 죽음. ▶御(임금 어)

比 견줄 비
(5급 比부 4획)

두 사람을 나란히 세워놓고 비교함. ▶率(비율 률)
比較(비교) 比例(비례) 比率(비율) 比重(비중)
*匕(비수 비) : 날카로운 비수, 숟가락 또는 앉아 있는 사람.

批 비평할 비
(4급 手부 7획)

지적하여(扌) 비교하며(比) 비판(批判), 비평(批評)하다.
批准(비준) : 당사국의 체결권자가 조약을 승인(承認)하는 일.
*比(견줄 비) : 두 사람 나란히 세워놓고 비교함. 准(승인할 준)

非 아닐 비
(4Ⅱ 非부 8획)

새의 두 날개 모양으로 서로 다른 두 방향(方向)으로 향하여 같은 방향이 아니다. ▶命(목숨 명)
非理(비리) 非命(비명) 非常(비상) 非暴力(비폭력)

1, 2급 한자

棚 시렁 붕   나무(木)를 무리지게(朋) 하여 걸쳐 만든 시렁.   大陸棚(대륙붕)
硼 붕사 붕   돌(石)을 벗(朋)처럼 친하게 섞어 화합물로 만든 붕사.   硼砂(붕사)
鵬 붕새 붕   새들이 벗(朋)이 되고 싶은 큰 새(鳥)인 붕새.   鵬程萬里(붕정만리)
庇 덮을 비   집(广 집 엄) 안에 가지런히(比) 하여 덮다.   庇護(비호)
妣 죽은어미 비   여자(女) 있을 때 없을 때가 비교(比) 되는 죽은 어미.   祖妣(조비)
砒 비상 비   돌(石)과 비교(比)되며 비소(砒素) 성분이 들어 있는 비상(砒霜).
毖 삼갈 비   비교하여(比) 잘 잘못을 반드시(必 반드시 필) 따지니 삼가다.
懲毖錄(징비록) : 유성룡이 7년간의 임진왜란에 대하여 적은 책.

悲 妃 卑 婢 碑

悲 슬플 비 (4Ⅱ 心부 12획)
내 마음(心)이 아닐(非 아닐 비) 정도로 슬프다.
비보(悲報) 비애(悲哀) 비운(悲運) ▶哀(슬플 애)
자비(慈悲) : (어려운 사람을) 불쌍히 여기고 사랑하는 마음.

妃 왕비 비 (3Ⅱ 女부 6획)
여자(女) 중 가장 중요한 몸(己)이신 왕비(王妃).
大妃(대비) : 선왕의 아내. 대왕대비(大王大妃) : 선왕의 대비.
*己(몸 기) : 구부러져 있는 상태에서 일어나는 몸을 그림.

卑 낮을 비 (3Ⅱ 十부 8획)
흰(白) 옷 입고 비(丿) 들고(十) 있는 이는 신분 낮음.
卑屈(비굴) 卑俗(비속) 卑賤(비천) 登高自卑(등고자비)
*白(흰 백) : 해(日)에서 뻗어 나오는(丿) 빛이 희다.

婢 여종 비 (3Ⅱ 女부 11획)
여자(女) 중 신분이 낮은(卑 낮을 비) 여종.
婢僕(비복) 奴婢(노비) 侍婢(시비) : 곁에서 시중드는 여종.
▶僕(종 복) 奴(종 노) 侍(모실 시)

碑 비석 비 (4급 石부 13획)
돌(石)로, 묘보다 낮게(卑 낮을 비) 만든 비석.
碑銘(비명) 碑文(비문) 碑石(비석) 墓碑(묘비)
*石(돌 석) : 언덕(厂 언덕 한) 밑에 굴러 떨어진 돌(口).

1, 2급 한자

匪 도둑 비 상자(匚 상자 방) 안같이 으슥한 곳에 있는 나쁜(非) 도둑. 共匪(공비)
緋 비단 비 보통의 실(糸)로는 아니(非)되는 것이 비단. 緋緞(비단) ▶緞(비단 단)
誹 헐뜯을 비 사실과 어긋나게(非) 말함(言), 즉 헐뜯음. 誹謗(비방) ▶謗(헐뜯을 방)
痺 저릴 비 병(疒 병질 녁)보다는 낮은(卑) 단계라 하여 저리다. 痲痺(마비)
脾 지라 비 몸(月)에서 위의 뒤쪽에 낮게(卑) 있는 지라. 脾臟(비장)

🔸 지라 : 백혈구(白血球)를 만들고 묵은 적혈구(赤血球)를 파괴(破壞)하는 역할을 함.

肥飛秘備費

肥 살찔 비 (3Ⅱ 肉부 8획)
몸(月 육달 월)이, 구렁이(巴)처럼 통통하게 살찌다.
肥大(비대) 肥料(비료) 肥滿(비만) 天高馬肥(천고마비)
*巴(뱀 파) : 큰 뱀(巳)인 구렁이가 먹이(丨) 물고 있는 모양.

飛 날 비 (4Ⅱ 飛부 9획)
새가 두 날개를 펴고 나는 모양.
飛報(비보) 飛上(비상) 飛躍(비약) 飛行機(비행기)

秘 감출 비 (4급 禾부 10획)
곡식(禾 벼 화)은 반드시(必) 빛 안 드는 곳에 감추다.
秘密(비밀) 秘法(비법) 秘書(비서) 秘話(비화) 極秘(극비)
*必 : 심장(心)에 비수(丿)가 들어와도 할 것은 반드시 한다.

備 갖출 비 (4Ⅱ 人부 12획)
사람(亻)이 언덕(厂)에 난 풀(艹)을 베어 쓰기(用 쓸 용) 좋게 갖추어 둔다. 備置(비치) 備品(비품) 具備(구비)
*厂(언덕 한) : 가파른 낭떠러지 모양으로 언덕, 벼랑, 절벽.

費 쓸 비 (5급 貝부 12획)
필요하지 않은(弗) 것에 재물(貝)을 쓰다. ▶消(사라질 소)
費用(비용) 消費(소비) 食費(식비) 車費(차비) 會費(회비)
*弗(아닐 불) : 활(弓)에 비뚤거나(丿) 짧은(丨) 화살은 쓰는 게 아니다.

1, 2급 한자

泌 분비할 비
　물흐를 필
물(氵)은 반드시(必) 밖으로 나온다 하여 흐르다. 또는 땀, 오줌 등과 같이 새어나간다 하여 분비(分泌)하다. 泌尿器(비뇨기) 分泌(분비)

沸 끓을 비
물(氵)이 아닌(弗) 수증기가 될 때 끓는다. 沸騰(비등) ▶騰(오를 등)

- 躍上有飛(약상유비) : 뛰는 놈 위에 나는 놈 있다. 잘난 사람이 있으면 그보다 더 잘난 사람이 또 있으니 항상(恒常) 겸손(謙遜)하라는 말.
- 有備無患(유비무환) : 준비(準備)가 있으면 근심이 없음.

 鼻 貧 賓 頻 氷

鼻
코 비
(5급 鼻부 14획)

코 모양인 自에 논밭(田)에서 난 것을 손(廾 들 공)으로 줍듯, 공기 흡입하는 **코**. 鼻炎(비염) 鼻吸(비음)
鼻祖(비조) : 시조(始祖). 또는 어떤 일을 가장 먼저 시작한 사람.
- 사람이 태 안에서 몸이 생길 때 코가 가장 먼저 생긴다는 설에서.

貧
가난할 빈
(4Ⅱ 貝부 11획)

재물(貝 조개 패)을 함부로 나누어(分) 쓰니 **부족하거나 가난하다**. 貧民(빈민) 貧富(빈부) 貧血(빈혈) 淸貧(청빈)
*分(나눌 분) : 칼(刀)로 물건을 **나눈다**(八 여덟 팔, 나눌 팔).

賓
손 빈
(3급 貝부 14획)

집(宀)에 하나(一)의 작은(小) 선물(貝 조개 패) 같은 것을 가지고 오는 귀한 **손님**. 貴賓(귀빈) 內賓(내빈)
*宀(집 면) : 지붕으로 덮여 있는 **집**. '갓머리'라고도 함.

頻
자주 빈
(3급 頁부 16획)

걸으며(步) 머리(頁 머리 혈)를 **자주** 움직인다는 데서.
頻度(빈도) 頻發(빈발) 頻繁(빈번) ▶ 繁(자주 번)
*步(걸을 보) : 걷다 멈추고(止 그칠 지) 하여 보폭 작게(小) 걷다.

氷
얼음 빙
(5급 水부 5획)

물(水)이 얼어 한(丶) 덩어리가 된 **얼음**. ▶ 炭(숯 탄)
빙산(氷山) 빙설(氷雪) 빙판(氷板) 빙하(氷下)
氷炭(빙탄) : 성질이 전혀 상반되는 두 사물. 또는 그런 차이.

비빈빙

1, 2급 한자 / 특급

嬪 빈궁 **빈**　여자(女) 중에서 손님(賓)처럼 귀한 대접을 받는 **빈궁**.　　妃嬪(비빈)
　　　　　　　嬪宮(빈궁) : '世子嬪'의 호칭.　　　　　　　　　　　　▶ 妃(왕비 비)
殯 빈소 **빈**　죽은(歹) 이를 모시고 문상객(賓)을 맞는 곳인 **빈소**.　　殯所(빈소)
瀕 물가 **빈**　물(氵)이 자주(頻) 드나드는 **물가**. 물가는 물에 **가깝다**.　瀕死(빈사)
嚬 찡그릴 **빈**　입(口)을 자주(頻) 베뚤리듯 얼굴을 **찡그리다**.　　　　嚬蹙(빈축)
顰 찌푸릴 **빈**＊　자주(頻) 저속한(卑 낮을 비) 행동인 **이맛살을 찌푸리다**.　效顰(효빈)

 效顰(효빈) : 자신의 분수도 모르고 무조건 남의 흉내를 냄. ▶ 效(모방할 효)
월(越)나라 미인 서시(西施)가 가슴앓이 병이 있어 언제나 얼굴을 찌푸리고 다녔다. 이를 본 추녀가 찌푸리면 예쁘게 보일 줄 알고 자신도 잔뜩 찡그리고 돌아다녔다 한다.

聘 巳 祀 蛇 士

聘 부를 빙 (3급 耳부 13획)
귀(耳)로 들은 바에 따라(由) 막힌(丂 막힐 고) 일을 해결하기 위해 **부른다**. 聘丈(빙장) 招聘(초빙) ▶ 招(부를 초)
*由(말미암을 유) : 밭(田)에 씨 뿌림으로 **말미암아** 싹 나온 모양.

巳 뱀 사 (3급 己부 3획)
둥그렇게 말려 있는 **뱀, 구렁이**. 巳時(사시) : 오전 9~11시
乙巳條約(을사조약) : 1905년(을사년) 11월에 일본이 대한제국의 외교권을 빼앗기 위하여 강제적으로 맺은 조약. = 을사오조약.

祀 제사 사 (3Ⅱ 示부 11획)
제단(示)에 빙 둘러(巳 뱀 사) 지내는 **제사**.
祀天(사천) : 하늘에 제사를 지냄. 祭祀(제사) 宗社(종사)
*示(제단 시) : **제단** 모양으로 제물을 제단에 올려 신에게 **보임**.

蛇 독사 사 (3Ⅱ 虫부 11획)
벌레(虫 벌레 충) 같이 집(宀 집 면) 근체에서 볼 수 있는 비수(匕 비수 비) 같은 이빨을 가진 **독사(毒蛇)**.
蛇足(사족) : 뱀의 발. 쓸데없는 짓을 하여 도리어 잘못되게 함.

士 선비 사 (5급 士부 3획)
하나(一) 들어 열(十)을 아는 **선비**. 士氣(사기) 軍士(군사)
士農工商(사농공상) : 봉건시대 때의 네 가지 사회 계급.
*'士'는 문사(文士)와 무사(武士)를 통틀어 이르는 말로 쓰임.

🖋 **蛇足(사족)** : '화사첨족(화사첨족)의 준말. 쓸데 없는 짓을 하여 도리어 잘못되게 함.
– 뱀을 빨리 그리는 내기를 하였다. 제일 먼저 그린 사람이 시간이 남아 쓸데 없이 없는 발까지 그려 도리어 실패(失敗)하였다는 데서 유래하였다.

🖋 **제사(祭祀) 상 차리기**

紅東白西(홍동백서) 棗栗梨柿(조율이시) 生東熟西(생동숙서) ▶ 棗(대추 조) 柿(감 시)
魚東肉西(어동육서) 頭東尾西(두동미서) 左脯右醢(좌포우혜) ▶ 脯(고기 포) 醢(초 혜)
寒西羹東(한서갱동) * **붉은** 태양이 뜨는 동쪽은 **시작**이며 **따뜻함**. 羹(국 갱)

仕 四 史 使 似

仕 벼슬 사 (5급 人부 5획)
선비(士) 중 뛰어난 사람(亻)이 하는 **벼슬**. ▶ 奉(받들 봉)
奉仕活動(봉사활동) : (나라나 사회를 위하여) 자기의 이해(利害)를 돌보지 아니하고 몸과 마음을 다해 일함. 이바지.

四 넉 사 (8급 口부 5획)
사람(儿)을 둘러싸고(囗) 있는 사방을 나타내어 **넷**.
四季(사계) 四面(사면) 四方(사방) 四寸(사촌) ▶ 季(계절 계)
*儿(어진사람 인) : 걷는 사람의 **다리**. 사람의 뜻으로 많이 쓰임.

史 역사적을 사 (5급 口부 5획)
입(口)으로 전해져 온 것 중 **역사적 사실을** 사람(人)이 적는다.
史記(사기) 史蹟(사적) 國史(국사) 歷史(역사)
使料(사료) : 역사 연구에 필요한 문헌이나 유물 따위의 자료.

使 부릴 사 (6급 人부 8획)
윗사람(亻)이 지위가 낮은 벼슬아치(吏)를 **부리다**.
師命(사명) 使用(사용) 驅使(구사) 勞使(노사) 天使(천사)
*吏(벼슬아치 리) : 한(一) 시대 역사를 기록하는(史) **벼슬아치**.

似 닮을 사 (3급 人부 7획)
사람(亻)이 쟁기 써서(以) 밭가는 모습이 서로 **닮았다**.
似而非(사이비) 近似値(근사치) 類似(유사) ▶ 類(비슷할 류)
*以(써 **이**) : 사람(人)이 쟁기를 **써**서 밭을 가는 모양에서.

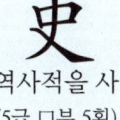 四面楚歌(사면초가) : 사방이 적에게 포위된 경우나 고립(孤立)된 상태
- 한(漢)나라에 항복한 초(楚)병을 모아 초나라 노래를 부르게 하자 한군(漢軍)에게 포위를 당하고 있던 항우(項羽)가 이를 듣고 이미 초병이 한군에게 거의 항복(降伏)하여 더 이상 가망(可望)이 없음을 예감(豫感)하였다는 고사에서 유래한다.

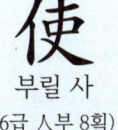 外面似菩薩 內心如夜叉(외면사보살 내심여야차) ▶ 似(닮을 사) 菩(보살 보) 겉은 보살과 같이 인자해 보이나 내심은 야차와 같다. 공부(工夫)나 수행(修行)하는 사람에 있어서 여자는 이를 실패로 이르게 할 수 있으니 각별히 주의하라는 말의 비유.

- 夜叉(야차) : 밤에 돌아다니다 사람의 피를 빨아 먹고 사는 흡혈귀(吸血鬼).

📖 司詞寺死私

司 맡을 사 (3Ⅱ 口부 5획)	몸 구부려(ㄱ) 하나(一)의 명령(口)을 듣고 일을 맡아 잘 살피어 처리한다. 司令官(사령관) 司法(사법) 司試(사시) 司正(사정) : (공직 사회의 규율과 질서를) 바로 잡는 일.
詞 말씀 사 (3Ⅱ 言부 12획)	말(言) 중 잘 살피어(司 살필 사) 하는 내용 있는 말. 歌詞(가사) 名詞(명사) 副詞(부사) 助詞(조사) 品詞(품사) *司 : 몸을 구부려(ㄱ) 하나(一)의 명령(口)을 듣고 일을 살핌.
寺 절 사 (4Ⅱ 寸부 6획)	토지(土)를 법도(寸 법도 촌) 있게 관리하는 관청. 중국에 불교가 들어왔을 때 관청에서 불법(佛法)을 폈던 것이 후에 절이 됨. 寺院(사원) 山寺(산사) 佛國寺(불국사)
死 죽을 사 (6급 歹부 6획)	뼈만 앙상히(歹) 남아 굽어(匕 굽은사람 비) 죽다. 死亡(사망) 死線(사선) 死因(사인) 死活(사활) 生死(생사) *歹(뼈앙상할 알) : 뼈(一)에 살(夕 고기조각 석)이 조금 붙은 뼈. 죽음.
私 개인 사 (4급 禾부 7획)	벼(禾 벼 화)를 팔(厶 팔꿈치 사)로 끌어안은 모양에서 사사롭다, 개인의 이익 등을 추구한다는 뜻. 私利私慾(사리사욕) 私立(사립) 私說(사설) 私心(사심)

1, 2급 한자

伺 엿볼 사	사람(亻)이 맡은(司) 일을 잘 하고 있는지 **엿보다**.	伺察(사찰)
祠 사당 사	제사(示)를 맡아(司) 모시는 곳인 **사당(祠堂)**.	懸忠祠(현충사)
飼 기를 사	먹이(食)를 주며 잘 살피어(司) **기른다**.	飼育(사육)
嗣 이을 사	입(口)으로 조상에 대한 책(册 책 책)을 잘 살피어(司) 읽어 **代(대)를 잇는다**. 嗣子(사자) : 대를 이을 아들. 後嗣(후사) : 대를 잇는 아들.	

● 死生決斷(사생결단) : 죽기 아니면 살기로 끝장을 내려고 대듦. ▶斷(결단할 단)

📖 沙邪社舍捨

沙 모래 사 (3Ⅱ 水부 7획)	물(氵)가에 돌이 잘게(少 적을 소) 부서져 된 모래. 沙漠(사막) 白沙場(백사장) 沙器(사기) : 사기 그릇. *沙 = 砂 砂金(사금) 砂糖(사탕) 土砂(토사) 黃砂(황사)
邪 간사할 사 (3Ⅱ 邑부 7획)	어금니(牙 어금니 아)처럼 드러나지 않는 고을(阝)에 숨어 사는 사람은 간사한 경향이 있다 하여. 邪惡(사악) 邪不犯正(사불범정) : 사악한 것이 올바른 것을 범하지 못함.
社 단체 사 (6급 示부 8획)	토지(土) 신에게 제사(示) 지내려 모이다 또는 그런 단체. 社長(사장) 社主(사주) 社會(사회) 社訓(사훈) 會社(회사) *示(제단 시) : 제단 모양으로 제물을 제단에 올려 신에게 보임.
舍 집 사 (4Ⅱ 舌부 8획)	지붕(人)으로 네 벽(口)을 막아(干 방패 간) 만든 집. 舍監(사감) 舍宅(사택) 館舍(관사) 校舍(교사) : 학교 건물 *'千'을 '干'으로 쓰기도 함. '干'이 '집'이라는 뜻에 가까움.
捨 버릴 사 (3급 手부 11획)	손질하지(扌) 않으면 집(舍)이 못쓰게 되어 버리다. 喜捨(희사) 捨生取義(사생취의) 取捨選擇(취사선택) *扌(손 수) : 손 모양. *手 = 扌 : '才'와 비슷하여 '재방변'이라 함.

- 邪不犯正(사불범정) : 사악(邪惡)한 것이 올바른 것을 범하지 못함.
  정의(正義)가 반드시 이김. ▶ 犯(범할 범)

- 社稷(사직) : 나라를 세운 후 사직단(社稷壇)을 세우고 땅의 신(社 토지신 사)과 곡식 신(稷 곡식신 직)에게 제사를 지냈던 데서 유래하여 나라, 조정을 뜻하게 됨.

- 作舍道傍 三年不成(작사도방 삼년불성) : 길가에 집짓기. 여러 사람의 구구한 의견(意見)에 귀 기울이면 일을 이루지 못함. - 길가에 집을 짓는 사람이 행인(行人)들이 제각기 다른 의견(意見)을 내놓는 바람에 3년이 지나도 집을 짓지 못하였다 함.

- 捨生取義(사생취의) : 목숨을 버리고 의를 취함.

사

가나다순 한자

事查思師射

事
일, 섬길 사
(7급 亅부 8획)

하나(一)인 입(口)으로 먹고 위해 손(彐 손 계)을 갈고리(亅 갈고리 궐)처럼 일하다. 일 잘 하여 윗사람 섬기다.
事大(사대) 事前(사전) 事後(사후) 食事(식사) 人事(인사)

查
조사할 사
(5급 木부 9획)

나무(木) 나이테(且) 보고 나이를 안다 하여 조사하다.
調查(조사) 探查(탐사) 查察(사찰) : 조사하여 살핌. [세무 사찰]
*且(많을 차) : 제기(祭器)에 음식 많이 쌓아 놓은 모양에서.

思
생각 사
(5급 心부 9획)

논, 밭(田) 농사에 대한 계획을 마음(心) 속으로 생각한다.
思考(사고) 思慮(사려) 思想(사상) 思春期(사춘기)
*田(밭 전) : 여러 갈래로 구분 지어져 있는 밭이나 논.

師 师
스승 사
(4Ⅱ 巾부 10획)

많은(自 많을 퇴) 제자들에게 둘러(帀) 있는 스승.
師弟(사제) 講師(강사) 敎師(교사) 恩師(은사) 醫師(의사)
*帀(빙두를 잡) : 하나(一)의 천(巾 수건 건)으로 빙 두름.

射
쏠 사
(4급 寸부 10획)

몸(身 몸 신)의 손마디(寸 마디 촌)로 활 따위를 쏜다.
射擊(사격) 射殺(사살) 反射(반사) 放射能(방사능)
射倖心(사행심) : 뜻밖의 행운을 얻으려는 마음. 倖(요행 행)

1, 2급 한자

獅 사자 **사**   짐승(犭) 중 스승(師)처럼 무서운 **사자**. 獅子(사자)   ▶子(접미사 자)
麝 사향노루 **사**   사슴(鹿) 하복부에서 쏘는(射) 듯한 향이 나는 **사향(麝香)**노루.

📝 **獅子身中蟲(사자신중충)**

사자 몸속의 벌레. 국가, 사회, 단체를 좀먹는 사람들로 이는 사리사욕(私利私慾)을 탐하는 정치(政治)·경제(經濟)·종교인(宗敎人) 등

– 사자가 죽는 경우는 외부(外部) 힘에 의해서가 아니라, 대부분 자신이 공급(供給)한 먹이를 먹고 사는 몸속의 회충(蛔蟲)에 의해 일찍 죽는다.

謝 斜 斯 絲 詐

謝 사례할 사 (4Ⅱ 言부 17획)
말(言)을 활 쏘듯(射) 딱 잘라 물리치다. 말(言)로써, 바르게 활 쏘듯(射), 잘 잘못을 가려 사과, 사례하다.
謝過(사과) 謝禮(사례) 謝罪(사죄) 謝恩會(사은회)

斜 기울 사 (3Ⅱ 斗부 11획)
사람(人)의 두(二) 작은(小) 손으로 곡식을 말(斗 말 두)에 수북이 담으면 '人' 모양이 되어 비스듬히 흘러내리는데서 기울다는 뜻. 斜面(사면) 斜線(사선) 傾斜(경사)

斯 이 사 (3급 斤부 12획)
잃어버린 그(其) 도끼가 바로 이 도끼(斤 도끼 근).
斯界(사계) : 이 방면의 사회. 斯文(사문) : 儒學(유학). 유학자.
*其(그 기) : 곡식 고르는 키 모양. 키를 두는 일정한 그곳, 그.

絲 糸 실 사 (4급 糸부 12획)
가는 실(糸) 여러 가닥을 꼬아 만든 실. ▶絹(명주 견)
絹絲(견사) 綿絲(면사) 原絲(원사) : 직물의 원료가 되는 실.
一絲不亂(일사불란) : 조금도 어지럽거나 흐트러짐이 없음.

詐 속일 사 (3급 言부 12획)
그럴싸한 말(言)로 잠깐(乍) 사이에 사람을 속이다.
詐欺(사기) 詐取(사취) 詐稱(사칭) ▶稱(부를 칭)
*乍(잠깐 사) : 잠깐 사이에 만든 지게 모양에서 잠깐의 뜻.

● 辭讓之心(사양지심) : 겸손히여 사양할 줄 아는 마음. 사단(四端)의 하나.

● 四端(사단) : 사람의 본성인 인(仁), 의(義), 예(禮), 지(智)에서 발달한 네 마음씨.
  - 惻隱之心(측은지심), 羞惡之心(수오지심), 辭讓之心(사양지심), 是非之心(시비지심)

● 七情(칠정) : 일곱 가지의 감정(感情).
  - 희(喜), 노(怒), 애(愛), 락(樂), 애(哀), 오(惡), 욕(欲)의 일곱 가지를 이름.

● 斯文亂賊(사문난적) : 교리(敎理)에 어긋나는 언동(言動)으로 '斯文' 즉 유교(儒敎)를 어지럽히는 사람

賜 寫 辭 削 朔

賜 줄 사 (3급 貝부 15획)
재물(貝 조개 패)을 점친(昜 점칠 역) 대가로 **주다**.
賜額(사액) : 임금이 액자를 내림. 賜藥(사약) 下賜(하사)
*昜 : 해(日)가 있다 없어지듯(勿) 변화를 통해 길흉을 **점치다**.

寫(写) 베낄 사 (5급 宀부 15획)
집(宀 집 면)에서 먹통(臼 절구 구)의 먹을 붓을 쥐고(勹 쌀 포) 찍어서(灬) **베낀다**. 寫眞(사진) 複寫(복사) 筆寫(필사)
*灬 : '불'이 아닌 다른 뜻→발(鳥 馬), 꼬리(魚 燕), 점들(寫) 등

辭(辞) 말씀 사 (4급 辛부 19획)
얽힌 실타래처럼 복잡하게 얽혀있는 죄인(辛) 다스리는 **복잡한 말**. 복잡한 사정이 있어 **그만두다**.
辭意(사의) 辭任(사임) 辭典(사전) 辭職(사직) 辭退(사퇴)
*辛(죄인 신) : 세워(立) 놓고 이마에 '十'자를 새기는 **죄인**.

削 깎을 삭 (3Ⅱ 刀부 9획)
작게(肖 작을 초) 칼(刂)로 **깎는다**. ▶ 添(더할 첨)
削減(삭감) 削髮(삭발) 削除(삭제) 添削(첨삭) 侵削(침삭)
*肖 : 고기(月=肉)가 말라서 **작아짐**(小 작을 소)을 나타낸 자.

朔 초하루 삭 (3급 月부 10획)
거슬러(屰 거꾸로 역) 올라가 본 달(月)의 처음 모양인 초승달을 나타내 **초하루**, **북녘**. 朔月貰(삭월세) 朔風(삭풍)
*屰 : 싹(屮)이 땅(一) 위로 나와(丶丿) 뿌리 **반대 방향**으로 자람.

1, 2급 한자

瀉 쏟을 사   물(氵)을 빠르게 베끼듯 빠르게 **쏟다**.   一瀉千里(일사천리)

● 賜額(사액) : 임금이 편액(扁額)을 내림. [~서원] ▶ 額(현판 액)
● 扁額(편액) : 종이·비단·널빤지 따위에 그림을 그리거나 글씨를 써서 방 안이나 문 위에 **걸어 놓는** 액자(額子). ▶ 扁(글씨 써서 걸어 놓는 널 편)
● 朔風(삭풍) : 겨울철에 북쪽에서 불어오는 찬바람. 북풍. ▶ 朔(북녘 삭)

山產散算殺

山 메 산
(8급 山부 3획)

뚫고(｜뚫을 곤) 구덩이(凵)에서 나오듯, 솟은 **산** 모양.
山水(산수) 南山(남산) 先山(선산) 靑山(청산) 火山(화산)
*凵(구덩이 감) : 위가 터진 **그릇** 또는 **구덩이**를 뜻한 자.

產 낳을 산
(5급 生부 11획)

언덕(厂)에 서(立 설 립) 있는 풀처럼 사람이 자식 **낳는다**(生 날 생)와 **생산하다**. 產苦(산고) 產業(산업) 產出(산출)
*厂(언덕 한) : 가파른 낭떠러지 모양으로 **언덕, 벼랑, 절벽**.

散 흩어질 산
(4급 攴부 12획)

여러(卄 스물 입) 조각(一)으로 고기(月←肉)가 잘려(攵 칠 복) **흩어지다**. 散步(산보) 散在(산재) 分散(분산)
*月(육달 월) : '달'의 뜻이 아닐 때는 로 **고기**(月=肉 고기 육)의 뜻.

算 셈할 산
(7급 竹부 14획)

대(竹)로 된 자를 들고(廾) 눈금(目) 헤아리며 **셈하다**.
算數(산수) 計算(계산) 暗算(암산) 算出(산출) ▶ 數(셀 수)
*廾(들 공) : 두 손으로 드는 모양. '卄(스물 입)'의 변형.

殺 殺 죽일 살, 감할 쇄
(4Ⅱ 殳부 11획)

이쪽(丿) 저쪽(丶)으로 나무(木) 찍듯(丶찍을 주) 무기로 쳐(殳 칠 수) **죽인다**. **몰아쳐** 죽여 수를 **감**(減)**하다**.
殺生(살생) 殺身成仁(살신성인) 殺到(쇄도) 相殺(상쇄)

사삭산살

1, 2급 한자

薩 보살 **살** 언덕(阝)에 풀(艹) 나듯(産) 아직 잡념이 많은 수행자인 보살(菩薩).
刹 절, 짧은시간 **찰** 나무(木)를 칼(刂)로 짧은 시간에 베어(乂) 지은 **절**.　　　寺刹(사찰)

🔵 殺生有擇(살생유택) : 살생은 가려서 즉 함부로 생명체(生命體)를 죽이지 말라는 말.
🔵 殺身成仁(살신성인) : 자신(自身)을 희생(犧牲)하여 인(仁)을 이룸. 옳은 일을 위해서라면 죽음도 불사(不辭)함.

📖 三 森 上 相 想

三 석 삼 (8급 一부 3획)	가로선 세 개를 그어 나타낸 셋. 三角(삼각) 三寸(삼촌) 三韓(삼한) : 우리나라 상고(上古) 시대의 마한, 진한, 변한. ▶ 角(뿔 각) 寸(마디 촌) 韓(나라 한) 古(예, 오랠 고)
森 빽빽할 삼 (3Ⅱ 木부 12획)	나무(木) 숲(林 수풀 림)이 빽빽함. 森林(삼림) 森嚴(삼엄) 森羅萬象(삼라만상) : 많은 나무가 빽빽이 들어선 것처럼 우주(宇宙)에 들어 차 있는 모든 사물(事物)과 현상(現象).
上 위 상 (7급 一부 3획)	사물의 위를 가리킴. 上下(상하) 世上(세상) 祖上(조상) 上濁下不淨(상탁하부정) : 윗물이 흐리면 아랫물도 깨끗하지 않다는 말로, 윗사람의 몸가짐이 발라야 아랫사람의 행실도 바르게 됨.
相 서로 상 (5급 目부 9획)	나무(木)는 서로 마주 보는(目) 상태가 이상적. 相談(상담) 相對(상대) 相反(상반) 首相(수상) ▶ 相(정승 상) *사람 이름에 쓰이는 '相'은 '높은 벼슬' 보통 '정승'을 의미함.
想 생각 상 (4Ⅱ 心부 13획)	서로(相)를 마음(心)으로 생각한다. 想像(상상) 感想(감상) 空想(공상) 發想(발상) 思想(사상) *心(마음 심) : 사람의 심장 모양. 속, 감정, 한가운데. *心=忄小

📖 **三顧草廬(삼고초려)** : 인재(人才) 구하기 위하여 여러 번 찾아가 예를 다하는 일.
　－유비(劉備)가 제갈량(諸葛亮)의 초가를 세 번이나 찾아가 마침내 군사(軍師)로 삼은 일.

📖 **相(서로, 정승 상)** : 인명(人名)으로 쓰일 때는 정승(政丞)의 뜻으로 조선 시대의 벼슬로는 영의정(領議政)·좌의정(左議政)·우의정(右議政)을 뜻함. ▶ 丞(임금도울 승)

📖 **鉉(솥귀 현)** : 솥(金)을 받치는 검게(玄) 그을린 세 개의 발인 솥귀. 이름자로는 왕을 받드는 삼공(三公)의 벼슬인 영의정(領議政)·좌의정(左議政)·우의정(右議政)을 뜻함.

📖 **鎬(호경 호) 錫(주석 석)** : 이름자로 쓰일 때는 모두 높은 벼슬을 뜻함.
　－鎬京(호경) : 주(周)나라 무왕(武王)이 처음으로 도읍(都邑)을 정한 곳.

✏️ 霜 尚 常 賞 償

霜 서리 상
(3Ⅱ 雨부 17획)

비(雨)가 서로(相) 엉겨 얼어붙어서 된 서리.
霜降(상강) 秋霜(추상) 雪上加霜(설상가상) ▶ 降(내릴 강)
*雨(비 우) : 구름(一)에서 넓게(冂) 떨어지는(丨) 비(丶丶).

尚 높일 상
(3Ⅱ 小부 8획)

지붕을 높게(小) 세운 집(冂) 입구(口)의 모양에서, 이러한 큰 집에 드나드는 사람을 높이어 받들다.
尚武(상무) : 무예를 숭상함. 高尚(고상) 崇尚(숭상)

常 항상 상
(4Ⅱ 巾부 11획)

집(尚)에서는 항상 옷(巾 수건 건)을 보통으로 입는다.
常綠(상록) 常務(상무) 常時(상시) 常識(상식) 常用(상용)
*尚(큰집 상) : 지붕 높은(小) 집(冂) 입구(口)에서 큰 집.

賞 상줄 상
(5급 貝부 15획)

공 있는 사람에게 높은(尚 높을 상) 벼슬과 재물(貝)로 상주다.
賞金(상금) 賞狀(상장) 大賞(대상) 受賞(수상)
*貝(조개 패) : 작고 단단하며 광택 나는 조개를 화폐로 사용함.

償 갚을 상
(3Ⅱ 人부 17획)

공 있는 사람(亻)에게 상(賞 상줄 상) 주어 은공 갚다.
償還(상환) 報償(보상) 補償(보상) ▶ 報(갚을 보) 補(채울 보)
*亻'사람인변' 儿 어진사람 인 ク 굽은사람 인 ㄣ 누운사람 인

1, 2급 한자

箱 상자 **상**   대(竹)로 서로(相) 엮어 만든 **상자**. 箱子(상자)   ▶ 子(접미사 자)
孀 과부 **상**   여자(女)가 서리(霜) 맞은 풀처럼 맥이 없는 **과부**.   青孀(청상)

🔹 霜風高節(상풍고절) : 곤경(困境)에도 굽히지 않는 서릿발 같은 높은 절개(節槪).

🔹 秋霜(추상) : 가을의 찬 서리. 위엄(威嚴)이 있고 서슬이 퍼런 무서운 명령(命令).
   - 가을 서리는 밭작물, 과일 농사 등 농작물(農作物)에 피해를 준다. 특히 때 이른 서리는 한 해의 농사에 막대한 피해(被害)를 주기 때문에 무서운 대상(對象)인 것을 비유함.

暇裳嘗床狀桑

裳 치마 상 (3Ⅱ 衣부 14획)	큰 집(尙 큰집 상)처럼 크고 통으로 된 옷(衣 옷 의)인 치마. 衣裳(의상) 同價紅裳(동가홍상) : 같은 값이면 골라 가짐. *尙 : 지붕 높게(小) 세운 큰 집(冂 둘러쌀 경) 입구(口) 모양.
嘗 맛볼 상 (3급 口부 14획)	높이(尙 높일 상) 들어 맛(旨) 보다, 핥다. ▶薪(땔나무 신) 臥薪嘗膽(와신상담) : 뜻을 이루기 위하여 괴로움을 참고 견딘다. *旨(맛 지) : 비수(匕)로, 햇볕(日)에 익은 과일을 잘라 보는 맛.
床 평상 상 (4Ⅱ 广부 7획)	집(广)에서 쓰는, 나무(木)로 만든 침대나 평평한 상. 病床(병상) 寢牀(침상) 册床(책상) 平床(평상) ▶寢(잘 침) *广(터진집 엄) : 한쪽이 터져 있는 집, 어떤 용도로 쓰이는 집.
狀 状 모양 상, 문서 장 (4Ⅱ 犬부 9획)	널빤지(爿 널빤지 장)로 된 문 옆에 개(犬) 있는 모양. 큰(爿) 개 (犬)에게 명령하듯, 윗사람이 내리는 내용 적힌 문서. 賞狀(상장) 狀態(상태) 狀況(상황) 現狀(현상)
桑 뽕나무 상 (3Ⅱ 木부 10획)	손(又 손 우)으로 따 먹는 '오디(뽕나무 열매)'가 많이 열리는 나 무(木)인 뽕나무. 桑葉(상엽) 蠶桑(잠상) 桑田碧海(상전벽해) : 뽕밭 변해 푸른 바다 됨. 세상 많이 바뀜.

 同價紅裳(동가홍상) : 같은 값이면 다홍치마.
　　　　　　　　같은 조건(條件)이면 좋은 것을 골라 가짐.

 桑田碧海(상전벽해) : 뽕나무 밭이 푸른 바다로 변함.
　　　　　　　　세상일의 변천(變遷)이 몹시 심함.

 'ㅅ' 'ㅈ' 'ㅊ'으로 시작하는 음은 발음상 비슷하게 나는 연관성 있음.
直(곧을 직) - 植(심을 식)　失(잃을 실) - 秩(차례 질)
김(부를 소) - 照(비칠 조) - 招(부를 초) - 超(넘을 초)
辰(때 신, 별 진)　狀(모양 상, 문서 장)　參(석 삼, 참여할 참)

商 祥 詳 象 像

商 장사 상
(5급 口부 11획)

서서(立 설 립) 사람(儿)이 소리치며(口) 하는 장사.
商街(상가) 商船(상선) 商術(상술) 商人(상인) 商店(상점)
*儿(어진사람 인) : 걷는 사람의 다리. 사람의 뜻으로 많이 쓰임.

祥 상서 상
(3급 示부 11획)

제단(示 제단 시)에 양(羊)을 바치니 좋은 일이 있을 듯함.
吉祥(길상) 不祥事(불상사) 祥瑞(상서) ▶瑞(길조 서)
*羊(양 양) : 두 뿔 있는 양 머리를 보고 그린 자. *羊 =

詳 자세할 상
(3Ⅱ 言부 13획)

말(言)을 양(羊 양 양)처럼 부드럽게 하니 자상하다.
자상하게 그리고 알기 쉽게 자세(仔細)하게 말하다.
詳細(상세) 詳述(상술) 作者未詳(작자미상) 仔詳(자상)

象 코끼리 상
(4급 豕부 12획)

코끼리의 코, 이마, 어금니, 네 발, 꼬리를 그린 자.
象牙(상아) 表象(표상) 印象派(인상파) 現象(현상)
象形文字(상형문자) : 물체 모양 본뜬 자(한자, 고대 이집트 자).

像 모양 상
(3Ⅱ 人부 14획)

사람(亻)이 비슷하게 그린 코끼리(象 코끼리 상)라는 데서, 실물과 비슷하게 만든 것, 그린 것. ▶肖(닮을 초)
銅像(동상) 映像(영상) 肖像(초상) 自畵像(자화상)

1, 2급 한자

翔 날 상   양(羊)의 털처럼 부드럽게 깃(羽)을 퍼덕이며 날다.   飛翔(비상)
橡 상수리나무 상   나무(木)가 코끼리(象)처럼 크게 자라는 상수리나무.   橡木(상목)

📘 商人(상인) : 나라가 망하자 '돌아다니며 장사하는 상나라 사람'이 유래.

- 당시 문명이 발달한 상나라에는 높은 건물이 많았는데 그 모양을 본떠 '商'자를 만들었다. 은(殷)나라 사람은 도읍의 이름인 '상(商)'을 국호(國號)로 썼다. '은'이란 국명(國名)은 후대(後代)에 주(周)나라가 지은 이름이다.

喪傷塞索色

喪 죽을 상 (3Ⅱ 口부 12획)	두건(亠)과 상복(衣 옷 의)을 입고 슬피 우는(口口) 모양에서 **죽다, 슬프다**. 喪家(상가) 喪失(상실) 喪主(상주) *亠(머리부분 두) : 상투 모양으로 **머리 부분**이나 **위**를 나타냄.
傷 다칠 상 (4급 人부 13획)	사람(亻)이 몸 숙여(𠂉) 햇빛(昜) 아래에서 일하니 피부를 **상하다**. 傷處(상처) 傷害(상해) 負傷(부상) 損傷(손상) *昜(빛날 양) : 아침(旦 아침 단) 햇살이 내리쬐(勿) **빛나다**.
塞 막을 색, 변방 새 (3Ⅱ 土부 13획)	집(宀 집 면) 바닥(一)에 쌓은 벽(井)의 갈라진(八) 틈을 흙(土)으로 **막다**. 국경을 막는 요새(要塞)인 **변방**. 塞翁之馬(새옹지마) 要塞(요새) 塞源(색원) 窮塞(궁색)
索 찾을 색, 동아줄 삭 (3Ⅱ 糸부 10획)	열(十)가닥 실(糸)로 덮어(冖) 가며 꼬아 만든 **동아줄**. 실 쓰기 위해 그 끝을 **찾는다**. 누구를 찾아야 할 정도로 **쓸쓸하다**. 索引(색인) 索出(색출) 索道(삭도) 索莫(삭막)
色 빛 색 (7급 色부 6획)	사람이 몸을 굽혀(⺈ 굽은사람 인) 앉았다. 물컹하여 보니 큰 뱀(巴 뱀 파)임을 알고 깜짝 놀라 변하는 **얼굴색**에서. 白色(백색) 靑色(청색) 氣色(기색) 色盲(색맹)

1, 2급 한자

觴 술잔 상	사람(亠)이 해(昜)진 후 술 마실 때 쓰는 뿔(角 뿔 각)로 만든 술잔.

 塞翁之馬(새옹지마) : 인생의 길흉화복(吉凶禍福)은 예측할 수 없음.

- 변방에 사는 늙은이의 말이 달아났다. 후에 한 마리의 준마를 데리고 돌아왔는데 손자가 그 말을 타다 떨어져 절름발이가 되었다. 얼마 후 적이 쳐들어와 젊은이들이 모두 싸움터로 나아가 죽은 이가 많았으나 손자는 불구자이므로 전쟁터에 나가지 않아 목숨을 부지할 수 있었다는 고사에서 유래.(人生萬事 塞翁之馬)

 濫觴(남상) : ('술잔을 띄우다'는 말로) 큰 강도 이처럼 적은 양의 물에서 비롯된다하여, 사물(事物)의 시초(始初)를 가리키는 말. ▶ 濫(넘칠 람)

生 西 書 恕 徐

生 날 생 (8급 生부 5획)
새싹(丿)이 흙(土 흙 토)을 뚫고 돋아나는 모양에서 낳다.
生水(생수)　生日(생일)　生死(생사)　中學生(중학생)
*人 사람 인　亻'사람인변'　勹 굽은사람 인　𠘨 누운사람 인

西 서녘 서 (8급 襾부 6획)
한(一) 사람(儿)이 집(口)으로 들어가는 모양에서 해지는 서녘.
西洋(서양) : 동양에서 미국과 유럽을 이르는 말.
*儿(어진사람 인) : 걷는 사람의 다리. 사람의 뜻으로 많이 쓰임.

書 글 서 (6급 日부 10획)
사람이 말한(曰 말할 왈) 것을 적은(聿) 글이나 책.
書記(서기)　書類(서류)　書式(서식)　書店(서점)　書籍(서적)
*聿(붓 율) : 세 손가락(彐 손 계)과 나머지 두(二) 손가락으로 쥔(丨) 붓.

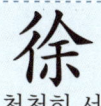
恕 용서할 서 (3Ⅱ 心부 10획)
항상 같은(如) 어진 마음(心)으로 남을 용서한다.
容恕(용서) : 잘못의 책임을 없애주어, 꾸짖지 아니함.
*如(같을 여) : 옛 여자(女)들이 하는 말(口)은 한결 같다는 뜻.

徐 천천히 서 (3Ⅱ 彳부 10획)
걸을(彳 걸을 척) 때 나(余)는 급하지 않고 천천히.
徐行(서행)　徐羅伐(서라벌) : 신라 시대의 '경주(慶州)'.
*余(나 여) : 똑바로 서 있는 자랑스런 나를 나타낸 자.

1, 2급 한자

牲 희생 생 　소(牛 소 우)를 산(生) 채로 제물(祭物)로 바치니 희생(犧牲)하다.
甥 남자조카 생 　형제가 낳은(生) 아이가 남자(男)라 하여 남자조카.　　甥姪(생질)
笙 생황 생 　대(竹)로 만든 생명(生) 있는 소리를 내는 생황(笙簧)　▶ 簧(피리 황)
　　　　　　　*생황 : 아악(雅樂) 연주(演奏)에 쓰이는 관악기(管樂器)의 하나.

🔖 生口不網(생구불망) : 산 입에 거미줄 치지 않음. 가난해도 그럭저럭 먹고 살아감.
　　　　　　　　▶ 舐(핥을 지)
🔖 西瓜皮舐(서과피지) : 수박(西瓜) 겉핥기. 사물의 내용은 모른 채 겉만 건드림.

暑 署 緒 序 敘

暑 더울 서 (3급 日부 13획)
해(日)가 사람(者) 머리 위에 가까이 있으니 **덥다**.
炎暑(염서) 避暑(피서) 處暑(처서) : 24절기의 하나.
*者(사람 자) : 늙으면(耂) 백발(白 흰 백)이 되어 죽는 모든 **사람**.

署 관청 서 (3Ⅱ 罒부 14획)
그물(罒)로 새를 잡듯, 사람(者)을 잡는 **관청(官廳)**.
署理(서리) 部署(부서) 警察署(경찰서) 稅務署(세무서)
*网(그물 망) : 얽혀(ㄨㄨ) 있는 그물 모양. *网 = 罒 ⺳

緒 실마리 서 (3Ⅱ 糸부 15획)
실(糸)을 사람(者)이 다룰 때 처음 잡는 실 끝인 **실마리**.
緒論(서론) 頭緒(두서) 端緒(단서) 情緒(정서)
*糸(실 사) : 작고(幺 작을 요) 가는(小) **실**.

序 차례 서 (5급 广부 7획)
집(广 집 엄)에서 나(予)부터 지켜야 할 **차례(次例)**.
順序(순서) 秩序(질서) 序頭(서두) : 어떤 차례의 첫머리.
*予(나 여) : 사람이 바로 서 있는 모양에서 **바른 나**의 뜻.

敘 펼 서 (3급 攵부 11획)
내(余)가 굽은 삽 등을 두드려(攵 두드릴 복) **펴다**.
敘事詩(서사시) 敘述(서술) 敘情詩(서정시) 自敘傳(자서전)
*余(나 여) : 똑바로 서 있는 **자랑스런 나**를 나타낸 자.

1, 2급 한자

曙 새벽 서 — 햇살(日)이 그물(罒)을 사람(者)이 펼치듯 퍼지는 **새벽**. 曙光(서광)
薯 마 서 — 덩굴(艹)이 그물(罒)을 사람(者)이 펼치듯 퍼지는 **마**. 薯童謠(서동요)

- 署理(서리) : 결원(缺員)이 된 어떤 직위의 직무를 대신함. [국무총리~]
- 薯童謠(서동요) : 서동(薯童)이 지은 4구체의 향가(鄕歌).
  - 백제(百濟) 무왕(武王)이 신라 진평왕(眞平王)의 딸 선화공주(善花公主)를 그리워하여, 신라의 수도인 경주(慶州)로 가서 이 노래를 아이들에게 부르게 하였다는 이야기에서 유래한다.

庶 逝 誓 夕 石

庶 무리 서 (3급 广부 11획)
집(广 집 엄)에서 여럿(卄 스물 입)이 한(一) 곳에 모여 불(灬 = 火)을 피우고 있는 무리.
庶務課(서무과) 庶民(서민) 庶子(서자) : 첩에서 태어난 아들.

逝 갈 서 (3급 辶부 11획)
사람 생명이 꺾여(折) 영영 갔다(辶 갈 착) 하여 죽다.
逝去(서거) : 돌아가심. 사거(死去)의 높임 말. ▶去(갈 거)
*折(꺾을 절) : 손(扌)에 든 도끼(斤)로 나무 등을 쳐서 꺾는다.

誓 맹세할 서 (3급 言부 14획)
증표로 화살을 꺾으며(折 꺾을 절) 말(言)로 맹세하다.
盟誓(맹서) 誓約(서약) 宣誓(선서) ▶誓(맹세할 서) 宣(공포할 선)
*言(말씀 언) : 두(二) 번 거듭(二) 생각한 후 입으로(口) 말하다.

夕 저녁 석 (7급 夕부 3획)
달(月)에서 한 획을 줄인 반달 모양의 달이 뜬 저녁.
秋夕(추석) 夕陽(석양) 夕刊(석간) 朝夕(조석) 七夕(칠석)
▶秋(가을 추) 陽(볕 양) 刊(새길 간) 朝(아침 조)

石 돌 석 (6급 石부 5획)
언덕(厂) 밑에 떨어진 돌(口). ▶綿(솜 면)
石工(석공) 石綿(석면) 石油(석유) 石花(석화) : 굴조개
*厂(언덕 한) : 가파른 낭떠러지 모양으로 언덕, 벼랑, 절벽.

1, 2급 한자

遮 막을 차 — 많은 사람들(庶)이 다니지(辶 갈 착) 못하게 막다. 遮斷(차단)

夙 일찍 숙 — 모든(凡 모두 범) 사람이 저녁(夕)에 일찍 자고 **일찍** 일어나 일터로 나가야 좋은 결실을 맺을 수 있다는 뜻의 글자. 夙成(숙성)

碩 클 석 — 돌(石)이 사람 머리(頁 머리 혈)처럼 크다. 碩士(석사) 碩學(석학)

妬 시샘할 투 — 여자(女)가 돌(石) 던지듯 남을 **시샘하다**. 妬忌(투기) 嫉妬(질투)

✏ 盟誓(맹서) : 한글로 쓰거나 말할 때는 '맹세'로 해야 함. '琴瑟(금슬)'도 '금실'로.

析 席 昔 惜 釋

析 쪼갤 석 (3급 木부 8획)
나무(木)를 도끼(斤)로 **쪼개다**. 分析(분석) 解析(해석)
*斤(도끼 근) : 도끼의 모양으로 끊다, 베다, 무기의 뜻.

席 자리 석 (6급 巾부 10획)
사람들(庶 무리 서의 줄임)이 깔고 앉는 천(巾)으로 만든 **깔개**, **자리**.
缺席(결석) 立席(입석) 座席(좌석) 出席(출석)
*庶 : 집(广)에서 여럿(廿)이 한(一) 곳에 모여 불(灬) 쬐는 **무리**.

昔 옛 석 (3급 日부 8획)
많은(廿) 시간이 한결(一) 같이 흘러간 지난 나날(日)인 먼 **옛날**.
今昔之感(금석지감) : 지금과 옛날의 차이가 너무 심함.
*廿(스물 입) : 열(十)에 열(十)을 더해 스물을 나타낸 자.

惜 아까울 석 (3Ⅱ 心부 11획)
마음(忄)으로 지나간 옛일(昔 옛 석)을 **아쉬워함**.
惜別(석별) 惜敗(석패) 哀惜(애석) ▶ 哀(슬플 애)

釋 풀 석 釈 (3Ⅱ 采부 20획)
사물 잘 분별하고(采) 살피어(睪) 알기 쉽게 **풀어놓음**.
釋放(석방) 保釋(보석) 解釋(해석) 手不釋卷(수불석권)
*采(분별할 **변**) : 쌀(米)에 섞여있는 불순물(丿)을 가려 **분별하다**.
*睪(살필 **역**) : 눈(罒)으로 한(一) 명씩 차례로 죄인(辛)을 **살피다**.

1, 2급 한자

晳 밝을 석   쪼개서(析) 해(日)와 같이 **밝게** 한다 하여.   明晳(명석)

4대 성인(聖人)	국적(國籍)	출생(出生)	출가(出家)	사상(思想)
釋迦牟尼(석가모니)	인도(印度)	BC 563~BC 483	29세	慈悲(자비)
孔子(공자)	노(魯)나라	BC 551~BC 379		仁(인)
예수(Jesus)	이스라엘	BC 004~AD 029	29세	博愛(박애)
마호멧(Mahomet)	아라비아	AD 570~AD 632	40세	平等(평등)

釋迦牟尼(석가모니) : '釋迦'는 족(族) 이름. '牟尼'는 깨달은 사람의 뜻.

仙 先 宣 船 旋

仙 신선 선
(5급 人부 5획)

산(山)처럼 변함없이 영원히 사는 사람(亻)인 신선.
仙女(선녀) 仙藥(선약) 仙風(선풍) 神仙(신선)
仙風道骨(선풍도골) : 신선 같은 풍채와 도인과 같은 골격.

先 먼저 선
(8급 儿부 6획)

소(牛의 축약)를 끌고 사람이(儿 어진사람 인) 먼저 앞서간다는 데서 먼저. 先見(선견) 先生(선생) 先進國(선진국)
*牛(소 우) : 소를 옆에서 보고 그린 자. ▶ 進(나아갈 진)

宣 알릴 선
(4급 宀부 9획)

정사(政事)를 돌보는 집(宀)에서 백성이 알 수 있도록 내용을 펼쳐(亘) 알린다. 宣敎(선교) 宣傳(선전) 宣布(선포)
*亘(펼 선) : 위(一) 아래(一)로 말(曰)이 돌게 하여 일을 **편다**.

船 배 선
(5급 舟부 11획)

배(舟) 중, 다니기 좋게 앞이 뾰족하고(八) 뒤가 반듯한(口), 주로 사람 나르는 배. 船舶(선박) 船長(선장)
*舟(배 주) : 통나무(冂) 파서 만든 **쪽배**에서 노(一) 젓는 모양.

旋 돌 선
(3Ⅱ 方부 11획)

사방(方 사방 방)으로 사람(⼂)이 발(疋)로 돌아다닌다.
旋盤(선반) 旋律(선율) 旋回(선회) 周旋(주선)
*疋(발 소) : 발목에서 발끝까지의 모양으로 **발**을 .

1, 2급 한자 / 특급

銑 무쇠 선
쇠(金) 중에서 가장 먼저(先) 많이 쓰이는 **무쇠**.   銑鐵(선철) : 무쇠

詵 말할 선*
말(言)을 먼저(先) 깨달아 앞서가는 이가 한다는 데서 **말하다**는 뜻.
道詵寺(도선사) : 서울 강북구(江北區) 소재(所在).
▶ 詵(딕이 그리워 모여드는 사람에게 말할 선)

🔵 **先見之明**(선견지명) : 앞 일을 미리 내다보는 총명(聰明)함.

🔵 **先公後私**(선공후사) : 공적(公的)인 일을 먼저 하고 사적(私的)인 일은 뒤에 함.

🔵 **先禮後學**(선례후학) : 먼저 예의를, 나중에 학문을. 모든 일에 있어서 예의가 먼저임.

善 線 選 鮮 禪

善 착할 선
(5급 口부 12획)

양(羊 양 양)처럼 **좋다**고 여럿이(卄) 말하는(口) 데서.
善心(선심) 善惡(선악) 善意(선의) 善政(선정) 善行(선행)
*卄(스물 **입**) : 十(십) + 十(십)으로, 두 손이나 **많다**는 의미.

線 줄 선
(6급 糸부 15획)

실(糸 실 사)이 샘(泉)처럼 길게 이어지는 **줄**.
線路(선로) 有線(유선) 直線(직선) 電線(전선)
*泉(샘 **천**) : 맑은(白 흰 백) 물(水)이 솟는 **샘**.

選 뽑을 선
(5급 辶부 16획)

무릎(巳 무릎 절) 꿇고 함께(共) 멀리(辶 멀리갈 착) 내다보고 **뽑는다**.
選良(선량) 選別(선별) 選擧(선거) 選出(선출)
*共 : 많은(卄) 사람이 두 손(八)을 하나(一)로 모아 **함께** 행함.

鮮 고을 선
(5급 魚부 17획)

물고기(魚)가 양(羊 양 양)처럼 곱고 **깨끗하며**, **신선하다**.
鮮明(선명) 鮮血(선혈) 新鮮度(신선도) 朝鮮時代(조선시대)
*魚(고기 **어**) : 물고기의 머리(⺈), 몸통(田), 지느러미(灬).

禪 참 선
(3Ⅱ 示부 17획)

제사(示) 지내듯 조용히 홀로(單) **참선하다**. 坐禪(좌선)
禪宗(선종) : 참선(參禪)을 통해서 교리를 터득하려는 불교 종파.
*單(하나 **단**) : 입들(口口)에서 나온 말(曰)을 모아(十) 만든 **하나**.

1, 2급 한자

膳 드릴 선   고기(月=肉) 중에서 좋은(善) 부분을 선물로 **드리다**.   膳物(선물)
繕 기울 선   실(糸)로 터진 부분을 보기 좋게(善) **기운다**.   修繕(수선) 營繕(영선)
腺 몸샘 선   몸(月 육달 월)에서 샘(泉)처럼 액이 나오는 **몸샘**.   前立腺(전립선)
             甲狀腺(갑상선) : 발육과 신진대사에 필요한 호르몬을 분비함.

- 禪宗(선종) : 참선(參禪)을 통해서 교리(敎理)를 터득(攄得)하려는 불교(佛敎)의 종파
- 敎宗(교종) : 불교 교리(敎理)를 중심으로 하여 불도(佛道)를 터득하려는 종파(宗派)

舌雪設說涉

舌 혀 설 (4급 舌부 6획)	천(千 일천 천) 개의 입(口)이 있어도 혀가 없으면 말 할 수 없다는 데서.　舌戰(설전) 舌禍(설화) 毒舌(독설) 　舌側音(설측음) : 혀의 양쪽 트인 곳으로 내는 소리. 側(곁 측)
雪 눈 설 (6급 雨부 11획)	비(雨)가 얼어서 내리는, 손(크)으로 받을 수 있는, 눈. 雪景(설경) 雪山(설산) 雪氷(설빙) 大雪(대설) 暴雪(폭설) *크(손 계) : 갈라져 있는 손가락. 손.　▶ 景(밝을 경)
設 베풀 설 (4Ⅱ 言부 11획)	말(言) 주고받으며 일하여(殳) 만들다, 세우다, 갖추다, 베푼다. 設計(설계) 設置(설치) 建設(건설) 施設(시설) *殳(행할 수) : 무언가(几 책상 궤)를 손(又 손 우)에 들고 행하다.
說 말씀 설, 달랠 세 (5급 言부 14획)	말(言) 바꾸어(兌) 가며 알기 쉽게 말하다. 말로 달래다. 說敎(설교) 說明(설명) 說話(설화) 選擧遊說(선거유세) * 兌(바꿀 태) : 팔자(八)에 맏이(兄)로 태어나 마음가짐을 굳게 바꾸다.
涉 건널 섭 (3급 水부 10획)	물(氵)을 걸어(步) 건너다.　涉外(섭외) 交涉(교섭) 涉獵(섭렵) : 널리 이곳저곳을 돌아다니며 찾음. ▶ 獵(사냥할 렵) * 步(걸을 보) : 걷다 멈추고(止 그칠 지) 하여 보폭 작게(小) 걷다.

📘 자모(字母)를 통한 한자 공부의 예.　사모(字母) . 한자 구성의 기본자

兌 바꿀 태	팔자(八)에 맏이(兄 맏 형)로 태어난 이가 마음가짐을 굳게 바꾸다.	
脫 벗을 탈	벌레 등이 몸(月) 바꾸려고(兌) 허물이나 껍질 벗는다.	脫皮(탈피)
稅 세금 세	생산한 것을 벼(禾 벼 화)로 바꾸어(兌) 내는 세금.	稅關(세관)
悅 기쁠 열	마음(忄) 바꾸어(兌) 항상 긍정적으로 생각하니 기쁘다.	喜悅(희열)
閱 볼 열	문(門) 열고 들어가, 담당자를 바꾸어(兌) 잘 살펴본다.	閱覽(열람)

- 자모(字母)를 통한 한자 공부가 체계적(體系的)이며 보다 효율적(效率的)이다.

攝成城盛誠

攝 잡을 섭
(3급 手부 21획)

손(扌)으로 귀를 끌어당겨 소곤거리는(聶) 모양에서 끌어 잡는다.
攝生(섭생) 攝政(섭정) 攝取(섭취) 包攝(포섭)
*聶(소곤거릴 섭) : 서로 귀(耳 귀 이)를 맞대고 소곤거리다.

成 이룰 성
(6급 戈부 7획)

힘들여(力의 축약) 창(戈)을 만들어낸다는 데서 이루다.
成功(성공) 成事(성사) 成人(성인) 成長(성장) 成敗(성패)
*戈(창 과) : 날이 세 갈래로 된 창이나 무기의 뜻.

城 토성 성
(4Ⅱ 土부 10획)

진흙 벽돌이나 흙(土)으로 쌓아 만든(成) 토성(土城).
城郭(성곽) 城壁(성벽) 攻城(공성) 萬里長城(만리장성)
*옛날에 벽돌은 진흙 또는 진흙에 짚 등을 넣어서 만들었음.

盛 풍성할 성
(4Ⅱ 皿부 12획)

음식 만들어(成) 그릇(皿 그릇 명)에 풍성히 담은 데서.
盛大(성대) 盛況(성황) 繁盛(번성) 全盛(전성) 豊盛(풍성)
*皿(그릇 명) : 위가 넓고 받침이 있는 그릇. ▶繁(많을 번)

誠 정성 성
(4Ⅱ 言부 14획)

말한(言) 바를 이루기(成 이룰 성) 위해 들이는 정성.
誠金(성금) 誠實(성실) 誠意(성의) 精誠(정성) 孝誠(효성)
*言(말씀 언) : 두(二) 번 거듭(二) 생각한 후 입으로(口) 말하다.

특급 한자*

躡 밟을 섭*   발(足)을 살짝 밟아 눈치를 준 후에 귀에 대고 살짝 말한다는(聶 소곤거릴 섭)데서 살짝 밟다는 뜻. 躡足附耳(섭족부이) ▶附(붙을 부)

- 躡足附耳(섭족부이) : 살짝 발을 밟고 입을 귀에 댄다. 남을 충고할 때에는 제삼자가 눈치 채지 못하게 살짝 말하는 것이 상대방의 반감도 사지 않고 효과(效果)적임.
- 盛者必衰(성자필쇠) : 융성(隆盛)하던 것도 결국(結局)은 쇠퇴(衰退)함.

省 性 姓 星 聖

省 살필 성, 줄일 생
(6급 目부 9획)

어리(少 어릴 소)거나 약한 것을 잘 보아(目) 살핌.
사소(少 적을 소)하게 보이는(目) 것은 과감히 줄임.
省墓(성묘) 省察(성찰) 反省(반성) 自省(자성) 省略(생략)

性 성품 성
(5급 心부 8획)

환경·교육에 의해 마음(忄)에서 생겨난(生) 성품(性品).
性格(성격) 急性(급성) 理性(이성) 人性(인성) 特性(특성)
*生(날 생) : 싹이 땅(土)을 뚫고 돋아나는 모양에서 **낳다**.

姓 성씨 성
(7급 女부 8획)

여자(女)가 아이를 낳으면(生 날 생) 붙이던 성씨.
姓名(성명) 姓氏(성씨) 同姓(동성) 百姓(백성)
*옛 모계사회(母系社會)에서 여성이 아이에게 자신의 성을 붙임.

星 별 성
(4Ⅱ 日부 9획)

해(日)지면 생기는(生 날 생) 별. 星雲(성운) 流星(유성)
衛星(위성) : 행성의 인력에 의하여 그 행성 주위를 도는 별.
行星(행성) : 타원 궤도를 그리며 태양 주위를 공전하는 별.

聖 성인 성
(4Ⅱ 耳부 13획)

귀(耳 귀 이) 밝고 옳은 말(口)을 하는 갓(丿) 쓴 선비(士)와 같이
몸가짐 바른 성인(聖人). ▶ 經(글, 책 경)
聖經(성경) 聖母(성모) 聖書(성서) 聖賢(성현) 盛火(성화)

1, 2급 한자

醒 술깰 성 | 술(酉) 취한 후에 별(星 별 성)빛처럼 반짝하며 **술 깨나**. 覺醒(각성)

📖 醉中妄言 醒後悔(취중망언 성후회) ▶ 醉(취할 취) 悔(뉘우칠 회)
술에 취했을 때 잘못한 말을 술 깬 후에 후회한다.

- 술 취하면 평소(平素)에 가지고 있는 감정(感情)이나 해서는 안 될 말 등을 하기 쉬우니 술을 마실 때나 마신 후에 말조심하라는 뜻.

聲 世 洗 細 稅

聲 声
소리 성
(4Ⅱ 耳부 17획)

악기(聲)를 치니(攴 칠 수) 귀(耳)에 들리는 **소리**.
聲樂(성악) 無聲(무성) 音聲(음성) 銃聲(총성) 形聲(형성)
*聲(악기 성) : 매달아 놓고 **두드리는 악기**를 그린 자.

世
인간 세
(7급 一부 5획)

열 십(十)자가 세 개 연결되어 변형된 자로, **인간의 한 세대**를 30년으로 봄.
世代(세대) 世上(세상) 出世(출세)
中世(중세) : 고대와 근세의 중간. 우리나라는 고려(高麗)시대.

洗
씻을 세
(5급 水부 9획)

물(氵)에 먼저(先) 손을 씻는다는 데서 **씻다**.
洗面(세면) 洗手(세수) 洗眼(세안) 洗車(세차) 洗濯(세탁)
*先(먼저 선) : 소(牛 소 우) 끌고 사람이(儿) **먼저 앞서 간다**.

細
가늘 세
(4Ⅱ 糸부 11획)

뽕밭(田)의 누에에서 나온 실(糸 실 사)이 **가늘다**.
細工(세공) 細菌(세균) 細部(세부) 細分(세분) 細心(세심)
細工(세공) : 잔손질이 많이 가는 수공(手工) ▶菌(버섯 균)

稅
세금 세
(4Ⅱ 禾부 12획)

생산한 것을 벼(禾 벼 화)로 바꾸어(兌 바꿀 태) 내는 **세금**.
稅關(세관) 稅金(세금) 稅務(세무) 課稅(과세)
*兌 : 팔자(八)에 맏이(兄)로 태어나 마음가짐을 굳게 **바꾸다**.

1, 2급 한자

貰 세낼 세   일정기간(世) 사용료로 금품(貝)을 내고 **세내다**.   朔月貰(삭월세)
洩 샐 설   물(氵)이 새듯 비밀스러운 내용이 세상(世)에 **새다**.   漏洩(누설)

📖 **世俗五戒**(세속오계) : 신라의 원광법사가 지은 화랑(花郞)의 다섯 가지 계율(戒律).

사군이충   사친이효   교우이신   임전무퇴   살생유택
事君以忠 事親以孝 交友以信 臨戰無退 殺生有擇

📖 **洗踏足白**(세답족백) : 상전(上典)의 빨래를 하느라 종의 발꿈치가 희게 됨.
남을 위해 한 일이 자신(自身)에게도 이득(利得)이 됨.

歲勢所小少

歲 해 세 (5급 止부 13획)	성장 그친(止 그칠 지) 개(戌)가 새끼(小) 낳는 데까지 기간인 한 해. 歲費(세비) 歲月(세월) 歲暮(세모) 年歲(연세) *戌(개 술) : 창(戈 창 과)을 든 사람(人) 옆에 있는 개.
勢 기세 세 (4Ⅱ 力부 13획)	심은(埶) 초목이 힘차게(力) 자라듯 뻗어나가는 기세나 기운(氣運). 勢力(세력) 權勢(권세) 大勢(대세) 實勢(실세) *埶(심을 예) : 둥글게(丸) 흙(土) 파고(丿) 흙(土) 위에 심다.
所 장소 소 (7급 戶부 8획)	도끼(斤 도끼 근) 같은 도구, 무기를 넣어두거나 만드는 장소(戶). 所有(소유) 場所(장소) 住所(주소) 研究所(연구소) *戶(집 호) : 열고 닫는 문이 하나만 달린 방이나 집.
小 작을 소 (8급 小부 3획)	흙을 뚫어(丨 ← 丨) 가르고(丿丶) 나오는 싹이 작음. 小人(소인) 小學(소학) : 송나라 때 지은 어린이 유학 교양서. *글자의 멋을 내기 위하여 '丨(뚫을 곤)'을 '丨(갈고리 궐)'로 씀.
少 적을 소 (7급 小부 4획)	크기 작아(小 작을 소) 잘 삐져(丿 삐침 별) 나가 그 수나 부피가 주는 데서 부피, 수, 양이 적다와, 나이가 어리다. 少女(소녀) 少年(소년) 少數(소수) 少量(소량)

少年易老學難成 소 년 이 로 학 난 성	소년은 늙기 쉽고 배움은 이루기 어려우니,
一寸光陰不可輕 일 촌 광 음 불 가 경	짧은 시간이라도 가볍게 여기지 말라.
未覺池塘春草夢 미 각 지 당 춘 초 몽	연못가 봄풀이 돋는 것을 미처 깨닫지 못했는데,
階前梧葉已秋聲 계 전 오 엽 이 추 성	뜰 앞의 오동잎이 벌써 가을소리를 알리는구나.

📖 召 昭 素 笑 消

召 부를 소
(3급 口부 5획)

칼(刀 칼 도) 같이 무서운 소리(口), 즉 공적(公的)인 일로 부른다. 召集(소집) 召喚(소환) 召還(소환) ▶ 還(돌아올 환)
召命(소명) : 신이나 임금이 부르는 명령. ▶ 命(명할 명)

昭 밝을 소
(3급 日부 9획)

불러(召 부를 소) 밝은 해(日)와 같이 상세히 밝히다.
昭明(소명) : 밝고 영리함. 사물에 밝음. 昭詳(소상)
*召 : 칼(刀) 같이 무서운 소리(口), 즉 공적인 일로 부른다.

素 흴 소
(4Ⅱ 糸부 10획)

뽑아 낸(丨뚫을 곤) 많은(三) 실(糸)의 색은 보통 희다. 흰색은 색의 바탕.
▶ 朴(순박할 박) 服(옷 복) 質(바탕 질)
素朴(소박) 素服(소복) 素養(소양) 素材(소재) 素質(소질)

笑 웃을 소
(4Ⅱ 竹부 10획)

대(竹 대나무 죽)가 바람에 휘듯 허리 굽혀(夭) 웃다.
談笑(담소) 失笑(실소) 嘲笑(조소) 爆笑(폭소) ▶嘲(비웃을 조)
*夭(굽을 요) : 비스듬히(丿) 큰(大) 것이 굽어있는 모양.

消 사라질 소
(6급 水부 10획)

물(氵) 줄어들어(肖) 사라지다. ▶ 滅(없어질 멸) 防(막을 방)
消滅(소멸) 消防(소방) 消失(소실) 消火器(소화기)
*肖(작을 초) : 살(月=肉 고기 육)이 말라서 작아지다(小).

1, 2급 한자

沼 늪 소   물(氵)을 불러들여(召) 가두고 있는 늪.
　　　　　　沼澤地(소택지) : 늪과 못이 많은 습한 곳.   ▶ 澤(못 택)

紹 소개할 소   실(糸) 잇듯이 불러(召) 소개하다. 紹介(소개)   ▶ 介(끼일 개)

📖 笑門福來(소문복래) : 웃는 집에 복이 들어 옴. 다소 힘든 일이 있어도 웃고 살자.
📖 一笑一少(일소일소) : 한 번 웃으며 한 번 젊어짐. 웃음은 건강에 좋아 젊어 보임.

疏 蔬 掃 訴 燒

疏
드물 소
(3Ⅱ 疋부 11획)

발(疋 발 소) 묶인(束 묶을 속)듯 왕래 드물다. 발로 누르고 묶은 다발이 엉성하여 성기다. 속이 보여 트이다.
疏外(소외)　疏脫(소탈)　疏通(소통)　疏遠(소원)　*疎 = 疏

蔬
나물 소
(3급 ++부 15획)

풀(++) 속에 드문드문(疏=疎 드물 소)나 있는 나물.
蔬食(소식) = 菜食(채식)　菜蔬(채소)　▶ 菜(나물 채)

掃
쓸 소
(4Ⅱ 手부 11획)

손(扌 손 수)에 비(帚) 들고 청소(淸掃)하기 위해 쓸다.
掃蕩(소탕) : 휩쓸어 모조리 없애 버림.　▶ 蕩(쓸어버릴 탕)
*帚 : 손(彐 손 계)에 잡은(冖 덮을 멱) 청소하는 비(巾) 모양.

訴
호소할 소
(3Ⅱ 言부 12획)

억울함을 물리치기(斥) 위해 말(言)로 하소연하다.
訴訟(소송)　告訴(고소)　提訴(제소)　被訴(피소)　抗訴(항소)
*斥(물리칠 척) : 도끼(斤 도끼 근)로 내려쳐(丶 찍을 주) 물리친다.

燒 焼
불사를 소
(3Ⅱ 火부 16획)

불(火)이 높이(堯) 타오를 정도로 크게 불사르다.
燒却(소각)　燒失(소실)　燃燒(연소)　全燒(전소)
*堯(높을 요) : 흙(土) 우뚝하게(兀 우뚝할 올) 쌓은 모양이 높다.

🔵 野菜(야채)와 菜蔬(채소) : '野菜'는 문자 그대로 해석하면 들에서 자라 캐서 먹는 푸성귀. '菜蔬'는 밭에서 가꾸어 먹는 푸성귀라고 정의한다. 그러므로
– 현대의 우리가 먹는 푸성귀는 가꾸어 먹으므로 '채소'라 부름이 맞다.

🔵 燒失(소실)과 破壞(파괴)의 역사
'소실(燒失)'은 '불에 타서 없어짐'을 뜻한다. 역사를 보면 내가 이룩한 것이 아니면 무차별적 파괴와 불로 태워 없애버려 그 정신과 기상을 유린(蹂躪)하는 것이 일반적이다. 그러나 이러한 것을 아쉬워 할 것만은 아니다. 황룡사 9층 목탑이 몽골에 의해 소실되어 아쉬운 점도 있지만 인간 역시 자신의 과시(誇示)를 위해 그 얼마나 많은 자연을 훼손(毁損)하였는가. 중국 만리장성(萬里長城)이 그렇고 이집트 피라미드가 위대하다고들 하지만 결국(結局) 인간이 이룩한 많은 역사적 자산(資産)이 자연 파괴(破壞)의 산물(産物)이라는 점을 명심(銘心)하자.

蘇 騷 束 速 俗

蘇 깨어날 소 (3Ⅱ ++부 20획)	약초(++), 물고기(魚), 곡식(禾) 먹이니 **깨어나다**. 蘇聯(소련) 蘇生(소생) 耶蘇(야소) : '예수'의 음역. *禾(벼 화) : 익으면 고개 숙이며(㇒) 자라는(木) **벼, 곡식**.
騷 시끄러울 소 (3급 馬부 20획)	말(馬)이 벼룩(蚤 벼룩 조)에 물려 날뛰니 **시끄럽다**. 騷動(소동) 騷亂(소란) 騷擾事態(소요사태) 騷音(소음) *蚤 : 손톱(丶)으로 꼬집듯(又 깍지낄 차) 깨무는 벌레(虫)인 **벼룩**.
束 묶을 속 (5급 木부 7획)	나무(木)를 끈으로 감아(口) **묶다**. 拘束(구속) 約束(약속) 束手無策(속수무책) : 손을 묶은 듯 아무 대책(對策)이 없음. *口(에워쌀 위) : 울타리나 성벽으로 **에워싼** 모양. ▶策(꾀 책)
速 빠를 속 (6급 辶부 11획)	신발 끈 등을 단단히 묶고(束) 가니(辶 갈 착) **빠르다**. 速記(속기) 速力(속력) 加速(가속) 高速道路(고속도로) *束(묶을 속) : 나무(木)를 끈으로 에워싸(口 에워쌀 위) **묶다**.
俗 풍속 속 (4Ⅱ 人부 9획)	사람(亻)은 골짜기(谷)를 끼고 모여 사는데, 살다보니 생긴 **관습, 풍속(風俗)**. 俗談(속담) 俗物(속물) 俗世(속세) *谷(골 곡) : 갈라져(八) 있는 산(人) **골짜기** 입구(口)를 그린 자.

1, 2급 한자

蚤 벼룩 조	손톱(丶)으로 꼬집듯(又 깍지낄 차) 깨무는 벌레(虫)인 **벼룩**.
搔 긁을 소	손(扌)으로 벼룩(蚤)이 문 곳이 가려워 **긁다**. 搔爬手術(소파수술)

- 騷人墨客(소인묵객) : 시문(詩文)과 서화(書畵)를 일삼는 사람. ▶騷(글지을 소)
- 蚤肝出食(조간출식) : 벼룩의 간을 내 먹다. 극히 어려운 처지에 있는 사람에게서 금품(金品)을 뜯어냄.
- 隔靴搔癢(격화소양) : 신발을 신은 채 가려운 발을 긁음. 일의 효과(效果)가 없음.

 粟 續 屬 孫 損

粟 조 속 (3급 米부 12획)
작은 쌀알(米 쌀 미) 같은 것으로 덮여(襾) 있는 **조**.
粟米(속미) : 좁쌀. 滄海一粟(창해일속) : 매우 작은 존재의 뜻.
*襾(덮을 아) : 그릇 아가리에 끼워 막는 **마개**. **덮는다**. *襾=覀

續 続 이을 속 (4Ⅱ 糸부 21획)
실(糸)이, 물건 사고팔고(賣)함이 이어지듯, **이어지다**.
續編(속편) 續行(속행) 相續(상속) 連續(연속) 接續(접속)
*賣(팔 매) : 선비(士)는 사기(買)보다는 자신의 학식·능력을 판다.
*買(살 매) : 망태기(罒 그물 망)에 돈(貝)으로 **사서** 담는 데서.

屬 属 속할 속 (4급 尸부 21획)
죽은(尸 주검 시) 동물 가죽 뚫고(丨 뚫을 곤) 이쪽(二) 저쪽(二)으로 나오는 벌레(蜀)처럼, 안에 **속하거나** 어딘가에 붙어 있음.
屬國(속국) 附屬(부속) 所屬(소속)
*蜀(벌레 촉) : 눈(罒=目) 크며 고치 안에 싸여(勹) 있는 **벌레**(虫).

孫 손자 손 (6급 子부 10획)
자식(子)이 자식을 이어(系) 낳으니 **손자(孫子)**.
孫女(손녀) 王孫(왕손) 後孫(후손) 代代孫孫(대대손손)
*系(이을 계) : 매듭(丿)을 매어 실(糸 실 사)을 **이어나감**.

損 손해볼 손 (4급 手부 13획)
머리보다 손(扌)으로 일하는 사람(員)이 **손해다**.
損失(손실) 損益(손익) 損害保險(손해보험) 破損(파손)
*員(인원 원) : 입(口)으로 돈(貝) 세는 즉 **어떤 일을 하는 사람**.

1, 2급 한자
贖 속죄할 속 : 재물(貝)을 팔아(賣) 자신이 지은 죄를 **속죄하다**.　　贖罪(속죄)
遜 겸손할 손 : 손자(孫)는 행해 나아감(辶 갈 착)이 **겸손(謙遜)해야** 함.　　恭遜(공손)

- 屬人主義(속인주의) : 어디에 있든 국적 있는 본국법 적용을 받아야 한다는 주의
- 屬地主義(속지주의) : 국적(國籍)에 관계없이 거주하는 법률에 따라야 한다는 주의
- 續絃(속현) : (끊어진 금슬의 줄을 잇는다 하여) 아내를 여읜 뒤 새 아내를 맞는 일

送 誦 松 訟 頌

送 보낼 송 (4Ⅱ 辶부 10획)	팔자(八)나 하늘(天)의 뜻에 따라 갈(辶) 것은 **보낸다**. 送年(송년) 送信(송신) 發送(발송) 放送(방송) 電送(전송) *辶(갈 착) : 쉬엄쉬엄 멀리 걸어가는 모습에서 **가다**.
誦 욀 송 (3급 言부 14획)	머릿속 말(言 말씀 언)이 저절로 솟아오를(甬) 정도로 **외다**. 朗誦(낭송) 暗誦(암송) 愛誦(애송) 牛耳誦經(우이송경) *甬(솟을 용) : 꽃봉오리가 솟은 모양. 또는 물 솟아나는 모양.
松 소나무 송 (4급 木부 8획)	재목(木)으로 대중에게(公) 널리 쓰이는 **소나무**. 松林(송림) 松柏(송백) 松蟲(송충) 松板(송판) 赤松(적송) *公(여럿 공) : 사사로움(厶)을 가른다(八) 하여 **대중, 여럿**의 뜻.
訟 송사할 송 (3Ⅱ 言부 11획)	말(言)로 공정히(公 공정할 공) **잘 잘못 가림**. 訟事 : 옳고 그름의 판결을 요청하는 일. 訴訟(소송) *公 : 사사로움(厶 사사로울 사)을 가르고(八) 대중에게 **공정하다**.
頌 기릴 송 (4급 頁부 13획)	대중(公)이 머리(頁) 숙여 받들어 그 뜻을 **기리다**. 頌德(송덕) 讚頌(찬송) 稱頌(칭송) ▶ 稱(칭찬할 칭) *頁(머리 혈) : 사람 **머리(一)**에서 얼굴(自), 목(ノ ヽ)까지 신체.

📖 **送舊迎新(송구영신)** : 지난해를 보내고 새해를 맞이함.

📖 **牛耳讀經(우이독경)**과 **牛耳誦經(우이송경)** = 馬耳誦經 馬耳東風 對牛彈琴

쇠귀에 경 읽기라는 이 말은 원래 **牛耳誦經(우이송경)이 맞는 말**이다. '牛耳'가 우둔한 사람을 뜻하는 말이기에 틀린 것만은 아니나, 소 앞에서 글을 읽어주는 것이 아니라 외운 것을 말하는 것이다. 언어의 시회성과 통용성을 볼 때 문제는 없다. 다만 참고하자.

刷 鎖 衰 水 手	
刷 인쇄할 쇄 (3Ⅱ 刀부 8획)	집(尸)에서 천(巾 수건 건)으로 닦고 칼(刂 선칼 도)로 새겨 만들어 인쇄하다. 印刷(인쇄) 刷新(쇄신) *尸(지붕 시) : **지붕** 모양을 그린 자. 집의 뜻으로 많이 쓰임.
鎖 쇠사슬 쇄 (3Ⅱ 金부 18획)	작은(小 작을 소) 조개(貝 조개 패)를 꿰어 엮듯이 금속(金)의 고리를 엮어 만든 쇠사슬. 또는 닫다는 뜻. 鎖國(쇄국) 封鎖(봉쇄) 閉鎖(폐쇄) 項鎖(항쇄) ▶ 項(목 항)
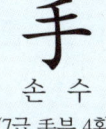 쇠할 쇠 (3Ⅱ 衣부 10획)	풀(艹 풀 초)로 엮은(二) 옷(衣 옷 의)을 입은 사람의 모습이 쇠약해 보인다는 뜻. ▶ 殘(무너질 잔) 衰弱(쇠약) 衰殘(쇠잔) 衰退(쇠퇴) 興亡盛衰(흥망성쇠)
水 물 수 (8급 水부 4획)	흐르는 물의 모양. 水至淸無大魚(수지청무대어) 水門(수문) 水曜日(수요일) 水中(수중) 水火(수화)
手 손 수 (7급 手부 4획)	손 모양. 재주 있는 사람. 袖手傍觀(수수방관) 手足(수족) 手中(수중) 木手(목수) 手不釋卷(수불석권)

- **手不釋卷(수불석권)** : 손에서 책을 놓지 않음. 부지런히 공부함.
  - 여몽(呂蒙)은 무식한 장수(將帥)였으나 오왕(吳王) 손권(孫權)의 충고(忠告)로 손에서 책을 놓지 않고 공부(工夫)하여 유식(有識)하게 되었다는 고사에서 유래.
    후에 여몽은 유비(劉備)의 의형제(義兄弟)인 관우(關羽)와의 전투(戰鬪)에서 승리(勝利)를 하여 관우를 죽음에 이르게 함.

- **水魚之交(수어지교)** : 매우 친밀(親密)하여 서로 떨어질 수 없는 사이.
  또는 사업상 서로 필요하거나 도움이 되는 친밀한 사이.

囚 守 收 秀 受

囚 가둘 수
(3급 囗부 5획)

좁은 공간(囗)에 사람(人)을 **가두다**. ▶ 獄(감옥 옥)
囚衣(수의) 未決囚(미결수) 罪囚(죄수) 脫獄囚(탈옥수)
*囗 : 울타리나 성벽으로 **에워싼** 모양. '큰입구몸'이라고도 함.

守 지킬 수
(4Ⅱ 宀부 6획)

집(宀) 안을 법도(寸 법도 촌) 있게 다스려 **지킨다**.
守備(수비) 守護(수호) 郡守(군수) 固守(고수) 死守(사수)
*宀(집 면) : 지붕으로 덮여 있는 **집**. '갓머리'라고도 함.

收(収) 거둘 수
(4Ⅱ 攵부 6획)

얽혀(丩) 있는 곡식을 농기구로 쳐서(攵 칠 복) **거두다**.
收買價(수매가) 收益(수익) 收入(수입) 事態收拾(사태수습)
*丩(얽힐 구) : 덩굴이 **얽힌** 모양에서. ▶買(살 매) 拾(주울 습)

秀 빼어날 수
(4급 禾부 7획)

일정한 크기의 벼(禾)의 범위(乃 이에 내)를 벗어나 유독 길게 자란 모양에서 **빼어나다**.
秀才(수재) 優秀(우수)
*乃 : 지팡이(ノ) 짚은 굽은(ㄋ) 노인. 사람은 곧 **이에** 이른다.

受 받을 수
(4Ⅱ 又부 8획)

손(爫)으로 덮어서(冖 덮을 멱) 주니 손(又 손 우) 내밀어 **받는다**. 受講(수강) 受給(수급) 受信(수신) 引受(인수)
*爪(손톱 조) : 긁어당기는 **손톱**을 본뜬 자. *爪 = 爫

1, 2급 한자

狩 사냥할 수 | 짐승(犭 짐승 견)이 길목을 지키고(守) 있다 **사냥하다**. | 狩獵(수렵)

📝 옛날 성적표 긍정적으로 해석하기 – 秀·優·美·良·可

秀(빼어날 수) : 90점 이상의 아주 빼어난 실력을 갖춤. (A 학점에 해당)
優(뛰어날 우) : 80점 이상으로 상당히 뛰어난 실력을 갖춤. (B 학점에 해당)
美(아름다울 미) : 70점 이상으로 그럭저럭 예쁘게 봐 줄만함. (C 학점에 해당)
良(좋을 양) : 60점 이상 점수로 이 정도면 나쁘지는 않음. (D 학점에 해당)
可(가능할 가) : 60점 미만이지만 가능성이 있다하여 격려함. (F 학점)

授垂睡首帥

授 줄 수 (4Ⅱ 手부 11획)	손(扌)으로 상대방이 받기(受) 좋게 준다. 授受(수수) 授業(수업) 敎授(교수) 傳授(전수)하다 *扌(손 수) : 손 모양. *手 = 扌 : '才'와 비슷하여 '재방변'이라 함.
垂 드리울 수 (3Ⅱ 土부 8획)	천(千 일천 천) 가지의 풀(艹)이 땅(土) 향해 드리우다. 垂楊(수양) 垂直(수직) 率先垂範(솔선수범) 垂簾聽政(수렴청정) *드리우다 : 아래로 처지게 늘이다. ▶ 率(거느릴 솔) 簾(발 렴)
睡 잘 수 (3급 目부 13획)	눈(目)꺼풀을 내리고(垂) 잠자다. 睡眠(수면) 午睡(오수) *垂(드리울 수) : 천(千)가지의 풀(艹)이 땅(土)을 향해 드리우다.
首 머리 수 (5급 首부 9획)	털 난 머리, 우두머리. 首丘初心(수구초심) 首都(수도) 首相(수상) 首席(수석)
帥 장수 수 (3Ⅱ 巾부 9획)	깃발(巾 수건 건) 높이 달고 많은(𠂤) 군사를 거느리는 장수. 將帥(장수) 統帥(통수) ▶ 將(장수 장) 統(거느릴 통) *𠂤(많을 퇴) : 여러 개가 겹쳐 쌓여 있어 쌓이다, 많다는 뜻.

● 垂簾聽政(수렴청정) : 발(簾 발 렴)을 늘어뜨리고 정사(政事)를 봄.
 - 임금 나이가 어려 정사(政事)를 볼 수 없을 때 왕대비(왕의 어머니)나 대왕대비(왕의 할머니)가 대신하여 발 뒤에 앉아 신하의 의견을 듣고 정사(政事)를 돌보던 제도.

● 首丘初心(수구초심) : 여우가 죽을 때 머리를 자기가 태어났던 쪽으로 두고 죽는다는 데서, 고향을 그리워하는 마음.

● 首鼠兩端(수서양단) : 구멍에서 머리만 내밀고 좌우를 살피는 쥐. 어찌할 바를 몰라 진로ㆍ거취를 결정하지 못하는 상태.

修 殊 須 愁 搜

修 닦을 수
(4Ⅱ 人부 10획)

멀리(攸 멀 유) 내다보고, 머리(彡 터럭 삼)를 감듯, 심신 갈고 닦음. 修能(수능) 修道(수도) 修了(수료) 修學(수학)
*攸 : 사람(亻)이 지팡이(丨)로 땅을 치면서(攵 칠 복) 멀리 간다.

殊 다를 수
(3Ⅱ 歹부 10획)

죽을(歹 뼈앙상할 알) 때 붉은(朱 붉을 주) 피 보게 하니 다르다. 殊勳(수훈) : 뛰어난 공훈. 特殊(특수) ▶勳(공 훈)
*朱(붉을 주) : 사람(ㅡ)이 벤 소나무(木)가지 부분이 붉음.

須 모름지기 수
(3급 頁부 12획)

수염(彡 터럭 삼)이 얼굴(頁 머리 혈)에 많이 나야 풍채가 좋게 보인다는 것은 두말 할 나위가 없다는 데서 모름지기의 뜻이 됨.
男兒須讀 五車書(남아수독 오거서) ▶讀(읽을 독)

愁 근심 수
(3Ⅱ 心부 13획)

가을(秋)에 겨울을 어찌 날까 마음(心)으로 근심함.
愁心(수심) 哀愁(애수) 憂愁(우수) 鄕愁(향수) ▶憂(근심 우)
*秋(가을 추) : 벼(禾 벼 화)가, 불(火)에 타듯이 익어가는 가을.

搜 찾을 수
(3급 手부 13획)

손(扌)으로 늙은이(叟)가 더듬어 힘들게 찾는다.
搜査(수사) 搜索(수색) ▶査(조사할 사) 索(찾을 색)
*叟 : 절구(臼)에 곡식 넣고 절굿공이(丨)를 쥐고(又) 찧는 늙은이.

1, 2급 한자

嫂 형수 수	나보다 나이 많은(叟) 형과 사는 여자(女)인 **형수**(兄嫂).	弟嫂(제수)
瘦 파리할 수	병든(疒) 늙은이(叟)가 여위거나 해쓱하여 **파리하다**.	瘦瘠(수척)
揷 꽂을 삽	손(扌)으로 천(千) 번 즉 여러 번 절구(臼)에 내리 **꽂다**.	揷入(삽입)

📖 **男兒須讀 五車書(남아수독 오거서)** : 남자는 모름지기 다섯 수레의 책을 읽어야 함.

- 먼 옛날의 책은 죽간(竹簡)으로 사용하였고 그 부피가 커서 관리(官吏)가 부임(赴任)을 하거나 많은 책을 옮길 때에는 수레를 이용(利用)하였다고 한다. 또한 인격수양(人格修養)과 지식(知識)을 얻는 데에는 다독(多讀)이 필요하다.

遂需壽數誰

遂 이룰 수 (3급 辶부 13획)
사방팔방(八)에서 농지나 밭에 들어온 멧돼지(豕 돼지 시)를 멀리(辶 멀리갈 착) 쫓아버려 뜻한 바를 **이루다**.
未遂(미수) 完遂(완수) 遂行(수행) : 일을 계획한 대로 해냄.

需 구할 수 (3Ⅱ 雨부 14획)
내리는 비(雨 비 우)와 같이 시원하게 말 잘하는(而 말이을 이) 사람을 **구한다**. 需給(수급) 需要(수요) 軍需(군수)
*而 : 턱수염 모양. 잔소리가 많은 늙은이의 말이 **이어지다**.

壽 寿 목숨 수 (3Ⅱ 士부 14획)
선비(士)도 하나(一), 장인(工)도 하나(一)인 입(口)으로 잘 헤아려(寸 헤아릴 촌) 먹어야 **오래 사는 목숨**.
壽命(수명) 壽宴(수연) 長壽(장수) 壽則多辱(수즉다욕)

數 数 셀 수, 자주 삭 (7급 攵부 15획)
여러(婁 여러 루) 개의 물건을 톡톡 치면서(攵 칠 복) **세다**. 세는 것을 반복한다는 데서 **자주**. 數學(수학)
算數(산수) 數尿症(삭뇨증) : 오줌이 자주 마려운 병.

誰 누구 수 (3급 言부 15획)
새(隹 새 추) 지저귀는 소리가 무슨 말(言)인지 **누가** 알겠는가.
誰何(수하) : 누구인지 신분을 밝히도록 묻는 일.
*言(말씀 언) : 두(二) 번 거듭(二) 생각한 후 입으로(口) 말하다.

특급 한자

燧 부싯돌 수   불(火)이 일어남을 이루어(遂) 주는 **부싯돌**.   燧石(수석)
襚 수의 수   옷(衤)을 죽은 사람을 염습함에 따라(遂) 입히는 **수의**(襚衣).

- 燧人氏(수인씨) : 중국 고대 전설에 나오는 삼황(三皇)의 한 사람.
  복희씨 이전의 사람으로 불의 기술을 가르쳤고 식물의 조리법을 전했다고 함.
- 伏羲(복희) : 처음으로 고기잡이, 사냥, 목축 등을 가르치고 팔괘(八卦)와 문자 만듦.
- 神農(신농) : 처음으로 농사법을 가르치고, 팔괘를 겹쳐서 육십사괘를 만들었다 함.

雖 樹 隨 輸 獸

雖 비록 수 (3급 隹부 17획)	입(口)으로 벌레(虫) 따위나 잡아먹는 새(隹)지만 **비록**. 雖誰(수수) : 비록 누구라 할지라도. 雖然(수연) : 그러나. *虫(벌레 충) : 사리고 있는 **뱀**이나 **작은 벌레** 모양.
樹 나무 수 (6급 木부 16획)	많은(十) 음식을 제기(豆 제기 두)에 세워 올려놓듯, 나무(木)를 손(寸 마디 촌)으로 **심는다**. 또는 **심은 나무**. 樹木(수목) 植樹(식수) 果樹園(과수원) ▶植(심을 식)
隨 隨 따를 수 (3Ⅱ 阜부 16획)	언덕(阝언덕 부) 넘어 멀리 따라 갈 때는 왼쪽(左)에 몸(月)을 두고 간다(辶 갈 착) 하여 **수행하다**, **따르다**. 隨時(수시) 隨筆(수필) 隨行(수행) 夫唱婦隨(부창부수)
輸 輸 나눌 수 (3Ⅱ 車부 16획)	육로는 수레(車 수레 거), 수로는 거룻배(兪 거룻배 유)로 **나른다**. 輸送(수송) 輸入(수입) 輸出(수출) 運輸(운수) *兪 : 몸체(月) 앞이 뾰족하며(스), 물(巜) 위를 다니는 **거룻배**.
獸 獣 짐승 수 (3Ⅱ 犬부 19획)	입들(口口)을 밭(田)에 대고 하나(一)의 먹이(口)를 찾는 개(犬 개 견)와 같은 모든 종류의 **짐승**을 뜻한 자. 禽獸(금수) 野獸(야수) 人面獸心(인면수심) ▶禽(새 금)

1, 2급 한자

隋 수나라 수 언덕(阝언덕 부) 왼쪽(左)으로 몸(月 육달 월)이 **떨어지다**. 여기에 '土'를 붙인 '墮(떨어질 타)' 자가 **떨어지다**는 뜻으로 쓰이므로 '隋'은 수나라의 뜻으로 쓰임.

髓 골수 수 뼈(骨 뼈 골)를 따라(隨의 줄임) 속에 차있는 **골수**(骨髓). 眞髓(진수)

📝 隨意契約(수의계약) : 경쟁(競爭)이나 입찰(入札)에 따르지 않고 일방적(一方的)으로 상대방(相對方)을 지목하여 하는 계약.

📝 隋(수, 589~618) : 2대 황제 양제(煬帝)의 고구려 정벌 실패(612년, 살수대첩).

 叔淑宿孰熟

叔 어릴 숙 (4급 又부 8획)	위(上)로 자라는 작은(小) 싹을 손(又 손 우)으로 솎아주는 모양에서 **작다**, **어리다**.　▶ 堂(8촌안쪽의친척 당) 叔母(숙모)　叔父(숙부)　外叔(외숙)　堂叔 : 아버지의 사촌형제
淑 맑을 숙 (3Ⅱ 水부 11획)	깨끗한 물(氵)에서 어린(叔 어릴 숙) 싹이 트고 자란다는 데서 **맑다**. 깨끗하게 잘 자란 사람이라 **착하다**. 淑女(숙녀)　靜淑(정숙)　靜淑(정숙)　貞淑(정숙)　▶ 貞(곧을 정)
宿 잘 숙 (5급 宀부 11획)	집(宀)에서 사람(亻)이 많이(百 일백, 많을 백) 모여서 **묵거나 자다**.　宿泊(숙박)　宿所(숙소)　宿食(숙식)　宿題(숙제) *宀(집 면) : 지붕으로 덮여 있는 **집**. '갓머리'라고도 함.
孰 누구 숙 (3급 子부 11획)	행복 누리며(享 누릴 향) 원만하게(丸 둥글 환) 세상을 사는 사람은 **누구**?　孰誰(숙수)　孰是孰非(숙시숙비) *享 : 높은(高의 줄임) 자리에 오른 자식(子)이 복을 **누리다**.
熟 익을 숙 (3Ⅱ 火부 15획)	누구(孰 누구 숙)라도 불(灬=火)에 익듯 시간이 지나면 **익숙해진다**.　熟達(숙달)　熟語(숙어)　熟成(숙성)　未熟(미숙) ***孰** : 행복 누리며(享 누릴 향) 원만하게(丸) 사는 사람은 누구?

1, 2급 한자

菽 콩 숙	어린(叔) 것이 위로 올라오면서 자라는 식물(艹)인 **보리**.　　菽麥(숙맥)

- 宿虎衝鼻(숙호충비) : 자는 범 코침 주기. 공연히 화를 자초(自招)함. ▶ 衝(찌를 충)
- 菽麥(숙맥) : '菽麥不辨(숙맥불변)'에서 나온 말로, 콩인지 보리인지 구별(區別) 못할 정도로 어리석고 못난 사람을 비유적(比喩的)으로 이르는 말.

📖 肅旬殉循巡

肅 肅
엄숙할 숙
(4급 聿부 12획)

손(彐 손 계)에 붓(丨)을 쥐고 한(一) 획 한 획 목판(片 조각 편)이나 널빤지(爿 널 장)에 글 쓸 때 엄숙하다.
肅然(숙연) 肅清(숙청) 嚴肅(엄숙) 自肅(자숙) 靜肅(정숙)

旬
열흘 순
(3Ⅱ 日부 6획)

날짜(日)를 묶어서(勹) 열흘을 나타낸 자. ▶ 報(알릴 보)
旬報(순보) 六旬(육순) 初旬(초순) 中旬(중순) 下旬(하순)
*勹(쌀 포) : 사람이 팔·손으로 무언가를 감싸고 있는 모양.

殉
따라죽을 순
(3급 歹부 10획)

사람이 죽으면(歹 뼈앙상할 알) 열흘(旬) 안에 따라 죽는다.
殉敎(순교) 殉葬(순장) 殉職(순직) ▶ 葬(장사지낼 장)
*歹 : 뼈(一)에 살(夕 고기조각 석)이 조금 붙은 뼈. 죽음.

循
돌 순
(3급 彳부 12획)

방패(盾)를 들고 경비병이 돌아다닌다(彳 걸을 척).
循行(순행) 循環系(순환계) 循環線(순환선) ▶環(고리 환)
*盾(방패 순) : 사방(十)을 눈(目)으로 살피며 막는(厂) 방패.

巡
돌 순
(3Ⅱ 巛부 7획)

물(巛=川 내 천)이 흐르듯 두루 돌아다님(辶 갈 착).
巡警(순경) 巡禮(순례) 巡訪(순방) 巡視(순시) 巡察(순찰)
*川 : 흐르는 내. 川 = 巛 : '개미허리' 巜 큰도랑 괴 〈 도랑 견

1, 2급 한자

繡 수놓을 수   실(糸)을 가지고 엄숙히(肅) 수를 놓다. 刺繡(자수) ▶ 刺(찌를 자)
荀 풀이름 순   풀(艹)은 열흘(旬)이면 그 종류 즉 풀이름을 알 수 있다 하여. 성씨
筍 죽순 순   대(竹)의 순은 열흘(旬) 정도면 거의 다 자란다는 데서. 竹筍(죽순)
遁 숨을 둔   방패(盾)로 몸을 가리듯 멀리 달아나(辶 갈 착) 숨다. 隱遁(은둔)

📖 荀子(순자, BC 298~BC 235년경)
전국시대 말엽의 조나라 유학자(儒學者). 공자의 가르침을 이어받아 제자백가의 사상을 비판하며 섭취하여 유학을 체계화함. 인간은 본래 악하기에(性惡說) 예(禮)로써 교정, 사회질서(社會秩序)를 유지해야 한다고 주장하였다. 한비자(韓非子)가 그의 문하생(門下生)이다.

純 脣 順 瞬 戌

純 순수할 순 (4Ⅱ 糸부 10획)
불순물 없는 생실(糸)로만 뭉쳐져(屯 모일 둔) 있어 순수하다.
純毛(순모) 純情(순정) 純種(순종) 純眞(순진)
*屯 : 새싹(屮)이 땅 뚫고( )) 나온 모양. 그 싹이 포기져 모이다.

脣 입술 순 (3급 肉부 11획)
조개(辰)처럼 신체(月 육달 월)에서 열고 닫는 부분인 입술.
脣音(순음) : 입술 소리. 丹脣(단순) 脣亡齒寒(순망치한)
*辰(때 신) : 조개가 입 벌려 움직이는 모양. 이 때가 농사철.

順 따를, 순할 순 (5급 頁부 12획)
물(川) 흐르듯 우두머리(頁 머리 혈)를 따르다. 따르니 순하다.
順理(순리) 順番(순번) 順序(순서) 順位(순위)
*川(내 천) = 巛 : '개미허리' 巜 큰도랑 괴 〈 도랑 견

瞬 눈깜짝할 순 (3Ⅱ 目부 17획)
눈(目)을 손(爫 손톱 조)으로 가리고(冖 덮을 멱) 한 걸음(舛 발 엇갈릴 천) 옮기는 데에 걸릴 정도 짧은 시간.
瞬間(순간) 瞬發力(순발력) 瞬息間(순식간) ▶ 息(숨쉴 식)

戌 개 술 (3급 戈부 6획)
창(戈)을 든 사람(人) 옆에 있는 개. 12지지(地支)의 11번째를 나타냄. 戌時(술시) : 19~21시
*戈(창 과) : 날이 세 갈래로 된 창이나 무기의 뜻.

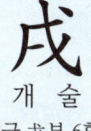 신체를 나타내는 '頁'과 '月'

頁(머리 혈) : 신체의 목을 포함한 머리에 있는 부분을 나타냄. 또는 머리로 하는 것.
　　頂(정수리 정) 頭(머리 두) 顔(얼굴 안) 額(이마 액) 煩(괴로울 번)
　　項(목덜미 항) 頸(뒷목 경) 頰(뺨 협) 顎(턱 악) 頑(완고할 완)

月(육달 월) : '달'의 뜻이 아닐 때는 신체의 목 밑 부분부터 발 끝까지. 또는 고기.
　　肝(간 간) 肋(갈비 륵) 胃(밥통 위) 膀(오줌통 방) 脂(기름 지)
　　背(등 배) 腰(허리 요) 脚(다리 각) 胱(오줌통 광) 膾(날고기 회)

述 術 崇 拾 習

述 지을 술 (3Ⅱ 辶부 9획)	삽주 뿌리(朮)가 길게 뻗어 나가듯(辶 갈 착) **말하거나 글을 짓다**. 述語(술어) 口述(구술) 記述(기술) 論述(논술) *朮(삽주뿌리 출) : 여러(十) 갈래로(八) 뻗어가는(丶) **삽주 뿌리**.
術 재주 술 (6급 行부 11획)	삽주 뿌리(朮 삽주뿌리 출)가 여러 갈래로 뻗어 나가듯이 여러 가지로 행할(行 다닐, 행할 행) 수 있는 **재주**. 術法(술법) 術策(술책) 美術(미술) 手術(수술) 學術(학술)
崇 받들 숭 (4급 山부 11획)	산(山)처럼 높은 종가(宗)를 **받들다**. ▶儒(선비, 유학 유) 崇高(숭고) 崇拜(숭배) 崇尙(숭상) 崇儒抑佛(숭유억불) *宗(으뜸 종) : 집(宀)에서 제사(示)를 모시는 **종가**(宗家)가 으뜸.
拾 주을 습, 갖은열 십 (3Ⅱ 手부 9획)	손가락(扌) 합하여(合 합할 합) **열**. 이 손으로 **줍다**. 拾萬(십만) 收拾(수습) 拾得(습득) ▶收(거둘 수) *'十'은 고치기 쉬워 계약 등을 할 때는 갖은 자인 '拾'을 씀.
習 익힐 습 (6급 羽부 11획)	날개(羽 깃 우)를 움직여 어린(白) 새가 날기를 **익히다**. 習慣(습관) 習得(습득) 實習(실습) 自習(자습) 學習(학습) *白(흰 백) : 해(日)에서 뻗어 나오는(丿) 빛이 **희다**. 희니 **어리다**.

특급 한자

褶 주름 습

옷(衤)이, 반복하여 익히듯(習) 여러 겹으로 **주름**진 데서.
褶曲(습곡) : 지각변동(地殼變動)으로 평평(平平)한 지층(地層)이 주름이 져서 산이나 골짜기가 되는 일.

✏️ '갖은'이란 장부상(丈夫上)의 수(數)·량(量)을 속이지 못하게 획 늘림의 뜻.

(一→壹) (二→貳) (三→參) (十→拾) (千→阡)
　일　　　이　　　삼　　　십　　　천

濕襲昇承乘

濕 湿 젖을 습 (3Ⅱ 水부 17획)
햇빛(日)에 반짝이는 실(絲의 줄임)인 명주실은 물(氵)에 잘 **젖음**. 濕氣(습기) 濕度(습도) 多濕(다습) 濕式(습식)
*糸(실 사): 작고(幺 작을 요) 가는(小) 실.

襲 엄습할 습 (3Ⅱ 衣부 22획)
용(龍)은 비가 억수로 내릴 때 하늘로 오르는데 이 때 비 맞으면 옷(衣) 안으로 비가 들어오듯, **안으로 무섭게 쳐들어오는 것**.
空襲(공습) 奇襲(기습) 逆襲(역습)

昇 오를 승 (3Ⅱ 日부 8획)
해(日)가 되(升)에 곡식을 퍼 올리듯 떠 **오르다**.
昇降機(승강기) 昇天(승천) 上昇(상승) ▶降(내릴 강)
*升(되 승): 비스듬히(丿) 들고(廾 들 공) 곡식 담는 **되**.

承 이을 승 (4Ⅱ 手부 8획)
아들(子) 둘(二)이 손(手)을 맞잡고 물(水) 흐르듯 대를 **이어** 일을 **받들어** 나아감. ▶繼(이을 계) 服(복종할 복)
承繼(승계) 承服(승복) 承認(승인) 起承轉結(기승전결)

乘 乗 탈 승 (3Ⅱ 丿부 10획)
사람(丿)이 북녘(北 북녘 북)을 향하여 위쪽으로 나아가듯 나무(木)에 양 발을 엇굿 디디며 **오르다**.
乘客(승객) 乘用車(승용차) 乘車(승차) 同乘(동승)

1, 2급 한자

升 되 승   비스듬히(丿) 들고(廾) 곡식 담는 **되**. 10홉의 양으로 1.8ℓ

📘 부피와 관련된 한자 단위
- 石(석): 부피의 단위로 '섬'이라 함. (한 섬 : 벼 껍질을 벗기지 않은 두 가마니)
- 斗(두): 부피의 단위로 '말'이라 함. (한 말 : 10되의 양으로 18ℓ) ▶斗(말 두)
- 升(승): 부피의 단위로 '되'라고 함. (한 되 : 10홉의 양으로 1.8ℓ)
- 合(합): 부피의 단위로 '홉'이라 함. (한 홉 : 1인분 정도의 곡식의 양인 0.18ℓ)
- 勺(작): 부피의 단위로 '작'이라 함. (한 작 : 한 모금(입, 잔) 정도로 홉의 1/10)
- 가마: '가마니'의 준말로 일본어(가마스 ; かます)에서 온 말.(한 가마 : 10말)

勝僧示視市

勝 이길 승
(6급 力부 12획)

몸(月)과 양손(丿ㄟ) 둘(二)을 이용해 사람(人)이 힘(力) 써 이기다. 勝利(승리) 勝敗(승패) 景勝地(경승지) : 경치가 뛰어난 곳.
*月(육달 월) : '달'의 뜻이 아닐 때는 (月=肉 고기 육)로 고기, 신체,

僧 僧 중 승
(3Ⅱ 人부 14획)

사람(亻) 중, 거듭(曾 거듭 증)하여 수행(修行)하는 중.
帶妻僧(대처승) : 살림 차린 중. 比丘僧(비구승) : 독신(獨身) 중.
*曾 : 갈라진(八) 입(口)에서 거듭 나오는 작은(小) 말에서.

示 보일 시
(5급 示부 5획)

제사 지내는 제단 모양. 제물을 제단에 올려 신에게 보임. 제사, 기원, 바라다. (二 : 넓은 석판 小 : 석판 받침)
示範(시범) 告示(고시) 展示(전시) 表示(표시) 訓示(훈시)

視 視 볼 시
(4Ⅱ 見부 12획)

보이는(示 보일 시) 것을 눈으로 본다(見).
視覺(시각) 視力(시력) 視聽(시청) 視金如石(시금여석)
*見(볼 견) : 사람이 눈(目)으로 서서(儿 어진사람 인) 본다.

市 시장 시
(7급 巾부 5획)

천(巾 수건 건) 등을 높이(亠) 쌓아두고 파는 시장.
市民(시민) 市長(시장) 市場(시장) 都市(도시)
*亠(머리부분 두) : 상투 모양으로 머리 부분이나 위를 나타냄.

1, 2급 한자

柿 감 시 | 나무(木) 높은(亠) 곳에 많이 매달려(巾) 열리는 감. 紅柿(홍시)

- 視金如石(시금여석) : 재물(財物)에 욕심(慾心)을 부리지 말 것.
  - "황금 보기를 돌같이 하라"고 고려 말 장수인 최영에게 아버지가 한 말. 훗날 최영은 높은 자리에 있었으나 청탁(淸濁), 뇌물(賂物) 등은 절대 받지 않았다 함.

- '지피지기면 백전백승'이 아니라 '知彼知己면 百戰不殆(지피지기면 백전불태)'
  - 적을 알고 나를 알면 백전을 치러도 위태롭지 않음.('不殆'를 '百勝'으로 씀은 잘못.
    知彼知己하여도 항상(恒常) 이길 수 있는 것은 아님)

 矢 始 是 侍 時

矢 화살 시 (3급 矢부 5획)	화살 모양. 화살은 빠르다와 활에 비해 짧다는 뜻. 弓矢(궁시) 矢緯(시위) : 활줄. 已發之矢(이발지시) ▶已(이미 이)
始 처음 시 (6급 女부 8획)	여자(女) 뱃속(口)에 아이(厶)가 생겨 자라는 이때가 생명이 시작되는 처음. 始動(시동) 始作(시작) 始祖(시조) *厶 : 뱃속에서 웅크리고 있는 아이 모양.
是 옳을 시 (4Ⅱ 日부 9획)	정확한 해(日)와 같이 바르게(正 바를 정) 말함이 옳다. 是認(시인) 是非(시비) 必是(필시) 是是非非(시시비비) *正 : 두 발(止 그칠 지)을 한데(一) 모아 바르게 서 있는 모양.
侍 모실 시 (3Ⅱ 人부 8획)	사람(亻)이 관청(寺 관청 시)에 있는 높을 분을 모시다. 시녀(侍女) 시종(侍從) 侍中(시중) 嚴妻侍下(엄처시하) *寺 : 토지(土)를 법도(寸 법도 촌) 있게 관리하는 관청(官廳).
時 때 시 (7급 日부 10획)	해(日) 보고 관청(寺)에서 종 울려 알려주는 시각인 때. 時刻(시각) 時間(시간) 時事(시사) : 그때그때의 일어난 일. *寺(관청 시) : 토지(土)를 법도(寸 법도 촌) 있게 관리하는 관청.

1, 2급 한자

匙 수저 시   바르게(是) 찔러(匕 비수 비) 먹는 수저.   十匙一飯(십시일반)

- 已發之矢(이발지시) : 이미 시위를 떠난 화살. 한 번 시작된 일을 멈추기 어려움.
- 是非之心(시비지심) : 옳고 그름을 가릴 줄 아는 마음. 4단(端)의 하나.
- 十匙一飯(십시일반) : 열 사람이 밥 한 술씩 보태면 밥 한 그릇이 됨.
  여러 사람이 힘을 합하면 한 사람을 돕는 일은 쉽다.

📖 詩試施式食

詩 시문 시
(4Ⅱ 言부 13획)

말(言)을 절(寺)처럼 조용한 마음으로 쓰는 글인 **시**.
詩歌(시가) 詩想(시상) 詩集(시집) 詩評(시평) 序詩(서시)
*寺(관청 시) : 토지(土)를 법도(寸 법도 촌) 있게 관리하는 관청.
 寺(절 사) : 불교 초기에 관청에서 불법을 폈던 것이 절이 됨.

試 시험 시
(4Ⅱ 言부 13획)

일정한 방식(式)의 말(言 말씀 언)로 물어 **시험하다**.
試圖(시도) 試料(시료) 試合(시합) 試驗(시험) 入試(입시)
*式(법 식) : 장인(工)이 먹줄(弋 주살 익) 들고 일하는 **방식**.

施 베풀 시
(4Ⅱ 方부 9획)

사방(方 사방 방)으로 사람(⼂ 누운사람 인)이, 뱀(也 뱀 야)이 똬리를 풀고 움직이듯, **행하다**. 행하여 **베풀다**.
施工(시공) 施設(시설) 施政(시정) 施行(시행) ▶ 政(다스릴 정)

式 법 식
(6급 弋부 6획)

장인(工)이 먹줄(弋)을 들고 일하는 **방법**, **제도**, **의식**.
式順(식순) 式場(식장) 公式(공식) 禮式(예식) 定式(정식)
*弋(주살 익) : 줄(丶)을 매어 쓰는 화살인 **주살**.

食 먹을 식
(7급 食부 9획)

사람(人)이 좋은(良) 것을 **먹는다**는 또는 그런 **밥**.
食堂(식당) 食糧(식량) 食事(식사) 食性(식성)
*良(어질 량) : 보는(艮 볼 간) 눈동자(丶)가 바른 모양에서 **좋다**.

1, 2급 한자

弑 죽일 시	나무(木) 베듯(乂) 법(式 법 식)을 어기고 **죽이다**.	弑害(시해)
拭 닦을 식	손(扌)으로 일정한 방식(式)으로 **닦는다**. 拂拭(불식)	▶ 拂(털 불)
蝕 좀먹을 식	벌레(虫)가 조금씩 먹어(食) 들어간다 하여 **좀먹다**.	蠶蝕(잠식)
餐 식사 찬	마른(歹) 사람이 손(又)으로 잘 먹어야(食) 하는 식사.	晚餐(만찬)
饌 반찬 찬	뱀들(巳巳)이 모여(共) 있듯, 밥(食)과 함께 먹는 **반찬**.	盛饌(성찬)

💡 食少事煩(식소사번) : 먹을 것은 적고 할 일은 많음. ▶ 煩(귀찮을 번)

飾 息 植 識 臣

飾 飾
꾸밀 식
(3Ⅱ 食부 14획)

식탁(食)을 차릴 때 사람(人)이 천(巾)으로 꾸미다.
假飾(가식) 裝飾(장식) 粉飾(분식) : 내용 없이 겉만 발라 꾸밈.
*巾(수건 건) : 몸(丨)에 두른(冂) 수건, 천, 천의로 만든 것.

息
쉴 식
(4Ⅱ 心부 10획)

심장(心) 위 폐가 코(自)로 숨 쉬다. 숨 쉬며 편히 쉬다. 자식(子息)이 있어야 자신(自)의 마음(心)이 편하다.
消息(소식) 瞬息間(순식간) 安息日(안식일) 休息(휴식)
*自 : 코를 본뜬 자. 중국인은 코를 가리키며 자기를 나타낸다.

植
심을 식
(7급 木부 12획)

나무(木)를 바로(直) 세워 심는다.
植木日(식목일) 植物(식물) 植民地(식민지)
*直(곧을 직) : 열(十) 번을 보아도(目 앉은(ㄴ) 자세가 곧다.

識
알 식, 적을 지
(5급 言부 19획)

말(言), 소리(音)를 창칼(戈 창 과)로 새기어 알게 적는다.
識別(식별) 知識(지식) 標識(표지) 識字憂患(식자우환)
*音(소리 음) : 사람이 서서(立) 입(曰 말할 왈)으로 내는 소리.

臣
신하 신
(5급 臣부 6획)

임금 앞에서 몸 구부리고 엎드린 신하. ▶ 奸(간사할 간)
家臣(가신) 奸臣(간신) 功臣(공신) 臣下(신하) 忠臣(충신)
使臣(사신) : 나라의 명을 받아 외국에 파견되던 신하.

1, 2급 한자

幟 깃발 치
찰흙(戠)에 새긴 듯 한 천(巾)인 깃발. 旗幟(기치)

熾 불꽃 치
찰흙(戠) 도자기 구울 때 이는 불꽃(火). 熾熱(치열)

*戠(찰흙 시) : 사람 소리(音 소리 음)를 창칼(戈 창 과)로, 찰흙으로 만든 담벼락이나 도자기 등에 새긴다는 데서.

자모(字母)는 같으나 음의 고저나 강약의 차이에 의하여 나누어진 글자

'ㅈ' 과 'ㅊ'
次(버금 차) - 資(재물 자)   長(어른 장) - 脹(배부를 창)
錢(돈 전) - 賤(천할 천)   靑(푸를 청) - 情(뜻 정)
中(가운데 중) - 忠(충성 충)   早(일찍 조) - 草(풀 초)

申 伸 神 身 辛

申 알릴 신
(4Ⅱ 田부 5획)

말(曰 말할 왈)의 핵심을 찔러(丨뚫을 곤) 아뢰다.
아홉째 지지(地支)인 원숭이의 뜻으로 쓰이는 자.
申告(신고) 申請(신청) 申申當付(신신당부) ▶付(청할 부)

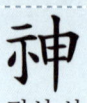

伸 펼 신
(3급 人부 7획)

사람(亻)이 아뢸(申) 말을 쫙 펼쳐 한다는 데서.
伸張(신장) 伸縮(신축) ▶張(넓힐 장) 縮(오그라들 축)
*亻 '사람인변' 儿 어진사람 인 勹 굽은사람 인 匕 누운사람 인

神 귀신 신
(6급 示부 10획)

제단(示)에서 바라는 바를 아뢰는(申) 대상인 신.
神經(신경) 神聖(신성) 神通(신통) 神話(신화) 鬼神(귀신)
*示(제단 시) : 제단 모양으로 제물을 제단에 올려 신에게 보임.

身 몸 신
(6급 身부 7획)

배가 크고 근육이 단단하게 형성 된 좋은 몸.
身上(신상) 身長(신장) 身體(신체) 心身(심신) 全身(전신)

辛 매울 신
(3급 辛부 7획)

세워(立 설 립) 놓고 죄인 이마에 '十' 자를 바늘로 새긴다는 데서,
혹독하여 맵다는 뜻. 글자 안에서는 죄인의 뜻으로 많이 쓰임.
香辛料(향신료) 千辛萬苦(천신만고)

1, 2급 한자

呻 끙끙거릴 신 　　입(口)으로 무언가를 알리듯(申) 끙끙거리다. 　　　　　　　呻吟(신음)
紳 큰띠 신 　　　　신분을 나타내려고(申) 실(糸)로 만든 큰 띠. 　　　　　　　紳士(신사)
辣 매울 랄 　　　　매운(辛) 상태에 묶여(束) 있어 몹시 맵다. 　　　　　辛辣(신랄) 惡辣(악랄)

🔖 **身言書判(신언서판)** : 사람을 평가(評價)하는 네 가지 조건(條件).
　　　　　　　　　　　　풍채(風采)·언변(言辯)·문필(文筆)·판단력(判斷力).

🔖 **身土不二(신토불이)** : 자신이 태어난 땅에서 나는 농산물이 자신의 몸에 좋다는 뜻.

✏️ 信 晨 新 愼 失

信 믿을 신 (6급 亻부 9획)	사람(亻)은 말(言)을 믿음 가게 해야 하며, 또한 훌륭한 이의 말을 믿고 따른다. 信仰(신앙) 信用(신용) 通信(통신) *言(말씀 언) : 두(二) 번 거듭(二) 생각한 후 입으로(口) 말하다.
晨 새벽 신 (3급 日부 11획)	햇빛(日) 나오고 별빛(辰 별 진)이 들어가는 이른 새벽. 昏定晨省(혼정신성) : 저녁, 아침으로 부모를 섬기는 효행. *辰 : 조개가 입 벌려 움직이는 모양. 이 때 전갈자리별이 나타남.
新 새로울 신 (6급 斤부 13획)	도끼(斤)로 자른 나무(木) 위에 난(立 설 립) 싹이 새롭다. 新刊(신간) 新聞(신문) 新生(신생) 新人(신인) 革新(혁신) *斤(도끼 근) : 도끼의 모양으로 끊다, 베다, 무기의 뜻.
愼 愼 삼갈 신 (3Ⅱ 心부 13획)	마음(忄)을 참되게(眞 참 진) 가져 언행(言行)을 삼가다. 愼重(신중) 勤愼(근신) : 말이나 행동을 삼가서 조심함. *眞 : 비수(匕) 같은 예리한 눈(目)으로 보아도 빠짐없이 참하다.
失 잃을 실 (6급 大부 5획)	사람(丿)이 큰(大) 것을 잃다. 또는 큰 잘못을 하다. 失手(실수) 失言(실언) 失業(실업) 失戀(실연) 失敗(실패) 失脚(실각) : 실패하여 지위나 설 자리를 잃음. ▶ 脚(다리 각)

1, 2급 한자

娠 아이밸 신	여자(女)가 때(辰 때 신)가 되어 애를 배다는 뜻. 姙娠(임신)
蜃 대합조개 신	용(辰)이 되려고 수양하는 벌레(虫)인 대합조개. 蜃氣樓(신기루) : 빛의 굴절(屈折)에 의하여 무엇이 있는 것처럼 보이는 현상.
薪 땔나무 신	(立) 있는 초목(艹木)을 베어(斤) 만든 땔나무. 臥薪嘗膽(와신상담)

📖 新陳代謝(신진대사) : 묵은 것이 없어지고 새 것이 대신 생김.
- 단순해 보이는 이 말은 의미심장(意味深長)한 단어라 할 수 있다. 모든 병(病)의 원인이 이 신진대사가 원활(圓滑)히 이루어지지 않음으로 인하여 발생한다고 본다. 특히 혈행(血行), 즉 혈액(血液)의 흐름에 많은 신진대사가 이루어지기에 이를 위해 알맞은 식생활(食生活)과 적절한 운동 등을 적극 권(勸)하는 바이다.

室實心甚深

室 집 실 (8급 宀부 9획)
집(宀 집 면)에 사람이 머물(至) 수 있게 만든 방, 집.
室內(실내) 室外(실외) 室長(실장) 教室(교실)
*至(이를 지) : 한(一) 마리 새 발(内 새발자국 유)이 땅(土)에 이름.

實 实 열매 실 (5급 宀부 14획)
집(宀 집 면) 안에 꿰어(貫) 말리는, 수확한 열매.
實感(실감) 實力(실력) 實現(실현) 實話(실화) 果實(과실)
*貫(꿸 관) : 돈(貝)을 꿰어(毌) 놓은 모양. ▶ 果(열매 과)

心 마음 심 (7급 心부 4획)
사람의 심장 모양. 생각, 성질, 한가운데의 뜻.
民心(민심) 安心(안심) 中心(중심) 孝心(효심)
心理(심리) : 인간의 의식(意識)과 행동 양태(樣態). 마음보.

甚 심할 심 (3Ⅱ 甘부 9획)
달콤(甘)한 사랑에 한 쌍(匹 짝 필)이 심하게 빠지다.
甚深(심심) : (마음의 표현 정도가) 매우 깊음. 極甚(극심)
*甘(달 감) : 입(口) 속 혀(一)로 단맛을 보는 모양.

深 깊을 심 (4Ⅱ 水부 11획)
물(氵)이 나무(木) 위에 서 있는 사람(儿)을 덮을(冖 덮을 멱) 정도로 깊다. 深夜(심야) 深海(심해) 深化(심화)
*儿(어진사람 인) : 걷는 사람의 다리. 사람의 뜻으로 많이 쓰임.

- 水深可知 人心難知(수심가지 인심난지) : 물의 깊이는 알 수 있으나 사람의 마음을 알기는 어렵다.
- 落實思樹(낙실사수) : 과일을 딸 때는 나무를 생각하고,
- 飲水思源(음수사원) : 물을 마실 때는 그 원천(源泉)을 생각하듯,

모든 일에 항상 고마워하라는 의미(意味)이다.

尋審十雙氏

尋 찾을 심
(3급 寸부 12획)

손(彐 손 계)으로 만든 물건(工 장인 공)을, 서로 말하며(口) 작은(寸 마디 촌) 결함이 없는지 살피며 **찾는다**.
尋訪(심방) : 방문하여 찾아봄. 推尋(추심) : 찾아내어 받아 냄.

審 살필 심
(3Ⅱ 宀부 15획)

집(宀 집 면) 안을 차례(番 차례 번)로 돌며 **살피다**.
審理(심리) : 사실을 조사하여 처리함. 審査(심사) 審判(심판)
*番 : 분별해서(釆) 익은 곡식을 밭(田)에서 **차례**(次例)대로 거둠.

十 열 십
(8급 十부 2획)

두 손 열 손가락을 엇걸어 **열** 또는 **많다**. ▶ 伐(칠 벌)
十中八九(십중팔구) : 열 가운데 여덟이나 아홉, 대부분의 뜻.
十伐之木(십벌지목) : 열 번을 찍어 안 넘어 가는 나무가 없음.

雙 双 둘 쌍
(3Ⅱ 隹부 18획)

한 쌍의 새(隹)가 손(又 손 우)에 있는 모양에서 **둘**.
雙方(쌍방) 雙手(쌍수) 雙曲線(쌍곡선) 無雙(무쌍)
*隹(새 추) : 앉아 있는 보통 꽁지가 짧고 작은 새 모양.

氏 성씨 씨
(4급 氏부 4획)

뿌리 뻗어나가는 모양처럼 뻗어나가는 **사람의 성씨**.
氏族社會(씨족사회) 姓氏(성씨) 宗氏(종씨) ▶ 族(겨레 족)
*本(본) : 자기 시조가 난 곳. 派(파) : 한 조상에게서 나온 갈래.

1, 2급 한자

| 什 | 열사람 집 | 사람(亻) 열(十)을 묶어 **한 단위**로 함. | 什長(십장) |
| | 세간 집 | 사람(亻) 사는데 필요한 많은(十) 세간. | 什器(집기) |

🔵 十行俱下(십행구하) : 한 번에 10행씩 읽어 내려감. 독서의 속도가 매우 빠름.

🔵 三日之程을 一日往하고 十日臥라(삼일지정을 일일왕하고 십일와라)
　- 사흘 갈 길을 하루에 가고 열흘을 앓아 누움. 무리를 하면 도리어 일을 그르치기 쉽다.

牙芽雅兒我

牙 어금니 아 (3Ⅱ 牙부 4획)
뾰족한 어금니. 코끼리의 상아(象牙) 모양. 齒牙(치아)
城(아성) : (대장의 깃발인 아기(牙旗 ; 상아 장식을 한 기)를 세워 놓은 본영(本營). 주장(主將)이 거처하는 성.

芽 싹 아 (3Ⅱ ++부 8획)
어금니(牙)처럼 돋아나는 (++) 새싹. 麥芽(맥아) 發芽(발아)
萌芽(맹아) : 싹 트는 일. 새로운 일의 시초. 일 시작의 조짐.
*牙(어금니 아) : 뾰족한 어금니 모양. 또는 코끼리의 상아.

雅 우아할 아 (3Ⅱ 隹부 12획)
새(隹) 어금니(牙)는 아담하며 아름답다. ▶淡(맑을 담)
雅淡(아담) 雅量(아량) 雅樂(아악) 優雅(우아) 淸雅(청아)
*隹(새 추) : 앉아 있는 보통 꽁지가 짧고 작은 새 모양.

兒 児 아이 아 (5급 儿부 8획)
양 손(臼) 벌리고 걷고 있는(儿 걷는사람 인) 아이.
兒女子(아녀자) 兒童(아동) 兒役(아역) 育兒(육아)
*臼(절구 구) : 곡식이 들어 있는 절구. 양쪽으로 늘어선 모양.

我 나 아 (3Ⅱ 戈부 7획)
손(手 손 수)에 창(戈) 들고 방어하는 나. ▶執(가질 집)
我軍(아군) 我執(아집) 自我(자아) 我田引水(아전인수)
*戈(창 과) : 날이 세 갈래로 된 창이나 무기의 뜻.

1, 2급 한자

訝 의심할 아 — 말(言)을 안 보이는 어금니(牙)처럼 돌려하니 의심하다. — 疑訝(의아)
穿 뚫을 천 — 구멍(穴 구멍 혈)을 내기 위해 어금니(牙)로 뚫다. — 穿孔(천공)
俄 갑자기 아 — 사람(亻)은 어느 날 자신(我)을 갑자기 생각해 본다 하여. — 俄頃(아경)
俄館播遷(아관파천) : 고종이 러시아 공사관으로 집무실을 옮긴 일.

孔子穿珠(공자천주) : 자기보다 못한 사람에게 묻는 것이 부끄러운 일이 아님.
- 공자가 아홉군데나 구부러진 구멍이 있는 구슬에 실을 꿰려 했으나 실패했다. 그래서 뽕을 따고 있는 시골 아낙에게 그 비결(秘訣)을 물어 그 도움으로 개미허리에 실을 매어 구슬 구멍에 넣고 출구(出口)에 꿀을 발라 유인(誘引)함으로써 실을 꿰었다는 고사에서 유래한다.

餓阿亞惡岳

餓 주릴 아 (3급 食부 16획)
먹을(𩙿=食 먹을 식) 것이 없어 내(我)가 굶주린다.
餓鬼(아귀) : 잘 못 먹어 굶주린 귀신. 餓死(아사) : 굶어 죽음.
*我(나 아) : 손(手 손 수)에 창(戈 창 과)을 들고 방어하는 나.

阿 언덕 아 (3Ⅱ 阜부 8획)
언덕(阝 언덕 부) 오를 때 사람(丁 장정 정)이 몸 숙여 입(口) 벌리고 오르면 힘이 덜 드는 데서 언덕. 몸 구부려 아부하다.
阿房宮(아방궁) 阿附(아부) 阿片(아편)

亞 亚 버금 아 (3Ⅱ 二부 8획)
등뼈 나온 곱사등이 둘이 마주 서 있는 모양. 곱사등이는 보통 사람보다 키가 작은 데서 버금가다, 못함의 뜻.
亞細亞(아세아) 亞鉛(아연) 亞熱帶(아열대) 東南亞(동남아)

惡 恶 악할 악, 미워할 오 (5급 心부 12획)
못난(亞 버금 아) 마음(心)은 악하며 이러한 마음으로 미워하다.
惡魔(악마) 惡用(악용) 惡寒(오한) 憎惡(증오)
*亞 : 곱사등이 모습. 보통 키가 작은 데서 버금가다, 못하다.

岳 큰산 악 (3급 山부 8획)
언덕(丘 언덕 구)처럼 산(山)이 넓어 큰 산.
山岳會(산악회) 月岳山(월악산 ; 충청북도 소재)
*丘 : 땔감 하러 도끼(斤) 하나(一) 들고 갈만한 작은 언덕.

1, 2급 한자

啞 벙어리 아   말(口)을 모자라게 하는 사람(亞)인 벙어리.   聾啞(농아)
堊 흰흙 악   흙(土)을 바른 다음(亞)에 덧바르는 흰 흙.   白堊館(백악관)

📝 **鬼神(귀신) 이야기** ▶ 旱(가물 한) 魃(가물귀신 발)

餓鬼(아귀) : 목구멍이 바늘구멍 같아 음식(飮食)을 먹을 수 없어 늘 굶주린 귀신.

旱魃(한발) : 홍수 등으로 젖은 대지(大地)를 말려주는 역할(役割)을 하는 귀신이나 외로움을 타서 사람 사는 곳에 자주 나타나 가물을 들게 함.

夜叉(야차) : 밤에 돌아다니며 사람의 피를 빨아 먹는 흡혈귀. ▶ 叉(깍지낄 차)

安案岸雁眼

安 편안할 안
(7급 宀부 6획)

집(宀)에는 자고로 여자(女)가 있어야 **안정되고, 편안함**.
安心(안심) 安全(안전) 安住(안주) 問安(문안) 便安(편안)
*宀(집 **면**) : 지붕으로 덮여 있는 **집**. '갓머리'라고도 함.

案 생각할 안
(5급 木부 10획)

편하게(安) 만들어진 나무(木)로 **책상**에 앉아 궁리하며 생각하다.
案件(안건) 案內(안내) 考案(고안) 方案(방안)
*安(편안할 **안**) : 집(宀)에는 여자(女)가 있어야 **안정되고, 편안함**.

岸 언덕 안
(3Ⅱ 山부 8획)

산(山)과 바다가 만나는 벼랑(厂 언덕 한)의 모양에서 파도를 막아주는(干 방패 간) **언덕, 해안**. ▶ 涅(개흙 열)
沿岸(연안) 海岸(해안) 彼岸(피안) : 열반(涅槃)의 세계.

雁 기러기 안
(3급 隹부 12획)

바위(厂 언덕 한) 밑에 사람(亻)처럼 집짓고 사는 새(隹 새 추)인 **기러기**.
雁行(안행) : 기러기가 줄지어 남.

眼 눈 안
(4Ⅱ 目부 11획)

보는(艮) 눈(目)이 둘인 **양 눈**. ▶ 鏡(거울 경) 科(나눌 과)
眼鏡(안경) 眼科(안과) 眼目(안목) 眼下無人(안하무인)
*艮(볼 **간**) : 눈(目의 변형) 뜨고 보는 모양에서 **눈, 보다**.

1, 2급 한자

按 누를 안 　손(扌)으로 편안(安)하도록 사람의 몸을 **누르다**. 　　按摩(안마)
鞍 안장 안 　가죽(革 가죽 혁)으로 타기 편하게(安) 만든 **안장(鞍裝)**.
　　　　　　* 鞍馬(안마) : 말의 등 모양을 한 틀 위에서 하는 체조 경기.

- 眼高手卑(안고수비) : 눈은 높고 뜻은 크나 재주가 없어 따르지 못함.
- 雁帛(안백) : 비단에 편지(片紙)를 써서 기러기발에 묶어 소식(消息)을 알림.
- 彼岸(피안) : ('저쪽 언덕'의 뜻으로) 열반(涅槃)의 세계(世界).

顔 謁 暗 巖 押

顔 얼굴 안
(3Ⅱ 頁부 18획)

선비(彥)의 머리(頁 머리 혈)에서 '얼'이 깃든 얼굴.
顔面(안면) 顔色(안색) 紅顔(홍안) 破顔大笑(파안대소)
*彥(선비 언) : 서(立) 있는 모습이 긴(丿) 머리(彡)를 한 선비.

謁 아뢸 알
(3급 言부 16획)

마음에 있는 말(言)을 처음부터 끝(曷 그칠 갈)까지 윗사람에게 아뢴다. 謁見(알현) : 윗사람을 찾아 뵘. 拜謁(배알)
*曷 : 말(日) 없이 몸 구부리고(勹) 사람(人)이 의자(乚)에 앉음.

暗 어두울 암
(4Ⅱ 日부 13획)

해(日)지고 소리(音 소리 음)만 들리는 어둠.
暗記(암기) 暗市場(암시장) 暗室(암실) 暗黑(암흑)
*音 : 사람이 서서(立 설 립) 입(日 말할 왈) 으로 내는 소리.

巖 岩 바위 암
(3Ⅱ 山부 23획)

산(山)에 위엄(嚴 위엄 엄)있게 있는 바위. ▶盤(너럭 반)
巖盤(암반) 巖石(암석) 奇巖怪石(기암괴석) ▶怪(괴이할 괴)
*嚴 : 호령(口口)을 언덕(厂) 위에서 용감하게(敢) 하니 위엄 있다.

押 누를 압
(3급 手부 8획)

손(扌)으로 감싸(甲 갑옷 갑) 누른다.
押留(압류) 押送(압송) 押收(압수) 差押(차압)
*甲 : 돋아난 싹이 껍질을 뒤집어쓰고 있는 모양에서 갑옷.

1, 2급 한자

彥 선비 언
서(立 설 립) 있는 모습이 긴(丿) 머리(彡 터럭 삼)를 한 선비.
재주나 학력이 뛰어난 남자.   彥士(언사) : 선비

諺 상말 언
선비(彥)답지 않게 하는 말(言)이라 하여 **상말**의 뜻.   諺文(언문)

闇 어두울 암
문(門) 안에서 나는 소리(音)만 듣고는 돌아가는 일의
사정(事情)을 알 수 없기에 **어둡다**는 뜻.   暗市場 (암시장)

鴨 오리 압
넓죽한 떡잎(甲) 같은 주둥이를 가진 새(鳥)인 오리. 鴨綠江(압록강)

📝 諺文(언문) : 옛날에 '한문(漢文)'에 견주어 우리 '한글'을 낮추어 이르던 말.

📝 杜詩諺解(두시언해) : 당나라 때의 시인 두보(杜甫)의 시를 우리말로 번역한 책.
조선 성종(成宗) 때 왕의 명으로 유윤겸(柳允謙) 등이 엮음.

壓 仰 央 殃 哀

壓_圧 누를 압 (4Ⅱ 土부 17획)	보기 싫은(厭 싫어할 염) 것을 흙(土)으로 덮어 **누르다**. 壓力(압력)　壓迫(압박)　外壓(외압)　制壓(제압) *厭 : 굴(厂)에서 해달(日月)도 못보고 개(犬)처럼 사니 **싫다**.
仰 우러를 앙 (3Ⅱ 人부 6획)	사람(亻)이 위로 높이(卬) 바라보는 데서 **우러르다**. 仰望(앙망)　仰祝(앙축)　信仰(신앙)　推仰(추앙)　▶ 望(바랄 망) *卬(높을 앙) : 사람(亻)이 무릎(卩무릎 절) 꿇고 **높이** 쳐다봄.
央 가운데 앙 (3Ⅱ 大부 5획)	어른(大)이 물건(冂)을 등 **가운데**에 지고 있는 모양. 中央(중앙)　震央地(진앙지)　▶ 震(벼락, 흔들릴 진) *冂(둘러쌀 경) : 둘러싸고 있는 **높은 성곽**으로 **둘러싸다**는 뜻.
殃 재앙 앙 (3급 歹부 9획)	죽음(歹 뼈앙상할 알)의 한 가운데(央 가운데 앙) 있다 하여 **재앙(災殃)**. 殃及池魚(앙급지어) : 엉뚱하게 당한 재난. *歹 : 뼈(一)에 살(夕 고기조각 석)이 조금 붙은 **뼈. 죽음**.
哀 슬플 애 (3Ⅱ 口부 9획)	옷(衣)으로 입(口)을 가리고 **슬피** 우는 모양에서. 哀惜(애석)　哀願(애원)　哀痛(애통)　喜怒哀樂(희노애락) *衣(옷 의) : **위에 입는 옷 모양**.　▶ 惜(아까울 석)　願(바랄 원)

1, 2급 한자

怏 원망할 앙	마음(忄) 한 가운데(央)에 맺혀 있는 **원망(怨望)**.　　怏心(앙심)
秧 모 앙	벼(禾)농사의 가운데(央) 즉 가장 중요(重要)한 **모**. 移秧機(이앙기)
鴦 원앙 앙	가운데(央) 공간이 없을 정도로 사이가 좋은 새(鳥)인 **원앙(鴛鴦)**.
厭 싫어할 염	굴(厂)에서 해달(日月)도 못보고 개(犬)처럼 사니 **싫다**. 厭世(염세)

📖 壓卷(압권) : 원고, 서적(卷 : 책권) 등에 있어 가장 훌륭한 것을 맨 위에 올려 놓는데, 이것이 다른 것을 누르는 모양으로, 책이나 작품(作品)에 있어 가장 뛰어난 부분을 뜻하는 말. (High Light)

愛 涯 厄 液 額

愛
사랑 애
(6급 心부 13획)

손(爫 손톱 조)을 심장(心)에 얹고(冖 덮을 멱) 서서(夂 뒤져올, 발 치) 상대를 가엾게 여기는 **사랑**.
愛國(애국) 愛讀(애독) 愛社(애사) 愛人(애인) 愛情(애정)

涯
물가 애
(3급 水부 11획)

물(氵)에 패어 생긴 흙(圭) 언덕(厂 언덕 한)에서, 물가나 **사물의 끝**. 生涯(생애) 天涯(천애) : 하늘 끝.
*圭(쌍토 규) : 흙(土)이 많이 쌓여 있는 모양을 나타낸 자.

厄
재앙 액
(3급 厂부 4획)

벼랑(厂) 아래에 앉아(㔾 마디 절) 있으니 위험하다는 데서 **재앙(災殃)**. 厄運(액운) 災厄(재액) : 재앙에 의한 화.
*厂(언덕 한) : 가파른 낭떠러지 모양으로 **언덕, 벼랑, 절벽**.

液
액체 액
(4Ⅱ 水부 11획)

수분(氵)의 증발이 적은 밤(夜 밤 야)에 많이 생기는 **진액**.
液狀(액상) 液化(액화) 水液(수액) 血液(혈액)
*夜 : 집(亠)에서 사람(亻)이 저녁(夕)에 누워(乀) 자는 시간인 밤.

額
이마 액
(4급 頁부 18획)

손님(客 손 객)이 들 때 먼저 내미는 머리(頁 머리 혈)에 있는 **이마**. 손님(客) 머리(頁)수가 곧 돈이다.
額面(액면) 額數(액수) 額子(액자) 金額(금액) 總額(총액)

1, 2급 한자

曖 흐릴 애 | 사랑(愛)에 판단 흐리듯, 해(日)를 구름이 가려 **흐리다**. 曖昧(애매)
崖 벼랑 애 | 산(山)에 있는 흙, 언덕(厓 언덕 애)에 있는 **벼랑**. 磨崖佛(마애불)

- 愛人如己(애인여기) : 남 사랑하기를 자기 몸처럼 함. ▶ 如(같을 여)
- 磨崖(마애) : 자연 상태의 자연 벼랑 벽에 글자나 그림을 새기는 일. [마애미륵불]

也 夜 耶 野 約

也 어조사 야
(3급 乙부 3획)

힘(力) 있게 새(乚=乙 새을)를 잡는 뱀을 보고 그린 자. 말의 시작이나 끝에 쓰여 도와주는 어조사(語助辭).
及其也(급기야) 獨也靑靑(독야청청) : 홀로 푸름(절개를 지킴).

夜 밤 야
(6급 夕부 8획)

지붕(亠) 아래, 즉 집에서 사람(亻)이 저녁(夕 저녁 석)에 몸을 비스듬히(乀) 하거나 누어 자는 시간인 밤.
夜間(야간) 夜勤(야근) 夜食(야식) 晝夜(주야) 除夜(제야)

耶 그런가 야
(3급 耳부 9획)

들리는(耳 귀 이) 마을(阝 고을 읍)의 소문이 정말 그런가? 또는 어조사. 耶蘇(야소) : '예수'의 한자음.
有耶無耶(유야무야) : 있는 듯 없는 듯 흐지부지한 모양.

野 들 야
(6급 里부 11획)

마을(里 마을 리) 근처에 있는 내(予)가 일하는 들.
野黨(야당) 野山(야산) 野生(야생) 野外(야외) 野合(야합)
*予(나 여) : 사람이 바로 서 있는 모양에서 **바른 나**.

約 맺을 약
(5급 糸부 9획)

실(糸)로 묶듯 잔(勺)에 술 따라 마시며 관계를 맺음.
約束(약속) 約定(약정) 約婚(약혼) 密約(밀약) 要約(요약)
*勺(잔 작) : 액체를 싸듯(勹 쌀 포) 담을 수 있는 하나(一)의 **잔**.

1, 2급 한자

倻 가야국 야 — 사람(亻)들이 좋게 듣고(耳) 모여서 된 큰 고을(阝) 같은 **가야**(伽倻).
揶 야유할 야 — 손(扌) 삿대질하며 소문이 정말 그런가(耶) 하고 **야유함**.   揶揄(야유)

- 伽倻(가야) : 낙동강 하류에 일어났던 우리나라의 고대 부족 국가
  금관가야, 대가야, 고령가야, 대가야, 고령가야, 소가야, 아라가야, 성산가야의 6가야
- 野合(야합) : 1. 남녀가 부정(不正)한 방법(方法)으로 정(情)을 통함
  2. 좋지 못한 목적(目的)을 위하여 뜻을 합함

若弱藥躍羊

若 같을 약, 반야 야 (3Ⅱ ⺿부 9획)
어린 채소(⺿)를 오른손(右 오른 우)으로 돌보고 있는 모양에서, **어리다, 적다** 그리고 그 크기나 모양이 비슷하여 같다.
若干(약간) 萬若(만약) 明若觀火(명약관화) 般若(반야)

弱 약할 약 (6급 弓부 10획)
활(弓)에 두 개의 화살(丿丿)을 걸어 쏘면 힘이 **약하다**.
弱肉强食(약육강식)　弱冠(약관) : 남자가 관례(冠禮)를 하는 20세.

藥(薬) 약 약 (6급 ⺿부 19획)
약초(⺿ 풀 초)로 만들어 환자에게 즐거움(樂 즐길 락) **주는** 약.
藥局(약국)　藥草(약초)　洋藥(양약)　韓藥(한약)
*樂 : 북통(白) 양쪽에 줄(幺幺) 맨 북을 올려놓고(木) 즐기다.

躍 뛸 약 (3급 足부 21획)
발(足)과 날개의 깃(羽 깃 우)을 이용해 새(隹)가 **뛰다**.
躍上有飛(약상유비)　躍進(약진)　跳躍(도약) ▶跳(뛸 도)
*隹(새 추) : 앉아 있는 보통 꽁지가 짧고 작은 새 모양.

羊 양 양 (4Ⅱ 羊부 6획)
두 뿔이 나 있는 **양**. 羊毛(양모)　羊皮(양피)　羊水(양수)
羊頭狗肉(양두구육) : 양 머리를 내 걸고 개고기를 팖. 겉으로는 훌륭한 체하며 속으로는 음흉(陰凶)한 짓을 함. ▶狗(개 구)

1, 2급 한자

溺 빠질 닉 ｜ 물(氵)에 약한(弱) 사람이 **빠지다**. 溺死(익사) 耽溺(탐닉)　　▶耽(즐길 탐)

📖 般若心經(반야심경) : 피안(彼岸)으로 안내하는 완전한 지혜의 경전.
'반야바라밀다심경(般若波羅蜜多心經)'의 준말.　般若 : 완전한 지혜.
波羅密多 : 열반(涅槃)하여 피안으로 감.　　彼岸(피안) : 이승 이후인 저 세상.

📖 弱冠(약관) : 남자가 20살이 되면 관례(冠禮)를 하는 20세가 될 때.
– 관례는 하였으나 학식, 경험 등이 부족하니 더욱더 매진(邁進)해야 할 나이.

洋養樣陽揚

洋 바다 양 (6급 水부 9획)
물(氵)이 양떼(羊 양 양)처럼 많은 큰 **바다**.
洋食(양식)   東洋(동양)   서양(西洋)   太平洋(태평양)
洋式(양식) : 서양에서 하는 방식. 서양 사람들의 방식(方式).

養 기를 양 (5급 食부 15획)
양(羊 = 羊 양 양)에게 잘 먹여(食) **기르다**.
養分(양분)   養育(양육)   養老院(양로원)   敎養(교양)
*食(먹을 식) : 사람(人)이 먹는 좋은(良 좋을 량) 밥.

樣 樣 모양 양 (4급 木부 15획)
나무(木)가 보기 좋고(羊 = 羊) 길게(永) 자란 **모양**.
樣相(양상)   樣式(양식)   多樣(다양)   文樣(문양)   外樣(외양)
*永(길 영) : 한 줄기(丶)에서 시작한 물(水)이 **길게** 흐름.

陽 볕 양 (6급 阜부 12획)
언덕(阝언덕 부)은 햇빛(昜)이 잘 드는 데서 **볕**의 뜻.
양지(陽地)   석양(夕陽)   태양(太陽)   음양(陰陽)   한양(漢陽)
*昜(빛날 양) : 아침(旦 아침 단)의 햇살이 내리쬐어(勿) **빛나다**.

揚 올릴 양 (3Ⅱ 手부 12획)
손(扌)으로 높이 빛나는(昜) 해처럼 높이 들어 **올리다**.
揭揚(게양)   抑揚(억양)   止揚(지양)   立身揚名(입신양명)
*旦(아침 단) : 해(日)가 지평선(一) 위로 떠오르는 **아침**.

1, 2급 한자

癢 가려울 양
병(疒 병질 녁) 자라듯(養) 점점 퍼지는 특성이 있는 가려움.
隔靴搔癢(격화소양) : 신을 신은 채로 가려운 곳을 긁음.

瘍 헐 양
햇빛(昜)에 표면이 상하듯, **붓거나 허는** 병(疒).   潰瘍(궤양)

🔵 羊頭狗肉(양두구육) : 밖에는 양 머리를 걸어 놓고 안에서는 개고기를 팖.
　1. 겉과 속이 일치하지 않음.   2. 좋은 물건을 내걸고 나쁜 물건을 팖
　- 제(齊) 나라 영공(靈公)은 궁중의 여인들에게 남장을 시키는 취미가 있었다. 백성들에게도 유행되어 남장한
　　여인들이 늘어 금지령을 내렸으나 따르지 않아 재상에게 그 이유를 물으니 "전하는 궁중에서 허용하고 궁 밖
　　에서는 금령을 내렸는데 이는 양두구육과 같습니다."라 하자 반성하여 바로 행했다는 고사에서 유래한다.

🔵 養虎遺患(양호유환) : 화근(禍根)이 될 만한 일을 내버려 두어 후에 크게 후회함.

楊 壤 讓 於 御

楊
버들 양
(3급 木부 13획)

나무(木) 중 햇빛(昜) 많이 받는 물가에 많은 **버드나무**.
垂楊(수양) 楊貴妃(양귀비) : 당 현종의 며느리에서 비가 됨.
*勿(없을 물) : 싸고(勹) 있는 물건이 밑으로 빠져(丿丿) **없어짐**.

壤 壌
흙 양
(3Ⅱ 土부 20획)

흙(土) 중에서도 삶에 도움(襄 도울 양) 되는 **좋은 흙**.
土壤(토양) 平壤(평양 ; 북한의 수도) 天壤之差(천양지차)
*襄 : 옷(衣) 속 여자가슴(口口)은, 우물(井) 같이, 아이에 **도움 됨**.

讓 譲
사양할 양
(3Ⅱ 言부 24획)

말(言)로 상대의 도움(襄 도울 양)을 정중히 **사양함**.
讓渡(양도) 讓步(양보) 分讓(분양) 辭讓(사양) 割讓(할양)
*言(말씀 언) : 두(二) 번 거듭(二) 생각한 후 입으로(口) **말하다**.

於
어조사 어
(3급 方부 8획)

감탄의 뜻으로 여러 방면(方 사방 방)으로 쓰이는, 사람(人) 입에서 나오는(`) 짧은 말인 **어조사(語助辭)**.
於焉間(어언간) 於中間(어중간) 甚至於(심지어)

御
임금 어
(3Ⅱ 彳부 11획)

가다가(彳 걸을 척) 정오(午 낮 오)에는 길 멈추고(止 그칠 지) 다리(卩 무릎 절) 쉬게 하며 모시는 **임금**. 임금이 **다스리다**.
御命(어명) 御使(어사) 御用(어용) 制御(제어)

양어

1, 2급 한자

攘 물리칠 양	손(扌)으로 도움(襄)이 되지 않는 나쁜 것을 **물리치다**.	攘夷(양이)
孃 아가씨 양	여자(女)로서 도움(襄)이 될 만큼 다 자란 **아가씨**.	김孃, 이孃
釀 술빚을 양	삶의 도움(襄)이 되도록 곡식으로 술(酉→酒) **빚다**.	釀造場(양조장)
囊 주머니 낭	하나(一)의 구멍(口) 내어 휴대에 도움(襄) 되게 만든 **주머니**.	
	囊中之錐(낭중지추) : 유능하면 숨어 있어도 자연히 존재가 드러남.	
禦 막을 어	임금(御)이 적에게 보이면(示 보일 시) 위험하니 **지키어 막다**는 뜻.	
	防禦(방어) 制御(제어) : 기계, 설비 따위가 잘 움직이도록 조절함.	

魚 漁 語 抑 億

魚 고기 어 (5급 魚부 11획)
물고기의 머리(⺈), 몸통(田), 지느러미(灬) 모양.
魚群(어군) 魚類(어류) 魚族(어족) 廣魚(광어) 活魚(활어)
魚頭肉尾(어두육미) : 물고기는 대가리, 짐승은 꼬리 쪽이 맛있다 함.

漁 고기잡을 어 (5급 水부 14획)
물(氵)에서 물고기(魚)를 잡다.
漁父之利(어부지리)
漁夫(어부) 漁船(어선) 漁業(어업) 漁村(어촌) 漁獲(어획)

語 말씀 어 (7급 言부 14획)
말(言 말씀 언)로 나(吾)를 표현하는 말씀.
語順(어순) 語學(어학) 國語(국어) 言語(언어)
*吾(나 오) : 다섯(五) 손가락으로 입(口)을 가리키며 나를 나타냄.

抑 누를 억 (3Ⅱ 手부 7획)
손(扌)으로, 위로 높이(卬) 오르려는 것을 누르다.
抑留(억류) 抑壓(억압) 抑揚(억양) 抑制(억제)
*卬(높을 앙) : 사람(亻)이 무릎(卩 무릎 절) 꿇고 높이 쳐다봄.

億 억 억 (5급 人부 15획)
사람(亻)마다 가지고 있는 무수한 뜻(意)과 같이 헤아릴 수 없이 큰 수인 억. 億萬(억만) 億萬長者(억만장자)
*意(뜻 의) : 소리(音)내어 마음(心)의 생각을 나타내는 뜻.

1, 2급 한자

圄 옥 어   방심하면 나(吾)도 갇힐(囗) 수 있는 옥. 囹圄(영어) ▶ 圄(옥 영)
臆 생각 억   몸(月)에서 뜻(意)을 품은 가슴. 가슴으로 하는 생각.   臆測(억측)

- 魚東肉西(어동육서) : 제사(祭祀)음식을 차릴 때 생선은 동쪽에 고기는 서쪽에 놓음.
- 漁父之利(어부지리) : 둘이 다투고 있는 사이에 엉뚱한 사람이 이익을 봄.
  – 조개가 입을 벌리고 쉬고 있을 때 도요새가 조갯살을 쪼아 먹으려 부리를 넣자, 조개가 입을 굳게 닫아 서로 싸우고 있을 때 지나가던 어부가 이 둘을 손쉽게 잡았다는 고사에서 유래.

憶 言 焉 嚴 業

憶 생각할 억
(3Ⅱ 心부 16획)

마음(忄)에 품은 뜻(意 뜻 의)을 잊지 않고 생각하다.
記憶(기억) 追憶(추억)   ▶ 追(쫓을 추)
*心(마음 심) : 사람의 심장 모양. 속, 감정, 한가운데. *心=忄 小

言 말씀 언
(6급 言부 7획)

두(二) 번 이상 거듭(二) 생각한 후 입으로(口) 말한다.
言語(언어) 言行(언행) 方言(방언) : 어느 지방 말. 사투리.
言飛千里(언비천리) : 발 없는 말이 천리를 감. 말은 빠르게 멀리 퍼짐.

焉 어찌 언
(3급 火부 11획)

항상 바르게(正 바를 정) 앉아 있는 새(鳥 새 조)의 뜻을 어찌 알랴 하여 어찌의 뜻으로 쓰이는 자.
焉敢生心(언감생심) : 어찌 감히 그런 마음을 품을 수 있겠는가.

嚴 嚴 엄할 엄
(4급 口부 20획)

언덕(厂 언덕 한) 위에서 용감하게(敢)호령하는(口口)모습이 엄하다. 嚴格(엄격) 嚴禁(엄금) 嚴命(엄명) 嚴罰(엄벌)
*敢(감히 감) : 적을 치고(攻 칠 공) 귀(耳)를 잘라오니 용감하다.

業 일 업
(6급 木부 13획)

나무(木)에 뻗은 가지나 잎처럼 무수히 많은(丵) 일.
業主(업주) 工業(공업) 作業(작업) 事業(사업) 學業(학업)
*丵(무성할 착) : 풀('立'에 ㅣㅣㅣ를 더해)이 많이(十) 나 있어 무성함.

어억언
엄업

1, 2급 한자

儼 의젓할 엄 | 사람(亻)의 엄한(嚴) 모습이라 하여 의젓하다.   儼然(엄연)한 사실

- 업(業)이란? : 1. 전생(前生)의 소행(素行)에 의해 현세에서 받는 선악의 응보(應報).
  2. 성가시거나 노력(努力)하지 않으면 잘 되지 않는 일.
- 言飛千里(언비천리) : 발 없는 말이 천리 감. 말은 빠르게 멀리 퍼짐.
- 言語道斷(언어도단) : (佛) 말과 글로는 표현할 길이 끊어졌다는 뜻으로, 말로 표현할 수 없는 오묘한 진리. 또는 너무 어이가 없어 말로써 할 수 없음.

予汝如余餘

予 나 여 (3급 亅부 4획)
사람이 바로 서 있는 모양에서 바른 나.
*豫(미리 예)의 약자로도 쓰이는 글자.

汝 너 여 (3급 水부 6획)
물가(氵)에 사는 여자(女)인 바로 너. ▶ 等(무리 등)
汝等(여등) : 너희들. 汝矣島(여의도 : 서울 한강 소재)

如 같을 여 (4Ⅱ 女부 6획)
여자(女)들 하는 말(口)은 한결 같음. - 옛날에 여자가 하는 일은 비슷하였기에...
如前(여전) 如此如此(여차여차)

余 나 여 (3급 人부 7획)
사람(人) 한(一) 명이 나무판(木) 위에 있는 모양에서 높은 장소에 올라 있는 자랑스런 나를 나타낸 자.
余等(여등) : 우리들. ▶ 我(나 아) 吾(나 오)

餘 (余) 남을 여 (4Ⅱ 食부 16획)
음식(食)을 나(余 나 여) 혼자 다 먹지 않아 남음.
餘念(여념) 餘力(여력) 餘生(여생) 餘裕(여유) 餘波(여파)
*余(나 여) : 똑바로 서 있는 자랑스런 나를 나타낸 자.

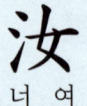 如履薄氷(여리박빙) : 살얼음 밟듯 아슬아슬하고 불안(不安)한 지경(地境).

 如拔痛齒(여발통치) : 앓던 이 빠진 것 같음. 괴롭던 것이 없어져 시원함.

 如坐針席(여좌침석) : 바늘방석에 앉은 것 같음.
       몹시 불안(不安)하거나 거북한 상태(狀態).

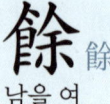 餘慶(여경) : 남에게 좋은 일을 많이 한 보답으로 그 자손이 누리게 되는 경사.

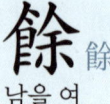 積善餘慶(적선여경) : 남에게 착한 일을 많이 하면 언젠가는 경사스러운 일이 있게 됨. 당대(當代)가 아니더라도 후대(後代)에서라도 그 덕을 입는다고 함.

與 輿 亦 役 疫

與 与
줄 여
(4급 臼부 14획)

한(一) 사람이 몸 구부려(丿←ᄼ굽은사람 인) 공이(丨)로 절구(臼) 찧고 한(一) 사람은 손(丿丶)으로 뒤집는 모양. 일에 참여한 사람에게 만든 음식을 나누어 주다.
與黨(여당) 與野(여야) 給與(급여) 授與(수여) 參與(참여)

輿
가마, 많을 여
(3급 車부 17획)

수레(車) 같은 것의 양쪽(臼 갈라질 구) 밑(一)을 잡고 들어(八) 나아가는 가마. 가마 끄는 사람의 수가 많다.
喪輿(상여) 輿論(여론) : 대중의 공통된 의견. ▶喪(죽을 상)

亦
또 역
(3Ⅱ 亠부 6획)

팔을 흔들며 걸어가는 사람 모양으로 팔과 다리가 앞으로 나오고 또 나오는 데서 또를 나타낸 자. 亦是(역시)
* 亠(머리부분 두) : 상투 모양으로 머리 부분이나 위를 나타냄.

役
일할 역
(3Ⅱ 彳부 7획)

창(殳 창 수)을 들고 걸어(彳 걸을 척) 다니며 지키게 한다 하여 부리다 또는 일하다. 使役(사역) 荷役(하역)
役軍(역군) 兵役(병역) 役事(역사) : 토목, 건축 등의 공사.

疫
돌림병 역
(3Ⅱ 疒부 9획)

병(疒 병들 녁) 중, 적군들이 창(殳 창 수)을 들고 여기저기서 쳐들어오듯 여기저기로 전염되는 돌림병.
疫病(역병) 疫疾(역질) 檢疫(검역) 防疫(방역) 紅疫(홍역)

✏️ **劃數(획수)에 대하여**

* 한자의 원형(原形)이나 글씨체가 바뀌어 획수를 잘못 세기 쉬우나

| 한자의 획수는 이미 정해진 획수로 세어야 한다. | 예) 比 4획 |

艹 : 3획. '풀'의 뜻으로 쓰일 때는 4획(⺿)이다.   예) 花 8획 苦 9획
辶 : 쓰기는 3획이나 '辶'과 같은 4획으로 센다.   예) 近=近 8 退=退 10
臼 : '臼'는 6획, 밑이 갈라진 '臼'는 7획으로 센다.   예) 舊(臼 18) 興(臼 16)
厶 : '厶'은 2획이나 '内'은 5획으로 되어 있다.   예) 去 5획 禽 13획

忄·氵·犭·扌는 3획으로 세며, 心·水·犬·手 는 4획으로 센다.

易 逆 域 譯 驛

易
바꿀 역, 쉬울 이
(4급 日부 8획)

해(日)가 나왔다 없어졌다(勿) 쉽게 바뀌다. 바뀌는 우주의 변화를 통해 인간사의 길흉을 점치다.
易經(역경) 交易(교역) 難易度(난이도) 平易(평이)
* 勿(없을 물) : 싸고(勹) 있는 물건이 밑으로 빠져(丿丿) 없어짐.

逆
거스를 역
(4Ⅱ 辶부 10획)

거꾸로(屰 거꾸로 역) 간다(辶 갈 착) 하여 거스르다, 반역하다. 逆流(역류) 逆說(역설) 逆順(역순) 逆行(역행)
* 屰 : 땅(一)에서 나온(丶丿) 싹(屮)이 뿌리 반대 방향으로 자람.

域
지역 역
(4급 土부 11획)

혹시(或 혹시 혹) 있을 수 있는 분쟁 막기 위해 땅(土)을 나누어 놓은 구역·지역. 廣域(광역) 區域(구역)
* 或 : 창(戈) 든 식구(口)가 하나(一) 되어 혹시 있을 침입에 대비.

譯 訳
통역할 역
(3Ⅱ 言부 20획)

말(言 말씀 언) 뜻을 잘 살피어(睪) 번역·통역하다.
譯官(역관) 意譯(의역) 直譯(직역) 通譯(통역) 翻譯(번역)
* 睪(살필 역) : 눈(罒)으로 한(一) 명씩 죄인(幸 죄인 신) 살피다.

驛 駅
정거장 역
(3Ⅱ 馬부 23획)

말(馬 말 마)을 보살피고(睪) 갈아탈 수 있도록 한 역, 정거장.
驛舍(역사) 驛前(역전) 驛長(역장) ▶ 舍(집 사)
* 幸(죄인 신) : 세워(立) 놓고 이마에 '十'자를 새기는 죄인.

1, 2급 한자

繹 풀어낼 역 : 실(糸)이 엉키지 않도록 잘 살피며(睪) 푼다.   演繹法(연역법)

- **易地思之(역지사지)** : 처지를 바꾸어 상대방의 입장에서 생각함. ▶ 之(그것 지)
- **演繹法(연역법)** : 일반적(一般的)인 원리에서 개별적 사실을 추론(推論)해 내는 법.
  [모든 사람은 죽는다. 왕은 사람이다. 그러므로 왕도 죽는다.]
- **歸納法(귀납법)** : 개별적(個別的) 사실을 통하여 일반적인 사실을 이끌어 내는 법.
  [김씨가 죽었다. 이씨도 죽었다. 둘 다 사람이다. 사람은 죽는다.]

延 沿 鉛 然 燃

延 끌 연 (4급 廴부 7획)	삐뚤게(丿 삐침 별) 나아감(廴 걸을 인)을 그치다(止 그칠 지)는 데서 시간을 늘이다, 끌다는 뜻. 延期(연기) 延命(연명) 延長(연장) 遲延(지연) ▶ 遲(늦을 지)
沿 물가 연 (3Ⅱ 水부 8획)	물(氵)이 흘러(八) 들어가는(口) 곳인 강이나 바다의 가장자리. 또는 물을 따라 내려간다. 沿邊(연변) 沿岸(연안)
鉛 납 연 (4급 金부 13획)	금속(金) 중 녹으면 잘 흘러(几) 들어가는(口) 납. 鉛筆(연필) 亞鉛(아연) 黑鉛(흑연) ▶ 亞(버금 아) *几(덮개 궤) : 무언가를 덮으며 흘러가는 모양에서 덮개.
然 그럴 연 (7급 火부 12획)	개(犬) 고기(月)는 불(灬=火)로 익혀 먹음이 당연하다. 과연 그러하다. 果然(과연) 自然(자연) 天然(천연) *月(육달 월) : '달'의 뜻이 아닐 때는 '육달 월'(月=肉)로 고기.
燃 불사를 연 (4급 火부 16획)	불(火)에 과연(然 그럴, 과연 연) 잘 탄다 하여 불타다. 燃燈(연등) 燃料(연료) 燃燒(연소) 可燃(가연) *灬(불 화) : '火'를 글자 아래쪽에 쓸 경우. '불화발'이라 함.

역연

1, 2급 한자

筵 대자리 연 ┆ 대로 길게(延) 엮어 만든 대자리. 壽筵(수연) ▶ 壽(오래살 수)

- 沿革(연혁) : 변천(變遷)하여 온 내력(來歷). ▶ 沿(좇을 연) 革(고칠 혁)
- 蓋然性(개연성) : 뚜껑이 덮여 있어 확실(確實)히 알 수는 없지만 여러 주변(周邊) 상황(狀況)을 종합(綜合)하여 보아 대개 그러하리라 생각되는 바, 또는 그런 정도.
- 燃燈會(연등회) : 지난날, 부처님 오신 날을 기념(紀念)하여 음력 4월 8일(초파일)에 집집마다 또는 거리마다 등불을 달아 기념하던 행사(行事).

가나다순 한자 235

宴 研 軟 煙 演

宴 잔치 연 (3Ⅱ 宀부 10획)	편안한(安 편안할 안) 날(日)에 여는 잔치. 宴會(연회) 壽宴(수연) 酒宴(주연) 祝賀宴(축하연) *安 : 집(宀 집 면)에는 여자(女)가 있어야 안정되고, 편안함.
研 연구할 연 (4Ⅱ 石부 11획)	돌(石)에 반듯하게(幵) 갈다. 硏究(연구) 硏磨(연마) 硏修(연수) ▶磨(갈 마) 修(닦을 수) *幵(평평할 견) : 방패(干 방패 간) 두 개를 붙여 **평평하게** 함.
軟 부드러울 연 (3Ⅱ 車부 11획)	수레(車 수레 거)를 오래 타 하품(欠)이 나며 몸이 늘어져 유연 (柔軟)하다. 軟骨(연골) 軟性(연성) 軟弱(연약) *欠(하품 흠) : **입을 크게 벌리며**(⺈) 사람(人)이 하는 **하품**.
煙 연기 연 (4Ⅱ 火부 13획)	불(火)이 잘 타지 않고 막히면(垔) 나는 연기(煙氣). 禁煙(금연) 煤煙(매연) 吸煙(흡연) ▶煤(그을음 매) 吸(마실 흡) *垔(막을 인) : 해 뜨는 쪽이 아닌 서쪽(西)을 흙(土)으로 **막다**.
演 꾸밀 연 (4Ⅱ 水부 14획)	범(寅)이 눈물(氵) 흘리는 것은 꾸민 것. 잘 꾸미기 위하여 열심히 행하다. 演技(연기) 演說(연설) 演出(연출) *寅(범 인) : 집(宀집 면) 한(一) 쪽에서 기르는 가축으로 말미암아(由 말미암을 유) 사방팔방(八)으로 어슬렁거리는 범.

1, 2급 한자

湮 잠길 인   물(氵) 흐름이 막혀(垔) 물이 차올라 여기에 **잠기다**.   湮滅(인멸)
甄 질그릇 견   불길 막아(垔) 기와(瓦 기와 와) 함께 구워 만든 **질그릇**. **성씨**(姓氏).
　　　　　　甄萱(견훤) : 후백제를 세운 인물(900~935).

- 演出(연출) : 연극이나 영화에서, 각본(脚本)대로 배우(俳優)의 연기, 무대장치, 조명, 음악 등을 종합(綜合) 통일하여 무대(舞臺) 위에서 공연하는 것을 지도하는 일.
- 口演(구연) : (동화, 이야기, 만담 등을) 입으로 재미있게 이야기함. [~동화]

 緣燕悅熱閱

緣 緣 인연 연 (4급 糸부 15획)	실(糸)로 끊어진(彖 끊을 단) 곳을 있듯 서로 이어진 **인연**. 緣故(연고) 緣坐制(연좌제) 因緣(인연) 血緣(혈연) *彖 : 주둥이(彑 머리 계)로, 돼지(豕)가 사물을 물어 **끊어** 놓음.
燕 제비 연 (3Ⅱ 火부 16획)	머리(廿)·몸통(口)·양날개(北)·갈라진 꼬리(灬)를 본떠 **제비**. 燕尾服(연미복) 燕山君(연산군) 燕雀(연작) ▶ 雀(참새 작) *北(북녘 북) : 두 사람이 등 **맞댄** 모양. 추워서 등진 쪽인 **북쪽**.
悅 기쁠 열 (3Ⅱ 心부 10획)	마음(忄) 바꾸어(兌 바꿀 태) 항상 긍정적으로 생각하니 **기쁘다**. 悅樂(열락) 喜悅(희열) ▶ 樂(즐길 락) 喜(기쁠 희) *兌 : 팔자(八)에 맏이(兄)로 태어나 마음가짐을 굳게 **바꾸다**.
熱 더울 열 (5급 火부 15획)	심어져(埶) 있는 초목으로 불(灬=火) 때니 **덥고 뜨겁다**. 烈光(열광) 熱氣(열기) 熱心(열심) 熱意(열의) 熱情(열정) *埶(심을 예) : 둥글게(丸 둥글 환) 흙(土) 파고(丿) 흙(土)에 **심다**.
閱 살필 열 (3급 門부 15획)	문(門 문 문) 열고 들어가, 담당자를 바꾸어(兌 바꿀 태) 잘 **살펴본다**. 閱覽(열람) 檢閱(검열) 査閱(사열) *兌 : 팔자(八)에 맏이(兄)로 태어나 마음가짐을 굳게 **바꾸다**.

1, 2급 한자

篆 전자 전   대(竹)를 끊어(彖) 놓은 듯 한 한자의 서체인 **선사**(篆字).   篆刻(전각)

- 篆刻(전각) : ('전서체의 글자를 새김'의 뜻에서) 나무나 돌, 쇠붙이 따위에 글자를 새김. 또는 그런 글자. – '篆'은 고대(古代) 한자 서체(書體) 중의 하나로 멋을 내는 도장(圖章), 현판(懸板), 비석(碑石) 등에 쓰이고 있다.

- 以熱治熱(이열치열) : 열은 열로써 다스림. 열이 날 때에는 땀을 내거나, 더위를 뜨거운 차를 마시며 이겨 냄. 힘에는 힘으로, 강한 것에는 강한 것으로 상대(相對)함.

炎 染 鹽 葉 永

炎
불탈 염 (3Ⅱ 火부 8획)

불(火) 타오르는(火) 모양에서 덥다. 열로 인해 생긴 염증(炎症). 炎暑(염서) 肝炎(간염) 腦炎(뇌염) 暴炎(폭염)
*丶(점, 불똥 주) : 점이나 떨어져 나간 불똥 모양.

染
물들 염 (3Ⅱ 木부 9획)

삶은 나무(木) 물(氵)에 여러(九) 번 담가 물들이다.
染料(염료) 染色(염색) 感染(감염) 傳染(전염)
*九(아홉, 많을 구) : 열에 가까운 수라는 뜻에서 많음을 나타냄.

鹽 塩
소금 염 (3Ⅱ 鹵부 24획)

염전(鹵 소금밭 로)에 바닷물 끌어 들여 관리(監 살필 감) 잘 하여 만든 소금.
鹽分(염분) 鹽田(염전) 食鹽(식염)
*監 : 신하(臣) 한(一) 사람(⺊)이 그릇(皿)의 음식을 살피다.

葉
잎사귀 엽 (5급 ⺿부 13획)

초목(⺿)에서 돋아나는 얇은(枼) 잎사귀. ▶ 針(바늘 침)
葉書(엽서) 葉錢(엽전) 葉茶(엽차) 針葉樹(침엽수)
*枼(얇을 엽) : 나무(木)에서 해(世 해 세)마다 돋는 새 잎이 얇음.

永
길 영 (6급 水부 5획)

한 줄기(丶)에서 시작한 물(水)이 길게 흐르는 데서.
永久(영구) 永世(영세) 永遠(영원) ▶ 久(오랠 구)
永眠(영면) : 영원히 잠듦. 곧, 죽음. 遠(멀 원)

● 炎凉世態(염량세태) : 권세(權勢)가 있을 때는 아부(阿附)하고 몰락(沒落)하면 외면(外面)하는 세상(世上)의 인심(人心).

● 一葉知秋(일엽지추) : 오동잎 한 잎 떨어지는 것을 보고 가을이 온 것을 앎.
한가지 일을 보고 앞으로 닥쳐올 일을 미리 짐작함.

● ⺿(풀 초) : 풀 모양. '草(풀 초)'의 머리 부분이기에 '초두'라 부름.
'⺿'이 '풀'의 뜻으로 쓰일 때는 3획이 아닌 '艹'과 같은 4획으로 셈.
예) 草(풀 초 10획) 花(꽃 화 8획) 英(꽃부리 영 9획)

 泳詠迎英映

泳 헤엄 영
(3급 水부 8획)

물(氵)에서 길게(永) 헤엄치다. ▶背(등 배) 混(섞일 혼)
泳法(영법)　背泳(배영)　水泳(수영)　平泳(평영)　混泳(혼영)
*永(길 영) : 한 줄기(丶)에서 시작한 물(水)이 길게 흐름.

詠 읊을 영
(3급 言부 12획)

말(言)을 길게(永) 끌어 읊조리다. ▶歎(읊을 탄) 吟(읊을 음)
詠歌(영가)　詠歎(영탄)　吟詠(음영) : 시가를 읊조림.
*言(말씀 언) : 두(二) 번 거듭(二) 생각한 후 입으로(口) 말하다.

迎 맞을 영
(4급 辶부 8획)

사람 마중 나가(辶 갈 착) 높이(卬) 받들어 맞이하다.
迎入(영입)　迎接(영접)　送舊迎新(송구영신)　歡迎(환영)
*卬(높을 앙) : 사람(亻)이 무릎(卩 무릎 절) 꿇고 높이 쳐다봄.

英 꽃부리 영
(6급 ++부 9획)

꽃(++) 중심부인(央 가운데 앙) 꽃부리가 가장 아름다워 뛰어나다. 英國(영국)　英語(영어)　英才(영재)　英特(영특)
*++(풀 초) : 풀 모양. '草'의 머리 부분이기에 '초두'라 부름.

映 비칠 영
(4급 日부 9획)

해(日)는 하늘 가운데(央) 있을 때 가장 밝게 비친다.
映寫機(영사기)　映畫(영화)　放映(방영)　上映(상영)
*央(가운데 앙) : 어른(大)이 물건(冂)을 지는 등의 가운데.

염 영

부수(部首) 이야기

彳(걸을 　척) : 허벅다리(丿) 정강이(丿) 발(丨) 합한 것으로 걷다, 가다.

廴(길게걸을 인) : 다리를 끌며 길게 걸어가는 모습.

辶(멀리갈 　착) : 쉬엄쉬엄 멀리 걸어가는 모습에서 가다.
　　　　　　　 - 글자 밑에 받침처럼 쓰여 '책받침'이라고도 한다.

行(다닐 　행) : 왼발(彳 걸을 척)과 오른발(亍 걸을 촉)로 다닌다.

榮營影銳豫

榮 栄
영화 영
(4Ⅱ 木부 14획)

나무(木) 위(冖)에 핀 꽃이 빛나듯(火火) 영화롭다.
榮光(영광) 榮華(영화) 虛榮(허영) ▶ 華(꽃필 화)
*冖(덮을 멱) : 덮개를 본뜬 글자. 虛(빌 허)

營 営
경영할 영
(4급 火부 17획)

빛나듯(火火) 집(冖 덮을 멱)을 법도(呂) 있게 다스리다. 경영하다.
營業(영업) 國營(국영) 經營(경영) 運營(운영)
*呂(법칙 려) : 위(口) 아래(口)로 일정하게 이어진(丿) 법칙.

影
그림자 영
(3Ⅱ 彡부 15획)

햇빛(景 볕 경)에 의해 그늘져(彡) 생기는 그림자.
影響(영향) 反影(반영) 殘影(잔영) 投影(투영)
*景 : 해(日)가 궁(京) 비추는 모양에서, 밝거나, 볼 만한 곳.

銳
날카로울 예
(3급 金부 15획)

무딘 쇠(金)를 갈아 모양을 바꾸어(兌 바꿀 태) 날카롭게 하다.
銳角(예각) 銳利(예리) 尖銳(첨예) ▶ 尖(뾰족할 첨)
*兌 : 팔자(八)에 맏이(兄)로 태어나 마음가짐을 굳게 바꾸다.

豫 予
미리 예
(4급 豕부 16획)

내(予)가 코끼리(象 코끼리 상)와 같이 여유 있게 행동하는 것은 미리 준비를 잘 하였다는 데서 나온 자.
豫告(예고) 豫防(예방) 豫備(예비) 豫約(예약) 豫言(예언)
*予(나 여) : 사람이 바로 서 있는 모양에서 바른 나의 뜻.

1, 2급 한자

塋 무덤 영   향(火火)을 피우는 흙(土)을 덮어(冖) 만든 무덤.   先塋(선영)

- 影幀(영정) : 족자(簇子)로 된 화상(畫像).   ▶ 幀(족자 정)
- 影響(영향) : 1.(그림자가 형상(形狀)을 따르고, 메아리가 소리에 응하듯이) 말이나 행동(行動)에 곧바로 따라 응하는 것. 2. 한 사물이 다른 사물에 어떤 변화를 미침.
- 豫備役(예비역) : 평소에는 일상생활을 하다가 일이 생길 때 군사적인 일에 복무(服務)하게 되는 병역(兵役), 또는 그런 사람.

📖 藝譽五吾悟

藝 芸
재주 예
(4Ⅱ ++부 19획)

초목(++)을 심고(埶 심을 예) 가꾸며, 말하고(云 말할 운) 글 쓰는 **재주**. 藝能(예능) 藝術(예술) 文藝(문예) 書藝(서예)
*埶 : 둥글게(丸 둥글 환) 흙(土)을 파고(儿) 흙(土) 위에 **심다**.

譽 誉
기릴 예
(3Ⅱ 言부 21획)

말(言)로서 **받들어 준다(與) 하여**. 名譽(명예) 榮譽(영예)
*與(줄 여) : 한(一) 사람이 몸 구부려(ㄣ←̇´굽은사람 인) 절굿공이(｜)로 절구(臼)를 찧고 한(一) 사람은 손(八)으로 뒤집는 모양에서, 일에 참여(參與)한 사람에게 만든 음식 나누어 **주다**.

五
다섯 오
(8급 二부 4획)

둘(｜｜)에 셋(三)을 더해 나타낸 **다섯**. ▶ 洋(바다 양)
五大洋(오대양) : 태평양 · 대서양 · 인도양 · 북빙양 · 남빙양.
五色(오색) : 파랑, 하양, 빨강, 검정, 노랑의 다섯 가지 빛깔.

吾
나 오
(3급 口부 7획)

다섯(五) 손가락으로 입(口)을 가리키며 **나**를 나타냄.
吾等(오등) : 우리들 ▶ 等(무리 등) 我(나 아) 子(나 여)
*五(다섯 오) : 둘(｜｜)에 셋(三)을 더하여 **다섯**을 나타낸 자.

悟
깨달을 오
(3Ⅱ 心부 10획)

마음(忄)으로 내(吾 나 오)가 스스로 **깨닫다**.
覺悟(각오) 大悟(대오) ▶ 覺(깨달을 각)
*心(마음 심) : 사람의 **심장 모양**. 속, 감정, 한가운데. *心=忄 ⺗

영예오

1, 2급 한자

芸 향풀 운 재주 예	입에서 말(云 말할 운)이 나오듯 풀(++)에서 향이 나는 **향풀**. '藝'의 약자로 쓰이는 자. 芸香(운향) : 향초(香草)의 한 가지로 책 속에 넣어서 좀을 막음.
伍 대오 오	사람(亻) 다섯(五)이 한 단위로 열을 만든 **대오(隊伍)**. 落伍(낙오)
梧 오동나무 오	나무(木) 중 나(吾)와 우리가 많이 쓰는 **오동나무**. 梧桐(오동)
寤 잠깰 오	집(宀) 침대(爿 널 장)에서 내(吾)가 **잠깨다**. 寤寐不忘(오매불망)

가나다순 한자 241

午 汚 烏 鳴 娛

午
낮 오
(7급 十부 4획)

사람(宀 누운사람 인)이 많이(十) 다니는 낮.
사람(宀)이 많이(十) 이용하는 일곱째 지지(地支)인 말.
午前(오전) 午後(오후) 正午(정오) 午時(오시) : 11시~13시.

汚
더러울 오
(3급 水부 6획)

물(氵)이 가로(一) 막혀(丂) 고여 있어 더럽다.
汚物(오물) 汚染(오염) 汚辱(오욕) 貪官汚吏(탐관오리)
*丂(막힐 고) : 위(一)가 막혀 나아가지 못하고 굽어 있는 모양.

烏
까마귀 오
(3II 火부 10획)

눈까지도 검어 몸과 눈 구분이 어려운 까마귀 나타내기 위해
'鳥'(새 조)에서 눈(一) 빼서 나타낸 자. 검다.
烏骨鷄(오골계) 烏飛梨落(오비이락) 烏合之卒(오합지졸)

嗚
탄식할 오
(3급 口부 13획)

입(口) 벌리고 까마귀(烏 까마귀 오) 울듯 사람이 크게 탄식하다. 嗚咽(오열) 嗚呼痛哉(오호통재)라! ▶ 咽(목멜 열)
*烏 : '鳥'에서 눈(一)을 빼서 눈까지도 검은 까마귀를 나타냄.

娛
즐길 오
(3급 女부 10획)

여자(女)가 크게 떠들며(吳 큰소리칠 오) 무언가를 즐기다.
娛樂室(오락실) ▶ 樂(즐길 락) 室(집 실)
*吳 : 입(口)으로 하나(一)의 대국(大)이라 큰소리치다.

1, 2급 한자

吳 오나라 오
입(口)으로 하나(一)의 대국(大)이라 큰소리치다.
이처럼 큰 소리 칠만 한 나라인 오나라. 吳越同舟(오월동주)

虞 염려할 우
범(虍 범 호) 있는 곳에서 떠드니(吳 떠들 오) 염려(念慮)스럽다.
虞犯地帶(우범지대) : 환경 조건이 죄를 저지를 우려가 있는 지역.

📖 烏鵲橋(오작교) : 칠월 칠석 날에 까마귀와 까치가 은하수(銀河水) 양쪽에 나뉘어 있는 견우(牽牛)와 직녀(織女) 두 별이 만날 수 있도록 하기 위하여 은하에 놓는다는 전설상의 다리.

📖 吳越同舟(오월동주) : 적국(敵國)인 오나라와 월나라 사람이 함께 배를 탐.
사이가 나쁘더라도 필요한 경우 서로 협력(協力)함.

誤 傲 玉 屋 獄

誤 잘못될 오 (4Ⅱ 言부 14획)
말(言 말씀 언)로 크게 떠버리며(吳 떠들 오) 일을 **그르치다**.
誤答(오답) 誤報(오보) 誤算(오산) 誤解(오해)
*吳(오나라 오) : 하나(一)의 대국(大)이라 **떠드는**(口) **오나라**.

傲 거만할 오 (3급 人부 13획)
사람(亻)이 땅(土)에 풀어 놓은(放 놓을 방) 강아지처럼 날뛴다 하여 **거만(倨慢)하다**. 傲慢(오만) 傲氣(오기)
*放 : 사방(方)으로 가도록 다스리지(攵) 않고 풀어 **놓아줌**.

玉 구슬 옥 (4Ⅱ 玉부 5획)
구슬 여러(三) 개 꿴 모양. '王'와 혼동 피하기 위해 점(丶)을 덧붙임. 글자 안에서 '王'는 대개 '玉'의 뜻으로 쓰임.
玉童子(옥동자) 玉石(옥석) 玉體(옥체) 寶玉(보옥)

屋 집 옥 (5급 尸부 9획)
지붕(尸 지붕 시) 있어 머물러(至) 쉴 수 있는 **집**.
屋上(옥상) 屋外(옥외) 家屋(가옥) 洋屋(양옥) 韓屋(한옥)
*至(이를 **지**) : 새 발(厹 새발자국 유의 줄임)이 땅(土)에 **이름**.

獄 지옥 옥 (3Ⅱ 犬부 14획)
개들(犭=犬)이 싸우듯 사람이 다투는(言) 것을 재판하여 벌주는 **감옥(監獄)**. 獄苦(옥고) 獄舍(옥사) 投獄(투옥)
*犭(개, 짐승 **견**) : 발을 들고 덤벼드는 큰 **개나 짐승의 뜻**.

1, 2급 한자

握 쥘 악   손(扌)에 집안(屋) 일의 권한을 **쥐다, 장악(掌握)하다**.   握手(악수)

- **傲霜孤節(오상고절)** : 서릿발이 심한 속에서도 굴하지 않고 거만(倨慢)하게 외로이 지키는 절개(節槪). 국화(菊花)를 고상(高尚)하는 일컫는 말.
- **屋上架屋(옥상가옥)** : 지붕 위에 거듭 지붕을 더함. 공연히 쓸모없는 일을 더함.
- **玉石俱焚(옥석구분)** : 옥과 돌이 함께 불에 탐. ▶ 俱(함께 구) 焚(불사를 분)
  선악(善惡)의 구별(區別) 없이 함께 멸망(滅亡)함.

溫翁擁瓦臥

溫 따뜻할 온 (6급 水부 13획)
물(氵)을 죄수(囚 가둘 수)에게 그릇(皿 그릇 명)에 떠서 주는 마음이 **따뜻하다**. 좋은 행위를 몸에 익히다.
溫氣(온기) 溫水(온수) 溫室(온실) 溫故知新(온고지신)

翁 늙은이 옹 (3급 羽부 10획)
새 깃(羽)처럼 가지런히 수염이 난 귀인(公 귀인 공)인 **늙은이**.
故(고) 손기정 翁(옹)   塞翁之馬(새옹지마)
*羽(깃 우) : 새의 깃 또는 **날개**를 그린 자.   ▶ 塞(변방 새)

擁 안을 옹 (3급 手부 16획)
손(扌)으로 서로의 뜻이 화합하여(雝 화할 옹) **껴안다**.
擁壁(옹벽) 擁護(옹호) 抱擁(포옹)   ▶ 護(보호할 호)
*雝 : 지붕(宀) 아래 어린(幺) 새(隹)를 보호하는 모양에서 **화하다**.

瓦 기와 와 (3Ⅱ 瓦부 5획)
엇걸려 물려 있는 **기와**를 그린 자.
靑瓦臺(청와대) 瓦當(와당) : 기와의 마구리   ▶ 當(덮을 당)
瓦解(와해) : 기와 깨지듯, 조직이나 기능 따위가 무너져 흩어짐.

臥 누울 와 (3급 臣부 8획)
몸을 구부린 신하(臣)와 같이 사람(人)이 **누워있다**.
臥像(와상) 臥病(와병) 臥薪嘗膽(와신상담)   ▶ 薪(땔나무 신)
*臣(신하 신) : 임금 앞에서 몸을 구부리고 엎드린 **신하**.

1, 2급 한자

雍 막을 옹
화합하여(雝) 토성(土)을 쌓아 적의 공격을 **막는**다는 데서.
雍固執(옹고집) : 억지가 매우 심한 고집(固執).

甕 독 옹
지붕(宀) 아래 어린(幺 작을 요) 새(隹 새 추)처럼 보호가 필요해 기와(瓦 기와 와)를 만드는 흙으로 구워 만든 독.   甕器(옹기)
鐵甕城(철옹성) : 쇠로 만든 성처럼, 방비나 단결이 튼튼한 상태.

📖 臥薪嘗膽(와신상담) : 패배나 실패를 딛고 일어서기 위하여 괴로움을 참고 견딘다.
  – 월(越)에 패한 오왕(吳王) 부차는 섶(薪) 위에서 자고(臥), 오에 패한 월왕 구천은 쓸개(膽)를 핥으며(嘗) 원수를 갚기 위해 고생 참고 견디어 마침내 월나라의 승리로 끝난다.

244

完 緩 曰 王 往

完 완전할 완
(5급 宀부 7획)

집(宀 집 면)을 으뜸(元) 가게 지은이 완전(完全)하다.
完決(완결) 完工(완공) 完成(완성) 完遂(완수) 完全(완전)
*元(으뜸 원) : 우뚝한(兀 우뚝할 올) 곳에 올라 있는 한(一) 사람.

緩 느릴 완
(3Ⅱ 糸부 15획)

실(糸) 당기면(爰 당길 원) 느슨해진다. 느슨해져 느림.
緩急(완급) 緩慢(완만) 緩衝(완충) 緩行(완행) 緩和(완화)
*爰 : 손(爫 손톱 조)으로 한(一) 명의 벗(友 벗 우)을 끌어당기다.

曰 가로 왈
(3급 曰부 4획)

입(口) 안의 혀(一)를 움직여 말하다.
曰梨曰柿(왈리왈시) : 남의 제사(祭祀)에 감 놓아라 배 놓아라 등 쓸데없이 참견하는 경우. ▶ 梨(배 리) 柿(감 시)

王 임금 왕
(8급 玉부 4획)

한(一) 곳의 땅(土)을 다스리는 임금. ▶ 朝(아침 조)
王國(왕국)   王室(왕실)   王子(왕자)   女王(여왕)
王朝(왕조) : 임금이 직접 나라를 다스리던 시대(時代).

往 갈 왕
(4Ⅱ 彳부 8획)

왕(王) 앞에 서서 등불(丶불똥 주) 들고 걸어간다(彳 갈 척)에서 가다, 지나간 옛날, 옛일, 죽다의 뜻.
往年(왕년)   往來(왕래)   往復(왕복)   極樂往生(극락왕생)

온옹와
완왈왕

1, 2급 한자

枉 굽힐 왕 | 나무(木)가 막고 있으니 왕(王)도 몸을 **굽힌다**. | 枉臨(왕림)
旺 왕성할 왕 | 해(日)가 왕(王)과 같이 **왕성하게** 빛나는 모양. | 士氣旺盛(사기왕성)

🔹 往五天竺國傳(왕오천축국전) : 신라의 고승 혜초(慧超)가 10년 동안 인도의 다섯 나라를 돌아다니며 보고 들은 것을 적은 여행기. ▶ 竺(나라이름 축)

- 천축(天竺)은 인도(印度)를 가리키던 '힌두(Shindhu)'를 중국인들이 음역(音譯)하여 쓰던 말.

오천축국(五天竺國)은 당시 인도를 동서남북과 중부(中部)로 나누어 인도 전역(全域)을 의미.

外畏要腰搖

外 바깥 외 (8급 夕부 5획)
저녁(夕)에 별 점(卜 점 복)을 치던 바깥.
外國(외국)   外食(외식)   外出(외출)   內外(내외)
*夕(저녁 석) : '月'에서 한 획을 줄인 반달 모양의 달이 뜬 저녁.

畏 두려울 외 (3급 田부 9획)
밭(田) 일을 할 때 옷(衣 옷 의)을 버릴까 두려워하다.
後生可畏(후생가외) : 후에 태어난 어린이는 장래가 유망하여 앞으로 어떠한 인물이 될지 모르기에 한편으로 두렵다는 뜻.

要 중요할 요 (5급 襾부 9획)
여자(女)는 몸을 덮어(襾) 감싸는 것이 중요(重要)하다.
要求(요구)   要望(요망)   要請(요청)   要因(요인)   重要(중요)
*襾(덮을 아) : 그릇 아가리에 끼워 막는 마개. 덮다. *襾 = 西

腰 허리 요 (3급 肉부 13획)
신체(月) 중 가장 중요한(要 중요할 요) 허리.
腰帶(요대)   腰折(요절)   腰痛(요통)   ▶ 帶(띠 대) 折(꺽일 절)
*月(육달 월) : '달'의 뜻이 아닐 때는 '月=肉 고기 육'로 신체의 뜻.

搖 흔들 요 (3급 手부 13획)
손(扌)으로, 고기(月=肉) 굽듯 구은 질그릇(缶)을, 두드리니 흔들리다. 흔들다.   搖動(요동) 搖籃(요람) ▶ 籃(바구니 람)
*缶(질그릇 부) : 배 불룩하고 아가리 좁은 질그릇.

1, 2급 한자

猥 날뛸 외   개(犭=犬)가 두려움(畏)에 함부로 날뛴다. 猥褻(외설)   ▶ 褻(속옷 설)
瑤 아름다운옥 요   옥돌(王=玉)을 그릇 빚듯이 잘 다듬어 만든 아름다운 옥.

- 搖籃(요람) : 1. 젖먹이를 눕히거나 앉히고 흔들어 즐겁게 하는 채롱.
  2. 사물(事物)이 발달하는 처음이나 시작(始作)을 뜻함.
- 瑤池鏡(요지경) : 상자 앞면에 확대경(擴大鏡)을 달고 그 안에 그림이나 무늬를 넣어 돌리면서 들여다 보게 만든 장치.
- 요지(瑤池)는 들여다보는 거울. 신선이 산다는 아름다운 못 또는 궁중에 있는 아름다운 못.

遙謠曜浴辱

遙 遥 멀 요 (3급 辶부 14획)	고기(月) 굽듯 구은 질그릇(缶 질그릇 부)을 두드리니 소리가 멀리까지 간다(辶 갈 착) 하여. 遙遠(요원) *月(육달 월) : '달'의 뜻이 아닐 때는 로 고기(月=肉 고기 육)의 뜻.
謠 노래 요 (4Ⅱ 言부 17획)	고기(月=肉 고기 육) 굽듯 구은 질그릇(缶 질그릇 부)을 두드리며 장단 맞춰 부르는 말(言 말씀 언)인 노래. 歌謠(가요) 童謠(동요) 民謠(민요) ▶ 童(아이 동)
曜 빛날 요 (5급 日부 18획)	해(日)가 아름다운 빛을 내는 꿩의 깃(翟)처럼 빛나다. 曜日(요일) : '曜'는 해와 달 그리고 다섯 개의 별을 가리킴. *翟(꿩깃 적) : 날개의 깃(羽)이 아름다운 새(隹)인 꿩. 꿩의 깃.
浴 목욕할 욕 (5급 水부 10획)	골짜기(谷) 물(氵)로 목욕하다. 浴室(욕실) 浴湯(욕탕) *谷(골짜기 곡) : 갈라져(八) 있는 산(人) 골짜기 입구(口) 모양.
 욕될 욕 (3Ⅱ 辰부 10획)	농사철(辰)에 일을 하지 않는 자를 법도(寸 법도 촌)에 따라 욕보인다. 困辱(곤욕) 榮辱(영욕) 壽則多辱(수즉다욕) *辰(때 신) : 조개가 입 벌려 움직이는 모양. 이 때가 농사철.

외요욕

📖 '月'이 가지고 있는 여러 가지 뜻

1. 달, 세월의 뜻 明(밝을 명) 朔(초하루 삭) 朝(아침 조) 期(기약할 기)

2. '육달 월'이라 부르며 고기의 뜻으로 '肉(고기 육)을 대신하여 쓰임.
   膏(기름 고) 脂(기름 지) 肪(기름 방) 脯(말린고기 포) 膾(회 회)

3. 신체의 목을 포함한 머리에 있는 부분을 나타냄. 머리로 하는 것.
   頂(정수리 정) 頭(머리 두) 顔(얼굴 안) 額(이마 액) 煩(괴로울 번)
   項(목덜미 항) 頸(뒷목 경) 頰(뺨 협) 顎(턱 악) 頑(완고할 완)

* 원래의 "달 월"은 안쪽 두 획(=)의 우측이 붙지 않음. → '月 (달 월)' '月 (육달 월)'
  하지만 지금은 보통 月로 통용해서 쓴다.

가나다순 한자 247

欲 慾 用 庸 勇

欲 하고자할 욕
(3Ⅱ 欠부 11획)

갈라진 골짜기(谷 골 곡)처럼, 입 벌리고(欠 하품 흠) 먹고 싶은 마음이라 하여 바라다, 탐하다, 하고자 한다.
欲求(욕구)　欲望(욕망)　欲情(욕정)　意欲(의욕)

慾 욕심 욕
(3Ⅱ 心부 15획)

갈라진 골짜기(谷 골 곡)처럼, 입 크게 벌리고(欠 하품 흠) 무언가 많이 먹고 싶은 마음(心)이라 하여 욕심.
慾心(욕심)　私利私慾(사리사욕)　食慾(식욕)　貪慾(탐욕)

用 쓸 용
(6급 用부 5획)

점통(冂) 돌리다 하나 뽑아 점을 쳐서 맞으면(中 맞힐 중) 그 일을 힘써 한다. 用務(용무)　用語(용어)　有用(유용)
用意周到(용의주도) : 마음 씀이 두루 미쳐 빈틈이 없음.

庸 떳떳할 용
(3급 广부 11획)

집(广 집 엄)에서 손(彐 손 계)에 송곳(丨)을 들고 사용하는(用) 모양에서, 작은 일도 직접 행하니 떳떳하다.
中庸(중용) : 치우침 없이 떳떳하며 알맞은 상태.

勇 날랠 용
(6급 力부 9획)

솟듯이(甬) 힘차게(力) 나가는 모양에서 날래다.
勇氣(용기)　勇猛(용맹)　▶猛(사나울 맹)
*甬(솟을 용) : 꽃봉오리가 솟아나온 모양. 물이 솟아나는 모양.

1, 2급 한자

傭 품삯 용　사람(亻)을 쓸(庸)때 주는 품삯.　　　　傭兵(용병) 雇傭(고용) ▶雇(품살 고)
踊 춤출 용　발(足)로 솟아오르듯(甬) 힘차게 뛰며 춤을 추다.　　　　舞踊(무용)
湧 샘솟을 용　물(氵)이 빠르게(勇) 솟는 모양에서 샘솟는다(= 涌).　　　湧泉水(용천수)
桶 통 통　나무(木)로 만들어, 솟는(甬) 우물물 등을 담는 통.　　　　水桶(수통)
慫 권할 용　샘솟듯(涌涌) 마음(心)에서 우러나도록 억지로 권하다.　　慫慂(종용)

▶ 欲巧反拙(욕교반졸) : 너무 잘하려 하면 도리어 잘 안됨.　▶巧(정교할 교) 拙(못날 졸)
▶ 欲速不達(욕속부달) : 일을 서두르면 도리어 이루지 못함.　▶達(이룰 달)

容于宇又友

容 얼굴 용 (4Ⅱ 宀부 10획)
사람 머리(亠) 눈(八) 수염(人) 입(口)을 그린 자로 얼굴. 얼굴 보아 용서하다. 집(宀 집 면)과 골짜기(谷 골 곡)처럼 많은 것을 담다.
容器(용기) 容貌(용모) 內容(내용)

于 어조사 우 (3급 二부 3획)
둘(二)을 하나(亅 갈고리 궐)로 잇듯 말을 이어주는 어조사.
于先(우선) 于山國(우산국) : 울릉도.

宇 집 우 (3Ⅱ 宀부 6획)
지붕(宀) 아래 두(二) 사람이 갈고리(亅 갈고리 궐)처럼 이어져 만든 큰 집. ▶ 宇 무한한공간 우. 宙 무한한시간 주.

又 또 우 (3급 又부 2획)
깍지 끼고 있는 손 모양으로 두 손, 즉 하나가 아닌 둘이라는 데서 또, 다시의 뜻. 日新又日新(일신우일신)

友 벗 우 (5급 又부 4획)
하나(一)의 삐침(丿 삐침 별)도 없이 손(又)에 손을 잡고 서로를 돕는 친한 벗. 友軍(우군) 友愛(우애) 友情(우정)
* 又(손·또 우) : 깍지 낀 두 손, 즉 하나가 아닌 둘이라 하여 또.

1, 2급 한자

溶 녹을 용   물질을 물(氵)에 담그니(容) 잘 녹는다는 데서.   溶解(용해)
鎔 쇠녹일 용 쇠(金)를 녹여 거푸집(容 담을 용)에 붓는다는 데서.   鎔接(용접)
迂 멀 우   둥근 방패(干)처럼 돌아간다(辶 갈 착) 하여 멀다는 뜻.   迂廻(우회)

📖 三歲之習 至于八十(삼세지습 지우팔십) : 세 살 버릇 여든까지 ▶ 于(~까지 우)
📖 迂餘曲折(우여곡절) : 돌고 휘어 구부러짐. 뒤얽힌 복잡(複雜)한 사정(事情).

牛 尤 右 羽 雨

牛 소 우
(5급 牛부 4획)

소를 옆에서 보고 그린 자. ▶ 經(글 경) 乳(젖 유)
牛馬(우마) 牛乳(우유) 牛耳讀經(우이독경) : 소귀에 경 읽기. 즉 아무리 일러주어도 알아듣지 못해 효과 없음.

尤 더욱 우
(3급 尤부 4획)

개(犬)가 앉아 있는 모양에서 보기에 더욱 그렇다.
尤甚(우심) : 더욱 심함. ▶ 甚(심할 심)
*개는 묶이거나 갇히지 않고 돌아다니며 사는 것이 행복.

右 오른 우
(7급 口부 5획)

삐뚤어짐(丿 삐침 별) 하나(一) 없이 말(口)한 바를 실행하는 오른손.
右側(우측) 右議政(우의정) 左右(좌우)
*획순에 주의할 글자 右 : 丿 一 口 , 布 : 丿 一 巾 , 有 : 丿 一 月

羽 깃 우
(3Ⅱ 羽부 6획)

새의 깃 또는 날개를 그린 자.
羽毛(우모) : 깃털.

雨 비 우
(5급 雨부 8획)

구름(一)에서 넓게(冂) 떨어지는(丨) 빗방울(丶丶)인 비.
雨期(우기) 雨衣(우의) 雨傘(우산) 降雨(강우) 暴雨(폭우)
雨後竹筍(우후죽순) : 비 온 뒤 자란 죽순. ▶ 筍(죽순 순)

1, 2급 한자

牢 우리 뢰   집(宀 집 면)에서 소(牛)를 키우는 우리.   亡羊補牢(망양보뢰)

佑 도울 우   사람(亻)을 우측(右)에 두고 옆에서 돕는다.   天佑神助(천우신조)
[하느님이 보우(保佑)하사 우리나라 만세]

祐 도울 우   신(示 제단 시)이 좋은 쪽으로(右) 돕는다.   佑 = 祐
* '좌천(左遷)'이라는 단어에서 보듯이 '左'의 반대인 '右'를 좋게 봄.

惹 이끌 야   같은(若) 마음(心)으로 이끌다는 뜻. 惹起(야기) : 사건 등을 일으킴.

匿 숨길 닉   만약(若)에 대비해 감추어(匚) 숨긴다.   匿名(익명) 隱匿(은닉)

偶愚遇憂優

偶 짝 우 (3Ⅱ 人부 11획)
사람(亻)과 원숭이(禺)는 닮음. 닮은 짝. 닮게 만든 것.
偶像化(우상화) 偶然(우연) 配偶者(배우자) 土偶(토우)
*禺(짐승 우) : 밭(田)에 웅크리고 앉아있는(内) 원숭이인 짐승.

愚 어리석을 우 (3Ⅱ 心부 13획)
짐승(禺)처럼 생각(心)이 어리석다. 자신을 어리석다 하여 겸손하다. [大愚은 大賢와 같다]. 愚鈍(우둔) 愚問(우문)
*内(발자국 유) : 새나 짐승의 발자국을 본뜬 자. 웅크린 발.

遇 만날 우 (4급 辶부 13획)
짐승(禺)이 돌아다니다(辶) 서로 만나듯, 우연히 만나다.
待遇(대우) 境遇(경우) 遭遇(조우) ▶ 遭(만날 조)
*辶(갈 착) : 쉬엄쉬엄 멀리 걸어가는 모습에서 가다.

憂 근심 우 (3Ⅱ 心부 15획)
머리(頁)의 근심(心)으로 발걸음(夊 걸을 쇠)이 무거운 모양에서 근심하다. 憂慮(우려) 憂愁(우수) 憂患(우환)
*頁(머리 혈) : 사람 머리(一)에서 얼굴(自), 목(丿丶)까지 신체.

優 뛰어날 우 (4급 人부 17획)
사람(亻) 중에 앞날 걱정하여(憂) 미리 준비해두는 이가 뛰어나다. 優待(우대) 優等(우등) 優秀(우수) 優勝(우승)
*憂(근심 우) : 머리(頁)의 근심(心)으로 발걸음(夊) 무거운 모양.

1, 2급 한자

寓 붙어살 우 | 집(宀)에 짐승들(禺)이 붙어산다와 이 짐승에 빗대다.   寓話(우화)

 **愚公移山(우공이산)** : 미력(微力)하더라도 끊임없이 노력(努力)하면 성공하게 됨.

  - 노인 우공이 생활에 불편을 주는 산을 없애려고 매일 흙을 파서 강에다 내다 버렸다. 사람들이 비웃었으나 우공은 "자자손손(子子孫孫) 파 없앤다면 언젠가는 평지(平地)가 되겠지"라 하자 놀란 산신(山神)이 "이러다간 내 산이 없어질지도 모르는 일이야." 하며 산을 옮겨 그 곳이 평지가 되었다 한다.

▶ 優(머뭇거릴 우)

 優柔不斷(우유부단) : 어물어물하며 딱 잘라서 결단을 내리지 못함. ▶ 柔(여릴 유)

가나다순 한자 251

郵 云 雲 運 韻

郵 우편 우 (4급 邑부 11획)
고을(阝고을 읍)마다 소식을 드리우는(垂) 우편.
郵便(우편) 郵票(우표) 郵遞局(우체국) ▶ 遞(전할 체)
*垂(드리울 수) : 천(千)가지의 풀(卄)이 땅(土)을 향해 **드리우다**.

云 말할 운 (3급 二부 4획)
둘(二)이 사적(私的)으로(厶) 말하다. 云云(운운)
*厶(팔꿈치 사) : **팔꿈치**를 구부려 물건을 감싸는 모양으로,
厶(사사로울 사) : 자신의 이익만을 챙긴다는 데서 **사사롭다**.

雲 구름 운 (5급 雨부 12획)
비(雨) 온다고 말하듯(云), 떠 있는 구름. 또는 분위기.
雲雨之情(운우지정) 雲集(운집) 祥雲(상운) 戰雲(전운)

運 운전할 운 (6급 辶부 13획)
군사(軍)들이 수레를 끌고 운전하여 가다(辶 갈 착).
運動(운동) 運命(운명) 運轉(운전) 不運(불운) 幸運(행운)
*軍(군사 군) : 수레(車)를 둘러싸고(冖 덮을 멱) 있는 **군사**.

韻 운 운 (3Ⅱ 音부 19획)
사람(員)이 글을 읽을 때 소리(音 소리 음)의 높낮이를 가리킨 운.
韻律(운율) 韻文(운문) 韻致(운치) 音韻(음운)
*員(인원 원) : 입(口)으로 돈(貝) 세는 모양에서 **일을 하는 사람**.

1, 2급 한자

隕 떨어질 운   언덕(阝언덕 부)처럼 높은 곳에서 사람(員)이 **떨어지다**.   隕石(운석)
殞 죽을 운   죽은(歹 뼈앙상할 알) 사람(員)이라는 데서 **죽다**는 뜻.   殞命(운명)

- 運數所關(운수소관) : 능력, 노력에 상관없이 모든 일이 운수에 달려 있다는 생각.
- 雲雨之情(운우지정) : 남녀의 육체적(肉體的)인 사랑을 고상(高尙)하게 이르는 말.
- 雲泥之差(운니지차) : 구름과 진흙의 차이. 차이(差異)가 매우 심함. ▶ 泥(진흙 니)

雄 元 院 怨 原

雄 수컷 웅
(5급 隹부 12획)

힘센 오른(右 오른 우) 팔꿈치(厶)처럼 힘센 새(隹 새 추)인 **수컷**. 雄辯(웅변) 雄壯(웅장) 英雄(영웅) ▶ 辯(말잘할 변)
*厶(팔꿈치 사) : 팔꿈치를 구부려 물건을 감싸는 모양.

元 으뜸 원
(5급 儿부 4획)

한(一) 사람이 우뚝한(兀 우뚝할 올) 곳에 올라 있는 모양에서 **으뜸**의 뜻. 으뜸은 맨 앞에 온다 하여 처음.
元金(원금) 元老(원로) 元首(원수) 元祖(원조) 身元(신원)

院 집 원
(5급 阜부 10획)

언덕(阝 언덕 부)에, 목적에 맞게 완전하게(完) 지은 **집**.
院長(원장) 法院(법원) 病院(병원) 醫院(의원) 學院(학원)
*完(완전할 완) : 집(宀 집 면)을 으뜸(元)가게 지은이 **완전하다**.

怨 원할 원
(4급 心부 9획)

잠자리에서도 뒤척이며(夗) 마음(心)에 품은 **원한**.
怨望(원망) 怨聲(원성) 怨恨(원한) 宿怨(숙원) ▶ 宿(오랠 숙)
*夗(딩굴 원) : 저녁(夕)에 다리(㔾 무릎 절)를 구부리고 **뒹군다**.

原 근본 원
(5급 厂부 10획)

언덕(厂 언덕 한)의 경사로 인하여 맑은(白 흰 백) 물 작게(小) 흐름으로 시작되는 **사물의 시작**, **근본**.
原理(원리) 原始(원시) 原油(원유) 原因(원인) 原則(원칙)

1, 2급 한자

苑 동산 원	초목(艹)이 무성하여 뒹굴며(夗) 놀기 좋은 **동산**.	秘苑(비원)
鴛 원앙 원	뒹굴며(夗) 노는 사이가 좋은 새(鳥 새 조)인 **원앙**.	鴛鴦(원앙)
宛 완연할 완	집(宀)에서 뒹굴(夗) 수 있는 **완연한** 저녁이라는 데서.	宛然(완연)
婉 순할 완	여자(女)가 완연한(宛) 저녁에는 **순해진다** 하여.	婉曲(완곡)
腕 팔 완	신체(月) 중 완연한(宛) 저녁에 상대를 안는 **팔**.	腕力(완력)

📝 鴛鴦之契(원앙지계) : 금실이 좋은 부부 사이. 원앙은 암수가 늘 함께 다니는 것이 특징으로 의좋은 부부를 뜻함. 원앙을 수놓은 이불과 베개가 '鴛鴦衾枕(원앙금침)'이다.

源願員圓園

源 근원 원 (4급 水부 13획)
물(氵)이 시작하는 근본(原)이 되는 **근원(根源)**.
源泉(원천) 電源(전원) 資源(자원) ▶泉(샘 천)
*原 : 경사(厂)로 인하여 물(白)이 흐름(小)으로 **사물이 시작됨**.

願 바랄 원 (5급 頁부 19획)
처음부터(原 급본 원) 머리(頁 머리 혈)로 생각한대로 되길 **바란다**.
願書(원서) 所願(소원) 念願(염원) 志願書(지원서)
*頁(머리 혈) : 사람 **머리(一)에서 얼굴(自), 목(丿丶)까지 신체**.

員 인원 원 (4Ⅱ 口부 10획)
입(口)으로 돈(貝) 세는 모양에서 **일을 하는 사람**.
社員(사원) 要員(요원) 全員(전원) 定員(정원) 會員(회원)
*貝(조개 패) : 작고 단단하며 광택 나는 조개를 **화폐로 사용함**.

圓 円 둥글 원 (4Ⅱ 口부 13획)
사람(員 인원 원)이 쓰는 둥근(口=ㅇ) **돈**. 또는 **둥글다**.
圓形(원형) 圓滿(원만) : 모나지 않고 두루 너그럽다.
*口(에워쌀 위) : 울타리나 성벽으로 **에워싼** 모양이 둥글다.

園 동산 원 (6급 口부 13획)
울타리(口) 안에 열매 치렁거리는(袁) 과일나무 있는 **동산**.
果樹園(과수원) 庭園(정원) 花園(화원) 園藝(원예)
*袁(옷길 원) : 하나(一)의 긴 옷(衣 옷 의)으로 몸(口) 감싼 모양.

1, 2급 한자

猿 원숭이 원 | 짐승(犭 짐승 견) 중 팔이 긴(袁) 원숭이. | 犬猿之間(견원지간)

📖 **韓國·中國·日本의 돈**

韓國 : 한자로는 표기하지 않음. '원' 또는 'WON'이나 '₩'으로 표기

中國 : '圆'으로 표기하며 이는 '圓'의 간체자(簡體字)임.

日本 : '円'으로 표기하며 이는 '圓'의 약자(略字)임.

遠 援 月 越 危

遠 멀 원 (6급 辶부 14획)
긴 옷(袁)과 같이 갈길(辶 멀리갈 착)이 멀다는 뜻.
遠近(원근) 遠大(원대) 遠視(원시) 遠洋(원양) 遠征(원정)
*辶(갈 착) : 쉬엄쉬엄 멀리 걸어가는 모습에서 가다.

援 도울 원 (4급 手부 12획)
어려움에 처한 이를 손(扌)으로 끌어 당겨(爰) 돕다.
援助(원조) 救援(구원) 應援(응원) 支援(지원) 請援(청원)
*爰(당길 원) : 손(爫)으로 한(一) 명의 벗(友)을 끌어당기다.

月 달 월 (8급 月부 4획)
달 모양으로 밝다, 세월(歲月)의 뜻. ▶ 歲(해 세)
月末(월말) : 그 달의 끝 무렵. ▶ 末(끝 말)
月給(월급) : 다달이, 일한 삯으로 받는 일정한 돈. 給(줄 급)

越 넘을 월 (3Ⅱ 走부 12획)
도끼(戉) 들고 달려(走 달릴 주) 나라의 경계를 넘다.
越境(월경) 越權(월권) 越南(월남) 越等(월등) 移越(이월)
*戉(큰도끼 월) : 창(戈 창 과)에 달린 큰 도끼. ▶ 境(지경 경)

危 위험할 위 (4급 卩부 6획)
벼랑(厂) 끝에 걸려 있는 사람(⺈ 굽은사람 인)이나, 벼랑 아래에 앉아 있는(卩 마디 절) 모양이 위태롭다.
危機(위기) 危殆(위태) 危險(위험) 危機一髮(위기일발)

원월위

1, 2급 한자

詭 속일 궤 : 말(言)이 위험하다(危)는 것은 속이기 때문이다. 詭辯(궤변)
脆 무를 취 : 몸(月)에는 위험할(危) 정도로 약하고 무른 부분이 많다. 脆弱(취약)

- 遠交近攻(원교근공) : 먼 나라와 우호관계를 맺고, 이웃나라를 공략(攻略)하는 일.
- 遠族近隣(원족근린) : 먼 친척(親戚)보다 서로 도우며 살아가는 가까운 이웃이 낫다.
- 危機一髮(위기일발) : 거의 여유(餘裕)가 없는 매우 위급(危急)한 순간(瞬間).

位 委 胃 謂 威

位 자리 위 (5급 人부 7획)
사람(亻)이 서(立) 있는 자리. ▶ 卽(나아갈 즉)
位相(위상) 高位(고위) 方位(방위) 卽位(즉위) 地位(지위)
*立(설 립) : 땅(一)에 두 발로 서 있는 사람의 모습.

委 맡길 위 (4급 女부 8획)
벼(禾)의 이삭이 고개 숙이듯 여자(女)가 고개 숙이고 몸을 남편에게 맡기다. 委員(위원) 委任(위임) 委託(위탁)
*禾(벼 화) : 익으면 고개 숙이며(丿) 자라는(木) 벼, 곡식.

胃 밥통 위 (3Ⅱ 肉부 9획)
밭(田)처럼 몸(月)에서 음식을 담아 소화시키는 밥통.
胃酸(위산) 胃炎(위염) 胃腸(위장) 胃痛(위통) ▶ 酸(실 산)
*月(육달 월) : '달'의 뜻이 아닐 때는 '月=肉 고기 육'로 신체의 뜻.

謂 이를 위 (3Ⅱ 言부 16획)
말(言)을 위(胃 밥통 위)가 음식 소화시키듯 한다 하여 이르다. 말하다.   所謂(소위) : 이른바. 말하는 바.
*言(말씀 언) : 두(二) 번 거듭(二) 생각한 후 입으로(口) 말하다.

威 위협할 위 (4급 女부 9획)
개(戌)가 여자(女)를 위협한다. 또는 무서울 정도로 위엄있다.
威力(위력) 威勢(위세) 威嚴(위엄) 威脅(위협)
*戌(개 술) : 창(戈 창 과)을 든 사람(人) 옆에 있는 개.

1, 2급 한자

萎 시들 위   풀(艹)이 시들어 고개 숙이고(委) 있는 모양에서.   萎縮(위축)
倭 왜국 왜   사람(亻)이 고개 숙이고(委) 유순한 모양. 이러한 왜.   倭寇(왜구)
            * '倭'는 옛날 중국인이 일본인을 가리키던 말로, '유순하다'는 뜻.
矮 작을 왜   화살(矢 화살 시)·벼(禾 벼 화)·여자(女) 모두가 작음.   矮小(왜소)

🔹 萎縮(위축) : 1. 마르거나 시들어 쪼그라듦.   ▶ 縮(오그라들 축)
　　　　　　　2. (어떤 힘에 눌려) 웅크리거나 오그리거나 기를 펴지 못함.
　　　– 초목도 때가 되면 시들고 삼의 껍질에서 얻은 섬유로 짠 실도 마르면 오그라든다.
　　　　만물이 성장하여 번성한 후 반드시 위축의 단계를 거쳐 사라지는 것이 자연의 법칙이다.

偉 圍 違 衛 緯

偉
위대할 위
(5급 人부 11획)

사람(亻)은 부드러운(韋) 면이 있기에 **위대하다**.
偉大(위대) 偉力(위력) 偉業(위업) 偉容(위용) 偉人(위인)
*韋(다룸가죽 위) : 부드럽게 한 소(牛 소 우)의 **가죽**을 본뜬 자.

圍 囲
둘레 위
(4급 口부 12획)

가죽(韋)이 몸 싸듯(口 에워쌀 위), 에워싸고 있는 **둘레**.
範圍(범위) 周圍(주위) 包圍(포위) ▶ 範(구역 범)
*口 : 울타리나 성벽으로 **에워싼** 모양. '큰입구몸'이라고도 함.

違
어긋날 위
(3급 辶부 13획)

가죽(韋) 군복 입은 자가 갈(辶 갈 착) 길을 **어기다**.
違反(위반) 違背(위배) 違法(위법) 違憲(위헌) 違和感(위화감)
*辶(갈 착) : 쉬엄쉬엄 **멀리 걸어가는** 모습에서 **가다**.

衛
지킬 위
(4Ⅱ 行부 15획)

가죽(韋 가죽 위)옷 입은 병사가 성곽 돌며(行) **지키다**.
衛生(위생) 衛星(위성) 防衛(방위) 親衛(친위) 護衛(호위)
*行(다닐 행) : 왼발(彳 걸을 척)과 오른발(亍 걸을 촉)로 **다닌다**.

緯
줄 위
(3급 糸부 15획)

실(糸)처럼 부드러운 가죽(韋 가죽 위)으로 만든 **줄**.
緯度(위도) 經緯(경위) : 경도와 위도. 南緯(남위) 北緯(북위)
*糸(실 사) : 幺(작을 요) 小(작을 소)로 **가는** 실감은 실타래.

1, 2급 한자

韋 가죽 위	부드럽게 한 소(牛 소 우)의 **가죽**을 본뜬 자.	韋編三絕(위편삼절)
諱 꺼릴 휘	말(言 말씀 언)하기를 가죽(韋) 다루듯 주의하여, **꺼리다**.	諱字(휘자)

🔵 緯度(위도) : 지구 위의 위치를 나타내는 좌표로, 적도에서 남북을 평행하게 잰 거리. 적도를 0도로 하고 남북극을 90도로 하여 나눔. 위도 1도는 100km. ↔ 經度(경도)

🔵 韋編三絕(위편삼절) : 공자(孔子)가 주역(周易)을 여러 번 읽어 책 맨 끈이 3번이나 끊어 짐. 즉 다독(多讀)과 반복(反復)을 중시(重視)함.

🔵 諱字(휘자) : 돌아가신 조상(祖上)이나 높은 어른의 생전(生前)의 이름 자.

📖 爲僞慰由油

爲 為
할 위
(4Ⅱ 爪부 12획)

손(爫)으로 원숭이가 머리 긁는 모양. 원숭이는 앞발을 손처럼 쓴다 하여 하다. 無爲(무위) 人爲(인위) 行爲(행위)
*爪(손톱 조) : 긁어당기는 손톱을 본뜬 자. *爪 = 爫

僞 偽
거짓 위
(3Ⅱ 人부 14획)

사람(亻)만이 하는(爲 할 위) 거짓. ▶裝(꾸밀 장)
僞善(위선) 僞造(위조) 僞裝(위장) 僞證(위증) 眞僞(진위)

慰
위로할 위
(4급 心부 15획)

죽은(尸 주검 시) 사람을 위하여 법도(寸 법도 촌)있게 제사(示 제단 시)를 지내 마음(心)을 위로(慰勞)하다.
慰靈祭(위령제) 慰勞(위로) 慰問(위문) 慰安婦(위안부)

由
말미암을 유
(6급 田부 5획)

밭(田)에 씨앗을 뿌림으로 말미암아 싹이 나온(丨뚫을 곤) 모양. 여기서 일의 시작이나 유래(由來), 까닭.
理由(이유) 自由(자유) 事由(사유) : 일의 까닭.

油
기름 유
(6급 水부 8획)

물(氵) 같은, 열매(由)에서 짠 액체인 기름. ▶井(우물 정)
油田(유전) 油井(유정) 石油(석유) 原油(원유) 注油(주유)

1, 2급 한자

尉 벼슬 위	죽은(尸 주검 시) 사람을 위해 법도(寸 법도 촌)있게 제사(示 제단 시)를 지내는 벼슬아치. 尉官(위관) 大尉(대위)
蔚 성할 울	벼슬이(尉) 편하듯, 풀(艹)이 편하게 무성히 자라는 고을. 蔚山(울산)
柚 유자 유	나무(木)에서 까닭(由 까닭 유) 있는 열매가 열리는 유자(柚子).
袖 소매 수	옷(衤)으로 말미암아(由) 달려 있는 소매. 袖手傍觀(수수방관) 領袖(영수)
紬 명주 주	실(糸)을 고치에서 뽑음으로 말미암아(由) 짜서 만든 명주. 明紬(명주)
軸 굴대 축	수레(車)가 구르는 까닭(由 까닭 유)은 굴대가 있기에. 主軸(주축)

幼 有 酉 猶 乳

幼 어릴 유
(3Ⅱ 幺부 5획)

작고(幺 작을 요) 힘(力) 약한 어린이. 稚(어릴 치)
幼年(유년) 幼兒(유아) 幼弱(유약) 幼稚(유치) 長幼(장유)
*幺 : 실 뭉치 또는 갓 태어난, 웅크리고 있는 작은 아기 모습.

有 있을 유
(7급 月부 6획)

가느스름한(丿) 하나(一)의 초승달(月)도 해처럼 빛을 가지고 있다. 有利(유리) 有力(유력) 國有(국유) 所有(소유)
有終之美(유종지미) : 일을 끝까지 잘하여 훌륭한 성과를 올림.

酉 닭 유
(3급 酉부 7획)

술병 모양으로 '酒(술 주)'의 옛 글자. 지금은 12지의 닭의 뜻으로만 쓰임. 酉時(유시) : 17~9시

猶 오히려 유
(3Ⅱ 犬부 12획)

짐승(犭 짐승 견) 같은 미개한 두목(酋)은 결정 망설임. 망설이다 일 그르쳐 오히려. 猶豫(유예) 過猶不及(과유불급)
*酋(두목 추) : 두 손(八)에 술(酉 술 유) 들고 제사지내는 두목.

乳 젖 유
(4급 乙부 8획)

손(爫 손톱 조) 작은(孑) 아이가 만지는 늘어진(乚) 젖.
乳母(유모) 乳兒(유아) 粉乳(분유) 授乳(수유) 牛乳(우유)
*孑(작을 혈) : '子'의 변형으로 작다는 뜻을 나타냄.

위유

1, 2급 한자

拗 꺾을 요   손(扌)으로 어린(幼) 것은 쉽게 꺾는다.   執拗(집요)

窈 얌전할 요   굴(穴 구멍, 굴 혈)을 어린 아이(幼)가 들어가면 분위기(雰圍氣)에 얌전해진다는 데서. 窈窕淑女(요조숙녀)   ▶ 窕(정숙할 조)

宥 용서할 유   내쫓지 않고 집(宀)에 있으라(有) 하여 용서하다.   宥和政策(유화정책)

酋 두목 추   두 손(八)에 술(酉 술 유)을 들고 제사지내는 두목.   酋長(추장)

💡 **猶豫(유예)** : 의심(疑心)하고 주저(躊躇)하여 결단(決斷)을 내리지 못함. – 의심 많은 원숭이와 겁이 많은 코끼리가 의심하고 주저하여 함부로 행동하지 못한다는 데서 유래.

- 猶(의심많은원숭이 유) : 바스락 소리만 나도 달아나 몸을 숨기는 의심 많은 원숭이
- 豫(겁이많은코끼리 예) : 얕은 개울물도 무서워서 건너지 못하는 겁이 많은 코끼리

柔 幽 悠 唯 惟

柔 부드러울 유 (3Ⅱ 木부 9획)
창(矛) 만드는 나무(木)는 잘 부러지지 않아 **부드럽다**.
柔道(유도) 柔順(유순) 柔軟(유연) 柔弱(유약) 溫柔(온유)
*矛(창 모) : 긴 자루가 달린 끝이 뾰족한 창. ▶ 軟(부드러울 연)

幽 유령 유 (3Ⅱ 幺부 9획)
산(山)에 작은(幺 작을 요) 벌레들이 **숨어 있다**는 데서, 눈에 안 보이는 **유령**, 유령은 죽음을 뜻하여 **저승**.
幽靈(유령) 幽明(유명) 幽閉(유폐) 深山幽谷(심산유곡)

悠 멀 유 (3Ⅱ 心부 11획)
멀리(攸 멀 유) 보는 마음(心)이라는 데서 **멀다**. 또한 **여유 있다**. 悠久(유구) 悠悠自適(유유자적) ▶ 久(오랠 구)
*攸 : 사람(亻)이 지팡이(丨)로 땅을 치면서(攵 칠 복) 멀리 간다.

唯 오직 유 (3급 口부 11획)
입(口)으로만 새(隹)는 소리를 낸다 하여 **오직**.
唯物論(유물론) 唯我獨尊(유아독존) 唯一無二(유일무이)
*隹(새 추) : 앉아 있는 보통 꽁지가 짧고 **작은 새** 모양.

惟 생각할 유 (3급 心부 11획)
새(隹 새 추)의 마음(忄)은 오직 먹는 것만 **생각한다**.
惟獨(유독) : (많은 가운데) 오직 혼자서. 思惟(사유) : 생각함.
*心(마음 심) = 忄 = 㣺 예). ▶恭(공경할 공) 慕(그리워할 모)

1, 2급 한자

蹂 짓밟을 유
발(足)로 부드러워(柔) 지도록 **짓밟다**. 蹂躪(유린) ▶ 躪(짓밟을 린)

橘 귤 귤
나무(木) 열매의 껍질을 손톱으로 찌르듯(矞 송곳질할 율) 해서 까서 먹는 **귤**.
柑橘(감귤) 南橘北枳(남귤북지) ▶ 枳(탱자나무 지)
*矞 : 뾰족한(矛 창 모) 것으로 물체(冂)를 갈라(口) 구멍(口)을 냄.

攸 멀, 닦을 유
사람(亻)이 지팡이(丨)로 땅을 치면서(攵) **멀리 간다**.
멀리 내다보고 심신을 닦다. 攸好德(유호덕) : 오복의 하나

✏ 攸好德(유호덕) : 덕이 좋아 닦음. 유교(儒敎)에서 말하는 다섯 가지 복의 하나.
 - 五福(오복) : 수(壽)·부(富)·강녕(康寧)·유호덕(攸好德)·고종명(考終命) : 제 명에 죽음

維裕遊愈誘

維 맬 유 (3Ⅱ 糸부 12획)
실(糸)로 잡은 새(隹)의 다리를 묶어 **매다**. 纖維(섬유)
維新(유신) : 낡은 制度(제도)나 體制(체제)를 고쳐 새롭게 함.
*糸(실 사) : 작고(幺 작을 요) 가는(小) **실**.

裕 넉넉할 유 (3Ⅱ 衣부 12획)
옷(衤=衣 옷 의)이 골짜기(谷) 같이 주름져 있어 **넉넉하다**.
裕福(유복) 富裕(부유) 餘裕(여유) ▶ 餘(남을 여)
*谷(골 곡) : 갈라져(八) 있는 산(人) **골짜기** 입구(口)를 그린 자.

遊 놀 유 (4급 辶부 13획)
아이들이 깃발(斿 깃발 유)을 가지고 다니며(辶) **논다**.
遊覽船(유람선) 外遊(외유) 周遊(주유) 選擧遊說(선거유세))
*斿 : 사람(亠) 갈 방향(方) 가리키는 **깃발**을 애(子)가 든 모양.

愈 나을 유 (3급 心부 13획)
거룻배(俞 거룻배 유)가 나아가듯 갈수록 마음(心)이 **더욱** 좋아짐. 愈出愈怪(유출유괴) : 갈수록 더더욱 이상해 짐.
*俞 : 몸체(月) 앞이 뾰족하며(亼), 물(巜) 위를 다니는 **거룻배**.

誘 꾈 유 (3Ⅱ 言부 14획)
말(言)을 빼어나게(秀 빼어날 수) 잘하여 사람을 **꾀다**.
誘導(유도) 誘發(유발) 誘引(유인) 誘致(유치) 誘惑(유혹)
*秀 : 벼(禾)가 일정 범위(乃)를 벗어나 **빼어나게** 자란 데서.

1, 2급 한자

游 헤엄칠 유 — 물(氵)에서 사방(方)으로 사람(亠)이 애들(子)과 힘께 **헤엄치다**.
回游(회유) : 물고기가 알을 낳기 위하여 떼를 지어 옮아 다니는 일.

喩 비유할 유 — 자연스럽게 나아가는 배(俞)처럼 알기 쉽게 **비유하다(口)**. 比喩(비유)

愉 즐거울 유 — 마음(忄)이, 배타고 시원하게 뱃놀이(俞) 하듯 **즐겁다**. 愉快(유쾌)

癒 병나을 유 — 병(疒 병들 녁) 상태가 더욱(愈 더욱 유) **나아져 간다**. 治癒(치유)

鍮 놋쇠 유 — 금속(金) 중 배(俞) 나아가듯 주물이 잘 되는 **놋쇠**. 鍮器(유기)
*주물 : 쇠붙이 녹인 쇳물을 일정한 틀 속에 부어 굳혀 만든 물건.

儒 遺 肉 育 閏

儒
선비 유
(4급 人부 16획)

비(雨) 오듯 시원하게 말 잘하는(而 말이을 이) 사람(亻)인 선비.
儒家(유가) 儒敎(유교) 儒生(유생) 儒學(유학)
*而 : 턱수염 모양. 잔소리가 많은 늙은이의 말이 이어지다.

遺
남길 유
(4급 辶부 16획)

귀한(貴) 것을 남기고 간다(辶 갈 착) 하여 남기다.
遺物(유물) 遺産(유산) 遺言(유언) 遺傳工學(유전공학)
*貴(귀할 귀) : 사물 중(中) 첫째인(一) 재물(貝)이 가장 귀하다.

肉
고기 육
(4Ⅱ 肉부 6획)

고깃덩이의 힘살이나 그 단면 모양.
肉聲(육성) 肉眼(육안) 肉質(육질) 肉體(육체) 肉親(육친)
弱肉强食(약육강식) : 강한 자만이 살아남는 생존 경쟁 세계.

育
기를 육
(7급 肉부 8획)

갓난 아이(𠫓 ← 子)를 살(月 ← 肉 고기 육) 오르게 기르다.
育成(육성) 育兒(육아) 敎育(교육) 發育(발육) 體育(체육)
*𠫓(아이나올 돌) : 모체에서 아이(子)가 거꾸로 나오는 모양.

閏
윤달 윤
(3급 門부 12획)

윤달에는 왕(王)이 문(門) 밖으로 나가지 않던 풍습에서 나온 글자. 閏年(윤년) 閏月(윤월)
*門(문 문) : 두 짝으로 된 문. 집, 열다, 닫다 등의 뜻.

- 儒敎(유교) : '儒'는 '선비'라는 뜻으로, 이 때는 '공자(孔子)'를 가리키는 말이다. 즉 공자를 교조(敎祖)로 하는 가르침. 인의(仁義), 도덕(道德), 교양(敎養)을 중시.
- 儒學(유학) : 중국 고대(古代)의 정교일치(政敎一致) 학문으로 공자가 집성(集成).
- 性理學(성리학) : 인성(人性)과 천리(天理)를 논한 유교 철학(哲學).
- 閏달(윤달) : 태음력에서는 한 달이 29.5일로 1년이 354일. 따라서 이 부족분을 채우기 위하여 이삼 년에 한 번씩 같은 달을 반복시키는 방법으로 1달을 끼워 넣고 있다. 이 달을 윤달이라 하며 그런 해를 윤년이라 한다. 음력은 19 태양력에 7번이 윤달.

潤 恩 銀 隱 乙

潤 젖을 윤 (3Ⅱ 水부 15획)
물기(氵)가 들어(閏 윤달 윤) 있어 젖음. 물기에 빛이 반사되어 윤기(潤氣), 윤택(潤澤).
潤滑油(윤활유) 利潤(이윤) ▶ 澤(윤날 택) 滑(미끄러울 활)

恩 은혜 은 (4Ⅱ 心부 10획)
자신에게 좋은 원인(因)을 제공한 사람을 마음(心)으로 느끼는 은혜(恩惠). 恩功(은공) 恩德(은덕) 恩師(은사)
*因 : 에워싼(囗) 큰(大) 울타리로 **인하여** 인연을 맺고 산다 하여.

銀 은 은 (6급 金부 14획)
금속(金 쇠 금) 중 눈(艮)의 흰자위와 같은 색깔인 은.
銀盤(은반) 銀幕(은막) 銀粧刀(은장도) 銀行(은행) 銀杏(은행)
*艮(눈,볼 간) : 눈(目) 뜨고 보는 모양에서 **눈, 보다**는 뜻.

隱 隐 숨을 은 (4급 阜부 17획)
산언덕(阝 언덕 부)에, 두 손(爫 손톱 조, 彐 손 계)으로 물건(工) 조심히(心) 다루듯, 피해 산다 하여 숨다.
隱居(은거) 隱密(은밀) 隱士(은사) 隱身(은신) 隱退(은퇴)

乙 새 을 (3Ⅱ 乙부 1획)
새의 굽은 앞가슴. 甲男乙女(갑남을녀) 甲論乙駁(갑론을박) 乙巳條約(을사조약) : 1905년 일본이 대한제국의 외교권을 빼앗기 위해 강제적으로 맺은 조약. 을사년스럽다 → 을씨년스럽다.

- 銀行(은행) : 은(銀)을 취급하는 점포(行 가게 행). 고대의 화폐는 조개(貝)를 사용, 후에 金자가 들어가는 錢(돈 전), 金 銀, 銅을 사용. 특히 銀이 화폐로 많이 사용되있는데, 이를 취급하는 큰 네거리에 늘어선 점포를 行이라 하였음.

- 銀幕(은막) : '은빛이 도는 하얀 막'으로 '영사막(映寫幕, screen)'을 멋지게 이르는 말.

- 銀盤(은반) : 1. 은쟁반. 2. 둥근 달. 3. 쇼나 빙산 경기를 하는 맑고 깨끗한 얼음판.

- 乙巳士禍(을사사화) : 조선 1545년에 대윤(윤임)과 소윤(윤원형) 두 외척(外戚) 세력이 대립(對立)하고 있던 중, 대윤을 신임(信任)하던 인종이 죽고, 명종이 즉위(卽位)하자 명종의 외숙인 윤원형이 대윤 일파를 무고(誣告)하여 그 세력(勢力)을 정계(政界)에서 완전(完全)히 몰아낸 사건이다.

吟 音 陰 淫 飮

吟 읊을 음 (3급 口부 7획)
입(口)으로 지금(今) 중얼거리듯 읊다.
吟味(음미) 呻吟(신음) ▶ 呻(끙끙거릴 신)
*今(이제 금) : 사람(人) 한(一) 명이 몸 구부려(ㄱ) 일하는 지금.

音 소리 음 (6급 音부 9획)
사람이 서서(立 설 립) 입(曰 말할 왈)으로 내는 소리.
音色(음색) 音聲(음성) 音樂(음악) 得音(득음) 和音(화음)
福音(복음) : 기쁜 소식. 그리스도를 통해 인간을 구원하기 위한 말씀.

陰 그늘 음 (4Ⅱ 阜부 11획)
언덕(阝 언덕 부)을 지금(今) 구름(云←雲 구름 운)이 가려 생긴 그늘. 陰曆(음력) 陰陽(음양) 陰地(음지)
*今(이제 금) : 사람(人) 한(一) 명이 몸 구부려(ㄱ) 일하는 지금.

淫 음란할 음 (3Ⅱ 水부 11획)
물가(氵)에서 손(爫)을 펴(丿) 선비(士)를 만지는 모양에서 음란하다. 淫談(음담) 淫亂(음란) 淫蕩(음탕)
*爫(손톱 조) : 긁어당기는 손톱을 본뜬 자. *爪 = 爫

飮 마실 음 (6급 食부 13획)
먹을(飠=食 먹을 식) 때 입 크게 벌리는(欠) 데서 마신다.
飮料(음료) 飮福(음복) 飮食(음식) 飮酒(음주) 過飮(과음)
*欠(하품 흠) : 입을 크게 벌리며(𠂊) 사람(人)이 하는 하품.

1, 2급 한자

蔭 덕택 음 초목(艹)이 덮어, 그 덕택으로 그늘(陰) 생기는 데서. 蔭敍(음서)

- 淫談悖說(음담패설) : 음탕하고 상스러운 이야기. ▶ 悖(어그러질 패)
- 飮福(음복) : 제사 후 제사에 사용한 음식물을 먹으면 복을 받는다는 데서 나온 말.
- 蔭敍(음서) : 아비의 덕에 따라 관직을 내린다는 뜻으로, 공신(功臣)이나 고급 벼슬의 자제를 과거(科擧)에 의하지 않고 관리로 채용하던 일. ▶ 敍(관직줄 서)

邑 泣 凝 應 衣

邑
고을 읍
(7급 邑부 7획)

구멍(口) 속 많은 뱀(巴)처럼 사람이 모여 사는 고을.
邑內(읍내) 邑面(읍면) 邑長(읍장) 都邑(도읍)
*巴(뱀 파) : 입으로 먹이(丨)를 먹고 있는 큰 뱀(巳 뱀 사).

泣
울 읍
(3급 水부 8획)

눈물(氵)을 흘리며 서서(立) 운다는 뜻.
泣訴(읍소) 泣斬馬謖(읍참마속)

凝
엉길 응
(3급 冫부 16획)

추워지면 의심할(疑 의심할 의) 여지없이 물이 엉기어 얼음(빙)(冫 얼음 빙)이 된다는 데서. 凝結(응결) 凝固(응고)
*疑 : 비수(匕)·화살(矢)·창(矛)을 지니고 다니니(疋) 의심한다.

應 _応
응할 응
(4Ⅱ 心부 17획)

집(广 집 엄)에서 사람(亻)이 기르는 새(隹 새 추)는 주인 마음(心)을 잘 헤아려 응하다. ▶ 適(나아갈 적)
應答(응답) 應射(응사) 應用(응용) 對應(대응) 適應(적응)

衣
옷 의
(6급 衣부 6획)

위에 입는 옷 모양. ▶ 服(옷 복) 裳(치마 상)
衣服(의복) 衣裳(의상) 衣食住(의식주) 上衣(상의)

📖 **泣斬馬謖(읍참마속)** : 울며 마속의 목을 베다. 기강확립을 위하여 아끼는 사람이지만 엄벌에 처함.
 – 제갈량(諸葛亮)의 절친(切親)인 마량(馬良)의 동생이자 그가 아끼는 부하 장수(將帥)인 마속이 명령(命令)에 따르지 않고 전술(戰術)을 펼치다 대패(大敗)하자 군율(軍律)에 따라 목을 베게 한 후 돌아와 괴로워 울었다는 고사에서 유래한다.

📖 **衣冠之盜(의관지도)** : 조복(朝服) 훔쳐 입은 도둑(공직자).

依 矣 宜 意 疑

依 의지할 의 (4급 人부 8획)
사람(亻)이 몸 보호를 위해 옷(衣)에 의지하다.
依據(의거) 依賴(의뢰) 依存(의존) 依支(의지) 依託(의탁)
*衣(옷 의) : 위에 입는 옷 모양. ▶據(거)(사실에근거할 거)

矣 어조사 의 (3급 矢부 7획)
과녁(厶)에 화살(矢 화살 시)이 꽂힌 모양에서, 문장 끝에 쓰여 강조의 뜻을 가진 어조사(語助辭).
萬事休矣(만사휴의) : 어쩔 도리 없이 모든 일이 끝장남을 뜻함.

宜 마땅할 의 (3급 宀부 8획)
집(宀 집 면) 제사는 음식을 많이(且) 놓고 지냄이 마땅하다.
宜當(의당) 便宜店(편의점) ▶當(마땅할 당) 便(편할 편)
*且(많을 차) : 제기에 음식 많이 쌓아 놓은 모양에서.

意 뜻 의 (6급 心부 13획)
소리(音)내어 마음(心)의 생각을 나타내는 뜻.
意見(의견) 意思(의사) 意志(의지) 意向(의향) 同意(동의)
*音(소리 음) : 사람이 서서(立) 입(日 말할 왈) 으로 내는 소리.

疑 의심할 의 (4급 疋부 14획)
비수(匕 비수 비) · 화살(矢 화살 시) · 창(矛 창 모의 축약)을 지니고 다니니(疋 발 소) 의심(疑心)한다.
疑問(의문) 半信半疑(반신반의) 質疑應答(질의응답)

1, 2급 한자

誼 의좋을 의
상대의 말(言)을 마땅히(宜) 잘 들어주어야 사이가 좋아진다.
友誼(우의) : 친구(親舊) 사이의 정분(情分)이나 우정(友情)

擬 흉내낼 의
재주(扌)를 부려 의심치(疑) 않을 정도로 흉내 내다. 擬態語(의태어)

礙 막을 애
돌(石)로 의심 가는(疑) 되는 곳을 막음. 拘礙(구애)
礙子(애자) : 전주에 전선을 맬 때 쓰는 사기 등으로 만든 절연체.

癡 어리석을 치
병(疒 병질 녁)이 의심되나(疑) 방치하니 어리석다. 癡呆(치매)

📖 疑心暗鬼(의심암귀) : 의심하는 마음은 없는 귀신(무서운 일)을 만들어낸다.

義儀議醫二

義 옳을 의
(4Ⅱ 羊부 13획)

손(手)에 무기(戈 창 과) 들고 양(羊) 지키는 데서 정의(正義), 의리(義理), 옳은 뜻. 義士(의사) 大義(대의)
*羊(양 양) : 두 뿔 있는 양 머리를 보고 그린 자. *羊 = 𦍌 𦍋

儀 거동 의
(4급 人부 15획)

사람(亻)이 해야 할 바른(義 옳을 의) 행동양식.
儀禮(의례) 儀式(의식) 儀典(의전) 禮儀凡節(예의범절)
*戈(창 과) : 날이 세 갈래로 된 창이나 무기의 뜻.

議 의논할 의
(4Ⅱ 言부 20획)

말(言)을 통하여 좋은(義 옳을 의) 방향으로 이끈다는 데서 토의(討議)하다, 의논(議論)하다.
議論(의논) 議員(의원) 議長(의장) 議題(의제) 會議(회의)

醫 医 의원 의
(6급 酉부 18획)

화살(矢 화살 시), 창(殳 창 수)에 다친 상처(匚 상자 방)를 약술(酉←酒 술 주)로 소독하고 치료하는 의원.
醫師(의사) 醫術(의술) 醫藥(의약) 名醫(명의) 韓藥(한약)

二 두 이
(8급 二부 2획)

가로선 두 개를 그어 만든 둘. 二等(이등) 二世(이세)
二毛作(이모작) : 한 토지에서 1년에 두 번 농사를 지음.
▶ 等(등급 등) 世(세대 세) 毛(터럭 모) 作(지을 작)

1, 2급 한자 / 특급

蟻 개미 의*
貳 갖은두 이

벌레(虫) 중에서 의리(義)가 좋아 단결력(團結力)이 강한 개미.
두(二) 개의 주살(弋 주살 익)을 돈(貝)으로 사는 모양에서 둘.
* '갖은'이란 장부상 수나 량을 속이지 못하게 '획 늘림'의 뜻.

🔵 堤潰蟻穴(제궤의혈) : 큰 방죽도 개미구멍으로 무너짐. ▶堤(둑 제) 潰(무너질 궤)
사소한 결함이라도 곧 바로 손쓰지 않으면 큰 재난을 당하게 됨.

🔵 杏林(행림) : 살구나무의 숲. 의원(醫員)의 미칭(美稱). 인술(仁術)을 베푸는 일.
– 한 의원이 돈 없는 환자에게는 치료 해 준 값으로, 중환자(重患者)에게는 살구나무를 다섯 그루, 경환자(輕患者)에게는 한 그루씩을 심게 하여 이룬 숲에서 유래한다.

已以耳而夷

已 이미 이
(3Ⅱ 己부 3획)

보습 모양으로, 밭갈이를 이미 끝냈다 하여 이미.
已往之事(이왕지사) : 이미 지나간 일. ▶ 往(갈, 옛 왕)
*보습 : 쟁기에서 땅을 갈아 뒤집는 삽 모양의 쇳조각.

以 써 이
(5급 人부 5획)

사람(人)이 쟁기 써서 밭가는 모양에서. ▶ 自(시작 자)
以上(이상)　所以(소이)　自古以來(자고이래)　所(바 소)
以心傳心(이심전심) : 마음으로써 마음을 전함.　傳(전할 전)

耳 귀 이
(5급 耳부 6획)

소리를 듣는 사람의 귀 모양. 耳順(이순) : 나이 '예순' 살.
耳目口鼻(이목구비) : 1. 귀, 눈, 입, 코를 아울러 이르는 말.
귀, 눈, 입, 코의 생김새를 중심으로 본 얼굴의 생김새.

而 말이을 이
(3급 而부 6획)

늙은이의 긴 턱수염 모양. 잔소리 많은 늙은이의 말이 길게 이어지다. 문장에서 그리고, 그러나로 해석.
似而非(사이비) : 겉으로는 같아 보이나 실제는 그렇지 아니함.

夷 오랑캐 이
(3급 大부 6획)

큰(大) 활(弓 활 궁)을 가지고 다니는 오랑캐. 東夷(동이)
以夷制夷(이이제이) : 오랑캐를 이용하여 오랑캐를 친다는 데서,
한 세력을 이용하여 다른 세력을 제압(制壓)한다는 뜻.

1, 2급 한자

珥 귀고리 이　옥(玉)으로 만들어 귀(耳)에 장식하는 귀고리.　栗谷(율곡) 李珥(이이)
茸 녹용 용　풀(艹)처럼 양 귀(耳) 쪽에 무성하게 돋아난 사슴뿔인 녹용.
姨 이모 이　어머니(女)와 무리지어(夷 오랑캐무리 이) 노는 이모.　姨母(이모)
痍 상처 이　오랑캐(夷)와 싸우다 다쳐(疒 병질 녁) 생긴 상처.　傷痍(상이)

📖 耳懸鈴鼻懸鈴(이현령비현령) : 귀에 걸면 귀걸이 코에 걸면 코걸이로, 어떤 사실이 이렇게도 저렇게도 해석됨을 뜻한다.

📖 以夷制夷(이이제이) : 오랑캐를 이용하여 다른 오랑캐를 친다는 데서, 한 세력을 이용하여 다른 세력을 제압(制壓)함을 뜻한다.

📖 異移益翼人

異 다를 이 (4급 田부 11획)	밭(田) 일 함께(共 함께 공) 하지만 결과는 노력에 따라 **다르다**. 異見(이견)　異口同聲(이구동성)　異變(이변) *共 : 많은(卄) 사람이 두 손(八)을 하나(一)로 모아 **함께** 행함.
移 옮길 이 (4Ⅱ 禾부 11획)	벼(禾 벼 화)를 많이(多 많을 다) 옮겨 쌓는다는 데서 **옮기다**. 移動(이동)　移民(이민)　移植(이식)　移越(이월) *추수한 곡식의 손실을 막고 탈곡하기 좋게 한곳에 쌓아 놓음.
益 益 더할 익 (4Ⅱ 皿부 11획)	그릇(皿) 위에 음식 쌓고(八) 또(一) 쌓아(八) 넘치는 모양에서 **더하다**.　國益(국익)　利益(이익)　多多益善(다다익선) *皿(그릇 **명**) : 위가 넓고 받침이 있는 **그릇**.
翼 날개 익 (3Ⅱ 羽부 17획)	깃(羽 깃 우)이 서로 다른(異) 쪽으로 나 있는 **날개**. 一翼(일익)　右翼(우익) : 점진적이며 보수, 국수적인 입장. *異(다를 이) : 밭(田) 일은 함께(共) 하지만 결과는 **다르다**.
人 사람 인 (8급 人부 2획)	다리 벌리고 서 있는 **사람**. **서로 기대고 있는 사람**. - 사회적 동물인 사람은 서로 의지하며 살아간다는 철학적인 의미를 담고 있다.　人間(인간)　人生(인생)　白人(백인)　女人(여인)

이익인

1, 2급 한자

溢 넘칠 일	물(氵)이 더하고(益) 너해져서 **넘치다**.	海溢(해일)
隘 좁을 애	언덕(阝)이 여러 번 더해져(益) 있으니 **길이 좁다**.	隘路(애로)

🔵 **左翼(좌익)** : 급진적, 사회주의적, 무정부주의적인 집단이나, 인물을 가리키는 속칭.

🔵 **右翼(우익)** : 온건적, 보수적(保守的), 반공산주의적, 국수주의적인 집단 또는 인물.
　　－ 1792년 프랑스 국민회의에서 의장석에서 보아 왼쪽에 급진파(急進派), 중앙에 중간파, 오른쪽에 온건파가 의석을 차지한 데서 좌익(左翼), 우익(右翼)이란 말이 유래되었다.

🔵 **손 없는 날** : '손'은 **방해를 일삼는 귀신**이다. 손은 1, 2일에는 동쪽에, 3, 4일에는 서쪽에, 5, 6일에는 남쪽에, 7, 8일에는 북쪽에 있으며, 9일과 10일에는 하늘로 올라가고 없다. 보통 **이사(移徙)** 등을 할 때 이 날을 피하면 좋다고 한다.

가나다순 한자

仁 引 因 姻 認

仁 어질 인 (4급 人부 4획)
두(二) 사람(人)이 서로를 대하고 있는 모양으로 사람을 바르게 대한다는 데서 어질다는 뜻.
仁德(인덕) 仁術(인술) 仁情(인정) 仁者無敵(인자무적)

引 끌 인 (4Ⅱ 弓부 4획)
활(弓 활 궁)에 화살(｜) 메겨 당기다. 끌다.
引氣(인기) 引導(인도) 引上(인상) 引下(인하)
萬有引力(만유인력) : 모든 물체가 서로 끌어당기는 힘.

因 인할 인 (5급 口부 6획)
에워싼(口 에워쌀 위) 큰(大) 울타리에 의지하다. 이로 인하여 서로 인연(因緣) 맺고 산다는 데서.
因果(인과) 因緣(인연) 因襲(인습) ▶ 果(결과 과)

姻 혼인 인 (3급 女부 9획)
여자(女)가 의지할만한(因) 사람과 혼인하다.
姻戚(인척) 婚姻(혼인) ▶ 戚(겨레 척)

忍 참을 인 (3Ⅱ 心부 7획)
칼날(刃 칼날 인) 같은 무서움도 강한 마음(心)으로 참다. 칼날(刃)로 사람의 마음(心)을 겁주니 잔인하다.
忍苦(인고) 忍耐(인내) 强忍(강인) 殘忍(잔인) ▶ 耐(견딜 내)

1, 2급 한자

靷 가슴걸이 인 : 가죽(革) 끈을 가슴에 걸고 당기는(引) 가슴걸이. 發靷(발인)
咽 목구멍 인 / 목멜 열 : 입(口)의 목구멍으로 인하여(因) 울기도 하여 목이 메다.
耳鼻咽喉科(이비인후과) 咽喉炎(인후염) 嗚咽(오열)

📝 참을 인(忍) 셋이면 살인도 면한다.

인(忍)을 항상 마음에 새기며 생활하는 선비가 있었다. 어느 외박할 일이 생겨 외박을 하고 아침에 집에 들어와 방문을 열어보니, 웬 상투 튼 녀석의 머리가 아내 머리 옆에 엎어져 있는 것이 아닌가! 불륜을 목격한 이 사내, 부엌에서 칼을 가지고 와 모두 죽일려고 하다 문득 항상 마음에 새긴 인(忍)이 떠올랐다. 죽일 때 죽이더라도 일단은 참고, 참고, 또 참은 후 어떻게 된 일인지 알아야겠다는 생각으로 이불을 걷어보니 다름 아닌 처제(妻弟)가 머리를 감고 수건으로 싸서 틀어 올린 모양이 상투와 같았던 것. 혼자서 자기가 무서워 아내가 처제를 불러 같이 자고 있었던 것이다.

認 印 寅 一 日

認
인정할 인
(4Ⅱ 言부 14획)

말(言)을 참고(忍) 들어 그 내용을 인정(認定)하다.
認可(인가)　認識(인식)　認定(인정)　公認(공인)　確認(확인)
*言(말씀 언) : 두(二) 번 거듭(二) 생각한 후 입으로(口) 말하다.

印
도장 인
(4Ⅱ 卩부 6획)

삐져(丿) 나가듯 잘못 된 것이 없는지 뚫어지게(丨) 두(二) 문서를 확인 후 무릎(卩 무릎 절)치듯 딱 찍는 도장.
印度(인도 ; India)　印章(인장)　刻印(각인)　▶刻(새길 각)

寅
범 인
(3급 宀부 11획)

집(宀 집 면) 한(一) 쪽에서 기르는 가축으로 말미암아(由 말미암을 유) 사방팔방(八)으로 어슬렁거리는 범. 셋째 지지(地支).
寅時(인시) : 01 ~ 03시

一
한 일
(8급 一부 1획)

가로선 하나를 그어 만든 하나. 一年(일년)　一生(일생)
一長一短(일장일단) : 하나의 장점과 하나의 단점.
▶年(해 년)　生(살 생)　長(길 장)　短(짧을 단)

日
날 일
(8급 日부 4획)

해 모양. 밝다, 따뜻하다, 날씨. ▶記(적을 기)　本(밑 본)
日記(일기) : 그날그날 겪은 일이나 느낀 것을 적은 개인의 기록.
日本(일본) : '해 뜨는 나라'라는 뜻을 가진 나라(日出國).

1, 2급 한자

刃 칼날 인　　칼(刀 칼 도)에 있어 번득이는(丶) 갈날을 뜻한 자.　　　　　　　　刃傷(인상)
靭 질길 인　　가죽(革)을 칼날(刃)로 자르면 질김을 알 수 있다는 데서.　　　　靭帶(인대)
壹 갖은한 일　사람(士)이 먹는, 뚜껑이 덮여있는(冖 덮을 멱) 콩(豆 콩 두)으로 만든 간장, 된장이 담겨있는 항아리 모양에서 '一'의 갖은자로 쓰임.

💡 一日不讀書 口中生荊棘(일일부독서 구중생형극)　▶棘(가시 극)
　하루라도 글을 읽지 않으면 입안에 가시가 돋는다.　▶荊(가시나무 형)

逸 壬 任 賃 入

逸 뛰어날 일 (3Ⅱ 辶부 12획)
약한 토끼(兎)가 달아나(辶 갈 착) 숨으니 뛰어나고, 편하다.
逸品料理(일품요리) 逸話(일화) 逸脫(일탈) 安逸(안일)
*兎(토끼 토) : 머리 들고 꼬리 내밀고 앉아 있는 뒷다리 긴 토끼.

壬 북방 임 (3Ⅱ 士부 4획)
삐져나가듯(丿 삐침 별), 즉 배반할 것 같지 않은 선비(士 선비 사)에게 책임 지워 맡긴 곳인 북방(北方).
壬辰倭亂(임진왜란) : 조선 선조 1592년에 일본이 침입한 전란.

任 맡길 임 (5급 人부 6획)
지략 뛰어난 사람(亻)에게 북방(壬) 경계 임무 맡기다.
任期(임기) 任務(임무) 任用(임용) 信任(신임) 一任(일임)
*壬(북방 임) : 갓(丿) 쓴 선비(士)가 맡은 북방의 경계라는 데서.

賃 품삯 임 (3Ⅱ 貝부 13획)
맡은(任) 일을 한 후 받는(貝) 품삯. 맡기고(任) 재물(貝)을 빌림.
賃金(임금) 賃貸(임대) 賃借(임차) 運賃(운임)

入 들 입 (7급 入부 2획)
사람이 장막 따위를 밀치고 들어가다.   ▶ 住(살 주)
入金(입금) 入山(입산) 立場(입장) 入住(입주) 出入(출입)
入門(입문) : 어떤 학문을 배우려고 처음 들어감.

1, 2급 한자

姙 아이밸 임   여자(女)의 임무(任)라는 데서 아이배다는 뜻. 姙 = 妊   姙娠(임신)

🔵 壬辰倭亂(임진왜란) ▶ 倭(왜국 왜) 亂(어지러울 란)
1592년 조선(朝鮮) 선조 25년에 일본이 침입(侵入)한 전란(戰亂).
- 이 전란은 6년간 지속되며 조선 사회의 경제(經濟), 사회(社會), 문화(文化) 거의 대부분이 파괴(破壞)되었다. 이 난을 계기로 일부는 각성(覺醒)을 하였지만 지배자들은 여전히 권력 다툼과 사리사욕으로 일관하여 경제와 사회의 발전을 이루지 못하다가 약 300년 뒤 조선은 다시 일본의 침략을 받아 멸망하였던(1910년 한일합방) 것이다.

子 字 自 姿 恣

子 아들 자
(7급 子부 3획)

양팔 벌린 아이. 아들·자식, 씨·열매, 접미사, 12지(支)의 쥐, 23~01시. 학덕 있거나, 학설로 일파를 이룬 사람.
子女(자녀) 子正(자정) 孔子(공자) 枸杞子(구기자) 椅子(의자)

字 글자 자
(7급 子부 6획)

집(宀 집 면)에서 아이(子)가 갈수록 늘어나듯, 시간이 갈수록 늘어나는 글자, 이름. 文字(문자) 漢字(한자)
*字 : 지난날, 장가든 뒤 본이름 대신 부르던 이름.

自 스스로 자
(7급 自부 6획)

사람 코를 본뜬 자로, 중국인은 자신의 코를 가리키며 자기를 나타낸 데서 스스로. 또는 자기(自己) 자신(自身).
自動(자동) 自立(자립) 自主(자주) 自責(자책) ▶責(꾸짖을 책)

姿 맵시 자
(4급 女부 9획)

인물 다음(次 다음 차)으로 중히 여기는 여자(女) 맵시.
姿勢(자세) 姿態(자태) 放恣(방자) ▶勢(모양 세) 態(모양 태)
*次 : 설렁(冫찰 빙)하게 하품(欠 하품 흠)하면 뒤진다 하여 다음.

恣 방자할 자
(3급 心부 10획)

상대방을 자기 다음(次 다음 차)이라 여기는 마음(心)이 방자하다. 放恣(방자) 恣行(자행) : 방자하게 행동함.
*冫(얼음 빙) : 고드름에서 떨어지는 물 모양. 차다, 춥다, 얼다.

1, 2급 한자

仔 자세할 자	사람(亻)이 사기 아들(子)을 대하듯 자상(仔詳)하다. 자세(仔細)하다.	
瓷 그릇 자	기와(瓦)를 굽고 다음(次)에 굽는 도자기.	靑瓷(청자) 瓷器(자기)
諮 물을 자	하고 싶은 말(言), 즉 의견(意見)을 차례(次)로 물음(口).	諮問(자문)

⚡ 子 : 과거 중국에서는 학덕(學德)이 있거나, 학설(學說)로 일파를 이룬 사람에게 사후(死後)에 붙여준 호칭이 '子(자)'이다. 이를 일본에서는 여자의 이름자 끝에 붙여 사용했다(英子 에이꼬 春子 하루꼬 花子 하나꼬 幸子 사찌꼬). 이는 중국의 위대한 인물을 비하하려는 의도가 있었다고도 하나 그보다는 당시 여자로 태어나면 달리 기대할 것이 없던 시절 그나마 기예(技藝)나 학덕을 갖춘 훌륭한 이로 자라기를 바라서이다.

資 姉 兹 慈 刺

資 재물 자
(4급 貝부 13획)

목숨 다음(次 다음 차) 가는 것은 돈이나 재물(貝)이다.
資金(자금) 資本(자본) 資産(자산) 物資(물자) 投資(투자)
*貝(조개 패) : 작고 단단하며 광택 나는 조개를 화폐로 사용함.

姉 누이 자
(4급 女부 8획)

여자(女) 중 시장(市 시장 시)을 보는 손윗누이.
姉妹(자매) 姉母會(자모회) 姉夫(자부) : 손윗누이의 남편.
*市 : 천(巾) 등을 높이(亠 머리부분 두) 쌓아두고 파는 시장.

兹 이 자
(3급 玄부 10획)

검어(玄 검을 현) 잘 보이는 이것(兹=玄玄). 지시대명사 이.
若兹(약자) : 이와 같음. ▶ 若(같을 약)
*玄 : 하늘 덮은(亠) 작은(幺) 황사가 햇빛 가려 빛이 어두움.

慈 사랑 자
(3Ⅱ 心부 14획)

이것(兹)저것 가리지 않는 절대적인 마음(心)의 사랑.
慈悲(자비) 慈善(자선) 慈愛(자애) 仁慈(인자) ▶ 仁(어질 인)
*心(마음 심) : 사람의 심장 모양. 속, 감정, 한가운데. *心=忄小

刺 찌를 자, 척
(3Ⅱ 刀부 8획)

가시(朿)가 찌르듯 칼(刂 선칼 도)로 찌르다.
刺客(자객) 刺傷(자상) 亂刺(난자) 刺殺(척살)
*朿(가시 자) : 나무(木)를 덮고(冖 덮을 멱) 있는 가시.

1, 2급 한자

滋 불을 자	물(氵) 있는 이곳(兹)에서 자라서 **불어나다**.	滋養分(자양분)
磁 자석 자	쇳가루가 달라붙는 이(兹) 돌(石)이 **자석(磁石)**.	磁氣(자기)
棘 가시 극	가시(朿)가 많은 **가시나무. 가시**. 荊棘(형극) : 고난, 장애(障碍)	
棗 대추나무 조	가시(朿)가 위아래로 많이 나 있는 **대추나무**.	棗栗梨柿(조율이시)

📖 慈悲(자비) : 불교(佛敎)에서 중생(衆生)에게 즐거움을 주고(慈), 괴로움을 덜어 주는 것(悲)을 말한다. 석가(釋迦)의 사상(思想)으로서 널리 알려진 자비의 정신은 모든 인간이 간직하여야 할 마음가짐이라고 본다.

 者紫作昨酌

者 사람 자
(6급 耂부 9획)

늙으면(耂 늙을 로) 백발(白)이 되어 죽는 모든 **사람**.
記者(기자) 作者(작자) 著者(저자) 筆者(필자) 學者(학자)
*白(흰 백) : 해(日)에서 뻗어 나오는(丿 삐침 별) 빛이 **희다**.

紫 자주빛 자
(3Ⅱ 糸부 11획)

이(此 이 차) 세상 가장 아름다운 실(糸)색인 **자주빛**.
紫桃(자도) 紫外線(자외선) 紫朱(자주) 山紫水明(산자수명)
*此 : 멈추어(止) 비수(匕)를 들고 있는 지금의 어려운 **이** 상황.

作 지을 작
(6급 人부 7획)

사람(亻)이 지게(乍)를 만들듯 무언가를 **만들다**, **짓다**.
作家(작가) 作文(작문) 作業(작업) 作品(작품) 創作(창작)
作心三日(작심삼일) : 작정한 결심이 사흘을 가지 못함.

昨 어제 작
(6급 日부 9획)

하루 해(日)가 잠깐(乍) 사이에 지나간 과거인 **어제**.
昨今(작금) : 요사이 昨年(작년) 昨日(작일) : 어제
*乍(잠깐 사) : 잠깐 사이에 만든 **지게** 모양에서 **잠깐**의 뜻.

酌 술따를 작
(3급 酉부 10획)

술(酉 닭,술 유)을 작은 잔(勺 잔 작)에 **따르다**.
酌婦(작부) 酌定(작정) 自酌(자작) 參酌(참작)
*酉(닭 유) : 술병 모양. 酒(술 주)의 옛 자. **술, 술병**의 뜻.

1, 2급 한자

- 勺 잔 작 — 액체를 싸듯(勹) 담을 수 있는 하나(一)의 **작은 잔**. 홉(合)의 1/10.
- 灼 불사를 작 — 불(火)로 작은(勺) 것까지 **불사르다**. 灼熱(작열)

	자외(紫外)	
↑		
보라(紫)		* 자외선(Ultra-Violet Rays)
남색(藍)		태양 스펙트럼에서 보라색 바깥쪽에 있는 빛. 눈에 보이지 않으나, 화학(化學), 생리작용(生理
파랑(靑)	가시광선	作用)이 강함.
초록(綠)	(可視光線)	'ultra'의 한자 표현은 '超(넘을 초)'로 범주를 넘어섬.
노랑(黃)		
주황(朱)		* 적외선(Infra-Red Rays)
빨강(赤)		눈에 안 보이고 공기 중에서 투과력이 강해 의료기기에 많이 쓰임.
↓		'infra'의 한자 표현은 '下部(하부)'를 나타냄.
	적외(赤外)	

📖 爵殘暫潛雜

爵 爵
벼슬 작
(3급 爪부 18획)

손(爫 손톱 조)으로 그물(罒 그물 망)처럼 음식(食의 축약)을 펼쳐 놓고 법도(寸 법도 촌) 있게 제사 지내는 **벼슬**.
爵位(작위) 五等爵(오등작) : 다섯으로 나눈 작위(爵位).

殘 殘
남을 잔
(4급 歹부 12획)

무기(戈 창 과)로 죽인다(歹←死). 죽은 시체 쌓여(㦮) **남아 있다**. 殘金(잔금) 殘留(잔류) 殘惡(잔악) 殘在(잔재)
*㦮(쌓일 전) : 전쟁에 쓰는 무기인 창(戈 창 과)이 **쌓여 있다**.

暫
잠시 잠
(3Ⅱ 日부 15획)

목 베는데(斬 벨 참) 걸리는 시간(日)은 짧은 **잠깐이다**.
暫間(잠간) 暫時(잠시) 暫定(잠정) ▶ 定(정할 정)
*斬 : 수레(車)에 묶어 끌어 찢거나, 도끼(斤)로 **베어 죽인다**.

潛 潛
잠길 잠
(3Ⅱ 水부 15획)

물(氵)에 자맥질할 때 입김 내뿜고(朁 입김낼 참) 다시 들어가는 데서 **잠기다**. 潛伏(잠복) 潛水(잠수) 潛在(잠재)
*朁 : 어금니(旡)와 같이 날카롭게 입(曰)에서 **입김을 내다**.

雜 雜
섞일 잡
(4급 隹부 18획)

나무(木) 위(亠)에 오른 아이들(人人)처럼 여러 종류의 새(隹 새 추)가 섞여 있다는 데서 **섞이다**.
雜技(잡기) 雜念(잡념) 雜談(잡담) 雜食(잡식) 雜誌(잡지)

1, 2급 한자

嚼 씹을 작   입(口)이 벼슬(爵)과 같은 역할을 하는 것은 **씹는** 일이라는 데서.
　　　　　　咀嚼(저작) : 씹음. ▶ 咀(씹을 저)

棧 잔도 잔   발 디딜 수 없는 곳에 나무(木) 엮어(㦮) 만든 길인 **잔도(棧道)**.

盞 술잔 잔   쌓아(㦮) 놓고 쓰는 **작은 그릇**(皿 그릇 명)이나 술잔.　　茶盞(차잔)

蠶 누에 잠   입김(朁) 내듯이 실을 토해 내는 벌레(虫虫)인 **누에**.　　蠶食(잠식)

✏️ 五等爵(오등작) : 公爵(공작)·侯爵(후작)·伯爵(백작)·子爵(자작)·男爵(남작)

丈 壯 莊 裝 將

丈 어른 장 (3Ⅱ 一부 3획)
'大'의 변형으로 지팡이(乁) 짚는 어른. 길이 단위로 10척(尺).
丈母(장모) 丈夫(장부) 丈人(장인) 大丈夫(대장부)
*尺(자 척) : 보통 약 30.3Cm. 먼 옛날의 한 척은 약 22.5Cm.

壯 壮 씩씩할 장 (4급 士부 7획)
긴 널빤지(丬) 같이 몸 크고 선비(士) 같은 기상을 지닌 장정의 씩씩함. 壯士(장사) 壯丁(장정) 壯觀(장관)
*丬(널빤지 장) : 둘로 쪼개진 통나무 왼쪽편의 길쭉한 널빤지.

莊 장엄할 장 (3Ⅱ ++부 11획)
초목(++)이 장관(壯 씩씩할 장)을 이뤄, 보기가 뛰어나다. 장엄하다. 莊嚴(장엄) 莊園(장원) 莊重(장중) 別莊(별장)
*士(선비 사) : 하나(一)를 들으면 열(十)을 아는 선비.

裝 装 꾸밀 장 (4급 衣부 13획)
천이나 옷(衣 옷 의)으로 좋게(壯 씩씩할 장) 꾸민다.
裝備(장비) 裝飾(장식) 裝置(장치) 服裝(복장) 女裝(여장)
▶ 備(갖출 비) 飾(꾸밀 식) 置(둘 치) 服(옷 복)

將 将 장수 장 (4Ⅱ 寸부 11획)
널빤지(丬 널빤지 장) 같이 신체(月 육달 월) 크고 법도(寸 법도 촌) 있게 부하를 다스리는 장수(將帥).
將校(장교) 將軍(장군) 將來(장래) 將兵(장병) 將次(장차)

1, 2급 한자

仗 의장 장   사람(亻)이 어른(丈)이 되면 갖추는 의장.   儀仗隊(의장대)
杖 지팡이 장   나무(木)로 나이든 어른(丈)이 드는 지팡이.   賊反荷杖(적반하장)

📖 莊子(장자) : 전국시대 말의 사상가(思想家)로 송(宋)나라 출생. 시비(是非)·선악(善惡)·진위(眞僞)·미추(美醜)·빈부(貧富)·귀천(貴賤)을 초월한 무위자연(無爲自然)을 제창함.

장자(莊子)가 어느 날 꿈속에서 나비가 되어 놀다가 깨어 '내가 꿈속에서 나비가 된 것일까? 아니면 내가 본시 나비인데 지금 사람이 된 꿈을 꾸고 있는 것인가' 하고 생각했다는 데서 유래(由來)된 '호접지몽(胡蝶之夢)'이 인간이 자연이며 자연이 인간임을 의미.

獎藏臟長帳

獎 奬
권할 장
(4급 大부 14획)

장수(將 장수 장)처럼 크게(大) 잘 되라고 권하다.
獎勵(장려) 獎學金(장학금) 勸獎(권장) ▶ 勵(힘쓸 려)
*뉘(널빤지 장) : 둘로 쪼개진 통나무 왼쪽편의 **길쭉한 널빤지**.

藏 蔵
감출 장
(3Ⅱ ++부 18획)

풀(++)로 곡식을 덮어(臧 둘 장) 감추어 둔다 하여.
藏書(장서) 冷藏(냉장) 所藏(소장) 愛藏(애장) 貯藏(저장)
*臧 : 신하(臣)가 임금에게 갈 때 무기(戕 창 장)를 풀어 두고 감.

臟 臓
오장 장
(3Ⅱ 肉부 22획)

신체(月) 중 중요하여 몸속에 감춰져(藏 감출 장) 있는 오장(五臟). 臟器(장기) 心臟(심장) 腎臟(신장) ▶ 腎(콩팥 신)
*月(육달 월) : '달'의 뜻이 아닐 때는 '月=肉 고기 육'로 **신체**의 뜻.

長
길 장
(8급 長부 8획)

수염이 긴 노인이 지팡이 짚고 있는 모습으로 길다, 어른.
長女(장녀) 校長(교장) 十長生(십장생) : 오래 산다는 열 가지, (해 · 산 · 물 · 돌 · 구름 · 소나무 · 불로초(不老草) · 거북 · 학 · 사슴)

帳
휘장 장
(4급 巾부 11획)

바람이나 햇빛을 막기 위해 천(巾)으로 길게(長) 이어 만든 휘장.
日記帳(일기장) 帳中(장중) 通帳(통장) 揮帳(휘장)
*巾(수건 건) : 몸(丨)에 두른(冂) **수건, 천, 천**의로 만든 것.

1, 2급 한자

蔣 성씨 장	풀(++)이 장수(將)처럼 강하게 보이는 **과장풀**. **성씨**.	蔣英實(장영실)
醬 간장 장	장차(將) 술(酉)처럼 발효(醱酵)시켜 만든 **간장**.	淸麴醬(청국장)
欌 장롱 장	나무(木)로 만들어 물건을 보관하는(藏) **장롱**(欌籠).	冊欌(책장)
贓 장물 장	재물(貝) 중 숨겨(藏 숨길 장) 놓고 거래하는 **장물**(贓物).	贓品(장품)

🔹 藏頭露尾(장두노미) : 머리는 감추었으나 꼬리 드러남. 흔적 없이 감추기는 어려움.

꿩은 위기(危機)에 처할 경우에 꼬리 쪽은 노출(露出)시킨 채 머리만 감추는 특성(特性)이 있다. 이처럼 자신이 한 일 등을 들키지 않도록 감추지만 어리석은 자의 행동(行動)이나 수법(手法)에는 한계(限界)가 있음을 뜻함.

張章障場腸

張 펼 장
(4급 弓부 11획)

활(弓)을 길게(長 길 장) 잡아당긴다는 데서 **펼치다**.
伸張(신장)   主張(주장)   擴張(확장)   張三李四(장삼이사) : 장씨의 셋째 아들과 이씨의 넷째 아들. 그저 평범한 사람들의 뜻.

章 글 장
(6급 立부 11획)

소리(音) 열(十) 마디를 한 문장으로 읽기 좋게 만든 글. 글 대신하는 **문양(紋樣)**.   文章(문장)   印章(인장)
*音(소리 **음**) : 사람이 서서(立) 입(曰 말할 왈) 으로 내는 **소리**.

障 막힐 장
(4Ⅱ 阜부 14획)

언덕(阝 언덕 부)에 글(章 글 장)을 써서 붙여 출입을 막아 **막히다**.   障壁(장벽)   障害(장해)   故障(고장)   支障(지장)
*章 : 소리(音) 열(十) 마디를 한 문장으로 읽기 좋게 만든 글.

場 마당 장
(7급 土부 12획)

땅(土)에 햇빛(昜)이 잘 들어 쓰임이 다양한 **마당**.
場內(장내)   場所(장소)   場外(장외)   廣場(광장)   市場(시장)
*昜(빛날 **양**) : 아침(旦 아침 단) 햇살이 내리쬐는(勿) 모양.

腸 창자 장
(4급 肉부 13획)

몸(月)에, 햇볕(昜)처럼 영양을 주는 **창자**.   斷(끊을 단)
斷腸(단장)   大腸(대장)   小腸(소장)   九折羊腸(구절양장)
*月(육달 **월**) : '달'의 뜻이 아닐 때는 '月=肉 고기 육'로 **신체**의 뜻.

1, 2급 한자

脹 배부를 창   몸(月 육달 월)이 길게(長) 늘어나듯이 **배부르다**.   膨脹(팽창)

套 덮개 투   크고(大) 긴(長) 것으로 **덮다**. 外套(외투) 常套(상투) : 늘 하는 투.

璋 홀 장   옥(王←玉)에 글(章)을 적은 **홀**. 弄璋之慶(농장지경) : 옛날 중국에서 아들을 낳으면 구슬(璋)을 줌. 弄瓦之慶(농와지경) : 딸은 실패(瓦) 줌.

彰 밝힐 창   글(章)을 붓(彡)으로 써서 **밝히다**. 表彰(표창) : 널리 칭찬하여 알림.

📘 **斷腸(단장)** : 배 타고 강을 내려가던 사람이 강기슭에서 새끼 원숭이를 한 마리를 잡게 되었다. 이것을 안 어미 원숭이가 강기슭을 따라 계속 쫓아오다 배가 강기슭에 가깝게 되자 배 안으로 뛰어 들었다가 금방 죽었다. 왜 죽었을까 이상하게 생각하여 배를 갈라 보니 애타고 괴로운 나머지 창자가 끊어졌던 것이다. [~의 미아리 고개]

📖 掌 粧 葬 墻 才

| 掌
손바닥 장
(3Ⅱ 手부 12획) | 높이(尙 높일, 받들 상) 손(手 손 수)을 들 때 보이는 손바닥.
掌握(장악) 管掌(관장) 合掌(합장) 孤掌難鳴(고장난명)
*尙 : 지붕 높은(小) 집(冂) 입구(口). 이러한 큰 집을 받들다. |

| 粧
단장할 장
(3Ⅱ 米부 12획) | 쌀가루(米 쌀 미) 바르듯 집(广)에 흰 흙(土) 발라 단장(丹粧)하다. 丹粧(단장) 治粧(치장) 化粧(화장) ▶ 丹(붉을 단)
*广(터진집 엄) : 한쪽이 터져 있는 집, 어떤 용도로 쓰이는 집. |

| 葬
장사지낼 장
(3Ⅱ ++부 13획) | 죽은(死 죽을 사) 이를 들어(廾 들 공) 풀(++)로 덮어 장사(葬事)지내다. 葬禮(장례) 葬儀社(장의사) 葬地(장지)
*廾(들 공) : 두 손으로 드는 모양. 卄(스물 입)의 변형. |

| 墻
담 장
(3급 土부 16획) | 흙(土)으로 재물 나가는 것을 아껴(嗇 아낄 색) 쌓은 담장.
障壁(장벽) 越墻(월장) ▶ 壁(벽 벽) 越(넘을 월)
*嗇 : 들여오기만(來) 하지 돌아(回) 나가게 하지 않아 아끼다. |

| 才
재주 재
(6급 手부 3획) | 손가락 열(十) 개로 사물(丿) 다루는 모양에서 손으로 여러 일을 한다 하여 재주. ▶ 色(예쁜용모 색)
才能(재능) 天才(천재) 才色(재색) : (여자의)재주와 용모. |

1, 2급 한자

薔 장미 장   식물(++) 중 자신을 아껴(嗇) 줄기에 가시를 가진 장미.   薔薇(장미)
嗇 아낄 색   들여오기만(來) 하지 돌아(回) 나가게 하지 않아 아끼다.   吝嗇(인색)

📝 才勝德薄(재승덕박) : 재주는 다른 사람보다 낫지만 덕이 부족함. ▶ 勝(뛰어날 승)
📝 孤掌難鳴(고장난명) : 외손바닥은 울리기가 어려움. ▶ 孤(홀로 고)
　　　　　　　　　　혼자만의 힘으로는 일하기가 어려움.

　材 財 在 再 災

材 재목 재 (5급 木부 7획)	나무(木)는 여러 재주(才)를 부릴 수 있어 좋은 재목임. 材料(재료) 材木(재목) 材質(재질) ▶質(바탕 질) *丿(삐침 별) : 오른쪽에서 왼쪽으로 삐치면서 당기는 모양.
財 재물 재 (5급 貝부 10획)	돈(貝)으로 여러 재주(才)를 부려 만든 재물(財物). 財界(재계) 財力(재력) 財閥(재벌) 財産(재산) 財數(재수) *貝(조개 패) : 작고 단단하며 광택 나는 조개를 화폐로 사용함.
在 있을 재 (6급 土부 6획)	한(一) 사람도 빠짐없이 사람(亻)은 흙(土) 위에 존재한다는 데서 있다. 在學(재학) 存在(존재) 現在(현재) 在野(재야) : 공직이나 정치 활동에 직접 나서지 아니하고 있음.
再 두번 재 (5급 冂부 6획)	왕(王)은 멀리(冂 경) 내다보고 두 번 거듭 생각한다. 再考(재고) 再生(재생) 再唱(재창) 再現(재현) 再活(재활) *冂(멀 경) : 멀리 둘러싸고 있는 높은 성곽. 또는 둘러싸다.
災 재앙 재 (5급 火부 7획)	흐르는 물(巛=川)과 타오르는 불(火)에 의한 재앙. 災害(재해) 産災(산재) 水災(수재) 天災(천재) 火災(화재) *川(내 천) = 巛 : '개미허리' 巜 큰도랑 괴　〈 도랑 견

📖 再臨(재림) : 1. 두 번째 옴. 2. (基督) 부활(復活)하여 하늘로 올라간 예수가 다시 세상에 오는 일.
▶ 臨(윗사람이 아랫사람 있는 곳으로올 림)

📖 貝(조개 패) : '마노조개'를 본떠 만든 자로 부수(部首)로는 돈, 재물의 뜻도 있음.

- 마노조개 : 고대 중국에서 화폐로 쓰였던 직경 1~2cm로 광택이 아름다우며 단단한 조개. 중국에서 멀리 떨어진 인도양 근처에서 났기에 매우 귀하였음.

- 瑪瑙(마노) : 석영(石英)의 한 가지로, 빛이 희거나 붉으며, 아름답게 윤이 나는 돌. 장식품(裝飾品)으로 많이 쓰인다. ▶ 瑪(마노 마) 瑙(마노 노)

哉 栽 裁 載 宰

哉 어조사 재 (3급 口부 9획)
흙(土)을 가르듯(戈) 입(口)을 열어 말에 힘을 더해 주는 어조사.
快哉(쾌재) 嗚呼痛哉(오호통재)라!
*戈(창 과) : 날이 세 갈래로 된 창이나 무기의 뜻.

栽 심을 재 (3Ⅱ 木부 10획)
흙(土)을 창(戈)과 같은 도구로 파서 나무(木)를 심다.
栽培(재배) 盆栽(분재) : 화분에 심어 가꾸는 일. ▶ 盆(동이 분)
*土戈 (흙파낼 재) : 흙(土)을 창(戈)과 같은 도구로 파내다.

裁 마름질할 재 (3Ⅱ 衣부 12획)
흙(土) 파기(戈) 위해 가르듯, 옷(衣) 만들기 위해 마름질하다.
마름질은 몸 크기를 잘 헤아려, 판단하다.
裁斷(재단) 量(재량) 裁判(재판) 決裁(결재) 獨裁(독재)

載 실을 재 (3Ⅱ 車부 13획)
흙(土)을 창(戈) 같은 도구로 파서 수레(車)에 실음.
記載(기재) 連載(연재) 積載(적재) 千載一遇(천재일우)
*戈(창 과) : 날이 세 갈래로 된 창이나 무기, 도구의 뜻.

宰 재상 재 (3급 宀부 10획)
집(宀 집 면)안일이 잘 되기를 고민하듯(辛 매울 신) 나라를 잘 다스리기 위해 고심하는 재상(宰相).
*辛 : 죄인 세워(立) 놓고 이마에 '十'자를 바늘로 새기니 맵다.

1, 2급 한자

截 끊을 절
흙(土)을 창(戈) 같은 도구로 파듯 새(隹)의 안 먹는 부위를 끊는다.
截長補短(절장보단) : 장점으로 단점을 보충(補充)함.

戴 받들,일 대
흙(土)을 파서(戈) 내버리듯, 불필요한 사람을 버리고 뛰어난 다른(異 다를 이) 사람을 추대(推戴)하여 받들다.   男負女戴(남부여대)

滓 찌꺼기 재
물(氵)을 쓰는 집(宀)에서 처리 곤혹스러운(辛) 찌꺼기.   殘滓(잔재)

 盆栽(분재) : (보고 즐기기 위하여) 화분(花盆)에 심어 가꾸는 일. ▶ 盆(동이 분)
▶ 相(정승 상)
 宰相(재상) : 임금을 보필하며 모든 관원을 지휘 감독하는 2품 이상의 벼슬 통칭.

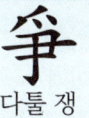 爭低底抵貯

爭 다툴 쟁 (5급 爪부 8획)
손톱(爫 손톱 조)과 손(彐)으로 서로 할퀴듯(亅 갈고리 궐) **다투다**.
爭取(쟁취) 爭議(쟁의) : 서로의 의견을 주장하며 다툼.
*彐(손, 손가락 계) : 갈라져 있는 **손가락** 모양으로 손의 뜻.

低 낮을 저 (4Ⅱ 人부 7획)
사람(亻)이 밑(氐)에 있으니 신분이나 수준 등이 **낮음**.
低價(저가) 低空(저공) 低利(저리) 低速(저속) 低質(저질)
*氐(밑 저) : 나무뿌리(氏)의 아래(一) 부분이라 하여 밑의 뜻.

底 바닥 저 (4급 广부 8획)
집(广)의 밑(氐) 부분이라 하여 **바닥**을 뜻한 자.
底力(저력) 底面(저면) 低邊(저변) 底意(저의) 海底(해저)
*广(터진집 엄) : 한쪽이 터져 있는 **집, 어떤 용도로 쓰이는 집**.

抵 막을 저 (3Ⅱ 手부 8획)
손(扌)으로, 거부나 저항하기 위해 아래로(氏) 밀치며 **막는다**.
抵當(저당) 抵觸(저촉) 抵抗(저항) 大抵(대저) : 무릇.
*氏(성씨 씨) : **뿌리가 뻗어나듯 뻗어나가는 사람의 성씨**.

貯 쌓을 저 (5급 貝부 12획)
재물(貝)을 집(宀)의 장정(丁)이 열심히 일하여 **쌓는다**.
貯金(저금) 貯藏(저장) 貯蓄(저축) ▶ 蓄(쌓을 축)
*丁(장정 정) : 팔을 펴고(一) 서(亅)있는 **장정(壯丁)**.

재쟁저

1, 2급 한자 / 특급*

錚 쇳소리 쟁	금속(金)이 부딪치는(爭) 소리에서 **쇳소리**의 뜻. [정계(政界)에서 내노라 하는 쟁쟁(錚錚)한 인물(人物).]		錚盤(쟁반)
琤 옥소리 쟁*	옥(玉)이 부딪칠(爭) 때 나는 맑고 깨끗한 **옥소리**. [돌아가신 아버지의 말씀이 아직도 귀에 쟁쟁(琤琤)하다.]		琤琤(쟁쟁)
諍 간할 쟁*	말(言)로 다투듯(爭) 매섭게 상대(相對)에게 **간하다**.		
邸 큰집 저	큰 터를 밑바탕으로(氐) 고을(阝 고을 읍)에 지은 **큰 집**.		邸宅(저택)

● 諍臣(쟁신) : 임금의 잘못을 직언(直言)으로 간하는 신하(臣下).
● 諍友(쟁우) : 친구(親舊)의 잘못을 진심으로 충고(忠告)하는 벗.

著 赤 的 跡 摘

著 지을 저 (3Ⅱ ++부 13획)
초목(++)에 사람(者)이 글짓다. 이름 알려져 나타나다.
著名(저명)　著書(저서)　著者(저자)　著作(저작)　顯著(현저)
*者(사람 자) : 늙으면(耂) 백발(白 흰 백)이 되어 죽는 모든 **사람**.

赤 붉을 적 (5급 赤부 7획)
솟아 있는 흙(土)과 같이 타오르는 불빛(火)이 붉다.
赤道(적도)　赤色(적색)　赤十字(적십자)　赤字(적자)
赤外線(적외선) : 파장이 가시광선보다 길어 눈에 보이지 않는 광선.

的 과녁 적 (5급 白부 8획)
흰(白) 종이로 싼(勹 쌀 포) 판에 점찍어(丶 점 주) 만든 과녁.
的當(적당)　的中(적중)　目的(목적)　物質的(물질적)
*白(흰 백) : 해(日)에서 뻗어 나오는(丿 삐침 별) 빛이 **희다**.

跡 자취 적 (3Ⅱ 足부 13획)
발자국(足 발 족)이 여러(亦) 개 나 있다 하여 발자취.
遺跡(유적)　人跡(인적)　足跡(족적)　潛跡(잠적)　筆跡(필적)
*亦(또 역) : 팔을 **자주** 흔들며 걸어가는 사람 모양에서.

摘 따낼 적 (3Ⅱ 手부 14획)
손(扌)으로 솎아주기 위해서 과실(啇)을 따내다.
摘果(적과)　摘發(적발)　摘出(적출)　指摘(지적)
*啇(과실 적) : 매달려 있는 과일 모양에서 **과실**을 뜻한 자.

1, 2급 한자

猪 멧돼지 저 　짐승(犭 짐승 견) 중 사람(者)과 인연 깊은 **멧돼지**. 　猪突(저돌)
箸 젓가락 저 　대로 만들어져 사람(者)에게 유용하게 쓰이는 **젓가락**. 　匙箸(시저)
躇 주저할 저 　잘 알려진(著) 것이 아닌 일에 발길이(足) 나아감을 **주저**(躊躇)하다.
赦 용서할 사 　붉은(赤) 줄이 쳐진 죄인을 잘 다스린(攵) 후 **용서하다**. 　赦免(사면)
赫 빛날 혁 　붉은(赤) 빛이 많은 모양에서 **빛나다**. 赫赫(혁혁)한 공을 세우다.

📖 朴赫居世(박혁거세) : 기원전(紀元前) 57년 신라(新羅) 건국(建國) 왕으로, 박처럼 생긴 큰 알에서 나와서 성(性)은 '박'으로 하였고, 아기의 몸에서 광채(光彩)가 나기에 '밝은 세상'이라는 뜻으로 이름은 '혁거세'로 지어짐.

滴 敵 適 寂 笛

滴 물방울 적
(3급 水부 14획)

물방울(氵)이 과실(啇 과실 적)에서 떨어지는 모양에서 **물방울**.
硯滴(연적) 點滴(점적)   ▶ 硯(벼루 연)
*古(오랠 고) : 열(十) 사람 입(口)을 통한 것은 이미 **오래** 된 것.

敵 원수 적
(4Ⅱ 攵부 15획)

근본(啇)까지 쳐(攵) 없애야하는 **적**이나 **원수**.
敵國(적국) 敵軍(적군) 敵手(적수) 無敵(무적) 對敵(대적)
*啇(뿌리 적) : 오래(古 오랠 고) 버티고 서(立) 있는 나무의 **뿌리**.

適 나아갈 적
(4급 辶부 15획)

뿌리(啇 뿌리 적)가 적당한 방향으로 뻗어(辶) **나아간다**.
適格(적격) 適期(적기) 適切(적절) 適者生存(적자생존)
*辶(갈 착) : 쉬엄쉬엄 **멀리 걸어가는** 모습에서 **가다**.

寂 고요할 적
(3Ⅱ 宀부 11획)

큰 집(宀 집 면)에 비해 아재비(叔) 집은 **고요하다**.
寂寞(적막) 寂寂(적적) 靜寂(정적) 閑寂(한적) 入寂(입적)
*叔(어릴 숙) : 위(上)쪽 **어린**(小) 싹을 손(又)으로 솎아주는 모양.

笛 피리 적
(3Ⅱ 竹부 11획)

대(竹)에 구멍 뚫음으로 말미암아(由) 소리 나는 **피리**.
警笛(경적) 汽笛(기적) 鼓笛隊(고적대) 萬波息笛(만파식적)
*由(말미암을 유) : 밭(田)에 씨 뿌림으로 **말미암아** 싹 나온 모양.

저적

1, 2급 한자

嫡 본마누라 적   여자(女) 중 그 집의 뿌리(啇) 역할을 하는 **본마누라**.   嫡子(적자)

謫 귀양갈 적   밑둥치(啇)로 간다는 말(言)은 **귀향을 간다**는 말.
謫客(적객) : 귀양살이 하는 사람.
謫所(적소) : 귀양살이 하는 곳.   謫中(적중) : 귀양살이 중.

🔹 適者生存(적자생존) : 환경(環境)에 적응(適應)하는 것은 살고 적응하지 못하는 것은 도태(淘汰)되어 사라짐. ▶ 淘(가려낼 도) 汰(가려낼 태)

🔹 萬波息笛(만파식적) : ('모든 파도를 잠자게 하는 피리'의 뜻으로) 신라시대에 있었다는 전설상의 피리 이름. 이 피리를 불면 나라 안의 모든 고통(苦痛)이 사라졌다함.

賊 積 績 跡 籍

賊 도적 적 (4급 貝부 13획)
재물(貝) 빼앗으려 무기(戈 창 과) 휘두르는(丿丶) 도적.
盜賊(도적) 義賊(의적) 海賊(해적) 賊反荷杖(적반하장)
*貝(조개 패) : 작고 단단하며 광택 나는 조개를 화폐로 사용함.

積 쌓을 적 (4급 禾부 16획)
수확한 볏단(禾 벼 화)을 책임(責)을 지고 쌓는다.
積極(적극) 積金(적금) 積立(적립) 積載(적재) 容積(용적)
*責(맡을 책) : 주인(主 주인 주)의 재산(貝) 관리를 맡는다.

績 공적 적 (4급 糸부 17획)
감긴 실(糸)처럼 여러 번씩 책임지고(責) 세운 공적.
功績(공적) 成績(성적) 實績(실적) 業績(업적) 治績(치적)
*主(주인 주) : 타오르는 촛불(丶)이 방의 중심이 되어 주되다.

跡 발자취 적 (3Ⅱ 足부 18획)
한 걸음(足 발 족) 씩 책임(責) 있게 걸어온 발자취.
古蹟(고적) 奇蹟(기적) 史蹟(사적) 行蹟(행적)
*貝(조개 패) : 작고 단단하며 광택 나는 조개를 화폐로 사용함.

籍 호적 적 (4급 竹부 20획)
대쪽(竹)에 새겨(耒) 옛(昔 옛 석)부터 내려온 호적.
國籍(국적) 黨籍(당적) 本籍(본적) 書籍(서적) 戶籍(호적)
*耒(쟁기 뢰) : 잡초(丰 무성할 봉) 갈아엎는 나무(木)로 된 쟁기.

● 賊反荷杖(적반하장) : 도둑이 도리어 몽둥이를 든다. ▶荷(짐, 멜, 들 하)
　　　　　　　　　　잘못한 사람이 도리어 성을 냄.
● 積善餘慶(적선여경) : 남에게 착한 일을 많이 하면 언젠가는 경사스러운 일이 있게 됨. 당대(當代)가 아니
　　　　　　　　　　더라도 후대(後代)에서라도 그 덕(德)을 입는다고 함.
　- 餘慶(여경) : 남에게 좋은 일을 많이 한 보답으로 그 자손이 누리게 되는 경사. ▶餘(결국 여)
● 積小成大(적소성대) : 작은 것도 쌓이면 크게 이루어짐.

田 全 典 前 電

田 밭 전
(4Ⅱ 田부 5획)

여러 갈래로 구분 지어져 있는 밭.
田畓(전답) 田園(전원) 油田(유전) ▶畓(논 답) 園(동산 원)
丁田(정전) : 신라 때, 15살 이상의 남자에게 나누어 주던 토지.

全 모두 전
(7급 入부 6획)

들어(入 들 입) 있는 것이 모두 온전한 구슬(王←玉)이라는 데서 모두, 온전의 뜻. ▶部(나눌 부) 體(몸 체)
全國(전국) 全部(전부) 全體(전체) 安全(안전) 完全(완전)

典 법 전
(5급 八부 8획)

목판에 글을 새겨 굽어지지(曲 굽을 곡) 않도록 평평하며(一) 받침(八) 있는 널빤지 위에 보관하던 방대한 책.
法典(법전) 佛典(불전) 聖典(성전) 百科事典(백과사전)

前 앞 전
(7급 刀부 9획)

우두머리(首의 줄임)가 몸(月육달 월)에 칼(刂) 차고 앞장서 나감. 全面(전면) 前生(전생) 前進(전진) 生前(생전)
*首(머리 수) : 털 난 머리. 머리는 맨 위에 있어 우두머리.

電 번개 전
(7급 雨부 13획)

천둥(雷) 치기 전 길게 선을 그으며(乚) 번쩍이는 번개.
電氣(전기) 電算(전산) 電子(전자) 電車(전차) 電話(전화)
*雷(우레 뢰) : 비(雨) 올 때 천둥소리 내며 밭(田)에 떨어지는 우레.

적 전

1, 2급 한자 / 특급

鈿 비녀 전* — 금속(金)으로 만든, 정렬된 밭(田)처럼 단정하게 쪽진 머리에 꽂는, 비녀. 나전 세공. 螺鈿漆器(나전칠기) ▶螺(소라 라)

栓 마개 전 — 나무(木)로 온전하게(全) 보관하도록 만든 마개. 消火栓(소화전)

銓 저울질할 전 — 금(金)이 온전한지(全) 알아보기 위해 저울질하다. 銓衡(전형)

剪 자를 전 — 앞(前)으로 밀고나가며 칼(刀)로 자르다. 剪枝(전지)가위

煎 달일 전 — 먹기 전(前)에 먹기에 좋게 불(灬=火)로 달인다. 酒煎子(주전자)

箭 화살 전 — 대(艹)로 만든, 활로 쏘면 앞(前)으로 나가는 화살. 折箭(절전)

展殿專傳轉

展 펼 전 (5급 尸부 10획)
죽은(尸 주검 시) 사람의 많은(十) 물건이나 옷(衣 옷 의)을 펼쳐 보인다는 데서 펴다. ▶ 望(내다볼 망)
展開(전개)　展示(전시)　展望(전망)　發展(발전)

殿 대궐 전 (3Ⅱ 殳부 13획)
죽을(尸) 각오로 함께(共 함께 공) 창(殳 창 수)을 들고 지키는 대궐. 宮殿(궁전)　殿堂(전당)　聖殿(성전)　神殿(신전)
*尸(주검 시) : 사람이 죽어 누워 있는 모양. ▶ 堂(집 당)

專 専 오로지 전 (4급 寸부 11획)
실 뽑는 물레를 손(寸 마디 촌)으로 한 방향으로만 돌리는 데서 오로지. '專'에서 寸의 윗부분은 '물레 전'자임.
專攻(전공)　專門(전문)　專用(전용)　▶ 攻(배우고연구할 공)

傳 전할 전 (5급 人부 13획)
사람(亻)이 물레 돌리듯(專) 돌아다니며 소식을 전하다.
傳記(전기)　傳說(전설)　傳統(전통)　父傳子傳(부전자전)
*寸(마디 촌) : 손목에서 맥박 뛰는 사이의 거리인 한 마디. 손.

轉 転 구를 전 (4급 車부 18획)
수레(車) 바퀴는 오로지(專) 구른다. ▶ 勤(일 근)
轉勤(전근)　轉落(전락)　轉業(전업)　轉職(전직)　轉學(전학)
轉禍爲福(전화위복) : 재앙(災殃)이 바뀌어 오히려 복(福)이 됨.

1, 2급 한자 / 특급*

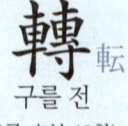

澱 앙금 전 　물(氵)을 대궐(殿)처럼 큰 그릇에 담아 놓으면 가라앉아 생기는 앙금. 澱粉(전분) : 곡식을 물에 쳐서 갈아 놓으면 가라앉는 물질.

輾 구를 전 　수레(車)바퀴가 펼쳐지듯(展) 나아며 구르다.
輾轉反側(전전반측) : 몸을 뒤척이며 도무지 잠을 이루지 못함.

臀 볼기 둔 　대궐(殿)처럼 큰 신체(月 육달 월) 부위인 볼기. 엉덩이.　　　臀部(둔부)

塼 흙벽돌 전 　흙(土)으로만 오로지(專) 만든 벽돌.　　　塼築墳(전축분)

磚 돌벽돌 전* 　돌(石)로만 오로지(專) 만든 벽돌. '甎'의 속자(俗字).　　　磚壁(전벽)

甎 구운벽돌 전* 　오로지(專) 기와(瓦) 굽듯 구워 만든 벽돌.　　　甎瓦(전와)

戰錢切折絕

戰 戰
싸울 전
(6급 戈부 16획)

하나(單)의 창(戈 창 과)을 들고 **싸우다**. 싸움은 **두렵다**.
戰術(전술) 戰爭(전쟁) 戰鬪(전투) 戰戰兢兢(전전긍긍)
* 單(하나 **단**) : 여러 입(口口)에서 나온 말(曰) 모아(十) **하나로 만듦**.

錢 錢
돈 전
(4급 金부 16획)

금속(金)으로 쌓아(戔) 놓기 좋게 만든 **돈**. ▶急(급할 급)
전주(錢主) 금전(金錢) 급전(急錢) 동전(銅錢) 환전(換錢)
*戔(쌓일 **전**) : 전쟁에 쓰는 무기인 창(戈 창 과)이 **쌓여 있다**.

切
끊을 절, 모두 체
(5급 刀부 4획)

여러(七 일곱 칠) 번 칼질(刀)을 하여 **끊는다**.
끊을 때는 모두를 자른다 하여 모두를 뜻함.
切上(절상) 切望(절망) 品切(품절) 一切(일체)

折
꺾을 절
(4급 手부 7획)

손(扌)에 든 도끼(斤)로 나무나 사물을 쳐서 **꺾는다**.
折半(절반) 曲折(곡절) 屈折(굴절) 折衷(절충) ▶衷(찰 충)
*斤(도끼 **근**) : 도끼의 모양으로 **끊다**, **베다**, **무기**의 뜻.

絕
끊을 절
(4Ⅱ급 糸부 12획)

실(糸)이나 뱀(巴) 같이 긴 것을 칼(刀의 줄임)로 **끊는다**. 강조하는 말로 **뛰어나 극(極)에 이름**. ▶佳(아름다울 가)
絕交(절교) 絕對(절대) 絕頂(절정) 絕世佳人(절세가인)
*巴(뱀 **파**) : 입으로 먹이(丨)를 먹고 있는 큰 **뱀**(巳 뱀 사).

1, 2급 한자

箋 쪽지 전 ┆ 대(竹)를 창칼(戈)로 다듬어 내용을 **적다**. 적은 쪽시.   處方箋(처방전)
餞 전별할 전 ┆ 떠나는 사람에게 음식(食) 등을 많이(戔) 주며 **송별**(送別)함.

- 切磋琢磨(절차탁마) : 옥돌을 자르고, 갈고, 쪼고, 문질러 빛을 냄. 학문(學問)이나 인격(人格)을 닦음.
- 餞別金(전별금) : 주로 공무원(公務員)이 임지(任地)를 떠날 때 현지인(現地人)들이 이별(離別)을 아쉬워하는 표시로 주는 돈. ▶餞(음식이나 선물 주어 떠나보낼 전)

節竊占店點

節 节
마디 절
(5급 竹부 15획)

대나무(⺮)가 자라 나아감(卽 나아갈 즉)에 따라 생기는 **마디**.
節氣(절기) 節度(절도) 節約(절약) 節次(절차)
*卽 : 쌀밥(白)을 수저(匕)로 서서(卩) 먹은 후 힘 있게 **나아간다**.

竊 窃
훔칠 절
(3급 穴부 22획)

구멍(穴 구멍 혈)을 뚫어 하나(一)씩 쌀알(米)을 벌레(벌레 설)가 **훔치다**. 竊盜(절도) 剽竊(표절) ▶ 剽(따낼 표)
*米(쌀 미) : 이쪽저쪽(丶丿) 나무(木)에 과일 열리듯 벼의 **쌀**.

占
점칠 점
(4급 卜부 5획)

점(卜)친 후 말하는(口) 모양에서 **점치다**. 땅(口)에 깃발(卜) 꽂아 **차지하다**. 占領(점령) 占術(점술) 占有率(점유율)
*卜(점 복) : 동물의 뼈를 태운 뒤 생긴 금을 보고 **점을 침**.

店
가게 점
(5급 广부 8획)

한 쪽을 터놓은 집(广 집 엄)에 팔 물건 차려 놓은(占) **가게**.
店員(점원) 店長(점장) 本店(본점) 書店(서점)
*占(차지할 점) : 점령한 땅(口)에 깃발(卜) 꽂은 모양에서 **차지하다**.

點 点
점 점
(4급 黑부 17획)

검은(黑) 먹물로 표시한다(占)는 데서 **점**. 또는 **점찍다**.
點檢(점검) 點數(점수) 點火(점화) 觀點(관점) 長點(장점)
*占(점칠 점) : 점령한 땅(口)에 깃발(卜) 꽂은 모양에서 **차지하다**.

1, 2급 한자

櫛 빗 즐   나무(木)로 마디(節)를 촘촘하게 만든 **빗**.   櫛比(즐비) 櫛風沐雨(즐풍목우)
粘 끈끈할 점   쌀풀(米 쌀 미)은 달라붙으니(占 차지할 점) **끈끈하다**.   粘液(점액)
帖 문서 첩   천(巾)에 점친(占) 내용을 적어 만든 문서.   受牒(수첩) 畵帖(화첩)

4계절(季節) 24절기(節氣)

春(춘) : 立春(입춘) → 雨水(우수) → 驚蟄(경칩) → 春分(춘분) → 淸明(청명) → 穀雨(곡우)
夏(하) : 立夏(입하) 小滿(소만) 芒種(망종) 夏至(하지) 小暑(소서) 大暑(대서)
秋(추) : 立秋(입추) 處暑(처서) 白露(백로) 秋分(추분)·寒露(한로) 霜降(상강)
冬(동) : 立冬(입동) 小雪(소설) 大雪(대설) 冬至(동지) 小寒(소한) 大寒(대한)

漸接蝶丁停

漸 점차 점
(3Ⅱ 水부 14획)

물(氵)이 해안선을 조금씩 깍아(斬 벨 참) 나간다 하여 점차.
漸入佳境(점입가경) 漸進的(점진적) 漸層法(점층법)
*斬 : 수레(車)에 묶어 끌어 찢거나, 도끼(斤)로 **베어 죽인다**.

接 접할 접
(4Ⅱ 手부 11획)

손(扌 손 수)으로 첩(妾)을 맞이한다 하여 접하다.
接近(접근) 接待(접대) 接續(접속) 接受(접수) 接合(접합)
*妾(첩 **첩**) : 서서(立 설 립) 시중드는 여자(女)인 **첩**.

蝶 나비 접
(3급 虫부 15획)

곤충(虫 벌레 충) 중 날개가 얇은(葉 얇을 엽) 나비.
蝶泳(접영) 胡蝶之夢(호접지몽) : 나비가 된 꿈. 인생의 덧없음
*葉 : 나무(木)에서 해(世 해 세)마다 돋아나는 새 잎이 **얇음**.

丁 장정 정
(4급 一부 2획)

팔(一) 펴고 서(亅) 있는 장정(壯丁), 넷째 천간(天干).
兵丁(병정) 目不識丁(목불식정) : 낫 놓고 기역자도 모름.

停 멈출 정
(5급 人부 11획)

사람(亻)이 정자(亭)에서 잠깐 멈춤.
停車場(정거장) 停電(정전) 停止(정지) 停車(정차)
*亭(정자 **정**) : 높게(高의 줄임), 사람(丁)이 쉬어가도록 만든 **정자**.

절점접정

1, 2급 한자

椄 접목할 접	첩(妾) 들이듯 다른 나무(木)를 붙인다.	椄木(접목)
牒 문서 첩	나무(木) 조각(片)에 내용 적어 세상(世)에 알리는 문서.	請牒(청첩)
諜 염탐할 첩	말(言)을, 얇은(葉) 잎사귀에 적어 **염탐하다**. 間諜(간첩)	諜報(첩보)
渫 칠 설	물(氵) 깊이가 얕은(葉) 도랑이나 강바닥을 걷어내다.	浚渫(준설)

📖 丁卯胡亂(정묘호란) : 조선 1627년에 만주의 후금(後金)이 침입한 난.
- 왕과 신하들은 강화로 피난(避難)을 갔으나 결국 항복(降伏)하고 형제의 의를 맺음. 그리고 9년 후 1636년 병자(丙子)년에 청으로 이름을 바꾸고 재침입(再侵入)하였다.

亭 訂 頂 井 正

亭 정자 정 (3Ⅱ 亠부 9획)

높게(高 높을 고), 사람(丁)이 쉬어가도록 만든 정자.
亭子(정자) 料亭(요정) 八角亭(팔각정) ▶ 子(접미사 자)
*亠(덮을 멱) : 덮개나 지붕을 본뜬 글자. 집의 뜻으로도 쓰임.

訂 고칠 정 (3급 言부 9획)

말(言)을 잘못해서 장정(丁)이 바르게 고치다는 뜻.
訂正(정정) 改訂(개정) 校訂(교정) 修訂(수정) ▶ 修(고칠 수)
*亅(갈고리 궐) : 밑 끝이 구부러진 갈고리. 못. ▶ 校(바로잡을 교)

頂 정수리 정 (3Ⅱ 頁부 11획)

사람(丁 장정 정) 머리(頁)의 정수리. 사물의 꼭대기.
頂門一鍼(정문일침) 頂上(정상) 頂點(정점) 絶頂(절정)
*頁(머리 혈) : 사람 머리(一)에서 얼굴(自), 목(丿丶)까지 신체.

井 우물 정 (3Ⅱ 二부 4획)

가로 세로로 얽어서 만든 우물의 틀 모양. 井華水(정화수)
井底之蛙(정저지와) : 우물 안 개구리. 세상 물정에 어둡고 시야
또는 식견이 좁음. ▶ 底(바닥 저) 之(--의 지) 蛙(개구리 와)

正 바를 정 (7급 止부 5획)

두 발(止)을 한데(一) 모아 바르게 서 있는 모양.
正門(정문) 正義(정의) 正直(정직) 正月(정월) : 음력 1월
*止(그칠 지) : 사람이 멈추어 선 모양에서 그치다. 두 발.

1, 2급 한자

町 밭두둑 정   丁(정)자형으로 각진 밭(田)두둑. 넓이의 단위.   町步(정보 ; 3000坪)
酊 술취할 정   술(酉)을 장정(丁)이 주량 이상 많이 마셔 취하다.   酒酊(주정)
釘 못 정   쇠(金)로 만든 대가리 큰 '丁' 자 모양인 못.   押釘(압정)
穽 함정 정   구멍(穴)을 우물(井)처럼 깊이 파서 만든 허방다리.   陷穽(함정)

✏️ 정직(正直)은 평생(平生)의 보배

征 政 整 廷 庭

征 칠 정
(3Ⅱ 彳부 8획)

바로잡기(正 바를 정) 위하여 치러 간다(彳 걸을 척).
征伐(정벌) 征服(정복) 遠征隊(원정대) 出征(출정)
*彳 : 허벅다리(丿) 정강이(丿) 발(丨)을 합한 것으로 **걷다, 가다**.

政 다스릴 정
(4Ⅱ 攵부 9획)

바르고(正 바를 정) 고쳐(攵) 다스리다. ▶ 局(판 국)
政局(정국) 政黨(정당) 政爭(정쟁) 政治(정치) 市政(시정)
*攵(칠 복) : 사람(一)이 뭔가 들고 이리(丿)저리(乀) **치다**.

整 가지런할 정
(4급 攵부 16획)

묶기(束) 좋게 다듬어(攵 칠 복) 바르게(正 바를 정) 가지런히 하다.
整理(정리) 整列(정렬) 整備(정비) 調整(조정)
*束(묶을 속) : 나무(木)를 끈으로 에워싸(口 에워쌀 위) **묶다**.

廷 조정 정
(3Ⅱ 廴부 7획)

갓(丿) 쓴 선비(士)가 길게(廴) 늘어서서 정사(政事)를 논의하는 조정(朝廷).
法廷(법정) 退廷(퇴정) 休廷(휴정)
*廴(길게걸을 인) : 다리를 끌며 길게 **걸어가는** 모습.

庭 뜰 정
(6급 广부 10획)

집(广 집 엄) 안에 있는 조정(廷) 같이 넓은 뜰.
庭球(정구) 庭園(정원) 家庭(가정) 校庭(교정) 親庭(친정)
*广(터진집 엄) : 한쪽이 터져 있는 **집, 어떤 용도로 쓰이는 집**.

1, 2급 한자

挺 나아갈 정   가려서(扌) 조정(廷)에서 **뽑으니** 앞으로 **나아간다**.   挺身隊(정신대)
艇 거룻배 정   배(舟)가 길게 늘어선 조정(廷)과 같이 길쭉한 **거룻배**.   艦艇(함정)

💡 挺身隊(정신대) : '挺身'은 '솔선하여 앞서 나간다'는 뜻으로, 이들로 이루어진 무리를 정신대라 함. 2차 세계 대전 당시 일본이 우리의 젊은이들로 정신대를 만들어 전쟁군수물자(軍需物資) 생산에 이용함은 물론, 이 중 일부 여성들을 종군 위안부(慰安婦)로 하였던 일은 우리 모두의 아픔이기도 하다.

定 貞 淨 情 精

定 정할 정 (6급 宀부 8획)
지붕(宀) 아래(下) 사람(人)이 거처 정하고 산다는 데서.
定價(정가) 定立(정립) 定數(정수) 假定(가정) 安定(안정)
*宀(지붕, 집 면) : 지붕으로 덮여 있는 집. ▶ 假(거짓 가)

貞 곧을 정 (3Ⅱ 貝부 9획)
점친(卜) 대가로 재물(貝) 받고 점의 내용을 정직하게 말한다 하여 곧다. 貞淑(정숙) 貞操(정조) 貞節(정절)
*卜(점 복) : 태운 동물 뼈의 갈라진 금을 모양을 보고 점을 침.

淨 浄 깨끗할 정 (3Ⅱ 水부 11획)
물(氵)이 다투듯(爭) 흘러가면서 스스로 깨끗해진다.
淨潔(정결) 淨水(정수) 淨化(정화) 不淨(부정) 自淨(자정)
*⺕(손 계) : 갈라져 있는 손의 손가락을 그린 자.

情 뜻 정 (5급 心부 11획)
마음(忄) 속에 있는 젊은이(靑 젊을 청)의 맑은 뜻.
情感(정감) 事情(사정) 愛情(애정) 溫情(온정) 表情(표정)
情緖(정서) : 사물이나 현상에 대해서 느끼는 여러 느낌이나 감정.

精 정신 정 (4Ⅱ 米부 14획)
쌀밥(米 쌀 미) 먹으니 젊은이(靑) 같이 정신 들고 힘이 난다.
精力(정력) 精米(정미) 精密(정밀) 精神(정신)
*靑 : 둥근(圓) 화분에서 뚫고(丨) 나온 많은(三) 새싹이 푸르다.

1, 2급 한자

碇 닻 정 — 돌(石)에 줄 매어 배가 머물도록(定) 물속에 내리는 닻. 碇泊(정박)
錠 덩이 정 — 쇠(金)처럼 단단하게, 둥글게 고정시킨(定) 덩이. 錠劑(정제)
綻 터질 탄 — 실(糸)로 고정한(定) 옷의 연결 부분이 터지다. 綻露(탄로)
偵 염탐할 정 — 사람(亻)이 곧은지(貞) 몰래 염탐(廉探)하다. 偵察(정찰)
幀 족자 정 — 베(巾)를 곧게(貞) 틀에 고정 후 그린 그림족자. 影幀(영정)
  탱화 탱 — 幀畵(탱화) : 부처나 보살의 초상, 경전 내용을 그려 벽에 거는 그림.

📖 精神一到何事不成(정신일도하사불성) : 정신이 하나에 이르면 못 이룰 일 없음.

靜 程 制 製 提

靜 (静) 고요할 정 (4급 靑부 16획)
푸르러(靑 푸를 청) 풍요롭고, 다툼(爭) 없어 안정되어 **조용하다**. 靜肅(정숙) 靜寂(정적) 安靜(안정) ▶ 寂(고요할 적)
*爭(다툴 쟁) : 손(彐)의 손톱(爫)을 갈고리(亅)처럼 하여 **싸우다**.

程 과정 정 (4Ⅱ 禾부 12획)
세금으로 벼(禾 벼 화)를 얼마나 드릴지(呈) 정한 **법**. 볏단(禾) 네모(口) 반듯(壬) 쌓듯 일 해나가는 **과정**.
程度(정도) 工程(공정) 過程(과정) 規程(규정) 日程(일정)

制 제도 제 (4Ⅱ 刀부 8획)
소(牛 소 우)를 잡을(刂 선칼 도) 때에도 일정한 법도가 있고 천(巾 수건 건)을 마름질(刂) 할 때도 일정한 방식이 있듯, 잘 다듬어서 만든 **규정**이나 **제도**.
制度(제도) 制動(제동) 制服(제복) 制定(제정) 制限(제한)

製 지을 제 (4Ⅱ 衣부 14획)
천을 잘 다듬어(制 다듬을 제) 옷(衣) 등을 **만들다**.
製藥(제약) 製作(제작) 製造(제조) 製品(제품)

提 낼 제, 보리 리 (4Ⅱ 手부 12획)
손(扌)을 들어 바른(是) 제시(提示)·제안(提案)을 **내다**.
提供(제공) 題目(제목) 提議(제의) 前提(전제) 菩提(보리)
*是(옳을 시) : 정확한 해(日)와 같이 바르게(正) 말함이 **옳다**.

1, 2급 한자

睛 눈동자 정   눈(目)에 있는 젊은이(靑 젊을 청)의 힘 있는 **눈동자**.
　　　　　　　畫龍點睛(화룡점정) : 용을 그릴 때 용의 가장 중요한 부분인 눈동자를 찍음.

靖 편안할 정   굳게 서(立) 있는 젊은이(靑) 모습에서 **편안(便安)하다**.　　　靖國(정국)
呈 드릴 정   입(口)에 맞는 음식을 정중히 서서(壬) **드리다**.　　　贈呈(증정)

- 靖國(정국) : 나라를 다스리어 태평(泰平)하게 함. - 일어로 '야쓰쿠니'라함.
- 菩提樹(보리수) : 석가(釋迦)가 이 나무 아래에 앉아서 깨달음을 얻었다고 함.
  - 菩提(보리, bodhi, 범) : 세속(世俗)적인 번뇌(煩惱)를 끊고 깨달음을 얻은 경지.

✏️ 堤 題 弟 第 祭

堤 둑 제
(3급 土부 12획)
흙(土)을 바르게(是 옳을 시) 쌓아 만든 제방인 둑.
堤防(제방) 防潮堤(방조제) 防波堤(방파제) ▶ 潮(조수 조)
*正(바를 정) : 두 발(止) 한데(一) 모아 바르게 서 있는 모양.

題 제목 제
(6급 頁부 18획)
바르게(是 옳을 시) 써서 나타낸 머리말(頁)인 제목.
題目(제목) 問題(문제) 宿題(숙제) 主題(주제) 話題(화제)
*頁(머리 혈) : 사람 머리(一)에서 얼굴(自), 목(丿ヽ)까지 신체.

弟 아우 제
(8급 弓부 7획)
두 갈래(丫)로 나누어 활(弓 활 궁)을 쏜 결과 과녁을 빗나간(丿 삐침 별) 사람이 아우・제자(弟子). 弟兄(제형).
*丫(두갈래 아) : 한(一) 갈래에서 갈라져 나와서 된 두 갈래.

第 차례 제
(6급 竹부 11획)
대(竹 대 죽)로 만든 활(弓)을 사람(丨)이 들고 화살(丿)을 차례로 쏘는 모양에서 차례. 第一(제일) 及第(급제)

祭 제사 제
(4Ⅱ 示부 11획)
고기(月=肉)를 손(又 손 우)으로 제단(示)에 올려놓고 지내는 제사. 祭器(제기) 祭壇(제단) 祭祀(제사) 祭典(제전)
*示(제단 시) : 제단 모양으로 제물을 제단에 올려 신에게 보임.

1, 2급 한자

悌 공경할 제 　마음(忄)을 아우(弟)처럼 하여 윗사람을 공경하다. 　孝悌(효제)
梯 사다리 제 　나무(木)가 형제(弟)처럼 차례로 엮인 사다리. 　梯形(제형) : 사다리꼴
涕 눈물 체 　아우(弟)로 태어나 서러워 울 때 흘리는(氵) 눈물. 　涕淚彈(체루탄)
蔡 성씨 채 　나물(艹)을 제사(祭)상에 법도 있게 올리는 모양. 성씨. 나라이름.
　　　　　蔡倫(채륜) : 후한시대 세계 최초로 종이 제조 기술을 발명한 사람.

📖 壯元及第(장원급제) : 과거(過擧)의 갑과(甲科)에서 일등으로 급제함.

📖 際齊濟帝除

際 사이 제 (4Ⅱ 阜부 14획)	언덕(阝)에서 제사(祭 제사 제) 지내 신과 사람 사이를 가깝게 잘 사귐.　國際(국제)　交際(교제)　實際(실제) * 阝(언덕 부) : 볼록 나온 언덕.　　　　▶ 交(사귈 교)
齊 斉 가지런할 제 (3Ⅱ 齊부 14획)	곡식을 베어서 가지런히 묶은 모양에서 가지런하다. 修身齊家 治國平天下(수신제가 치국평천하)　齊唱(제창) * 丫(두갈래 아) : 한(一) 갈래에서 갈라져 나와서 된 두 갈래.
濟 済 건널, 구할 제 (4Ⅱ 水부 17획)	물(氵)을 나란히(齊) 건너다. 건너다 빠진 사람 구하다. 決濟(결제)　救濟(구제)　百濟(백제)　經濟(경제) : '經世濟民(경세제민)'의 준말로, 세상을 잘 다스려 어려운 백성을 구제함.
帝 임금 제 (4급 巾부 9획)	면류관을 쓰고(立의 변형) 곤룡포(巾 수건 건)를 입고 있는 제왕(帝王). 임금.　帝位(제위)　上帝(상제)　皇帝(황제)
除 없앨 제 (4Ⅱ 阜부 10획)	언덕(阝 언덕 부) 같은 장애물을 내(余)가 없애다. 除去(제거)　除名(제명)　除蟲(제충)　削除(삭제)▶ 削(깎을 삭) *余(나 여) : 똑바로 서 있는 자랑스런 나를 나타낸 자.

1, 2급 한자

劑 약지을 제	약초를 가지런히(齊) 썰어(刂) 조제(調劑)하다.	
蹄 발굽 제	발(足)을, 제왕(帝)이 관을 쓰듯 덮고 있는 발굽.	口蹄疫(구제역)
締 맺을 체	실(糸) 묶듯 제왕(帝)이 계약이나 조약을 맺다.	締結(체결)
諦 살필 체	말(言)하는 제왕(帝)의 참 뜻을 잘 살핀다.	諦念(체념)

🔵 **帝國主義(제국주의)** : 군사적(軍事的), 경제적(經濟的)으로 다른 나라 약소민족을 정복(征服)하여 큰 나라 건설(建設)하려는 침략적 경향. 또는 그런 정책.

🔵 **除夜(제야)** : 섣달 그믐날 밤. [~의 종소리]　▶ 除(갈 제)

가나다순 한자

📖 諸 弔 兆 早 助

諸 모두 제
(3Ⅱ 言부 16획)

말(言)은 모든 사람(者 사람 자)이 한다는 데서 모두.
諸君(제군) 諸島(제도) 諸子百家(제자백가) 諸侯(제후)
*言(말씀 언) : 두(二) 번 거듭(二) 생각한 후 입으로(口) 말하다.

弔 조상할 조
(3급 弓부 4획)

짐승으로부터 시체를 지키기 위해 사람(丨)이 활(弓)을 가지고 조상하는 모양. 弔意(조의) 弔旗(조기) 慶弔(경조)
弔喪(조상) : 남의 죽음에 대하여 슬퍼하는 뜻을 표함.

兆 조짐, 조 조
(3Ⅱ 儿부 6획)

점치기 위해 거북 껍질 태워 갈라진 금 모양 보고 길흉을 가린다 하여 조짐. 수 많은 금에서 많은 수를 나타내는 조.
吉兆(길조) 亡兆(망조) 億兆(억조) 凶兆(흉조)

早 일찍 조
(4Ⅱ 日부 6획)

해(日)가 지평선(一)을 뚫고(丨 뚫을 곤) 일찍 뜸.
早急(조급) 早期(조기) 早熟(조숙) 早朝(조조) 早退(조퇴)
▶ 急(급할 급) 期(때 기) 熟(익을 숙) 退(물러날 퇴)

助 도울 조
(4Ⅱ 力부 7획)

많은(且. 또 차) 어려운 일에 힘(力)을 보태어 돕다.
助敎(조교) 助力(조력) 助手(조수) 助言(조언) 救助(구조)
*且(많을 차) : 제기(祭器)에 음식 많이 쌓아 놓은 모양에서.

1, 2급 한자

眺 멀리볼 조   눈(目)으로 많이(兆) 떨어진 곳을 멀리 바라보다.   眺望權(조망)

窈 그윽할 조   여러(兆) 갈래로 난 동굴(穴 구멍 혈)이 깊고 조용하여 그윽하다.
窈窕淑女(요조숙녀) : 얌전하고 아리땁고 착한 여자.   ▶窈(얌전할 요)

俎 도마 조   사람(人)이 많이(且) 재료를 올려놓고 다루는 도마.   俎上肉(조상육)

粗 거칠 조   쌓아(且) 놓은, 정미(精米)하지 않은 쌀(米)은 거칠다.   粗雜(조잡)

💡 俎上肉(조상육) : 도마 위의 고기. 저항(抵抗)할 수도 위기를 모면할 수도 없는 상황.

📖 祖 租 組 朝 潮

祖 할아비 조 (7급 示부 10획)	제단(示)에 음식을 쌓아(且) 놓고 제사지내는 조상. 祖國(조국) 祖母(조모) 祖父(조부) 祖上(조상) 先祖(선조) *示(제단 시) : 제단 모양으로 제물을 제단에 올려 신에게 보임.
租 세금 조 (3Ⅱ 禾부 10획)	벼(禾 벼 화) 쌓아(且) 놓은 것 중 일부를 바치는 세금(稅金). 租稅(조세) 租借(조차) : 다른 나라 영토 빌려 관리 함. *禾(벼 화) : 익으면 고개 숙이며(ノ) 자라는(木) 벼, 곡식.
組 짤 조 (4급 糸부 11획)	실(糸 실 사) 여러(且) 개를 겹쳐서 베를 짜다. 組立(조립) 組成(조성) 組織(조직) 組合(조합) 織造(직조) *且(또, 많을 차) : 여러 개를 겹쳐 쌓은 모양에서 많다는 뜻.
朝 아침 조 (6급 月부 12획)	서녘으로 달질(月) 때 나뭇가지(十十) 사이로 떠오르는 해(日)의 모양에서 아침. 朝刊(조간) 朝夕(조석) 朝鮮(조선) 朝貢(조공) : 왕조 때, 속국이 종주국에게 때마다 예물을 바치던 일.
潮 조수 조 (4급 水부 15획)	아침(朝 아침 조)저녁으로 들고나는 바닷물(氵)인 조수. 潮流(조류) 潮水(조수) 滿潮(만조) 思潮(사조) 風潮(풍조) *朝 : 달(月) 지고 나뭇가지(十十) 사이로 해(日) 뜨는 아침.

제 조

1, 2급 한자

沮 막을 저	물(氵)이 넘치는 것을 둑을 높이(且) 쌓아 막는다.		沮害(저해)
咀 씹을 저	입(口)을 많이(且) 움직여 씹다.	▶ 嚼(씹을 작)	咀嚼(저작)
狙 엿볼 저	짐승(犭)이 높은(且) 은폐물에 숨어 먹잇감을 엿보다.		狙擊(저격)
詛 저주할 저	주문(呪文)의 말(言)을 여러(且) 번 반복하여 저주하다.		詛呪(저주)
嘲 비웃을 조	아침(朝)부터떠들면(口) 남이 비웃는다.		嘲弄(조롱) 嘲笑(조소)

🔵 王朝(왕조 Dynasty) : 왕이 나라를 직접 다스리기는 하나 다른 나라의 간섭 받음.

🔵 王國(왕국 Kingdom) : 군주국으로 정치, 군사, 외교상 독립됨(고구려, 백제, 신라).

  – 외부의 간섭을 받은 고려와 조선은 왕조(Dynasty)로, 삼국은 왕국(Kingdom)으로 구별.

鳥條造調操

鳥 새 조
(4Ⅱ 鳥부 11획)

꽁지가 긴 새가 앉아 있는 모양.
鳥類(조류)　白鳥(백조)　鳥銃(조총) : 옛날의 소총.
鳥足之血(조족지혈) : 새발의 피. 필요에 비해 매우 적은 분량.

條 가지 조 (条)
(4급 木부 11획)

멀리(攸) 뻗은 나무(木)의 가지. 가지처럼 많은 여럿.
條件(조건)　條例(조례)　條理(조리)　條約(조약)　信條(신조)
*攸(멀 유) : 사람(亻)이 지팡이(丨)로 땅을 치며(攵) 멀리 간다.

造 만들 조
(4Ⅱ 辶부 11획)

미리 알리고(告) 멀리(辶 멀리갈 착) 내다보고 만들다.
造語(조어)　造船(조선)　造作(조작)　改造(개조)　創造(창조)
*告(알릴 고) : 소(牛)가 받으려 하자 위험을 소리쳐(口) 알린다.

調 고를 조
(5급 言부 15획)

말(言)을 두루(周) 조화(調和) 있게 한다하여 고르다.
調理(조리)　調節(조절)　調和(조화)　強調(강조)　曲調(곡조)
*周(두루 주) : 입(口)은 여러 용도(用 쓸 용)로 쓴다 하여 두루.

操 잡을 조
(5급 手부 16획)

시끄럽게(喿) 우는 새잡듯(扌), 어지러운 마음을 바로잡다.
操心(조심)　操業(조업)　操作(조작)　貞操(정조)　體操(체조)
*喿(새시끄러울 소) : 나무(木)에 새들이 모여 지저귀나(品) 시끄럽다.

1, 2급 한자

凋 시들 조　　얼음(冫)이 두루(周) 어니 초목이 시들다. 凋落(조락) : 시들어 떨어짐
彫 새길 조　　물체(物體) 둘레에 두루(周) 무늬(彡 터럭 삼)를 새기다.　　彫刻(조각)
稠 빽빽할 조　벼(禾 벼 화)가 논에 두루(周) 꽉 차 있어 **빽빽하다**.　　稠密(조밀)
躁 성급할 조　발(足)을 새 떼 울듯(喿) 시끄럽게 구루며 **성급히 굴다**.　　躁急(조급)
藻 수초 조　　풀(艹) 중 물(氵) 모여(喿) 있는 곳에서 자라는 **수초**.　　海藻類(해조류)

📖 鳥銃(조총) : '새를 잡는 용도의 총'으로 조선 시대 때 일본이 포루투칼에서 수입한 후 이를 개조하여 살상력을 높여 무기로(임진란 등에서) 사용하였다.

📖 一切有心造(일체유심조) : 인간사(人間事) 모든 것은 마음먹기(心造)에 달려 있음.

燥照足族存

燥
마를 조 (3Ⅱ 火부 17획)

불(火) 타듯, 시끄럽게(喿) 떠드니 목이 타고 **마르다**.
燥渴(조갈) 無味乾燥(무미건조) ▶ 渴(마를 갈) 乾(마를 건)

照
비칠 조 (3Ⅱ 火부 13획)

알아보도록 밝게(昭) 하기 위해 불(灬=火)을 **비추다**.
照明(조명) 照準(조준) 對照(대조) 參照(참조) 照會(조회)
*昭(밝을 소) : 불러(召 부를 소) 밝은 해(日)처럼 **상세히 밝히다**.

足
발 족 (7급 足부 7획)

무릎 아래의 발 모양. 또는 **만족하다**는 뜻을 가짐.
足鎖(족쇄) 足跡(족적) 滿足(만족) 不足(부족) 豊足(풍족)
*疋(발 소) : 발목에서 발끝까지의 모양으로 **발**을 나타냄.

族
겨레 족 (6급 方부 11획)

크기나 모양이 비슷한 화살(矢 화살 시)처럼, 같은 방향(方 방향 방)에 모여 사는 사람(人) 무리인 **겨레**.
族閥(족벌) 族屬(족속) 族長(족장) 家族(가족) 民族(민족)

存
있을 존 (4급 子부 6획)

한(一) 인간(亻)으로 자식(子) 봐야 후세가 **있다** 하여.
存立(존립) 存亡(존망) 存續(존속) 存在(존재) 保存(보존)

조족존

1, 2급 한자

詔 알릴 조   말(言)로 불러(召) **알리다**.   詔書(조서) : 임금의 명령을 적은 문서.
簇 조릿대 족   대(竹)가 무리(族)로 많이 나는 **조릿대**.   簇子(족자)
嗾 부추길 주   입(口)으로 겨레(族)을 **부추기다**.   使嗾(사주) : 남을 부추김

📝 存亡之秋(존망지추) : 서리가 내리는 가을에 초목(草木)이 존속하느냐 망하느냐가 결정되듯, 죽음과 삶이 결정되는 절박(切迫)한 시기(時機).

📝 조릿대 : 대과에 딸린 식물. 줄기로 조리(笊籬)를 만들기 때문에 '조릿대'라고 한다.

尊卒拙宗從

尊 높을 존
(4Ⅱ 寸부 12획)

두목(酋)을 법도(寸) 있게 대해 받들어 높이다.
尊敬(존경)　尊貴(존귀)　尊待(존대)　尊重(존중)
*酋(두목 추) : 두 손(八)에 술(酉 술 유) 들고 제사지내는 두목

卒 병사 졸
(5급 十부 8획)

같은 모자(亠 머리부분 두)를 쓴 여러(十) 사람(人人)인 병졸. 병졸은 싸우다 잘 죽어 갑자기, 또는 마치다.
兵卒(병졸)　卒倒(졸도)　卒兵(졸병)　卒業(졸업)　▶倒(넘어질 도)

拙 못날 졸
(3급 手부 8획)

솜씨(扌)가 들쭉날쭉(出)하다는 데서 못하다, 못나다.
拙劣(졸렬)　拙速(졸속)　拙作(졸작)　　▶劣(못할 렬)
*出(날 출) : 새싹이 구덩이(凵 구덩이 감)를 뚫고(丨) 나오다.

宗 으뜸 종
(4Ⅱ 宀부 8획)

집(宀 집 면)에서 제사(示)를 모시는 으뜸가는 종가.
宗家(종가)　宗敎(종교)　宗孫(종손)　宗派(종파)　世宗(세종)
*示(제단 시) : 제단 모양으로 제물을 제단에 올려 신에게 보임.

從 좇을 종
(4급 彳부 11획)

걸어서(彳 걸을 척) 두 사람(人人)이 점(卜 점 복)치는 사람(人)의 뒤를 따라 좇아가다, 따르다.
從軍(종군)　服從(복종)　順從(순종)　白衣從軍(백의종군)

1, 2급 한자

猝 갑자기 졸　개(犭)가 갑자기(卒) 튀어나와 놀라는 모양에서 갑자기.　　猝富(졸부)
碎 부술 쇄　돌(石)을 병졸(卒)들이 잘게 부수다.　　粉骨碎身(분골쇄신) 碎氷(쇄빙)
粹 순수할 수　쌀(米)에서 잡것 제거를 마치니(卒) 깨끗하여 純粹(순수)하다.
綜 모을 종　실(糸)이 모여 베가 되듯 종가(宗)에 모으다.　　綜合(종합)
踪 발자취 종　발(足)길 잦은 종가(宗)에 남아 있는 많은 발자취　　失踪(실종)

📝 宗廟(종묘) : 조선 역대(歷代) 임금과 왕비(王妃)의 위패(位牌)를 모시는 사당(祠堂).

📝 社稷(사직) : '토지 신(社)'과 '곡식 신(稷)'으로 나라의 뜻. 아울러 국가를 뜻함.

縱 種 鐘 終 左

縱 세로 종 (3Ⅱ 糸부 17획)	베 짤 때 날실(糸)이 아래로 줄줄이(從) 늘어져 있는 모양에서 **세로**. 縱斷(종단) 縱橫無盡(종횡무진) 操縱(조종) *從(좇을 종) : 걸어서(彳) 사람들(人人)의 발길(足) **좇아가다**.
種 씨앗 종 (5급 禾부 14획)	곡식(禾 벼 화) 중 무거워(重 무거울 중) 물에 가라앉는 **씨앗**. 種子(종자) 種族(종족) 播種(파종) 品種(품종) *重 : 천(千) 개의 마을(里)을 다스려야 하니 책임이 **무겁다**.
鍾 쇠북 종 (4급 金부 17획)	쇠(金)로 만든 크고 무거운(重 무거울 중) **쇠북**. 鍾 = 鐘 鍾路(종로 ; 고유 명사) 鐘閣(종각) 警鐘(경종) 自鳴鐘(자명종) *'鍾'은 이름자로 많이 쓰이고, '쇠북 종'은 보통 '鐘'자를 씀.
終 마칠 종 (5급 糸부 11획)	계절의 끝인 겨울(冬)처럼 긴 실(糸)의 **끝**. 긴 것을 **마치다**. 終結(종결) 終末(종말) 終身(종신) 終着(종착) 始終(시종) *冬(겨울 동) : 뒤에 오는(夂 뒤져올 치) 얼음(冫 얼음 빙) 어는 계절인 **겨울**.
左 왼 좌 (7급 工부 5획)	자막대(一)를 장인(工)이 비스듬히(丿) 들고 있는 **왼손**. 左右(좌우) 左側(좌측) ▶ 側(곁 측) 翼(날개 익) 左翼(좌익) : 왼쪽 날개. 급진 또는 사회주의, 공산주의적인 사상

1, 2급 한자

慫 권할 종	따를(從) 마음(心)이 들도록 **권하다**.	慫慂(종용) : 달래어 권하다.
腫 종기 종	몸(月)에 여러 겹(重 거듭 중)으로 부어오른 종기(腫氣).	腫瘍(종양)
惰 게으를 타	마음(忄)과 몸(月)이 둔한 왼손(左)처럼 굼뜨니 **게으르다**.	惰性(타성)
楕 길쭉할 타	나무(木) 왼쪽(左)에 몸(月)을 **길쭉하게** 하여 누운 데서.	楕圓(타원)

📖 **合縱連衡(합종연횡)** : 합종·연횡 등의 방법으로 여러 당파 등이 서로 연합함.
 - **合縱(합종)** : 전국시대 진(秦)에 대항하기 위하여 그 동쪽에 있던 여섯 나라의 동맹.
 - **連衡(연횡)** : 진(秦) 그 동쪽에 있던 여섯 나라를 동서로(횡으로) 연합. ▶ 衡(가로 횡)

佐坐座罪主

佐 도울 좌 (3급 人부 7획)
사람(亻)을 부축하거나 도울 때는 왼쪽(左)에서 **도움**.
輔佐(보좌) : 윗사람 곁에서 그 사무를 도움. ▶ 輔(도울 보)
*左(왼 좌) : 하나(一)의 공구(工)를 비스듬히(丿) 들고 있는 **왼손**.

坐 앉을 좌 (3Ⅱ 土부 7획)
두 사람(人人)이 땅(土) 위에 **앉다**.
坐禪(좌선) 坐視(좌시)
坐不安席(좌불안석) : 불안, 근심 등으로 오래 앉아 있지 못함.

座 자리 좌 (4급 广부 10획)
집(广 집 엄)에 사람이 앉는(坐) **자리**.
座談會(좌담회) 座席(좌석) 座標(좌표) 講座(강좌)
*坐(앉을 좌) : 두 사람(人人)이 땅(土) 위에 **앉아** 있는 모양에서.

罪 허물 죄 (5급 网부 13획)
결국은 법망(罒)에 걸려드는 그릇(非)된 짓인 **죄**, **허물**.
罪目(죄목) 罪囚(죄수) 罪人(죄인) 犯罪(범죄) ▶ 囚(가둘 수)
*非(아닐 비) : 새의 두 **날개**가 서로 같은 방향이 **아니다**.

主 주인 주 (7급 丶부 5획)
촛불(丶) 타오르는 모양. 이처럼 방을 밝혀주는 불이 중심이 되듯, 가정에서 중심이 되는 **주인(主人)**, **주되다**.
主客(주객) 主動(주동) 主人(주인) 主張(주장) 主體(주체)

1, 2급 한자

挫 꺾을 좌   손(扌)으로 강제로 앉도록(坐) **꺾다**.   挫折(좌절)
註 글뜻풀 주   말(言)이나 글의 주(主 주될 주)된 내용(內容)을 쉽게 **풀이하다**.
     註釋(주석) : 낱말이나 문장(文章)의 뜻을 이해하기 쉽게 풀이함.
     註解(주해) : 본문(本文)의 뜻을 알기 쉽게 풀이함. ▶ 釋(풀 석)
駐 머무를 주   말(馬)을 여관집 주인(主 주인 주)에게 맡기고 **머무르다**.   駐車(주차)

- 坐食山空(좌식산공) : 놀고먹기만 하면 산더미 같은 재산(財産)도 오래 못 감.
- 坐井觀天(좌정관천) : 우물 안에 앉아서 하늘을 봄. 견문(見聞)이 좁음.

住 注 柱 州 洲

住 살 주 (7급 人부 7획)	사람(亻)이 주인(主)이 되어 한 곳에 머물러 **살다**. 住居(주거) 住民(주민) 住所(주소) 宅(주택) ▶居(살 거) *主(주인 주) : 타오르는 촛불(丶)이 방의 중심이 되어 **주되다**.
注 물댈 주 (6급 水부 8획)	물(氵)을 주류(主流)에서 **끌어서 댄다**. 注目(주목) 注文(주문) 注視(주시) 注油(주유) 注入(주입) *主(주될 주) : 타오르는 촛불(丶)이 방의 중심이 되어 **주되다**.
柱 기둥 주 (3Ⅱ 木부 9획)	나무(木)로 만든, 집 지탱(支撐)에 주(主)가 되는 **기둥**. 四柱八字(사주팔자) 圓柱(원주) 電信柱(전신주) *主(주인 주) : 타오르는 촛불(丶)이 방의 중심이 되어 **주되다**.
州 고을 주 (5급 川부 6획)	흐르는 내(川) 근처에 작게(丶) 형성된 **고을**. 慶州(경주) 光州(광주) 全州(전주) 淸州(청주) *川(내 **천**) = 巛 : '개미허리' 巜 큰도랑 **괴** 〈 도랑 **견**
洲 물가 주 (3Ⅱ 水부 9획)	물(氵)로 둘러싸여 있는 고을(州 고을 주)인 **큰 섬**. 물에 떠내려 온 흙·모래로 이루어진 땅인 **삼각주**. **물가**. 滿洲(만주) 美洲(미주) 三角洲(삼각주) 六大洲(육대주)

🔵 사주(四柱) 팔자(八字)

사람을 집에 비유하고 生年, 生月, 生日, 生時를 그 집의 네 기둥(四柱)으로 보고 붙인 명칭으로, 이것을 간지(干支) 두 글자씩 모두 **여덟 글자로 나타냄**으로 팔자(八字)라고 한다.

자신의 사주를 봄으로 다가올 길운(吉運)을 놓치지 않고, 흉운(凶運)을 피해갈 수 있는 처세술(處世術)에 근거하고 있다.

그러나 팔자(八字), 관상(觀相)이 아무리 박하게 태어났어도 심성 바르게 살아가면 감천(感天)하여 액운이 길운으로 바뀔 수 있다다하니, 뭐니뭐니 해도 **바른 심성**을 갖는 것이 으뜸이다.

朱株珠家價

朱 붉을 주
(4급 木부 6획)

사람(亠 누운사람 인)이 벤 소나무(木)가지 부분이 붉음.
朱紅(주홍) 朱黃(주황) 朱子學(주자학) : 주희가 완성한 학문.
近朱者赤(근주자적) : 나쁜 친구를 사귀게 나빠지기 쉬움.

株 그루 주
(3Ⅱ 부木 10획)

나무(木)를 베고(朱) 남은 그루터기. 또는 나누다.
株價(주가) 株券(주권) 株式會社(주식회사) 株主(주주)
*朱 : 사람(亠 누운사람 인)이 나무(木)의 가지를 벤 모양.

珠 구슬 주
(3Ⅱ 玉부 10획)

옥(王=玉) 중 붉은(朱) 구슬. 지금은 일반적인 구슬.
珠算(주산) 珠玉(주옥) 念珠(염주) 眞珠(진주)
*朱(붉을 주) : 사람(亠)이 벤 소나무(木)가지 부분이 붉음.

舟 배 주
(3급 舟부 6획)

통나무(刀)를 파서 만든 쪽배에서 노(一)를 젓는 모양.
一葉片舟(일엽편주) : 한 척의 조그마한 조각배. ▶釜(가마 부)
*破釜沈舟(파부침주) : 승리하지 않으면 돌아가지 않겠다는 결의.

走 달릴 주
(4Ⅱ 走부 7획)

땅(土) 위를 다리(疋 발 소)를 벌려 달리는 모습.
走力(주력) 走行(주행) 競走(경주) 繼走(계주)
走馬看山(주마간산) : 사물의 겉만 대강 보고 지나감.

배(舟)의 분류(分類)

舟(배 주) : 통나무를 파서 만든 쪽배 모양으로 가장 단순하며 작은 배

船(배 선) : 앞이 뾰족하고(八) 뒤가 반듯한(口) 주로 사람을 나르는 배

舶(큰배 박) : 흰(白) 돛을 높이 단 큰 배(舟)로 바다를 건너다니는 배

艦(싸움배 함) : 적 동태를 살피며(監 살필 감) 싸우는 배인 전함(戰艦)

艇(거룻배 정) : 큰 배의 물건 등을 나르며 왔다 갔다 하는 작은 배

宙 周 週 奏 酒

宙
집 주
(3Ⅱ 宀부 8획)

솟아(由) 있는 지상세계 전체를 덮고(宀 집 면) 있는 하늘. 또는 이처럼 큰 집.　宇宙(우주)　▶ 宇(집 우)
*由(말미암을 유) : 밭(田)에 씨 뿌림으로 말미암아 싹 나온 모양.

周
두루 주
(4급 口부 8획)

입(口)은 여러 용도(用 쓸 용)로 쓰여 두루. 주나라.
周邊(주변)　周圍(주위)　周易(주역) : 주나라의 점서(占書).
*用 : 점통(冂)으로 점 쳐 맞으면(中 맞을 중) 그 일을 힘써 한다.

週
돌 주
(5급 辶부 12획)

두루(周) 한 바퀴 돌았다(辶 멀리갈 착)는 데서 돌다.
週刊誌(주간지)　週日(주일)　來週(내주)　每週(매주)
*周(두루 주) : 입(口)은 여러 용도(用 쓸 용)로 쓴다 하여 두루.

奏
아뢸 주
(3Ⅱ 大부 9획)

많은(丰 무성할 봉) 어른(大) 앞에서 몸 구부리고(夭 구부러질 요) 아뢴다. 높은 이에게 풍악 아뢴다 하여 연주하다.
奏請(주청)　獨奏(독주)　演奏(연주)　協奏(협주)

酒
술 주
(4급 水부 10획)

물(氵)로 만든 술병(酉)에 든 술.　▶ 禁(금할 금)
主客(주객)　酒道(주도)　酒量(주량)　酒店(주점)　禁酒(금주)
*酉(술병, 닭 유) : 술병 모양. 酒(술 주)의 옛 자. 술, 술병의 뜻.

1, 2급 한자

輳 모일 주　　수레(車)를 타고 풍류(奏 연주할 수)를 즐기러 모이다.　　輻輳(폭주)

周王朝 時代 (주왕조 시대, BC 1100~BC 256년)

중국 고대 3왕조 중 마지막 왕조. 무왕이 은나라 주(紂)왕을 멸하고 장안(長安)에 도읍을 정한 뒤, 봉건제도(封建制度)를 시행. 기원전 770년경 오랑캐를 피하여 도읍을 동방(東方)의 낙양(洛陽)으로 옮김. 도읍을 옮기기 이전을 서주(西周) 시대, 이후를 동주(東周) 시대라 한다. 동주시대는 춘추시대(春秋時代 BC 770~BC 403)와 전국시대(戰國時代 BC 403~BC 201)로 진(秦)의 시황제(始皇帝)가 통일(統一)할 때까지를 일컫는다.

晝鑄竹俊準

晝 낮 주 (6급 日부 11획)
붓(聿)으로 해(日) 하나(一)를 그려 낮. 晝間(주간) 晝夜(주야)
晝耕夜讀(주경야독) : 낮에 밭 갈고 밤에 글을 읽음.
*聿(붓 율) : 세 손가락(⺕ 손 계)과 나머지 두(二) 손가락으로 쥔(丨)붓.

鑄(鋳) 쇳물부을 주 (3Ⅱ 金부 22획)
쇠(金)에 오래도록(壽 오래살 수) 열을 가해 녹인 후 거푸집에 이 쇳물을 부어 만들다.
鑄物(주물) 鑄造(주조) 鑄貨(주화) ▶ 造(만들 조) 貨(화폐 화)

竹 대나무 죽 (4Ⅱ 竹부 6획)
대나무의 대와 그 잎을 그린 자.
竹刀(죽도) 竹林(죽림) 竹細工品(죽세공품) ▶ 細(가늘 세)
竹馬故友(죽마고우) : 죽마를 타고 놀던 옛 친구. 어릴 적 친구.

俊 준걸 준 (3급 人부 9획)
사람(亻)이 당당하게 걸어 나아가는(夋 나아갈 준) 모습에서 준걸.
俊傑(준걸) 俊秀(준수) 俊才(준재)
*夋 : 사심(厶) 없이 사람(儿)이 당당히 걸어(夂) 나아가다.

準 평평할 준 (4Ⅱ 水부 13획)
물(氵) 위를 새(隹) 열(十) 마리가 평평하게 날다. 이처럼 공평한 법. 準備(준비) 準則(준칙) 水準(수준) 平準(평준)
*隹(새 추) : 앉아 있는 보통 꽁지가 짧고 작은 새 모양.

1, 2급 한자

疇 밭두둑 주	목숨(壽)처럼 여기는 밭(田)의 경계데인 밭두둑.	範疇(범주)
躊 머뭇거릴 주	발(足)이 나가지 못하고 오래(壽) 머물러 머뭇거리다.	躊躇(주저)
濤 큰물결 도	물(氵)이, 노인(壽) 주름처럼 밀려드는 큰 물결.	波濤(파도)
禱 빌 도	신(示 제단 시)에게 오래 살기(壽)를 빌다.	祈禱(기도)
峻 험할 준	산(山) 형세가 가파러 걸어 나아가기(夋) 힘들어 험하다.	險峻(험준)
浚 칠 준	물(氵) 잘 흘러 나아갈(夋) 수 있도록 바닥을 걷어내다.	浚渫(준설)
竣 마칠 준	나아감(夋)을 멈추고 섰다(立) 하여 일 따위를 마치다.	竣工(준공)
駿 준마 준	말(馬)이 날렵하여 달려 나아감(夋)이 빠른 준마(駿馬).	駿足(준족)
酸 실 산	술(酉)은 시간이 많이 지나가면(夋) 맛이 변해 시다.	酸化(산화)

遵中仲重衆即症證

遵 따를 준 (3급 辶부 16획)
받들어 높이는(尊 높을 존) 사람이 가는(辶 갈 착) 길을 따른다.
遵據(준거) 遵法(준법) 遵守(준수) ▶據(의거할 거)
*尊 : 두목(酋 두목 추)을 법도(寸) 있게 대해 받들어 **높이다**

中 가운데 중 (8급 丨부 4획)
사물(口)의 중심을 뚫은(丨뚫을 곤)모양에서 중심(中心).
中國(중국) 中東(중동) 中學校(중학교) 中學生(중학생)
中宗反正(중종반정) : 연산군을 폐하고 중종을 새 임금으로 세움.

仲 버금 중 (3Ⅱ 人부 6획)
사람(亻) 가운데(中 가운데 중)에 서서 중개하다.
사람(亻)이 첫 번째가 아닌 중간(中)이라 하여 버금.
仲介(중개) 仲媒(중매) 仲秋節(중추절) 伯仲之勢(백중지세)

重 무거울 중 (7급 里부 9획)
매일 천(千) 번 이상 거듭하는 삽질로 마을(里 마을 리) 사람들의 몸이 무겁지만 농사는 중요하다.
重大(중대) 重量(중량) 重複(중복) 重要(중요) 重責(중책)

衆 무리 중 (4Ⅱ 血부 12획)
같은 핏줄(血) 가진 사람(亻)이 여기저기 모인 무리.
衆生(중생) 公衆(공중) 觀衆(관중) 大衆(대중) 民衆(민중)
*血(피 혈) : 제사 때 쓸 피(丿)가 그릇(皿) 위에 떨어지는 모양.

卽 卽 곧 즉 (3Ⅱ 卩부 9획)
흰(白 흰 백) 쌀밥을 수저(匕 수저 비)로 서서(卩 무릎 절) 바로 먹는 데서 곧. 먹은 후 힘 있게 나아간다.
卽刻(즉각) 卽決(즉결) 卽位(즉위) 卽效(즉효) 卽興(즉흥)

症 증세 증 (3Ⅱ 疒부 10획)
어떤 병(疒)인지 정확히(正 바를 정) 알 수 있는 증세.
症狀(증상) 症勢(증세) 症候群(증후군) 痛症(통증)
*疒(병들 녁) : 집(广 집 엄)에 찬바람(冫 얼음 빙) 들어와 **병들다**.

證 증거 증 (4급 言부 19획)
말(言)하기 위해 증언대에 오른다(登) 하여 증언, 증거.
證據(증거) 證券(증권) 證明(증명) 領收證(영수증)
*登(오를 등) : 발판(豆)을 밟고(癶 걸을 발) 오르는 모양에서.

주죽준
중즉증

蒸 曾 憎 增 贈

蒸 찔 증 (3Ⅱ ++부 14획)
삼(++)껍질 벗기는데 도움(丞 도울 승)이 되도록 불(灬=火)을 때어 **찌다**. 蒸氣(증기) 蒸發(증발) 水蒸氣(수증기)
*丞 : 갈고리(了)로 흐르는 물(水)의 바닥(一)을 긁어 흐름을 돕다.

曾 거듭 증 (3Ⅱ 日부 12획)
갈라진(八) 입(口)에서 거듭 나오는 작은(小) 말들이 모여 긴 말(曰)이 된다는 데서 **거듭**. 曾孫(증손) 曾祖(증조)
未曾有(미증유) : 아직 있어본 적이 없음. 전대미문(前代未聞)임.

憎 憎 미워할 증 (3Ⅱ 心부 15획)
섭섭한 마음(忄)이 거듭(曾 거듭 증) 쌓여 **미워하다**.
憎惡(증오) 愛憎(애증) ▶惡(악할 악, 미워할 오)
*心(마음 심) : 사람의 **심장** 모양. 속, 감정, 한가운데. *心=忄 小

增 더할 증 (4Ⅱ 土부 15획)
흙(土)을 거듭(曾 거듭 증)해서 쌓는다 하여 **더하다**.
增加(증가) 增强(증강) 增産(증산) 增額(증액) 增進(증진)
*曾 : 갈라진(八) 입(口)에서 **거듭** 나오는 작은(小) 말(日)에서.

贈 贈 줄 증 (3급 貝부 19획)
재물(貝)을 잘 하라고 거듭(曾 거듭 증)하여 **주다**.
贈與(증여) 贈呈(증정) 寄贈(기증) ▶與(줄 여) 呈(드릴 정)
*貝(조개 패) : 작고 단단하며 광택 나는 조개를 **화폐**로 사용함.

1, 2급 한자

丞 도울 승   갈고리(了 평갈고리 궐)로 흐르는 물(水)의 바닥(一)을 긁어 흐름을 **돕다**.
丞相(승상) 政丞(정승) ▶丞(임금도울 승) 相(정승 상)

- **丞相(승상)** : 중국의 옛날 벼슬 이름. 우리의 '정승(政丞)'에 해당.
- **政丞(정승)** : 조선 때, 영의정(領議政), 좌의정(左議政), 우의정(右議政)을 일컫던 말.

之 止 支 枝 地

之 갈 지 (3Ⅱ 丿부 4획)
지그재그로 **간다**. 문장에서 '--의' 뜻으로 많이 쓰임.
之東之西(지동지서) : 동서로 이리저리 왔다갔다 갈팡질팡함.
有終之美(유종지미) : 일을 끝까지 잘하여 훌륭한 성과를 올림.

止 그칠 지 (5급 止부 5획)
사람이 멈추어 선 모양에서 **그치다**.
禁止(금지) 停止(정지) 休止(휴지) ▶ 禁(금할 금)

支 갈라질 지 (4Ⅱ 支부 4획)
갈라진 대나무 가지(十)를 손(又 손 우)에 쥐고 있는 모양에서
가르다, **지탱하다**, **헤아리다**. ▶ 度(헤아릴 탁)
支給(지급) 支社(지사) 支店(지점) 支出(지출) 度支(탁지)

枝 가지 지 (3Ⅱ 木부 8획)
나무(木)에서 갈려(支) 나온 **나뭇가지**. 枝葉(지엽)
*三枝禮(삼지례) : 비둘기는 나무에 앉을 때 어미 새가 앉는 가지 3개 아래의 가지에 앉는다는 데서 나온 말.

地 땅 지 (7급 土부 6획)
흙(土)이 긴 뱀(也)처럼 길게 뻗어 있는 **땅**.
地球(지구) 地質(지질) 農地(농지) 大地(대지) 天地(천지)
*也(뱀 야) : 힘(力) 있게 새(乚=乙 새 을)를 잡는 **뱀**.

증지

1, 2급 한자

芝 지초 지 — 곰팡이에 의해 번져나가는(之) 풀(艹)인 **지초(芝草)**. 靈芝(영지)
乏 가난할 핍 — 삐뚤어진(丿) 마음으로 살아가면(之) **가난하고 모자라다**. 窮乏(궁핍)
貶 낮출 폄 — 재물(貝)의 가치를 모자라게(乏) **깎아 낮추다**. 貶下(폄하)
址 터 지 — 땅(土) 위에 집, 건물 등이 머물렀던(止) 흔적이 있는 **터**. 城址(성지)
祉 복 지 — 신(示)이 주어 나에게 머물러(止) 있는 복. 福祉社會(복지사회)
澁 떫을 삽 — 과즙(氵) 등을 마시다 멈추고(止) 멈추니 **떫다**. 難澁(난삽)
肢 사지 지 — 몸통(月)에서 갈려(支) 나온 팔다리인 **사지(四肢)**. 折肢(절지)

池知智志誌

池 못 지 (3Ⅱ 水부 6획)	물(氵)이, 몸 사리고 있는 뱀(也)처럼, 둥글게 형성된 **못**. 乾電池(건전지) 貯水池(저수지) 天池(천지) ▶ 貯(쌓을 저) *乙(새 을) : 새의 굽은 앞가슴, 乙 = ㄴ : '새을변'
知 알 지 (5급 矢부 8획)	화살(矢)처럼 빨리 대답하거나, 남의 말(口)을 빨리 알아듣는 것은 그것에 대해 **안다**. 知能(지능) 知識(지식) *矢(화살 시) : **화살** 모양. **빠르다**와 활에 비해 **짧다**는 뜻.
智 슬기 지 (4급 日부 12획)	알고(知 알 지) 있는 것을 밝게(日) 활용하니 **슬기롭다**. 智略(지략) 智慧(지혜) 衆智(중지) : 여러 사람들의 지혜. 機智(기지) : 상황에 따라서 재빨리 발휘되는 지혜.
志 뜻 지 (4Ⅱ 心부 7획)	선비(士)가 마음(心)에 품고 있는 **큰 뜻**. ▶ 寸(작을 촌) 志望(지망) 志願(지원) 志操(지조) 意志(의지) 寸地(촌지) *士(선비 사) : 하나(一)를 들으면 열(十)을 아는 **선비**.
誌 적을 지 (4급 言부 14획)	말(言)이나 품고 있는 뜻(志)을 **기록(記錄)함**. 校誌(교지) 本誌(본지) 日誌(일지) 雜誌(잡지) *言(말씀 언) : 두(二) 번 거듭(二) 생각한 후 입으로(口) **말하다**.

- 📘 知者不言 言者不知(지자불언 언자부지) : 아는 사람은 말을 잘 하지 않고, 말이 많은 사람은 참으로 알지 못한다.
  - 大賢如愚(대현여우)이며 聞一知十(문일지십)이라 함. ▶ 如(같을 여) 愚(어리석을 우)
- 📘 知者不惑(지자불혹) : 지자는 도리를 알기에 어떤 일에도 미혹(迷惑)하지 않음.
- 📘 知足者富(지족자부) : 가난하더라도 분수를 지켜 만족할 줄 알면 마음의 부자.
- 📘 知行合一(지행합일) : 앎과 실천은 둘이 아닌 하나. 앎과 실천을 함께 힘써야 함.

只 至 指 持 紙

只 다만 지 (3급 口부 5획)
말은 다만 입(口)에서 갈라져(ノヽ) 나온다는 데서 **다만**의 뜻.
只今(지금) 但只(단지) ▶ 但(다만 단)

至 이를 지 (4Ⅱ 至부 6획)
한(一) 마리 새 발(内의 줄임)이 땅(土)에 **이르다**.
至極(지극) 至上命令(지상명령) 冬至(동지) : 밤이 가장 긴 때.
*内(발자국 유) : 새나 짐승의 **발자국**을 본뜬 자.

指 가리킬 지 (4Ⅱ 手부 9획)
손(扌)에서 맛(旨 맛 지)을 볼 때 쓰는 **손가락**. 손가락으로 **가리키다**. 指名(지명) 指目(지목) 指摘(지적) 指向(지향)
*旨 : 비수(匕 비수 비)로, 햇볕(日)에 익은 과일 잘라 보는 **맛**.

持 가질 지 (4급 手부 9획)
관청(寺)에서 받은 공문서 등을 손(扌)에 **가지다**.
持論(지론) 持病(지병) 持續(지속) 持參(지참)
*寺(관청 시) : 토지(土)를 법도(寸 법도 촌) 있게 관리하는 **관청**.

紙 종이 지 (7급 糸부 10획)
실(糸)처럼 가는 섬유질이 뿌리(氏)처럼 줄을 이루며 만들어진 **종이**. 紙面(지면) 白紙(백지) 便紙(편지) 韓紙(한지)
*氏(성씨 씨) : 뿌리 뻗어나듯 뻗어나가는 사람 **성씨(姓氏)**.

1, 2급 한자

枳 탱자나무 지 — 나무(木) 열매가 특성상 약재로만(只) 쓰이는 **탱자나무**.
南橘北枳(남귤북지) : 남쪽의 귤나무를 북쪽에 옮겨 심으면 탱자가 된다는 데서, 사람의 성품이 처한 환경에 따라 변함.

脂 기름 지 — 고기(月=肉)의 맛(旨)을 더해주는 **기름**. 脂肪(지방) 脫脂(탈지)

詣 이를 예 — 말(言)로 뜻(旨)을 이해시킬 수 있는 경지에 **이르다**. 造詣(조예)

峙 언덕 치 — 산(山)에 절(寺)이 들어선 곳은 보통 솟은 **언덕**이라는 뜻. 對峙(대치)

痔 치질 치 — 병(疒 병질 엄) 중에서 도 닦는 절(寺)에서 많이 걸리는 **치질(痔疾)**

遲直織職珍

遲 遲
늦을 지
(3급 辶부 16획)

무소(犀 무소 서)는 천천히 걸어(辶 갈 착) **느리다**.
遲刻(지각)　遲延(지연)　遲遲不進(지지부진)　▶延(끌 연)
*犀 : 갑옷(尸 지붕 시) 입은(二|二)모양을 한 소(牛)인 **코뿔소**.

直
곧을 직
(7급 目부 8획)

열(十) 번을 보아도(目 앞은(ㄴ) 자세가 **곧다**.
直立(직립)　直線(직선)　直進(직진)　直行(직행)　正直(정직)

織
짤 직
(4급 糸부 18획)

실(糸)로, 찰흙(戠)으로 도자기를 만들듯, 베 등을 **짜다**.
織物(직물)　織女(직녀)　毛織(모직)　紡織(방직)　組織(조직)
*戠(찰흙 시) : 사람 소리(音 소리 음)를 창칼(戈 창 과)로, 찰흙으로 만든 담벼락이나 도자기 등에 새긴다는 데서 **찰흙**을 뜻한 자.

職
벼슬 직
(4Ⅱ 耳부 18획)

들은(耳) 것을 찰흙(戠) 도자기 등에 새기는 **직업**.
職業(직업)　職位(직위)　職場(직장)　官職(관직)　就職(취직)
*戈(창 과) : 날이 세 갈래로 된 **창**이나 **무기**의 뜻.

珍
보배 진
(4급 玉부 9획)

옥(王←玉)이 검은 머릿결(彡) 같이 곱고 귀한 **보배**.
珍貴(진귀)　珍島犬(진도견)　山海珍味(산해진미)
*㐱(검은머리 진) : 사람(人)의 검은 머리털(彡)에서 **검은 머리**.

1, 2급 한자

犀 무소 서　　갑옷(尸 지붕 시) 입은(二|二)모양을 한 소(牛)인 **코뿔소**.
　　　　　　　犀角(서각) : 코뿔소의 뿔.　　* 무소 : 코뿔소

疹 두드러기 진　병(疒 병질 녁)으로, 검은 머릿속(彡) 피부까지 돋는 **두드러기**.
　　　　　　　紅疹(홍진)　發疹(발진)　濕疹(습진)　　　　　　▶濕(축축할 습)

診 진찰할 진　증세를 묻거나(言) 머리(彡)를 만지며 **진찰(診察)하다**.　　檢診(검진)

▶ 直木先伐(직목선벌) : 곧은 나무가 먼저 베어짐.
　　　강직(剛直)하고 곧은 사람이 먼저 다른 사람에게 해를 입음.

辰 振 震 眞 鎭

辰 별 진·때 신 (3Ⅱ 辰부 7획)	조개가 입 벌려 움직이는 모양. 이 **때** 농사철을 알리는 전갈자리별이 나타나는 데서. **다섯 번째 지지(地支)**인 용. 生辰(생신) 日月星辰(일월성신) 辰時(진시) : 오전 7시~ 9시
振 떨친 진 (3Ⅱ 手부 10획)	일손(扌) 바쁜 농사철(辰)에 번성한다 하여 **떨치다**. 振動(진동) 振興(진흥) 不振(부진) : 기운 따위가 힘차지 않음. *扌(손 수) : 손 모양. *手 = 扌 : '才'와 비슷하여 '재방변'이라 함.
震 벼락 진 (3Ⅱ 雨부 15획)	비(雨) 올 때(辰 때 신) 치는 **벼락**. 벼락에 천지가 **진동(震動)하다**. 震怒(진노) 地震(지진) 微震(미진) 强震(강진) *雨(비 우) : 구름(一)에서 넓게(冂) 떨어지는(丨) **비**(丶丶).
眞 真 참 진 (4Ⅱ 目부 10획)	비수(匕 비수 비)와 같은 예리한 눈(目)으로 상하(丨) 좌우(一) 사방팔방(八)으로 보아도 빠짐없어 **참하다**. 眞理(진리) 眞面目(진면목) 眞善美(진선미) 眞實(진실)
鎭 镇 진압할 진 (3Ⅱ 金부 18획)	쇠(金)와 같이 묵직하고, 참되게(眞 참 진) 마음을 **진정시키다**. 鎭壓(진압) 鎭靜(진정) 鎭火(진화) 文鎭(문진) *金(쇠 금) : 덮여(스) 있는 흙(土) 속 여기저기(丶丿)에 있는 **금속**.

1, 2급 한자

塡 채울 전   흙(土)을 참(眞)되게 즉 빠짐없이 **채우다**.   充塡(충전) 裝塡(장전)

顚 넘어질 전   참(眞)된 머리(頁)는 **이마. 꼭대기. 위가 아래로 넘어지다**.   顚覆(전복)

癲 지랄병 전   병(疒) 중 넘어져(顚) 몸을 떠는 **지랄병**.   癲癇(전간) ▶ 癇(간질 간)

🔵 **眞金不鍍(진금부도)** : 황금(黃金)은 도금(鍍金)을 하지 않아도 빛남.
               진짜 실력자(實力者)는 스스로 꾸미거나 알릴 필요가 없음.

🔵 **弄假成眞(농가성진)** : 장난으로 한말이 사실(事實)이 되어 일어남.

📖 盡陣陳進姪

盡
다할 진
(4급 皿부 14획) 尽

손(크 손 계)에 부젓가락(ㅗ)을 들고 불(灬=火)이 있는 그릇(皿 그릇 명)을 뒤적이는 모양에서 불씨가 **다하다**.
盡力(진력) 極盡(극진) 未盡(미진) 脫盡(탈진)

陣
진칠 진
(4급 阜부 10획)

언덕(阝)에 전차(車 수레 차)를 이용하여 **진치다**.
背水陣(배수진) : 물 등지고 진 침. 목숨 걸고 어떤 일에 대처함.
*阝(언덕 부) : 볼록 나온 **언덕**. 阝 ← 阜(언덕 부) ▶ 背(등 배)

陳
펼칠 진
(3Ⅱ 阜부 11획)

해 뜨는 언덕(阝 언덕 부) 즉 동쪽(東 동녘 동)을 향하여 벼나 곡식을 말리기 위해 **펼쳐놓다**. ▶ 謝(물러날 사)
陳列(진열) 陳述(진술) 陳情書(진정서) 新陳代謝(신진대사)

進
나아갈 진
(4Ⅱ 辶부 12획)

새(隹)는 갈(辶 갈 착) 때 앞으로만 **나아간다**.
進路(진로) 進行(진행) 前進(전진) 進退兩難(진퇴양난)
*隹(새 **추**) : 앉아 있는 보통 꽁지가 짧고 작은 새 모양.

姪
조카 질
(3급 女부 9획)

형수·제수에서 태어나 세상에 이른(至) **여(女)조카**.
姪女(질녀) 姪婦(질부) 堂姪(당질) 甥姪(생질)
*至(이를 **지**) : 새 발(内 새발자국 유의 줄임)이 땅(土)에 **이름**.

1, 2급 한자

桎 차꼬 질   나무(木)로 더 이상 나쁜 짓에 이르지(至) 못하게 만든 **차꼬**.
              桎梏(질곡) : 꼼짝 못하게 몹시 억누르는 일.   ▶ 桎(족쇄 질)

窒 막힐 질   구멍(穴 구멍 혈)에 무언가가 이르러(至) **막히다**.   窒息(질식)

膣 질 질   몸(月)에 있는 구멍 속이 막혀(窒) 있는 **여자의 생식기**.   膣炎(질염)

💡 盡人事待天命(진인사대천명) : 사람으로서 할 일을 다 하고 하늘의 명을 기다림.
- 인간사 뜻하는 대로 되지는 않지만 최선을 다하라는 것이다. 하늘의 명을 기다리라는 것은 결과가 기대치에 못 미치더라도 인정하고 더욱 분발해야 한다는 말. 현재 내가 아는 것이 전부가 아니며 오랜 뒤에 자신을 돌아보면 과거의 자신을 재평가 해 볼 때 '대천명(待天命)'의 참 뜻을 알 수 있으리라.

秩 疾 質 執 集

秩 차례 질
(3Ⅱ 禾부 10획)

벼(禾 벼 화) 손실(失) 막기 위해 차례로 쌓는 데서.
秩序(질서) : 사회에 필요한 올바른 차례와 그에 대한 규칙.
*失(잃을 실) : 사람(𠂉 누운사람 인)이 큰(大) 것을 잃다.

疾 병 질
(3Ⅱ 疒부 10획)

화살(矢 화살 시)처럼 빠르게 악화되는 질병(疒).
疾病(질병) 疾走(질주) 疾風(질풍) 疾患(질환)
*疒(병들 녁) : 집(广 집 엄)에 찬바람(冫 얼음 빙) 들어와 병들다.

質 바탕 질
(5급 貝부 15획)

도끼(斤 도끼 근)와 재물(貝 조개 패)은 생활의 바탕.
두 도끼(斤)의 품질이나 가격(貝)을 물어본다.
質問(질문) 質責(질책) 性質(성질) 物質(물질) 素質(소질)

執 잡을 집
(3Ⅱ 土부 11획)

아픈 이가 다행히(幸) 환약(丸 둥글 환)을 손에 잡다.
執權(집권) 執念(집념) 執筆(집필) 執着(집착) 執行(집행)
*幸(행복할 행) : 한(一) 번도 죄인(辛)이 되지 않으니 행복하다.

集 모일 집
(6급 隹부 12획)

새(隹)가 나무(木)에 모이다. ▶ 募(모을 모) 召(부를 소)
集中(집중) 集合(집합) 集會(집회) 募集(모집) 召集(소집)
*隹(새 추) : 새 앉아 있는 모양. 보통 꽁지가 짧고 작은 새.

1, 2급 한자

帙 책한벌 질 — 천(巾)으로, 책 분실(失) 않도록 묶어 놓은 한 벌의 책. — 紬帙(전질)
迭 바꿀 질 — 잘못한(失) 이를 보내고(辶 갈 착) 새로운 이로 바꾸다. — 更迭(경질)
跌 넘어질 질 — 발(足)을 잘못(失) 디디어 넘어지다. 蹉跌(차질) ▶ 蹉(넘어질 차)
갈 길(足)을 잃어(失) 지나치다. 跌宕(질탕) ▶ 宕(방탕할 탕)
嫉 미워할 질 — 여자(女)가 다른 사람을 병적(疾)으로 미워하다. — 嫉妬(질투)
摯 잡을 지 — 아픈 이가 다행히(幸) 환약(丸 둥글 환)을 손(手)에 잡다. — 眞摯(진지)
蟄 숨어잘 칩 — 겨울에 잠잘 집을 잡고(執) 벌레(虫)가 겨울잠을 자다. — 驚蟄(경칩)

徵 懲 且 次 此

徵 徵
부를 징
(3Ⅱ 彳부 15획)

작아도(微 작을 미의 줄임) 뛰어나면 왕(王)이 **부른다**.
徵發(징발) 徵兵(징병) 徵收(징수) 象徵(상징) 追徵(추징)
*微 : 걸어(彳) 산(山) 아래(一) 굽은(几) 길 조금씩 가는(攵) 모양.

懲 懲
혼낼 징
(3급 心부 19획)

불러(徵) 마음(心) 따끔하도록 **혼낸다**. ▶戒(조심할 계)
懲戒(징계) 懲罰(징벌) 懲役(징역) 勸善懲惡(권선징악)
*彳(걸을 척) : 허벅다리(丿) 정강이(丿) 발(丨) 합한 것으로 **걷다**.

且
또 차
(3급 一부 5획)

제기(祭器) 위에 음식(飮食)을 쌓은 모양에서 **또**.
且置(차치) : 문제 삼지 아니하고 내버려 둠. ▶置(둘 치)
苟且(구차) : 1. 군색스럽고 구구함. 2. 가난함. ▶苟(구차할 구)

次
다음 차
(4Ⅱ 欠부 6획)

설렁(冫)하게 하품하면(欠 하품 흠) 뒤진다 하여 **다음**.
次期(차기) 次男(차남) 次女(차녀) 次善(차선) 次元(차원)
*冫(얼음 빙) : 고드름에서 떨어지는 물 모양. **차다, 춥다, 얼다**.

此
이 차
(3Ⅱ 止부 6획)

멈추어(止 그칠 지) 비수(匕 비수 비)를 들고 있는 지금의 어려운 **이** 상황. 此後(차후) 彼此(피차) ▶彼(저 피)
*止(그칠 지) : 사람이 멈추어 선 모양에서 **그치다. 두 발**.

1, 2급 한자

些 적을 사   여기 있는 이(此) 두(二) 개뿐이니 **적다**.   些少(사소) : 하찮음
雌 암컷 자   수컷 아래에 있는 이(此) 새(隹 새 추)가 **암컷**이다.   雌雄(자웅)
疵 흠 자   병들어(疒 병들 녁) 다친 이(此) 부분이 **흠**.   瑕疵(하자) ▶瑕(티 하)

📘 懲毖錄(징비록) : 유성룡이 7년간의 임진왜란에 대하여 적은 책.
 － 懲毖(징비) : 전과(前過)를 뉘우쳐 삼가는 것. ▶毖(삼갈 비)

借 差 捉 着 錯

借 빌릴 차 (3Ⅱ 人부 10획)
사람(亻)이 옛(昔)부터 오래 알고 지낸 이에게 빌리다.
借用(차용) 借入(차입) 借名(차명) 借款(차관) ▶款(조목 관)
*昔(옛 석) : 많은(卄) 시간이 한결(一)같이 흘러간 **오랜 옛날**(日).

差 다를 차 (4급 工부 10획)
양(羊 양 양)은 삐쳐나오며(丿) 자란 풀을 좋아하고, 장인(工)은 치우침 없이 바르게 하기에 서로 연관성이 없어 다르다.
差度(차도) 差等(차등) 差別(차별) 差異(차이)

捉 잡을 착 (3급 手부 10획)
달려가(足 발 족) 손(扌)으로 잡는다. ▶捕(잡을 포)
捕捉(포착) : 1. 꼭 붙잡음. 2. 일의 요점이나 요령을 깨우침.
3. 알아차리거나 발견함.

着 붙을 착 (5급 目부 11획)
양(羊)은 서로 바라보며(目) 의좋게 붙어 다닌다는 데서.
着席(착석) 着地(착지) 着手(착수) 着發(착발) 定着(정착)
*羊(양 양) : 두 뿔 있는 양 머리 보고 그린 자. *羊 = 䒑 ⺶

錯 섞일 착 (3Ⅱ 金부 16획)
금속(金)이 오래(昔)되면 녹과 같은 불순물이 섞인다.
錯覺(착각) 錯視(착시) 錯誤(착오) 交錯(교착) 性倒錯(성도착)
*昔(옛 석) : 많은(卄) 시간이 한결(一)같이 흘러간 **오랜 옛날**(日).

1, 2급 한자

蹉 넘어질 차 부 발(足)이 어긋나면서(差) 넘어지다. 蹉跌(자질) ▶跌(넘어질 질)
磋 갈 차 돌(石) 단단함의 차이(差)를 이용하여 갈다. 切磋琢磨(절차탁마)

🔵 車廳借閨(차청차규) : 대청(大廳)을 빌려 쓰다가 안방까지 들어옴. 처음에는 남에게 의지(依支)하다가 점차 그의 권리(權利)까지 침범(侵犯)함.

🔵 切磋琢磨(절차탁마) : 옥돌을 자르고, 갈고, 쪼고, 문질러 빛을 냄.
학문(學問)이나 인격(人格)을 갈고 닦음. ▶切(자를 절) 琢(쫄 탁) 磨(문지를 마)

贊 讚 察 參 慘

贊 贊
도울 찬
(3Ⅱ 貝부 19획)

먼저(先) 재물(貝 조개 패)을 내어 돕다.
贊反(찬반) 贊成(찬성) 贊助(찬조) 協贊(협찬)
*先(먼저 선) : 소(牛 소 우) 끌고 사람(儿)이 먼저 앞서 간다.

讚 讚
칭찬할 찬
(4급 言부 26획)

말(言)로 도움(贊)이 되도록 칭찬(稱讚)하다.
讚美(찬미) 讚辭(찬사) 讚頌歌(찬송가) 禮讚(예찬)
*贊(도울 찬) : 먼저(先 먼저 선) 재물(貝)을 내어 돕다.

察
살필 찰
(4Ⅱ 宀부 14획)

집(宀 집 면)에서 제사(祭) 지낼 음식을 잘 살피다.
檢察(검찰) 警察(경찰) 觀察(관찰) 省察(성찰) 視察(시찰)
*祭 : 고기(月=肉)를 손(又)으로 제단(示)에 올려놓고 지내는 제사.

參 参
갖은석 삼, 참여할 참
(5급 厶 11획)

사람(人) 머리(彡 터럭 삼)에 세 개의 비녀(厶)를 꽂고 잔치 등에 참여하다. 參加(참가) 參席(참석) 參與(참여)
*'갖은'이란 말은 수량 속이지 못하게 획 늘림의 뜻.

慘 惨
참혹할 참
(3급 心부 14획)

마음(忄)에 슬픈 일만 끼여(參 참여할 참) 있어 슬프다. 심하게 슬프니 참혹(慘酷)하다. 慘變(참변) 慘事(참사)
*參 : 사람(人) 머리(彡)에 비녀(厶)를 꽂고 잔치 등에 참여하다.

1, 2급 한자

擦 문지를 찰	손(扌)으로 잘 살펴보면서(察) 문지르다.	摩擦(마찰)
蔘 인삼 삼	약초(艹) 뿌리가 사람 모양을 하고 있는 인삼.	山蔘(산삼)
滲 스밀 삼	물(氵)이 참여한다(參)는 것은 스며든다는 것.	滲透壓(삼투압)

'ㅅ' 'ㅈ' 'ㅊ'으로 시작하는 음은 발음상 비슷하게 나는 연관성 있음.
'ㅅ' 弟(아우 제) - 涕(눈물 체) 足(발 족) - 促(재촉할 촉)
'ㅈ' 曾(일찍 증) - 層(층 층) 直(곧을 직) - 植(심을 식)
'ㅊ' 辰(때 신, 별 진) 狀(모양 상, 문서 장) 參(석 삼, 참여할 참)

慙 昌 唱 倉 創

慙 부끄러울 참
(3급 心부 15획)

심장 베듯(斬 벨 참) 마음(心) 아프게 **부끄럽다**.
慙愧(참괴) : 부Rm럽게 여김. 慙悔(참회) ▶ 愧(부끄러울 괴)
*斬 : 수레(車)에 묶어 끌어 찢거나, 도끼(斤)로 **베어 죽인다**.

昌 번창할 창
(3Ⅱ 日부 8획)

해(日)와 같이 숨김없이 바르게 말하니(日) 모든 일이 잘 풀려 **번창(繁昌)하다**. 昌慶宮(창경궁) 昌德宮(창덕궁)
昌盛(창성) : 번성(繁盛)하여 잘 되어 감. ▶ 盛(풍성할 성)

唱 부를 창
(5급 口부 11획)

입(口)으로 소리를 풍성하게(昌) 내어 **노래 부르다**.
唱歌(창가) 唱法(창법) 歌唱(가창) 愛唱(애창) 合唱(합창)
夫唱婦隨(부창부수) : 창을 따라 하듯, 남편의 뜻에 아내가 따름.

倉 창고 창
(3Ⅱ 人부 10획)

입으로(口) 식량(食)을 저장하는 **창고(倉庫)**. 穀倉(곡창)
常平倉(상평창) : 조선 시대 물가 조절과 빈민 구제를 위한 기관.
*食(먹을 식) : 사람(人)이 **먹는 좋은(良 좋을 량) 밥**. *食 = 飠

創 비롯할 창
(4Ⅱ 刀부 12획)

창고(倉) 짓기는 재목을 깎는(刂) 것부터 **비롯하다**.
創立(창립) 創世記(창세기) 創業(창업) 創造(창조)
*倉(창고 창) : 먹는(口) 식량(食 먹을 식)을 저장하는 **창고**.

1, 2급 한자

塹 구덩이 참 　흙(土)을 파서(斬) 만드는 구덩이. 塹壕(참호) ▶ 壕(해자, 도랑 호)
娼 노는계집 창 　풍성하게(昌) 노래도 말도 잘하는 여자(女)인 **창녀**. 娼女(창녀)
菖 창포 창 　늪이나 습지에 풍성하게(昌) 자라는 풀(艹)인 **창포**. 菖蒲(창포)
猖 날뛸 창 　개(犭=犬)가 기운 넘쳐(昌) **미쳐 날뛰다**. 猖獗(창궐) ▶獗(날뛸 궐)

- 開拓者(개척자, frontior) 精神(정신) : 내가 새로운 분야를 맨 먼저 연다.
- 倉造者(창조자, creator) 精神(정신) : 내가 무언가를 처음으로 만들어 낸다.
- 先驅者(선구자, pioneer) 精神(정신) : 내가 앞장서서 실행해 이끌어 나아간다.

蒼窓暢採菜

蒼 푸를 창 (3Ⅱ ++부 14획)
풀(++ 풀 초) 베어 창고(倉)에 채워 **많다**. 그 빛깔이 **푸름**.
蒼空(창공) 蒼白(창백) 億兆蒼生(억조창생)
*++ : 풀 모양. '草'의 머리 부분이기에 '초두'라 부름. '++'은 4획.

窓 창문 창 (6급 穴부 11획)
벽에 구멍(穴)을 뚫어 만든 것으로 개개인(厶 ← 私 개인 사)의 마음(心)을 시원하게 하는 **창**. 窓口(창구) 窓門(창문)
*穴(구멍 혈) : 비바람 피할(宀) 수 있게 파헤쳐진(八) 굴이나 구멍.

暢 화창할 창 (3급 日부 14획)
의견 펼쳐 아뢰듯(申 아뢸 신), 해가 빛나(昜) **화창함**.
和暢(화창) 方暢(방창) : 바야흐로 화창함. 暢快(창쾌)
*昜(빛날 양) : 아침(旦 아침 단) 햇살이 내리쬘(勿) **빛나다**.

採 캘 채 (4급 手부 11획)
손(扌)과 손(爫)으로 초목(木)을 **캐다**.
採用(채용) 採集(채집) 採取(채취) 採炭(채탄) 採擇(채택)
*爪(손톱 조) : 긁어당기는 **손톱**을 본뜬 자. *爪 = 爫

菜 나물 채 (3Ⅱ ++부 12획)
풀(++) 중에서 캐서(采) 먹는 **나물**.
菜蔬(채소) 菜食(채식) 野菜(야채) ▶ 蔬(나물 소)
*采(캘 채) : 손(爫 손톱 조)으로 나무(木)를 캐다.

1, 2급 한자

滄 넓고푸를 창	물결(氵)이 큰 창고(倉)처럼 이는 **넓고 푸른 바다**.	滄海(창해)
愴 슬퍼할 창	마음(忄)의 아픔이 창고(倉)처럼 커서 슬프다.	悲愴(비창)
槍 창 창	나무(木)로 만들어 창고(倉)에 쌓아 보관하는 **창**.	槍劍(창검)
瘡 부스럼 창	병(疒 병들 녁)으로 창고(倉)처럼 크게 부푸는 **부스럼**. 등瘡(등창) : 등에 나는 큰 부스럼.	
艙 부두 창	배(舟)가 닿으며 근처에 창고(倉)가 있는 **부두(埠頭)**.	船艙(선창)

彩債冊責策

彩 채색 채 (3Ⅱ 彡부 11획)
손(爫)으로 나무(木)에 털(彡 터럭 삼)붓을 이용해 색을 입히다.
彩色(채색) 光彩(광채) 色彩(색채) 水彩畵(수채화)
*爪(손톱 조) : 긁어당기는 손톱을 본뜬 자. *爪 = 爫

債 빚 채 (3Ⅱ 人부 13획)
사람(亻)이라면 자신이 책임지고(責) 갚아야 할 빚.
債券(채권) 債權(채권) 債務(채무) 負債(부채) 國債(국채)
*責(맡을 책) : 주인(主 주인 주)의 재산(貝) 관리를 맡는다.

冊 책 책 (4급 冂부 5획)
엮은(一) 목간(冂)에 나라의 명 적어 멀리(冂) 변방까지 보낸 것이, 후에 책으로 됨. 冊房(책방) 冊封(책봉)
*冂(멀 경) : 멀리 둘러싸고 있는 높은 성곽. 또는 둘러싸다.

責 맡을 책 (5급 貝부 11획)
주인(主)의 재산(貝 조개 패) 관리를 맡는다.
責望(책망) 責任(책임) 問責(문책) 職責(직책) 質責(질책)
*主(주인 주) : 타오르는 촛불(丶)이 방의 중심이 되어 주되다.

策 꾀 책 (3Ⅱ 竹부 12획)
대(竹) 회초리로 따끔하게(束) 매 댈 때에는 요령 있게 하듯, 머리 쓰는 꾀. 策士(책사) 策略(책략) 政策(정책)
*束(가시 자) : 나무(木)를 덮고(一 덮을 멱) 있는 가시.

1, 2급 한자

柵 울타리 책 : 나무(木) 기둥을 세워서(冊) 만든 울타리. 鐵柵(철책)

'책'과 관련한 한자 이야기

冊(책) : 대쪽(ㅠㅠ)에 글을 써서 끈(一)으로 엮은 가장 원초적인 옛날 책의 형태
本(본) : 나무(木)의 밑둥(一), 즉 뿌리와 같이 지식이나 학문의 바탕이 되는 책
篇(편) : 대쪽(竹)에 적은 글을 집(房 집 방)에서 책(冊)으로 만든 연속 출판물
經(경) : 물이 흐르듯이(巠 물줄기 경) 조리 있게 써서 엮은(糸) 불경, 성경 등의 책
典(전) : 내용이 방대하며 연속물로 되어 선반(一)에 올려놓고 보는 법전(法典) 등

📖 妻處尺斥拓

妻 아내 처 (3Ⅱ 女부 8획)
많은(十) 일을 손(ㅋ)으로 하는 여자(女)인 아내.
妻家(처가) 妻福(처복) 妻弟(처제) 賢母良妻(현모양처)
*ㅋ(손 계) : 갈라져 있는 손의 손가락을 그린 자.

處(処) 곳 처 (4Ⅱ 虍부 12획)
범(虍 범 호)이 걸음(夂 걸을 쇠) 멈추고 걸터앉는(几 책상 궤) 곳. 편한 상태를 취하거나 그러한 상황.
處女(처녀) 處理(처리) 處世(처세) 處地(처지) 處刑(처형)

尺 자 척 (3Ⅱ 尸부 4획)
죽은(尸) 사람의 치수를 재는(乀) 자. 약 30.3Cm.
- 먼 옛날의 약 22.5Cm. 尺度(척도) 越尺(월척) 縮尺圖(축척도)
*尸(주검 시) : 사람이 죽어 누워 있는 모양.

斥 물리칠 척 (3급 斤부 5획)
도끼(斤)로 내려쳐(丶 찍을 주) 물리친다. 排斥(배척)
斥邪(척사) : 요사스러운 것을 물리침. 斥和碑(척화비)
*斤(도끼 근) : 도끼의 모양으로 **끊다, 베다, 무기**의 뜻.

拓 넓힐 척, 박을 탁 (3Ⅱ 手부 8획)
손(扌)으로 돌(石)을 주워내고 농지(農地)를 넓힌다.
손(扌)으로 돌(石)에 새겨진 글씨를 눌러 박아내다.
拓植(척식) 干拓(간척) 開拓(개척) 拓本(탁본)

1, 2급 한자

凄 쓸쓸할 처 얼음(冫)처럼 차가운 아내(妻)의 남편은 쓸쓸하다. 凄凉(처량)
悽 슬플 처 남편 잃은 아내(妻)의 마음(忄)이 슬프다. 悽慘(처참)
棲 살 서 새가 나무(木)에 짝(妻)과 함께 깃들어 살다. 棲息(서식)

📝 衛正斥邪(위정척사) : 바른 것을 지키고 간사(奸邪)한 것을 물리침. 조선 말 주자학(朱子學)을 지키고 천주학(天主學)을 물리치자는 주장(主張).

📝 斥和碑(척화비) : 조선 고종 때, 대원군(大院君)이 서양 세력(勢力)을 배척(排斥)하기 위하여 전국(全國)에 세웠던 비석(碑石).

📝 斥和派(척화파) : (史) 병자호란(丙子胡亂) 때, 청(淸)나라와 화의(和議)를 반대(反對)하고 끝까지 싸울 것을 주장했던 강경파(强硬派).

戚 千 川 天 泉

戚 겨레 척
(3Ⅱ 戈부 11획)

언덕(厂 언덕 한) 아래 살며 윗(上) 어른과 작은(小) 아이까지 함께 지키며(戈 창 과) 지내 온 **친척**.
外戚(외척) 姻戚(인척) 親戚(친척) 姻(혼인 인)

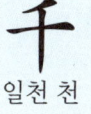
千 일천 천
(7급 十부 3획)

쌓여 있는 것이 기울(丿) 정도로 많은(十) 수인 **일천**.
千金(천금) 千年(천년) 千里(천리) 千萬(천만) 千字文(천자문)
千差萬別(천차만별) : 온갖 사물이 여러 가지로 차이와 구별이 있음.

川 내 천
(7급 川부 3획)

물이 흐르는, 그리 크지 않은 **내**.
開川(개천) 山川(산천) 河川(하천) ▶ 開(열 개)
*川(내 천) = 巛 : '개미허리' 巜 큰도랑 괴 〈 도랑 견

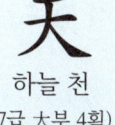
天 하늘 천
(7급 大부 4획)

넓게 펼쳐져(一) 사람(大) 위에 있는 **하늘**. ▶ 久(오랠 구)
天地(천지) 天井(천정) 先天的(선천적) 後天的(후천적)
天長地久(천장지구) : 하늘과 땅은 영원히 변치 않음.

泉 샘 천
(4급 水부 9획)

맑은(白) 물(水)이 솟는 **샘**.
溫泉(온천) 黃泉(황천) 九泉(구천) : 1. 저승. 2. 깊은 땅속.
*白(깨끗할 백) : 해(日)에서 나오는(丿) 빛이 **희다. 깨끗하다.**

1, 2급 한자

阡 갖은일천 천 | '千'을 고치지 못하도록 쓰이는 '千'의 갖은자.

- 天高馬肥(천고마비) : 하늘 높고 말은 살찜. 가을날의 맑고 풍성한 정경.
  - '날씨가 좋고 말이 살찌면 북방(北方) 오랑캐가 멀리까지 원정(遠征)을 할 수 있으니 주의(注意)하라'는 말이 현재는 날씨 좋은 독서의 계절인 가을의 뜻으로 쓰임.

- 天網恢恢 疎而不失(천망회회 소이불실) ▶ 恢(넓을 회) 疎(성길 소)
  - 하늘에 넓게 쳐진 그물이 넓고 성긴 것 같지만 결코 악인을 빠뜨리지 않고 멸한다.

淺踐賤遷薦

淺 浅 얕을 천 (3Ⅱ 水부 11획)
물속(氵)에 토사(土砂) 등이 쌓여(戔) 깊이가 얕다.
淺薄(천박) 淺學(천학) 深淺(심천) ▶ 薄(엷을 박) 深(깊을 심)
*戔(쌓일 전) : 전쟁에 쓰는 무기인 창(戈 창 과)이 쌓여 있다.

踐 践 밟을 천 (3Ⅱ 足부 15획)
발(足 발 족) 많이(戔) 움직여 직접 행한다 하여 밟다.
踐踏(천답) : 짓밟음. 踐行(천행) : 실제로 행함. 實踐(실천)
*戈(창 과) : 날이 세 갈래로 된 창이나 무기의 뜻.

賤 贱 천할 천 (3Ⅱ 貝부 15획)
재물(貝 조개 패) 쌓기에만(戔) 전념(專念)하니 천하다.
賤民(천민) 賤待(천대) 賤職(천직) 貴賤(귀천) 微賤(미천)
*貝(조개 패) : 작고 단단하며 광택 나는 조개를 화폐로 사용함.

遷 迁 옮길 천 (3Ⅱ 辶부 16획)
물건을 싸고 덮어(襾 덮을 아) 큰(大) 발걸음(㔾 무릎 절)으로 간다(辶 갈 착) 하여 옮기다는 뜻.
遷都(천도) 變遷(변천) 左遷(좌천) 改過遷善(개과천선)

薦 荐 천거할 천 (3급 ++부 17획)
해태(廌)가 먹는 좋은 풀(艹)이라는 데서 이처럼 좋은 것을 천거함. 薦擧(천거) 公薦(공천) 推薦(추천) ▶ 推(밀 추)
*廌(해태 치) : 네 발(灬) 달린 해태(海豸)가 앉아 있는 모습.

📝 **辭他薦(자사타천)** : 자신에게 주어진 높은 벼슬을 사양(辭讓)하고 더 능력(能力) 있는 다른 사람을 추천(推薦)함. ▶ 辭(사양할 사) 薦(천거할 천)

고구려(高句麗) 9대 왕인 고국천왕(故國川王)이 외척(外戚)의 횡포(橫暴)를 막고 나라를 바로잡기 위해 인재(人才)를 구하고 있을 때 안류라는 어진 이가 추천되었다. 왕은 그에게 국가 정사(政事)의 대권을 주려 하였으나, 안류는 자신보다 을파소(乙巴素)가 더 유능(有能)하니 그를 기용(起用)하라고 천거(薦擧)하여 그렇게 하였다. 이에 을파소는 탐관오리(貪官汚吏)를 색출(索出)하여 처벌(處罰)하고 부정부패(不正腐敗)를 뿌리 뽑음으로써 막강한 고구려(高句麗)를 이룩한 후 물러났다. 후에 왕은 안류를 불러 "그대의 추천이 없었더라면 지금의 고구려가 있었겠는가" 하며 그에게도 높은 벼슬을 주었다. 능력보다도 무조건 위에만 서려는 것과는 달리 항상 자신을 낮추고 남의 실력(實力)을 인정할 줄 아는 이의 표본이라 하겠다.

哲 徹 鐵 尖 添

哲 밝을 철 (3Ⅱ 口부 10획)
딱 부러지게(折) 말한다(口) 하여 사리(事理)에 **밝다**.
哲學(철학) 明哲(명철) : 슬기롭고 사리에 밝음.
*折(꺾을 절) : 손(扌)에 든 도끼(斤)로 나무 등을 쳐서 **꺾는다**.

徹 통할 철 (3Ⅱ 彳부 15획)
걸을(彳 걸을 척) 때부터 교육(育 기를 육)을 매(攵 칠 복) 대서라도 엄히 하니 사리에 막힘이 없이 **통하다**.
徹夜(철야) 徹底(철저) 徹頭徹尾(철두철미) : 처음부터 끝까지

鐵 鉄 쇠 철 (5급 金부 21획)
금속(金) 중 흙(土)에서 나와(口) 금속의 왕(王)이며 무기(戈)를 만드는 **쇠**. 鐵鋼(철강) 鐵路(철로) 製鐵(제철)
*戈(창 과) : 날이 세 갈래로 된 **창**이나 **무기**의 뜻.

尖 뾰족할 첨 (3급 小부 6획)
위는 작고(小) 아래는 큰(大) 모양으로 **뾰족하다**.
尖銳(첨예) 尖塔(첨탑) ▶ 銳(날카로울 예) 塔(탑 탑)
尖端(첨단) : 1. 뾰족한 끝. 2. 생각, 행동, 유행의 맨 앞장.

添 더할 첨 (3급 水부 11획)
욕보여 굽어진(夭) 마음(㣺=心)에 물(氵)까지 끼얹는다는 데서 **더하다**. 添加(첨가) 添附(첨부) 添削(첨삭)
*夭(굽을 요) : 비스듬히(丿) 큰(大) 것이 **굽어있는** 모양.

1, 2급 한자

喆 밝을 철 — 길하고(吉)고 좋은(吉) 일이 많아 **밝다**. 人名字로 많이 쓰임. (= 哲)
撤 거둘 철 — 손(扌)으로 길러(育) 연장 등으로 쳐서(攵) **거두다**.　　撤軍(철군)
轍 바퀴자국 철 — 기를(育) 때 매(攵) 자국 남듯 수레(車)가 남긴 **바퀴자국**.　　前轍(전철)

💡 **前車覆轍(전차복철)** : '앞 수레가 엎어진 바퀴자국'이란 말로, 이처럼 쓰러진 앞의 수레가 지나간 길을 그대로 따라 간다면은 같은 낭패(狼狽)를 볼 수 있다는 말. 즉 앞 사람의 실패(失敗)를 거울삼아 주의하라는 교훈(敎訓). ▶ 覆(뒤집힐 복)

妾 靑 淸 晴 請

妾 첩 첩 (3급 女부 8획)
서(立) 있는 본부인 아래에 위치하는 여자(女)인 첩.
妾室(첩실) : '첩(妾)'을 점잖게 이르는 말. ▶ 室(아내 실)
少妾 : 나이 어린 첩. 小妾 : 아내가 자기를 낮추어 이르는 말.

靑 푸를 청 (8급 靑부 8획)
둥근(囗) 화분에서 뚫고(丨 뚫을 곤) 나온 많은(三) 새싹이 푸르다. 푸르니 젊다. 靑年(청년) 靑白(청백) 靑山(청산)
*囗(둥글 원) : '圓(둥글 원)'의 약자로 둥근 화분을 보고 그린 자.

淸 맑을 청 (6급 水부 11획)
물(氵)이 푸름(靑 푸를 청)은 맑음. 깨끗함, 청나라.
淸潔(청결) 淸白(청백) 淸算(청산) 淸風明月(청풍명월)
淸貧樂道(청빈낙도) : 청렴결백하여 가난하게 사는 것을 즐김.

晴 갤 청 (3급 日부 12획)
해(日)가 비치고 하늘 푸르니(靑) 맑게 갠 날씨다.
晴天(청천) 快晴(쾌청) ▶ 囗(圓 둥글 원)의 약자.
*靑 : 둥근(囗) 화분에서 뚫고(丨) 나온 많은(三) 새싹이 푸르다.

請 청할 청 (4Ⅱ 言부 15획)
부탁의 말(言)을 젊은이(靑)가 드린다 하여 청하다.
請求(청구) 請託(청탁) 申請(신청) 請牒狀(청첩장)
*丰(무성할 봉) : 많은(三) 풀이 흙을 뚫고(丨) 나와 무성함.

1, 2급 한자

猜 시기할 시 짐승(犭 짐승 견)도 자기보다 젊은(靑) 상대를 시기함. 猜忌(시기)
鯖 청어 청   물고기(魚) 중에서 푸른(靑) 빛이 나는 청어(靑魚).

● 妾室(첩실) : '첩(妾)'을 점잖게 이르는 말. ▶ 室(아내 실)
● 少妾(소첩) : 나이 어린 첩. 小妾(소첩) : 아내가 자기를 낮추어 이르는 말.
● 靑出於藍(청출어람) : 한해살이 풀인 쪽에서 뽑은 푸른색이 쪽보다 더 푸름.
　　　　　　　　　　제자(弟子)가 스승보다 나음.

쪽이란 풀로 푸른색을 내지만, 사람의 노력이 가해짐으로써 쪽 자체보다 아름답고 진한 색을 낼 수 있다. 이처럼 스승에게 배우지만, 더욱 더 익히고 정진(精進)함으로써 스승보다 더 훌륭한 사람이 될 수 있다는 권학의 말.

聽廳逮替滯

聽 聴 들을 청 (4급 耳부 22획)	남의 말을 귀(耳)로 왕(王)과 같은 큰 덕(德의 줄임)을 가지고 `듣는다`. 聽聞會(청문회) 聽取(청취) 視聽(시청) *德(바를 덕) : 행실(彳 갈 행)을 바른(直 곧을 직) 마음(心) 으로.
廳 庁 관청 청 (4급 广부 25획)	백성의 소리를 들어주는(聽) 집(广)인 `관청`(官廳). 區廳(구청) 市廳(시청) 廳舍(청사) : 관청의 건물. *广(터진집 엄) : 한쪽이 터져 있는 집, 어떤 용도로 쓰이는 집.
逮 잡을 체 (3급 辶부 12획)	안 보이게 밑(隶)으로 기어가(辶) `잡다`. 逮捕(체포) *隶(밑 이) : 손(⺕ 손 계)으로 밑에 있는 물(氺) 뜨는 모습. *辶(갈 착) : 쉬엄쉬엄 멀리 걸어가는 모습에서 가다.
替 바꿀 체 (3급 日부 12획)	두 사내(夫 사내 부)가 말(曰)을 주고받으며 하던 일을 대신하여 `바꾸다`. 交替(교체) 代替(대체) ▶代(대신할 대) *夫(사내 부) : 갓(一) 쓴 어른(大)이나 사내. 글 읽는 지아비.
滯 滞 막힐 체 (3Ⅱ 水부 14획)	물(氵)이 띠(帶 띠 대) 모양의 둑이나 제방에 `막힘`. 물이 머무르듯 일정기간 일정한 곳에서 `머무르다`. 滯氣(체기) 滯納(체납) 滯留(체류) 延滯(연체) 遲滯(지체)

- 聽講生(청강생) : 대학에서 정식으로 수강 신청을 하지 않고 강의를 듣는 학생
- 聽聞會(청문회) : 의회(議會)나 행정기관(行政機關)이 어떤 문제(問題)에 관하여 이해관계(利害關係)가 있는 사람이나 제삼자(第三者)의 의견(意見)을 듣는 일.
- 道聽塗說(도청도설) : 길에서 듣고 길에서 말하다. 길거리에 퍼져 돌아다니는 뜬소문이나 헛소문. 들은 말을 깊이 생각하지 않고 그대로 다른 사람에게 전함.
- 晝雀聽 夜鼠聽(주작청 야서청) : 낮말은 새가 듣고, 밤말은 쥐가 듣는다. 말은 보이지 않는 곳에서도 들을 수 있으니 항상(恒常) 말조심하라는 말.

遞體初抄秒

遞 전할 체
(3급 辶부 14획)

벼랑(厂)을 빠르게 타는 범(虎 범 호)처럼 소식을 오가며(辶 갈 착) **전하다**. 遞信部(체신부) 郵遞局(우체국)
*厂(언덕 한) : 가파른 낭떠러지 모양으로 **언덕, 벼랑, 절벽**.

體 体 몸 체
(6급 骨부 23획)

뼈(骨 뼈 골)에 살집이 보기 좋게(豊) 이루어진 **몸**.
體格(체격) 體力(체력) 體面(체면) 體育(체육) 全體(전체)
*豊(풍성할 풍) : 제기(豆)의 떡이 커서 굽을(曲) 정도로 **풍성함**.

初 처음 초
(5급 刀부 7획)

옷(衤=衣) 만드는 것은 천을 자르는(刀) 것이 **시작**이라는 데서 **처음**. 初級(초급) 初期(초기) 初等(초등) 始初(시초)
*衣(옷 의) : **위에 입는 옷** 모양. *衣 = 衤 '옷의 변'이라 함.

抄 베낄 초
(3급 手부 7획)

손(扌)으로 중요한 것만 간략하게(少 적을 소) **베낀다**.
抄本(초본) : 원본에서 일부 내용만 뽑아서 베낀 문서.
*扌(손 수) : 손 모양. *手 = 扌 : '才'와 비슷하여 '재방변'이라 함.

秒 분초 초
(3급 禾부 9획)

벼(禾)의 작은(少 적을 소) 알갱이처럼 시간의 작은 단위인 **초**.
秒速(초속) 秒針(초침) ▶針(바늘 침)
*禾(벼 화) : 익으면 고개 숙이며(丿) 자라는(木) **벼, 곡식**.

📖 初志一貫(초지일관) : 처음에 세운 뜻을 끝까지 밀고 나감. ▶貫(꿸, 이어질 관)

📖 初喪(초상)집 개 같다 : 초상집은 개에게 밥을 줄 상황이 아니니 개 스스로가 먹을 것을 찾아 이리저리 기웃거리고 다니는 것을 이르는 말. 喪家之狗(상가지구)

📖 初試(초시) : 1. 조선 때, 식년(式年)의 전해에 서울과 지방에서 뽑던 과거(科擧)의 일차 시험. 이 시험에 급제하면 다음해 이차 시험인 복시(覆試)에 응시할 수 있다.
2. 초시에 급제한 사람.[동네의 김초시 어른]. 3. 학문을 어느 정도 알아 유식한 사람.

- 式年(식년) : 조선 때, 과거를 보기로 지정되어 있는 해로 3년에 한 번씩 보았다.

📖 暇佳街家價

招 부를 초
(4급 手부 8획)

손짓(扌)하며 부르는(召) 데서 좋은 일로 부르다.
招待(초대) 招請狀(초청장) 招來(초래) 招聘(초빙)
*召(부를 소) : 칼(刀) 같은 소리(口) 즉 공적인 일로 부른다.

超 넘을 초
(3Ⅱ 走부 12획)

부름(召)에 달려가다(走 달릴 주) 높은 것을 넘다.
超過(초과) 超越(초월) : 어떤 수준을 뛰어 넘음.
*走(달릴 주) : 땅(土)을 다리(疋 발 소)를 벌려 달리다.

肖 베낄 초
(3Ⅱ 肉부 7획)

조금(小)이라도 자식은 부모의 신체(月) 닮는다.
肖像(초상) 不肖(불초) : 선대(先代)의 덕이나 위업을 계승 못함.
*月(육달 월) : '달'의 뜻이 아닐 때는 '月=肉 고기 육'로 신체의 뜻.

草 풀 초
(7급 ⺾부 10획)

땅에서 가장 일찍(早) 돋아나는(⺾) 풀.
草家(초가) 草木(초목) 草食(초식) 手草(수초) 花草(화초)
*早(일찍 조) : 해(日)가 지평선(一)을 뚫고(丨 뚫을 곤) 일찍 뜸.

礎 주춧돌 초
(3Ⅱ 石부 18획)

집 지을 때 돌(石)을 나무기둥(林)의 발(疋 발 소)처럼 괴어놓는 주춧돌. 여기서 사물의 기초(基礎)의 뜻.
礎石(초석) : 주춧돌. 머릿돌. 모퉁잇돌. 사물의 기초.

1, 2급 한자

哨 망볼 초   소리(口)를 작게(肖)하여 망보다.   哨所(초소) 步哨(보초)
梢 나무끝 초   나무(木)에서 가장 작은(肖) 쪽인 나무의 끝.   末梢神經(말초신경)
硝 화약 초   돌(石) 가루처럼 작게(肖) 만든 화약. [초연(硝煙)이 쓸고 간 깊은 계곡]
趙 나라 조   몸 작게(肖) 구부려 겸손하게 다니던(走 갈 주) 조나라.   趙國(조국)
楚 초나라 초   나무들(林) 아래(疋 발 소)에 자란 휘추리. 나라이름.   楚漢誌(초한지)

🔵 草芥(초개) : 지푸라기. '하찮은 것'을 빗대어 이르는 말.
🔵 楚漢誌(초한지) : '초' 항우(項羽)와 '한' 유방(劉邦)이 대결, 유방이 한나라를 건국해 가는 과정을 그린 소설.

促燭觸寸村

促 재촉할 촉 (3Ⅱ 人부 9획)	사람(亻)이 발걸음(足 발 족) **재촉하다**. 促求(촉구) 促迫(촉박) 促進(촉진) 督促(독촉) *亻'사람인변' 儿 어진사람 인 ⺈ 굽은사람 인 ⼂ 누운사람 인
燭 촛불 촉 (3급 火부 17획)	불꽃(火)이 움직이는 벌레(蜀)처럼 넘실거리는 **촛불**. 燭光(촉광) 華燭(화촉) : 빛깔을 들인 초. 보통 혼례 때 사용. *蜀(벌레 촉) : 눈(罒=目) 크며 고치 안에 싸여(勹) 있는 **벌레**(虫).
觸 触 닿을 촉 (3Ⅱ 角부 20획)	뿔(角 뿔 각) 같은 더듬이로 벌레(蜀)가 감지하기 위해 **닿다**. 觸覺(촉각) 觸感(촉감) 觸手(촉수) 一觸卽發(일촉즉발) *角(뿔 각) : 굽고(⺈ 굽은사람 인) 둥근(用) 짐승의 **뿔** 모양.
寸 마디 촌 (8급 寸부 3획)	손목에서 맥박이 뛰는 사이를 엄지(丶)로 맥을 재는 모양에서 **재다**, **헤아리다**. 三寸(삼촌) 八寸(팔촌) *亅(갈고리 궐) : 밑 끝이 구부러진 **갈고리**를 본뜬 자.
村 마을 촌 (7급 木부 7획)	나무(木) 촘촘히(寸 짧을 촌) 늘어서 있듯 형성된 **마을**. 村落(촌락) 村民(촌민) 村長(촌장) 江村(강촌) 山村(산촌) *寸 : 한 **마디**. **짧다**. 길이의 단위인 **한 치**(3.03Cm). 법도, 손.

1, 2급 한자

蜀	벌레, 나라 큰닭 촉	눈(罒=目)이 크며 누에고치 안에 싸여(勹) 있는 벌레(虫). 눈(罒)을 크게 뜨고 몸을 구부려(勹) **벌레**(虫)를 잡는 **큰 닭**. 험한 산으로 둘러싸여 있는 **촉나라** (221~263년). 蜀犬吠日(촉견폐일) ▶ 吠(짖을 폐)
囑	부탁할 촉	입(口)으로 소속(屬)이 되어달라고 **부탁하다**. 囑託(촉탁)

● 蜀漢(촉한) : 중국 삼국시대 위(魏, 220~265)·촉(蜀, 221~263)·오(吳, 222~280)의 하나로 유비(劉備)가 건국(建國)하여 2대 43년에 위나라에 멸망.

● 蜀犬吠日(촉견폐일) : 식견 좁은 이가 평범한 일에 놀라거나 **아는 체하여 함부로 떠드는 일**.
 - '蜀'은 사면(四面)이 높은 山에, 운무(雲霧)가 많아 해를 보기 힘든다. 그러다 해가 보이게 되면 이를 이상히 여긴 蜀犬이 해를 보고 짓는다는 말. <越犬吠雪(월견폐설)>

銃總聰最催

銃 총 총
(4Ⅱ 金부 14획)

금속(金) 총알을 채워서(充 찰 충) 쏘는 **총**.
銃器(총기)   銃殺(총살)   銃彈(총탄)   銃砲(총포)
*充 : 갓(亠) 쓴 선비는 진실(允 진실로 윤)됨으로 가득 **차다**.
*允 : 사사로움(厶 → 私)이 없는 어진 사람(儿)은 **진실하다**.

總 総
거느릴 총
(4Ⅱ 糸부 17획)

실(糸)로 묶듯, 바쁘고(悤 바쁠 총) 복잡한 것을 모두 한꺼번에 **다스린다**는 데서 **모두**, **묶다**, **거느리다**.
總角(총각)   總理(총리)   總務(총무)   總選(총선)   總長(총장)
*悤 : 굴뚝(囪 굴뚝 총)으로 연기 빠르게 나가듯 마음(心) **바쁘다**.

聰 聪
귀밝을 총
(3급 耳부 17획)

귀(耳)가 바쁘다(悤 바쁠 총)는 것은 들어서 이해함이 빠르다 즉 **귀가 밝다**. 聰氣(총기) 聰明(총명) ▶明(눈밝을 명)
*囪 : 저녁(夕) 밥 지을 때 **굴뚝**(口)으로 연기가 나가는(丿) 모양.

最 가장 최
(5급 曰부 12획)

말한(曰 말할 왈) 바를 행동으로 취하는(取) 것이 **가장** 중요하다는 데서.   最高(최고) 最近(최근) 最短(최단)
*取(취할 최) : 전투 승리의 증표로 적의 귀(耳)를 손(又)으로 **취하다**.

催 재촉할 최
(3Ⅱ 人부 13획)

사람(亻)이 높은(崔) 수준에 이르도록 **재촉하다**.
催眠(최면)   催淚彈(최루탄)   開催(개최)   主催(주최)
*崔(높을 최) : 산(山)을 새(隹 새 추)가 **높이** 난다는 데서.

1, 2급 한자

撮 찍을 촬   손(扌)으로 가장(最) 좋은 것늘을 끌라서 **찍다**.   撮影(촬영)
崔 높을 최   산(山)이 새(隹)만이 오를 수 있을 정도로 **높다**. **성씨**.   崔氏(최씨)

🔹 **總角(총각)** : 옛 중국의 아이들이 머리를 두 갈래로 갈라 머리 위 양쪽에 묶은 것이 뿔처럼 생겼다는 데서 유래. 우리나라에서는 장가들지 않은 성년 남자를 가리킨다.

🔹 **聰明(총명)** : 기억력(記憶力)이 좋음. 영리하고 재주가 있음.
   – 남의 말을 잘 알아들으며 기억(記憶)도 오래하는 것을 총(總)이라 한다면, 보는 눈이 빠르며 판단(判斷) 또한 우수한 눈을 명(明 눈밝을 명)이라 한다. 총명이란 말은 보통 어린 아이에게 많이 쓰이는 단어이지만 성인에게 있어서도 좋은 말을 받아들 일 수 있는 총(總)과 그 가치(價値)를 볼 줄 아는 명(明)이 필요하다.

📖 抽 秋 追 推 醜

抽
뽑을 추
(3급 手부 8획)

손(扌)으로 밭에 난(由 말미암을 유) 것을 뽑는다.
抽象的(추상적) 抽象化(추상화) 抽出(추출)
*由 : 밭(田)에 씨 뿌림으로 **말미암아** 싹 나온(丨) 모양.

秋
가을 추
(7급 禾부 9획)

벼(禾)가 불(火)에 타듯 익어 가는 가을. ▶ 收(거둘 수)
秋夕(추석) 秋收(추수) 仲秋節(중추절) : 한가위. 추석(秋夕).
*禾(벼 화) : 익으면 고개 숙이며(丿) 자라는(木) **벼**, 곡식.

追
좇을 추
(3Ⅱ 辶부 10획)

많은(𠂤) 발자국을 따라 가는(辶 갈 착) 데서 좇다.
追加(추가) 追擊(추격) 追求(추구) 追跡(추적) 追從(추종)
*𠂤(쌓일 퇴) : 여러 개가 겹쳐 쌓여 있어 **쌓이다, 많다**는 뜻.

推
밀 추, 밀 퇴
(4급 手부 11획)

사람은 손(扌)으로 새(隹)는 날개로 밀다.
推理(추리) 推進(추진) 推敲(퇴고) : 시, 글의 자구(字句)를 고침.
*隹(새 추) : 앉아 있는 보통 꽁지가 짧고 작은 새 모양.

醜
추할 추
(3급 酉부 17획)

술(酉)을 많이 마시면 귀신(鬼 귀신 귀)처럼 보기가 추하다.
醜聞(추문) 醜惡(추악) 醜雜(추잡) 醜態(추태)
*酉(술, 닭 유) : 술병 모양. 酒(술 주)의 옛 자. 술, 술병의 뜻.

1, 2급 한자

鰍 미꾸라지 추	물고기(魚) 중 가을(秋)에 영양이 많은 **미꾸라지**.	鰍魚湯(추어탕)
槌 망치 퇴	나무(木)로 만든, 적을 좇아가(追) 치는 **망치**.	鐵槌(철퇴)
錐 송곳 추	쇠(金)로 새(隹)의 부리처럼 뾰족하게 만든 **송곳**.	試錐(시추)
椎 몽치 추	나무토막(木)이 꽁지 짧은 새(隹)처럼 짤막한 **몽치**.	脊椎(척추)
堆 쌓일 퇴	땅(土) 위에 새(隹)가 싸는 분뇨(糞尿)가 **쌓이다**.	堆肥(퇴비)

💡 推敲(퇴고) : '僧敲月下門(스님이 달 아래 문을 두드린다)'는 시의 문구 중 '推(밀다)'가 나을지, '敲(두드리다)'가 나을지 생각하다가 敲로 했다는 데서, 지은 시나 문장의 자구(字句)를 여러 번 고친다는 뜻.

丑 祝 畜 蓄 逐

丑 소 축
(3급 一부 4획)

손(⺕)으로 소고삐(丨뚫을 곤)를 잡은 모양에서 소를 뜻함. 둘째 지지(地支)를 뜻하며 오전 1시 – 3시.
*⺕(손 계) : 갈라져 있는 손의 손가락을 그린 자.

祝 빌 축
(5급 示부 10획)

제사(示)를 올리는 맏형(兄 맏 형)이 잘 되라고 빌다.
祝歌(축가) 祝願(축원) 祝電(축전) 祝祭(축제) 慶祝(경축)
*示(제단 시) : 제단 모양으로 제물을 제단에 올려 신에게 보임.

畜 기를 축
(3Ⅱ 田부 10획)

검은(玄 검을 현) 염소를 기르는 밭(田) 모양에서 가축(家畜)을 기르다. 畜舍(축사) 畜産(축산) 牧畜(목축)
*玄 : 하늘 덮은(亠) 작은(幺 작을 요) 황사로 빛이 어두움.

蓄 쌓을 축
(4Ⅱ ⺿부 14획)

기르는(畜) 가축에게 먹일 풀(⺿)을 베어 쌓아 둔다.
蓄財(축재) 蓄電器(축전기) 備蓄(비축) 貯蓄(저축)
*玄 : 하늘 덮은(亠) 작은(幺) 황사가 햇빛 가려 빛이 어두움.

逐 쫓을 축
(3급 辶부 11획)

밭에 들어온 멧돼지(豕)를 멀리(辶 멀리갈 착) 쫓아내다.
逐出(축출) 角逐戰(각축전) 驅逐艦(구축함) ▶ 驅(몰 구)
*豕(돼지 시) : 돼지의 머리, 등, 발, 꼬리를 그린 자.

1, 2급 한자

紐 끈 뉴 　실(糸)로 튼튼하게 만들어 소(丑)를 메는 끈. ▶ 帶(띠 대)
　　　　　紐帶(유대) : (끈으로 묶듯이) 나라, 단체 등이 서로 인연을 맺음.

🔵 癸丑日記(계축일기) : 조선 광해군(光海君) 4년(1623년 계축년)에, 광해군이 어린 동생 영창대군(永昌大君)을 역모(逆謀)로 몰아 죽일 때, 대군의 어머니인 인목대비(仁穆大妃)가 겪은 일을 어느 궁녀(宮女)가 일기체(日記體)로 기록한 글.

🔵 角逐(각축) : 뿔 달린 짐승이 서로 이기려고 맞서고 다투는 일. [열강의 ~장 이었다]

築 縮 春 出 充

築 지을 축 (4Ⅱ 竹부 16획)
대(竹 대 죽)를 장인(工 장인 공)이 잘 엮어 지붕을 하여 모두(凡)덮고 나무(木) 기둥을 세워 짓는다.
築臺(축대) 建築(건축) 新築(신축) 增築(증축)
*凡(모두 범) : 물체(丶)를 모두 덮고(几) 있는 천의 모양에서.

縮 오무라들 축 (4급 糸부 17획)
실(糸 실 사)을 물에 담그어 잠재우면(宿) 오므라든다.
縮小(축소) 縮約(축약) 縮地(축지) 短縮(단축) 壓縮(압축)
*宿(잘 숙) : 집(宀)에 사람(亻) 많이(百) 모여서 묵거나 자다.

春 봄 춘 (7급 日부 9획)
세(三) 사람(人) 즉 할아버지·아버지·아들이 햇볕(日) 아래서 바쁘게 일하는 때인 봄. ▶ 夢(꿈 몽) 靑(푸를 청)
春夏秋冬(춘하추동) 春夢(춘몽) 立春(입춘) 靑春(청춘)

出 날 출 (7급 凵부 5획)
구덩이(凵)에서 싹이 흙 뚫고(丨 뚫을 곤) 위로 나오다.
出力(출력) 出發(출발) 出入(출입) 出産(출산) 出場(출장)
*凵(구덩이 감) : 위가 터진 그릇 또는 구덩이.

充 찰 충 (5급 儿부 6획)
갓(亠) 쓴 선비는 진실(允)됨으로 가득 차다.
充滿(충만) 充分(충분) 充實(충실) 充電(충전) 充足(충족)
*允(진실로 윤) : 사사로움(厶→私)이 없는 어진 사람(儿)은 진실하다.

1, 2급 한자

椿 참죽나무 춘
봄(春)에 나무(木)에서 나오는 싹을 나물로 먹는 참죽나무.
참죽나무는 신령스러워 장수(長壽)에 비유하기도 함.
椿堂(춘당) : 춘부장(春府丈). 남의 아버지의 존칭.

蠢 꿈틀거릴 준
따듯한 봄(春)이 되니 벌레(虫)들이 꿈틀거리기 시작하다.
蠢動(준동) : 불순한 무리들이 움직이거나 소란을 피움.

允 진실로 윤
사사로움(厶→私)이 없는 어진 사람(儿)은 진실하다. 　允許(윤허)

📖 春來不似春(춘래불사춘) : 봄은 왔지만 봄답지 않다는 말. ▶ 似(닮을 사)
전한 시대 궁녀였던 절세 미인 왕소군(王昭君)은 흉노와의 화친정책에 의해 흉노 왕에게 시집을 가게 되었다. 북방은 추운 곳이라 봄이 되어도 꽃이 피지 않는 것을 자신의 신세에 비유하여 지은 시로 '胡地無花草 春來不似春'에서 유래한다.

忠 蟲 衝 吹 取

忠 충성 충 (4Ⅱ 心부 8획)
마음(心) 한 가운데(中)서 우러나오는 진실(眞實)된 마음인 **충심(忠心)**. 忠告(충고) 忠誠(충성) 忠孝(충효)
*中(가운데 중) : 사물(口)의 중심을 뚫은(丨)모양에서 **중심**.

蟲 虫 벌레 충 (4Ⅱ 虫부 18획)
많은 벌레 모양.
蟲齒(충치) 病蟲害(병충해) 害蟲(해충)

衝 부딪칠 충 (3Ⅱ 行부 15획)
무거운(重 무거울 중) 것이 움직이다(行) **부딪히다**.
衝擊(충격) 衝突(충돌) 衝動的(충동적) 折衝(절충)
*行(다닐 행) : 왼발(彳 걸을 척)과 오른발(亍 걸을 촉)로 **다닌다**.

吹 불 취 (3Ⅱ 口부 7획)
입(口)을 크게 벌려(欠) **불다**. ▶ 打(칠 타) 鼓(북 고)
吹打樂器(취타악기) 鼓吹(고취) : 용기나 의욕 따위를 북돋움.
*欠(하품 흠) : **입을 크게 벌리며**(⺈) 사람(人)이 하는 **하품**.

取 취할 취 (4Ⅱ 又부 8획)
전투 승리의 증표로 적군 귀(耳)를 손(又)으로 **취하다**.
取得(취득) 取消(취소) 取材(취재) 取捨選擇(취사선택)
*又(손·또 우) : 깍지 낀 두 손, 즉 하나가 아닌 둘이라 하여 **또**.

축춘출
충취

1, 2급 한자

炊 불땔 취
불(火)을 피우기 위해 입(欠 하품 흠)으로 부는 모양에서 불때다.
炊事(취사) : 밥 짓는 일. 自炊(자취) : 스스로 밥 지어 먹는 일.

娶 장가들 취
자신에게 알맞은 여자(女)를 취해(取) 장가들다. 再娶(재취)

聚 모을 취
여기저기서 거두어(取) 사람들(亻)을 모으다. 聚落(취락)

📖 獅子身中蟲(사자신중충) : 사자 몸속의 벌레. 국가(國歌), 사회(社會), 단체(團體)를 좀먹는 사람들로 이는 사리사욕(私利私慾)을 탐하는 정치·경제·종교인 등

- 사자가 죽는 경우는 외부 힘에 의해서 라기 보다는, 대부분 자신이 공급(供給)한 먹이 먹고 사는 몸속의 회충(蛔蟲)에 의해 일찍 죽음.

가나다순 한자 337

趣 臭 就 醉 側

趣 달릴 취 (4급 走부 15획)
좋은 것을 취하기(取 취할 취) 위해 달려(走)나아간다.
趣味(취미) 趣旨(취지) 趣向(취향) 情趣(정취) 興趣(흥취)
*走(달릴 주) : 땅(土)을 다리(疋 발 소)를 벌려 달리다.

臭 냄새 취 (3급 自부 10획)
개(犬 개 견)가 코(自)로 맡는 좋지 않은 냄새.
口臭(구취) 惡臭(악취) 體臭(체취) 脫臭(탈취) ▶脫(벗을 탈)
*自 : 코 모양. 중국인은 자기 코를 가리키며 자기를 나타낸 데서.

就 나아갈 취 (4급 尢부 12획)
좋은 것이 많은 서울(京 서울 경)로 발을 절면서라도(尢) 한(丶) 걸음씩 나아가 뜻을 이루다. ▶將(나아질 장)
就業(취업) 就任(취임) 就職(취직) 日就月將(일취월장)
*尢(절름발이 왕) : '大'의 변형 자로 한쪽 다리를 절며 걷는 다리.

醉 취할 취 (3Ⅱ 酉부 15획)
술(酉)을 졸병(卒 병사 졸)들이 마시면 잘 취한다.
醉客(취객) 醉氣(취기) 醉中(취중) 宿醉(숙취) 心醉(심취)
*酉(닭,술 유) : 술병 모양. 酒(술 주)의 옛 자. 술, 술병의 뜻.

側 곁 측 (3Ⅱ 人부 11획)
사람(亻) 곁에 항상 법(則 법 칙)이 있다 하여 곁, 옆.
側近(측근) 側面(측면) 兩側(양측) 右側(우측)
*則(법 칙) : 조개(貝)가 칼(刂)로 똑같이 나뉘듯 공정한 법.

1, 2급 한자

嗅 냄새맡을 후	콧구멍(口)으로 냄새(臭)를 맡다.	嗅覺(후각)
蹴 찰 축	발(足)로 공을 나아가도록(就) 찬다는 뜻.	蹴球(축구)
惻 슬퍼할 측	법(則) 몰라 감옥 가는 사람 보니 마음(忄) 슬프다.	惻隱(측은)
廁 뒷간 측	집(广)에 있는, 볼일 생기면 바로(則 곧 즉) 가는 측간.	廁間(측간)

📖 醉生夢死(취생몽사) : 취한 듯 살고 꿈꾸는 듯 죽음.
　　　　　　　아무 의미(意味) 없이 한 평생(平生)을 살아감.

📖 耳鼻咽喉科(이비인후과) : 귀, 코, 목구멍(咽喉) 및 기관의 질병을 전문으로 다룸.

測層治恥致

測 잴 측 (4Ⅱ 水부 12획)
물(氵) 깊이를 일정(一定)한 법칙(則 법 칙)으로 **재다**.
測量(측량)　測定(측정)　觀測(관측)　測雨器(측우기)
*則 : 조개(貝)를 칼(刂)로 쪼개면 똑같이 나눠듯 공정한 **법**.

層 층 층  (4급 尸부 15획)
집(尸 지붕 시) 위에 집을 거듭(曾 거듭 증) 지어서 된 **층**.
層間(층간)　層階(층계)　階層(계층)　斷層(단층)
*曾 : 갈라진(八) 입(口)에서 **거듭** 나오는 작은(小) 말(日)에서.

治 다스릴 치 (4Ⅱ 水부 8획)
물(氵) 흐르듯 식견 넓은 나이든(台) 사람이 **다스리다**.
治安(치안)　治水(치수)　政治(정치)　以熱治熱(이열치열)
*台(늙을 태) : 입(口) 안의 치아가 늙어서 비틀어진(厶) **늙은이**.

恥 부끄러울 치 (3Ⅱ 心부 10획)
귀(耳 귀 이)로 양심(心)에 찔리는 말 들으니 **부끄럽다**.
恥部(치부)　恥辱(치욕)　國恥(국치)　不恥下問(불치하문)
厚顔無恥(후안무치) : 뻔뻔스러워 부끄러움이나 창피함을 모름.

致 이를 치 (5급 至부 10획)
목표에 이를(至) 수 있도록 열심히 행하여(攵 행할 복) 목적을 **이루다**. 致命的(치명적)　致死率(치사율)　誘致(유치)
*至(이를 지) : 새 발(内 새발자국 유의 줄임)이 땅(土)에 **이름**.

1, 2급 한자

冶 불릴 야
불에 달군 쇳조각(口)을 팔(厶 :구부린 팔꿈치 모양)로 두드린 후 찬(冫 찰 빙) 물에 담그는 모양에서 **쇠 불리다**. ▶ 鍛(쇠불릴 단)
冶金(야금) : 광에서 금속 성분을 뽑거나 합금(合金)을 만드는 일.

緻 촘촘할 치
날실·씨실(糸)로 이루어진(致) 천의 짜임새가 **촘촘하다**.　緻密(치밀)

📔 **不恥下問(불치하문)** : 아랫사람에게 묻는 것을 부끄러워하지 않음.
- 위나라에 공어(孔圉)라는 대부가 있었는데, 죽은 뒤에 시호(諡號)를 문(文)이라 하였다. 공자(孔子)의 제자인 자공(子貢)이 공자에게 "시호를 왜 문이라 했습니까?"라고 물었다. 이에 공자가 "총명하고 부지런하며 아랫사람에게 묻는 것을 부끄럽게 여기지 않았기에 시호를 문이라 한 것이다."라 대답한 데서 유래한다.

値 稚 置 齒 則

値 값 치 (3Ⅱ 人부 10획)
사람(亻)이 바르게(直) 매긴 물건의 값.
價値(가치) 數値(수치) 加重値(가중치) 近似値(근사치)
*直(곧을 직) : 열(十) 번을 보아도 바라보는 눈(目)이 곧다.

稚 어릴 치 (3Ⅱ 禾부 13획)
벼(禾 벼 화)가 새(隹) 꼬리처럼 짧음 즉 덜 자라 어림.
稚魚(치어) : 어린 물고기 稚拙(치졸) 幼稚園(유치원)
*隹(새 추) : 앉아 있는 보통 꽁지가 짧고 작은 새 모양.

置 둘 치 (4Ⅱ 罒부 13획)
그물(罒 = 网 그물 망)을 똑바로(直) 쳐 둔다.
放置(방치) 配置(배치) 設置(설치) 留置(유치) 位置(위치)
*直(곧을 직) : 열(十) 번을 보아도(目 앉은(ㄴ) 자세가 곧다.

齒 齿 이 치 (4Ⅱ 齒부 15획)
나란히(止), 혀(一) 위(人人) 아래 (人人)로 잇몸(凵)에 박혀 있는 이.
齒科(치과) 齒藥(치약) 齒列(치열) 齒痛(치통)
*止(그칠 지) : 사람이 멈추어 선 모양에서 그치다. 두 발.

則 법 칙 (5급 刀부 9획)
조개(貝 조개 패)를 칼(刂 선칼 도)로 쪼개면 똑같이 나뉘듯 공정한 법. ▶ 規(법 규) 罰(벌줄 벌) 鐵(쇠 철)
校則(교칙) 規則(규칙) 罰則(벌칙) 鐵則(철칙) 學則(학칙)

1, 2급 한자

雉 꿩 치 화살(矢)처럼 곧게 날아가는 새(隹)인 꿩.　　　　　雉岳山(치악산)
齧 갉을 설 무수히(丰 무성할 봉) 반복하여, 칼(刀)처럼 예리한 이(齒)로 사물을 갉다.
또는 물다, 물어 뜯다는 뜻.　　　　　齧齒類(설치류)

📝 齧齒類(설치류) : 앞니가 발달되어 물건을 갉아 먹는 특성(特性)이 있는 동물(動物)의 무리로 다람쥐, 쥐, 비버 등이 있다.

📝 置之度外(치지도외) : 내버려 두어 문제로 삼지 않음. 도외시(度外視)한다는 말.

📖 親 七 漆 沈 枕

親 어버이 친 (6급 見부 16획)	나무(木)에 올라 있는(立 설 립) 자식을 걱정스레 바라보는(見 볼 견) 어버이. 어버이는 항상 가깝고 친함. 親家(친가) 親舊(친구) 親母(친모) 親切(친절) 親戚(친척)
七 일곱 칠 (8급 一부 2획)	왼 손가락 5개 모아 펴서 일자(一) 만들고 오른손 엄지·검지를 펴서 90도로 만들어 더해 일곱. 七月(칠월) *乚 = 乙(새 을) : 새의 굽은 앞가슴. 새싹이 구부러진 모양.
漆 柒 옻 칠 (3Ⅱ 水부 14획)	옻나무(桼)의 진(氵)으로 칠하다. 漆板(칠판) 漆器(칠기) : 옻칠을 한 나무그릇. *桼(옻나무 칠) : 나무(木)에서 진(氺)이 흐르는(八) 옻나무.
沈 가라앉을 침 (3Ⅱ 水부 7획)	물(氵) 위에서 머뭇거리다(冘 머뭇거릴 유) 결국 가라앉다. 성씨. 沈沒(침몰) 沈滯(침체) 沈痛(침통) 擊沈(격침) *冘 : 덮여(冖) 알 수 없기에 사람(儿)이 판단을 머뭇거리다.
枕 베개 침 (3급 木부 8획)	나무(木)에 사람의 머리가 머무르는(冘 머뭇거릴 유) 베개. 木枕(목침) 高枕安眠(고침안면) : 베개 높이하고 편히 잠. *孤枕寒燈(고침한등) : 홀로 자는 쓸쓸한 밤. ▶ 孤(외로울 고)

치칙

친칠침

1, 2급 한자

膝 무릎 슬   몸(月)에서 옻칠(桼) 한 것 같이 때로 인해 검은 무릎.   膝下(슬하)

📝 七去之惡(칠거지악) : 유교 도덕에서 아내를 내쫓을 수 있는 일곱 이유.
  - 不順舅姑(불순구고) : 시부모에게 순종하지 않는 것) 無子(무자 : 자식을 못 낳는 것)
    淫行(음행 : 행실이 음탕한 것) 嫉妬(질투) 惡疾(악질 : 나쁜 병이 있는 것)
    口舌(구설 : 말썽이 많은 것) 盜竊(도절 : 도둑질하는 것) ▶ 舅(시아비 구)

📝 七步之才(칠보지재) : 시재(詩才)·문재(文才)에 뛰어난 재주.
  - 제위에 오른 조조(曹操)의 맏아들 비(丕)는 셋째인 식(植)이 반역음모 혐의를 받았을 때 죽일 수도, 용서할 수도 없어 자기가 "일곱 걸음을 옮기는 사이에 시를 지으면 죄를 사해 주겠다" 하자 조식은 이렇게 읊었다. "콩대를 삶아서 콩을 삶으니 가마솥 속의 콩이 우는구나(煮豆燃豆萁豆在釜中泣)." ▶ 煮(삶을 자) 萁(콩깍지 기) 釜(가마 부)

가나다순 한자 341

侵浸針寢稱

侵 침략할 침 (4Ⅱ 人부 9획)
사람(亻)이 양손(ヨ) (又 손 우)에 무기 들고(冖 덮을 멱) **침입하다**. 侵略(침략) 侵犯(침범) 不可侵(불가침)
*ヨ(손 계) : 갈라져 있는 손의 손가락으로 쓰이는 자.

浸 잠길 침 (3Ⅱ 水부 10획)
양 손(ヨ 손 계, 又 손 우)에 무기 들고(冖 덮을 멱) 쳐들어오듯, 물(氵)이 들어와 **잠기다**. 浸水(침수) 浸透(침투)
*又(손 우) : 깍지 낀 두 손. ▶透(통할 투)

針 바늘 침 (4급 金부 10획)
쇠(金)로 된 **바늘**(十) 모양을 본뜬 자.
鍼術(침술) 針葉樹(침엽수) 檢針(검침) 方針(방침)
針小棒大(침소봉대) : 작은 것을 크게 과장(誇張)하여 말함.

寢 잘 침 (4급 宀부 14획)
집(宀) 침대(爿 널빤지 장)에 침입(侵 침입할 침의 줄임)하듯 들어가 **자다**. 寢臺(침대) 寢食(침식) 寢室(침실)
*侵 : 사람(亻)이 비(帚의 줄임) 들고(又) 쓸어 들어가듯 **침입하다**.

稱 부를 칭 (4급 禾부 14획)
벼(禾 벼 화)를 손(爫 손톱 조)으로 땅(土)에서 들어 **저울**(冂)에 달며 중량을 **부른다**. ▶號(부를 호) 總(묶을 총)
稱讚(칭찬) 稱號(칭호) 尊稱(존칭) 總稱(총칭) 呼稱(호칭)

- 七縱七擒(칠종칠금) : 일곱 번 놓아주고 일곱 번 잡음. 상대방을 마음대로 다룸.
  – 삼국시대의 제갈량(諸葛亮)이 남만(南蠻)을 힘이 아닌 문명(文明), 문화(文化), 전략전술(戰略戰術) 등의 우월(優越)함을 통하여 굴복(屈伏)시키고자 적장 맹획(孟獲)을 일곱 번 사로잡았다 일곱 번 놓아 주었다는 옛일에서 유래.

- 沈魚落雁(침어낙안) : 물고기는 물속 깊이 숨고 기러기는 넋 잃고 바라보다 떨어짐.
  최고(最高)의 미인(美人).– 진(晉)나라 헌공(獻公)의 애인인 여희(麗姬)의 미모를 극찬한 말.

- 閉月羞花(폐월수화) : 달은 구름 뒤로 숨고 꽃은 부끄러워 숨는다. ▶羞(부끄러울 수)

快打他妥墮

快 상쾌할 쾌 (4Ⅱ 心부 7획)	마음(忄) 막힘없이 트여져(夬) 있어 상쾌(爽快)하다. 快擧(쾌거) 快樂(쾌락) 快勝(쾌승) 輕快(경쾌) 明快(명쾌) *夬(트일 쾌) : 사람(大)이 당기는 활(弓)의 한쪽이 트인 모양.
打 칠 타 (5급 手부 5획)	손(扌)으로 장정(丁)이 치다. 打率(타율) 打者(타자) 打草驚蛇(타초경사) ▶ 驚(놀랄 경) *丁(장정 정) : 팔을 펴고(一) 서(亅)있는 장정(壯丁).
他 다를 타 (5급 人부 5획)	사람(亻)과 뱀(也)은 전혀 다르다. 他國(타국) 他鄕(타향) 他界(타계) : 다른 세상. 어른이나 귀인의 죽음을 이르는 말. *也(뱀 야) : 힘(力) 있게 새(乚=乙 새 을) 잡는 뱀 보고 그린 자.
妥 어루만질 타 (3급 女부 7획)	손(爫)으로 여자(女)를 어루만져 달래듯이, 상황이나 형편을 좋게 한다. 妥結(타결) 妥當(타당) 妥協(타협) *爪(손톱 조) : 긁어당기는 손톱을 본뜬 자. 爪=爫
墮 떨어질 타 (3급 土부 15획)	높은 언덕(阝 언덕 부)에서, 좌천(左 왼 좌)된 몸(月)과 같이, 땅바닥(土)으로 떨어지다. 墮落(타락) ▶ 落(떨어질 락) *月(육달 월) : '달'의 뜻이 아닐 때는 '月=肉 고기 육'로 신체의 뜻.

- 快刀亂麻(쾌도난마) : 잘 드는 칼로 얽힌 삼실을 자름. 복잡한 일을 단번에 처리함.
  ▶ 亂(어지러울 난) 麻(삼 마)
- 打草驚蛇(타초경사) : 풀을 쳐서 뱀을 놀라게 함.
  공연히 문제(問題)를 일으켜 화(禍)를 자초(自招)함.
- 他山之石(타산지석) : 다른 산의 하찮은 돌도 자기 돌을 가는데 도움이 됨.
  다른 사람의 하찮은 언행(言行)도 자기의 지식(知識)과 인격(人格)을 닦는데 도움이 됨.

托 卓 濁 濯 炭

托 밀칠 탁 (3급 手부 6획)
손(扌)을 내밀며 부탁한다(乇 부탁할 탁) 하여 밀치다.
托鉢(탁발) : 중이 돌아다니며 동냥하는 일. ▶鉢(바리때 발)
*乇 : '千'을 구부린 모양. 천 번이나 몸을 구부리고 **부탁하다**.

卓 높을 탁 (5급 十부 8획)
점(卜 점 복) 쳐서 일어날 일을 일찍(早) 아니 보통 사람보다 식견이 높음.　卓球(탁구)　卓越(탁월)　卓子(탁자)
*早(일찍 조) : 해(日)가 지평선(一)을 뚫고(丨뚫을 곤) **일찍** 뜸.

濁 흐릴 탁 (3급 水부 16획)
물(氵)을 닭(蜀 큰닭 촉)이 먹이 등을 찾으려 휘저어 흐리다.
濁酒(탁주)　一魚濁水(일어탁수)　淸濁(청탁)　混濁(혼탁)
*蜀 : 눈(罒)을 크게 뜨고 몸을 구부려(勹) 벌레(虫) 잡는 **큰 닭**.

濯 씻을 탁 (3급 水부 17획)
물(氵)에 깃(羽 깃 우)을 새(隹)가 살짝 씻는다.
濯足(탁족)　洗濯(세탁)　淸濯(청탁)　混濯(혼탁)
*隹(새 추) : 앉아 있는 보통 꽁지가 짧고 **작은 새** 모양.

炭 숯 탄 (5급 火부 9획)
산(山) 아래 언덕(厂)에서 불(火)로 태워 만든 숯.
炭鑛(탄광)　炭水化物(탄수화물)　石炭(석탄)　採炭(채탄)
*厂(언덕 한) : 가파른 낭떠러지 모양으로 **언덕, 벼랑, 절벽**.

1, 2급 한자

託 맡길 탁　　말(言 말씀 언)로 정중히 부탁하며(乇) **맡기다**.　　信託(신탁)
悼 슬퍼할 도　감정(忄)이 북받쳐 올라와(卓) **슬퍼하다**.　　思悼世子(사도세자)
擢 뽑을 탁　　손(扌)으로 날개의 깃(羽)이나 털을 새(隹)로부터 **뽑다**.　拔擢(발탁)

📖 思悼世子(사도세자) : 조선 영조(英祖) 때 자신의 아들이자 정조(正祖)의 아버지인 세자를 뒤주에 가두어 굶겨 죽인 것을 슬퍼한다는 뜻에서 붙여진 명칭.

📖 炭川(탄천) : 삼천갑자 동방삭(東方朔)이가 냇가에서 숯을 빨고 있는 사람을 보고 "내가 삼천갑자(三千甲子)를 살아왔지만 숯을 빠는 사람은 처음 본다"라고 하자 "내가 너를 잡으려고 냇가에서 일부러 숯을 빨고 있었지"라고 저승사자가 말한 데서 이름이 유래한다.
　－ 동방삭(東方朔) : 속설에 서왕모(西王母)의 복숭아를 훔쳐 먹어 죽지 않고 장수(三千甲子)하였다 한다.

誕 彈 歎 脫 奪

誕 태어날 탄
(3급 言부 14획)

아기의 말(言)인 울음을 길게 끌며(延 끌 연) **태어나다**.
誕生(탄생) 誕辰(탄신) 聖誕(성탄) ▶辰(때 신)
*延 : 삐뚤게(ノ) 나아감(㇂)을 그치다(止)는 데서 시간을 **끌다**.

彈 弹 튕길 탄
(4급 弓부 15획)

활(弓)에 하나(單 하나 단)의 화살을 매겨 **튕기다**. 튕겨 나가는 **탄알**. 彈力(탄력) 彈性(탄성) 彈壓(탄압) 砲彈(포탄)
*單 : 여러 입(口口)에서 나온 말(日)을 모아(十) **하나**로 만듦.

歎 탄식할 탄
(4급 欠부 15획)

가죽(革 가죽 혁) 같이 강한 사람(大)도 입 벌리고(欠) **탄식하다**.
歎聲(탄성) 歎息(탄식) 歎願(탄원) 感歎(감탄)
*欠(하품 흠) : 입을 크게 벌리며(㇄) 사람(人)이 하는 **하품**.

脫 벗을 탈
(4급 肉부 11획)

벌레 등이 몸(月 육달 월) 바꾸려고(兌) 허물이나 껍질 **벗는다**.
脫殼(탈각) 脫黨(탈당) 脫稅(탈세) 脫皮(탈피)
*兌(바꿀 태) : 팔자(八)에 맏이(兄)로 태어나 마음가짐을 굳게 **바꾸다**.

奪 빼앗을 탈
(3Ⅱ 大부 14획)

큰(大) 새(隹 새 추)가 발 마디(寸 마디 촌)를 굽혀 잡듯 **빼앗다**.
奪取(탈취) 奪還(탈환) 强奪(강탈) 掠奪(약탈)
*隹(새 추) : 앉아 있는 보통 꽁지가 짧고 작은 새 모양.

탁탄탈

📖 脫殼(탈각) → 脫皮(탈피) → 脫形(탈형) → 脫我(탈아)

脫殼 : 껍질을 벗음. 자기(自己)만의 좁은 세계(世界)에서 벗어나 **큰 세계로 나옴**.

脫皮 : 허물을 벗음. 오래되어 낡은 사고방식(思考方式)에서 **벗어나 새로워짐**.

脫形 : 오래 묵은 모양(模樣)에서 벗어나 **세련(洗練)된 모습으로 변화(變化)**함.

脫我 : 나를 벗어나 **다른 사람과의 소통(疏通)과 이해(理解)를 통한 조화(調和)**.

探 貪 塔 湯 太

探 찾을 탐 (4급 手부 11획)	손(扌)으로, 숨은(冖 덮을 멱) 인재(儿 어진사람 인)를 찾듯이, 쓸 만한 목재(木材) 등을 찾는다. ▶ 査(조사할 사) 探究(탐구) 探査(탐사) 廉探(염탐) ▶ 廉(몰래할 염)
貪 탐할 탐 (3급 貝부 11획)	이제(今)나 저제나 재물(貝 조개 패)만을 탐한다. 貪官(탐관) 貪慾(탐욕) 小貪大失(소탐대실) ▶ 失(잃을 실) *今(이제 금) : 사람(人) 한(一) 명이 몸 구부려(ㄱ) 일하는 지금.
塔 탑 탑 (3Ⅱ 土부 13획)	풀(艹) 엮듯 흙(土)이나 돌을 합쳐(合) 쌓은 탑. 管制塔(관제탑) 多寶塔(다보탑) 石塔(석탑) 鐵塔(철탑) *合(합할 합) : 사람들(人)을 한(一) 곳에 모아 뜻(口)을 합하다.
湯 끓을 탕 (3Ⅱ 水부 12획)	물(氵)이, 강한 햇빛(昜) 같은 뜨거운 열에 받아 끓다. 湯藥(탕약) 溫湯(온탕) 再湯(재탕) 沐浴湯(목욕탕) *昜(빛날 양) : 아침(旦 아침 단) 햇살이 내리쬐(勿) 빛나다.
太 클 태 (6급 大부 4획)	큰(大) 것에 점(丶)이 더해져 더 큼. 太陽(태양) 太平洋(태평양) 太極(태극) : 1. 하늘과 땅 · 음양(陰陽)이 나누어지기 이전 상태. 太祖(태조) : 한 왕조(王朝)를 일으킨 첫 임금. ▶ 極(달할 극)

1, 2급 한자

蕩 방탕할 쓸어버릴 **탕** 넓을	풀(艹)이, 풍부한 물(氵)과 햇빛(昜)에 의하여 마구 자라듯 생활이 **방탕**(放蕩)하다. 방탕한 것들을 **쓸어 없애버리다**. 쓸어 없애 버리니 **시원하게 넓다**. 浩蕩(호탕)	掃蕩(소탕) ▶ 浩(넓을 호)

📘 太極(태극)
  1. 하늘과 땅 · 음양(陰陽)이 나누어지기 이전(以前)의 상태(狀態).
  2. 우주(宇宙)를 상징(象徵)하는 동그라미를 둘로 나누어 음양을 표시하여 놓은 그림으로, 여기서 만물(萬物)이 생겨남.

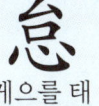 怠殆泰態宅

怠 게으를 태 (3급 心부 9획)	늙어서(台) 움직임이 둔하여 마음(心)이 게을러진다. 怠慢(태만) 怠業(태업) 勤怠(근태) 過怠料(과태료) *台(늙을 태) : 입(口) 치아가 늙어서 비틀어져(厶) 있는 늙은이.
殆 위태할 태 (3Ⅱ 歹부 9획)	뼈 앙상한(歹 뼈앙상할 알) 노인(台) 목숨이 위태롭다. 殆半(태반) 危殆(위태) 知彼知己 百戰不殆(지피지기 백전불태) *歹 : 뼈(一)에 살(夕 고기조각 석)이 조금 붙은 뼈. 죽음.
泰 클 태 (3Ⅱ 水부 10획)	무성하며(丰) 크게(大) 흐르는 물(氺)이라는 데서 크다. 커서 여유가 있어 편안하다. 泰山(태산) 泰平(태평) *丰(무성할 봉) : 많은(三) 풀이 흙을 뚫고(丨) 나와 무성함.
態 모양 태 (4Ⅱ 心부 14획)	지능(能)이나 마음(心)에 의해 겉으로 나타나는 모양. 態度(태도) 態勢(태세) 事態(사태) 狀態(상태) 形態(형태) *能(능할 능) : 곰의 주둥이(厶)·몸통(月)·발(匕)을 나타내어, 곰이 발을 잘 사용하여 끈기 있게 일을 한다는 데서 능하다는 뜻.
宅 집 택, 댁 (5급 宀부 6획)	집(宀 집 면) 중에서 몸을 의탁하고(乇) 사는 집. 宅內(댁내) 宅配(택배) 宅地(택지) 自宅(자택) 住宅(주택) *乇(부탁할 탁) : '千(일천 천)'을 구부린 모양. 천 번 몸을 구부리고 부탁하다.

탐탑탕

태택

1, 2급 한자

台 늙을,별 태 자랄 이	입(口) 안의 치아가 늙어서 비틀어져(厶) 있는 늙은이. 뱃속(口)에서 아이(厶)가 자라다. 그러니 기쁘다. 별.	天台宗 (천태종)
苔 이끼 태	초목(艹)과 같이 물기 있는 곳에서 잘 자라는(台) 이끼.	海苔(해태)
胎 아이밸 태	몸(月)에 아이가 자라는(台) 모양에서 아이배다는 뜻.	胎夢(태몽)
笞 칠 태	대(竹)로 사람(厶) 입(口)에서 비명이 나올 정도로 치다.	笞刑(태형)
跆 밟을 태	발(足)로, 사람(厶)이 기합(口)을 지르며 땅을 밟다.	跆拳道(태권도)
颱 태풍 태	바람(風 바람 풍)이 점점 커져(台) 된 싹쓸바람인 태풍.	颱風(태풍)

📖 天台宗(천태종) : 고려 때, 대각국사 의천(義天)이 열어 놓은 불교 종파의 하나로, 선교(禪敎)의 대립을 융화하고 참선(參禪)과 교리(敎理)를 함께 수행할 것을 주창.

擇 澤 土 吐 兔

擇 択
가릴 택
(4급 手부 16획)

손(扌)으로, 잘 살펴(睪) 본 후 **가리어 뽑다**.
揀擇(간택) 選擇(선택) 兩者擇一(양자택일) ▶揀(가릴 간)
*睪(살필 역) : 눈(罒)으로 한(一) 명씩 죄인(幸 죄인 신) **살피다**.

澤 沢
못 택
(3Ⅱ 水부 16획)

물(氵)이 보이는(睪) **못**. 못이 있어 **윤택(潤澤)하다**.
光澤(광택) 德澤(덕택) 惠澤(혜택) 平澤(경기도 평택)
*幸(죄인 신) : 세워(立) 놓고 이마에 '十'자를 새기는 **죄인**.

土
흙 토
(8급 土부 3획)

싹(十)이 돋아나는 땅(一)의 **흙**. ▶器(그릇 기) 俗(풍속 속)
土器(토기) : 진흙으로 만들어 잿물을 올리지 아니하고 구운 그릇.
土俗(토속) : 그 지방 특유의 풍속(風俗)이나 습관(習慣).

吐
토할 토
(3Ⅱ 口부 6획)

흙(土)에서 싹 나오듯 입(口)에서 나오니 **토하다**.
吐露(토로) 吐血(토혈) 實吐(실토) ▶癨(급성위장벽 곽)
吐瀉癨亂(토사곽란) : 토하고 설사하며 배가 몹시 아픈 병.

兔
토끼 토
(3Ⅱ 儿부 8획)

머리 들고 꼬리 내밀고앉아 있는 뒷다리가 긴 **토끼**.
兔脣(토순) : 찢어진 윗입술. 언청이. 兔走烏飛(토주오비) : 토끼
(달)가 달리고 까마귀(해)가 날아감. 세월이 빠름을 이르는 말.

1, 2급 한자

鐸 방울 탁 | 금속(金)의 성질을 잘 살피어(睪) 만든 **방울**.　　　鐸鈴(탁령) 木鐸(목탁)

📖 **兔死狗烹(토사구팽)** : 토끼 사냥이 끝나면 사냥개는 삶아 먹힘. ▶烹(삶을 팽)
필요할 때에는 소중히 여기다가 끝나면 버려지거나 제거됨.

― 한(漢)의 고조(高祖) 유방(劉邦)이 건국 공신(功臣)인 한신(韓信)이 두려워 제거(除去)하려 하자, 한신이
"날랜 토끼가 죽으면 좋은 개가 삶기고, 높이 나는 새가 없어지면 좋은 활은 들어간다(狡兔死良狗烹, 高鳥
盡良弓藏)"라고 말한 데서 유래하였다.

討通痛統退

討 칠 토
(4급 言부 10획)

말(言)을 법도(寸 법도 촌) 있게 하여 일을 처리하거나 잘못된 적을 바로잡기 위해 친다는 뜻. ▶伐(칠 벌)
討論(토론) 討伐(토벌) 討議(토의) 檢討(검토) 聲討(성토)

通 통할 통
(6급 辶부 11획)

솟아나듯(甬) 막힘없이 간다(辶 갈 착) 하여 통하다.
通風(통풍) 通學(통학) 通行(통행) 通話(통화) 交通(교통)
*甬(솟을 용) : 꽃봉오리가 솟아나온 모양. 또는 물이 솟는 모양.

痛 아플 통
(4급 疒부 12획)

솟아나듯(甬) 막힘없이 간다(辶 갈 착) 하여 통하다.
痛症(통증) 痛恨(통한) 苦痛(고통) 頭痛(두통) 齒痛(치통)
*疒(병들 녁) : 집(广 집 엄)에 찬바람(冫 얼 빙) 들어와 병들다.

統 거느릴 통
(4Ⅱ 糸부 12획)

누에가 실(糸)로 고치를 일정하게 채우듯(充), 여럿을 일률적으로 거느리다. 統計(통계) 統治(통치) 大統領(대통령)
*充(찰 충) : 갓(亠) 쓴 선비는 진실(允 진실로 윤)로 가득 차다.

退 물러날 퇴
(4Ⅱ 辶부 10획)

보고(艮) 판단하여 아니면 물러 간다(辶 갈 착) 하여.
退社(퇴사) 退院(퇴원) 退任(퇴임) 退職(퇴직) 退學(퇴학)
*艮(볼 간) : 눈(目의 변형) 뜨고 보는 모양에서 눈, 보다.

1, 2급 한자

桶 통 통 — 나무(木)로 만들어, 솟는(甬) 우물물 등을 담는 통.   水桶(수통)
腿 넓적다리 퇴 — 신체(月)에서 물러날(退) 때 구부러지는 넓적다리.   大腿部(대퇴부)
褪 바랠 퇴 — 물들인 옷(衤)의 색이 물러난다는 데서 빛이 바래다는 뜻.   褪色(퇴색)

🔹 退字(퇴자) : 조선시대 조정에 바치는 물건 중 질 낮은 것에 '退'자를 찍어 돌려보낸 데서, 마음에 안 들거나 수준에 미달하여 거부(당)하는 경우에 쓰는 말.

🔹 참고로 일본에서는 '퇴학(退學)'은 '자퇴를 의미'한다. 이와 같이 우리와 다르게 쓰이는 대표적인 단어로는 '愛人(애인 : 성 관계로 만나는 사이)'와 美國을 '米國'이라 한다.

📖 投透鬪特把

投 던질 투
(4급 手부 7획)

손(扌)으로 창(殳) 던지다. 投手(투수) 投資(투자) 投票(투표)
漢江投石(한강투석) : 아무리 해도 전혀 효과가 없는 일.
*殳(창 수) : 손(又 손 우)에 들고(几 책상 궤) 치는 창, 몽둥이.

透 통할 투
(3Ⅱ 辶부 11획)

빼어나(秀 빼어날 수) 막힘 없이 간다(辶)하여 통하다. 속 보이다, 속 꿰뚫어 보다. 透明(투명) 透視(투시) 浸透(침투)
*秀 : 벼(禾)가 일정 범위(乃)를 벗어나 빼어나게 자란 데서.

鬪 鬭 싸울 투
(4급 鬥부 20획)

콩(豆 콩 두)같이 작은 것을 빼앗기 위해 손(寸)으로 다투어(鬥) 싸우다. 鬪犬(투견) 鬪爭(투쟁) 戰鬪(전투)
*鬥(씨움 두) : 서로 맞서(丨丨) 왕(王) 되려고 싸우다.

特 다를 특
(6급 牛부 10획)

관청(寺)에 있는 크고 힘센 소(牛 소 우)는 다르다.
特級(특급) 特技(특기) 特別市(특별시) 特急列車(특급열차)
*寺(관청 시) : 토지(土)를 법도(寸 법도 촌) 있게 관리하는 관청.

把 잡을 파
(3급 手부 7획)

손(扌)으로, 구렁이 같이 독이 없는 큰 뱀(巴)을 잡다.
把握(파악) 把持(파지) 把守兵(파수병) : 보초병.
*巴(뱀 파) : 입으로 먹이(丨)를 먹고 있는 큰 뱀(巳 뱀 사).

1, 2급 한자

巴 뱀 파   입(口)으로 먹이를 삼키고 있는 큰 뱀(巳). 구렁이.
           三巴戰(삼파전) : 셋이 어우러져 서로 싸움.

芭 파초 파   풀(艹) 중서 뱀(巴)처럼 긴 줄기로 자라는 파초(芭蕉).

爬 긁을 파   손톱(爪)으로 긁듯이 기어가는 뱀(巴) 모양에서.   爬蟲類(파충류)

琵 비파 파   옥(王 ← 玉)이 부딪치는 소리가 나도록 뱀(巴)처럼 줄을 길게 하여
           만든 비파(琵琶 : 4줄 또는 5줄로 된 현악기).   ▶琶(비파 비)

📘 巴里(파리) : 프랑스 수도(首都) Paris의 한자 음역(音譯).

📘 搔爬手術(소파수술) : 자궁(子宮) 내막(內膜)을 긁어내는 수술.   ▶搔(긁을 소)

波破頗派罷

波 물결 파
(4Ⅱ 水부 8획)

물(氵)의 가죽(皮)인 물결.
波高(파고) 電波(전파) 寒波(한파) 周波數(주파수)
*皮(가죽 피) : 손(又 손 우)으로 당겨(丨) 벗기는 짐승의 **가죽**.

破 깰 파
(4Ⅱ 石부 10획)

돌(石 돌 석)의 겉(皮 가죽 피)을 쳐서 깨다.
破壞(파괴) 破産(파산) 破損(파손) 破片(파편) 打破(타파)
破竹之勢(파죽지세) : 대를 쪼개는 것과 같은 거침없는 기세.

頗 치우칠 파
(3급 頁부 14획)

겉(皮 가죽 피)만 보고 머리(頁)로 판단하니 치우치다.
치우침이 매우 심하다. 偏頗(편파) 頗多(파다) : 매우 많음.
*頁(머리 혈) : 사람 **머리**(一)에서 **얼굴**(自), **목**(丿丶)까지 신체.

派 갈래 파
(4급 水부 9획)

물(氵)이 언덕(厂 언덕 한)에서 뿌리(氏)처럼 여러 갈래로 흐름.
派兵(파병) 派生(파생) 黨派(당파) 學派(학파)
*氏(성씨 씨) : **뿌리**가 뻗어나듯 뻗어나가는 **사람의 성씨**.

罷 그만둘 파
(3급 网부 15획)

법망(罒 그물 망)에 걸리면 능력(能 능할 능) 있는 이도 일을 그만둔다. 罷免(파면) 罷業(파업) 罷職(파직)
*能 : 곰 주둥이(厶)·몸통(月)·발(匕). 곰은 끈기 있어 일에 **능하다**.

투특파

1, 2급 한자

坡 언덕 파	흙(土)이 가죽(皮) 쌓아놓은 듯 높게 형성된 **언덕**.	경기도 坡州(파주)
婆 할미 파	물결(波)처럼 주름 많이 진 여자(女)인 할미.	媒婆(매파)
跛 절뚝거릴 파	발(足) 피부(皮)가 벗겨질 정도로 다쳐 **절뚝거리다**.	跛行(파행)

✏️ 破釜沈舟(파부침주) : 승리(勝利)하지 않으면 돌아가지 않겠다는 굳은 결의.
  - 항우(項羽)가 조(趙)나라를 구하기 위한 거록(鋸鹿)의 싸움에서 밥 짓는 솥을 깨고 타고 돌아갈 배를 가라앉히고 병사들에게는 3일분의 식량(食糧)만을 나누어주어 진(秦)나라의 군을 격파(擊破)한 일에서 유래한다. ▶ 釜(가마 부) 沈(가라앉을 침)

가나다순 한자

播 判 板 版 販

播 뿌릴 파 (3급 手부 15획)
손(扌)으로 먼저 뿌려야할 씨앗부터 차례(番)로 **뿌리다**.
播種(파종) 傳播(전파) 播遷(파천) : 임금이 궁을 떠나 피란함.
*番(차례 **번**) : 분별해서(釆) 익은 곡식을 밭(田)에서 **차례**로 거둠.

判 판단할 판 (4급 刀부 7획)
소를 반(半)으로 칼(刂 선칼 도)로 가르듯 잘 잘못을 **가리다**. **판단하다**. 判決(판결) 判斷(판단) 判事(판사)
*半(반 **반**) : 소(牛 소 우)는 커서 잡으면 **반**으로 갈라놓음.

板 널빤지 판 (5급 木부 8획)
나무(木)를 켜고 반대(反 반대 반)로 뒤집어 켜서 만든 **판자**.
板子(판자) 板紙(판지) 看板(간판) 黑板(흑판)
*反 : 벼랑(厂)을 손(又)으로 무언가를 잡으며 **반대로** 오름.

版 판목 판 (3Ⅱ 片부 8획)
판목(片 조각 편)에 글자를 새겨 반복하여(反 반복할 반) 책 등을 **인쇄하다**. 版圖(판도) 絕版(절판) 出版(출판)
*反 : 벼랑(厂)을, 손(又)으로 **반복**(反復) 해 잡으며 오르는 데서.

販 팔 판 (3급 貝부 11획)
돈(貝) 같은 것을 받고 반대(反 반대 반)로 물건 등을 **팔다**.
販路(판로) 販賣(판매) 販促(판촉) 總販(총판)
*反 : 벼랑(厂)을, 손(又)으로 무언가를 잡으며 **반대로** 오름.

🖉 한자(漢字) 음(音)의 이해

같은 字母(자모 : 한자 구성의 기본자)를 가지고 있으나 음이 다르게 표기되는 경우

'ㅂ' 과 'ㅍ'
* 파열음으로 연관성을 가진 한자
反(반대할 반) - 販(팔 판)   半(반 반) - 判(가를 판)
補(채울 보) - 捕(잡을 포)   福(복 복) - 幅(너비 폭)
便(똥, 오줌 변·편리할 편) - 하나의 음에서 갈라져 나옴.

	八 貝 敗 片 偏
八 여덟 팔 (8급 八부 2획)	두 손의 네 손가락을 펴서 서로 등지게 하여 **여덟**. 八道(팔도) : 옛날 우리나라의 행정구역인 여덟 도. ▶ 道(길 도) 경기도 · 충청도 · 전라도 · 경상도 · 강원도 · 황해도 · 평안도 · 함경도
貝 조개 패 (3급 貝부 7획)	줄무늬 있는 조개가 살을 내밀어 이동하는 모습. 옛날 단단하며 광택 나는 아름다운 작은 마노조개를 **화**폐로 사용. **돈**, **재물**. 魚貝類(어패류) 貝塚(패총) ▶ 塚(무덤 총)
敗 패할 패 (5급 攵부 11획)	조개(貝조개 패)가 얻어맞아(攵) 깨지듯 **패하다**. 敗亡(패망) 敗北(패배) 敗戰(패전) 敗退(패퇴) 失敗(실패) *攵(칠 복) : 사람(一)이 뭔가 들고 이리(丿)저리(乀) **치다**.
片 조각 편 (3Ⅱ 片부 4획)	통나무 둘로 쪼갰을 때 생기는 오른쪽 작은 **조각** 모양. 片道(편도) 破片(파편) 一葉片舟(일엽편주) 一片丹心(일편단심)
偏 치우칠 편 (3Ⅱ 人부 11획)	사람(亻)은 책(扁) 쓸 때 **치우치**는 경향이 있다는 데서. 偏見(편견) 偏食(편식) 偏執狂(편집광) 偏差(편차) 偏頗(편파) *扁(책 편) : 집(戶 집 호)에서 만든 **작은 책**(冊)이라는 데서.

파팔패편

1, 2급 한자

扁 작을 편 집(戶 집 호)에서 만든 **작은 책**(冊 책 책)이라는 데서 **작다**는 뜻.
扁額(편액) : 종이 · 비단 · 널빤지 따위에 그림을 그리거나 글씨를 써서 방 안이나 문 위에 걸어 놓는 액자(額子).

騙 속일 편 말(馬)은 나이, 책(扁)은 사실과 다른 경우가 많아 **속이다**.
騙取(편취) : 속이어 남의 물건을 빼앗음.

🔵 扁桃腺(편도선) : 사람의 입 속 양쪽 구석에 하나씩 있는 편평(扁平)하고 복숭아처럼 타원형(楕圓形)으로 생긴 림프샘.

📖 遍篇編便平

遍
두루 편
(3급 辶부 13획)

책(扁 책 편)을 멀리(辶)까지 보급한다 하여 두루.
遍在(편재) 普遍(보편) ▶ 在(있을 재) 普(넓을 보)
*辶(멀리갈 착) : 쉬엄쉬엄 멀리 걸어가는 모습에서 가다.

篇
책 편
(4급 竹부 15획)

대쪽(竹)에 글을 적어 잘 엮어서 작게(扁) 만든 책.
短篇(단편) 千篇一律(천편일률) : 변화 없고 판에 박은 듯 같음.
*戶(집 호) : 열고 닫는 문이 하나만 달린 방이나 집.

編
엮을 편
(3Ⅱ 糸부 15획)

끈(糸)으로, 작게 책(扁 책 편)을 만들어 잘 엮다.
編隊(편대) 編成(편성) 編著者(편저자) 改編(개편) 續編(속편)
*册(책 책) : 목간(冂冂)에 글을 써서 엮은(一) 것이 책으로 됨.

便
편할 편, 똥오줌 변
(7급 人부 9획)

사람(亻)이 좋게 고쳐(更 고칠 경) 쓰니 편함. 배출하면 편한 똥·오줌. 便利(편리) 便安(편안) 小便(소변)
*更 : 틀린 한마디(一) 말(曰)을 사람(人)이 좋게 고쳐 다시 말함.

平
평평할 평
(7급 干부 5획)

두 손(八)으로 받쳐 든 방패(干) 모양이 평평하다.
平年(평년) 平民(평민) 平生(평생) 平日(평일) 平和(평화)
*干(방패 간) : 손잡이 달린 둥근 방패. 막는다.

1, 2급 한자

坪 평지,평 평
땅(土)이 평평한(平) 평지(平地).   建坪(건평)
땅의 넓이나 집의 넓이를 나타내는 단위인 평.   坪數(평수)

萍 부평초 평
풀(艹)이 물(氵) 위에 평평하게(平) 떠 있는 부평초.
浮萍草(부평초) : 연못이나 논의 물 위에 떠서 사는 풀. 개구리 밥.

秤 저울 칭
벼(禾 벼 화)를 저울로 평평하게(平) 다는 데서. 天秤(천칭) : 저울 天平秤(천평칭 = 천칭) : 가운데의 줏대에 걸친 가로장 양 끝에 저울판을 달고 한쪽에는 달 물건을, 다는 한쪽에는 추를 놓아서 평평하게 함으로써 물건의 무게를 다는 저울.

✎ 評 肺 閉 廢 幣

評 평할 평 (4급 言부 12획)	논할(言) 때는 치우치지 않고(平) 공평(公評)하게. 評價(평가) 評判(평판) 論評(논평) 好評(호평) 批評(비평) *平(평평할 평) : 두 손(八)으로 받쳐 든 방패(干)가 **평평하다**.
肺 허파 폐 (3Ⅱ 肉부 9획)	몸(月)에, 시장(市 시장 시)에 사람 들고나듯, 공기 들고나는 허파. 肺結核(폐결핵) 肺炎(폐렴) 肺癌(폐암) *月(육달 월) : '달'의 뜻이 아닐 때는 '月=肉 고기 육'로 **신체**의 뜻.
閉 닫을 폐 (4급 門부 11획)	문(門 문 문)에 빗장(才)을 끼워 닫다. 閉幕(폐막) 閉店(폐점) 閉會(폐회) 開閉(개폐) *門(문 문) : 두 짝으로 된 문. **집, 열다, 닫다** 등의 뜻.
廢 廃 폐할 폐 (3Ⅱ 广부 15획)	집(广 집 엄)에서 나가라고(發) 쫓아내다. 집 모두 나가돌보지 않아 못쓰게 되다. 廢刊(폐간) 廢妃(폐비) 廢止(폐지) *發(나아갈 발) : 활(弓) 쏘고 창(殳) 던지며 **나아감**(癶 걸을 발).
幣 비단 폐 (3급 巾부 15획)	해지기(敝) 쉬운 천(巾 수건 건)인 비단(緋緞). 돈처럼 쓰니 화폐. 幣帛(폐백) 紙幣(지폐) 貨幣(화폐) *敝(해질 폐) : 천(巾)을 치니(攵 칠 복) 갈라져(八八)로 **해지다**.

📘 넓이에 대하여

1坪(평) : 두 사람이 편히 누울 수 있을 정도의 넓이로 사방 여섯 자.
즉, 6尺×6尺 ≒ 3.3m²로 집이나 대지(垈地)의 넓이를 나타냄.

1間(칸) : 한 사람이 누울 수 있을 정도의 넓이로 坪6의 절반(6尺×3尺).

1町步(정보) = 3,000평(坪) ≒ 10,000m² = 1ha(헥타아르).

1尺(자 척) 은 30.3cm (주의 : 먼 옛날의 1尺은 22.5cm).

- 옛 사람의 키는 척(尺)으로 표시하였는데 이 때는 22.5cm로 계산하여야 함.

弊蔽布浦捕

弊 폐단 폐
(3Ⅱ 廾부 15획)

해진(敝) 곳 손(廾 들 공)으로 가리는 좋지 않은 폐단. 못하다는 데서 자기 쪽을 낮추어 표현할 때 씀.
弊端(폐단) 弊習(폐습) 弊害(폐해) 病弊(병폐) 弊社(폐사)

蔽 가릴 폐
(3급 艹부 16획)

풀잎(艹)으로 해지거나(敝 해질 폐) 좋지 않은 면을 가리다. 덮다. 隱蔽(은폐) 掩蔽(엄폐) ▶ 隱(숨길 은) 掩(가릴 엄)
建蔽率(건폐율) : 대지(垈地) 전체 평수 가운데 건평(建坪) 비율.

布 베 포, 보시 보
(4Ⅱ 巾부 5획)

세로(丿)와 가로(一)로 걸어 짠(巾) 베. 베를 쫙 편다하여 펴다. 펴서 베풀다. 布木(포목) 布敎(포교) 布施(보시)
*巾(수건 건) : 몸(丨)에 두른(冂) 수건, 천, 천의로 만든 것.

浦 물가 포
(3Ⅱ 水부 10획)

민물(氵)과 바닷물 드나드는 큰(甫) 포구(浦口)나 물가.
浦村(포촌) 浦項製鐵(포항제철) 三千浦(삼천포)
*甫(클 보) : 열(十) 번 실(丶) 감아 쓰는(用 쓸 용) 큰 실패.

捕 잡을 포
(3Ⅱ 手부 10획)

손(扌)을 크게(甫 클 보) 움직여 잡다.
捕手(포수) 捕捉(포착) 捕獲(포획) 生捕(생포) ▶ 獲(잡을 획)
*用(쓸 용) : 점통(冂)으로 점 쳐서 맞으면(中) 그 일을 힘써 한다.

1, 2급 한자

斃 죽을 폐	몸이 해져(敝) 죽어(死) 넘어진다는 데서 죽다.	斃死率(폐사율)
哺 먹일 포	입(口)을 크게(甫) 벌리게 한 후 음식 등을 먹이다.	哺乳類(포유류)
脯 고기 포	물고기나 쇠고기(月)를 크게(甫) 썰어 말린 고기.	肉脯(육포)
逋 달아날 포	세금 등을 크게(甫) 떼먹고 멀리(辶) 달아나다.	稅金逋脫(세금포탈)
鋪 가게 포	쇠(金) 농기구 등을 크게(甫) 차려 놓고 파는 가게.	店鋪(점포)
圃 밭 포	짐승 못 들게 크게(甫) 에워싸(囗 에워쌀 위) 만든 밭.	蔘圃(삼포)
匍 길 포	몸을 물체 감싸듯(勹 쌀 포) 크게(甫) 구부려 기다.	匍匐(포복)
葡 포도 포	잎(艹)이 열매를 크게(甫) 감싸며(勹) 자라는 포도.	靑葡萄(청포도)
蒲 창포 포	풀(艹) 중 물가(浦 물가 포) 주위에 많이 자라는 창포.	菖蒲(창포)

包 抱 胞 砲 飽

包 쌀 포 (4Ⅱ 勹부 5획)
뱃속에 태아(巳)가 싸여(勹 쌀 포) 있는 모양에서 **싸다**.
包容(포용)　包圍(포위)　包裝(포장)　小包(소포)
*巳(뱀 사) : 몸을 말고 있는 뱀. 또는 **웅크린 태아** 모양.

抱 안을 포 (3급 手부 8획)
손(扌)으로 감싸며(包) **껴안다**. ▶ 負(질 부) 擁(안을 옹)
抱負(포부)　抱擁(포옹)　懷抱(회포)　▶ 懷(품을 회)
*包(쌀 포) : 뱃속에 태아(巳)가 싸여(勹) 있는 모양에서 **싸다**.

胞 태보 포 (4급 肉부 9획)
몸(月)에서 태아를 싸고(包 쌀 포) 있는 **태보(胎褓)**.
僑胞(교포)　同胞(동포)　細胞(세포)　▶ 褓(보자기 보)
*月(육달 월) : '달'의 뜻이 아닐 때는 '月=肉 고기 육'로 **신체**의 뜻.

砲 대포 포 (4Ⅱ 石부 10획)
돌(石)을 싸서(包 쌀 포) 쏘는 **대포(大砲)**.
砲兵(포병)　砲聲(포성)　砲彈(포탄)　砲丸(포환)　祝砲(축포)
*石(돌 석) : 언덕(厂 언덕 한) 밑에 굴러 떨어진 돌(口).

飽 배부를 포 (3급 食부 14획)
음식(𩙿=食)을 뱃속에 가득 싸고(包 쌀 포) 있으니 **배부르다**.
飽滿(포만)　飽食(포식)　飽和狀態(포화상태)
*食(먹을 식) : 사람(人)이 **먹는** 좋은(良 좋을 량) **밥**. *食 = 𩙿 食

폐 포

1, 2급 한자

咆 고함칠 포　　입(口)을 물건 싸듯(包) 크게 벌려 **고함치다**.　　咆哮(포효)
泡 거품 포　　　물(氵)이 얇게 겉만을 싸고(包) 있는 **물거품**.　　水泡(수포)
袍 도포 포　　　옷(衤) 중에서 싸(勹)듯이 몸에 둘러 입는 **두루마기**.　道袍(도포)
鮑 절인고기 포　물고기(魚)를 소금에 싸듯(包) 뿌려 **절인다**.　　管鮑之交(관포지교)

🔵 咆哮(포효) : 1. (사나운 짐승이) 크게 울부짖음. 2. (사람이) 크게 외침.
　　[포효하는 천하장사] ▶ 哮(으르렁거리는 효)

幅 暴 爆 表 票

幅 폭 폭
(3급 巾부 12획)

한(一) 입(口) 먹고 살 수 있는 밭(田)의 넓이를 재듯이 천(巾 수건 건)의 너비를 나타낸 폭.
廣幅(광폭) 路幅(노폭) 步幅(보폭) 畫幅(화폭)

暴 사나울 포, 폭
(4Ⅱ 日부 15획)

해(日) 같이 높은 곳에서 함께(共) 떨어지는 물(氺) 모양이 사납다.
暴惡(포악) 暴動(폭동) 暴力(폭력) 暴食(폭식)
*共 : 많은(廾 스물 입) 사람이 두 손(八)을 하나(一)로 모아 함께.

爆 터질 폭
(4급 火부 19획)

불(火)이 번쩍하고 일어나며 사납게(暴) 터지다.
爆擊(폭격) 爆發(폭발) 爆藥(폭약) 爆彈(폭탄) 爆破(폭파)
*廾(스물 입) : 열(十)에 열(十)을 더해 스물. 또한 많다.

表 겉 표
(6급 衣부 8획)

옷(衣)은 겉감과 안감의 두(二) 겹 중, 바깥쪽인 겉.
表面(표면) 表現(표현) 成績表(성적표) 表裏不同(표리부동)
*衣(옷 의) : 위에 입는 옷 모양. ▶績(공적 적) 裏(속 리)

票 쪽지 표
(4Ⅱ 示부 11획)

뚜껑(襾 덮을 아)에 내용물을 알아 볼(示) 수 있게 써 붙인 쪽지.
票決(표결) 買票(매표) 手票(수표) 暗票(암표)
*示(보일 시) : 제단 모양으로 제물을 제단에 올려 신에게 보임.

1, 2급 한자

瀑 폭포 폭 — 물(氵)이 사납게(暴) 떨어지는 폭포(瀑布). ▶布(베, 펼 포)
慓 급할 표 — 마음(忄)을 쪽지(票)에 적어 알린다 하여 급하다. 慓毒(표독)
剽 따낼 표 — 큰 것에서 쪽지(票) 모양으로 칼(刂)로 따내다. 剽竊(표절)
瓢 박 표 — 쪽지(表)가 나부끼듯, 오이(瓜 오이 과)처럼 늘어져 있는 박.
瓢 주 박 — 조롱박이나 둥근 박을 반으로 쪼개어 만든 작은 바가지.

🔵 表音文字(표음문자) : 사람의 말소리를 기호로 나타낸 글자. 한글, 영어의 알파벳.
🔵 表意文字(표의문자) : 글자가 말의 뜻을 나타내는 글자. 한자(漢字)가 대표적임.

漂 標 品 風 楓

漂 떠다닐 표
(3급 水부 14획)
물(氵) 위에 쪽지(票 쪽지 표) 같은 것이 떠다니다.
漂流(표류) 浮漂(부표) : 물 위에 떠서 이리저리 떠돌아다님.
*襾(덮을 아) : 그릇 아가리에 끼워 막는 **마개**. **덮는다**. *襾 = 西

標 표지판 표
(4급 木부 15획)
내용을 적어(票 쪽지 표) 나무판(木)에 붙인 표지판.
標記(표기) 標示(표시) 標紙(표지) 目標(목표) 商標(상표)
里程標(이정표) : 다음 목적지까지 거리를 적어 세워 놓은 푯말.

品 물품 품
(5급 口부 9획)
여러 사람의 입(口)에 오르내릴 정도로 훌륭한 물품.
品性(품성) 品位(품위) 品質(품질) 食品(식품) 作品(작품)
品格(품격) : 사람이나 물건에서 느껴지는 좋은 인상이나 짜임새.

風 바람 풍
(6급 風부 9획)
모든(凡) 벌레(虫 벌레 충)는 바람에 민감하다 하여.
風速(풍속) 風俗(풍속) 風土(풍토) 風波(풍파) 風向(풍향)
*凡(모두 범) : 물체(丶)를 **모두** 덮고(几) 있는 천의 모양에서.

楓 단풍 풍
(3Ⅱ 木부 13획)
나무(木) 중, 찬바람(風) 불면 잎 색 변하는 단풍나무.
楓林(풍림) 楓葉(풍엽) 丹楓(단풍) 霜楓(상풍) ▶ 霜(서리 상)
*虫(벌레 충) : 사리고 있는 **뱀**이나 **작은 벌레** 모양.

1, 2급 한자

諷 빗대어말할 풍
말(言)로, 보이지 않으나 바람(風)이 조복 흔들듯, 대놓고 하지 않으나 저절로 깨닫게 **빗대어 말하다**.
諷刺(풍자) ▶刺(찌를 자)

🔵 風樹之嘆(풍수지탄) : 효도하고 싶어도 효도할 어버이가 계시지 않은 데 대한 한탄.

- 樹欲靜而風不止(수욕정이풍부지)　　子欲養而親不待(자욕양이친부대)
　나무가 고요하고자 하나　　　　자식이 봉양(奉養)하려 하나
　바람은 멎지 않고,　　　　　　어버이는 기다려 주지 않음.

가나다순 한자 359

豊 皮 彼 被 疲

豊 풍성할 풍 (4Ⅱ 豆부 13획)
제기(豆 제기 두)에 올린 떡이 커서 굽은(曲) 모양에서, 이처럼 풍성(豊盛)함. 豊年(풍년) 豊滿(풍만) 豊富(풍부)
*曲(굽을 곡) : 입(口)의 혀(一)를 길게 내미니(ㅣㅣ) **구부러짐**.

皮 가죽 피 (3Ⅱ 皮부 5획)
짐승의 가죽을 손(又 손 우)으로 당겨(ㅣ) 벗기는 모양으로, 보통 털이 붙어 있는 날가죽을 의미함.
皮膚(피부) 皮相的(피상적) 皮革(피혁) 毛皮(모피) 脫皮(탈피)

彼 저 피 (3Ⅱ 彳부 8획)
몸체에서 떨어져 나간(彳 걸을 척) 가죽(皮 가죽 피)처럼 떨어져 있는 저쪽이나 저이를 나타낸 자.
彼我(피아) 彼此(피차) 彼岸(피안) : 열반(涅槃)의 세계.

被 입을 피 (3Ⅱ 衣부 10획)
옷(衤)을 겉(皮 겉 피)에 입는다. ▶ 襲(엄습할 습)
被告(피고) 被服(피복) 被殺(피살) 被襲(피습) 被害(피해)
*衣(옷 의) : 위에 입는 옷 모양. *衣 = 衤 '옷의 변'이라 함.

疲 피로할 피 (4급 疒부 10획)
아픈(疒) 것 같이 겉(皮 가죽 피)에 보이는 피로(疲勞).
疲困(피곤) 疲勞(피로) 疲弊(피폐) : 지치고 쇠약해짐.
*疒(병들 녁) : 집(广 집 엄)에 찬바람(冫 얼 빙) 들어와 **병들다**.

1, 2급 한자

艶 고울 염   풍만한(豊) 얼굴 색(色)이 곱다. 妖艶(요염) 艶聞(염문)   ▶ 妖(예쁠 요)
披 펼 피   손(扌)으로 가죽(皮)을 벗겨 **펼치다**. 披瀝(피력)   ▶ 瀝(거를 력)

- 艶聞(염문) : 연애(戀愛)나 정사(情事)에 관한 소문(所聞).
- 被虐性(피학성) : 남에게 학대를 받음으로써 쾌감을 느끼는 성질. ↔ 加虐性(가학성)
- 被虐症(피학증) : 피학성의 병적 심리 상태. 마조히즘(masochism) ↔ 사디즘(sadism)

避 匹 必 筆 畢

避 피할 피
(4급 辶부 17획)

어려운 상황을 피해(辟) 간다(辶 갈 착) 하여 **피하다**.
避難(피난) 披露針(피로침) 避暑(피서) 避身(피신)
*辟(피할 벽) : 죽음(尸)의 구렁텅이(口)로부터 죄인(辛)이 **피하다**.

匹 짝 필
(3급 匚부 4획)

감추어져(匚 감출 혜) 있어 안 보이는 것처럼 어딘가에 있는 어진 사람(儿 어진사람 인)인 나의 **짝**, **나의 상대**.
匹敵(필적) 配匹(배필) 匹夫匹婦(필부필부) : 평범한 남녀.

必 반드시 필
(5급 心부 5획)

심장(心)에 비수(丿)가 들어와도 할 것은 **반드시** 한다.
必讀(필독) 必需(필수) 必勝(필승) 必要(필요) 必然(필연)
必死則生(필사즉생) : 오로지 죽기로 싸우면 그것이 곧 사는 길이다.
必生則死(필생즉사) : 오로지 살려고 비겁하면 그것이 곧 죽음이다.

筆 붓 필
(5급 竹부 12획)

대(𝍘 대 죽)로 만든 **붓**(聿 붓 율). ▶順(차례 순)
筆記(필기) 筆力(필력) 筆法(필법) 筆順(필순) 筆者(필자)
*聿 : 세 손가락(⺕ 손 계)과 나머지 두(二) 손가락으로 쥔(丨) **붓**.

畢 마칠 필
(3Ⅱ 田부 11획)

밭(田)에 난 풀(艹)의 일생(一)은 시월(十)이면 **마친다**.
畢竟(필경) : 마침내. 결국에는. 檢査畢(검사필) 未畢(미필)
*田(밭 전) : 여러 갈래로 구분 지어져 있는 **밭**이나 **논**.

📘 길이에 대하여

1치(寸) : 尺의 10분의 1 (3.03cm)   1 inch : foot의 1/12 (2.54cm)

1자(尺) : 寸의 10배로 (30.3cm)   1 foot : 12 inches (30.5cm)

1마(碼) : foot의 3배로 (91.4cm)   1 yard(야드) : 3 feet (91.4cm)

1필(匹) : 조금씩 다름 (보통 40尺)   1 mile(마일) : (1,609m)

1리(里) : 약 393m 정도의 길이   1 sea mile(해리) : (1,852m)

* '寸'은 엄지 마디 길이, 'foot'은 발 길이, '碼'는 영국 단위인 yard에서 온 말

下 河 何 荷 夏

下 아래 하 (7급 一부 3획)
사물의 **아래**를 가리킴. 下校(하교) 下山(하산) 上下(상하)
下心(하심) : 자기를 낮추는 겸손한 마음. ▶ 達(이를 달)
*下學上達(하학상달) : 쉬운 것을 배워 깊고 어려운 것을 깨달음.

河 물 하 (5급 水부 8획)
큰 **물**(氵)은 항상 올바른(可) 방향으로 흐른다는 데서.
河口(하구) 河川(하천) 山河(산하) 運河(운하) 黃河(황하)
*可(옳을 가) : 장정(丁)이 **옳은** 말하여(口) 일 진행을 **가능하게** 함.

何 어찌 하 (3Ⅱ 人부 7획)
사람(亻) 올바르니(可) 그 누가 **어찌**하랴? 사람 중 올바른 이가 **누구냐**? 何等(하등) : 아무런. 아무. 誰何(수하)
*丁(장정 정) : 팔을 펴고(一) 서(亅)있는 **장정**.

荷 멜 하 (3Ⅱ ++부 11획)
풀짐(++)을 누군가(何 누구 하) **멘** 모양에서 나온 자.
荷役(하역) 荷重(하중) 手荷物(수하물) 賊反荷杖(적반하장)
*何(누구 하) : 사람(亻) 중 올바른(可 옳을 가) 이가 **누구**?

夏 여름 하 (7급 夊부 10획)
머리(頁 머리 혈의 줄임) 위로 태양이 내리쬐어 더위에 느릿느릿 걷는(夊) 계절인 **여름**. 夏至(하지) 立夏(입하)
*夊(천천히걸을 쇠) : 두 다리를 끌며 **천천히 걸어감**.

- 下石上臺(하석상대) : 아랫돌 빼서 윗돌을 굄. 임시변통으로 이리저리 둘러맞춤.
- 夏蟲疑氷(하충의빙) : 식견 좁은 사람(夏蟲)이 훌륭한 이의 말을 믿으려 하지 않음.
  - 여름 한 철만 사는 벌레(夏蟲)에게 "겨울엔 차갑고 하얀 눈이라는 것이 내리고, 냇물이 꽁꽁 언다" 하니 의심(疑:의심할 의)하며 좀처럼 믿으려 하지 않음.
- 같은 자모(字母)를 가지고 있으며 입을 둥글게 하여 내는 음으로 유사성을 가짐.

'ㄱ'	可(옳을 가) - 阿(언덕 아) - 河(물 하)	覺(깨달을 각) - 學(배울 학)
'ㅇ'	干(방패 간) - 岸(언덕 안) - 汗(땀 한)	共(함께 공) - 洪(넓을 홍)
'ㅎ'	見(볼 견) - 硯(벼루 연) - 現(나타날 현)	降(내릴 강, 항복할 항)

賀學鶴汗旱

賀 하례할 하 (3Ⅱ 貝부 12획)	좋은 일에 재물(貝)을 더하여(加) 주며 하례(賀禮)하다. 賀客(하객) 祝賀(축하) 致賀(치하) 年賀狀(연하장) *加(더할 가) : 힘(力)을 내라고 말(口)로 부추겨 힘을 더하다.
 学 배울 학 (8급 子부 16획)	양쪽(臼)으로 앉아 주고받으며(爻) 집(冖 덮을 멱)이나 학교에서 아이들(子)이 배우다. 學校(학교) 學生(학생) *爻(엇걸릴 효) : 엇걸려 있는 모양에서 주고받거나, 사귀다는 뜻.
鶴 학 학 (3Ⅱ 鳥부 21획)	하늘(冖 덮을 멱)을 뚫고 오르는 새(隹) 중 큰 새(鳥 새 조)인 학. 鶴首苦待(학수고대) 群鷄一鶴(군계일학) *隹(새 추) : 앉아 있는 보통 꽁지가 짧고 작은 새 모양.
汗 땀 한 (3Ⅱ 水부 6획)	막고(干 막을 간) 있는 피부 밖으로 나오는(氵) 땀. 汗蒸幕(한증막) 不汗黨(불한당) ▶ 蒸(찔 증) 幕(휘장 막) *干(막을 간) : 손잡이가 달린 둥근 방패. 막는다.
旱 가물 한 (3급 日부 7획)	햇빛(日)이 강해, 창칼에 찢긴 방패(干 방패 간) 같이, 땅이 금이 갈 정도로 가물다. 旱害(한해) ▶魃(가물귀신 발) 旱魃(한발) : 홍수로 젖은 대지를 말려주는 역할을 하는 귀신.

1, 2급 한자

罕 드물 한	그물(罒 그물 망)로 막아(干) 잡는 경우는 드문 일이다. 　　希罕(희한)

- 學而時習之不亦說乎(학이시습지불역열호) : 배우고 때때로 익히면 그 또한 기쁘지 아니한가.
- 不汗黨(불한당) : 땀을 흘려 노력(努力)하지 않고 떼를 지어 다니며 행패(行悖)를 부리는 무리, 강도(強盜), 화적(火賊).
- 旱魃(한발) : 홍수(洪水) 등으로 젖은 대지(大地)를 말려주는 역할을 하는 귀신이나 외로움을 타서 사람 사는 곳에 자주 나타나 가뭄을 들게 함.

寒 恨 限 閑 漢

寒
찰 한 (5급 宀부 12획)

집(宀 집 면) 바닥(一)에 쌓은 벽(井) 갈라진(八) 틈으로 찬(冫 찰 빙) 바람이 들어오는 모양에서 **차다, 춥다**.
寒氣(한기) 寒心(한심) 寒波(한파) 寒害(한해) 小寒(소한)

恨
원한 한 (4급 心부 9획)

마음(忄)의 상처가 눈(艮)에 서려 있는 **원한**.
恨歎(한탄) 餘恨(여한) 怨恨(원한) 痛恨(통한)
*艮(눈, 볼 간) : 눈(目의 변형) 뜨고 보는 모양에서 눈, 보다.

限
한정 한 (4Ⅱ급 阜부 9획)

언덕(阝 언덕 부)에 가려 볼(艮 볼 간) 수 있는 것의 **한계(限界), 한정(限定)**. 限度(한도) 時限(시한) 制限(제한)
* 阝(언덕 부) : 볼록 나온 **언덕**. 부수로만 쓰임. 阝 = 阜(언덕 부)

閑
한가할 한 (4급 門부 12획)

외양간 문(門 문 문)을 나무(木)로 막은 것은 겨울철은 농사가 **한가(閑暇)하다**는 데서. 閑職(한직) 農閑期(농한기)
閑良(한량) : 돈 잘 쓰고, 잘 노는 사람을 이르는 말.

漢
한나라 한 (7급 水부 14획)

가죽(革 가죽 혁)처럼 질긴 진흙 많은 양자강(氵) 상류에 크게 (大) 세워진 **한나라**. 군침(氵) 흘리며 서 있는 질긴(革) 사나이 (大). 漢江(한강) 漢字(한자) 漢族(한족) 怪漢(괴한)

📘 漢江投石(한강투석) : 한강에 돌 던지기. 아무리 해도 전혀 효과가 없는 일.

📘 漢(한) 나라(BC 202~AD 220년)
  - 前漢(전한, BC 202~AD 8년) : 기원전 202년에 유방(劉邦)이 항우(項羽)를 쓰러뜨리고 장안에 도읍하여 왕조를 연 때로부터 왕망(王莽)에게 망할 때까지(AD 8).
  - 新國時代(신국시대 8~23년) : 왕망이 전한을 빼앗고 후한에게 망할 때까지.
  - 後漢(후한, 25~220년) : 서기 25년 광무제(光武帝) 유수(劉秀)가 낙양에 도읍하여 기초를 다짐. 후에 위(魏) 나라의 시조 문제(文帝)에게 멸망할 때까지(220년).

📖 韓 割 含 咸 陷

韓
한국 한
(8급 韋부 17획)

나뭇가지(十十) 사이로 해(日) 돋는 동쪽에 많은 산으로 둘러싸인(韋) **나라**. 韓國(한국) 韓食(한식) 南韓(남한)
*韋(가죽 위) : 부드럽게 한 소(牛 소 우) **가죽**을 본뜬 자.

割
나눌 할
(3Ⅱ 刀부 12획)

해로운(害 해로울 해) 것을 칼(刂 선칼 도)로 **베다**, 여기서 **나누다**. 割據(할거) 割當(할당) 割賦(할부) 割引(할인)
*害 : 집(宀)에 사는 많은(丰) 벌레가 입(口)으로 **해를 입힌다**.

含
머금을 함
(3Ⅱ 口부 7획)

지금(今) 입(口) 안에 가지고 있다는 데서 **머금다**.
含量(함량) 含有(함유) 含蓄(함축) 包含(포함)
*今(이제 금) : 사람(人) 한(一) 명이 몸 구부려(㇈) 일하는 **지금**.

咸
다 함
(3급 口부 9획)

창(戈 창 과)을 든 사람들이 그 뜻을 하나(一)로 모아 입(口)으로 함께 소리 지르는 모양에서 **다**의 뜻이 됨.
咸興差使(함흥차사) : 심부름 가서 소식도 없고 돌아오지도 않음.

陷 陷
빠질 함
(3Ⅱ 阜부 11획)

언덕(阝 언덕 부) 길에서 사람(㇈ 굽은사람 인)이 구덩이(臼)에 **빠지다**. 陷落(함락) 缺陷(결함) 謀陷(모함)
*臼(절구 구) : 곡식이 들어 있는 **절구**(6획). '臼'은 7획임.

1, 2급 한자

喊 소리칠 함	입(口)으로 다(咸) 함께 크게 **소리치다**.	喊聲(함성)
緘 봉할 함	실(糸)로 터진 부분(部分)은 다(咸) **봉하다**.	緘口(함구)
箴 경계할 잠	대(竹) 다(咸) 깍아 만든 **바늘**. 바늘 조심하듯 **경계하다**.	箴言(잠언)
鍼 침 침	쇠(金)를 다(咸) 갈아 만든 **의료용 침**. 鍼灸(침구)	▶ 灸(뜸 구)

📝 韓國(한국)의 '韓' : 일찍부터 북에서 남하 이주하는 사람들로 형성된 집단사회가 있어 스스로를 '韓'이라 불렀는데 이것이 확대되어 후에 진한(辰韓)과 아울러 마한(馬韓), 변한(弁韓)이라는 명칭이 나타났다. 부족국가인 삼한(三韓)은 역사적으로 고조선 이후 우리 민족의 터전이 되어 발전하여 삼국시대, 통일신라, 고려, 대한제국(大韓帝國, 1897~1910)을 거쳐 오늘의 대한민국(大韓民國, 1948~)에 이른다.

合抗航恒巷

合 합할 합 (6급 口부 6획)
사람들(人)을 한(一) 곳에 모아(亼) 말(口)을 맞추어 뜻을 합하다. 合格(합격) 合同(합동) 合心(합심) 成成(합성)
*亼(모일 집) : 사람(人)을 한(一) 곳에 모으다. 모이다.

抗 막을 항 (4급 手부 7획)
손(扌) 높이(亢 높을 항) 들어 막는다. ▶ 抵(밀칠 저)
抗拒(항거) 抗議(항의) 抗爭(항쟁) 抗戰(항전) 抵抗(저항)
*亢(: 책상(几 책상 궤) 머리 부분(亠 머리부분 두)이 높다.

航 건널 항 (4Ⅱ 舟부 10획)
돛을 높이(亢 높을 항) 단 배(舟 배 주)를 타고 건너다.
航空(항공) 航路(항로) 航海(항해) 缺航(결항) 密航(밀항)
*几(책상 궤) : 기대앉는 책상이나 덮개 또는 높은 모양.

恒 항상 항 (3Ⅱ 心부 9획)
마음(忄)은 어딘가에 항상 펼쳐져(亙) 있다는 데서.
恒常(항상) 恒星(항성) 恒時(항시) 恒茶飯事(항다반사)
*亘(펼 선) : 위(一) 아래(一)로 말(日)이 돌게 하여 일을 편다.

巷 거리 항 (3급 己부 9획)
사람이 함께(共 함께 공) 다니는, 뱀(巳 뱀 사)처럼 길게 난 길이나 거리. 巷間(항간) 街談巷說(가담항설)
*共 : 많은(卄 스물 입) 사람이 두 손(八)을 하나(一)로 모아 함께.

1, 2급 한자

蛤 조개 합   생물(虫) 중 양 껍질이 합하여진(合) 조개.   大蛤(대합) 紅蛤(홍합)
盒 찬합 합   합해지는(合) 그릇(皿 그릇 명)인 찬합(饌盒 : 여러 층으로 된 그릇).
洽 흡족할 흡   필요한 물(氵)이 몸에 합해지니(合) 흡족(洽足)하다.   未洽(미흡)
恰 흡사할 흡   마음(忄)이 합해진다는(合) 것은 서로가 흡사하기에.   恰似(흡사)
坑 구덩이 갱   파 낸 흙(土)이 높이(亢) 쌓일 만큼 깊게 판 구덩이.   坑道(갱도)

📖 焚書坑儒(분서갱유) : 진시황이 서적을 불사르고 선비들을 구덩이에 묻어 죽인 일.
- 정부(政府)를 비난한다는 죄를 씌워 460명의 학자를 묻어 죽였으나 책들은 사실상 참고(參考)를 위해 몇 벌씩 정부 서고(書庫)에 보관되어 있었다 한다.

📖 港項亥該海

港 항구 항
(4Ⅱ 水부 12획)

물가(氵)에 형성된 거리(巷)인 항구(港口).
空港(공항) 漁港(어항) 不凍港(부동항) : 얼지 않는 항구.
*卄(스물 입) : 열(十)에 열(十)을 더해 스물. 또한 많다.

項 목 항
(3Ⅱ 頁부 12획)

'工' 같은 모양을 한 머리(頁) 어깨 사이의 목. 목은 중요하다.
項目(항목) 事項(사항) 條項(조항) ▶ 條(가지 조)
*'工'은 '장인 공'자이나 여기서는 사람의 '목'을 나타냄.

亥 돼지 해
(3급 亠부 6획)

돼지의 머리(亠 머리부분 두)와 몸, 다리의 뼈대를 본뜬 자로 넓게 써 보면 돼지 모양이 된다.
12지지(地支)의 마지막. 亥時(해시) : 밤 9 ~ 11시.

該 넓을 해
(3급 言부 13획)

말(言)을 살찐 돼지(亥 돼지 해)처럼 폭 넓게 한다 하여. 말(言)의 뼈대(亥)가 그것에 해당하여 그의 뜻.
該當(해당) 該博(해박) ▶ 當(마땅할 당) 博(넓을 박)

海 바다 해
(7급 水부 10획)

물(氵)이 항상(每) 있는 바다. ▶ 洋(큰바다 양)
海軍(해군) 海水(해수) 海外(해외) 海洋(해양) 東海(동해)
*每(항상 매) : 사람(亠)은 항상(恒常) 어미(母)를 그리워한다.

합항해

1, 2급 한자

咳 기침 해	입(口)을 게걸스런 돼지(亥)처럼 벌리고 하는 기침.	咳嗽(해수)
骸 해골 해	돼지 뼈대(亥) 즉 살이 썩고 뼈(骨)만 남은 해골.	骸骨(해골)
駭 놀랄 해	잘 놀라는 말(馬)처럼 뼈(亥)를 보고 놀라다.	駭怪(해괴)
劾 캐물을 핵	뼈대(亥)처럼 속에 든 내용(內容)을 힘써(力) 캐묻다.	彈劾(탄핵)

🔵 彈劾(탄핵) : 공직(公職)에 있는 사람의 죄상(罪狀)을 들추어 그 책임(責任)을 물음.

🔵 駭怪罔測(해괴망측) : 놀랍고 괴이하고 그 정도가 심해 헤아릴 수 조차 없음.

害奚解核行

害 해로울 해 (5급 宀부 10획)
집(宀 집 면)에 사는 많은(丰) 벌레가 입(口)으로 해를 입힌다.
害蟲(해충) 水害(수해) 利害(이해) 公害(공해)
*丰(무성할 봉) : 많은(三) 풀이 흙을 뚫고(丨) 나와 무성함.

奚 어찌 해 (3급 大부 10획)
손(爫 손톱 조)으로 작고(幺) 큰(大) 일을 어찌 더 할 수 있겠는가라는 데서. 奚琴(해금) : 민속 악기의 하나.
*幺(작을 요) : 실 뭉치 또는 웅크리고 있는 작은 아기 모습.

解 풀 해 (4Ⅱ 角부 13획)
소(牛 소 우) 뿔(角) 사이를 칼(刀)로 쳐서 잡아 가른다 하여 풀다.
解決(해결) 解氷(해빙) 理解(이해) 解語花(해어화)
*角(뿔 각) : 굽은(⺈ 굽은사람 인) 짐승의 뿔 모양.

核 씨 핵 (4급 木부 10획)
뼈대(亥)처럼 안에 있는 나무(木) 열매의 씨나 알맹이.
核家族(핵가족) 核武器(핵무기) 核心(핵심) 核彈頭(핵탄두)
*亥(돼지 해) : 돼지의 머리(亠)와 몸, 다리의 뼈대를 본뜬 자.

行 다닐 행, 항렬 항 (6급 行부 6획)
왼발(彳 걸을 척)·오른발(亍 걸을 촉)을 움직여 걸어가는 모양.
다닌다, 행하다. 대수(代數) 관계를 표시하는 항렬.
行動(행동) 行事(행사) 行人(행인) 行爲(행위) 言行(언행)
行列(항렬) : 조상으로부터 세어 내려오는 대수나 서열(序列). 돌림.

1, 2급 한자

衍 넓을 연
銜 직함 함

물(氵)이 흘러가며 퍼지며 넓어진다. 敷衍(부연) : 덧붙여 설명함.
말을 타고 갈(行) 때 입에 물리는 쇠(金)로 만든 재갈. 銜勒(함륵)
이처럼 자신의 역할의 범위를 나타내는 직함(職銜). 名銜(명함)

📖 解語花(해어화) : 말을 이해(理解)라는 꽃. 미인(美人)을 이르는 말.
– 당나라 현종이 비빈·궁녀들을 거느리고 연꽃을 구경하다 양귀비(楊貴妃)를 가리켜 "연꽃의 아름다움도 말을 이해하는 이 꽃에 미치지 못하리라"고 말했다는 데서 유래.

📖 行列(항렬) : 이름은 개인을 구별하는 글자와 가문의 계보, 세대를 나타내는 항렬자(行列字)로 구성, 성명만 보아도 어느 세족 어느 가문의 몇 대 손임을 아는 작명 제도. 항렬자 즉 '돌림자'는 木, 火, 土, 金, 水의 뜻이 들어간 자(字)로 되어 있으며, 木에서 火가 나오고, 火에서 土가 생기며, 土에서 金이, 金에서 水가 나오는 오행(五行)의 원리.

幸 向 享 香 鄕

幸 행복 행 (6급 干부 8획)
한(一) 번도 죄인(辛 죄인, 매울 신)의 몸으로 살지 않으면 그것이 바로 **행복(幸福)**. 幸運(행운) 多幸(다행)
*辛(죄인 신) : 세워(立) 놓고 이마에 '十'자를 바늘로 새는 **죄인**.

向 향할 향 (6급 口부 6획)
집(宀)의 입구(口)는 남쪽을 향한다는 데서. **방향**.
向方(향방) 向上(향상) 向學(향학) : 학문에 뜻을 둠.
*宀(집 면) : 지붕으로 덮여 있는 **집**.

享 누릴 향 (3급 亠부 8획)
높은(高의 줄임) 자리에 오른 자식(子)이 복을 **누리다**.
享樂(향락) 享有(향유) 享壽(향수) : 오래 사는 복을 누림.
*高(높을 고) : 성곽(冂 에워쌀 경) 위에 높이 만든 **높은** 망루.

香 향기 향 (4Ⅱ 香부 9획)
밥(禾)에서 나는, 입맛(日) 돋구는 고소한 **향기**.
香氣(향기) 香水(향수) 香辛料(향신료) ▶辛(매울 신)
*禾(벼 화) : 익으면 고개 숙이며(丿) 자라는(木) **벼**, 곡식.

鄕 郷 시골 향 (4Ⅱ 邑부 13획)
어려서(幺 작을 요)부터 흰(白) 쌀밥을 수저(匕 수저 비)로 떠먹으며 자라온 고을(阝고을 읍)인 **시골**, **고향(故鄕)**.
鄕村(향촌) 鄕學(향학) 歸鄕(귀향) 同鄕(동향)

1, 2급 한자 특급

倖 요행 행 : 사람(亻)이 행운(幸)을 바라는 마음에서 **요행(僥倖)**. 射倖心(사행심)
嚮 향할 향 : 고향(鄕)으로 **향한다**(向). 嚮導(향도) : 안내하여 인도함. 그런 사람.
饗 잔치 향 : 시골(鄕)에서 사람들이 음식을 함께 먹는(食) **잔치**. 饗宴(향연)

📖 **行書**(행서) : 해서(楷書)를 조금 흘려 쓴 글씨체. 글씨의 모양은 해서와 거의 같다.

📖 **入鄕循俗**(입향순속) : 다른 지방에 들어가서는 그 지방의 풍속에 따르라는 말.

響許虛軒憲

響 響
울릴 향
(3Ⅱ 音부 22획)

시골(鄕)에서 들던 메아리 소리(音 소리 음)의 울림.
交響樂(교향악)　反響(반향)　影響(영향)　音響(음향)
*音(소리 음) : 서서(立 설 립) 입(日 말할 왈)으로 내는 소리.

許
허락할 허
(5급 言부 11획)

말(言)에 숨김이 없고 낮(午)처럼 명백하니 허락하다.
許可(허가)　許諾(허락)　許容(허용)　免許(면허)　特許(특허)
*午(낮 오) : 사람(⺈ 누운사람 인)이 많이(十) 다니는 낮.

虛 虛
빌 허
(4Ⅱ 虍부 12획)

범(虍 범 호) 잡으려 파놓은 구덩이에 박아 놓은 창살(业 쌍상투 관) 모양으로, 구덩이가 텅 비어 있다는 뜻.
虛空(허공)　虛費(허비)　虛實(허실)　虛言(허언)　空虛(공허)

軒
집 헌
(3급 車부 10획)

전차(車 수레 차)가 적의 공격을 막아(干 막을 간) 주듯 비바람 막아주는 집. 軒軒丈夫(헌헌장부) : 남자다운 사내.
東軒(동헌) : 고을 원님 등이 공사(公事)를 처리하는 곳.

憲
법 헌
(4급 心부 16획)

해(害 해할 해) 입지 않도록 눈(罒)으로 살펴 마음(心) 편히 살도록 만든 법. 憲法(헌법)　憲兵(헌병)　改憲(개헌)
*害 : 집(宀)에 사는 많은(丰) 벌레가 입(口)으로 해를 입힌다.

1, 2급 한자

墟 옛터 허　　흙(土)만 있고 다 사라져 비어(虛 빌 허) 있는 옛터.　　廢墟(폐허)

- 虛禮虛飾(허례허식) : 예절, 법식 등을 겉으로만 꾸며 번드레하게 하는 일.
- 虛無孟浪(허무맹랑) : 터무니없이 거짓되고 실속(實速)이 없음. ▶ 浪(방자할 랑)
- 虛心坦懷(허심탄회) : 감춤이 없이 솔직한 태도로 품은 생각을 터놓고 편하게 함.
- 虛虛實實(허허실실) : 일부러 허점을 보이거나 상대의 허를 찌르거나 하는 전략.

獻 險 驗 革 玄

獻 献
바칠 헌
(3Ⅱ 犬부 20획)

범(虍 범 호)의 발 같은 다리가 달린 솥(鬲)에 개고기(犬)를 담아 **바친다**. 獻金(헌금) 獻身(헌신) 獻血(헌혈)
*鬲(솥 력) : **오지병** 또는 굽은 다리가 셋 달린 큰 **솥**.

險 険
험할 험
(4급 阜부 16획)

언덕(阝 언덕 부)이 여러(僉) 겹으로 되어 있어 **험하다**.
險難(험난) 險談(험담) 險惡(험악) 探險(탐험) 危險(위험)
*僉(여러 첨) : 사람(人人) 의견(口口)을 모은다(스)는 데서 **여럿**.

驗 験
시험할 험
(4Ⅱ 馬부 23획)

말(馬)을 여럿(僉)이 보거나 타본다는 데서 **시험하다**.
經驗(경험) 試驗(시험) 實驗(실험) 體驗(체험) 效驗(효험)
*스(모을 집) : 사람(人)을 한(一) 곳에 **모으다**.

革
가죽, 바꿀 혁
(4급 革부 9획)

짐승 가죽을 펴놓고 말리는 모양에서 **털 뽑은 가죽**. 또는 좋게 **바꾸다**. ▶ 命(명할 명) 改(고칠 개)
革帶(혁대) 革命(혁명) 革新(혁신) 改革(개혁) 變革(변혁)

玄
검을 현
(3Ⅱ 玄부 5획)

하늘을 덮고(亠) 있는 작은(幺 작을 요) 황사(黃砂)가 **가물가물하게** 보이거나, 햇빛을 가려 그 빛이 **어두움**.
玄關(현관) 玄米(현미) 玄孫(현손) : 손자의 손자. 새까만 후손.

1, 2급 한자

弦 활시위 **현**	활(弓)에 매어 있는 검은(玄) 줄인 활시위.	上弦(상현) 下弦(하현)
眩 아찔할 **현**	눈(目) 앞이 순간 깜깜하다(玄) 하여 **아찔하다**.	眩氣症(현기증)
舷 뱃머리 **현**	물체와 자주 부딪쳐 거무스레한(玄) 배(舟)의 머리.	左舷(좌현)
鉉 솥귀 **현**	솥(金)을 받치는 검게(玄) 그을린 세 개의 발인 **솥귀**.	鉉席(현석)

🔹 鉉 : 이름자로 많이 쓰이며 이는 왕을 받드는 삼공(三公)의 벼슬인 **영의정**(領議政)·**좌의정**(左議政)·우의정(右議政)을 뜻함.

絃 縣 懸 現 賢

絃 줄 현 (3급 糸부 11획)
현악기(絃樂器) 줄(糸 실 사) 튕길 때 가물거리는(玄 가물거릴 현) 악기줄. 絃樂器(현악기) 管絃樂(관현악)
*玄 : 하늘 덮고(亠) 있는 작은(幺) 황사가 **가물가물하게** 보임.

縣 県 고을 현 (3급 糸부 16획)
목 베어(首 머리 수의 거꾸로 모양) 끈에 매단(系 이을 계) 모양에서, 중앙 정부에 매달려 있는 지방정부인 현.
縣監(현감) : 조선 때 작은 현의 원님. 縣令(현령) 郡縣(군현)

懸 매달 현 (3Ⅱ 心부 20획)
모든 것은 마음(心) 먹기에 달려(縣) 있다 하여 걸다, 매달다.
懸賞金(현상금) 懸案(현안) ▶案(생각할 안)
*縣(고을 현) : 중앙정부에 매달려(系 이을 계) 있는 고을인 현.

現 나타날 현 (6급 玉부 11획)
옥돌(王=玉)을 갈고 닦고 보니(見 볼 견) 아름다운 빛깔이 나타난다. 現金(현금) 現代(현대) 現場(현장)
現象(현상) : 사람이 느낄 수 있는 모양이나 실체. [자연 현상]

賢 어질 현 (4Ⅱ 貝부 15획)
굳은(臤) 의지로 재물(貝)을 현명하게 관리하니 어질다.
賢明(현명) 賢人(현인) 先賢(선현) 賢母良妻(현모양처)
*臤(굳을 간) : 신하(臣)가 두 손(又) **굳게** 맞잡고 서 있는 모양.

- 懸頭刺股(현두자고) : 머리를 천장에 매달고 허벅지를 찔러 가면서 공부를 함.
  ▶刺(찌를 자) 股(넓적다리 고)

- 賢母良妻(현모양처) : 어진 어머니면서 착한 아내.

- 'ㄱ' 'ㅇ' 'ㅎ'으로 시작하는 음은 둥근 음으로 비슷하게 발음되는 특성(特性)이 있다. 즉 '가'는 '아'나 '하'로 발을 될 수 있다는 것이다.
  예). 可(옳을 가) – 阿(언덕 아) – 河(물 하)   覺(깨달을 각) – 學(배울 학)
       降(내릴 강, 항복할 항)   見(볼 견) – 硯(벼루 연) – 現(나타날 현)

顯 穴 血 嫌 協

顯 顕
나타날 현
(4급 頁부 23획)

햇빛(日)에 반짝이는 실(絲의 줄임)인 명주실로 장식한 머리(頁) 부분이 두드러지게 **나타난다** 하여.
顯微鏡(현미경) 顯著(현저) 顯忠日(현충일) ▶ 微(작을 미)
*頁(머리 혈) : 사람 **머리(一)**에서 얼굴(自), 목(丿丶)까지 신체.

穴
구멍 혈
(3Ⅱ 穴부 5획)

비바람을 피할(宀) 수 있게 파헤쳐진(八 나눌 팔) 굴, **구멍**.
穴居(혈거) 墓穴(묘혈) 三姓穴(삼성혈) ▶ 墓(무덤 묘)
*宀(집 면) : 지붕으로 덮여 있는 **집**. 또는 **지붕**이나 **덮은** 모양.

血
피 혈
(4Ⅱ 血부 6획)

제사 때 쓸 **피**(丿)가 그릇(皿) 위에 떨어지는 모양.
血管(혈관) 血氣(혈기) 血壓(혈압) 血液(혈액) 血淸(혈청)
*皿(그릇 **명**) : 위가 넓고 받침이 있는 **그릇**.

嫌 嫌
싫어할 혐
(3급 女부 13획)

여자(女) 둘(兼)을 놓고 저울질 하는 남자를 **싫어한다**.
嫌惡(혐오) 嫌疑(혐의) 嫌氣性(혐기성) : 공기를 싫어하는 성질.
*兼(겸할 겸) : 벼(禾) 둘을 한(一) 손(ヨ)에 쥔 모양에서 **겸하다**.

協
도울 협
(4Ⅱ 十부 8획)

여러(十) 사람들이 서로의 힘(劦)을 더해서 **돕는다**.
協同(협동) 協商(협상) 協心(협심) 協定(협정) 協助(협조)
*劦(힘합할 협) : 여러 사람들의 힘(力)과 힘(力力)을 **합하다**.

📖 일반 지방(紙榜)에 쓰는 한자 : 顯考學生府君 神位   顯妣孺人━金氏 神位

顯考(현고) : 죽은 아버지의 경칭
學生(학생) : 벼슬 아니 한 이의 명칭
府君(부군) : 죽은 아비·조부(祖父)의 존칭
神位(신위) : 죽은 사람의 영혼이 의지할 자리

顯妣(현비) : 죽은 어머니의 경칭(敬稱)
孺人(유인) : 벼슬 못한 이의 아내 존칭
(벼슬 한 경우 벼슬 이름 적음)
▶ 妣(죽은어미 비) 孺(젖먹이 유)

📖 玼吝考妣(자린고비) : 아주 인색(吝嗇)하고 비정(非情)한 사람.
– 옛날 충주(忠州)의 한 양반(兩班)이 부모 제사(祭祀)에 쓰는 제문(祭文)을 태우지 않고 두고두고 사용하여 '고(죽은아비 고)'와 '妣(죽은어미 비)' 두 자가 때에 절게 되었다. 그리하여 '절은 고비'라는 말이 생겼고 이것이 전해지는 과정(過程)에서 '절은고비 → 저린고비 → 자린고비'로 바뀌게 됨.   ▶ 玼(흠, 티 자) 吝(아낄 린)

📖 脅 兄 刑 形 亨

脅 위협할 협
(3Ⅱ 肉부 10획)

물건을 낄 때 힘(劦 힘할할 협)을 쓰는 **겨드랑이**(月). 겨드랑이에 힘을 세게 주며 사람을 **겁나게 한다**.
脅迫(협박) 脅約(협약) 威脅(위협) ▶ 迫(다그칠 박)

兄 맏 형
(8급 儿부 5획)

아우에게 도움 말(口)을 해주는 사람(儿)인 **형**.
兄夫(형부) : 언니의 남편. 兄弟(형제) : 형과 아우.
*儿(어진사람 **인**) : 걷는 사람의 **다리**. **사람**의 뜻으로 많이 쓰임.

刑 형벌 형
(4급 刀부 6획)

죄인을 우물의 틀과 같은 형틀(开 우물 정의 변형)에 매고 칼(刂)로 다스리는 모양에서 **형벌**을 뜻한 자.
刑罰(형벌) 刑事(형사) 減刑(감형) 死刑(사형) 處刑(처형)

形 모양 형
(6급 彡부 7획)

하나(一)의 물건을 들고(廾) 그 위에 털붓(彡 터럭 삼) 으로 그어 만든 **모양**. 形成(형성) 形容(형용) 形態(형태)
*廾(들 **공**) : 두 손으로 드는 모양. '廿(스물 입)'의 변형.

亨 형통할 형
(3급 亠부 7획)

음식 높이(高의 획 줄임) 쌓고 제사 지내니, 막힌 일이 풀리거나 잘 마치어져(了 마칠 료) **뜻처럼 잘 되어 감**.
萬事亨通(만사형통) : 모든 일이 뜻하는 대로 잘 되어 나감.

1, 2급 한자

呪 빌 주	입(口)으로 맏형(兄)이 **빌다**. 빌듯이 **저주(詛呪)하다**.	呪文(주문)
型 틀 형	평평하게(开) 칼(刂)로 다듬거나. 흙(土)으로 만든 **틀**.	新型(신형)
荊 가시 형	초목(艹)에 나있는 형벌(刑)처럼 따끔한 **가시**. 가시나무.	荊棘(형극)

● **兄弟投金(형제투금)** : 욕심(慾心)을 불러일으키는 대상을 과감히 버림.
  − 형제가 길에서 황금 두 개를 주워 나누어 가졌다. 강에 이르러 배를 타고 가다 갑자기 형이 황금을 강에 버렸다. 곧 바로 동생도 황금을 강에 버렸다. 후에 동생이 그 이유(理由)를 형에게 물으니 형이 "황금(黃金)을 혼자 다 가지면 더 좋았을 거라는 생각이 들어 이는 황금 때문에 생긴 욕심(慾心)이기에 좋지 않아 버렸다"라고 하자 동생 역시 욕심이 생기기에 버렸다는 이야기.

螢衡兮惠慧

螢 (반딧불 형, 3급 虫부 16획)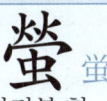
지붕(冖 덮을 멱) 위에서 빛(火火)을 내고 있는 벌레(虫 벌레 충)인 반딧불. 螢光燈(형광등)
螢雪之功(형설지공) : 반딧불과 눈빛으로 책 읽으며 노력한 공.

衡 (저울대 형, 3Ⅱ 行부 16획)
사람(⺈ 굽은사람 인)이 걸어 다니며(行 다닐 행) 밭(田)에서 수확한 큰(大) 작물을 다는 저울. 가로.
均衡(균형) 平衡(평형) 度量衡(도량형) ▶度(길이 도)

兮 (어조사 혜, 3급 八부 4획)
입김이 막혔다(丂 막힐 고) 퍼져(八 나눌 팔) 나가는 모양에서 감탄이나 어조(語調)를 높일 때 쓰는 어조사.
*丂 : 위(一)가 막혀 나아가지 못하고 구부러져 있는 모양.

惠 (은혜 혜, 4Ⅱ 心부 12획)
도는 물레( )처럼 마음(心)으로부터 돌려주는 은혜.
惠澤(혜택) 恩惠(은혜) 天惠(천혜) 特惠(특혜)
*'專'에서 寸의 윗부분은 수레(車)처럼 도는 '물레 전'자임.

慧 (슬기 혜, 3Ⅱ 心부 15획)
비(彗)로 쓴 듯 깨끗한 마음(心)에서 나오는 슬기.
智慧(지혜) 慧眼(혜안) : 진리(眞理)를 통찰(洞察)하는 눈.
*彗(비 혜) : 풀(丰 무성할 봉) 묶어 손(彐 손 계)으로 쓰는 비.

1, 2급 한자

彗 비,살별 **혜**
풀(丰 풀무성할 봉)을 묶어 손(彐 손 계)으로 쓰는 비.
비로 쓸면 그 뒤에 자국이 남듯이 긴 꼬리를 끄는 혜성(彗星)

● 彗星(혜성) : 태양(太陽)을 초점(焦點)으로 하여, 밝게 빛나는 긴 꼬리를 끌며 포물선(抛物線) 또는 타원(楕圓)의 궤도(軌度)를 그리며 도는 별. 살별. 꼬리별.

● 螢雪之功(형설지공) : 어려운 처지(處地)에서도 학문(學問)에 힘써 이룬 공.
 - 중국 진(晉)나라 차윤(車胤)이 여름에는 반딧불을 이용하여 책을 읽었고, 손강(孫康)이 겨울에 눈빛(雪光)을 이용, 어려움 속에서도 굴하지 않고 공부하여 성공했다 함.

📖 互 戶 乎 呼 好

互 서로 호 (3급 二부 4획)	서로 엇물려 있는 모양에서 <mark>서로</mark>. 互換(호환) 相互(상호) 互惠(호혜) : 서로 혜택이나 편익을 주고 받음. ▶ 惠(은혜 혜)
戶 집 호 (4Ⅱ 戶부 4획)	한쪽을 축으로 열고 닫는 문이 하나만 달린 <mark>방</mark>이나 <mark>집</mark>. 戶別(호별) 戶主(호주) 門戶(문호) 窓戶紙(창호지) 家家戶戶(가가호호) : 집집마다 또는 모든 집을 말함.
乎 어조사 호 (3급 丿부 5획)	팔(一) 벌리고 서(丿) 있는 사람의 입에서 입김(丿)이 퍼져(丶 丿) 나가는 모양에서 다음 말을 이끄는 구실을 하는 <mark>어조사</mark>. 學而時習之 不亦說乎(학이시습지 불역열호)
呼 부를 호 (4Ⅱ 口부 8획)	입(口)으로 입김 내듯(乎 어조사 호) 길게 <mark>부른다</mark>. 呼價(호가) 呼應(호응) 呼出(호출) 呼稱(호칭) 呼吸(호흡) *乎 : 입김(丿) 퍼져 나가는(丿丶) 모양. 말을 이끄는 **어조사**.
好 좋을 호 (4Ⅱ 女부 6획)	여자(女)가 아이(子)를 안고 <mark>좋아한다</mark>. ▶ 魔(마귀 마) 好感(호감) 好材(호재) 好評(호평) 好衣好食(호의호식)

- 互角之勢(호각지세) : 우열(愚劣)을 가릴 수 없이 매우 비슷한 형세(形勢).
- 戶房(호방) : 조선 때, 육방(六房)의 하나로, 호조(戶曹)의 업무를 수행하던 관청.
- 戶曹(호조) : 고려(高麗)나 조선(朝鮮) 때에, 나라의 부(富)와 경제(經濟)에 관한 여러 일을 맡아 보았던 중앙(中央) 관청(官廳).
- 好不好(호불호) : 좋고 좋지 않음.[지혜로운 자는 함부로 호불호하지 않는다]
- 好事多魔(호사다마) : 좋은 일에는 마귀(魔鬼) 즉 방해(妨害)되는 일이 많음.

📖 虎 號 浩 毫 豪

虎
범 호
(3Ⅱ 虍부 8획)

범(虍 범 호)이 어슬렁거리며 걷는(儿 걸을 인) 모양.
虎患(호환) 虎死留皮(호사유피) ▶ 患(근심 환) 留(남을 유)
*虍 : 얼룩덜룩한 줄무늬의 **호랑이** 가죽. 부수자로만 쓰임

號 号
부를 호
(6급 虍부 13획)

입(口) 크게 벌려(丂) 범(虎)처럼 큰 소리로 이름 따위를 **부르다**.
號數(호수) 號外(호외) 記號(기호) 信號(신호)
*丂(막힌입벌릴 고) : 막힌(一) 입을 크게 벌리는 모양.

浩
넓을 호
(3Ⅱ 水부 10획)

미리 알려야(告) 할 정도로 물(氵)이 **넓다**. 浩蕩(호탕)
浩然之氣(호연지기) : 세상(世上)에 가득 찬 넓고 큰 원기(元氣).
*告(알릴 고) : 소(牛)가 받으려 하자 위험을 소리쳐(口) **알린다**.

毫
터럭 호
(3급 毛부 11획)

높고(高 높을 고) 길게 자란 가는 **털**(毛 터럭 모).
毫毛(호모) : 가는 털. 秋毫(추호) : (가을철에 새로 돋아나는 가늘고
고운 털)이라는 데서, **조금**이나 **아주 적음**을 나타내는 말.

豪
클 호
(3Ⅱ 豕부 14획)

높은(高) 기상과 멧돼지(豕) 같이 **크고**, 강한 **호걸**.
豪傑(호걸) 豪雨(호우) 豪快(호쾌) 豪華(호화) 文豪(문호)
*豕(돼지 시) : **돼지**의 머리, 등, 발, 꼬리를 그린 자.

1, 2급 한자

琥 호박호	옥(王) 중 범(虍) 무늬처럼 얼룩덜룩한 **호박**.	琥珀(호박)
虜 사로잡을 로	범(虍)이 사내(男)를 산채로 물어간다 하여 **사로잡다**.	捕虜(포로)
擄 노략질할 로	손(扌)으로 사로잡아(虜) 간다 하여 **노략질하다**.	擄掠(노략)
膚 살갗 부	깨끗한 범(虍) 무늬 같이, 위(胃)가 좋아야 좋은 **살갗**.	皮膚(피부)
虐 모질 학	범(虍)이 발톱으로 할퀴듯 심하게 대한다 하여 **모질다**.	虐待(학대)
謔 희롱할 학	말(言) 모질게(虐) 하여 상대를 가지고 놀며 **희롱하다**.	諧謔(해학)
瘧 학질 학	병(疒 병질 녁) 중에서 모질게(虐) 전염되는 **학질**.	瘧疾(학질)

胡 湖 護 或 惑

胡 오랑캐 호 (3Ⅱ 肉부 9획)
오랜(古 오랠 고) 기간 고기(月=肉)를 보관하여 먹는 북쪽 오랑캐. ▶ 夷(동쪽오랑캐 이) 蠻(남쪽오랑캐 만)
丙子胡亂(병자호란) : 조선 인조(1636), 청의 침입에 인한 전란.

湖 호수 호 (5급 水부 12획)
물(氵)이 오랜(古) 세월(月 세월 월) 고여서 된 호수.
湖水(호수) 湖南(호남) 湖西(호서) : 충청남도와 충청북도.
*湖畔(호반) : 호숫가. [호반의 ~] ▶ 畔(물가, 밭두둑 반)

護 보호할 호 (4Ⅱ 言부 21획)
말(言)을 헤아려(蒦 헤아릴 약) 듣고 가치 있는 것을 보호한다.
護國(호국) 護送(호송) 護身術(호신술) 守護(수호)
*蒦 : 풀숲(艹)의 새(隹)가 주위를 살피듯, 손(又)으로 잘 헤아림.

或 혹시 혹 (4급 戈부 8획)
창(戈)을 들고 식구들이(口) 하나(一)가 되어 적의 침입에 대비한다는 데서 혹시(或是). 或說(혹설) 間或(간혹)
*戈(창 과) : 날이 세 갈래로 된 창이나 무기의 뜻.

惑 의심할 혹 (3Ⅱ 心부 12획)
혹시(或 혹시 혹)나 하는 마음(心)에서 의심(疑心)하다.
惑星(혹성) : 태양(太陽)을 도는 행성(行星). 疑惑(의혹)
▶ 惑 : 한 곳에 있지 않고 떠돌 혹. ▶ 疑(의심할 의)

1, 2급 한자

瑚 산호 호   옥(王←玉)처럼, 오랜(古) 세월(月) 동안 굳어진 산호(珊瑚).
糊 풀 호   쌀(米)에 오랜(古) 시간月) 열을 가해 만든 풀.   糊口之策(호구지책)

📖 胡蝶之夢(호접지몽) : 나비가 된 꿈. 인생(人生)의 덧없음.
− 전국시대 사상가로 시비(是非)·선악(善惡)·진위(眞僞)·미추(美醜)·빈부(貧富)·귀천(貴賤)을 초월한 무위자연(無爲自然)을 제창한 장자(莊子)가 어느 날 꿈속에서 나비가 되어 놀다가 깨어 '내가 꿈속에서 나비가 된 것일까? 아니면 내가 본시 나비인데 지금 사람이 된 꿈을 꾸고 있는 것인가' 하는 생각에서 유래함.

📖 惑世誣民(혹세무민) : 세상을 미혹(迷惑)시켜 어지럽히고 백성을 속이는 일.

 昏婚混魂忽

昏 저물 혼 (3급 日부 8획)
뻗어가는 성씨(氏)와 같이 넓게 해(日)를 덮은 황혼을 나타내어 저물다, 어둡다. 黃昏(황혼) 昏迷(혼미) 昏睡(혼수)
*氏(성씨 씨) : **뿌리가** 뻗어나듯 뻗어나가는 **사람의 성씨**.

婚 혼인할 혼 (4급 女부 11획)
신부(女)를 해질(昏) 무렵 맞이하던 풍습에서 혼인하다.
婚禮(혼례)　婚姻(혼인)　婚事(혼사)　結婚(결혼)　約婚(약혼)
冠婚喪祭(관혼상제) : 관례, 혼례, 상례, 제례의 4가지 의례.

混 섞일 혼 (4급 水부 11획)
흐르는 물(氵)은 다 같이 모두(昆 모두 곤) 섞인다.
混同(혼동)　混亂(혼란)　混聲(혼성)　混雜(혼잡)　混合(혼합)
*昆 : 해(日)는 비교하지(比 비교할 비) 않고 **모두**를 비춤.

魂 넋 혼 (3Ⅱ 鬼부 14획)
보이지 않는 말(云)처럼 떠다니는 죽은(鬼 귀신 신) 이의 넋.
魂靈(혼령)　魂魄(혼백)　靈魂(영혼)　鬪魂(투혼)
*云(말할 운) : 둘(二)이 사적(私的)으로(厶=私 개인 사) **말하다**.

忽 문득 홀 (3Ⅱ 心부 8획)
없는(勿) 생각(心)이 갑자기 떠올랐다는 데서 문득.
忽然(홀연) : 갑자기. 忽待(홀대) : 소홀히 대접함. 疏忽(소홀)
*勿(없을 물) : 싸고(勹 쌀 포) 있는 물건이 빠져(丿丿) 나가 **없음**.

호혹혼홀

1, 2급 한자

昆 모두 곤	해(日)는 비교하지(比) 않고 **모두**를 비춤.	昆蟲(곤충)
棍 몽둥이 곤	나무(木)로, 모두(昆) 같은 크기로 만든 **곤장, 몽둥이**.	棍棒(곤봉)
笏 홀 홀	대에 신분을 빠짐(勿)이 없이 적어 놓은, 손에 쥐는 **홀**. 벼슬아치가 임금을 뵐 때 조복(朝服)에 갖추어 손에 쥐던 물건.	
惚 황홀할 홀	마음(忄)에 들어 문득(忽) 빠진 모양에서 황홀하다.	恍惚(황홀)

💡 魂魄(혼백) : 넋. '넋'은 '혼'과 '백'을 아우르는 개념
　　魂 : 양(陽)의 氣運(기운)으로, 사람의 정신을 主管(주관)하고
　　魄 : 음(陰)의 氣運(기운)으로, 사람의 육체를 主管(주관)한다.
　　그리고 죽으면 혼은(魂)은 하늘로 백(魄)은 땅으로 분리된다고 한다.

가나다순 한자

弘洪紅鴻火

弘 넓을 홍 (3급 弓부 5획)
활(弓 활 궁) 시위를 팔 굽혀(厶) 당기니 활과 시위 사이가 넓다.
弘報(홍보) 弘益人間(홍익인간) ▶ 報(알릴 보)
*厶(팔꿈치 사) : 팔꿈치를 구부려 물건을 감싸는 모양으로,

洪 넓을 홍 (3Ⅱ급 水부 9획)
물(氵)이 함께(共 함께 공) 많이 모여 있어 넓다.
洪福(홍복) 洪水(홍수) 洪魚(홍어) : 가오리과의 바닷물고기.
*共 : 많은(卄) 사람이 두 손(八)을 하나(一)로 모아 함께함.

紅 붉을 홍 (4급 糸부 9획)
실(糸 실 사)에 물감을 넣어 가공하여(工 장인 공) 붉게 만듦.
紅柿(홍시) 紅一點(홍일점) 紅葉(홍엽)
紅燈街(홍등가) : 술집이나 색싯집 따위가 늘어선 환락의 거리.

鴻 기러기 홍 (3급 鳥부 17획)
강(江)에 사는 새(鳥 새 조)인 큰 기러기.
鴻鵠(홍곡) : 큰기러기와 고니. '큰 새'를 뜻하는 말. 큰 인물.
*江(강 강) : 물(氵)이 넓게(工) 흐르는 강. ▶ 鵠(고니 곡)

火 불 화 (8급 火부 4획)
타오르는 불(丶 불똥 주)모양. 타다, 태우다. ▶ 星(별 성)
火星(화성) : 태양계의 행성 중의 하나. 태양으로부터 네 번째.
*丿(삐침 별) : 오른쪽에서 왼쪽으로 삐치면서 당기는 모양.

📖 弘益人間(홍익인간) : 널리 人間世界(인간세계)를 이롭게 함.

📖 紅爐點雪(홍로점설) : 벌겋게 단 화로(火爐)에 떨어지는 한 점의 눈. 큰일에 작은 힘이 아무런 도움이 되지 아니함. 도(道)를 깨달아 마음 속이 탁 트여 막힘이 없음.

📖 화(火)를 낸다는 것
한자의 '怒(성낼 노)'자를 보면 '하찮은 종(奴 종 노)은 그 마음(心)이 옹졸하고 천박하여 사소한 일에도 성을 잘 낸다'는 뜻을 나타내고 있다. 이와 같이 어떤 일에 대하여 함부로 성을 낸다는 것은 스스로가 옹졸하고 천박(淺薄)함을 나타내는 것과 같으므로, 화를 내지 않는 자신을 통하여 화가 나지 않는 사회를 만들어 나감이 어떨까.

化花貨禾和

化 바뀔, 될 화 (5급 人부 4획)
서 있는 사람(亻)이 앉은(匕 앉은사람 비) 자세로 바뀌어 좋게 됨을 뜻함. 化學(화학) 同化(동화) 文化(문화)
*匕(비수 비) : 날카로운 **비수**, **숟가락** 또는 **앉아 있는 사람**.

花 꽃 화 (7급 ⺿부 8획)
풀잎(⺿ 풀 초)이 변해서(化) 된 꽃.　▶盆(동이 분)
花盆(화분)　花草(화초)　國花(국화)　生花(생화)　造花(조화)
*⺿ : 풀 모양. '草'의 머리 부분이기에 '초두'라 부름. '⺿'은 4획.

貨 재물 화 (4Ⅱ 貝부 11획)
바뀌어(化) 돈(貝 조개 패)이 될 수 있는 것인 재물.
貨物(화물)　貨幣(화폐)　百貨店(백화점)　財貨(재화)
*化(바뀔 화) : 사람(亻)이 앉은(匕 앉은사람 비) 자세로 **바뀌다**.

禾 벼 화 (3급 禾부 5획)
익으면 고개를 숙이며(丿) 자라는(木) 벼. 보통 부수자로 쓰임.
禾苗(화묘) : 볏모, 모.　▶苗(모, 싹 묘)
*丿(삐침 별) : 오른쪽에서 왼쪽으로 **삐치면서** 당기는 모양.

和 화목할 화 (6급 口부 8획)
곡식(禾 벼 화)을 나누어 먹으니(口) 화목(和睦)하다.
和色(화색)　和音(화음)　和合(화합)　調和(조화)　平和(평화)
*禾 : 익으면 고개 숙이며(丿) 자라는(木) **벼나 곡식(穀食)**의 뜻.

1, 2급 한자

靴 가죽신 화 　가죽(革)을 다루어 모양을 바꾸어(化) 만든 **가죽신**.　軍靴(군화)
訛 그릇될 와 　말(言) 전달이 잘못 전달되었다(化) 하여 **그릇되다**.　訛傳(와전)

 악화(惡貨)가 양화(良貨)를 구축(驅逐)한다. : 악화가 양화를 몰아낸다. 제 값을 가진 돈과 실제 값보다 명목 값이 높은 돈이 함께 유통되면 제 값을 가진 돈은 개인이 보관하고 명목 가치가 높은 돈만 사용하게 되어 점점 좋은 돈은 자취를 감추게 된다는 말.　▶驅(몰 구) 逐(내쫓을 축)

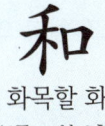 和光同塵(화광동진) : 빛을 부드럽게 하여 주변의 먼지와 같게 함. 자기의 뛰어난 재주와 덕을 나타내지 않고 세속을 따름. 부처·보살이 중생을 제도(濟度)하기 위하여 지혜(智慧)의 빛을 감추고 모습을 바꾸어 인간계(人間界)에 나타나는 일.　▶塵(티끌 진)

華 話 畵 禍 確

華
꽃필, 빛날 화
(4급 ⺾부 12획)

풀(⺾) 하나(一) 꽃(⺾) 하나(一) 즉 많은(十) 초목 활짝 <mark>핀 모양</mark>. <mark>빛나다</mark>, <mark>화려(華麗)하다</mark>. 榮華(영화) 華婚(화혼)
華僑(화교) : 해외에 거주하는 중국인들을 통틀어 이르는 말.

話
이야기 화
(7급 言부 13획)

말(言)을, 혀(舌 혀 설)를 놀려, 길게 하는 <mark>이야기</mark>.
話頭(화두) 話者(화자) 對話(대화) 童話(동화) 會話(회화)
*言(말씀 언) : 두(二) 번 거듭(二) 생각한 후 입으로(口) **말하다**.

畵 画
그림 화, 그을 획
(6급 田부 13획)

붓(聿 붓 율)으로 논밭(田)의 경계(凵) <mark>긋거나 그리다</mark>.
畵家(화가) 畵面(화면) 畵伯(화백) 畵室(화실) 획순(畵順)
*聿 : 세 손가락(⺕ 손 계)과 나머지 두(二) 손가락으로 쥔(丨) **붓**.

禍
재앙 화
(3Ⅱ 示부 14획)

제사(示) 잘못 지내 신의 노여움을 사서 입 비뚤어진(咼) <mark>재앙</mark>.
禍根(화근) 禍福(화복) 士禍(사화) 災禍(재화)
*咼(입비뚤 과) : 입(口)의 뼈(骨 뼈 골의 줄임)가 **비뚤어진 모양**.

確
굳을 확
(4Ⅱ 石부 15획)

하늘(冖 덮을 멱) 높이 오르는 새(隹 새 추)처럼, 지조 높고 의지가 돌(石 돌 석)처럼 <mark>굳다</mark>.
確固(확고) 確保(확보) 確信(확신) 確定(확정) 正確(정확)

1, 2급 한자

嬅 예쁠 화	여자(女)가 꽃핀(華) 듯 **아름답고 예쁘다**. 인명, 지명자
樺 벚나무 화	나무(木)의 꽃이 화려한(華) **벚나무. 자작나무**.　　樺木(화목) : 벚나무
燁 빛날 엽	불(火)이 화려하게(華) **빛나다**. 燁然(엽연) : 빛나는 모양. 人名字

📖 '華'의 쓰임에 대하여

'중화(中華)'는 중국이 자기 나라가 세상에서 가장 뛰어난 문화(文化), 문명(文明)을 가진 뛰어난 나라라는 뜻을 내포하고 있다. 즉 중화라는 것은 민족 우월(優越主義)주의를 나타내는 것이다. 자국에서야 상관없지만 한국에 있는 '중화요리'라 쓴 중국 음식점은 예의 바르게 '중국요리'라 바꾸는 것이 어떨까.

擴 穫 丸 患 換

擴 拡
넓힐 확
(3급 手부 18획)

손(扌 손 수)으로 당기어 넓게(廣) **넓히다**. ▶充(채울 충)
擴大(확대) 擴散(확산) 擴聲器(확성기) 擴張(확장) 擴充(확충)
*廣(넓을 **광**) : 집(广 집 엄)이 누런(黃) 빛을 띤 땅처럼 넓다.

穫
거둘 확
(3급 禾부 19획)

벼(禾 벼 화)가 익었는지 잘 헤아려(蒦 헤아릴 약) **거두어들인다**. 收穫(수확) ▶收(거둘 수)
*蒦 : 풀숲(艹)의 새(隹)가 주위를 살피듯, 손(又)으로 잘 헤아림.

丸
둥글 환
(3급 丶부 3획)

아홉(九 아홉 구) 즉 많은 점(丶 점 주)을 찍어 만든 **둥근** 모양.
丸藥(환약) 彈丸(탄환) 砲丸(포환) ▶彈(탄알 탄)
*九(아홉 **구**) : 열 십(十)의 가로 획을 구부려 열보다 적은 아홉.

患
근심 환
(5급 心부 11획)

꼬챙이로 마음(心)을 찔린(串)듯 **괴롭고, 근심스럽다**.
患部(환부) 患者(환자) 老患(노환) 病患(병환) 憂患(우환)
*串(꿸 **관**) : 곶감(口)을 꼬챙이로 꿴(丨 뚫을 곤)모양.

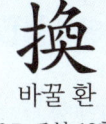
換
바꿀 환
(3Ⅱ 手부 12획)

손(扌 손 수)으로 큰(奐) 것으로 **바꾸어** 가진다.
還收(환수) 換率(환율) 換錢(환전) 轉換(전환) ▶率(비율 율)
*奐(클 **환**) : 사람(⺈)이 그물(冖)을 크게(大) 펼친다 하여 크다.

화확환

1, 2급 한자

串 꿸 관   곶감(口)을 꼬챙이로 꿴(丨 뚫을 곤)모양에서.   串柹(관시) : 곶감
喚 부를 환   입(口)을 크게(奐) 벌리고 크게 소리치다, 부르다.   喚聲(환성)
煥 빛날 환   불(火)이 크게(奐) 타오르는 모양에서 크게 **빛나다**. 人名字

📖 換骨奪胎(환골탈태) : 뼈대를 바꾸어 끼고 태를 바꾸어 씀. 용모(容貌)가 환하게 트이고 아름다워져 전혀 딴사람처럼 됨. 고인(古人)의 시문(詩文)의 형식(形式)을 약간 바꾸어 새롭고 아름답게 함.

環還歡活況

環 고리 환
(4급 玉부 17획)

옥(王←玉)으로 만든 둥근(睘 눈휘둥그래질 경) 고리.
環境(환경) 環太平洋(환태평양) 一環(일환) 花環(화환)
*睘 : 놀란 눈(罒)으로 좋은 옷(衣 옷 의의 변형) 보는 모양에서.

還 돌아올 환
(3Ⅱ 辶부 17획)

눈알이 휘둥그렇게(睘) 돌아갔다(辶 갈 착) 다시 돌아옴.
還甲(환갑) 還給(환급) 還收(환수) 歸還(귀환) 返還(반환)
*辶(갈 착) : 쉬엄쉬엄 멀리 걸어가는 모습에서 가다.

歡 歓 기쁠 환
(4급 欠부 22획)

황새(雚)가 먹이를 입을 크게 벌려(欠 하품 흠) 물고 기뻐하다.
歡談(환담) 歡待(환대) 歡迎(환영) 歡送(환송)
*雚(황새 관) : 내려다보고(吅) 있는 큰 새(隹 새 추)인 황새.

活 살 활
(7급 水부 9획)

물(氵)이 혀(舌)에 닿으니 활기(活氣)차다. 살다.
活動(활동) 活力(활력) 生活(생활) 復活(부활) ▶ 復(다시 부)
*舌(혀 설) : 천(千) 개 입(口)이 있어도 혀 없으면 말할 수 없다 하여.

況 모양 황
(4급 水부 8획)

물(氵)이 크게(兄 맏 형) 도는 모양에서 돌아가는 일의 형편이나 모양. 近況(근황) 狀況(상황) 盛況(성황) 實況(실황)
*兄 : 아우에게 도움 말(口) 해주는 사람(儿 어진사람 인)인 형.

📘 한자(漢字) 음(音) 연구(硏究)의 종합(綜合)

'ㄱ' 'ㅇ' 'ㅎ' : 입이 둥글게 하여 나는 음. 可(옳을 가) → 阿(언덕 아) → 河(물 하)

'ㄷ'과 'ㅌ' : 음의 고저나 강약의 차이. 糖(달 당, 달 탕), 洞(마을 동, 통할 통)

'ㅈ'과 'ㅊ' : 음의 고저나 강약의 차이. 早(이를 조) → 草(풀 초), 靑(청) → 情(정)

'ㅂ'과 'ㅍ' : 파열음으로서 비슷한 음. 半(반 반) → 判(가릴 판), 反(반) → 販(판)

'ㅅ' 'ㅈ' 'ㅊ' : 마찰음으로 연관성 발음. 김(부를 소) → 照(비칠 조) → 超(넘을 초)

皇荒黃回灰

皇 황제 황
(3Ⅱ 白부 9획)

임금(王) 위에서 말하는(白 말할 백) 황제(皇帝).
皇宮(황궁) 皇室(황실) 敎皇(교황) 天皇(천황)
*白 : 삐져나오듯(丿 삐침 별) 입(日)으로 **말하다**. [主人白]

荒 거칠 황
(3Ⅱ ++부 10획)

풀(++)이 없어지고(亡 없을 망) 내(川)가 마르니 땅이 황폐(荒廢)하다 하여 거칠다. 荒蕪地(황무지) 荒野(황야)
*亡 : 덮어(亠) 놓은 것의 한쪽이 터져(ㄴ) 물건이 **없어지다**.

黃 黄 누를 황
(6급 黃부 12획)

구덩이(凵 구덩이 감)를 나란히(二) 쭉 파서(八 나눌 팔) 씨를 뿌림으로 말미암아(由 말미암을 유) 곡식을 얻을 수 있는 누런 땅.
黃金(황금) 黃色(황색) 黃昏(황혼)

回 돌 회
(4Ⅱ 口부 6획)

빙글(口)빙글(口 에워쌀 위) 도는 물체를 보고 그린 자.
回甲(회갑) 回答(회답) 回想(회상) 回收(회수) 回轉(회전)
*한자에서 '동그라미'는 '네모'로 표시. ▶ 收(거둘 수) 轉(구를 전)

灰 재 회
(4급 火부 6획)

언덕(厂)에서 불(火) 타고 남은 재. 石灰(석회) 洋灰(양회)
灰色分子(회색분자) : 소속, 주의, 노선 따위가 뚜렷치 못한 사람.
*厂(언덕 한) : 가파른 낭떠러지 모양으로 **언덕, 벼랑, 절벽**.

1, 2급 한자

凰 봉황새 황 　모든(凡) 새 중에서 황제(皇 황제 황) 격인 **봉황**(鳳凰). 암컷.
徊 배회할 회 　목적지 없이 돌아(回) 다닌다(彳) 하여 **배회하다**. 徘徊(배회)
廻 빙돌 회 　빙빙(回) 돌아다니다(廴 걸을 인)는 데서 **빙 돌다**. 輪廻(윤회)
蛔 회충 회 　벌레(虫) 중 동물의 뱃속을 돌아다니는(回) **회충**. 蛔蟲(회충)
恢 넓을 회 　욕심을 태워버리리(灰) 마음(忄)이 **너그러우며 넓다**. 恢恢(회회)

● 金百萬兩 不如一敎子(황금백만량 불여일교자) : 자식 교육이 가장 중요.
● 天網恢恢疎而不失(천망회회소이불실) : 하늘에 넓게 쳐진 그물이 넓고 성긴 것 같지만 결코 악인을 빠뜨리지 않고 말한다.

悔會懷劃獲

悔 뉘우칠 회 (3Ⅱ 心부 10획)
마음(忄)으로 항상(每) 자신의 잘못 등을 뉘우치다.
悔改(회개) 悔恨(회한) 後悔莫及(후회막급) ▶ 恨(원한 한)
*每(항상 매) : 사람(亻)은 항상(恒常) 어미(母)를 그리워한다.

會_会 모일 회 (6급 日부 13획)
사람(人)들이 한(一) 작은(小) 장소(口)에 모여 의견을 말한다(曰)는 데서. 會社(회사) 會長(회장) 會話(회화)
*亼(모을 집) : 사람(人)을 한(一) 곳에 모으다. ▶ 社(모일 사)

懷_懐 품을 회 (3Ⅱ 心부 19획)
눈 감고(裏 가릴 회) 마음(忄)으로 생각한다 하여 품다.
懷疑(회의) 懷中(회중) 懷抱(회포) 感懷(감회) 述懷(술회)
*裏 : 옷(衣)으로 눈(罒) 물(二ㅣ二 ← 氺)을 닦을 때 앞을 가린다.

劃 그을 획 (3Ⅱ 刀부 14획)
논밭 경계를 그림(畫 그림 화) 그려 나누어(刂) 긋는다. 미리 경계를 그어 분쟁 소지를 없앤다 하여 계획하다.
劃數(획수) 畫順(획순) 劃一(획일) 計劃(계획) 企劃(기획)

獲 잡을 획 (3Ⅱ 犬부 17획)
짐승(犭 짐승 견)도 필요한 만큼만 헤아려(蒦 헤아릴 약) 먹이를 잡는다. 獲得(획득) 漁獲(어획) 捕獲(포획)
*蒦 : 풀숲(艹)의 새(隹)가 주위를 살피듯, 손(又)으로 잘 헤아림.

1, 2급 한자

膾 썩은고기 회	고기(月)를 잘게 썰어 모아(會) 놓고 먹는 회.	肉膾(육회)
繪 그림 회	색실(糸)로 수놓듯 여러 색을 모아(會) 그리는 그림.	繪畫(회화)

朱子(주자) 10 悔訓(회훈)
不孝父母 死後悔(불효부모 사후회) : 부모에게 불효하면 돌아가시고 나서 후회한다.
不親家族 疎後悔(불친가족 소후회) : 가족끼리 친하게 지내지 않으면 멀어진 후 후회한다.
少不勤學 老後悔(소불근학 노후회) : 젊어서 학문(學問)에 힘쓰지 않으면 늙어 후회한다.
安不思難 敗後悔(안불사난 패후회) : 편안할 때 어려움 생각하지 않으면 실패 후 뉘우친다.
富不儉用 貧後悔(부불검용 빈후회) : 부유할 때 절약(節約)하지 않으면 가난하게 된 후 후회한다.
春不耕種 秋後悔(춘불경종 추후회) : 봄에 밭 갈고 씨 뿌리지 않으면 가을 추수 때 후회한다.
不治垣墻 盜後悔(불치원장 도후회) : 담장을 수리(修理)하지 않으면 도둑맞고 후회한다.
色不謹愼 病後悔(색불근신 병후회) : 색을 절제(節制)하지 않으면 병들고 나서 후회한다.
醉中妄言 醒後悔(취중망언 성후회) : 술 취해 정신(精神)없이 한 말 깨고 나서 후회한다.
不接賓客 去後悔(부접빈객 거후회) : 손님 접대 소홀(疏忽)히 하여 돌아간 뒤 후회한다.

橫 孝 效 曉 後

橫 가로 횡 (3Ⅱ 木부 16획)
나무(木)로 된 누런(黃 누를 황) 대문 빗장. 빗장은 건너지르므로 가로. 또한 앞으로가 아니라 비정상의 뜻.
橫斷(횡단) 橫領(횡령) 橫材(횡재) 橫暴(횡포) 縱橫(종횡)

孝 효도 효 (7급 子부 7획)
늙은(耂) 부모를 자식(子)이 업고 있는 모양에서 효도.
孝道(효도) 孝心(효심) 孝子(효자) 忠孝(충효)
*耂(늙을 로) : 땅(土)에 지팡이(丿)를 짚고 있는 늙은 노인.

效 효험 효 (5급 攵부 10획)
매를 대는(攵 칠 복) 대신 친하게(交) 대하니 효험이 있다.
效果(효과) 效能(효능) 效用(효용) 效率(효율)
*交(사귈 교) : 갓(亠) 쓴 아비(父)가 오고가며 사람들을 사귀다.

曉 새벽 효 (3급 日부 16획)
해(日)가 높이(堯) 떠오르기 시작하는 이른 새벽.
曉星(효성) : 1. 샛별. 2. 매우 드문 존재의 비유.
*堯(높을 요) : 흙(土)을 우뚝하게(兀 우뚝할 올) 쌓아 높다.

後 뒤 후 (7급 彳부 9획)
걸음(彳)을 작게(幺 작을 요) 하여 걸으니(夂 뒤져올 치) 늦거나 뒤지다. 後方(후방) 後食(후식) 後悔(후회)
*彳(걸을 척) : 허벅다리(丿) 정강이(丿) 발(丨)로 걷다, 가다.

회획횡

1, 2급 한자

哮 울부짖을 효   입(口)으로만 효도(孝)하여 후에 후회하여 울부짖다.   咆哮(포효)
酵 효모 효   술(酉)을 발효(醱酵)시킬 때 효자(孝) 노릇을 하는 효모(酵母).
儌 바랄 요   사람(亻)이 자기 분수 이상의 높은(堯) 것을 바라다.   儌倖(요행)
撓 꺾일 요   손(扌) 높이(堯) 들 흔드니 휘거나 꺾이다.   不撓不屈(불요불굴)
饒 넉넉할 요   먹을(食) 것이 높이(堯) 쌓여 있으니 생활이 넉넉하다.   豐饒(풍요)

- 不撓不屈(불요불굴) : 어떤 어려움에도 휘거나 굽히지 않고 견디어 나감.
- 後生可畏(후생가외) : 후에 태어난 어린이는 장래(將來)가 유망(有望)하여 앞으로
  ▶ 畏(두려울 외)   어떠한 인물(人物)이 될지 모르기에 한편으로 두렵다는 뜻.

厚 侯 候 訓 毀

厚
두터울 후
(4급 厂부 9획)

언덕(厂)을 비추는 따스한 해(日)처럼, 자식(子)에 대한 부모의 정이 **두텁다**.　後隊(후대)　厚德(후덕)　厚謝(후사)
上厚下薄(상후하박) : 윗사람에게는 후하고 아랫사람에게는 박함.

侯
제후 후
(3급 人부 9획)

사람(亻)이 과녁(厂)에 화살(矢 화살 시)을 쏘는 모양. 활 잘 쏘는 이에게 주던 벼슬이 **제후(諸侯)**. 王侯(왕후)
侯爵(후작) : 오등작(五等爵)의 둘째 작위(爵位). 공작(公爵) 다음.

候
기후 후
(4급 人부 10획)

사람(亻)이 뚫어지게(ㅣ 뚫을 곤) 과녁(厂)을 보며 화살(矢 화살 시) 쏘기 위해 비·바람 등의 **기후를 살피다**.
候補(후보)　氣候(기후)　惡天候(악천후)　全天候(전천후)

訓
가르칠 훈
(6급 言부 10획)

말(言)을 물 흐르듯(川) 이치에 맞게 하며 **가르치다**.
訓戒(훈계)　訓民正音(훈민정음)　訓話(훈화) : 훈계하는 말.
*川(내 **천**) = 巛 : '개미허리'　巜 큰도랑 괴　〈 도랑 견

毀
헐 훼
(3급 殳부 13획)

장인(工 장인 공)이 만든 절구(臼 절구 구)에 곡식을 찧으니(殳 칠 수) 절구가 **헐어지다, 못쓰게 되다**.
毀損(훼손)　毀謗(훼방)　▶ 損(손해볼 손)　謗(헐뜯을 방)

1, 2급 한자

喉 목구멍 후 　입(口)에서, 사람(亻)이 과녁(厂)에 쏜 화살(矢)이 바람 가르고 날아가듯, 바람이 들락거리는 숨 **목구**멍. 喉頭(후두)　咽喉(인후)　▶ 咽(음식목구멍 인)

📖 **訓蒙字會(훈몽자회)** – 訓蒙 : 어린아이나 초학자를 가르침. ▶ 蒙(어릴 몽)
　어린이나 초학자(初學者)에게 글을 가르치기(訓蒙) 위해 지은 한자(漢字) 모음집.
　– 조선(朝鮮) 중종(中宗) 때 최세진(崔世珍)이 지은 한자 학습서(學習書)로, 3360자의 한자(漢字)에 우리말 새김과 음(音)을 달아 놓았기 때문에 우리 중세(中世) 국어 연구(研究)에 매우 중요(重要)한 자료(資料)임.

揮 輝 休 攜 凶

揮 휘두를 휘 (4급 手부 12획)
손(扌)으로 군사(軍)를 지휘하기 위해 휘두르다.
揮發油(휘발유) 揮毫(휘호) 發揮(발휘) 指揮(지휘)
*軍(군사 군) : 수레(車)를 둘러싸고(冖 덮을 멱) 있는 군사.

輝 빛날 휘 (3급 車부 15획)
불을 피워 놓은(光 빛 광) 군영(軍)이 밝게 빛나다.
輝石(휘석) 輝煌(휘황) ▶ 煌(빛날 황)
*光 : 높은(兀 우뚝할 올) 곳에 올려둔 불에서 나오는(丶丨丿) 빛.

休 쉴 휴 (7급 人부 6획)
사람(亻)이 나무(木)에 기대어 쉬다.
休暇(휴가) 休校(휴교) 休息(휴식) 休日(휴일) 休學(휴학)
▶ 暇(한가할 가) 校(학교 교) 息(쉴, 숨쉴, 자식 식)

攜 이끌 휴 (3급 手부 13획)
손(扌 손 수)으로 새(隹 새 추)를 품고(乃 이에 내) 있는 모양에서 가지다. 攜帶(휴대) 提攜(제휴) : 서로 도움.
*乃 : 지팡이(丿) 짚은 굽은(㇋) 노인. 사람은 곧 이에 이른다.

凶 흉할 흉 (5급 凵부 4획)
가뭄으로 물구덩이(凵 구덩이 감) 바닥이 갈라져(乂) 보기가 흉함. 凶家(흉가) 凶器(흉기) 凶年(흉년) 凶作(흉작)
*乂(갈라질 오) : 이쪽(丿) 저쪽(丶)으로 갈라짐. ▶ 爽(시원할 상)

1, 2급 한자

兇 흉악할 흉   흉한(凶) 언행을 일삼는 사람(儿)은 흉악(兇惡)하다.   元兇(원흉)
匈 오랑캐 흉   가죽 같은 흉한(凶) 것을 몸에 감싸서(勹) 입는 오랑캐.   匈奴(흉노)
洶 용솟을 흉   물(氵)이 거친 오랑캐(匈)처럼 힘 있게 용솟다. [민심이 흉흉(洶洶)하다]

🔖 匈奴(흉노) : 기원전(紀元前) 4세기(世紀)에서 1세기 사이에 몽고(蒙古) 지역(地域)에서 세력(勢力)을 떨쳤던 유목(遊牧) 민족(民族). 끊임없이 중국 국경(國境)을 침범하여 중국인들이 만리장성(萬里長城)을 쌓게 만든 민족이다.

📖 胸黑吸興希

| 胸
가슴 흉
(3Ⅱ 肉부 10획) | 몸(月)에서 흉한(凶 흉할 흉) 기관들을 싸고(勹 쌀 포)있는 가슴.
胸襟(흉금) 胸背(흉배) 胸部(흉부) 胸像(흉상)
*月(육달 월) : '달'의 뜻이 아닐 때는 '月=肉 고기 육'로 신체의 뜻. |

| 黑 黑
검을 흑
(5급 黑부 12획) | 불(灬=火)을 때니 흙(土)으로 만든 굴뚝 구멍(口)으로 갈라져(丶丿) 빠져나가는 연기에 그을려 검음.
黑白(흑백) 黑色(흑색) 黑心(흑심) 黑字(흑자) 暗黑(암흑) |

| 吸
마실 흡
(4Ⅱ 口부 7획) | 입(口)으로 물・공기 등을 폐나 위에 이르게(及 이를 급) 마시다. 吸水(흡수) 吸入(흡입) 吸煙(흡연)
*及 : 어느 범위 내(乃 이에 내)에 사람(人)이 이르다, 들다. |

| 興 兴
일어날 흥
(4Ⅱ 臼부 16획) | 양쪽(臼)에서 같이(同) 잡고 밑에서(一) 들어(八) 일어남. 함께 힘을 합하여 일을 하니 잘 되어 흥한다는 뜻.
興亡(흥망) 興味(흥미) 興夫傳(흥부전) 興行(흥행) |

| 希
바랄 희
(4Ⅱ 巾부 7획) | 엇걸어(乂 엇걸릴 오) 짠 베(布)가 촘촘한 비단으로, 이처럼 비단 같이 귀한 것을 바란다. 希望(희망)
*布(베 포) : 세로(丿) 가로(一)로 걸어 짠 천(巾 수군 건)인 베. |

- 黑字倒産(흑자도산) : 기업(企業) 자체의 경영(經營)은 흑자 상태(狀態)나 자금의 흐름에 이상이 생겨 돌아오는 수표(手票) 등을 막지 못해서 일어나는 도산.
- 興味津津(흥미진진) : 흥을 느낄만한 재미가 넘치게 많다. ▶ 津(나루, 넉넉할 진)
- 興夫傳(흥부전) : 흥부 이야기를 소설화(小說化)한 우리나라의 고전소설(古典小說).
- 興信所(흥신소) : 조사 대상의 재산(財産)이나 신용(信用) 또는 개인적인 비밀 사항을 은밀(隱密)하게 조사하여 의뢰(依賴)한 쪽에 알려 주는 것을 업으로 하는 사설기관.

稀 喜 戲

稀 드물 희
(3Ⅱ 禾부 12획)

농사(禾 벼 화)가 잘 되길 바라지만(希) 실제로 잘 되기는 **드물다**. 稀貴(희귀) 稀少(희소) 古稀(고희) : 일흔 살.
*希(바랄 희) : 엇걸어(乂) 짠 베(布 베 포)가 잘 짜지기를 **바란다**.

喜 기쁠 희
(4급 口부 12획)

열(十) 가지 콩(豆) 음식을 나누어 먹으니(口) **기쁘다**.
喜劇(희극) 喜怒哀樂(희노애락) 喜悲(희비) 喜喜樂樂(희희낙락)
*豆(콩 두) : 콩꼬투리 같이 생겨 **콩**. 또는 **제기(祭器)**의 모양.

戲 戯 희롱할 희
(3Ⅱ 戈부 17획)

구덩이(虛 빌 허)에 걸린 범을 창(戈 창 과)으로 찌르며 **가지고 놀다**. 戲劇(희극) 戲弄(희롱) 戲畫化(희화화)
*虛 : 범(虍) 잡으려 **비어 있는** 구덩이에 박아 놓은 창살(业).

1, 2급 한자 / 특급*

熹 성할 희
囍 기쁨 희*

기쁨(喜)이 불(灬 = 火) 같이 일어난다 하여 **성하다**. 人名字

'喜'자를 두 개 겹쳐서 쓴 자로 **기쁨, 좋은 일이 있기를 바란다**.
(가구 · 그릇 · 옷감 · 공예품 · 연하장 등에 쓰여 **축하 · 행복 · 기원**의 뜻)

📖 朱熹(주희, 1130~1200) : 남송(南宋)의 철학자(哲學者)이며 유학자(儒學者)로 주자학(朱子學)의 창시자. 한직(閑職)에 있어서 집에서 학문에 전념할 수 있었다고 한다.

박학이독지 절문이근사 인재기중의
(博學而篤志 切問而近思 仁在其中矣)

널리 배우고 뜻을 독실히 하며, 절실한 심정으로
묻고 가까운 것을 미루어 생각할 줄 알면,
인(仁)이 그 가운데에 있을 것이다.

- 『논어』 자장편 -

2급 배정한자 538자
1급 배정한자 1,145자

2급 배정한자 538자의 훈·음·부수·획수

- 1~100(일반 한자 350)   2급 538자 = 일반 한자 188자, 인명·지명 한자 350자

葛	칡	갈	++	13	尼	여승	니	尸	5	痲	저릴	마	疒	13	膚	살갗	부	肉	15
憾	섭섭할	감	心	16	溺	빠질	닉	水	13	膜	꺼풀	막	肉	15	敷	펼	부	攴	15
坑	구덩이	갱	土	7	鍛	쇠불릴	단	金	17	娩	낳을	만	女	10	弗	아닐	불	弓	5
揭	들	게	手	12	潭	못	담	水	15	灣	물굽이	만	水	25	匪	도적	비	匚	10
憩	쉴	게	心	12	膽	쓸개	담	肉	17	蠻	오랑캐	만	虫	25	唆	부추길	사	口	10
雇	품살	고	隹	16	垈	집터	대	土	8	網	그물	망	糸	14	赦	용서할	사	赤	11
戈	창	과	戈	4	戴	일	대	戈	17	魅	홀릴	매	鬼	15	飼	기를	사	食	14
瓜	오이	과	爪	5	悼	슬퍼할	도	心	11	枚	낱	매	木	8	傘	우산	산	人	12
菓	과자	과	++	12	桐	오동나무	동	木	10	蔑	멸시할	멸	++	15	酸	실	산	酉	14
款	조목	관	欠	12	棟	큰집	동	木	12	矛	창	모	矛	6	蔘	인삼	삼	++	15
傀	허수아비	괴	人	12	謄	베낄	등	言	17	帽	모자	모	巾	12	揷	꽂을	삽	手	12
絞	목맬	교	糸	12	藤	등나무	등	++	19	沐	머리감을	목	水	7	箱	상자	상	竹	14
僑	붙어살	교	人	14	裸	벗을	라	衣	13	紊	어지러울	문	糸	10	瑞	상서로울	상	玉	13
膠	아교	교	肉	15	洛	물이름	락	水	9	舶	큰배	박	舟	11	碩	클	석	石	14
購	살	구	貝	17	爛	빛날	란	火	21	搬	운반할	반	手	13	繕	고칠	선	糸	18
毆	토할	구	欠	15	藍	쪽	람	++	18	紡	실뽑을	방	糸	10	纖	가늘	섬	糸	23
鷗	갈매기	구	鳥	22	拉	납치할	랍	手	8	賠	물어줄	배	貝	15	貰	세놓을	세	貝	12
掘	팔	굴	手	11	輛	수레	량	車	15	俳	배우	배	人	10	紹	소개할	소	糸	11
窟	굴	굴	穴	13	煉	달굴	련	火	13	柏	잣나무	배	木	9	盾	방패	순	目	9
圈	둘레	권	口	11	籠	바구니	롱	竹	22	閥	문벌	벌	門	14	升	오를	승	十	4
闕	대궐	궐	門	18	療	병고칠	료	疒	17	汎	넓을	범	水	6	屍	주검	시	尸	9
閨	규수	규	門	14	硫	유황	류	石	12	僻	후미질	벽	人	15	殖	불릴	식	歹	12
棋	바둑	기	木	12	謬	그르칠	류	言	18	倂	아우를	병	人	10	紳	큰띠	신	糸	11
濃	짙을	농	水	16	摩	문지를	마	手	15	俸	녹	봉	人	10	腎	콩팥	신	肉	12
尿	오줌	뇨	尸	7	魔	마귀	마	鬼	21	縫	꿰맬	봉	糸	17	握	쥘	악	手	12

394

2급 배정한자 538자의 훈·음·부수·획수

– 101~188(일반 한자 188) 2급 538자 = 일반 한자 188자, 인명·지명 한자 350자

한자	훈	음	부수	획수	한자	훈	음	부수	획수	한자	훈	음	부수	획수	한자	훈	음	부수	획수
癌	암	암	疒	17	沮	막을	저	水	8	悽	슬퍼할	처	心	11	峽	골짜기	협	山	10
碍	막을	애	石	13	呈	드릴	정	口	7	隻	외짝	척	隹	10	型	틀	형	土	9
惹	이끌	야	心	13	艇	거룻배	정	舟	13	撤	거둘	철	手	15	濠	해자	호	水	17
孃	아가씨	양	女	20	偵	염탐할	정	人	11	諜	염탐할	첩	言	16	酷	심할	혹	酉	14
硯	벼루	연	石	12	劑	약지을	제	刀	16	締	맺을	체	糸	15	靴	가죽신	화	革	13
厭	싫어할	염	厂	14	措	둘	조	手	11	哨	망볼	초	口	10	幻	허깨비	환	幺	4
預	맡길	예	頁	13	釣	낚시	조	金	11	焦	그을릴	초	火	12	滑	미끄러울	활	水	13
梧	오동나무	오	木	11	彫	새길	조	彡	11	趨	달릴	추	走	17	廻	빙돌	회	廴	9
穩	편안할	온	禾	19	綜	모을	종	糸	14	軸	굴대	축	車	12	喉	목구멍	후	口	12
歪	비뚤	왜	止	9	駐	머무를	주	馬	15	蹴	찰	축	足	19	勳	공	훈	力	16
妖	요사할	요	女	7	准	승인할	준	冫	10	衷	속마음	충	衣	10	熙	빛날	희	火	13
傭	품팔	용	人	13	旨	뜻	지	日	6	炊	불땔	취	火	8	噫	탄식할	희	口	16
熔	녹을	용	火	14	脂	기름	지	肉	10	託	부탁할	탁	言	10	姬	예쁜여자	희	女	9
鬱	답답할	울	鬯	29	津	나루	진	水	9	琢	쫄	탁	玉	12					
苑	동산	원	艹	9	診	진찰할	진	言	12	胎	아이밸	태	肉	9					
尉	벼슬	위	寸	11	塵	티끌	진	土	14	颱	태풍	태	風	14					
融	녹을	융	虫	16	窒	막힐	질	穴	11	覇	으뜸	패	襾	19					
貳	두	이	貝	12	輯	모을	집	車	16	坪	평지	평	土	8					
刃	칼날	인	刀	3	遮	막을	차	辶	15	怖	두려울	포	心	8					
壹	한	일	士	12	餐	밥	찬	食	16	抛	던질	포	手	8					
妊	아이밸	임	女	7	札	패	찰	木	5	鋪	가게	포	金	15					
磁	자석	자	石	14	刹	절	찰	刀	8	虐	모질	학	虍	9					
諮	물을	자	言	16	斬	벨	참	斤	11	翰	편지	한	羽	16					
雌	암컷	자	隹	13	滄	물푸를	창	水	13	艦	싸움배	함	舟	20					
蠶	누에	잠	虫	24	彰	드러날	창	彡	14	弦	활시위	현	弓	8					

2급 배정한자 538자의 훈·음·부수·획수
- 1~100(인명 지명 350)　　2급 538자 = 일반 한자 188자, 인명·지명 한자 350자

한자	훈	음	부수	획수	한자	훈	음	부수	획수	한자	훈	음	부수	획수	한자	훈	음	부수	획수
伽	절	가	人	7	璟	옥빛	경	玉	16	麒	기린	기	鹿	19	魯	노나라	로	魚	15
柯	가지	가	木	9	瓊	구슬	경	玉	19	沂	물이름	기	水	7	盧	성	로	皿	16
軻	수레	가	車	12	皐	언덕	고	白	11	驥	천리마	기	馬	27	蘆	갈대	로	++	20
賈	성	가	貝	13	串	꿸	관	｜	7	湍	여울	단	水	12	鷺	해오라기	로	鳥	23
迦	부처이름	가	辶	9	琯	옥피리	관	玉	12	塘	못	당	土	13	遼	멀	료	辶	16
珏	쌍옥	각	玉	9	槐	회화나무	괴	木	14	悳	큰	덕	心	12	劉	죽일	류	刀	15
杆	몽둥이	간	木	7	邱	언덕	구	邑	8	燾	비칠	도	火	18	崙	산이름	륜	山	11
艮	볼	간	艮	6	玖	옥돌	구	玉	7	惇	도타울	돈	心	11	楞	네모질	릉	木	13
鞨	말갈족	갈	革	18	鞠	성	국	革	17	燉	불빛	돈	火	16	麟	기린	린	鹿	23
邯	이름	감	邑	8	圭	쌍토	규	土	6	頓	조아릴	돈	頁	13	靺	말갈족	말	革	14
岬	곶	갑	山	8	奎	별	규	大	9	乭	이름	돌	乙	6	貊	종족이름	맥	豸	13
鉀	갑옷	갑	金	13	揆	헤아릴	규	手	12	董	간직할	동	++	13	覓	찾을	멱	見	11
姜	성	강	女	9	珪	홀	규	玉	10	杜	막을	두	木	7	冕	면류관	면	冂	11
彊	굳셀	강	弓	16	槿	무궁화	근	木	15	鄧	성	등	邑	15	沔	물이름	면	水	7
疆	지경	강	田	19	瑾	옥	근	玉	15	萊	명아주	래	++	12	俛	힘쓸	면	人	9
岡	산등성이	강	山	8	兢	떨릴	긍	儿	14	亮	밝을	량	亠	9	牟	성	모	牛	6
崗	언덕	강	山	11	冀	바랄	기	八	16	樑	들보	량	木	15	茅	띠	모	++	9
价	클	개	人	6	岐	갈림길	기	山	7	呂	성	려	口	7	謨	꾀	모	言	18
塏	높은땅	개	土	13	淇	물이름	기	水	11	廬	농막집	려	广	19	穆	화목할	목	禾	16
鍵	열쇠	건	金	17	琦	옥이름	기	玉	12	驪	검은말	려	馬	29	昴	별이름	묘	日	9
杰	뛰어날	걸	木	8	琪	예쁜옥	기	玉	12	礪	숫돌	려	石	20	汶	물이름	문	水	7
桀	이름	걸	木	10	璣	구슬	기	玉	16	漣	잔물결	련	水	14	彌	넓을	미	弓	17
甄	질그릇	견	瓦	14	箕	키	기	竹	14	濂	물이름	렴	水	16	旻	하늘	민	日	8
炅	빛날	경	火	8	耆	늙은이	기	耂	10	玲	옥소리	령	玉	9	旼	화할	민	日	8
儆	경계할	경	人	15	騏	준마	기	馬	18	醴	단술	례	酉	20	玟	옥돌	민	玉	8

2급 배정한자 538자의 훈·음·부수·획수

– 101~200(인명 지명 350) 2급 538자 = 일반 한자 188자, 인명·지명 한자 350자

珉	예쁜돌	민	玉 9	傅	스승	부	人 12	邵	땅이름	소	邑 8	衍	넓을	연	行 9
閔	성	민	門 12	芬	향기	분	++ 8	宋	송나라	송	宀 7	閻	마을	염	門 16
磻	반계	반	石 17	鵬	새	붕	鳥 19	洙	물가	수	水 9	燁	빛날	엽	火 16
潘	뜨물	반	水 15	丕	클	비	一 5	銖	저울눈	수	金 14	暎	비칠	영	日 13
鉢	바리때	발	金 13	毘	도울	비	比 9	隋	수나라	수	阜 12	瑛	옥빛	영	玉 13
渤	바다이름	발	水 12	毖	삼갈	비	比 9	洵	진실로	순	水 9	盈	찰	영	皿 9
旁	곁	방	方 10	彬	빛날	빈	彡 11	淳	순박할	순	水 11	瑩	옥돌	영	玉 15
龐	클	방	龍 19	泗	물이름	사	水 8	珣	옥이름	순	玉 10	芮	성	예	++ 8
裵	성	배	衣 14	庠	학교	상	广 9	舜	순임금	순	舛 12	睿	슬기	예	目 14
筏	뗏목	벌	竹 12	舒	펼	서	舌 12	荀	풀이름	순	++ 10	濊	물깊을	예	水 16
范	성	범	++ 9	奭	쌍백	석	大 15	瑟	거문고	슬	玉 13	吳	오나라	오	口 7
卞	성	변	卜 4	晳	밝을	석	日 12	繩	노끈	승	糸 19	塢	물가	오	土 16
弁	고깔	변	廾 5	錫	주석	석	金 16	柴	섶	시	木 9	沃	기름질	옥	水 7
昞	밝을	병	日 9	瑄	도리옥	선	玉 13	湜	물맑을	식	水 12	鈺	보배	옥	金 13
昺	밝을	병	日 9	璇	옥	선	玉 15	軾	가로나무	식	車 13	邕	막힐	옹	邑 10
柄	자루	병	木 9	璿	옥	선	玉 18	瀋	물이름	심	水 18	雍	화할	옹	隹 13
炳	빛날	병	火 9	卨	이름	설	卜 11	閼	막을	알	門 16	甕	독	옹	瓦 18
秉	잡을	병	禾 8	薛	대쑥	설	++ 17	鴨	오리	압	鳥 16	莞	앙골	완	++ 11
甫	클	보	用 7	陝	땅이름	섬	阜 10	埃	티끌	애	土 10	旺	왕성할	왕	日 8
潽	물이름	보	水 15	蟾	두꺼비	섬	虫 19	艾	쑥	애	++ 6	汪	넓을	왕	水 7
輔	도울	보	車 14	暹	해돋을	섬	日 16	倻	가야	야	人 11	倭	왜나라	왜	人 10
馥	향기	복	香 18	燮	불꽃	섭	火 17	襄	도울	양	衣 17	堯	요임금	요	土 12
蓬	쑥	봉	++ 15	晟	밝을	성	日 11	彦	선비	언	彡 9	姚	예쁠	요	女 9
阜	언덕	부	阜 8	巢	새집	소	川 11	妍	고울	연	女 9	耀	빛날	요	羽 20
釜	가마	부	金 10	沼	못	소	水 8	淵	못	연	水 12	溶	녹을	용	水 13

397

2급 배정한자 538자의 훈·음·부수·획수
- 201~300(인명 지명 350)   2급 538자 = 일반 한자 188자, 인명·지명 한자 350자

瑢	패옥소리 용	玉 14	尹	다스릴 윤	尸 4	禎	상서로울 정	示 14	采	풍채 채	采 8
鎔	쇠녹일 용	⺿ 11	胤	뒤이을 윤	肉 9	鼎	솥 정	鼎 13	埰	사패지 채	土 11
鏞	쇠북 용	金 19	鈗	병기 윤	金 12	趙	나라 조	走 14	蔡	성 채	⺿ 15
佑	도울 우	人 7	殷	은나라 은	殳 10	曺	성 조	日 10	陟	오를 척	阜 10
祐	복 우	示 10	垠	지경 은	土 9	祚	복 조	示 10	釧	팔찌 천	金 11
禹	성 우	肉 9	誾	향기 은	言 15	琮	서옥 종	玉 12	喆	밝을 철	口 12
旭	아침해 욱	日 6	鷹	매 응	鳥 24	疇	밭이랑 주	田 19	澈	맑을 철	水 15
頊	삼갈 욱	頁 13	伊	저 이	人 6	埈	높을 준	土 10	瞻	볼 첨	目 18
昱	해밝을 욱	日 9	珥	귀걸이 이	玉 10	峻	험준할 준	山 10	楚	초나라 초	木 13
煜	빛날 욱	火 13	怡	기쁠 이	心 8	晙	밝을 준	日 11	蜀	촉나라 촉	虫 13
郁	성할 욱	邑 9	翊	도울 익	羽 11	浚	칠 준	水 10	崔	성 최	山 11
芸	향풀 운	⺿ 8	鎰	무게이름 일	金 18	濬	깊을 준	水 17	楸	가래 추	木 13
蔚	고을이름 울	⺿ 15	佾	춤 일	人 8	駿	준마 준	馬 17	鄒	추나라 추	邑 13
熊	곰 웅	火 14	滋	붙을 자	水 12	址	터 지	土 7	椿	참죽나무 춘	木 13
媛	예쁜여자 원	女 12	庄	전장 장	广 6	芝	지초 지	⺿ 8	沖	화할 충	水 6
瑗	구슬 원	玉 13	獐	노루 장	犬 14	稙	올벼 직	禾 13	聚	모을 취	耳 14
袁	옷길 원	衣 10	璋	반쪽홀 장	玉 15	稷	피 직	禾 15	峙	언덕 치	山 9
渭	물이름 위	水 12	蔣	성 장	⺿ 15	秦	진나라 진	禾 10	雉	꿩 치	隹 13
韋	가죽 위	韋 9	甸	경기 전	田 7	晋	나라 진	日 10	灘	여울 탄	水 22
魏	위나라 위	鬼 18	鄭	나라 정	邑 15	燦	빛날 찬	火 17	耽	즐길 탐	耳 10
庾	곳집 유	广 12	晶	맑을 정	日 12	鑽	뚫을 찬	金 27	兌	바꿀 태	儿 7
俞	성 유	人 9	珽	옥이름 정	玉 11	璨	옥빛 찬	玉 17	台	별 태	口 5
楡	느릅나무 유	木 13	旌	기 정	方 11	瓚	제기 찬	玉 23	坡	언덕 파	土 8
踰	넘을 유	足 16	楨	광나무 정	木 13	敞	시원할 창	攵 12	阪	언덕 판	阜 7
允	맏 윤	儿 4	汀	물가 정	水 5	昶	해길 창	日 9	彭	성 팽	彡 12

2급 배정한자 538자의 훈·음·부수·획수
301~350(인명 지명 350)　　2급 538자 = 일반 한자 188자, 인명·지명 한자 350자

扁	작을	편	戶 9	扈	따를	호	戶 11
葡	포도	포	++ 13	鎬	호경	호	金 18
鮑	물고기	포	魚 16	祜	복	호	示 10
杓	자루	표	木 7	泓	물깊을	홍	水 8
馮	성	풍	馬 12	嬅	탐스러울	화	女 15
弼	도울	필	弓 12	樺	자작나무	화	木 16
泌	흐를	필	水 8	桓	굳셀	환	木 10
陜	땅이름	합	阜 10	煥	빛날	환	火 13
亢	높을	항	亠 4	晃	밝을	황	日 10
沆	넓을	항	水 7	滉	깊을	황	水 13
杏	살구	행	木 7	檜	전나무	회	木 17
赫	빛날	혁	赤 14	淮	물이름	회	水 11
爀	불빛	혁	火 18	后	임금	후	口 6
峴	고개	현	山 10	熏	불길	훈	火 14
炫	밝을	현	火 9	壎	질나팔	훈	土 17
鉉	솥귀	현	金 13	薰	향풀	훈	++ 18
瀅	물맑을	형	水 18	徽	아름다울	휘	彳 17
炯	빛날	형	火 9	烋	아름다울	휴	火 10
邢	성	형	邑 7	匈	오랑캐	흉	勹 6
馨	향기	형	香 20	欽	공경할	흠	欠 12
昊	하늘	호	日 8	嬉	아름다울	희	女 15
晧	밝을	호	日 11	熹	빛날	희	火 16
皓	흴	호	白 12	憙	기뻐할	희	心 16
滸	넓을	호	水 15	禧	복	희	示 17
壕	해자	호	土 17	羲	이름	희	羊 16

1급 배정한자 1,145자의 훈·음·부수·획수
− 1∼100자   1급 3,500 = 1급(1,145) 2급(538) 3급(1,817)

哥	부를 가 口 10	紺	감색 감 糸 11	膈	흉격 격 肉 14	昆	맏 곤 日 8
呵	꾸짖을 가 口 8	瞰	내려다볼 감 目 17	譴	꾸짖을 견 言 21	棍	몽둥이 곤 木 12
苛	가혹할 가 艹 9	匣	상자 갑 匚 7	鵑	두견새 견 鳥 18	袞	곤룡포 곤 衣 11
嘉	아름다울 가 口 14	閘	수문 갑 門 13	繭	고치 견 糸 19	汨	빠질 골 水 11
嫁	시집갈 가 女 13	慷	슬플 강 心 14	憬	동경할 경 心 15	拱	팔짱낄 공 手 9
稼	일할 가 禾 15	糠	쌀겨 강 米 17	鯨	고래 경 魚 19	鞏	굳을 공 革 15
袈	가사 가 衣 11	腔	빈속 강 肉 12	梗	굳을 경 木 11	顆	낟알 과 頁 17
駕	멍에 가 馬 15	薑	생강 강 艹 17	磬	경쇠 경 石 16	廓	둘레 곽 广 14
恪	삼갈 각 心 9	箇	낱 개 竹 14	莖	줄기 경 艹 11	槨	덧널 관 木 15
殼	껍질 각 殳 12	凱	이길 개 几 12	頸	목 경 頁 16	藿	콩잎 곽 艹 20
奸	간사할 간 女 6	愾	성낼 개 心 13	脛	정강이 경 肉 11	灌	물댈 관 水 21
竿	장대 간 竹 9	漑	물댈 개 水 14	勁	굳셀 경 力 9	棺	널 관 木 12
墾	개간할 간 土 16	芥	겨자 개 艹 8	悸	두근거릴 계 心 11	刮	비빌 괄 刀 8
艱	어려울 간 艮 17	羹	국 갱 羊 19	呱	울 고 口 8	括	묶을 괄 手 9
諫	간할 간 言 16	渠	개천 거 水 12	拷	때릴 고 手 9	匡	바로잡을 광 匚 6
揀	가릴 간 手 12	倨	거만할 거 人 10	敲	두드릴 고 攴 14	壙	구덩이 광 土 18
澗	산골물 간 水 16	醵	추렴할 거 酉 20	叩	조아릴 고 口 5	曠	넓을 광 日 19
癎	간질 간 疒 17	巾	수건 건 巾 3	辜	허물 고 辛 12	胱	방광 광 肉 10
竭	다할 갈 立 14	腱	힘줄 건 肉 13	痼	고질병 고 疒 13	卦	점괘 괘 卜 8
喝	외칠 갈 口 12	虔	정성 건 虍 13	錮	땜질할 고 金 16	罫	줄 괘 网 13
褐	굵은베 갈 衣 14	劫	위협할 겁 力 7	股	넓적다리 고 肉 8	乖	어그러질 괴 丿 8
勘	헤아릴 감 力 11	怯	겁낼 겁 心 8	膏	기름 고 肉 14	拐	속일 괴 手 8
堪	견딜 감 土 12	偈	불교글 게 人 11	袴	바지 고 衣 11	魁	우두머리 괴 鬼 14
柑	귤나무 감 木 9	覡	남자무당 격 見 14	鵠	고니 곡 鳥 18	轟	수레소리 굉 車 21
疳	감질 감 疒 10	檄	격문 격 木 17	梏	수갑 곡 木 11	宏	클 굉 宀 7

1급 배정한자 1,145자의 훈·음·부수·획수
- 101~200자   1급 3,500 = 1급(1,145) 2급(538) 3급(1,817)

肱	팔뚝	굉	肉 8	矩	곱자	구	矢 10	棘	가시나무 극	木 12	懦	나약할 나	心 17
喬	높을	교	口 12	廐	마구간 구	广 14	隙	틈	극	阜 13	拏	잡을	나	手 9
嬌	아리따울교	女 12	臼	절구	구	臼 6	覲	뵐	근	見 18	拿	붙잡을 나	手 10
轎	가마	교	車 19	舅	시아비 구	臼 13	饉	흉년들 근	食 20	煖	따뜻할 난	火 13
驕	교만할 교	馬 22	衢	거리	구	行 24	衾	이불	금	衣 10	捏	반죽할 날	手 10
攪	흔들	교	手 23	窘	막힐	군	穴 12	擒	사로잡을 금	手 16	捺	누를	날	手 11
咬	새소리 교	口 9	穹	하늘	궁	穴 8	襟	옷깃	금	衣 18	衲	장삼	납	衣 9
狡	교활할 교	犬 9	躬	몸	궁	身 10	扱	다룰	급	手 7	囊	주머니 낭	口 22
皎	밝을	교	白 11	倦	게으를 권	人 10	汲	물길을 급	水 7	涅	개흙	녈	水 10
蛟	이무기 교	虫 12	眷	돌볼	권	目 11	矜	자랑할 긍	矛 9	弩	쇠뇌	노	弓 8
仇	원수	구	人 4	捲	말	권	手 11	亘	뻗칠	긍	二 6	駑	둔한말 노	馬 15
鳩	비둘기 구	鳥 13	顴	광대뼈 관	頁 27	嗜	즐길	기	口 13	膿	고름	농	肉 17
枸	구기자 구	木 9	蹶	넘어질 궐	足 19	伎	재주	기	人 6	訥	말더듬을 눌	言 11
駒	망아지 구	馬 15	几	안석	궤	几 2	妓	기생	기	女 7	紐	끈	뉴	糸 10
鉤	갈고리 구	金 13	机	책상	궤	木 6	朞	돌	기	月 12	匿	숨을	닉	匚 11
嘔	토할	구	口 14	櫃	함	궤	木 18	杞	나무이름 기	木 7	簞	광주리 단	竹 18
嶇	험할	구	山 14	潰	무너질 궤	水 15	崎	험할	기	山 11	緞	비단	단	糸 15
毆	때릴	구	殳 15	詭	속일	궤	言 13	綺	비단	기	糸 14	蛋	새알	단	虫 11
謳	노래할 구	言 18	硅	규소	규	石 11	畸	때기밭 기	田 13	撻	매질할 달	手 16
軀	몸	구	身 18	逵	큰길	규	辶 12	羈	굴레	기	网 24	疸	황달	달	疒 10
垢	때	구	土 9	窺	엿볼	규	穴 16	肌	살	기	肉 6	痰	가래	담	疒 13
寇	도둑	구	宀 11	葵	해바라기 규	++ 13	譏	나무랄 기	言 19	憺	참담할 담	心 16
樞	널	구	木 9	橘	귤나무 귤	木 16	拮	일할	길	手 9	澹	담박할 담	水 16
灸	뜸질할 구	火 7	剋	이길	극	刀 9	喫	마실	끽	口 12	譚	이야기 담	言 19
溝	도랑	구	水 13	戟	창	극	戈 12	儺	푸닥거리 나	人 21	曇	흐릴	담	日 16

1급 배정한자 1,145자의 훈·음·부수·획수
- 201~300자   1급 3,500 = 1급(1,145) 2급(538) 3급(1,817)

遝	몰릴	답	辶	14	胴	몸통	동	肉	10	戾	돌아올	려	戶	8
撞	칠	당	手	15	兜	투구	두/도	儿	11	濾	거를	려	水	18
棠	아가위	당	木	12	痘	천연두	두	疒	12	黎	검을	려	黍	15
螳	사마귀	당	虫	17	臀	볼기	둔	肉	17	瀝	물방울뜰릴	력	水	19
擡	들	대	手	17	遁	달아날	둔	辶	13	礫	조약돌	력	石	20
袋	자루	대	衣	11	橙	등자나무	등	木	16	輦	가마	련	車	15
掉	흔들	도	手	11	懶	게으를	라	心	19	斂	거둘	렴	攵	17
堵	담	도	土	12	癩	문둥병	라	疒	21	殮	염할	렴	歹	17
屠	죽일	도	尸	12	邏	돌	라	辶	23	簾	발	렴	竹	19
睹	볼	도	目	14	螺	소라	라	虫	17	囹	감옥	령	口	8
賭	내기걸	도	貝	16	烙	지질	락	火	10	鈴	방울	령	金	13
搗	찧을	도	手	13	酪	쇠젖	락	酉	13	齡	나이	령	齒	20
淘	일어낼	도	水	11	駱	낙타	락	馬	16	逞	멋대로할	령	辶	11
萄	포도	도	++	12	鸞	난새	란	鳥	30	撈	건질	로	手	15
滔	물넘칠	도	水	13	瀾	물결	란	水	20	擄	노략질할	로	手	16
蹈	밟을	도	足	17	剌	어그러질	랄	刀	9	虜	포로	로	虍	12
濤	물결	도	水	17	辣	매울	랄	辛	14	碌	푸른돌	록	石	13
禱	빌	도	示	19	籃	바구니	람	竹	20	麓	산기슭	록	鹿	19
鍍	도금할	도	金	17	臘	섣달	랍	肉	19	壟	언덕	롱	土	19
瀆	더럽힐	독	水	18	蠟	밀	랍	虫	21	聾	귀머거리	롱	耳	22
禿	대머리	독	禾	7	狼	이리	랑	犬	10	瓏	옥소리	롱	玉	20
沌	어두울	돈	水	7	俩	재주	량	人	10	磊	돌무더기	뢰	石	15
憧	그리워할	동	心	15	梁	기장	량	米	13	牢	우리	뢰	牛	7
瞳	눈동자	동	目	17	侶	짝	려	人	9	傀	꼭두각시	뢰	人	17
疼	아플	동	疒	10	閭	마을	려	門	15	賂	뇌물	뢰	貝	13
寮	동관	료	宀	15										
燎	불놓을	료	火	16										
瞭	밝을	료	目	17										
寥	쓸쓸할	료	宀	14										
聊	귀울릴	료	耳	11										
陋	좁을	루	阜	9										
壘	보루	루	土	18										
溜	물방울	류	水	13										
瘤	혹	류	疒	15										
琉	유리	류	玉	10										
戮	죽일	륙	戈	15										
淪	빠질	륜	水	11										
綸	다스릴	륜	糸	14										
慄	떨릴	률	心	13										
肋	갈비	륵	肉	6										
勒	굴레	륵	力	11										
凜	늠름할	름	冫	15										
凌	업신여길	릉	冫	10										
稜	모서리	릉	禾	13										
綾	비단	릉	糸	14										
菱	마름꽃	릉	++	12										
俚	속될	리	人	9										
釐	거리단위	리	里	18										
裡	속	리	衣	12										
悧	영리할	리	心	10										

1급 배정한자 1,145자의 훈·음·부수·획수
– 301~400자   1급 3,500 = 1급(1,145) 2급(538) 3급(1,817)

痢	설사	리	疒	10	寐	잠잘 매	宀	12	畝	이랑 묘	田	10	攀	명반 반	石	20
籬	울타리	리	竹	25	煤	그을음 매	火	13	毋	말 무	毋	4	斑	얼룩 반	文	12
罹	걸릴	리	网	16	罵	욕할 매	网	15	拇	엄지 무	手	8	蟠	몸서릴 반	虫	18
吝	아낄	린	口	7	邁	나아갈 매	辶	17	巫	무당 무	工	7	拌	버릴 반	手	8
鱗	비늘	린	魚	23	呆	어리석을 매	口	7	誣	무고할 무	言	14	畔	밭두둑 반	田	10
燐	도깨비불	린	火	16	萌	싹 맹	艹	12	憮	멍할 무	心	15	絆	얽을 반	糸	11
躪	짓밟을	린	足	27	棉	목화 면	木	12	撫	어루만질 무	手	15	頒	널리펼 반	頁	13
淋	임질	림	水	11	眄	곁눈질 면	目	9	蕪	거칠 무	艹	16	槃	소반 반	木	14
笠	삿갓	립	竹	11	緬	가는실 면	糸	15	蚊	모기 문	虫	10	勃	발끈할 발	力	9
粒	알갱이	립	米	11	麵	밀가루 면	麥	15	媚	아첨할 미	女	12	潑	활발할 발	水	15
寞	쓸쓸할	막	宀	14	酩	술취할 명	酉	13	薇	장미 미	艹	17	撥	퉁길 발	手	15
卍	만자	만	十	6	皿	그릇 명	皿	5	靡	쓰러질 미	非	19	醱	술익을 발	酉	19
彎	굽을	만	弓	22	溟	바다 명	水	13	悶	번민할 민	心	12	跋	밟을 발	足	12
挽	당길	만	手	10	暝	어두울 명	日	14	謐	고요할 밀	言	17	魃	가물귀신 발	鬼	15
輓	끌	만	車	14	螟	마디충 명	虫	16	剝	벗길 박	刀	10	尨	삽살개 방	尢	7
瞞	속일	만	目	16	袂	소매 몌	衣	9	撲	때릴 박	手	15	幇	도울 방	巾	12
饅	만두	만	食	20	摸	찾을 모	手	14	樸	순박할 박	木	16	坊	동네 방	土	7
鰻	뱀장어	만	魚	22	糢	모호할 모	米	17	珀	호박 박	玉	9	彷	빙횡할 방	彳	7
蔓	덩굴	만	艹	15	牡	수컷 모	牛	7	箔	금박 박	竹	14	枋	박달나무 방	木	8
抹	지울	말	手	8	耗	줄어들 모	耒	10	粕	지게미 박	米	11	昉	밝을 방	日	8
沫	거품	말	水	8	歿	죽을 몰	歹	8	搏	칠 박	手	13	肪	기름 방	肉	8
襪	버선	말	衣	20	描	그릴 묘	手	12	縛	묶을 박	糸	16	榜	방붙일 방	木	14
芒	까끄라기	망	艹	7	猫	고양이 묘	犬	12	膊	어깨 박	肉	14	膀	오줌통 방	肉	14
忙	멍할	망	心	11	杳	어두울 묘	木	8	駁	논박할 박	馬	14	謗	헐뜯을 방	言	17
昧	어두울	매	日	9	渺	아득할 묘	水	12	攀	잡을 반	手	19	徘	배회할 배	彳	11

403

1급 배정한자 1,145자의 훈·음·부수·획수

− 401~500자   1급 3,500 = 1급(1,145) 2급(538) 3급(1,817)

湃	물결칠 배	水	12	輻	바퀴살 복	車	16	彿	비슷할 불	彳	8	嬪	궁녀 빈	女	17
胚	아이밸 배	肉	9	鰒	전복 복	魚	20	棚	선반 붕	木	12	殯	빈소 빈	歹	18
陪	모실 배	阜	11	捧	받들 봉	手	11	硼	붕산 붕	石	13	濱	물가 빈	水	17
帛	비단 백	巾	8	棒	몽둥이 봉	木	12	繃	묶을 붕	糸	17	憑	기댈 빙	心	16
魄	넋 백	鬼	15	烽	봉화 봉	火	11	憊	고달플 비	心	16	蓑	도롱이 사	艹	14
蕃	우거질 번	艹	16	鋒	칼끝 봉	金	15	妣	죽은어미 비	女	7	些	적을 사	二	7
藩	울타리 번	艹	19	俯	굽어볼 부	人	10	匕	비수 비	匕	2	嗣	대이을 사	口	13
帆	돛 범	巾	6	咐	분부할 부	口	8	庇	덮을 비	广	7	祠	사당 사	示	10
梵	범어 범	木	11	腑	오장육부 부	肉	12	琵	비파 비	玉	12	奢	사치할 사	大	12
氾	넘칠 범	水	5	駙	곁말 부	馬	15	砒	비상 비	石	9	娑	춤출 사	女	10
泛	뜰 범	水	8	剖	쪼갤 부	刀	10	秕	쭉정이 비	禾	9	紗	비단 사	糸	10
劈	쪼갤 벽	刀	15	埠	부두 부	土	11	沸	끓을 비	水	8	徙	옮길 사	彳	11
擘	엄지 벽	手	17	孵	알깔 부	子	14	扉	문짝 비	戶	12	瀉	쏟을 사	水	18
璧	옥 벽	玉	18	斧	도끼 부	斤	8	緋	비단 비	糸	14	獅	사자 사	犬	13
癖	버릇 벽	疒	18	芙	연꽃 부	艹	8	蜚	날 비	虫	14	麝	사향노루 사	鹿	21
闢	열 벽	門	21	訃	부고 부	言	9	誹	비방할 비	言	15	刪	깎을 산	刀	7
瞥	언뜻볼 별	目	17	賻	부의 부	貝	17	翡	물총새 비	羽	14	珊	산호 산	玉	9
鼈	자라 별	黽	25	噴	뿜을 분	口	15	臂	팔 비	肉	17	疝	산증 산	疒	8
甁	병 병	瓦	11	吩	명령할 분	口	7	脾	지라 비	肉	12	撒	뿌릴 살	手	15
餠	떡 병	食	17	忿	성낼 분	心	8	痺	저릴 비	疒	13	煞	죽일 살	火	13
堡	작은성 보	土	12	扮	꾸밀 분	手	7	裨	도울 비	衣	13	薩	보살 살	艹	18
洑	보 보	水	9	盆	동이 분	皿	9	譬	비유할 비	言	20	滲	스밀 삼	水	14
菩	보리수 보	艹	12	雰	안개 분	雨	12	鄙	더러울 비	邑	14	澁	떫을 삽	水	15
僕	종 복	人	14	焚	불사를 분	火	12	嚬	찡그릴 빈	口	19	孀	과부 상	女	20
匐	길 복	勹	11	糞	똥 분	米	17	瀕	물가 빈	水	19	爽	시원할 상	爻	11

1급 배정한자 1,145자의 훈·음·부수·획수

- 501~600자   1급 3,500 = 1급(1,145) 2급(538) 3급(1,817)

翔	날	상	羽	12	泄	샐	설	水	8	穗	이삭	수	禾	17	拭	닦을	식	手	9
觴	잔	상	角	18	洩	파낼	설	水	12	竪	더벅머리	수	立	13	熄	꺼질	식	火	14
璽	도장	새	玉	19	殲	다죽일	섬	歹	21	粹	순수할	수	米	14	蝕	좀먹을	식	虫	15
嗇	아낄	색	口	13	閃	번쩍할	섬	門	10	繡	수놓을	수	糸	18	呻	끙끙거릴	신	口	8
牲	희생	생	牛	9	醒	술깰	성	酉	16	羞	부끄러울	수	羊	11	娠	아이밸	신	女	10
甥	남조카	생	生	12	塑	토우	소	土	13	蒐	모을	수	艹	14	蜃	큰조개	신	虫	13
嶼	섬	서	山	17	遡	거스릴	소	辶	14	讎	원수	수	言	23	宸	대궐	신	宀	10
抒	끌어낼	서	手	7	宵	밤	소	宀	10	袖	소매	수	衣	10	燼	깜부기불	신	火	18
曙	새벽	서	日	18	逍	거닐	소	辶	11	酬	갚을	수	酉	13	薪	섶나무	신	艹	17
薯	참마	서	艹	18	疎	드물	소	疋	12	髓	골수	수	骨	23	訊	물을	신	言	10
棲	깃들	서	木	12	搔	긁을	소	手	13	塾	글방	숙	土	14	迅	빠를	신	辶	7
犀	무소	서	牛	12	瘙	종기	소	疒	15	夙	일찍	숙	夕	6	悉	다	실	心	11
胥	서로	서	肉	9	梳	빗	소	木	11	菽	콩	숙	艹	12	俄	갑자기	아	人	9
壻	사위	서	土	12	甦	깨어날	소	生	12	筍	죽순	순	竹	12	訝	의심할	아	言	11
黍	기장	서	黍	12	簫	통소	소	竹	18	醇	진할술	순	酉	15	啞	벙어리	아	口	11
鼠	쥐	서	鼠	13	蕭	대쑥	소	艹	16	馴	길들	순	馬	13	衙	관청	아	行	13
潟	개펄	석	水	15	贖	바꿀	속	貝	22	膝	무릎	슬	肉	15	顎	턱	악	頁	18
扇	부채	선	戶	10	遜	겸손할	손	辶	14	丞	도울	승	一	6	愕	놀랄	악	心	12
煽	부추길	선	河	14	悚	두려울	송	心	10	匙	숟가락	시	匕	11	堊	흰흙	악	土	11
羨	부러울	선	羊	13	灑	뿌릴	쇄	水	22	媤	시집	시	女	12	按	누를	안	手	9
膳	선물	선	肉	16	碎	부술	쇄	石	13	弑	죽일	시	弋	12	晏	늦을	안	日	10
腺	샘	선	肉	13	嫂	형수	수	女	13	柿	감나무	시	木	9	鞍	안장	안	革	15
銑	무쇠	선	金	14	瘦	수척할	수	疒	15	猜	시기할	시	犬	11	軋	삐걱거릴	알	車	8
屑	가루	설	尸	10	戍	지킬	수	戈	6	諡	시호	시	言	16	斡	돌	알	斗	14
洩	새어나갈	설	水	9	狩	사냥	수	犬	9	豺	승냥이	시	豸	10	庵	암자	암	广	11

405

1급 배정한자 1,145자의 훈·음·부수·획수
− 601∼700자   1급 3,500 = 1급(1,145) 2급(538) 3급(1,817)

한자	훈	음	부수	획수	한자	훈	음	부수	획수	한자	훈	음	부수	획수	한자	훈	음	부수	획수
闇	어두울	암	門	17	禦	막을	어	示	16	壅	막힐	옹	土	16	茸	무성할	용	++	10
怏	원망할	앙	心	8	臆	가슴	억	肉	17	渦	소용돌이	와	水	12	蓉	연꽃	용	++	14
秧	모	앙	禾	10	堰	방죽	언	土	12	蝸	달팽이	와	虫	15	涌	샘솟을	용	水	10
鴦	원앙	앙	鳥	16	諺	상말	언	言	16	訛	그릇될	와	言	11	踊	뛸	용	足	14
昂	오를	앙	日	8	儼	의젓할	엄	人	22	婉	순할	완	女	11	嵎	산굽이	우	山	12
曖	희미할	애	日	17	奄	문득	엄	大	8	宛	완연할	완	宀	8	寓	빗댈	우	宀	12
崖	벼랑	애	山	11	掩	가릴	엄	手	11	腕	팔	완	肉	12	隅	모퉁이	우	阜	12
隘	좁을	애	阜	13	繹	풀어낼	역	糸	19	玩	장난할	완	玉	8	虞	염려할	우	虍	13
靄	아지랑이	애	雨	24	捐	버릴	연	手	10	頑	완고할	완	頁	13	迂	멀	우	辶	7
扼	누를	액	手	7	椽	서까래	연	木	13	阮	성씨	완	阜	7	殞	죽을	운	歹	14
縊	목맬	액	糸	16	撚	비틀	연	手	15	枉	굽을	왕	木	8	隕	떨어질	운	阜	13
腋	겨드랑	액	肉	12	鳶	솔개	연	鳥	14	矮	작을	왜	矢	13	耘	김맬	운	耒	10
櫻	앵두나무	앵	木	21	筵	자리	연	竹	13	猥	함부로	외	犬	12	冤	원통할	원	冖	10
鶯	꾀꼬리	앵	鳥	21	焰	불꽃	염	火	12	巍	높을	외	山	21	猿	원숭이	원	犬	13
冶	불릴	야	冫	7	艶	고울	염	色	19	僥	바랄	요	人	14	鴛	원앙	원	鳥	16
揶	희롱할	야	手	12	嬰	갓난아이	영	女	17	撓	구부리질	요	手	15	萎	씨들	위	++	12
爺	아비	야	父	13	裔	후손	예	衣	13	饒	넉넉할	요	食	21	宥	용서할	유	宀	9
葯	꽃밥	약	++	13	曳	끌	예	日	6	凹	모목할	요	凵	5	喩	비유할	유	口	12
瘍	종기	양	疒	14	穢	더러울	예	禾	18	拗	꺽을	요	手	8	愉	즐거울	유	心	12
攘	물리칠	양	手	20	詣	이를	예	言	13	窈	그윽할	요	穴	10	揄	끌	유	手	12
釀	술빚을	양	酉	24	寤	깰	오	宀	14	夭	어릴	요	大	4	鍮	놋쇠	유	金	17
恙	근심	양	心	10	伍	대오	오	人	6	擾	어지러울	요	手	18	癒	병나을	유	疒	18
癢	가려울	양	疒	20	奧	속	오	大	13	窯	가마	요	穴	15	諭	깨우칠	유	言	16
圄	감옥	어	口	10	懊	원망할	오	心	16	邀	맞을	요	辶	17	柚	유자나무	유	木	9
瘀	멍들	어	疒	13	蘊	쌓을	온	++	20	聳	솟을	용	耳	17	諛	아첨할	유	言	16

406

1급 배정한자 1,145자의 훈·음·부수·획수
– 701~800자   1급 3,500 = 1급(1,145) 2급(538) 3급(1,817)

漢字	訓	音	部首	劃	漢字	訓	音	部首	劃	漢字	訓	音	部首	劃	漢字	訓	音	部首	劃
蹂	짓밟을	유	足	16	仔	자세할	자	人	5	薔	장미	장	++	17	栓	나무못	전	木	10
游	헤엄칠	유	水	12	炙	구울	자	火	8	檣	돛대	장	木	17	銓	저울질할	전	金	14
戎	병장기	융	戈	6	煮	삶을	자	火	13	齋	재계할	재	齊	17	氈	털로짤	전	毛	17
絨	가는베	융	糸	12	瓷	그릇	자	瓦	11	滓	찌꺼기	재	水	13	顫	떨릴	전	頁	22
蔭	덕택	음	++	15	疵	흠	자	疒	10	錚	쇳소리	쟁	金	16	澱	앙금	전	水	16
揖	읍할	읍	手	12	蔗	사탕수수	자	++	15	咀	씹을	저	口	8	癲	미칠	전	疒	24
膺	가슴	응	肉	17	藉	깔개	자	++	18	狙	원숭이	저	犬	8	巓	꼭대기	전	頁	19
擬	흉내낼	의	手	17	綽	너그러울	작	糸	14	詛	저주할	저	言	12	箋	쪽지	전	竹	14
椅	의자	의	木	12	勺	구기	작	勹	3	箸	젓가락	저	竹	15	餞	전별할	전	食	17
毅	굳셀	의	殳	15	灼	사를	작	火	7	猪	산돼지	저	豕	16	篆	전자	전	竹	15
誼	의좋을	의	言	15	芍	함박꽃	작	++	7	躇	주저할	저	足	20	輾	돌아누울	전	車	17
痍	상처	이	疒	11	炸	터질	작	火	9	邸	큰집	저	邑	8	截	끊을	절	戈	14
姨	이모	이	女	9	嚼	씹을	작	口	21	觝	맞닥뜨릴	저	角	12	粘	끈끈할	점	米	11
弛	늦출	이	弓	6	鵲	까치	작	鳥	19	嫡	본마누라	적	女	14	霑	젖을	점	雨	16
爾	너	이	爻	14	雀	참새	작	隹	11	謫	귀양갈	적	言	18	幀	그림족자	정	巾	12
餌	먹이	이	食	15	棧	잔도	잔	木	12	狄	오랑캐	적	犬	7	挺	빼어낼	정	手	10
翌	다음날	익	羽	11	盞	잔	잔	皿	13	迹	자취	적	辶	10	町	밭두둑	정	田	7
咽	목구멍	인	口	9	箴	바늘	잠	竹	15	剪	자를	전	刀	11	酊	술취할	정	酉	9
湮	잠길	인	水	12	簪	비녀	잠	竹	18	煎	달일	전	火	13	釘	못	정	金	10
蚓	지렁이	인	虫	10	仗	병장기	장	人	5	箭	화살	전	竹	15	睛	눈동자	정	目	13
靭	질길	인	革	12	杖	지팡이	장	木	7	塡	메울	전	土	13	靖	편안할	정	靑	13
佚	편할	일	人	7	匠	장인	장	匸	6	奠	제사	전	大	12	碇	닻	정	石	13
溢	넘칠	일	水	13	漿	미음	장	水	15	廛	가게	전	广	15	錠	덩이	정	金	16
剩	남을	잉	刀	12	醬	젓갈	장	酉	18	纏	얽을	전	糸	21	穽	함정	정	穴	9
孕	아이밸	잉	子	5	獐	노루	장	犬	14	悛	고칠	전	心	10	悌	공손할	제	心	10

407

1급 배정한자 1,145자의 훈·음·부수·획수
- 801~900자   1급 3,500 = 1급(1,145) 2급(538) 3급(1,817)

梯	사다리 제	木 11	踵	발꿈치 종	足 16	嗔	성낼 진	口 13	塹	구덩이 참	土 14
啼	울 제	口 12	踪	자취 종	足 15	疹	홍역 진	疒 10	懺	뉘우칠 참	心 20
蹄	발굽 제	足 16	挫	꺾을 좌	手 10	叱	꾸짖을 질	口 5	讖	예언서 참	言 24
凋	시들 조	冫 10	做	간주할 주	人 11	桎	차꼬 질	木 10	站	역마을 참	立 10
稠	빽빽할 조	禾 13	呪	빌 주	口 8	膣	생식기 질	肉 15	讒	모함할 참	言 24
嘲	비웃을 조	口 15	嗾	부추길 주	口 14	帙	책갑 질	巾 8	倡	광대 창	人 10
曹	무리 조	日 11	廚	부엌 주	广 15	跌	넘어질 질	足 12	娼	창녀 창	女 11
槽	통 조	木 15	胄	자손 주	月 9	迭	바꿀 질	辶 9	猖	날뛸 창	犬 11
漕	배저을 조	水 14	紬	명주 주	糸 11	嫉	미워할 질	女 13	菖	창포 창	艹 12
糟	지게미 조	米 17	註	뜻풀 주	言 12	斟	헤아릴 짐	斗 13	廠	헛간 창	广 15
遭	만날 조	辶 15	誅	벨 주	言 13	朕	나 짐	月 10	愴	슬퍼할 창	心 13
棗	대추나무 조	木 12	躊	주저할 주	足 21	什	세간 집	人 4	槍	창 창	木 14
爪	손톱 조	爪 4	輳	모일 주	車 16	澄	맑을 징	水 15	瘡	부스럼 창	疒 15
眺	바라볼 조	目 11	紂	임금이름 주	糸 9	叉	깍지낄 차	又 3	艙	선창 창	舟 16
粗	거칠 조	米 11	樽	술통 준	木 16	嗟	탄식할 차	口 13	漲	넘칠 창	水 14
阻	막힐 조	阜 8	蠢	꿈틀거릴 준	虫 21	蹉	넘어질 차	足 17	脹	배부를 창	肉 12
詔	고할 조	言 12	竣	마칠 준	立 12	搾	짤 착	手 13	寨	울타리 채	宀 13
繰	고치켤 조	糸 19	櫛	빗 즐	木 19	窄	좁을 착	穴 10	柵	울타리 책	木 9
藻	조류 조	艹 20	汁	즙 즙	水 5	鑿	뚫을 착	金 28	凄	쓸쓸할 처	冫 10
躁	조급할 조	足 20	葺	기울 즙	艹 13	撰	지을 찬	手 15	擲	던질 척	手 18
肇	시작할 조	聿 14	咫	가까울 지	口 9	饌	반찬 찬	食 21	滌	씻을 척	水 14
簇	조릿대 족	竹 17	摯	잡을 지	手 15	篡	빼앗을 찬	竹 16	瘠	수척할 척	疒 15
猝	갑자기 졸	犬 11	祉	복 지	示 9	纂	모을 찬	糸 20	脊	등뼈 척	肉 10
慫	권할 종	心 15	肢	사지 지	肉 8	擦	문지를 찰	手 17	喘	헐떡일 천	口 12
腫	부스럼 종	肉 13	枳	탱자 지	木 9	僭	참람할 참	人 14	擅	멋대로 천	手 16

1급 배정한자 1,145자의 훈·음·부수·획수

- 901~1,000자   1급 3,500 = 1급(1,145) 2급(538) 3급(1,817)

한자	훈	음	부수	획수	한자	훈	음	부수	획수	한자	훈	음	부수	획수	한자	훈	음	부수	획수
穿	뚫을	천	穴	9	囑	부탁할	촉	口	24	幟	기	치	巾	15	搭	탈	탑	手	13
闡	열	천	門	20	忖	헤아릴	촌	心	6	熾	불꽃	치	火	16	宕	호방할	탕	宀	8
凸	볼록할	철	山	5	叢	모을	총	又	18	痔	치질	치	疒	11	蕩	방탕할	탕	++	16
綴	묶을	철	糸	14	塚	무덤	총	土	13	癡	어리석을	치	疒	19	汰	씻을	태	水	7
轍	바퀴자국	철	車	19	寵	사랑할	총	宀	19	嗤	비웃을	치	口	13	笞	볼기칠	태	竹	11
僉	다	첨	人	13	撮	취할	촬	手	15	緻	촘촘할	치	糸	15	苔	이끼	태	++	9
籤	제비	첨	竹	23	墜	떨어질	추	土	15	馳	달릴	치	馬	13	跆	밟을	태	足	12
諂	아첨할	첨	言	15	樞	지도리	추	木	15	勅	조서	칙	力	9	撐	버틸	탱	手	15
帖	표제	첩	巾	8	芻	꼴	추	++	10	砧	다듬잇돌	침	石	10	攄	펼	터	手	18
貼	붙을	첩	貝	12	酋	두목	추	酉	9	鍼	침	침	金	17	慟	애통할	통	心	14
捷	이길	첩	手	11	鰍	미꾸라지	추	魚	20	蟄	숨을	칩	虫	17	桶	통	통	木	11
牒	편지	첩	片	13	椎	등뼈	추	木	12	秤	저울	칭	禾	10	筒	대통	통	竹	12
疊	거듭	첩	田	22	錐	송곳	추	金	16	唾	침	타	口	11	堆	쌓일	퇴	土	11
涕	눈물	체	水	10	錘	저울	추	金	16	惰	게으를	타	心	12	槌	망치	추	木	14
諦	살필	체	言	16	鎚	쇠망치	추	金	18	楕	길쭉할	타	木	13	褪	바랠	퇴	衣	15
憔	수척할	초	心	15	黜	물리칠	출	黑	17	舵	키	타	舟	11	腿	넓적다리	퇴	肉	14
樵	땔나무	초	木	16	悴	파리할	췌	心	11	陀	비탈질	타	阜	8	頹	무너질	퇴	頁	16
礁	암초	초	石	17	萃	모일	췌	++	12	駝	낙타	타	馬	15	套	넛개	투	大	10
蕉	파초	초	++	16	膵	췌장	췌	肉	16	擢	뽑을	탁	手	17	妬	샘낼	투	女	8
梢	나무끝	초	木	11	贅	혹	췌	貝	18	鐸	방울	탁	金	21	慝	간사할	특	心	15
礎	초석	초	石	12	娶	장가들	취	女	11	呑	삼킬	탄	口	7	婆	할미	파	女	11
稍	작을	초	禾	12	翠	비취	취	羽	14	坦	평평할	탄	土	8	巴	뱀	파	己	4
炒	볶을	초	火	8	脆	무를	취	肉	10	憚	꺼릴	탄	心	15	爬	긁을	파	爪	8
貂	담비	초	豸	12	惻	슬퍼할	측	心	12	綻	옷터질	탄	糸	14	琶	비파	파	玉	12
醋	식초	초	酉	15	侈	사치할	치	人	8	眈	노려볼	탐	目	9	芭	파초	파	++	8

1급 배정한자 1,145자의 훈·음·부수·획수

- 1,001~1,100자   1급 3,500 = 1급(1,145) 2급(538) 3급(1,817)

跛	절름발이 파	足	12	泡	거품 포	水	8	罕	드물 한	网	7	墟	빈터 허	土	15
辦	힘쓸 판	辛	16	疱	천연두 포	疒	10	轄	관장할 할	車	17	歇	쉴 헐	欠	13
佩	찰 패	人	8	袍	두루마기 포	衣	10	函	함 함	凵	8	眩	아찔할 현	目	10
唄	찬불 패	口	10	褒	기릴 포	衣	15	涵	젖을 함	水	11	衒	자랑할 현	行	11
悖	어그러질 패	心	10	曝	쬘 폭	日	19	喊	소리칠 함	口	12	絢	무늬 현	糸	12
沛	늪 패	水	7	瀑	폭포 폭	水	18	緘	꿰맬 함	糸	15	俠	의로울 협	人	9
牌	문패 패	片	12	剽	따낼 표	刀	13	鹹	짤 함	鹵	20	挾	낄 협	手	10
稗	피 패	禾	13	慓	급할 표	心	14	檻	우리 함	木	18	狹	좁을 협	犬	10
澎	물소리 팽	水	15	飄	나부낄 표	風	20	銜	재갈 함	金	14	頰	뺨 협	頁	16
膨	부풀 팽	肉	16	豹	표범 표	豸	10	盒	그릇 합	皿	11	荊	가시나무 형	艹	10
愎	괴팍할 퍅	心	12	稟	여쭐 품	禾	13	蛤	대합조개 합	虫	12	彗	비 혜	彐	11
鞭	채찍 편	革	18	諷	욀 풍	言	16	缸	항아리 항	缶	9	醯	초 혜	酉	19
騙	속일 편	馬	19	披	펼 피	手	8	肛	똥구멍 항	肉	7	弧	활 호	弓	8
貶	낮출 폄	貝	12	疋	필 필	疋	5	偕	함께 해	人	11	狐	여우 호	犬	8
萍	부평초 평	艹	12	乏	가난할 핍	丿	5	楷	본보기 해	木	13	琥	호박 호	玉	12
斃	넘어질 폐	攵	18	逼	닥칠 핍	辶	13	諧	익살 해	言	16	瑚	산호 호	玉	13
陛	섬돌 폐	阜	10	瑕	티 하	玉	13	咳	기침 해	口	9	糊	풀 호	米	15
匍	길 포	勹	9	蝦	새우 하	虫	15	駭	놀랄 해	馬	16	渾	흐릴 혼	水	12
哺	먹일 포	口	10	遐	멀 하	辶	13	骸	해골 해	骨	16	笏	홀 홀	竹	10
圃	밭 포	口	10	霞	노을 하	雨	17	懈	게으를 해	心	16	惚	황홀할 홀	心	11
脯	육포 포	肉	11	瘧	학질 학	疒	15	邂	만날 해	辶	17	虹	무지개 홍	虫	9
蒲	부들 포	艹	14	謔	희롱할 학	言	17	劾	캐물을 핵	力	8	訌	어지러울 홍	言	10
逋	달아날 포	辶	11	壑	골 학	土	17	嚮	향할 향	口	19	哄	떠들 홍	口	9
咆	고함지를 포	口	8	澣	옷빨래 한	水	16	饗	잔치할 향	食	22	喚	부를 환	口	12
庖	부엌 포	广	8	悍	사나울 한	心	10	噓	불 허	口	14	宦	내시 환	宀	9

1급 배정한자 1,145자의 훈·음·부수·획수
− 1,101~1,145자   1급 3,500 = 1급(1,145) 2급(538) 3급(1,817)

鰥	홀아비 환	魚	21	朽	썩을 후	木	6	
驩	기뻐할 환	馬	28	逅	만날 후	辶	10	
猾	교활할 활	犬	13	暈	달무리 훈	日	13	
闊	넓을 활	門	17	喧	시끄러울 훤	口	12	
凰	봉황새 황	几	11	卉	풀 훼	十	5	
煌	빛날 황	火	13	喙	부리 훼	口	12	
遑	급할 황	辶	13	彙	무리 휘	彐	13	
徨	헤맬 황	彳	12	諱	꺼릴 휘	言	16	
惶	두려울 황	心	12	麾	대장기 휘	麻	15	
恍	황홀할 황	心	9	恤	구휼할 휼	心	9	
慌	당황할 황	心	13	兇	흉악할 흉	儿	6	
恢	넓을 회	心	9	洶	용솟을 흉	水	9	
晦	그믐 회	日	11	欣	기뻐할 흔	欠	8	
誨	가르칠 회	言	14	痕	흉터 흔	疒	11	
繪	그림 회	糸	19	欠	하품 흠	欠	4	
膾	회 회	肉	17	歆	먹을 흠	欠	13	
徊	노닐 회	彳	9	恰	마치 흡	心	9	
蛔	회충 회	虫	12	洽	흡족할 흡	水	9	
賄	뇌물 회	貝	13	犧	희생할 희	牛	20	
哮	으르렁거릴 효	口	10	詰	꾸짖을 힐	言	13	
酵	발효 효	酉	14					
嚆	울릴 효	口	17					
爻	사귈 효	爻	4					
吼	울 효	口	7					
嗅	냄새맡을 후	口	13					

2급한자

1급한자

411

한자능력검정시험 8급~1급(3,500자)

급 수	배정 한자수	출제 문항수	합격 문항수	시험 시간	출제 구성
8급	50	50	35	50(분)	읽기 50자 쓰기 없음
7급	100	70	49	50(분)	읽기 150자 쓰기 없음
6급Ⅱ	150	80	56	50(분)	읽기 300자 쓰기 50자
6급	6급Ⅱ	90	63	50(분)	읽기 300자 쓰기 150자
5급	200	100	70	50(분)	읽기 500자 쓰기 300자
4급Ⅱ	250	100	70	50(분)	읽기 750자 쓰기 400자
4급	250	100	70	50(분)	읽기 1000자 쓰기 500자
3급Ⅱ	500	150	105	60(분)	읽기 1500자 쓰기 750자
3급	317	150	105	60(분)	읽기 1817자 쓰기 1000자
2급	538	150	105	60(분)	읽기 2355자 쓰기 1817자
1급	1145	200	160	90(분)	읽기 3500자 쓰기 2005자

출제유형(3급 : 읽기 1,817자 쓰기 1,000자)

출제문항수	150	반의어(反意語)	10
독음(讀音)	45	완성형(完成形)	10
훈음(訓音)	27	동의어(同義語)	5
쓰기	30	동음이의어(同音異議語)	5
부수(部首)	5	장단음(長短音)	5
약자(略字)	3	뜻풀이	5

부록

여러 음(音)을 가진 한자 · 약자 · 반대자 상대자
반의어 · 유의자 · 유의어 · 동음이의어 · 사자성어

여러 음(音)을 가진 한자

한자	음	뜻	예		한자	음	뜻	예
降	강 항	내리다 항복하다	降雨(강우) 降伏(항복)		率	률 솔	비율 거느리다	確率(확률) 統率(통솔)
更	갱 경	다시 고치다	更生(갱생) 更張(경장)		北	북 배	북녘 달아나다	南北(남북) 敗北(패배)
車	거차	수레 수레	車馬(거마) 車輛(차량)		寺	사 시	절 모시다	寺院(사원) 寺人(시인)
見	견 현	보다 나타나다	見聞(견문) 現夢(현몽)		狀	상 장	형상 문서	形狀(형상) 賞狀(상장)
龜	귀 균	거북 터지다	龜鑑(귀감) 龜裂(균열)		殺	살 쇄	죽이다 감하다	殺生(살생) 相殺(상쇄)
金	금 김	쇠 성	金屬(금속) 金氏(김씨)		塞	새 색	변방 막다	要塞(요새) 塞源(색원)
茶	다 차	차 차	茶菓(다과) 茶禮(차례)		索	색 삭	찾다 쓸쓸하다	索出(색출) 索莫(삭막)
度	도 두	법도 헤아리다	制度(제도) 度地(탁지)		說	설 세 열	말씀하다 달래다 기쁘다	說明(설명) 遊說(유세) 說乎(열호)
讀	독 두	읽다 구절	讀書(독서) 句讀(구두)		省	성 생	살피다 덜다	省墓(성묘) 省略(생략)
洞	동 통	마을 통하다	洞長(동장) 洞察(통찰)		屬	속 촉	속하다 맡기다	屬國(속국) 屬託(촉탁)
樂	락 악 요	즐기다 악기 좋아하다	娛樂(오락) 樂器(악기) 樂山(요산)		數	수 삭	세다 자주	數學(수학) 數尿(삭뇨)

拾	습	줍다	拾得(습득)
	십	갖은열	拾萬(십만)
食	식	먹다	食事(식사)
	사	밥	疏食(소사)
識	식	알다	知識(지식)
	지	기록하다	標識(표지)
惡	악	악하다	善惡(선악)
	오	미워하다	憎惡(증오)
若	약	같다	萬若(만약)
	야	반야	般若(반야)
易	역	바꾸다	貿易(무역)
	이	쉽다	容易(용이)
咽	인	목구멍	咽喉(인후)
	열	목멜	嗚咽(오열)
刺	자	찌르다	刺客(자객)
	척	찌르다	刺殺(적살)
切	절	자르다	切斷(절단)
	체	모두	一切(일체)
提	제	낼	提案(제안)
	리	보리	菩提(보리)
辰	진	별	星辰(성진)
	신	때	生辰(생신)

參	참	참여하다	參加(참가)
	삼	갖은석	參萬(삼만)
拓	척	열다	開拓(개척)
	탁	밀다	拓本(탁본)
推	추	밀다	推理(추리)
	퇴	밀다	推敲(퇴고)
則	칙	법	法則(법칙)
	즉	곧	然則(연즉)
沈	침	잠기다	沈沒(침몰)
	심	성씨	沈氏(심씨)
宅	택	집	宅地(택지)
	댁	집	宅內(댁내)
布	포	베	布木(포목)
	보	보시	布施(보시)
暴	폭	사나울	暴動(폭동)
	포	사납다	暴惡(포악)
便	편	편하다	便利(편리)
	변	똥오줌	小便(소변)
行	행	다니다	行路(행로)
	항	항렬	行列(항렬)
畫	화	그림	畫家(화가)
	획	긋다	劃數(획수)

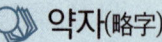 약자(略字)

정의(定義) : 점, 획의 생략이나, 변형에 의한 획 줄임이 현저히 나타나는 글자(字).
유래(由來) : 약자(略字)는 글을 빨리 쓰기 위한 초서(草書)에서 유래(由來)하였다.
격식(格式)을 갖추어 글을 쓸 때는 정자(正字)를 사용한다.
구성(構成) : 1. 점, 획의 생략. 2. 구성 일부분을 다른 글자의 형태로 바꾼다.

正字	略字	훈	음	正字	略字	훈	음	正字	略字	훈	음	正字	略字	훈	음
價	価	값	가	龜	亀	거북	귀	兩	両	두	량	發	発	나아갈	발
假	仮	거짓	가	氣	気	기운	기	勵	励	힘쓸	려	拜	拝	절	배
覺	覚	깨달을	각	既	既	이미	기	歷	歴	지낼	력	變	変	변할	변
擧	挙	들	거	內	内	안	내	戀	恋	사모할	련	邊	辺	가	변
據	拠	의거할	거	單	単	하나	단	獵	猟	사냥할	렵	竝	並	나란할	병
徑	径	지름길	경	團	団	둥글	단	靈	霊	신령	령	寶	宝	보배	보
經	経	다스릴	경	斷	断	끊을	단	禮	礼	예도	례	拂	払	떨칠	불
輕	軽	가벼울	경	擔	担	멜	담	勞	労	일할	로	佛	仏	부처	불
鷄	鶏	닭	계	當	当	마땅할	당	爐	炉	화로	로	冰	氷	얼음	빙
繼	継	이을	계	黨	党	무리	당	綠	緑	푸를	록	師	师	스승	사
館	館	집	관	對	対	대할	대	賴	頼	의뢰할	뢰	絲	糸	실	사
關	関	빗장	관	德	徳	바를	덕	龍	竜	용	룡	寫	写	베낄	사
廣	広	넓을	광	圖	図	그림	도	樓	楼	여러	루	辭	辞	말씀	사
敎	教	가르칠	교	讀	読	읽을	독	萬	万	일만	만	狀	状	모양	상
區	区	나눌	구	獨	独	홀로	독	滿	満	찰	만	雙	双	둘	쌍
驅	駆	몰	구	樂	楽	즐길	락	蠻	蛮	오랑캐	만	敍	叙	펼	서
舊	旧	옛	구	亂	乱	어지러울	란	賣	売	팔	매	釋	釈	놓을	석
國	国	나라	국	覽	覧	볼	람	麥	麦	보리	맥	聲	声	소리	성
勸	勧	권할	권	來	来	올	래	半	半	절반	반	續	続	이을	속

416

正字	略字	뜻	음	正字	略字	뜻	음	正字	略字	뜻	음	正字	略字	뜻	음	正字	略字	뜻	음
屬	属	속할	속	圓	円	둥글	원	從	従	좇을	종	澤	沢	못	택
收	収	거둘	수	圍	囲	에워쌀	위	晝	昼	낮	주	廢	廃	폐할	폐
數	数	셀	수	爲	為	할	위	卽	即	곧	즉	豐	豊	풍성할	풍
輸	輸	나를	수	應	応	응할	응	增	増	더할	증	學	学	배울	학
壽	寿	목숨	수	醫	医	의원	의	證	証	증거	증	海	海	바다	해
肅	粛	엄숙할	숙	貳	弐	두	이	眞	真	참	진	鄕	郷	시골	향
濕	湿	젖을	습	壹	壱	한	일	盡	尽	다할	진	虛	虚	빌	허
乘	乗	탈	승	姊	姉	누이	자	贊	賛	도울	찬	獻	献	바칠	헌
實	実	열매	실	殘	残	남을	잔	讚	讃	칭찬할	찬	驗	験	시험할	험
兒	児	아이	아	蠶	蚕	누에	잠	參	参	참여할	참	險	険	험할	험
亞	亜	버금	아	雜	雑	섞일	잡	册	冊	책	책	縣	県	고을	현
惡	悪	악할	악	壯	壮	씩씩할	장	處	処	곳	처	顯	顕	나타날	현
巖	巌	바위	암	將	将	장수	장	淺	浅	얕을	천	陝	陝	좁을	협
壓	圧	누를	압	爭	争	다툴	쟁	鐵	鉄	쇠	철	峽	峡	골짜기	협
藥	薬	약	약	戰	戦	싸울	전	廳	庁	관청	청	螢	蛍	반딧불	형
讓	譲	사양할	양	錢	銭	돈	전	體	体	몸	체	號	号	부를	호
嚴	厳	엄할	엄	專	専	오로지	전	觸	触	닿을	촉	畫	画	그림	화
餘	余	남을	여	轉	転	구를	전	總	総	거느릴	총	擴	拡	넓힐	확
與	与	줄	여	點	点	점찍을	점	蟲	虫	벌레	충	歡	歓	기쁠	환
驛	駅	정거장	역	靜	静	고요할	정	醉	酔	취할	취	黃	黄	누를	황
譯	訳	통역할	역	淨	浄	깨끗할	정	齒	歯	이	치	會	会	모일	회
鹽	塩	소금	염	濟	済	건널	제	漆	柒	옻	칠	懷	懐	품을	회
榮	栄	영화	영	齊	斉	가지런할	제	稱	称	일컬을	칭	勳	勲	공	훈
藝	芸	재주	예	條	条	가지	조	彈	弾	총알	탄	黑	黒	검을	흑
溫	温	따뜻할	온	弔	吊	조상할	조	擇	択	뽑을	택	戲	戯	희롱할	희

417

반대(反對)·상대자(相對字)

加減	가감	君臣	군신	得失	득실	生死	생사
可否	가부	貴賤	귀천	賣買	매매	善惡	선악
干戈	간과	近遠	근원	明暗	명암	先後	선후
甘苦	감고	禽獸	금수	矛盾	모순	盛衰	성쇠
江山	강산	及落	급락	問答	문답	成敗	성패
强弱	강약	起伏	기복	文武	문무	疏密	소밀
開閉	개폐	吉凶	길흉	物心	물심	損益	손익
去來	거래	難易	난이	美醜	미추	送迎	송영
乾坤	건곤	男女	남녀	民官	민관	需給	수급
乾濕	건습	南北	남북	班常	반상	首尾	수미
謙慢	겸만	內外	내외	發着	발착	手足	수족
慶弔	경조	冷溫	냉온	本末	본말	收支	수지
輕重	경중	勞使	노사	夫婦	부부	水火	수화
京鄕	경향	老少	노소	夫妻	부처	順逆	순역
苦樂	고락	濃淡	농담	浮沈	부침	昇降	승강
姑婦	고부	多少	다소	貧富	빈부	勝負	승부
高低	고저	單複	단복	氷炭	빙탄	勝敗	승패
曲直	곡직	斷續	단속	師弟	사제	始末	시말
功過	공과	當落	당락	死活	사활	是非	시비
攻防	공방	大小	대소	山川	산천	始終	시종
公私	공사	貸借	대차	山河	산하	視聽	시청
攻守	공수	東西	동서	山海	산해	新古	신고
廣狹	광협	同異	동이	賞罰	상벌	新舊	신구
敎學	교학	動靜	동정	上下	상하	信疑	신의

伸縮	신축	離合	이합	晝夜	주야	取捨	취사
心身	심신	因果	인과	主從	주종	親疎	친소
安危	안위	日月	일월	衆寡	중과	脫着	탈착
愛惡	애오	任免	임면	增減	증감	投打	투타
愛憎	애증	姉妹	자매	遲速	지속	廢立	폐립
哀歡	애환	雌雄	자웅	眞假	진가	表裏	표리
抑揚	억양	自他	자타	眞僞	진위	豊凶	풍흉
言行	언행	昨今	작금	進退	진퇴	皮骨	피골
榮辱	영욕	長短	장단	集配	집배	彼我	피아
玉石	옥석	長幼	장유	集散	집산	彼此	피차
溫冷	온냉	將兵	장병	贊反	찬반	夏冬	하동
緩急	완급	田畓	전답	天地	천지	寒暖	한난
往來	왕래	前後	전후	天壤	천양	閑忙	한망
往復	왕복	正誤	정오	添削	첨삭	寒暑	한서
凹凸	요철	早晚	조만	淸濁	청탁	虛實	허실
優劣	우열	朝夕	조석	初終	초종	賢愚	현우
遠近	원근	祖孫	조손	春秋	춘추	兄弟	형제
有無	유무	燥濕	조습	出缺	출결	好惡	호악
陸海	육해	朝野	조야	出納	출납	禍福	화복
恩怨	은원	尊卑	존비	出沒	출몰	厚薄	후박
隱現	은현	存廢	존폐	忠逆	충역	胸背	흉배
陰陽	음양	縱橫	종횡	出入	출입	黑白	흑백
音訓	음훈	左右	좌우	取捨	취사	興亡	흥망
異同	이동	主客	주객	治亂	치란	喜悲	희비

반의어(反義語)

可決·否決	가결·부결	固定·流動	고정·유동	動機·結果	동기·결과
加工·實際	가공·실제	困難·容易	곤란·용이	滅亡·隆興	멸망·융흥
加熱·冷覺	가열·냉각	供給·需要	공급·수요	名譽·恥辱	명예·치욕
加入·脫退	가입·탈퇴	空想·現實	공상·현실	模糊·分明	모호·분명
感性·理性	감성·이성	公的·私的	공적·사적	背恩·報恩	배은·보은
感情·理性	감정·이성	過激·穩健	과격·온건	服從·抵抗	복종·저항
強硬·柔和	강경·유화	君子·小人	군자·소인	富貴·貧賤	부귀·빈천
個別·全體	개별·전체	僅少·過多	근소·과다	分離·統合	분리·통합
巨富·極貧	거부·극빈	急行·緩行	급행·완행	紛爭·和解	분쟁·화해
建設·破壞	건설·파괴	肯定·否定	긍정·부정	不運·幸運	불운·행운
乾燥·濕潤	건조·습윤	記憶·忘却	기억·망각	非凡·平凡	비범·평범
儉約·浪費	검약·낭비	緊張·弛緩	긴장·이완	奢侈·儉素	사치·검소
缺席·出席	결석·출석	濫用·節約	남용·절약	死後·生前	사후·생전
缺乏·豊富	결핍·풍부	內容·形式	내용·형식	削除·添加	삭제·첨가
缺陷·長點	결함·장점	老鍊·未熟	노련·미숙	詳述·略述	상술·약술
結合·分離	결합·분리	單獨·共同	단독·공동	先天·後天	선천·후천
謙虛·傲慢	겸허·오만	單純·複雜	단순·복잡	成功·失敗	성공·실패
輕減·加重	경감·가중	短縮·延長	단축·연장	消極·積極	소극·적극
經度·緯度	경도·위도	都心·郊外	도심·교외	騷亂·靜肅	소란·정숙
輕視·重視	경시·중시	獨裁·民主	독재·민주	消費·生産	소비·생산
硬直·柔軟	경직·유연	獨創·模倣	독창·모방	疏遠·親近	소원·친근

始作・終末	시작・종말	姉妹・兄弟	자매・형제	最終・最初	최종・최초
愼重・輕率	신중・경솔	自意・他意	자의・타의	聰明・愚鈍	총명・우둔
安全・危險	안전・위험	低俗・高尙	저속・고상	抽象・具體	추상・구체
暗黑・光明	암흑・광명	貯蓄・消費	저축・소비	充足・不足	충족・부족
抑壓・解放	억압・해방	長點・短點	장점・단점	親密・疏遠	친밀・소원
逆行・順行	역행・순행	絕對・相對	절대・상대	快樂・苦痛	쾌락・고통
連結・斷絕	연결・단절	正堂・不當	정당・부당	敗北・勝利	패배・승리
溫情・冷情	온정・냉정	正午・子正	정오・자정	閉鎖・開放	폐쇄・개방
愚昧・賢明	우매・현명	正統・異端	정통・이단	閉會・開會	폐회・개회
偶然・必然	우연・필연	助長・抑制	조장・억제	暴露・隱蔽	폭로・은폐
原告・被告	원고・피고	拙作・傑作	졸작・걸작	豊年・凶年	풍년・흉년
遠交・近攻	원교・근공	晝間・夜間	주간・야간	現實・理想	현실・이상
原因・結果	원인・결과	主觀・客觀	주관・객관	好材・惡材	호재・악재
違法・合法	위법・합법	增進・減退	증진・감퇴	好況・不況	호황・불황
柔弱・强健	유약・강건	支出・收入	지출・수입	擴大・縮小	확대・축소
義務・權利	의무・권리	直系・傍系	직계・방계	獲得・喪失	획득・상실
依他・自立	의타・자립	直接・間接	직접・간접	劃一・多樣	획일・다양
利己・利他	이기・이타	進步・保守	진보・보수	厚待・薄待	후대・박대
利益・損失	이익・손실	陳腐・斬新	진부・참신	後退・前進	후퇴・전진
人爲・自然	인위・자연	眞實・虛僞	진실・허위	興奮・安靜	흥분・안정
自立・依存	자립・의존	質疑・應答	질의・응답	稀薄・濃厚	희박・농후

유의자(類義字) 뜻이 비슷한 자

街路	가로	攻擊	공격	年歲	연세	法規	법규
家屋	가옥	恭敬	공경	斷絕	단절	法律	법률
歌謠	가요	空虛	공허	單獨	단독	法式	법식
價値	가치	貢獻	공헌	談話	담화	法典	법전
覺悟	각오	過失	과실	盜賊	도적	法則	법칙
簡略	간략	觀覽	관람	到來	도래	變化	변화
監視	감시	貫徹	관철	道路	도로	逢遇	봉우
康寧	강녕	橋梁	교량	到着	도착	否非	부비
居住	거주	敎訓	교훈	圖畫	도화	附屬	부속
巨大	거대	具備	구비	敦篤	돈독	扶助	부조
揭揚	게양	群衆	군중	羅列	나열	附着	부착
堅固	견고	規格	규격	連結	연결	墳墓	분묘
境界	경계	規則	규칙	連絡	연락	崩壞	붕괴
警戒	경계	極盡	극진	連續	연속	朋友	붕우
經過	경과	根本	근본	勉勵	면려	悲哀	비애
京都	경도	勤愼	근신	滅亡	멸망	賓客	빈객
經歷	경력	急速	급속	毛髮	모발	貧困	빈곤
競爭	경쟁	給與	급여	文章	문장	貧窮	빈궁
階段	계단	記錄	기록	門戶	문호	思考	사고
計算	계산	記憶	기억	物件	물건	詐欺	사기
繼續	계속	忌憚	기탄	物品	물품	思念	사념
繼承	계승	祈禱	기도	返還	반환	思慮	사려
孤獨	고독	技術	기술	配偶	배우	思想	사상
考慮	고려	飢餓	기아	氾濫	범람	思惟	사유

422

喪失	상실	永遠	영원	製造	제조	討伐	토벌
相互	상호	銳利	예리	組織	조직	討議	토의
索引	색인	優秀	우수	存在	존재	土地	토지
旋回	선회	憂愁	우수	終了	종료	退去	퇴거
選拔	선발	宇宙	우주	朱紅	주홍	鬪爭	투쟁
姓氏	성씨	援助	원조	中央	중앙	販賣	판매
性質	성질	怨恨	원한	憎惡	증오	捕捉	포착
素質	소질	恩惠	은혜	增加	증가	捕獲	포획
睡眠	수면	音聲	음성	知識	지식	畢竟	필경
授與	수여	陰影	음영	池澤	지택	寒冷	한랭
樹木	수목	音韻	음운	秩序	질서	抗拒	항거
崇高	숭고	意志	의지	質量	질량	恒常	항상
施設	시설	依支	의지	質問	질문	海洋	해양
試驗	시험	衣服	의복	倉庫	창고	虛空	허공
始初	시초	忍耐	인내	創始	창시	許諾	허락
身體	신체	引導	인도	淸潔	청결	混雜	혼잡
尋訪	심방	認識	인식	聽聞	청문	婚姻	혼인
審察	심찰	仁慈	인자	超越	초월	和睦	화목
眼目	안목	慈愛	자애	村里	촌리	確固	확고
顔面	안면	裝飾	장식	蓄積	축적	歡喜	환희
安寧	안녕	戰鬪	전투	衝突	충돌	皇帝	황제
哀悼	애도	停止	정지	充滿	충만	獲得	획득
言語	언어	正直	정직	層階	층계	休息	휴식
永久	영구	祭祀	제사	沈沒	침몰	希望	희망

유의어(類義語) : 뜻이 비슷한 한자어

架空・虛構	가공・허구	給料・給與	급료・급여	密通・暗通	밀통・암통
間諜・諜者	간첩・첩자	急所・要點	급소・요점	薄情・冷淡	박정・냉담
儉約・節約	검약・절약	器量・才能	기량・재능	反逆・謀反	반역・모반
劫迫・威脅	겁박・위협	氣象・氣候	기상・기후	發端・始作	발단・시작
決心・覺悟	결심・각오	氣品・風格	기품・풍격	發送・郵送	발송・우송
傾向・動向	경향・동향	吉凶・慶弔	길흉・경조	傍觀・坐視	방관・좌시
經驗・體驗	경험・체험	濫用・誤用	남용・오용	方法・手段	방법・수단
季節・四季	계절・사계	籠絡・戲弄	농락・희롱	背恩・忘德	배은・망덕
古今・今昔	고금・금석	短命・薄命	단명・박명	白眉・壓卷	백미・압권
鼓吹・鼓舞	고취・고무	丹粧・化粧	단장・화장	凡夫・俗人	범부・속인
古稀・從心	고희・종심	當到・到達	당도・도달	變遷・沿革	변천・연혁
曲解・誤解	곡해・오해	待遇・處遇	대우・처우	普遍・一般	보편・일반
共鳴・首肯	공명・수긍	大河・長江	대하・장강	伏龍・臥龍	복룡・와룡
空想・妄想	공상・망상	同意・贊成	동의・찬성	複雜・煩雜	복잡・번잡
貢獻・寄與	공헌・기여	登極・卽位	등극・즉위	事例・實例	사례・실례
過激・急進	과격・급진	晚年・老年	만년・노년	事前・未然	사전・미연
喬木・巨木	교목・거목	名勝・景勝	명승・경승	散策・散步	산책・산보
交涉・折衝	교섭・절충	模範・龜鑑	모범・귀감	常時・恒時	상시・항시
九泉・黃泉	구천・황천	目讀・默讀	목독・묵독	狀況・情勢	상황・정세
求婚・請婚	구혼・청혼	武術・武藝	무술・무예	書簡・書札	서간・서찰
根幹・基礎	근간・기초	問候・問安	문후・문안	先納・豫納	선납・예납

所望·念願	소망·염원	緩急·遲速	완급·지속	進退·去就	진퇴·거취
所願·希望	소원·희망	優待·厚待	우대·후대	贊反·可否	찬반·가부
素行·品行	소행·품행	原因·理由	원인·이유	贊助·協贊	찬조·협찬
刷新·革新	쇄신·혁신	威脅·脅迫	위협·협박	天地·乾坤	천지·건곤
修飾·治粧	수식·치장	留級·落第	유급·낙제	淸掃·掃除	청소·소제
承諾·許諾	승낙·허락	維新·革新	유신·혁신	滯拂·滯納	체불·체납
始祖·鼻祖	시조·비조	幼稚·未熟	유치·미숙	治粧·裝飾	치장·장식
我軍·友軍	아군·우군	倫理·道德	윤리·도덕	通俗·大衆	통속·대중
壓迫·威壓	압박·위압	潤澤·豊富	윤택·풍부	破産·倒産	파산·도산
哀歡·喜悲	애환·희비	利潤·利文	이윤·이문	評論·批評	평론·비평
約婚·佳約	약혼·가약	認可·許可	인가·허가	平凡·尋常	평범·심상
業績·功績	업적·공적	任意·恣意	임의·자의	抱負·雄志	포부·웅지
旅館·客舍	여관·객사	地獄·奈落	지옥·나락	風燈·累卵	풍등·누란
逆轉·反轉	역전·반전	轉居·移轉	전거·이전	虐待·驅迫	학대·구박
年歲·春秋	연세·춘추	專決·獨斷	전설·독단	合法·適法	합법·적법
連覇·連勝	연패·연승	精讀·熟讀	정독·숙독	海外·異域	해외·이역
廉價·低價	염가·저가	操心·注意	조심·주의	解任·罷免	해임·파면
永久·恒久	영구·항구	尊稱·敬稱	존칭·경칭	形象·形態	형상·형태
零落·衰落	영락·쇠락	從心·稀壽	종심·희수	護國·衛國	호국·위국
永眠·他界	영면·타계	仲介·居間	중개·거간	劃一·一律	획일·일률
禮物·幣物	예물·폐물	地方·鄕土	지방·향토	興亡·盛衰	흥망·성쇠

동음이의어(同音異義語)

假設 架設	가설	公募 共謀	공모	端緒 但書	단서	商街 喪家	상가
家長 假裝	가장	公私 工事	공사	待期 大氣	대기	商術 詳述	상술
假定 家庭	가정	公約 空約	공약	動機 同期	동기	宣傳 善戰	선전
感想 鑑賞	감상	公認 公人	공인	同志 冬至	동지	所願 疏遠	소원
甘受 監修	감수	科擧 過去	과거	童話 同化	동화	素材 所在	소재
拒否 巨富	거부	管理 官吏	관리	武器 無期	무기	水道 首都	수도
警戒 境界	경계	校庭 矯正	교정	寶庫 報告	보고	受賞 首相	수상
景氣 競技	경기	構造 救助	구조	普及 補給	보급	修習 收拾	수습
經路 敬老	경로	機關 器官	기관	寶石 保釋	보석	秀才 水災	수재
經費 警備	경비	機構 器具	기구	思考 事故	사고	修行 隨行	수행
傾向 京鄕	경향	紀元 祈願	기원	史料 飼料	사료	習得 拾得	습득
固守 高手	고수	基地 機智	기지	山水 算數	산수	時價 詩歌	시가

時刻 視覺	시각	儀式 意識	의식	田園 電源	전원	支援 志願	지원
試圖 市道	시도	依支 意志	의지	節制 切除	절제	陳腐 眞否	진부
是認 詩人	시인	理想 以上	이상	精氣 定期	정기	青山 清算	청산
弱者 略字	약자	理解 利害	이해	正統 精通	정통	初代 招待	초대
糧食 樣式	양식	人道 引渡	인도	條理 調理	조리	初喪 肖像	초상
演技 延期	연기	引上 印象	인상	造船 朝鮮	조선	表紙 標識	표지
年長 延長	연장	子正 自淨	자정	助手 潮水	조수	港口 恒久	항구
零細 永世	영세	壯觀 長官	장관	造化 調和	조화	解毒 解讀	해독
容器 勇氣	용기	財貨 災禍	재화	主食 柱式	주식	後代 厚待	후대
用意 容疑	용의	專攻 戰功	전공	持久 地球	지구	後事 厚謝	후사
憂愁 優秀	우수	電氣 傳記	전기	支社 志士	지사	後生 厚生	후생
胃腸 僞裝	위장	展示 戰時	전시	知性 至誠	지성	吸水 吸收	흡수

사자성어	뜻	한자 풀이
街談巷說 (가담항설)	항간(巷間)에 근거 없이 떠도는 말.	街 거리 가 / 巷 거리 항
苛斂誅求 (가렴주구)	세금(稅金) 따위를 가혹(苛酷)하게 거두고 백성을 못살게 구는 가혹한 정치(政治).	斂 거둘 렴 / 誅 벨 주
佳人薄命 (가인박명)	여자의 용모가 빼어나고 재주가 많으면 운명이 기구함.	佳 아름다울 가 / 薄 엷을 박
刻骨難忘 (각골난망)	깊이 새기어 두고 입은 은혜(恩惠)를 잊지 않음.	刻 새길 각 / 難 어려울 난
各自圖生 (각자도생)	각자 살길을 도모(圖謀)함.	圖 그림 도 / 圖 꾀할 도
角者無齒 (각자무치)	뿔이 있는 자는 이가 없음. 한 사람이 여러 가지 복이나 재주를 갖출 수는 없음.	角 뿔 각 / 齒 이 치
刻舟求劍 (각주구검)	사리(事理)에 어둡고 융통성이 없음. * 초(楚)나라 사람이 배로 강을 건너다 물속에 칼을 빠뜨려 그 자리를 배에 표시해 두고 배가 멈춘 뒤 그 칼을 찾고자 했다는 고사	求 구할 구 / 劍 칼 검
艱難辛苦 (간난신고)	갖은 어려움과 괴로움을 다 겪음.	艱 어려울 간 / 辛 매울 신
肝膽相照 (간담상조)	간과 쓸개를 서로 보임. 서로 진심을 터놓고 사귐.	膽 쓸개 담 / 照 비출 조
渴而穿井 (갈이천정)	목이 말라서야 우물을 팜. 일을 당해서 시작(始作)하면 때가 늦음.	渴 마를 갈 / 穿 뚫을 천
感慨無量 (감개무량)	사물(事物)에 대한 느낌이 한(限)이 없음.	感 느낄 감 / 量 헤아릴 량
甘言利說 (감언이설)	달콤한 말과 이로운 이야기로 상대(相對)는 꾀는 말.	甘 달 감 / 說 말씀 설
甘井先渴 (감정선갈)	물맛이 좋은 샘은 이용하는 사람이 많아 일찍 마름. 쓸모 있는 사람은 그만큼 많이 쓰이어 일찍 쇠퇴함.	井 우물 정 / 渴 마를 갈
感之德之 (감지덕지)	감사하게 여기고 덕으로 여김. 대단히 고맙게 여김.	感 느낄 감 / 德 바를 덕
甘呑苦吐 (감탄고토)	달면 삼키고 쓰면 뱉는다. 사리의 옳고 그름에 관계없이 비위에 맞으면 좋아하고 그렇지 아니하면 싫어함.	呑 삼킬 탄 / 吐 토할 토

사자성어	뜻	한자 풀이
甲男乙女 (갑남을녀)	갑이라는 남자와 을이라는 여자. 평범한 사람을 뜻함.	甲 첫번째 갑 / 乙 두번째 을
甲論乙駁 (갑론을박)	서로 의견(意見)을 주고받으며 옥신각신함.	論 논할 론 / 駁 논박할 박
康衢煙月 (강구연월)	연기어린 달이 떠 있는 평안한 거리 풍경. 태평성대.	康 편안할 강 / 衢 네거리 구
改過不吝 (개과불린)	허물을 고치는 데는 조금도 인색(吝嗇)하지 말라는 뜻.	改 고칠 개 / 吝 아낄 린
改過遷善 (개과천선)	지난 허물을 고쳐 착하게 됨.	過 허물 과 / 遷 옮길 천
蓋棺事定 (개관사정)	관 뚜껑을 덮은 후에야 비로소 생전의 공과 허물을 알 수 있음.	蓋 덮을 개 / 棺 널 관
開門納賊 (개문납적)	문을 열어 도둑을 맞아들임. 스스로 화(禍)를 만듦.	納 들입 납 / 賊 도적 적
去官留犢 (거관유독)	벼슬을 물러날 때 송아지를 두고 감. * 암소가 끄는 수레를 타고 부임(赴任)한 현령(縣令)이 1년 후 그 암소가 송아지를 낳았는데 전임(轉任)할 때 두고 갔다는 고사	留 머무를 류 / 犢 송아지 독
去頭截尾 (거두절미)	머리와 꼬리를 자름. 앞뒤의 사설은 빼고 요점만 말함.	去 없앨 거 / 截 끊을 절
居安思危 (거안사위)	편안할 때 위태(危殆)로움을 생각하여 대비(對備)함.	居 살 거 / 危 위태할 위
擧案齊眉 (거안제미)	밥상을 눈썹위로 받들어 올림. 아내가 남편을 극진(極盡)히 받듦.	案 밥상 안 / 眉 눈썹 미
去者莫追 (거자막추)	가는 사람은 붙잡지 않음.	莫 없을 막 / 追 따를 추
去者日疎 (거자일소)	가까운 사람도 멀리 가거나 죽으면 점점 정이 멀어짐.	去 갈 거 / 疎 멀어질 소
去弊生弊 (거폐생폐)	폐단(弊端)을 없애려다 도리어 딴 폐단이 생김.	去 없앨 거 / 弊 폐단 폐
乾坤一擲 (건곤일척)	하늘과 땅을 한 번에 내던짐. 운명(運命)·흥망(興亡)을 걸고 단판승부를 냄.	坤 땅 곤 / 擲 던질 척

부록 사자성어

사자성어	뜻	한자
乞人憐天 걸인연천	거지가 하늘을 불쌍히 여김. 불행(不幸)한 이가 도리어 행복한 이를 동정(同情)함.	乞 빌 걸 憐 불쌍히여길 련
格物致知 격물치지	사물의 이치(理致)를 철저히 연구(硏究)하여 올바른 지식(知識)에 이르게 됨.	格 모양 격 致 이를 치
隔世之感 격세지감	세상이 많이 바뀌어 딴 세상이 된 것 같이 느껴짐.	隔 사이 격 感 느낄 감
隔靴搔癢 격화소양	신발을 신은 채 가려운 발을 긁음. 일의 효과가 없음.	搔 긁을 소 癢 가려울 양
牽強附會 견강부회	말을 억지로 끌어다 붙여 자기에게 유리하게 함.	牽 끌 견 附 붙일 부
見利思義 견리사의	눈앞의 이익이 보일 때 그것이 옳은지를 생각한다.	利 이로울 리 義 옳을 의
犬馬之勞 견마지로	윗사람에게 충성(忠誠)을 다하는 자신(自身)의 수고를 낮추어 하는 말.	犬 개 견 勞 일할 로
見蚊拔劍 견문발검	모기를 보고 칼 빼기. 대수롭지 않은 일에 크게 대처함.	蚊 모기 문 拔 뺄 발
見物生心 견물생심	물건(物件)을 보면 욕심(慾心)이 생김.	見 볼 견 物 만물 물
犬猿之間 견원지간	개와 원숭이 사이. 서로 사이가 매우 나쁜 관계.	犬 개 견 猿 원숭이 원
見危授命 견위수명	나라의 위태(危殆)로움을 보고 목숨을 바침.	危 위태할 위 授 줄 수
堅忍不拔 견인불발	칼을 뽑지 않고 굳게 참고 버티어 사고를 치지 아니함.	堅 굳을 견 忍 참을 인
結者解之 결자해지	묶은 사람이 풀어야 함. 자기가 저지른 일은 자기가 해결(解決)해야 함.	解 풀 해 之 그것 지
結草報恩 결초보은	죽은 후에라도 은혜(恩惠)를 갚음. *싸움터에서 풀에 걸려 넘어진 적장(敵將)을 잡는 공을 세운 사람의 꿈에 한 노인이 나타나 "나는 당신이 개가(改嫁)시켜 준 여자의 아비인데, 오늘 그 은혜를 갚기 위해 풀을 묶어 적장이 걸려 넘어지게 했소"라고 말했다는 고사.	結 맺을 결 草 풀 초 報 갚을 보 恩 은혜 은

사자성어	뜻	한자 풀이
輕擧妄動 (경거망동)	경솔(輕率)하고 분수(分數)없이 행동하는 것.	擧 들 거 / 妄 망령될 망
傾國之色 (경국지색)	나라를 위태(危殆)롭게 할 만한 여인의 미모(美貌).	傾 기울 경 / 色 얼굴빛 색
耕當問奴 (경당문노)	농사(農事)일은 노비(奴婢)에게 물음이 마땅함. 일은 그 방면의 전문가(專門家)에게 물음.	耕 밭갈 경 / 奴 종 노
經世濟民 (경세제민)	세상을 잘 다스려 어려운 백성을 구제(救濟)함.	經 다스릴 경 / 濟 구제할 제
敬而遠之 (경이원지)	겉으로는 공경(恭敬)하는 체하면서 속으로는 멀리함.	敬 공경할 경 / 遠 멀 원
耕者有田 (경자유전)	농사짓는 사람이 논밭 땅을 소유(所有)해야 함.	者 사람 자 / 有 있을 유
輕敵必敗 (경적필패)	적을 가볍게 보면 반드시 패함. 방심이 최고의 패착.	敵 원수 적 / 敗 패할 패
鯨戰蝦死 (경전하사)	고래 싸움에 새우 등 터짐. 강자(強者)들의 싸움에 약자(弱者)가 피해봄.	鯨 고래 경 / 蝦 새우 하
驚天動地 (경천동지)	하늘이 놀라고 땅이 움직일 정도로 세상 놀라게 함.	驚 놀랄 경 / 動 움직일 동
敬天愛人 (경천애인)	하늘을 공경(恭敬)하고 사람을 사랑함.	敬 공경할 경 / 愛 사랑 애
鷄口牛後 (계구우후)	소꼬리보다 닭 머리. 큰 집단의 말단보다 작은 집단의 우두머리가 나음.	鷄 닭 계 / 牛 소 우
鷄卵有骨 (계란유골)	달걀에 뼈가 있음. 기회를 만나도 운수 나쁘게 일이 잘 되지 않음.	卵 알 란 / 骨 뼈 골
鷄鳴狗盜 (계명구도)	천한 재주도 쓰일 때가 있음. *진(秦)나라에 억류(抑留)되어 있는 제(齊)나라 맹상군(孟嘗君)의 한 식객(食客)이 맹상군이 탈출할 수 있도록 개처럼 흉내 내어 탈출에 필요한 물건을 훔치고, 새벽 닭울음소리 흉내로 관문지기를 속여 관문(關門)을 열게 하여 진(秦)나라의 국경(國境)을 벗어나 탈출(脫出)하게 하였다는 고사.	鷄 닭 계 / 鳴 울 명 / 狗 개 구 / 盜 훔칠 도
股肱之臣 (고굉지신)	다리와 팔뚝 같은 신하(臣下). 가장 가까이 하며 신임(信任)하는 신하나 부하.	股 넓적다리 고 / 肱 팔뚝 굉

부록 사자성어

사자성어	뜻	한자		
孤軍奮鬪 (고군분투)	외로운 군사로 힘써 싸움. 도움 없이도 힘든 일을 잘 해냄.	孤奮	외로울 떨칠	고 분
高臺廣室 (고대광실)	높은 누각(樓閣)의 넓은 집. 규모(規模)가 크고 잘 지은 집.	臺室	큰집 방	대 실
膏粱子弟 (고량자제)	고량진미만 먹고 귀엽게 자란 부잣집 젊은이.	膏粱	기름 기장	고 량
膏粱珍味 (고량진미)	기름진 고기와 좋은 곡식으로 만든 맛있는 음식.	珍味	보배 맛	진 미
孤立無援 (고립무원)	고립되어 도움을 받을 데가 없음.	孤援	외로울 도울	고 원
枯木生花 (고목생화)	마른 나무에 꽃이 핌. 곤궁한 사람이 행운을 만남.	枯花	마를 꽃	고 화
姑息之計 (고식지계)	아녀자나 어린아이가 꾸미는 것과 같은, 즉 당장에 편함을 취하는 꾀.	姑息	시어미 아이	고 식
苦肉之策 (고육지책)	적을 속이기 위해 제 몸의 고통(苦痛)을 참아가며 내는 계책(計策).	苦策	괴로울 꾀	고 책
孤掌難鳴 (고장난명)	외손바닥은 울리기가 어려움. 혼자만의 힘으로는 일하기가 어려움.	掌鳴	손바닥 울	장 명
苦盡甘來 (고진감래)	쓴 것이 다하면 단 것이 옴. 성공(成功)의 이전에는 고생(苦生)이 따름.	盡甘	다할 달	진 감
高枕安眠 (고침안면)	베개를 높이하고 편히 잠. 걱정 없는 한가로운 삶.	枕眠	베개 잘	침 면
曲學阿世 (곡학아세)	배운 학문을 왜곡(歪曲)시켜 시류나 이익에 영합함.	學阿	배울 아첨할	학 아
骨肉相爭 (골육상쟁)	부모형제간이나 같은 민족(民族)끼리 서로 다툼.	相爭	서로 다툴	상 쟁
孔子穿珠 (공자천주)	자기보다 못한 사람에게 묻는 것이 부끄러운 일이 아님. *공자(孔子)가 진(陳)나라를 지나갈 때 아홉 군데나 구부러진 구멍이 있는 구슬에 실을 꿰려 했으나 실패했다. 그래서 뽕을 따고 있는 시골 아낙에게 그 비결(秘訣)을 물어 그 도움으로 개미허리에 실을 매어 구슬 구멍에 넣고 출구(出口)에 꿀을 발라 유인(誘引)함으로써 실을 꿰었다는 고사	孔子穿珠	구멍 선생 뚫을 구슬	공 자 천 주

사자성어	뜻	한자	훈	음
空中樓閣 (공중누각)	공중에 떠 있는 집처럼 근거(根據)나 기초(基礎)가 없는 이론(理論)이나 일.	樓閣	다락 집	루 각
公平無私 (공평무사)	공평(公平)하고 사사(私事)로움이 없음.	公私	공평할 개인	공 사
空行空返 (공행공반)	행하는 것이 없으면 돌아오는 것도 없음.	空返	빌 돌아올	공 반
過恭非禮 (과공비례)	지나친 공손(恭遜)은 도리어 예가 아님.	過恭	지날 공손할	과 공
誇大妄想 (과대망상)	실제보다 크게 평가(評價)하여 사실(事實)처럼 믿는 터무니없는 생각.	誇妄	자랑할 허망할	과 망
蝌蚪時節 (과두시절)	올챙이였던 시절. 발전되기 전 어리며 경험(經驗) 적었던 과거 시절.	蝌蚪	올챙이 올챙이	과 두
過猶不及 (과유불급)	지나친 것은 오히려 모자람만 못함.	猶及	오히려 이를	유 급
瓜田李下 (과전이하)	오이 밭에서 신을 고쳐 신지 말고, 오얏나무 아래서 갓을 고쳐 쓰지 않음.(瓜田不納履, 李下不整冠). 즉, 의심받을 행동을 피함.	瓜李	오이 오얏	과 리
過麥田醉 (과맥전취)	밀밭만 지나가도 취함. 술을 못 마시거나 약한 사람.	麥醉	보리 취할	맥 취
管鮑之交 (관포지교)	믿음과 의리가 두터운 친분. * 포숙아(鮑叔牙)는 친구 관중(管仲)이 1. 같이 장사를 해서 이익을 더 차지했어도 2. 싸움터에서 도망쳤을 때에도 3. 포숙아의 주군을 해하려 했었던 일도 용서(容恕)하고 관중을 도와주었다는 고사.	管鮑之交	대롱 절인 어물 - - 사귈	관 포 의 교
刮目相對 (괄목상대)	눈을 비비고 상대를 다시 볼 정도로 발전함. *여몽(呂蒙)은 무식한 장수였으나 오왕(吳王) 손권의 충고로 손에서 책을 놓지 않고 공부하였다(手不釋卷). 어느 날 박식해진 여몽을 본 친구가 그 연유를 묻자, "선비란 헤어진지 사흘이 지나서 다시 만났을 땐 눈을 비비고 대면할 정도로 달라져야 되는 법이라네"라고 대답했다는 고사.	刮對釋卷	비빌 상대 놓을 책	괄 대 석 권
矯角殺牛 (교각살우)	뿔을 바로 잡으려다 소를 죽임. 작은 결점(缺點)을 고치려다 큰 것을 그르침.	矯角	바로잡을 뿔	교 각
巧言令色 (교언영색)	남의 환심(歡心)을 사기위해 말을 교묘(巧妙)하게 하고 표정(表情)을 좋게 꾸밈.	巧令	교묘할 꾸밀	교 령

부록

사자성어

巧遲拙速 교지졸속	훌륭하고 늦는 것보다 경우(境遇)에 따라 조금 서툴러도 빠른 것이 낫다.	遲 拙	늦을 못날	지 졸
交淺言深 교천언심	사귄지 얼마 되지 않는데도 속마음을 함부로 털어놓음.	淺 深	얕을 깊을	천 심
狡兔三窟 교토삼굴	교활(狡猾)한 토끼는 굴을 세 개 파 놓음. 위기(危機)에 만전(萬全)을 기해 빈틈이 없음.	狡 窟	교활할 굴	교 굴
教學相長 교학상장	가르치고 배우며 서로 성장(成長)함.	教 相	가르칠 서로	교 상
九曲肝腸 구곡간장	많이 구부러진 간과 창자. 굽이굽이 서린 창자처럼 시름이 쌓인 속마음.	曲 腸	굽을 창자	곡 장
求同存異 구동존이	공통점을 찾아 먼저 합의(合議)하고 이견은 남겨둔다.	求 異	구할 다를	구 이
口頭之交 구두지교	건성으로 사귀는 사이. 말뿐인 친구(親舊)간의 우정.	頭 交	머리 사귈	두 교
狗猛酒酸 구맹주산	개가 사나우면 술이 시다. 간신배가 설치면 현량(賢良)한 선비가 참여(參與)하지 못해 나라가 쇠퇴(衰退)함. *술을 파는 사람이 있었다. 양심적이고 공손하며 술도 잘 만들었으나 손님이 들지 않아 마을 어른에게 물으니 "당신 집의 개가 사나워 사람들이 다른 집으로 가기 때문이지"라고 하였다는 고사에서 유래.	狗 猛 酒 酸	개 사나울 술 실	구 맹 주 산
口蜜腹劍 구밀복검	입에는 꿀, 배에는 칼. 겉으로는 친절(親切), 속으로는 해칠 생각.	蜜 腹	꿀 배	밀 복
狗飯橡實 구반상실	개밥에 도토리. 외톨이로 고립된 사람.	橡 實	상수리 열매	상 실
九死一生 구사일생	여러 번 죽을 고비를 넘기고 간신히 살아남.	死 生	죽을 살	사 생
口尚乳臭 구상유취	입에서 아직 젖내가 남. 상대방의 능력(能力)을 얕잡아보고 하는 말.	尚 臭	오히려 냄새	상 취
九牛一毛 구우일모	많은 소에 한 가닥 털. 많은 가운데 극히 적은 일부분.	牛 毛	소 털	우 모
口耳之學 구이지학	귀로 들은 것을 그대로 남에게 이야기 할 뿐 제 것이 없는 학문(學問).	耳 學	귀 배울	이 학

사자성어	뜻	한자 풀이
九折羊腸 (구절양장)	꾸불꾸불한 양의 창자처럼 일이나 앞길이 매우 험난함.	折 꺾을 절 / 腸 창자 장
狗足蹄鐵 (구족제철)	개발에 편자. 옷차림이나 소지품이 격에 맞지 않음.	蹄 발굽 제 / 鐵 쇠 철
口禍之門 (구화지문)	입은 재앙의 문. 말을 조심하지 않으면 화를 당함.	禍 재앙 화 / 門 문 문
國泰民安 (국태민안)	나라가 태평하고 백성이 편안함.	泰 클 태 / 安 편안할 안
群鷄一鶴 (군계일학)	닭 무리 중 한 마리 학. 많은 사람 가운데에 걸출(傑出)한 한 사람.	鷄 닭 계 / 鶴 학 학
群盲撫象 (군맹무상)	소경 코끼리 만지기. 일부분만을 가지고 전체(全體)를 그릇 판단(判斷)함.	盲 소경 맹 / 撫 어루만질 무
君臣有義 (군신유의)	임금과 신하의 도리(道理)는 의리(義理)에 있음.	君 임금 군 / 義 옳을 의
群雄割據 (군웅할거)	영웅(英雄)들이 한 지역씩을 차지하고 위세(威勢)를 부리는 혼란(混亂)한 상황.	割 나눌 할 / 據 의거할 거
君爲臣綱 (군위신강)	임금은 신하(臣下)의 모범(模範)이 되어야 함.	爲 될 위 / 綱 벼리 강
君子三樂 (군자삼락)	군자의 세 가지 즐거움. 1. 부모가 살아 계시고 형제가 무고(無故)함. 2. 하늘을 우러러 부끄럼이 없고 3. 수재(秀才)를 얻어 교육(敎育)하는 것.	子 선생 자 / 樂 즐길 락
君子豹變 (군자표변)	군자는 자신의 언행에 잘못을 깨달으면 바로 좋게 고침. *표범은 털갈이를 하면 시간이 지나면서 몸에 있는 무늬가 선명해지며 털 또한 깨끗하게 변하는 것에 비유하여 이르는 말.	豹 표범 표 / 變 변할 변
窮鼠齧猫 (궁서설묘)	궁지(窮地)에 몰린 쥐는 고양이를 문다. 약자라도 궁지에 몰리면 결사적으로 강적에게 대항함.	齧 물 설 / 猫 고양이 묘
窮餘之策 (궁여지책)	막다른 처지에서 국면(局面) 전환 타개책(打開策)으로 생각다 못해 짜낸 꾀.	餘 결국 여 / 策 꾀 책
窮鳥入懷 (궁조입회)	궁지에 몰린 새가 품안에 날아듦. 사람이 급하면 적에게도 의지할 수 있음. 절박한 사정이 있어서 도움을 청해오는 사람이 있으면 불문곡직하고 도와야 함.	窮 궁할 궁 / 懷 품 회
權謀術數 (권모술수)	목적을 위해서는 수단방법을 가리지 않고 쓰는 모략(謀略)이나 술책(術策).	謀 꾀할 모 / 術 꾀 술

부록 사자성어

435

사자성어	뜻	한자	훈	음
權不十年 (권불십년)	권력(權力)은 오래가지 못함.	權不	권세 아닐	권 불
勸善懲惡 (권선징악)	선을 권하고 악을 징계(懲戒)함.	懲惡	혼낼 악할	징 악
捲土重來 (권토중래)	흙먼지를 일으키며 재차 온다. 실패(失敗)한 뒤에 힘을 길러 다시 도전(挑戰)함.	捲 重	말 거듭	권 중
貴鵠賤鷄 (귀곡천계)	고니를 귀하게 여기고 닭을 천하게 여긴다. 먼데 것을 귀하게 여기고 가까운 것을 천하게 여기는 풍조.	鵠 賤	고니 천할	곡 천
龜毛兎角 (귀모토각)	거북의 털과 토끼의 뿔. 도저히 있을 수 없거나 아주 없음.	龜 角	거북 뿔	귀 각
克己復禮 (극기복례)	사사로운 욕심(慾心)을 버리고 예(禮)로 돌아감.	克 復	이길 돌아올	극 복
近墨者黑 (근묵자흑)	먹을 가까이 하면 검어짐. 나쁜 환경(環境)·사람과 가까이 하면 물들기가 쉬움.	近 墨	가까울 먹	근 묵
近朱者赤 (근주자적)	붉은 것을 가까이 하면 붉어짐. 나쁜 친구를 사귀면 나빠지기 쉬움.	朱 赤	붉을 붉을	주 적
金科玉條 (금과옥조)	금이나 옥같이 귀중(貴重)하게 여기어 지켜야 할 법이나 제도(制度).	科 條	조목 가지	과 조
金蘭之交 (금란지교)	쇠처럼 단단하고 난초(蘭草)처럼 향기로운 사귐.	蘭 交	난초 사귈	란 교
錦上添花 (금상첨화)	비단 위에 꽃무늬를 더함. 좋은 일에 또 좋은 일이 더해짐.	錦 添	비단 더할	금 첨
今昔之感 (금석지감)	지금과 옛날의 차이가 너무 심하여 일어나는 느낌.	今 昔	이제 옛	금 석
金石之交 (금석지교)	쇠나 돌과 같이 굳게 맺은 약속(約束).	之 交	--의 사귈	지 교
金城湯池 (금성탕지)	쇠로 된 성과 끓는 연못. 방비가 아주 견고한 성.	湯 池	끓을 연못	탕 지
今時初聞 (금시초문)	이제야 비로소 처음 들음.	初 聞	처음 들을	초 문

琴瑟相和 (금슬상화)	부부 사이가 다정하고 화목함. *금슬(琴瑟) : 거문고와 비파. '금실'의 원말. '금실' : 남편과 아내가 서로 화합하며 주고받는 사랑. 한글로 쓰거나 말할 때는 '금실'이라 함. 예) 부부의 '금실'이 좋다(○). 부부의 '금슬'이 좋다(×).	琴瑟相和	거문고 비파 서로 화할	금 슬 상 화
錦衣夜行 (금의야행)	비단옷 입고 밤 길 가기. 아무도 알아주지 않거나 보람 없는 행동(行動).	錦夜	비단 밤	금 야
錦衣還鄕 (금의환향)	비단옷 입고 고향(故鄕)에 돌아옴. 객지에서 성공(成功)하여 고향에 돌아옴.	還鄕	돌아올 시골	환 향
金枝玉葉 (금지옥엽)	금과 같은 가지와 옥과 같은 잎. 집안의 귀하고 귀여운 자손(子孫).	枝葉	가지 잎	지 엽
氣高萬丈 (기고만장)	일 따위가 뜻대로 잘 되어 우쭐하여 기세가 대단함.	氣丈	기운 어른 길이	기 키 장
飢不擇食 (기불택식)	굶주린 사람은 먹을 것을 가리지 않음.	飢擇	주릴 가릴	기 택
起死回生 (기사회생)	다 죽어가다 다시 살아남.	起死	일어날 죽을	기 사
奇想天外 (기상천외)	보통 사람이 짐작(斟酌)할 수 없을 정도의 엉뚱하고 기발(奇拔)한 생각.	奇想	기이할 생각	기 상
起承轉結 (기승전결)	문학 작품의 서술 체계를 구성하는 형식. * 1. 말머리를 일으키고 2. 이것을 받아 전개(展開)시키고 3. 뜻을 한번 변화(變化)시키고 4. 전체를 마무리 함.	承轉	이을 구를	승 전
旣往之事 (기왕지사)	이미 지나간 일.	往事	갈 일	왕 사
杞人之憂 (기인지우)	기(杞)나라 사람의 근심. 사람이 하는 걱정의 대부분은 일어나지도 않는 쓸데없는 것. *기(杞)나라 사람 중에 '하늘이 무너질까 땅이 꺼질까' 걱정하여 침식을 폐하고 말았다. 친구가 걱정이 되어 찾아와 "하늘은 공기가 모인 것이라 무너질 수 없고, 땅은 속이 꽉 찬 덩어리로 되어 있어 꺼질 수가 없다"라고 하자 안심하였다는 고사	杞憂	나라이름 근심	기 우
飢者甘食 (기자감식)	굶주린 사람은 아무 음식(飮食)이나 달게 먹음.	飢甘	주릴 달	기 감
騎虎之勢 (기호지세)	범을 타고 달리는 기세(氣勢). 일을 중도(中途)에서 그만둘 수 없는 형편(形便).	騎勢	말탈 기세	기 세

부록

사자성어

사자성어	뜻	한자
吉凶禍福 (길흉화복)	길함과 흉함과 재앙(災殃)과 복(福).	凶 흉할 흉 / 禍 재앙 화
落花流水 (낙화유수)	떨어지는 꽃과 흐르는 물. 가는 봄의 경치(景致). 살림이나 세력(勢力)이 약해져 보잘것없이 됨. 남녀가 서로 그리워함을 이르는 말 *꽃은 물이 흐르는 데로 떨어지기를 바라고 물은 떨어지는 꽃을 띄워 흐르기를 바란다는 데서 유래.	落 떨어질 락 / 花 꽃 화 / 流 흐를 류 / 水 물 수
難攻不落 (난공불락)	공격(攻擊)하기 어려워 함락(陷落)되지 않음. 일의 성사(成事)가 불가능(不可能)함.	難 어려울 난 / 攻 칠 공
爛商討議 (난상토의)	저절로 결론(結論)에 이를 수 있도록 충분히 의견을 주고받는 토의(討議).	爛 밝을 란 / 商 헤아릴 상
亂臣賊子 (난신적자)	나라를 어지럽히는 신하와 부모에게 불효(不孝)하는 못된 자식.	亂 어지러울 란 / 賊 도적 적
難兄難弟 (난형난제)	누가 형이고 동생이라고 할 수 없을 정도로 실력(實力)이 엇비슷함.	難 어려울 난 / 弟 아우 제
南柯一夢 (남가일몽)	남쪽으로 뻗은 나뭇가지에 걸린 꿈. 덧없는 한 때의 부귀영화(富貴榮華). *당(唐)나라 사람이 큰 홰나무 밑에서 잠을 자다 꿈을 꾸었다. 꿈속에서 결혼도 하고 자녀를 두며 그 곳의 태수로 20년간 고을을 다스리다 아내가 죽자 관직을 버리고 상경한 꿈을 꾼 뒤 깨어보니 잠깐 자는 동안에 꾼 꿈이었던 것에서 유래.	南 남녘 남 / 柯 가지 가 / 一 한 일 / 夢 꿈 몽
南橘北枳 (남귤북지)	남쪽의 귤이 북쪽에서는 탱자가 됨. 성품(性品)이 처한 환경(環境)에 따라 변함.	橘 귤 귤 / 枳 탱자 지
男負女戴 (남부여대)	남자는 등에 지고 여자는 머리에 이다. 가난한 사람이 살 곳을 찾아 이리저리 떠돌아다님.	負 질 부 / 戴 일 대
囊中之錐 (낭중지추)	주머니 속 송곳. 재능이 있고 유능한 이는 숨어 있어도 눈에 띄게 됨.	囊 주머니 낭 / 錐 저울 추
內疏外親 (내소외친)	속으로는 소홀(疏忽)이 하고 겉으로만 친한 체함.	疏 드물 소 / 親 친할 친
內憂外患 (내우외환)	안으로 근심과 밖으로 근심. 나라 안팎의 여러 근심 걱정.	憂 근심 우 / 患 근심 환
內柔外剛 (내유외강)	겉보기는 강해 보이나 속은 부드럽고 순함.	柔 부드러울 유 / 剛 굳셀 강

사자성어	뜻	한자 풀이
內淸外濁 (내청외탁)	속은 맑으나 겉으로는 흐린 체해야 난세(亂世)를 살아갈 수 있음.	淸 맑을 청 / 濁 흐릴 탁
怒甲移乙 (노갑이을)	어떤 사람에게 당한 노여움을 다른 사람에게 화풀이함.	怒 성낼 노 / 移 옮길 이
怒氣衝天 (노기충천)	성낸 기운(氣運)이 하늘을 찌름. 몹시 화가 남.	氣 기운 기 / 衝 찌를 충
駑馬十駕 (노마십가)	임금의 수레를 끄는 말이 하루 10리를 간다면 노둔한 말도 열흘이면 10리를 감. 재주가 없는 사람이라도 열심히 노력하면 훌륭한 사람에 미칠 수 있음.	駑 둔할 노 / 駕 수레 가
老馬之智 (노마지지)	늙은 말의 지혜(智慧). 경험 많은 사람이 갖춘 지혜. *춘추시대(春秋時代)에 제(齊)나라가 고죽국(孤竹國)을 봄에 정벌(征伐)하러 나섰다 겨울에 돌아오다 폭설(暴雪)로 길을 잃었다. 늙은 말을 풀어 놓고 그 말을 따르니 길이 나와 무사히 돌아왔다는 고사.	老 늙을 로 / 馬 말 마 / 之 --의 지 / 智 슬기 지
勞心焦思 (노심초사)	마음으로 애쓰고 매우 속을 태움.	勞 일할 로 / 焦 그을릴 초
綠楊芳草 (녹양방초)	푸른 버들과 향기(香氣)로운 풀.	楊 버들 양 / 芳 꽃다울 방
綠陰芳草 (녹음방초)	푸르게 우거진 나무 그늘과 향기로운 풀. 여름철.	綠 푸를 록 / 陰 그늘 음
綠衣紅裳 (녹의홍상)	연두색 저고리와 다홍치마. 젊은 여자의 고운 옷차림.	紅 붉을 홍 / 裳 치마 상
論功行賞 (논공행상)	공이 크고 작음을 논하여 상을 줌.	論 논할 론 / 賞 상줄 상
弄假成眞 (농가성진)	장난으로 한말이 사실(事實)이 되어 일어남.	弄 희롱할 롱 / 假 거짓 가
弄瓦之慶 (농와지경)	실패를 가지고 노는 경사. 딸을 낳은 경사(慶事). *옛 중국에서 딸을 낳으면 장난감으로 실패(瓦)를 주었고, 弄璋之慶(농장지경)은 아들을 낳으면 구슬(璋 반쪽홀 장)을 줌.	瓦 기와 와 / 瓦 실패 와
累卵之勢 (누란지세)	알을 쌓아놓은 것과 같은 매우 위태로운 형세.	累 포갤 루 / 勢 형세 세
累卵之危 (누란지위)	알을 포개놓은 것 같이 매우 위태(危殆)로움.	卵 알 란 / 危 위태할 위

부록 사자성어

439

사자성어	뜻	한자	훈	음
能小能大 (능소능대)	모든 일에 두루 능함.	能小	능할 작을	능 소
多岐亡羊 (다기망양)	많은 갈림길로 양이 달아남. 학문의 길은 여러 갈래여서 올바른 길을 찾기가 어려움.	岐亡	갈림길 달아날	기 망
多多益善 (다다익선)	많으면 많을수록 더욱 좋음.	益善	더할 좋을	익 선
多才多能 (다재다능)	재주와 능력(能力)이 많음.	才能	재주 능할	재 능
斷金之交 (단금지교)	쇠를 끊을 만큼 단단한 사귐.	斷交	끊을 사귈	단 교
斷機之敎 (단기지교)	짜던 베도 도중에 자르면 쓸모없이 되듯, 학문(學問)도 꾸준히 계속(繼續)해야 함. *맹자가 어렸을 때 공부를 포기하고 집에 돌아오자 그의 어머니가 짜고 있던 베를 자르며 "학문을 중도에 그만둔 것은 짜고 있는 베를 끊는 것과 같다"고 하여 훈계하였다는 고사.	斷機之敎	끊을 베틀 --의 가르칠	단 기 지 교
單刀直入 (단도직입)	단칼로 바로 들어감. 본론이나 결론을 바로 말함.	單直	하나 곧을	단 직
丹脣皓齒 (단순호치)	붉은 입술과 흰 이. 여인의 아름다운 얼굴.	脣皓	입술 흴	순 호
淡水之交 (담수지교)	맑은 물처럼 고결한 인격자 사이의 점잖은 교제.	淡交	맑을 사귈	담 교
談虎虎至 (담호호지)	호랑이도 제 말하면 온다. 화제의 대상이 된 사람이 그 자리에 나타남. 남의 흉을 함부로 보지 말라는 말.	虎至	범 이를	호 지
堂狗風月 (당구풍월)	서당 개가 풍월을 읊음. 어리석을 사람도 오랫동안 늘 보고 들은 일은 쉽게 할 수 있음. 무식한 이도 유식한 사람과 어울리면 다소 유식해짐.	堂狗	집 개	당 구
當局者迷 (당국자미)	실제 그 일을 맡아 보는 사람이 오히려 그 실정에 어두움.	當迷	맡을 헷갈릴	당 미
黨同伐異 (당동벌이)	옳고 그름을 따지지 않고 의견이 같은 사람들끼리 한 편이 되어 다른 의견(意見)의 사람을 물리침.	黨伐	무리 칠	당 벌
螳螂拒轍 (당랑거철)	사마귀가 앞발을 들고 수레바퀴를 가로막음. 미약한 제 분수도 모르고 강적 앞에 분수없이 날뜀.	拒轍	막을 바퀴자국	거 철

사자성어	뜻	한자	훈	음
斗酒不辭 (두주불사)	말술을 사양(辭讓)하지 않음.	豆辭	말 사양할	두 사
得魚忘筌 (득어망전)	물고기를 잡고 나면 통발을 잊어버림. 목적을 이루면 지금까지 수단으로 삼았던 것은 무용지물이 됨.	得筌	얻을 통발	득 전
登高自卑 (등고자비)	높은 곳을 오르자면 낮은 곳에서부터 시작함.	登卑	오를 낮을	등 비
燈下不明 (등하불명)	등잔 밑이 어두움. 가까이 있는 것을 오히려 잘 모름.	燈明	등불 밝을	등 명
燈火可親 (등화가친)	가을은 서늘하여 등잔불을 가까이 하여 글 읽기에 좋음	可親	가히 친할	가 친
馬脚露出 (마각노출)	마각을 드러내다. 숨기고 있던 일을 부지중에 드러내거나 드러남. *말의 탈을 쓰고 말의 흉내를 내던 중 말의 발 밖으로 사람의 발이 드러난 데서, 안에 있는 것이 겉과 다름이 드러났음을 뜻하게 됨.	脚露	다리 드러낼	각 로
磨斧作針 (마부작침)	도끼를 갈아 바늘을 만듦. 어려운 일도 참고 계속하면 언젠가는 이루어짐. *시인 이태백이 공부가 싫증 나 하산하다 냇가에서 바늘을 만들려고 도끼를 갈고 있는 한 노파를 만났다. "언제 되겠냐"는 말에 할머니는 "되고말고. 중도에 그만두지만 않는 다면…" 이 말에 태백은 반성한 후 다시 학문에 매진했다는 고사	磨斧作針	갈 도끼 만들 바늘	마 부 작 침
馬耳東風 (마이동풍)	말귀에 동풍 지나가듯 다른 사람 말을 전혀 듣지 않음.	馬風	말 바람	마 풍
莫上莫下 (막상막하)	어느 것이 위고 아래인지 서로 우열을 가릴 수 없음.	莫上	없을 위	막 상
莫逆之友 (막역지우)	거스름이 없을 정도로 뜻이 잘 맞는 벗.	逆友	거스를 벗	역 우
萬頃蒼波 (만경창파)	끝없이 넓고 푸른 바다.	頃蒼	밭넓이단위 푸를	경 창
萬古不變 (만고불변)	오랜 세월(歲月)을 두고 길이 변하지 않음.	萬變	일만 변할	만 변
萬事休矣 (만사휴의)	모든 일이 끝장났다. 어떻게 달리 해볼 도리가 없음. * 아버지의 사랑을 독차지하고 있던 왕자가 미워 눈을 흘기며 보는 사람이 있어도 왕자는 자기가 귀여워서 그런 줄로 알고 웃고만 있었다. 이런 것을 보고 사람들이 "모든 일은 끝났다"고 했는데 실제로 이 왕자의 대(代)에서 멸망하게 되었던 고사	萬事休矣	일만 일 쉴 어조사	만 사 휴 의

부록

사자성어

晩時之歎 만 시 지 탄	시기에 늦어 때를 놓침을 한탄함.	晩 歎	늦을 탄식할	만 탄
晩食當肉 만 식 당 육	시장할 때 먹으면 마치 고기 먹는 것 같이 맛있다.	當 肉	마땅할 고기	당 육
萬牛難回 만 우 난 회	만 마리의 소가 끌어도 돌리기가 어려움. 고집(固執)이 매우 센 사람.	難 回	어려울 돌	난 회
萬化方暢 만 화 방 창	화창한 봄날에 온갖 생물이 한창 피어나고 자람.	方 暢	사방 펼	방 창
亡國之音 망 국 지 음	나라를 망칠 저속(低俗)하고 잡스러운 음악.	亡 音	망할 소리	망 음
忘年之交 망 년 지 교	나이를 따지지 않고 재주와 학문으로 사귐.	忘 年	잊을 해	망 년
望梅解渴 망 매 해 갈	신 매실을 생각하게 하여 생긴 침으로 갈증을 풀음. *위(魏)나라의 조조(曹操)가 후퇴(後退)할 때 갈증(渴症)을 호소(呼訴)하는 부하들에게 매실(梅實) 이야기를 해주었더니 금세 입 안에 침이 괴어 갈증을 풀었다는 고사	望 梅 解 渴	바랄 매화 풀 마를	망 매 해 갈
亡羊補牢 망 양 보 뢰	소 잃고 외양간 고친다. 일을 그르친 후에 뉘우쳐도 소용없음.	補 牢	기울 우리	보 뢰
亡羊之歎 망 양 지 탄	학문의 길은 여러 갈래여서 올바른 길을 찾기가 어려움. *여러 사람이 잃어버린 양을 찾으려 하였으나 길이 많아서 찾지 못하였다. 학문(學問)의 길도 이처럼 갈래가 많아 진리(眞理)에 도달(到達)하기 힘들다는 말.	亡 羊 之 歎	잃을 양 --의 탄식할	망 양 지 탄
茫然自失 망 연 자 실	멍하니 스스로 정신(精神)을 잃고 어리둥절함.	茫 失	멍할 잃을	망 실
亡子計齒 망 자 계 치	죽은 자식 나이 세기. 이미 그릇된 일은 아쉬워해도 소용없음.	亡 齒	죽을 이	망 치
忙中有閑 망 중 유 한	바쁜 가운데 한가로움.	忙 閑	바쁠 한가할	망 한
忘形之交 망 형 지 교	신분·지위·학벌·빈부 따위를 따지지 않는 격의 없는 사귐.	忘 形	잊을 모양	망 형

사자성어	뜻	한자 풀이
買占賣惜 (매점매석)	買占 : 값이 오를 것을 예상하고 폭리를 얻기 위해 물건을 휩쓸어 사둠. 賣惜 : 물가 폭등에 의한 폭리를 바라고 어떠한 상품을 팔기 꺼리는 일.	買 살 매 賣 팔 매
孟母三遷 (맹모삼천)	맹자의 어머니가 자식 교육을 위해 세 번 이사함. *처음에는 공동묘지 근처에서 살았는데 맹자가 장사(葬事)지내는 흉내를 내는 것을 보고 시장(市場) 근처로 옮겼더니, 물건 파는 놀이 등을 하자 다시 글방 근처로 옮기니 글 읽는 흉내를 냈다는 고사	孟 맏 맹 母 어미 모 三 석 삼 遷 옮길 천
滅私奉公 (멸사봉공)	사심을 버리고 공공(公共)을 위해 열심히 일함.	滅 멸할 멸 奉 받들 봉
明鏡止水 (명경지수)	맑은 거울과 멈춰 있는 물. 흔들림 없는 맑고 깨끗한 마음.	鏡 거울 경 止 멈출 지
名不虛傳 (명불허전)	명성(名聲)은 헛되이 퍼져서 된 것이 아니라 그만한 까닭이 있어 얻은 것임.	虛 빌 허 傳 전할 전
名實相符 (명실상부)	이름과 실상(實狀)이 꼭 들어맞음.	實 열매 실 符 맞을 부
明若觀火 (명약관화)	불을 보듯 더 말할 나위가 없이 명백(明白)함.	若 같을 약 觀 볼 관
命在頃刻 (명재경각)	목숨이 곧 끊어질 것 같은 매우 위태로운 상황.	命 목숨 명 頃 잠깐 경
毛遂自薦 (모수자천)	자기가 자기를 추천(推薦)함. *진나라가 조나라 서울인 한단을 포위하자 초나라에 구원을 청할 사자를 뽑을 때 모수(毛遂)가 스스로 자기를 천거하였다는 고사	遂 이룰 수 薦 천거할 천
矛盾撞着 (모순당착)	말이나 행동의 앞뒤가 서로 일치되지 아니함. *창과 방패를 파는 이가 말하기를 "이 창은 뚫지 못하는것이 없으며, 이 방패 역시 그 어느 창도 뚫지 못합니다"라고 하자 구경꾼이 "그러면 그 창으로 그 방패를 찌르면 어떻게 되는 거요?" 하고 묻자 대답을 못하였다는 고사	矛 창 모 盾 방패 순 撞 부딪칠 당 着 붙을 착
目不識丁 (목불식정)	낫 놓고 기역자도 모름. 매우 무식(無識)한 사람을 이르는 말.	識 알 식 丁 고무래 정
目不忍見 (목불인견)	차마 눈뜨고 볼 수 없을 정도로 끔직한 상황(狀況).	忍 참을 인 見 볼 견
猫項懸鈴 (묘항현령)	고양이 목에 방울 달기. 듣기는 좋으나 실현(實現) 불가능한 이론(理論).	懸 매달 현 鈴 방울 령

부록 사자성어

443

武陵桃源 (무릉도원)	사람들이 행복하게 살 수 있는 이상형의 별천지. *무릉에 사는 한 어부(漁夫)가 떠내려 오는 복숭아 꽃잎을 따라가 찾았다는 별천지(別天地).	陵源	언덕 근원	릉 원
無不通知 (무불통지)	무엇에든지 환히 통하여 모르는 것이 없음.	通知	통할 알	통 지
無所不爲 (무소불위)	하지 못하는 바가 없음.	所爲	바 할	소 위
無所不知 (무소부지)	모르는 것이 없음.	無知	없을 알	무 지
無用之用 (무용지용)	아무 쓸모없는 것으로 생각되는 것이 도리어 크게 쓰임.	無用	없을 쓸	무 용
無爲徒食 (무위도식)	하는 일 없이 먹기만 함.	爲徒	할 헛될	위 도
無爲自然 (무위자연)	인위(人爲)적인 것이 없는 자연(自然) 그대로의 상태.	爲然	할 그럴	위 연
刎頸之交 (문경지교)	목이 달아날지라도 변치 않는 사귐.	刎頸	목 벨 목	문 경
文房四友 (문방사우)	서재에 갖추어야할 네 가지의 벗. 종이·붓·벼루·먹.	房友	방 벗	방 우
聞一知十 (문일지십)	하나를 들으면 열을 앎. 매우 총명(聰明)함.	聞知	들을 알	문 지
門前乞食 (문전걸식)	이집 저집 돌아다니며 빌어먹음.	乞食	빌 밥	걸 식
門前成市 (문전성시)	문 앞이 장터와 같이 복잡(複雜)할 정도로 찾아오는 손님이 많음.	成市	이룰 시장	성 시
門前雀羅 (문전작라)	가난해지면 문 앞에 새그물을 쳐 놓을 정도로 방문객(訪問客)의 발길이 뚝 끊어짐.	雀羅	참새 그물	작 라
勿失好機 (물실호기)	좋은 기회(機會)를 놓치지 말 것.	勿機	말 때	물 기
彌縫之策 (미봉지책)	임시방편으로 이리저리 꾸며 맞추기 위한 계책(計策).	彌縫	두루 꿰맬	미 봉

사자성어	뜻	한자		
美辭麗句 (미사여구)	아름다운 말과 고운 글귀.	辭 麗	말씀 고울	사 려
尾生之信 (미생지신)	신의가 두터움 또는 고지식하여 융통성이 없음. *미생은 어느 날 애인과 다리 밑에서 만나기로 하여 기다리는 도중 장대비로 개울물이 불어나기 시작하였으나 그 장소를 떠나지 않고 기다리다 결국 교각(橋脚)을 끌어안은 채 익사(溺死)하였다는 고사	尾生之信	꼬리 날 --의 믿을	미생지신
博覽强記 (박람강기)	많은 책을 읽고 사물을 잘 기억함. 독서량이 많고 박학다식(博學多識)함.	博覽	넓을 볼	박람
博而不精 (박이부정)	많은 것을 알고 있으나 정밀(精密)하지 못함.	博精	넓을 자세할	박정
拍掌大笑 (박장대소)	손벽을 치면서 한바탕 크게 웃음.	拍掌	칠 손바닥	박장
博學多識 (박학다식)	학식(學識)이 넓고 아는 것이 많음.	博識	넓을 알	박식
反面敎師 (반면교사)	다른 사람이나 일의 부정적인 측면에서 가르침을 얻음.	反師	반대 스승	반사
般若心經 (반야심경)	피안(彼岸)으로 안내하는 완전한 지혜의 경전. '반야바라밀다심경(般若波羅蜜多心經)의 준말. *般若 : 완전한 지혜. *波羅密多 : 열반(涅槃)하여 피안으로 감. *彼岸(피안) : 이승 이후인 저 세상.	般若心經	일반 반야 마음 글	반야심경
反哺之孝 (반포지효)	까마귀 새끼가 자라서 먹이를 물어다 어미에게 먹이는 효성. *새끼들이 어미의 입 속에 머리를 집어넣어 먹이를 얻어먹는 모습을 잘못 알고 거꾸로 생각하여 만들어진 말이나, 늙은 부모 봉양(奉養)이 가장 큰 효도(孝道)라는 점을 강조(强調)하고자 만들어진 말.	反哺之孝	반대로 먹일 --의 효도	반포지효
拔本塞源 (발본색원)	폐단(弊端)의 근본을 뽑고 근원(根源)을 막아버림.	拔塞	뺄 막을	발색
拔山蓋世 (발산개세)	힘은 산을 뽑고 기개(氣槪)는 세상을 덮음.	拔蓋	뺄 덮을	발개
傍若無人 (방약무인)	곁에 사람이 없는 것 같이 말·행동을 제멋대로 함.	傍若	곁 같을	방방

부록 사자성어

사자성어	뜻	한자 풀이
背水之陣 (배수지진)	물을 등지고 진을 침. 목숨을 걸고 어떤 일에 대처함. *한(漢)의 명장 한신(韓信)이 조(趙)나라의 공격을 배수진을 치고 싸워 대승한 후 부하 장수들에게 "우리 군사는 급히 편성한 오합지졸이기에 사지(死地)에 두어야만 필사적으로 싸우는 법이야."라고 했다는 고사	背水之陣 등물 -- 의 진칠 / 배수지진
背恩忘德 (배은망덕)	남에게 받은 은혜(恩惠)와 덕을 잊고 배반(背反)함.	恩德 은혜 바를 / 은덕
百家爭鳴 (백가쟁명)	전국시대 사상가들의 활발한 논쟁(論爭)을 가리킨 말.	家鳴 전문가 이름날릴 / 가명
百計無策 (백계무책)	백가지 계교(計巧)를 다 써도 해결할 방도가 없음.	計策 꾀할 꾀 / 계책
白骨難忘 (백골난망)	죽어 백골이 되어도 은혜(恩惠)를 잊을 수 없음.	難忘 어려울 잊을 / 난망
百年大計 (백년대계)	먼 장래(將來)를 내다보는 원대(遠大)한 계획. *1년 대계는 농사, 10년 대계는 수목(樹木), 100년 대계는 인재양성(人才養成), 1,000년 대계는 환경보호(環境保護).	年計 해 계획할 / 년계
百年河淸 (백년하청)	아무리 오랜 시일이 지나도 이루어지기 어려운 일. *중국 황하(黃河)는 늘 흙탕물로 맑을 때가 없다 하여 나온 말.	河淸 큰물 맑을 / 하청
百年偕老 (백년해로)	부부(夫婦)가 헤어지거나 먼저 죽지 않고 화락(和樂)하고 함께 늙음.	偕老 함께 늙을 / 해로
白面書生 (백면서생)	글만 읽어 세상일에 경험(經驗)이 없는 사람.	書生 글 선비 / 서생
百發百中 (백발백중)	백 번 쏘아 백 번 맞춤. 계획한 일마다 모두 성공함.	發中 쏠 맞힐 / 발중
伯牙絶絃 (백아절현)	서로 마음이 통하는 절친한 벗의 죽음. 그러한 슬픔. *거문고의 명수(名手)인 백아(伯牙)의 연주(演奏)를 누구보다 잘 감상(鑑賞)해주던 친구가 죽자 절망(絶望)한 나머지 거문고 줄을 끊고 다시는 연주하지 않았다는 고사	伯牙絶絃 맏 어금니 끊을 악기줄 / 백아절현
白衣從軍 (백의종군)	벼슬 없이 군대(軍隊)를 따라 전쟁(戰爭)터로 나감.	從軍 따를 군사 / 종군
百戰百勝 (백전백승)	백 번 싸워 백 번 이김. 상대보다 월등(越等)히 뛰어나 싸움마다 이김.	百勝 일백 이길 / 백승

사자성어	뜻	한자 풀이
百折不屈 (백절불굴)	백 번 꺾여도 굴하지 않음. 어떠한 어려움에도 굽히지 않음.	折 꺾을 절 屈 굽을 굴
伯仲之勢 (백중지세)	첫째나 둘째의 형세. 서로 비슷하여 우열(優劣)을 가리기가 어려움.	伯 맏 백 仲 버금 중
百尺竿頭 (백척간두)	백 자 되는 높은 장대 꼭대기. 매우 위태(危殆)롭고 절박(切迫)한 상태(狀態).	竿 장대 간 頭 머리 두
百八煩惱 (백팔번뇌)	불교(佛敎)에서 이르는 108 가지 번뇌. *번뇌의 수는 육관(六官. 눈·코·귀·입·몸·뜻)의 하나하나에 해당되는 세 가지의 번뇌(苦·樂·不苦不樂)로 18가지, 이것들이 각각 탐(貪)·무탐(無貪)의 번뇌로 나누어 36가지가 되며, 이들이 과거·현재·미래에 똑같이 해당되므로 모두 108가지 번뇌가 됨.	百 일백 백 八 여덟 팔 煩 괴로워할 번 惱 괴로워할 뇌
百害無益 (백해무익)	오직 해로울 뿐 이로움이 전혀 없음.	害 해로울 해 益 유익할 익
兵家常事 (병가상사)	전쟁에서 이기고 지는 것은 흔히 있는 일. 실패는 흔히 있는 일이니 낙담(落膽)하지 말 것.	兵 군사 병 常 항상 상
覆車之戒 (복차지계)	앞의 수레가 엎어지는 것을 보고 미리 경계하여 주의함. 남의 실패(失敗)를 거울삼아 자기를 경계(警戒)함.	覆 뒤집힐 복 戒 경계할 계
伏地不動 (복지부동)	땅에 엎드리고 움직이지 않는 듯 한 공무원(公務員)들의 보신주의(保身主義).	伏 엎드릴 복 動 움직일 동
浮石沈木 (부석침목)	물에 돌이 떠다니고 나무가 가라앉음. 선(善)과 악(惡)이 거꾸로 뒤바뀜.	浮 뜰 부 沈 가라앉을 침
夫婦有別 (부부유별)	부부(夫婦)사이에는 지켜야 할 인륜의 구별이 있음.	夫 지아비 부 婦 아내 부
夫爲婦綱 (부위부강)	남편은 아내의 모범(模範)이 되어야 함.	爲 될 위 綱 벼리 강
父爲子綱 (부위자강)	아버지는 자식의 모범이 되어야 함.	父 아비 부 子 자식 자
父子有親 (부자유친)	아버지와 자식(子息)은 친함이 있어야 함.	有 있을 유 親 친할 친
父傳子傳 (부전자전)	대대로 아버지가 아들에게 물려줌. 아버지와 아들이 비슷함.	傳 전할 전 子 자식 자

부록 사자성어

不知其數 부지기수	그 수를 알 수 없을 정도로 무수(無數)히 많음.	知 其	알 그	지 기
夫唱婦隨 부창부수	남편이 창을 하면 아내도 따라 하듯, 남편의 뜻에 아내가 따름.	唱 隨	노래 따를	창 수
附和雷同 부화뇌동	자기 주관(主觀) 없이 무조건 남의 의견을 따름.	附 雷	따를 우레	부 뢰
北窓三友 북창삼우	북쪽 창가의 세 친구로 거문고(瑟)·술(酒)·시(詩)를 이르는 말.	窓 友	창 벗	창 우
粉骨碎身 분골쇄신	뼈가 가루가 되고 몸이 부서지도록 노력(努力)함.	粉 碎	가루 부술	분 쇄
焚書坑儒 분서갱유	진시황(秦始皇)이 민간 서적(書籍)을 불사르고 선비들을 구덩이에 묻어 죽인 일. *책을 불사르고 정부(政府)를 비난한다는 죄를 씌워 460명의 학자를 묻어 죽였으나 책들은 사실상 참고(參考)를 위해 몇 벌씩 정부 서고(書庫)에 보관(保管)되어 있었다함.	焚 書 坑 儒	불사를 책 구덩이 선비	분 서 갱 유
不可思議 불가사의	사람의 생각으로는 미루어 헤아릴 수 없이 이상야릇함.	可 議	가능할 옳을	가 의
不俱戴天 불구대천	한 하늘 아래서는 같이 살 수 없는 원수(怨讐).	俱 戴	함께 일	구 대
不立文字 불립문자	도(道)를 깨달음은 문자(文字)나 말로 전하는 것이 아닌 마음으로 전하는 것.	立 字	설 글자	립 자
不問可知 불문가지	묻지 않아도 가히 알 수 있음.	問 知	물을 알	문 지
不問曲直 불문곡직	옳고 그름을 따지지 않고 함부로 일을 처리함.	曲 直	굽을 곧을	곡 직
不辨菽麥 불변숙맥	콩과 보리를 구별 못할 만큼 세상 물정에 어두움.	辨 菽	분별할 콩	변 숙
不撓不屈 불요불굴	어려움에도 결심을 휘지도 굽히지도 않는 굳센 마음.	撓 屈	휠 굽을	요 굴
不要不急 불요불급	필요(必要)하지도 않고 급하지도 않음.	要 急	구할 급할	요 급

사자성어	뜻	한자		
不遠千里 (불원천리)	먼 길도 마다하지 않고 찾아옴.	遠 里	멀 거리단위	원 리
不撤晝夜 (불철주야)	밤낮을 가리지 않고 일에 힘쓰는 모양.	撤 晝	거둘 낮	철 주
不恥下問 (불치하문)	아랫사람에게 묻는 것을 부끄러워하지 아니함.	恥 問	부끄럼 물을	치 문
不擇之筆 (불택지필)	명필은 붓을 고르지 않고도 능란하게 쓸 수 있음.	擇 筆	가릴 붓	택 필
不偏不黨 (불편부당)	어느 쪽으로도 치우치지 않고 무리 짓지도 않음.	偏 黨	치우칠 무리	편 당
朋友有信 (붕우유신)	친구(親舊) 사이에는 믿음이 있어야 함.	朋 信	벗 믿을	붕 신
非禮勿視 (비례물시)	예의(禮儀)가 아니면 보지 않음.	禮 勿	예도 아니할	례 물
非夢似夢 (비몽사몽)	꿈인지 생시인지 알 수 없는 어렴풋한 상태.	夢 似	꿈 닮을	몽 사
悲憤慷慨 (비분강개)	의롭지 못한 것을 보고 의기가 북받치어 슬퍼하고 개탄(慨歎)함.	憤 慷	성낼 슬퍼할	분 강
匪石之心 (비석지심)	내 마음은 돌이 아니므로 굴려서 바꾸지 못함. 확고부동(確固不動)한 마음.	匪 匪	비적 아닐	비 비
比翼連里 (비익연리)	비익조(比翼鳥)와 연리지(連理枝). 화목한 부부 또는 서로 깊이 사랑하는 남녀 관계. *比翼鳥 : 암수의 눈과 날개가 하나씩이어서 짝을 지어야만 날 수 있다는 전설(傳說)상의 새 *連理枝 : 두 나무의 가지가 맞닿아서 결이 서로 통하게 된 나뭇가지.	比 翼 連 里	견줄 날개 이을 거리	비 익 련 리
非一非再 (비일비재)	같은 현상(現狀)이 한두 번이 아니고 많음.	非 再	아닐 두	비 재
貧者一燈 (빈자일등)	가난한 이가 바친 등불 하나. 물질의 많고 적음보다 정성(精誠)이 중요함. *어느 왕이 만 개의 등을 밝혀 자신의 초대(招待)를 받고 돌아가는 석가(釋迦)님을 전송하는데 새벽이 되어 다른 등이 다 꺼지고 등불 하나만이 남아 알아보니 가난한 여인이 정성으로 바친 등이었다는 이야기에서 유래.	貧 者 一 燈	가난할 사람 한 등불	빈 자 일 등

한자성어	뜻	한자	훈	음
貧賤之交 (빈천지교)	가난하고 천할 때 사귄 친구를 잊지 말아야 함 (= 貧賤之交 不可忘).	賤 交	천할 사귈	천 교
氷山一角 (빙산일각)	커다란 전체 중에서 드러난 것은 작은 일부분에 지나지 않음.	氷 角	얼음 모퉁이	빙 각
氷炭之間 (빙탄지간)	얼음과 숯과 같이 성질이 상반(相反)되어 전혀 어울릴 수 없는 사이.	炭 間	숯 사이	탄 간
徙家忘妻 (사가망처)	이사할 때에 깜박 잊고 아내를 두고 감. 건망증(健忘症)이 아주 심함.	徙 妻	옮길 아내	사 처
四顧無親 (사고무친)	의지(依支)할 친척(親戚)이 없어 몹시 외로움.	顧 親	돌아볼 친할	고 친
士農工商 (사농공상)	선비·농부·장인(匠人)·상인(商人)의 네 가지 계급.	農 商	농사 장사	농 상
四面楚歌 (사면초가)	사면이 적에게 포위된 경우나 고립(孤立)된 상태. *한(漢)나라에 항복한 초(楚)병을 모아 초나라 노래를 부르게 하자 한군(漢軍)에게 포위를 당하고 있던 항우(項羽)가 이를 듣고 이미 초병이 한군에게 거의 항복하여 더 이상 가망이 없음을 예감하였다는 고사.	四 面 楚 歌	넉 낯 초나라 노래	사 면 초 가
斯文亂賊 (사문난적)	교리(敎理)에 어긋나는 언동으로 '斯文', 즉 유교(儒敎)를 어지럽히는 사람.	斯 亂	이 어지러울	사 란
四分五裂 (사분오열)	하나의 집단이 이념·이익 등으로 갈라져 혼란스러운 상태.	分 裂	나눌 찢을	분 렬
駟不及舌 (사불급설)	내뱉은 말은 빠른 사두마차로도 따라 잡지 못함. 말을 삼가야 함.	駟 及	사마 미칠	사 급
邪不犯正 (사불범정)	사악(邪惡)한 것이 올바른 것을 범하지 못함. 정의(正義)가 반드시 이김.	邪 犯	간사할 범할	사 범
砂上樓閣 (사상누각)	모래 위에 세운 누각처럼, 기초가 튼튼치 못해 오래 가지 못함.	樓 閣	다락 집	루 각
死生決斷 (사생결단)	죽기 아니면 살기로 끝장을 내려고 대듦.	決 斷	정할 끊을	결 단
捨生取義 (사생취의)	목숨을 버리고 의를 취함.	捨 取	버릴 취할	사 취

사자성어	뜻	한자 풀이
事親以孝 (사친이효)	어버이 섬기기를 효로써 하여야 함.	事 섬길 사 / 親 어버이 친
四通五達 (사통오달)	길이나 교통망(交通網) 등이 사방으로 막힘없이 통함.	通 통할 통 / 達 이를 달
事必歸正 (사필귀정)	일은 반드시 바른 데로 돌아감.	歸 돌아갈 귀 / 正 바를 정
山林綠化 (산림녹화)	황폐(荒廢)한 산에 식목(植木)·산림 보호(保護) 등을 통하여 초목이 무성하게 함.	綠 푸를 록 / 化 될 화
山紫水明 (산자수명)	산은 단풍(丹楓)으로 붉고, 물은 맑아서 밝음. 아름다운 자연(自然)의 경치(景致).	紫 자줏빛 자 / 明 밝을 명
山戰水戰 (산전수전)	산에서 싸움, 물에서 싸움. 세상 살면서 겪은 온갖 고생(苦生)과 어려움.	戰 싸울 전 / 水 물 수
山川草木 (산천초목)	산·강·풀·나무. 자연(自然).	川 내 천 / 草 풀 초
殺身成仁 (살신성인)	자신을 희생(犧牲)하여 인(仁)을 이룸. 옳은 일을 위해서라면 죽음도 불사(不辭)함.	成 이룰 성 / 仁 어질 인
三綱五倫 (삼강오륜)	유교(儒敎) 도덕의 기본이 되는, 세 규율(規律)과 사람이 지켜야 할 다섯 도리(道理). *三綱 : 君爲臣綱 · 夫爲婦綱 · 父爲子綱 *五倫 : 君臣有義 · 父子有親 · 夫婦有別 · 長幼有序 · 朋友有信	綱 벼리 강 / 倫 인륜 륜 / 儒 선비 유 / 敎 가르칠 교
三顧草廬 (삼고초려)	인재 구하기 위하여 여러 번 찾아가 예를 다하는 일. *유비(劉備)가 제갈량(諸葛亮)의 초가를 세 번이나 찾아가 마침내 군사(軍師)로 삼은 일.	顧 돌아볼 고 / 廬 오두막집 려
森羅萬象 (삼라만상)	우주(宇宙) 사이에 벌려 있는 수많은 사물과 현상.	森 빽빽할 삼 / 羅 벌릴 라
三歲之習 (삼세지습)	세 살 버릇이 여든까지 감. *三歲之習 至于八十(삼세지습 지우팔십)	歲 해 세 / 習 익힐 습
三旬九食 (삼순구식)	한 달 30일에 아홉 끼니밖에 먹지 못함. 몹시 궁핍(窮乏)한 생활.	旬 열흘 순 / 食 먹을 식
三人成虎 (삼인성호)	세 사람이 짜면 저잣거리에 호랑이가 나타났다는 거짓말도 할 수 있음. 근거(根據) 없는 말일지라도 여러 사람이 하게 되면 이를 믿게 됨.	成 이룰 성 / 虎 범 호

부록 사자성어

三從之道 삼종지도	여자는 어려서는 아버지를, 시집가서는 남편을, 남편이 죽은 후에는 아들을 따라야 한다는 봉건시대의 도덕관.	從 따를 종 道 길 도
桑田碧海 상전벽해	뽕나무 밭이 푸른 바다로 변함. 세상일의 변천(變遷)이 몹시 심함.	桑 뽕나무 상 碧 푸를 벽
塞翁之馬 새옹지마	인생의 길흉화복(吉凶禍福)은 예측할 수 없음. *변방에 사는 늙은이의 말이 달아났다. 후에 한 마리의 준마를 데리고 돌아왔는데 손자가 그 말을 타다 떨어져 절름발이가 되었다. 얼마 후 적이 쳐들어와 젊은이들이 모두 싸움터로 나아가 죽은 이가 많았으나 손자는 불구자이므로 전쟁터에 나가지 않아 목숨을 부지할 수 있었다는 고사.	塞 변방 새 翁 늙은이 옹 之 --의 지 馬 말 마
色卽是空 색즉시공	색(눈에 보이는 모든 것)에 의해서 표현되는 모든 유형의 사물은 공허(空虛)한 것임. * 空卽是色 : 공허한 것은 유형의 사물과 다르지 않음.	卽 곧 즉 空 빌 공
生口不網 생구불망	산 입에 거미줄 치지 않음. 아무리 가난해도 그럭저럭 먹고 살 수 있음.	生 살 생 網 그물 망
生巫殺人 생무살인	선무당이 사람 잡음. 어설픈 사람이 나섰다가 도리어 화를 부름.	巫 무당 무 殺 죽일 살
生不如死 생불여사	살아 있는 것이 죽으니 못함. 몹시 곤란(困難)한 지경에 빠져 있음.	如 같을 여 死 죽을 사
生死苦樂 생사고락	살고 죽는 일과 괴롭고 즐거운 일.	苦 괴로울 고 樂 즐길 락
生者必滅 생자필멸	생명(生命)이 있는 것은 반드시 죽을 때가 있음.	必 반드시 필 滅 멸망할 멸
西瓜皮舐 서과피지	수박(西瓜) 겉핥기. 사물(事物)의 내용은 모른 채 겉만 건드림.	瓜 오이 과 舐 핥을 지
西施矉目 서시빈목	무턱대고 남의 흉내를 냄. * 월(越)나라의 절세미인 서시(西施)는 가슴앓이병이 있어 늘 눈살을 찌푸리고 다녔음에도 아름답게 보였다. 이를 본 마을의 추녀가 자신도 예쁘게 보이려고 가슴에 손을 얹고 서시의 흉내를 내어 눈살을 잔뜩 찌푸리고 다니자 마을 사람들이 모두 질겁을 하였다는 이야기.	西 서녘 서 施 베풀 시 矉 찡그릴 눈 빈 目 눈 목
先見之明 선견지명	앞 일을 미리 내다보는 총명(聰明)함.	先 먼저 선 明 밝을 명
先公後私 선공후사	공적(公的)인 일을 먼저 하고 사적인 일은 뒤에 함.	公 공변될 공 私 개인 사

사자성어	뜻	한자		
先禮後學 선례후학	먼저 예의(禮儀)를, 나중에 학문(學問)을. 모든 일에 있어서 예의가 먼저.	禮 後	예 도 뒤	례 후
先則制人 선즉제인	남이 하지 않을 때 자기가 먼저 행하면 능히 사람들 위에 설 수 있음.	先 制	먼저 제압할	선 제
雪膚花容 설부화용	눈 같은 살결과 꽃 같은 얼굴. 미인의 아름다운 용모.	膚 容	살갗 얼굴	부 용
雪上加霜 설상가상	눈 위에 서리가 더해짐. 불행한 일이 연거푸 일어남.	加 霜	더할 서리	가 상
說往說來 설왕설래	일의 시비(是非)를 따지느라 말로 옥신각신함.	說 往	말씀 갈	설 왕
纖纖玉手 섬섬옥수	여자의 가냘프고 고운 손.	纖 玉	가늘 구슬	섬 옥
聲東擊西 성동격서	동쪽을 칠 듯이 말하고 실제는 서쪽을 침. 기만술(欺瞞術)로 적을 침.	聲 擊	소리 칠	성 격
洗踏足白 세답족백	상전의 빨래를 하느라 종의 발꿈치가 희게 됨. 남을 위해 한 일이 자신에게도 이득(利得)이 됨.	洗 踏	씻을 밟을	세 답
世俗五戒 세속오계	신라의 원광법사가 지은 화랑의 다섯 가지 계율. *事君以忠 事親以孝 交友以信 臨戰無退 殺生有擇	俗 戒	풍속 경계할	속 계
小貪大失 소탐대실	작은 것을 탐하다 큰 것을 잃음.	貪 失	탐할 잃을	탐 실
束手無策 속수무책	손을 묶은 듯 아무 대책(對策)이 없음.	束 策	묶을 꾀	속 책
送舊迎新 송구영신	지난 해를 보내고 새해를 맞이함.	送 舊	보낼 예	송 구
宋襄之仁 송양지인	송(宋)나라 양공(襄公)의 인정(人情). 쓸데없거나 어리석은 인정의 비유. *강을 건너 쳐들어오는 초(楚)나라가 전열을 가다듬기 전에 치는 것은 군자답지 못하다하여 공격을 미루다 전열을 가다듬은 초나라에 참패한 송나라 양공을 비웃었던 고사	宋 襄 之 仁	송 나 라 도울 --의 어질	송 양 지 인
首丘初心 수구초심	여우가 죽을 때 머리를 자기가 태어났던 쪽으로 두고 죽는다는 데서, 고향을 그리워하는 마음을 뜻함.	首 丘	머리 언덕	수 구

壽福康寧 수복강녕	오래 살고 복을 누리며 건강(健康)하고 평안함.	壽 오래살 수 寧 편안할 녕
手不釋卷 수불석권	손에서 책을 놓지 않음. 부지런히 공부(工夫)함. *여몽(呂蒙)은 무식한 장수였으나 오왕(吳王) 손권(孫權)의 충고로 손에서 책을 놓지 않고 공부하여 유식하게 되었다는 고사. 후에 여몽은 유비(劉備)의 의형제(義兄弟)인 관우(關羽)와의 전투에서 승리를 하여 관우를 죽음에 이르게 함.	手 손 수 不 아닐 불 釋 놓을 석 卷 책 권
首鼠兩端 수서양단	구멍에서 머리만 내밀고 좌우를 살피는 쥐. 어찌할 바를 몰라 진로나 거취를 결정하지 못하는 상태.	鼠 쥐 서 端 끝 단
漱石枕流 수석침류	돌로 양치질 하고 흐르는 물을 베개로 삼는다. 실수를 인정치 않고 억지를 씀. *'돌을 베개 삼고 흐르는 물로 양치질하는 생활을 하고 싶다'는 말을 거꾸로 잘못 하였으나 자신의 실수를 인정치 않고 "돌로 양치질한다는 것은 이를 닦는다는 것이고, 흐르는 물을 베개 삼는다는 것은 쓸데없는 말을 들었을 때 귀를 씻기 위함이네"라고 했다는 고사	漱 양치질할 수 石 돌 석 枕 베개 침 流 흐를 류
袖手傍觀 수수방관	팔짱만 끼고 곁에서 보고만 있음. 응당(應當) 힘을 쓰거나 해야 할 일에 아무런 참여(參與)도 하지 않고 내버려둠.	袖 소매 수 傍 곁 방
修身齊家 수신제가	자신의 몸과 마음을 닦아 수양하고 집안을 다스리는 일.	修 닦을 수 齊 가지런할 제
羞惡之心 수오지심	자기의 옳지 못함을 부끄럽게 생각하고 남의 옳지 못함을 미워하는 마음.	羞 부끄러울 수 惡 미워할 오
守株待兎 수주대토	그루터기를 지켜보며 토끼를 기다림. 고지식하고 융통성(融通性)이 없음. *송(宋)나라 때 한 농부(農夫)가 그루터기에 부딪쳐 죽는 토끼를 보고 그 후로는 일은 하지 않고 그루터기를 지키며 토끼가 걸려 죽기만을 기다렸다는 고사.	守 지킬 수 株 그루터기 주 待 기다릴 대 兎 토끼 토
羞花閉月 수화폐월	꽃도 부끄러워하고 달도 숨을 만큼 아름다운 여인의 미모(美貌). *진(晉)나라 헌공(獻公)의 애인인 여희의 미모를 극찬한 말. = 沈魚落雁(침어낙안) : 물고기는 물속으로 깊이 숨고 기러기는 넋을 잃고 바라보다가 떨어짐.	羞 부끄러워할 수 花 꽃 화 閉 닫을 폐 月 달 월
宿虎衝鼻 숙호충비	자는 범 코침 주기. 공연히 화(禍)를 자초(自招)함.	宿 잘 숙 衝 찌를 충
脣亡齒寒 순망치한	입술이 없으면 이가 시리다. 이해관계가 서로 밀접하여 한쪽이 망하면 다른 한쪽도 화를 면하기 어려움.	脣 입술 순 寒 찰 한

사자성어	뜻	한자
乘勝長驅 (승승장구)	이긴 기세(氣勢)를 타고 계속 몰아침.	乘 탈 승 / 驅 몰 구
視金如石 (시금여석)	금보기를 돌같이 하라. 재물에 욕심을 부리지 말 것.	視 볼 시 / 如 같을 여
是非之心 (시비지심)	옳고 그름을 가릴 줄 아는 마음.	是 옳을 시 / 非 아닐 비
是是非非 (시시비비)	잘잘못 또는 옳은 것과 그른 것을 공정하게 판단함.	是 옳을 시 / 非 아닐 비
始終一貫 (시종일관)	처음부터 끝까지 똑같은 방침이나 태도로 나아감.	始 처음 시 / 貫 꿸 관
食少事煩 (식소사번)	먹을 것은 적고 할 일은 많음.	事 일 사 / 煩 번거로울 번
識字憂患 (식자우환)	학식(學識)이 있는 것이 도리어 근심을 사게 됨.	識 알 식 / 憂 근심 우
信賞必罰 (신상필벌)	공이 있는 자에게는 반드시 상을 주고, 죄가 있는 자에게는 반드시 벌을 줌. 법 집행(執行)을 엄정히 함.	賞 상 줄 상 / 罰 벌할 벌
身言書判 (신언서판)	사람을 평가(評價)하는 네 가지 조건(條件). 풍채(風采)·언변(言辯)·문필(文筆)·판단력(判斷力).	書 글 서 / 判 가를 판
身土不二 (신토불이)	자신이 태어난 땅에서 나는 농산물이 자신의 몸에 좋음.	身 몸 신 / 不 아닐 부
實事求是 (실사구시)	실제(實際)로 있는 일에 근거하여 진리(眞理)를 구함.	實 열매 실 / 求 구할 구
深思熟考 (심사숙고)	깊이 오래 잘 생각함.	深 깊을 심 / 熟 익을 숙
深山幽谷 (심산유곡)	깊은 산 그윽한 골짜기.	幽 그윽할 유 / 谷 골짜기 곡
十伐之木 (십벌지목)	열 번 찍어 안 넘어 갈 나무 없음. 꾸준히 노력(努力)하면 성공(成功)함.	伐 칠 벌 / 之 -의 지
十匙一飯 (십시일반)	열 사람이 밥 한 술씩 보태면 밥 한 그릇이 됨. 여러 사람이 힘을 합하면 한 사람을 돕는 일은 쉽다.	匙 숟가락 시 / 飯 밥 반

부록 사자성어

455

사자성어	뜻	한자 풀이
十中八九 십중팔구	예외(例外) 없이 거의 모두를 뜻함.	八 여덟 팔 九 아홉 구
阿鼻叫喚 아비규환	참혹한 고통 가운데 살려 달라고 울부짖는 상태. *阿鼻地獄 : '무간지옥(無間地獄)'이라고도 하며 고통(苦痛)을 끝없이 받는 지옥(地獄). *叫喚地獄 : 끓는 가마솥이나 뜨거운 쇠집 속에서 고통으로 울부짖는 지옥.	阿鼻 언덕 아 鼻 코 비 叫 부르짖을 규 喚 소리칠 환
我田引水 아전인수	자기 논에 물 끌어 대기. 자기에게만 이롭게 행동함.	我 나 아 引 끌 인
惡事千里 악사천리	좋은 일은 잘 알려지지 않으나 나쁜 일은 세상에 빨리 널리 퍼짐.	惡 악할 악 事 일 사
惡戰苦鬪 악전고투	악조건을 무릅쓰고 죽을 힘을 다하여 싸우는 싸움.	苦 쓸 고 鬪 싸움 투
眼高手卑 안고수비	눈은 높고 뜻은 크나 재주가 없어 따르지 못함.	眼 눈 안 卑 낮을 비
安貧樂道 안빈낙도	가난한 생활(生活)을 하면서도 편안(便安)한 마음으로 분수(分數)를 지키며 지냄.	貧 가난할 빈 樂 즐길 락
安心立命 안심입명	생사·이해를 초월하여 마음 편히 천명(天命)을 따름.	安 편안할 안 命 명할 명
眼下無人 안하무인	방자(放恣)하고 교만(驕慢)하여 남을 업신여김.	眼 눈 안 無 없을 무
暗中摸索 암중모색	어두운 가운데 더듬어 찾음. 어림짐작으로 알아내거나 찾아내려함.	摸 더듬을 모 索 찾을 색
殃及池魚 앙급지어	연못 물고기에게 닥친 재앙. 엉뚱하게 당하는 재난. *楚(초)나라 성문에 난 불을 성 밖 연못 물로 끄는 바람에, 물이 모두 없어져 연못 속 물고기가 다 말라죽었다는데서 연유함.	殃 재앙 앙 及 미칠 급
仰天而唾 앙천이타	하늘 보고 침 뱉기. 남을 해치려다 도리어 자기가 당함.	仰 우러를 앙 唾 침 타
哀乞伏乞 애걸복걸	애처롭게 사정(事情)하며 자꾸 빌고 간절(懇切)히 원하는 것.	哀 슬플 애 伏 엎드릴 복
愛人如己 애인여기	남 사랑하기를 자기 몸처럼 함.	愛 사랑 애 如 같을 여

사자성어	뜻	한자	훈	음
藥房甘草 (약방감초)	한약(韓藥)에 항상 감초(甘草)가 들어가듯, 무슨 일에나 빠짐없이 끼는 사람이나 사물.	房 甘	방 달	방 감
弱肉強食 (약육강식)	약한 것이 강한 것에게 먹힘. 강한 자만이 살아남는 생존경쟁(生存競爭) 세계.	弱 強	약할 굳셀	약 강
羊頭狗肉 (양두구육)	양 머리를 내걸고 개고기를 팖. 겉과 속이 다름. 겉은 훌륭하게 보이나 속은 그렇지 아니함.	羊 狗	양 개	양 구
梁上君子 (양상군자)	들보 위의 군자(君子). 도둑을 점잖게 부르는 말. *후한(後漢) 때 진식(陣寔)이라는 사람의 집 들보에 도둑이 숨어 있는데, 진식이 아들과 손자들을 불러 "사람은 처음부터 악(惡)하지 않으나 스스로 노력(努力)하지 않으면 저 들보 위의 군자와 같이 된다"고 훈계(訓戒)하니 도둑이 놀라 내려와 용서를 구했다는 고사.	梁 上 君 子	들보 윗 임금 선생	량 상 군 자
良藥苦口 (양약고구)	병에 좋은 약은 입에 쓰다. 충언(忠言)은 귀에 거슬리나 이롭게 함.	良 苦	좋을 쓸	량 고
養虎遺患 (양호유환)	호랑이를 길러서 근심을 남김. 화근(禍根)이 될 만한 일을 내버려 두어 후에 크게 후회(後悔)함.	養 遺	기를 남길	양 유
魚東肉西 (어동육서)	제사(祭祀)음식을 차릴 때 생선은 동쪽에 고기는 서쪽에 놓음.	東 西	동녘 서녘	동 서
魚頭肉尾 (어두육미)	물고기는 머리 쪽이 맛있고 짐승고기는 꼬리 쪽이 맛이 좋음.	頭 尾	머리 꼬리	두 미
漁父之利 (어부지리)	둘이 다투고 있는 사이에 엉뚱한 사람이 이익을 봄. *조개가 입을 벌리고 쉬고 있을 때 도요새가 조갯살을 쪼아 먹으려 부리를 넣자 조개가 입을 굳게 닫아 서루 싸우고 있을 때 지나가던 어부가 이 둘을 손쉽게 잡았다는 고사.	漁 父 之 利	고기잡을 아비 - -의 이로울	어 부 지 리
語不成說 (어불성설)	말이 조금도 이치(理致)에 맞지 않음.	成 說	이룰 말씀	성 설
抑強扶弱 (억강부약)	강자(强者)를 누르고 약자(弱者)를 도와줌.	抑 扶	누를 도울	억 부
億兆蒼生 (억조창생)	수많은 일반 백성(百姓)들.	億 蒼	억 무성할	억 창
言飛千里 (언비천리)	발 없는 말이 천리 감. 말은 빠르게 멀리 퍼짐.	飛 千	날 일천	비 천

부록
사자성어

사자성어	뜻	한자	훈	음
言語道斷 (언어도단)	말로 표현(表現)할 길이 끊어짐. 너무 어이가 없어 말로써 할 수 없음.	道 斷	길 끊을	도 단
言中有骨 (언중유골)	예사로운 말 속에 뼈처럼 단단한 속뜻이 들어 있음.	有 骨	있을 뼈	유 골
掩耳盜鈴 (엄이도령)	귀를 막고 방울을 훔침. 모든 사람이 그 잘못을 알고 있는데 얕은 꾀로 남을 속이려 함.	掩 鈴	가릴 방울	엄 령
嚴妻侍下 (엄처시하)	아내에게 쥐여사는 남자를 조롱(嘲弄)하는 말.	嚴 侍	엄할 모실	엄 시
如履薄氷 (여리박빙)	살얼음을 밟는 것과 같이 아슬아슬하고 불안한 지경.	履 薄	밟을 엷을	리 박
如拔痛齒 (여발통치)	앓던 이 빠진 것 같음. 괴롭던 것이 없어져 시원함.	拔 痛	뺄 아플	발 통
如坐針席 (여좌침석)	바늘방석에 앉은 것 같음. 몹시 불안(不安)하거나 거북한 상태(狀態).	坐 針	앉을 바늘	좌 침
如出一口 (여출일구)	여러 사람의 말이 한 사람이 말한 것 같이 한결같음.	如 出	같을 날	여 출
易子教之 (역자교지)	자식(子息)을 서로 바꾸어 가르침.	易 教	바꿀 가르칠	역 교
易地思之 (역지사지)	처지(處地)를 바꾸어 상대방의 입장에서 생각함.	思 之	생각 그것	사 지
緣木求魚 (연목구어)	나무에 올라가서 물고기를 구함. 불가능(不可能)한 일을 억지(抑止)로 하려 함.	緣 求	인연 구할	연 구
鳶飛魚躍 (연비어약)	솔개가 날고 물고기가 뜀. 온갖 동물이 생(生)을 즐김.	鳶 躍	솔개 뛸	연 약
連戰連勝 (연전연승)	싸울 때마다 승리(勝利)함.	連 勝	이어질 이길	련 승
榮枯盛衰 (영고성쇠)	인생이나 사물(事物)의 성함과 쇠함.	榮 衰	영화 쇠할	영 쇠
曳尾塗中 (예미도중)	거북이 개펄에 꼬리를 끌면서 제 마음대로 돌아다님. 고관(高官)이 되어 속박(束縛)당하는 것보다 가난해도 자유(自由)로운 생활(生活)이 나음.	曳 塗	끌 진흙	예 도

사자성어	뜻	한자		
五車之書 (오거지서)	다섯 수레에 실을 만큼 책이 많음.	車 書	수레 책	거 서
五穀百果 (오곡백과)	쌀·보리·콩·조·기장의 오곡과 온갖 과실(果實).	穀 果	곡식 과실	곡 과
五里霧中 (오리무중)	안개 속에 있어서 길을 찾기 어려운 것처럼, 무슨 일에 대하여 방향이나 갈피를 잡을 수 없는 상태.	里 霧	거리단위 안개	리 무
寤寐不忘 (오매불망)	자나 깨나 잊지 못함.	寤 寐	깰 잠잘	오 매
吾鼻三尺 (오비삼척)	내 코가 석자. 자기 사정이 급박하여 남을 돌보아 줄 겨를이 없음.	吾 鼻	나 코	오 비
烏飛梨落 (오비이락)	까마귀 날자 배 떨어짐. 공교롭게도 같은 때에 일이 생겨서 남에게 의심받게 됨.	烏 梨	까마귀 배	오 리
傲霜孤節 (오상고절)	서릿발이 심한 속에서도 굴하지 않고 거만하게 외로이 지키는 절개. 국화(菊花)를 고상하는 일컫는 말.	傲 霜	거만할 서리	오 상
吳越同舟 (오월동주)	적국인 오나라와 월나라 사람이 함께 배를 탐. 사이가 나쁘더라도 필요한 경우 서로 협력함.	越 舟	월나라 배	월 주
烏合之卒 (오합지졸)	까마귀가 모인 것처럼 규율(規律)이 없는 병졸.	烏 卒	까마귀 병사	오 졸
玉石俱焚 (옥석구분)	옥과 돌이 함께 불에 탐. 선악(善惡)의 구별(區別) 없이 함께 멸망(滅亡)함.	俱 焚	함께 불사를	구 분
溫故知新 (온고지신)	옛 것을 익히고 그것을 미루어 새 것을 앎.	溫 故	배울 옛것	온 고
蝸角之爭 (와각지쟁)	달팽이 뿔 위에서의 싸움. 하찮은 일로 벌이는 싸움.	蝸 角	달팽이 뿔	와 각
臥薪嘗膽 (와신상담)	패배(敗北)나 실패(失敗)를 딛고 일어서기 위하여 괴로움을 참고 견디다. *臥薪 : 오왕(吳王) 부차(夫差)는 섶(薪 섶나무, 땔나무 신) 위에서 자고(臥 누울 와), *嘗膽 : 월왕(越王) 구천(勾踐)은 매일 쓸개를 핥으며 원수를 갚기 위해 고생을 참고 견딤.	臥 薪 嘗 膽	누울 섶나무 핥을 쓸개	와 신 상 담
曰可曰否 (왈가왈부)	어떤 일에 대하여 옳다거나 그르다거나 하는 말.	可 否	옳을 아닐	가 부

부록

사자성어

사자성어	뜻	한자	훈	음
外柔內剛 (외유내강)	겉으로는 부드럽고 순하나 속은 곧고 꿋꿋함.	柔 剛	부드러울 굳셀	유 강
樂山樂水 (요산요수)	산수의 경치를 좋아함. * 군자(君子)는 그 중후함이 산과 같아 산을 좋아하고, 지자(智者)는 그 지혜로움이 흐르는 물과 같이 막힘이 없어 물을 좋아함.	樂 樂	즐길 좋아할	락 요
龍頭蛇尾 (용두사미)	용머리에 뱀꼬리. 시작은 거창하나 끝은 보잘것없음.	頭 尾	머리 꼬리	두 미
龍虎相搏 (용호상박)	용과 호랑이가 싸우듯 실력이 비슷한 두 강자의 싸움.	相 搏	서로 칠	상 박
愚公移山 (우공이산)	미력하더라도 끊임없이 노력하면 마침내 성공하게 됨. *우공이라는 노인이 생활에 불편을 주는 산을 없애려고 매일 흙을 파서 강에다 내다 버렸다. 사람들이 비웃었으나 우공은 "내가 죽더라도 자자손손 계속 파 없앤다면 언젠가는 평지가 되겠지"라고 하자 이에 놀란 산신이 "이러다간 내 산이 없어질지도 모르는 일이야" 하며 산을 옮겨 그 곳이 평지가 되었다는 이야기.	愚 公 移 山	어리석을 귀 옮길 뫼	우 공 이 산
牛刀割鷄 (우도할계)	소 잡는 칼로 닭을 잡음. 작은 일에 지나치게 크게 대처(對處)함.	割 鷄	나눌 닭	할 계
愚問賢答 (우문현답)	어리석은 질문(質問)에 현명(賢明)한 대답(對答).	愚 賢	어리석을 재치있을	우 현
右往左往 (우왕좌왕)	방향(方向)을 정하지 못하고 오락가락함.	右 往	오른 갈	우 왕
優柔不斷 (우유부단)	어물어물하며 딱 잘라서 결단(決斷)을 내리지 못함.	優 柔	머뭇거릴 여릴	우 유
牛耳讀經 (우이독경)	소귀에 경 읽기. 아무리 일러주어도 알아듣지 못해 효과가 없음.	讀 經	읽을 책	독 경
雲雨之情 (운우지정)	남녀의 육체적인 사랑을 고상(高尙)하게 이르는 말.	雲 情	구름 뜻	운 정
遠交近攻 (원교근공)	먼 나라와 우호관계를 맺고, 이웃나라를 공략하는 일.	遠 攻	멀 칠	원 공
遠族近隣 (원족근린)	먼 친척(親戚)보다 서로 도우며 살아가는 가까운 이웃이 낫다.	族 隣	겨레 이웃	족 린
危機一髮 (위기일발)	거의 여유(餘裕)가 없는 매우 위급(危急)한 순간.	危 髮	위태할 터럭	위 발

사자성어	뜻	한자
衛正斥邪 (위정척사)	바른 것을 지키고 간사한 것을 물리침. *조선 말기 주자학(朱子學)을 지키고 천주학(天主學)을 물리치자는 주장.	衛 지킬 위 / 斥 물리칠 척
韋編三絶 (위편삼절)	책을 맨 가죽 끈이 세 번이나 끊어질 정도로 공자(孔子)가 주역(周易)을 여러 번 읽었다는 데서, 책을 많이 읽음.	韋 가죽 위 / 編 엮을 편
有口無言 (유구무언)	입이 있으나 말이 없음. 변명(辨明)할 말이 없음.	有 있을 유 / 無 없을 무
柔能制剛 (유능제강)	부드러움이 강함을 제압(制壓)함.	柔 부드러울 유 / 剛 굳셀 강
有名無實 (유명무실)	이름만 있고 실질적인 능력이나 모습을 갖추지 못함.	名 이름 명 / 實 열매 실
流芳百世 (유방백세)	향기가 백대(百代)에 걸쳐 흐름. 꽃다운 이름을 후세(後世)에 길이 전함.	流 흐를 류 / 芳 꽃다울 방
有備無患 (유비무환)	준비(準備)가 있으면 근심이 없음.	備 갖출 비 / 患 근심 환
流水不腐 (유수불부)	흐르는 물은 썩지 않는다. 항상 움직이는 것은 썩지 않음.	流 흐를 류 / 腐 썩을 부
唯我獨尊 (유아독존)	이 세상에서 자기 혼자만이 잘났다고 하는 일.	唯 오직 유 / 獨 홀로 독
類類相從 (유유상종)	같은 무리끼리 서로 왕래하며 사귐. *이 말은 낮은 수준에 쓰는 말이니 고매한 이들의 만남에는 조심해서 사용해야 함 (뛰어난 이는 몰려다님을 꺼려함).	相 서로 상 / 從 좇을 종
悠悠自適 (유유자적)	속세(俗世)를 떠나 아무것에도 얽매이지 않고 사기가 하고 싶은 대로 하며 마음 편히 사는 것.	悠 한가로울 유 / 適 나아갈 적
有終之美 (유종지미)	시작한 일을 끝까지 잘하여 훌륭한 성과를 올림.	有 있을 유 / 終 끝 종
隱忍自重 (은인자중)	마음속으로 참으며 자기의 몸가짐을 신중히 함.	隱 숨길 은 / 忍 참을 인
淫談悖說 (음담패설)	음탕(淫蕩)하고 상스러운 이야기.	淫 음란할 음 / 悖 어그러질 패
陰德陽報 (음덕양보)	남이 모르게 덕행(德行)을 쌓는 사람은 뒤에 그 보답(報答)을 저절로 받음.	陰 그늘 음 / 報 갚을 보

부록 사자성어

사자성어	뜻	한자
吟風弄月 음풍농월	바람을 노래하고 달과 장난을 함. 자연(自然)의 아름다움을 노래함.	吟 읊을 음 弄 가지고놀 롱
泣斬馬謖 읍참마속	울며 마속의 목을 베다. 기강확립을 위하여 아끼는 사람이지만 엄벌에 처함. * 제갈량(諸葛亮)의 절친인 마량(馬良)의 동생이자 그가 아끼는 부하 장수인 마속이 명령에 따르지 않고 전술(戰術)을 펼치다 대패하자 군율(軍律)에 따라 목을 베게 한 후 돌아와 괴로워 울었다는 고사.	泣 울 읍 斬 벨 참 馬 말 마 謖 사람이름 속
意馬心猿 의마심원	생각은 말처럼 날뛰고 마음은 원숭이처럼 안절부절 못함. 사람 마음이 억누를 수 없는 번뇌(煩惱)·욕정(慾情) 때문에 항상 어지러움.	意 뜻 의 猿 원숭이 원
疑心暗鬼 의심암귀	의심하는 마음은 없는 귀신(鬼神)도 만들어 낸다. *마음 속에 의심이 생기면 무서운 망상(妄想) 등이 일어나 불안해지거나 상대를 믿지 못하는 등 판단이 빗나가게 됨.	疑 의심할 의 暗 어두울 암
異口同聲 이구동성	입은 달라도 소리는 같음. 여러 사람의 말이 한결같음.	異 다를 이 聲 소리 성
以卵擊石 이란격석	계란(鷄卵)으로 바위 치기. 약한 것으로 강한 것을 이겨낼 수 없음.	以 --로써 이 擊 칠 격
已發之矢 이발지시	이미 시위를 떠난 화살. 이왕 시작된 일을 중지(中止)하기 어려움.	已 이미 이 矢 화살 시
以心傳心 이심전심	마음과 마음으로 뜻을 전함.	以 -로써 이 傳 전할 전
以熱治熱 이열치열	열은 열로써 다스림. 열이 날 때에는 땀을 내거나, 더위를 뜨거운 차를 마시며 이겨냄. 힘에는 힘으로, 강한 것에는 강한 것으로 상대함.	熱 더울 열 治 다스릴 치
已往之事 이왕지사	이미 지나간 일.	已 이미 이 往 갈 왕
利用厚生 이용후생	편리(便利)한 기구를 잘 이용하여 삶을 넉넉하게 함.	利 이로울 리 厚 두터울 후
二律背反 이율배반	서로 모순(矛盾)되거나 대립(對立)되는 두 명제(命題)가 같은 타당성(妥當性)을 가지고 주장(主張)되는 일.	律 법 률 背 등 배
以夷制夷 이이제이	오랑캐로 오랑캐를 제어(制御)함. 한 세력(勢力)을 이용하여 다른 세력을 제압(制壓)함.	夷 오랑캐 이 制 억제할 제
泥田鬪狗 이전투구	진흙탕 속에서 싸우는 개. 명분(名分)이 서지 않는 일로 악착(齷齪)같이 꼴사납게 싸우는 모양.	泥 진흙 니 狗 개 구

사자성어	뜻	한자 풀이
離合集散 (이합집산)	떨어지고 합치고 모이고 흩어짐.	離 떠날 리 / 散 흩어질 산
益者三友 (익자삼우)	사귀어서 도움이 되는 세 종류의 벗. 정직(正直)한 사람·신의(信義)가 있는 사람·학식(學識)이 있는 사람.	益 이로울 익 / 友 벗 우
因果應報 (인과응보)	과거(過去)나 전생의 선악(善惡)의 인연에 따라서 내생에 그에 따르는 보답(報答)을 받게 됨. 또는 원인(原因)에 상당하는 결과(結果)가 따름.	應 응할 응 / 報 갚을 보
人口膾炙 (인구회자)	사람의 구미(口味)에 맞는 회와 고기처럼 널리 자주 입에 오르내림.	膾 날고기 회 / 炙 구운고기 자
人面獸心 (인면수심)	사람 얼굴에 짐승 마음을 가진 마음이 잔인(殘忍)하고 흉학(凶虐)한 사람.	面 낯 면 / 獸 짐승 수
人死留名 (인사유명)	사람은 죽어서 이름을 남긴다. 인생(人生)을 헛되이 살지 말라는 말. * 虎死留皮 人死留名(호사유피 인사유명)이라지만 도리어 호랑이는 가죽 때문에 죽고 사람은 쓸데없는 명예욕(名譽慾) 때문에 많이 죽는다.	人 사람 인 / 死 죽을 사 / 留 남을 류 / 名 이름 명
人山人海 (인산인해)	사람이 산과 바다처럼 많이 모임.	山 메 산 / 海 바다 해
人心難測 (인심난측)	사람의 마음은 헤아리기 어려움. * 水深可知 人心難知(수심가지 인심난지)	難 어려울 난 / 測 헤아릴 측
仁者無敵 (인자무적)	남을 착하고 바르게 대한 자에게는 적(敵)이 없음.	仁 어질 인 / 敵 원수 적
人之常情 (인지상정)	사람이라면 누구나 가지는 보통(普通)의 마음.	常 항상 상 / 情 본성 정
一刻三秋 (일각삼추)	짧은 시간도 삼년같이 길게 느껴짐. 애타게 기다리는 마음. * 一刻 : 15분, 극히 짧은 시간	刻 시간단위 각 / 秋 가을 추
一刻千金 (일각천금)	매우 짧은 시간도 천금처럼 귀함.	千 일천 천 / 金 금 금
一擧兩得 (일거양득)	한 가지 일로 두 가지 이득(利得)을 얻음.	擧 움직일 거 / 得 얻을 득
日久月深 (일구월심)	날이 오래고 달이 깊어 감. 세월이 갈수록 바라는 마음이 더욱 간절(懇切)해짐.	久 오랠 구 / 深 깊을 심

부록 사자성어

사자성어	뜻	한자	훈	음
一口二言 일 구 이 언	한 입으로 두 말을 함. 말을 이랬다저랬다 함.	口 言	입 말씀	구 언
一騎當千 일 기 당 천	말 탄 한 사람이 천 사람의 적을 감당함. 무예(武藝)나 능력(能力)이 아주 뛰어남.	騎 當	말 탈 대적할	기 당
一刀兩斷 일 도 양 단	한 칼로 둘로 나눔. 머뭇거림 없이 일을 과감히 처리함.	兩 斷	둘 끊을	양 단
一蓮托生 일 련 탁 생	불교에서, 죽은 뒤에 극락왕생(極樂往生)하여 같은 연꽃에 몸을 의탁(依託)함. 어떤 일의 선악이나 결과에 관계없이 끝까지 행동과 운명을 함께함.	蓮 托	연 꽃 맡길	련 탁
一網打盡 일 망 타 진	한 번 그물을 쳐서 물고기를 다 잡듯, 어떤 무리를 한꺼번에 잡음.	網 盡	그물 다 할	망 진
一脈相通 일 맥 상 통	처지나 성질(性質), 생각 등이 한줄기로 서로 통함.	脈 通	줄 기 통 할	맥 통
一目十行 일 목 십 행	한 눈에 10행씩 읽어 나감. 독서(讀書)력이 뛰어남.	目 行	눈 글줄	목 행
一罰百戒 일 벌 백 계	한 사람을 벌주어 백 사람을 경계(警戒)함. 또는 다른 사람들의 경각심을 불러일으키기 위하여 본보기로 중한 처벌(處罰)을 하는 것.	罰 戒	벌 줄 경 계 할	벌 계
一絲不亂 일 사 불 란	질서(秩序)나 체계(體系)가 정연(整然)하여 조금도 어지러운 데가 없음.	絲 亂	실 어지러울	사 란
一石二鳥 일 석 이 조	한 가지 일로 두 가지의 이득(利得)을 얻음.	石 鳥	돌 새	석 조
一魚濁水 일 어 탁 수	한 마리의 물고기가 온 냇물을 흐림. 한 사람의 잘못으로 여러 사람이 피해(被害)를 입음.	魚 濁	물고기 흐릴	어 탁
一言半句 일 언 반 구	하나의 말과 반 구절(句節). 아주 짧은 말.	半 句	반 글귀	반 구
一葉知秋 일 엽 지 추	오동잎 한 잎 떨어지는 것을 보고 가을이 온 것을 앎. 한 가지 일을 보고 앞으로 닥쳐올 일을 미리 짐작함.	葉 秋	잎 가 을	엽 추
一衣帶水 일 의 대 수	한 줄기의 띠와 같이 좁은 강물이나 바닷물.	衣 帶	옷 띠	의 대
一以貫之 일 이 관 지	하나의 이치(理致)로써 모든 일을 꿰뚫음.	以 貫	--로써 꿸	이 관

사자성어	뜻	한자
一日三秋 (일일삼추)	하루가 세 가을 즉 삼년. 하루가 삼년처럼 매우 지루하거나 몹시 애태우며 기다림.	日 날 일 / 秋 가을 추
一場春夢 (일장춘몽)	헛된 영화(榮華)나 덧없는 일.	場 마당 장 / 夢 꿈 몽
一觸卽發 (일촉즉발)	한 번만 닿아도 폭발할 것 같이 매우 위험한 상태.	觸 닿을 촉 / 發 터질 발
一寸光陰 (일촌광음)	아주 짧은 시간. 또는 한 치의 세월 *勿謂今日不學而有來日 勿謂今年不學而有來年 日月逝 矣歲不我進 嗚呼老矣是誰之愆 少年易老學難成 一寸光陰不可輕 未覺池塘春草夢 階前梧葉已秋聲 - 주자, 권학문 - (오늘 배우지 않아도 내일이 있다고 말하지 말며, 금년에 배우지 않아도 내년이 있다고 말하지 말라. 날과 달은 가고 세월을 내가 따라가지 못하니, 슬프다 늙어서 후회한들 이것이 뉘 허물이겠는가. 소년은 늙기 쉽고 배움은 이루기 어려우니 짧은 시간이라도 가볍게 여기지 말라. 연못가에 봄풀이 돋는 것을 미처 깨닫지 못했는데 뜰 앞의 오동잎이 벌써 가을소리를 알리는구나.)	一 한 일 / 寸 마디 촌 / 光 빛 광 / 陰 그늘 음 / 勸 권할 권 / 勿 하지 말 물 / 謂 말할 위 / 逝 갈 서 / 誰 누구 수 / 愆 허물 건 / 塘 못 당
日就月將 (일취월장)	어떤 일이나 학문(學問)이 날로 달로 진보(進步)함.	就 나아갈 취 / 將 발전할 장
一波萬波 (일파만파)	하나의 물결이 연쇄적(連鎖的)으로 많은 물결을 일으킴. 한 사건이 그 사건으로 그치지 않고 잇따라 많은 사건으로 번짐.	波 물결 파 / 萬 일만 만
一片丹心 (일편단심)	한결같은 참된 충성이나 정성. * 조선 건국 초기 고려 충신 정몽주의 마음을 떠보기 위해 후에 조선 3대 태종(太宗)이 된 이성계의 아들 방원이 정몽주를 찾아 "이러들 어떠하리 저런들 어떠하리..." 라는 시를 읊자, 이에 정몽주는 "이 몸이 죽고 죽어 일백 번 고쳐 죽어 백골이 진토되고 넋이야 있던 없던 임향한 일편단심 고칠 날이 있으랴"라고 하였다는 고사에서 유래.	一 한 일 / 片 조각 편 / 丹 붉을 단 / 心 마음 심
一筆揮之 (일필휘지)	글씨를 단숨에 힘차고 시원하게 쭉 써 내려감.	筆 붓 필 / 揮 휘두를 휘
臨渴掘井 (임갈굴정)	목이 말라서야 우물을 팜. 미리 준비(準備)가 없다가 일을 당해서 서두름.	臨 임할 임 / 掘 팔 굴
臨機應變 (임기응변)	그때그때의 형편에 따라 즉각 그 자리에서 일을 처리함.	應 응할 응 / 變 변할 변
臨戰無退 (임전무퇴)	싸움에 임하여서는 물러서지 아니함.	戰 싸울 전 / 退 물러날 퇴

부록 사자성어

立身揚名 (입신양명)	학문연마를 통하여 자신의 몸을 수양(修養)하고 세상에 나아가 출세를 하여 세상에 이름을 드높임.	揚 名	떨칠 이름	양 명
立錐之地 (입추지지)	송곳 하나 꽂을 만한 아주 좁은 공간(空間). *진(秦)나라가 많은 나라를 멸망(滅亡)시킨 뒤 송곳을 세울 정도의 좁은 땅까지 빼앗아 버렸다는 사기(史記)에서 유래.	立 錐	설 송곳	립 추
入鄕循俗 (입향순속)	다른 지방에 들어가서는 그 지방의 풍속을 따르라는 말.	鄕 循	시골 좇을	향 순
自家撞着 (자가당착)	자기가 한 말이나 행동의 앞뒤가 서로 맞지 않음.	撞 着	부딪칠 닿을	당 착
自强不息 (자강불식)	스스로 힘쓰고 쉬지 아니함.	强 息	굳셀 쉴	강 식
自激之心 (자격지심)	어떠한 일에 대하여 스스로 미흡하게 여기는 마음.	自 激	스스로 부딪칠	자 격
自愧之心 (자괴지심)	스스로 부끄럽게 여기는 마음.	自 愧	스스로 부끄러워할	자 괴
自給自足 (자급자족)	자기의 수요(需要)를 자기가 생산(生産)하여 충당함.	給 足	줄 만족할	급 족
煮豆燃萁 (자두연기)	형제(兄弟)간에 서로 시기(猜忌)하고 다툼. *제위(帝位)에 오른 조조(曹操)의 맏아들 비(丕)는 셋째인 식(植)의 글재주를 늘 시기해 오던 차에 어떤 일을 문제 삼아 동생에게 "일곱 걸음을 옮기는 사이에 시를 짓도록 하라" 명하자 조식은 이렇게 읊었다. "콩대를 삶아서 콩을 삶으니 가마솥 속의 콩이 우는구나(煮豆燃豆萁 豆在釜中泣)."	煮 豆 燃 萁	삶을 콩 태울 콩대	자 두 연 기
玼吝考妣 (자린고비)	아주 인색(吝嗇)하고 비정(非情)한 사람. *옛날 충주(忠州)의 한 양반(兩班)이 부모 제사(祭祀)에 쓰는 제문(祭文)을 태우지 않고 두고두고 사용(使用)하여 '考'와 '妣' 두 자가 때에 절게 되었다. 그래서 '절은 고비'라는 말이 생겼고 이것이 전해지는 과정에서 '절은고비→저린고비→자린고비'로 바뀌게 됨.	玼 吝 考 妣	옥티 아낄 죽은아비 죽은어미	자 린 고 비
自問自答 (자문자답)	스스로 묻고 스스로 답함.	問 答	물을 대답할	문 답
自斧斫足 (자부작족)	제 도끼에 제 발등 찍힌다. 자기 일을 자기가 망침.	斧 斫	가마솥 찍을	부 작
子孫萬代 (자손만대)	자손과 손자들이 계속해서 이어져 나감.	孫 代	손자 세대	손 대

自手成家 자수성가	물려받은 것 없이 스스로 힘으로 어엿한 살림을 이룩함.	成 家	이룰 집안	성 가
自繩自縛 자승자박	자기 줄로 자기를 묶음. 자기가 한 말이나 행동(行動) 때문에 자기 자신이 꼼짝 못하게 되는 일.	繩 縛	새끼 줄 묶을	승 박
自然淘汰 자연도태	자연계(自然界)에서 그 환경(環境)에 적응(適應)하면 생존(生存)하고 그렇지 못하면 사라짐. *일다 : 물에 흔들어서 쓸 것과 못 쓸 것을 가려내다.	淘 汰	일 일	도 태
自中之亂 자중지란	자기네 한동아리 안에서 일어나는 분쟁(紛爭).	之 亂	-의 어지로울	지 란
自初至終 자초지종	어떤 일의 처음부터 끝가지.	自 至	시작할 끝날	자 지
自暴自棄 자포자기	절망상태에 빠져 스스로를 사납게 하고 스스로를 버림.	暴 棄	사나울 버릴	포 기
自畵自讚 자화자찬	자기(自己)가 한 일을 스스로 칭찬(稱讚)함.	畵 讚	그림 칭찬할	화 찬
作舍道傍 작사도방	길가에 집짓기. 여러 사람의 구구(區區)한 의견(意見)에 귀 기울이면 일을 이루지 못함. *길가에 집을 짓는 사람이 행인(行人)들이 제각기 다른 의견(意見)을 내놓는 바람에 3년이 지나도 집을 짓지 못하였다 함 (作舍道傍 三年不成).	作 舍 道 傍	지을 집 길 곁	작 사 도 방
作心三日 작심삼일	작정(作定)한 결심(決心)이 사흘을 가지 못함.	作 心	지을 마음	작 심
藏頭露尾 장두노미	머리는 감추었으나 꼬리가 드러남. 흔적(痕迹) 없이 감추기는 어려움. *꿩은 위기(危機)에 처할 경우 꼬리 쪽은 노출(露出)시킨 채 머리만 감추는 특성(特性)이 있다. 이처럼 자신이 한 일 등을 들키지 않도록 감추지만 어리석은 자의 행동(行動)이나 수법(手法)에는 한계(限界)가 있음을 뜻함.	藏 頭 露 尾	감출 머리 드러낼 꼬리	장 두 로 미
張三李四 장삼이사	장씨의 셋째 아들, 이씨의 넷째 아들. 그저 평범(平凡)한 사람들.	張 李	베풀 오얏	장 리
才勝德薄 재승덕박	재주는 다른 사람보다 낫지만 덕이 부족(不足)함.	勝 薄	뛰어날 엷을	승 박
賊反荷杖 적반하장	도둑이 도리어 몽둥이를 든다. 잘못한 사람이 도리어 성을 냄.	荷 杖	들 지팡이	하 장

부록

사자성어

積善餘慶 (적선여경)	남에게 착한 일을 많이 하면 언젠가는 경사(慶事)스러운 일이 있게 됨. * 餘慶 : 남에게 좋은 일을 많이 한 보답(報答)으로 그 자손(子孫)이 누리게 되는 경사(慶事).	餘 / 慶	말미 / 경사	여 / 경
積小成大 (적소성대)	작은 것도 쌓이면 크게 이루어짐.	積 / 成	쌓을 / 이룰	적 / 성
適者生存 (적자생존)	환경(環境)에 적응(適應)하는 것은 살고 적응하지 못하는 것은 도태(淘汰)되어 사라짐.	適 / 存	나아갈 / 생존할	적 / 존
適材適所 (적재적소)	적당(適當)한 인재(人才)를 적당한 자리에 씀.	適 / 材	마땅할 / 재목	적 / 재
電光石火 (전광석화)	번갯불이나 부싯돌의 불이 번쩍이는 것처럼, 몹시 짧은 시간이나 매우 빠른 동작(動作).	電 / 光	번개 / 빛	전 / 광
前無後無 (전무후무)	전에도 없었고 앞으로도 없을 만큼 있기 어려운 일.	前 / 後	앞 / 뒤	전 / 후
前車覆轍 (전차복철)	앞 수레가 엎어진 바퀴자국. 앞 사람의 실패(失敗)를 거울삼아 주의하라는 교훈.	覆 / 轍	뒤집힐 / 바퀴자국	복 / 철
前虎後狼 (전호후랑)	앞문에 호랑이, 뒷문에는 이리가 들어옴. 재앙(災殃)이 끊임없이 닥침.	虎 / 狼	범 / 이리	호 / 랑
轉禍爲福 (전화위복)	재앙(災殃)이 바뀌어 오히려 복(福)이 됨.	轉 / 爲	바뀔 / 될	전 / 위
絶世佳人 (절세가인)	당대에 견줄만한 사람이 없을 정도의 매우 뛰어난 미인.	絶 / 佳	뛰어날 / 아름다울	절 / 가
切磋琢磨 (절차탁마)	옥돌을 자르고, 갈고, 쪼고, 문질러 빛을 냄. 학문(學問)이나 인격(人格)을 닦음.	磋 / 琢	갈 / 쫄	차 / 탁
切齒腐心 (절치부심)	분하고 원통(寃痛)하여 이를 갈고 마음을 썩힘. 원수(怨讐)를 갚기 위해 혹은 일의 성공(成功)을 위해 이를 악물고 노력(努力)함.	切 / 腐	갈 / 썩을	절 / 부
漸入佳境 (점입가경)	점점 아름다운, 즉 재미있는 경지(境地)로 들어감.	漸 / 境	점점 / 지경	점 / 경
點滴穿石 (점적천석)	낙숫물이 돌을 뚫음. 작은 것도 모이고 쌓이면 큰 힘을 발휘(發揮)함. 작은 힘이라도 끊임없이 계속(繼續)하면 언젠가는 성공(成功)할 수 있음.	滴 / 穿	물방울 / 뚫을	적 / 천
頂門一鍼 (정문일침)	정수리에 침을 놓음. 잘못된 점의 급소(急所)를 찌르며 하는 따끔한 충고.	頂 / 鍼	정수리 / 침	정 / 침

사자성어	뜻	한자		
井底之蛙 (정저지와)	우물 안의 개구리. 세상 물정(物情)에 어둡고 시야·식견(識見)이 좁음.	底 蛙	바닥 개구리	저 와
堤潰蟻穴 (제궤의혈)	큰 방죽도 개미구멍으로 무너짐. * 堤(둑 제) = 隄 사소(些少)한 결함(缺陷)이라도 곧 바로 손쓰지 않으면 큰 재난(災難)을 당하게 됨.	潰 蟻	무너질 개미	궤 의
蚤肝出食 (조간출식)	벼룩의 간을 내 먹다. 극히 어려운 처지에 있는 사람에게서 금품을 뜯어냄.	蚤 肝	벼룩 간	조 간
糟糠之妻 (조강지처)	지게미와 쌀겨 즉 변변치 못한 음식 등 가난을 참고 고생(苦生)을 같이 하며 남편을 뒷바라지한 아내. *糟糠之妻 不下堂(조강지처 불하당)	糟 糠	지게미 쌀겨	조 강
朝令暮改 (조령모개)	아침에 내린 명령(命令)이 저녁에 바뀜. 법령(法令)이나 언행(言行)을 자주 바꿈.	令 暮	명령 저물	령 모
朝變夕改 (조변석개)	아침에 변한 것을 저녁에 다시 고침. 일을 자주 뜯어 고침.	變 改	변할 고칠	변 개
朝三暮四 (조삼모사)	간사(奸邪)한 꾀로 남을 우롱(愚弄)함. 눈앞의 차별만 알고 어리석어 그 결과가 같음을 모름. *원숭이를 기르는 이가 먹이를 아침에 3개 저녁에 4개 주겠다고 하니 원숭이들이 성을 내자, 아침에 4개 저녁에 3개를 준다고 하자 기뻐했다는 이야기에서 유래(由來).	朝 三 暮 四	아침 석 저물 넉	조 삼 모 사
鳥足之血 (조족지혈)	새 발의 피. 양, 크기, 힘 등이 필요(必要)한 만큼에 비하여 극히 적음.	鳥 血	새 피	조 혈
足脫不及 (족탈불급)	맨발로 뛰어도 따라가지 못함. 능력(能力)·역량(力量) 따위가 너무 뛰어나 다른 사람이 따라갈 수 없음.	脫 及	벗을 미칠	탈 급
存亡之秋 (존망지추)	서리 내리는 가을에 초목이 존속하느냐 망하느냐가 결정되듯, 존속(存續)과 멸망(滅亡) 또는 죽음과 삶이 결정(決定)되는 절박(切迫)한 시기(時期).	存 亡	있을 망할	존 망
種豆得豆 (종두득두)	콩을 심어 콩을 거둠. 원인(原因)에 따라 그에 맞은 결과(結果)가 생김.	種 得	씨앗 얻을	종 득
縱橫無盡 (종횡무진)	가로세로로 즉 자유자재(自由自在)로 행동(行動)하여 거침이 없는 상태(狀態).	縱 盡	세로 다할	종 진
左顧右眄 (좌고우면)	좌를 돌아보고 우를 곁눈질하다. 무슨 일에 바로 결정(決定)을 짓지 못하고 망설임.	顧 眄	돌아볼 곁눈질	고 면
坐不安席 (좌불안석)	불안, 근심 등으로 한군데에 오래 앉아 있지 못함.	坐 席	앉을 자리	좌 석

坐食山空 (좌식산공)	벌지 않고 앉아서 놀고먹으면 산더미 같은 재산(財産)도 결국(結局) 다 없어짐.	食 먹을 식 / 空 빌 공
坐井觀天 (좌정관천)	우물 안에 앉아서 하늘을 봄. 견문(見聞)이 좁음.	井 우물 정 / 觀 볼 관
左之右之 (좌지우지)	왼쪽으로 가게하고 오른쪽으로 가게 함. 사람이 어떤 일이나 대상(對象)을 제 마음대로 다루거나 휘두름.	左 왼 좌 / 之 갈 지
左衝右突 (좌충우돌)	왼쪽으로 찌르고 오른쪽으로 부딪침. 이리저리 마구 치고 받음.	衝 찌를 충 / 突 부딪칠 돌
主客一體 (주객일체)	주인과 손님이 한 몸. 구별 없이 어떤 대상에 완전히 동화(同化)된 경지.	主 주인 주 / 客 손님 객
主客顚倒 (주객전도)	주인과 손님 또는 사물(事物)의 경중(輕重)·완급(緩急)·선후(先後)의 위치가 서로 뒤바뀜.	顚 꼭대기 전 / 倒 넘어질 도
晝耕夜讀 (주경야독)	낮에 밭 갈고 밤에 글을 읽음. 어려운 환경(環境)에서도 꿋꿋이 공부(工夫)함.	晝 낮 주 / 耕 밭갈 경
走馬加鞭 (주마가편)	달리는 말에 채찍을 가함. 잘하는 사람에게 더 잘하라고 독려(督勵)함.	加 더할 가 / 鞭 채찍 편
走馬看山 (주마간산)	달리는 말 위에서 산을 보듯, 사물의 겉만 대강 보고 지나감.	走 달릴 주 / 看 볼 간
竹馬故友 (죽마고우)	죽마(竹馬)를 타고 놀던 옛 친구.	故 옛 고 / 友 벗 우
啐啄同機 (줄탁동기)	모든 일에는 적절(適切)한 시기(時機)가 있음. *병아리가 알을 깨고 나오려고 알을 쫄 때(啐 알안에서쫄 줄) 어미가 밖에서 이를 도와 적절한 시점에 쪼아(啄 어미가밖에서 쫄 탁) 생명의 탄생(誕生)을 도와줌. 사업·사제(師弟)의 만남·자식에 대한 부모 교육도 시기가 중요하다는 말.	啐 쪼을 줄 / 啄 쪼을 탁 / 同 같을 동 / 機 때 기
衆寡不敵 (중과부적)	많은 무리를 적은 수로써 대적(對敵)할 수 없음.	衆 무리 중 / 寡 적을 과
衆口難防 (중구난방)	여러 사람의 입은 막기 어려움.	難 어려울 난 / 防 막을 방
芝蘭之交 (지란지교)	지초(芝草)와 난초(蘭草)의 사귐. 좋은 감화(感化)를 주고받는 고상(高尚)한 사귐.	芝 지초 지 / 蘭 난초 란

사자성어	뜻	한자
指鹿爲馬 지 록 위 마	사슴을 가리켜 말이라 함. 윗사람을 농락(籠絡)하여 권세(權勢)를 휘두름. *진(秦)나라 환관(宦官)인 조고(趙高)가 자기를 반대하는 사람을 가려내기 위해 2세(世) 황제 호해(胡亥)에게 사슴을 바치며 말이라 하며 주위 신하들의 반응을 보아 '아니다'라고 하는 사람은 모조리 법률로 얽어 감옥에 넣었던 일에서 유래.	指 가리킬 지 鹿 사슴 록 爲 할 위 馬 말 마
支離滅裂 지 리 멸 렬	갈가리 흩어지고 찢기어 갈피를 잡을 수 없음.	支 갈라질 지 離 떨어질 리
知命之年 지 명 지 년	천명(天命)을 아는 나이. 50세를 이르는 말.	知 알 지 命 명할 명
知斧斫足 지 부 작 족	아는 도끼에 발등 찍힘. 믿었던 일이 어그러지거나 친한 사람에게 해를 입음.	斧 도끼 부 斫 찍을 작
至誠感天 지 성 감 천	지극(至極)한 정성(精誠)에 하늘이 감동(感動)함.	至 이를 지 誠 정성 성
池魚之殃 지 어 지 앙	연못 물고기에게 닥친 재앙. 엉뚱하게 당하는 재난. *= 앙급지어(殃及池魚)	池 연못 지 殃 재앙 앙
知彼知己 지 피 지 기	상대를 알고 나를 앎. *知彼知己 百戰不殆(지피지기 백전불태)에서 온 말. *적을 알고 나를 알면 백전을 치러도 위태(危殆)롭지 않다는 뜻('不殆'를 '百勝(백승)'으로 씀은 잘못. *'知彼知己' 하였더라도 항상 이길 수 있는 것은 아니기 때문.	知 알 지 彼 저 피 知 알 지 己 자기 기
直木先伐 직 목 선 벌	곧은 나무가 먼저 베어짐. 강직(剛直)하고 곧은 사람이 먼저 다른 사람에게 해(害)를 입게 됨.	直 곧을 직 伐 칠 벌
進退兩難 진 퇴 양 난	나아갈 수도 물러설 수도 없는 궁지(窮地)에 빠짐.	進 나아갈 진 退 물러날 퇴
進退維谷 진 퇴 유 곡	앞뒤가 다 함정이라 이러지도 저러지도 못하는 상황.	維 맬 유 谷 골짜기 곡
塵合泰山 진 합 태 산	티끌 모아 태산.	塵 티끌 진 泰 클 태
此日彼日 차 일 피 일	약속(約束)이나 기한 따위를 미적미적 미루는 모양.	此 이 차 彼 저 피
滄海一粟 창 해 일 속	넓은 바다에 좁쌀 하나. 광대한 것에 섞여 있는 아주 작은 것. 이 세상에 있어서의 인간의 존재가 덧없음.	滄 넓고푸를 창 粟 조 속

부록

사자성어

妻城子獄 (처성자옥)	처자가 있는 사람은 거기에 얽매여 자유롭게 활동(活動)할 수 없음.	妻 獄	아내 감옥	처 옥
天高馬肥 (천고마비)	하늘은 높고 말은 살찜. 가을날의 맑고 풍성(豊盛)한 정경(情景). *'날씨가 좋고 말이 살찌면 멀리까지 북방 오랑캐가 원정(遠征)을 할 수 있으니 주의하라'는 말이 현재는 날씨 좋은 가을의 뜻으로 쓰임. 또는 독서하기에 좋은 계절을 뜻하기도 함.	天 高 馬 肥	하늘 높을 말 살찔	천 고 마 비
千慮一得 (천려일득)	천 번 생각하여 하나를 얻음. 어리석은 사람도 많은 생각을 하다보면 한 가지쯤은 얻게 있음.	慮 得	생각할 얻을	려 득
千慮一失 (천려일실)	천 번의 생각 중에 한 번의 실수(失手). 지혜(智慧)로운 사람도 실수는 있게 마련임.	慮 失	생각할 잃을	려 실
天網恢恢 (천망회회)	하늘의 그물은 굉장히 넓어서 눈이 성기지만 악인을 결코 빠뜨리지 않음. * 天網恢恢 疎而不失(천망회회 소이불실) * '失(잃을 실)'을 '漏(샐 루)'로 쓰기도 함.	恢 疎	넓을 성길	회 소
天生緣分 (천생연분)	하늘이 내어준 연분. 결혼하여 잘 살아가는 부부.	緣 分	인연 나눌	연 분
千辛萬苦 (천신만고)	갖은 애를 쓰는 온갖 고생(苦生).	辛 苦	매울 쓸	신 고
天壤之差 (천양지차)	하늘과 땅과 같이 아주 큰 차이.	壤 差	흙 다를	양 차
天佑神助 (천우신조)	인간의 힘으로 불가능(不可能)한 것을 하늘과 신(神)의 도움으로 가능(可能)케 함.	佑 助	도울 도울	우 조
天衣無縫 (천의무봉)	천녀가 입는 옷은 바느질 자국이 없음. 시(詩)나 문장이 자연스럽고 훌륭하여 흠잡을 만한 곳이 없음.	衣 縫	옷 꿰멜	의 봉
天人共怒 (천인공노)	하늘과 사람이 함께 분노(憤怒)할 만큼 증오(憎惡)스럽거나 용납(容納)될 수 없음.	共 怒	함께 성낼	공 노
千載一遇 (천재일우)	천년에 한 번 만남. 좀처럼 얻기 어려운 좋은 기회.	載 遇	실을 만날	재 우
天眞爛漫 (천진난만)	말이나 행동이 조금도 꾸밈없이 순진하고 참됨.	爛 漫	밝을 흐드러질	난 만
千篇一律 (천편일률)	천 가지 책이 하나의 내용(內容)과 형식으로 됨. 많은 사물이 한결같아 단조(單調)롭고 비슷비슷함.	篇 律	책 법률	편 률

사자성어	뜻	한자 풀이
徹天之寃 (철천지원)	하늘에 사무치는 원한(怨恨).	徹 뚫을 철 / 寃 원통할 원 / 천 / 원
青雲之志 (청운지지)	높고 큰 뜻을 가리키는 말. *雲:구름, 높은 하늘 *青雲 : 푸르고 높은 하늘, 즉 높은 벼슬. 입신출세.	青 푸를 청 / 志 뜻 지
青出於藍 (청출어람)	한해살이 풀인 쪽에서 뽑은 푸른색이 쪽보다 더 푸름. 제자(弟子)가 스승보다 나음. *쪽이란 풀로 푸른색을 내지만, 사람의 노력이 가해짐으로써 쪽 자체보다 아름답고 진한 색을 낼 수 있다. 이처럼 스승에게 배우지만, 더욱더 익히고 정진(精進)함으로써 스승보다 더 훌륭한 사람이 될 수 있다는 권학(勸學)의 말.	青 푸를 청 / 出 날 출 / 於 -에서 어 / 藍 쪽 람
清風明月 (청풍명월)	맑은 바람과 밝은 달. 결백하고 온건한 사람의 성격.	風 바람 풍 / 明 밝을 명
草綠同色 (초록동색)	풀빛과 녹색은 같은 색깔. 같은 처지(處地)의 사람끼리 함께 행동(行動)함.	草 풀 초 / 綠 푸를 록
焦眉之急 (초미지급)	눈썹에 불이 붙은 것과 같이, 매우 위급한 상황.	焦 그을릴 초 / 眉 눈썹 미
初志一貫 (초지일관)	처음에 품을 뜻을 이루려고 끝까지 밀고 나감.	初 처음 초 / 貫 꿸 관
蜀犬吠日 (촉견폐일)	촉(蜀)나라 강아지가 해를 보고 짖다. 식견(識見)이 좁은 사람. *험준(險峻)한 산으로 둘러싸인 촉(蜀)나라는 항상 운무(雲霧)가 끼어 좀처럼 해를 볼 수가 없는데, 태어 난지 얼마 되지 않은 강아지가 어느 날씨 좋은 날 떠오르는 해를 보고 놀라 짖었다는 데서 유래.	蜀 촉나라 촉 / 犬 개 견 / 吠 짖을 폐 / 日 해 일
寸鐵殺人 (촌철살인)	짤막한 말이나 문장으로 사람의 마음을 찔러 감동시킴.	鐵 쇠 철 / 殺 죽일 살
追友江南 (추우강남)	친구 따라 강남 가기. 친구가 가면 먼 길이라도 따라감. 하기 싫어도 남이 권하므로 결국 따라 하게 됨.	追 따라 추 / 友 벗 우
秋風落葉 (추풍낙엽)	가을바람에 떨어지는 나뭇잎. 세력(勢力)이나 형세(形勢)가 갑자기 기울거나 시듦.	落 떨어질 락 / 葉 잎 엽
春雉自鳴 (춘치자명)	봄에 꿩이 스스로 욺. 시키거나 요구(要求)하지 않아도 때가 되면 스스로 알아서 하는 것.	雉 꿩 치 / 鳴 울 명
出將入相 (출장입상)	나가서는 장수 들어와서는 재상. 문무를 겸비한 사람.	將 장수 장 / 相 재상 상

부록 사자성어

성어	뜻	한자	훈	음
忠言逆耳 (충언역이)	충고하는 말은 귀에 거슬리지만 자신을 이롭게 함.	忠 逆	충성 거스를	충 역
取捨選擇 (취사선택)	취할 것과 버릴 것을 가림.	取 捨	취할 버릴	취 사
醉生夢死 (취생몽사)	취한 듯 살고 꿈꾸는 듯 죽음. 아무 의미(意味) 없이 한 평생(平生)을 살아감.	醉 夢	취할 꿈	취 몽
惻隱之心 (측은지심)	불쌍하고 가엾이 여기는 마음.	惻 隱	슬퍼할 가엾이여길	측 은
置之度外 (치지도외)	내버려 두어 문제(問題)로 삼지 아니함.	置 度	둘 법도	치 도
七去之惡 (칠거지악)	유교 도덕에서 아내를 내쫓을 수 있는 일곱까지 이유. *不順舅姑(불순구고 : 시부모에게 순종하지 않는 것) 無子(무자 : 자식을 못 낳는 것) 淫行(음행 : 행실이 음탕한 것) 嫉妬(질투 : 질투하는 것) 惡疾(악질 : 나쁜 병이 있는 것) 口舌(구설 : 말썽이 많은 것) 盜竊(도절 : 도둑질하는 것)	七 去 之 惡	일곱 버릴 - -의 악할	칠 거 지 악
七步之才 (칠보지재)	시재(詩才)·문재(文才)에 뛰어난 재주. *제위(帝位)에 오른 조조(曹操)의 맏아들 비(조)는 셋째인 식(植)이 반역음모 혐의를 받았을 때 죽일 수도, 용서할 수도 없어 자기가 "일곱 걸음을 옮기는 사이에 시를 지으면 죄를 사해 주겠다" 하자 조식은 이렇게 읊었다. "콩대를 삶아서 콩을 삶으니 가마솥 속의 콩이 우는구나(煮豆燃豆萁 豆在釜中泣)."	七 步 之 才	일곱 걸음 - -의 재주	칠 보 지 재
七顚八起 (칠전팔기)	여러 번 실패(失敗)하고도 굴(屈)하지 않고 다시 일어서 분투(奮鬪)함.	顚 起	넘어질 일어날	전 기
七縱七擒 (칠종칠금)	일곱 번 놓아주고 일곱 번 잡음. 상대방(相對方)을 마음대로 다룸. *삼국시대 제갈량(諸葛亮)이 남만(南蠻)을 힘이 아닌 문명(文明), 문화(文化), 전략전술(戰略戰術) 등의 우월(優越)함을 통하여 굴복(屈伏)시키고자 적장 맹획(孟獲)을 일곱 번 사로잡았다 일곱 번 놓아 주었다는 옛일에서 유래.	七 縱 七 擒	일곱 놓을 일곱 사로잡을	칠 종 칠 금
針小棒大 (침소봉대)	작은 것을 크게 과장(誇張)하여 말함.	針 棒	바늘 몽둥이	침 봉
沈魚落雁 (침어낙안)	물고기는 물속 깊이 숨고 기러기는 넋 잃고 바라보다 떨어짐. 최고(最高)의 미인(美人). *閉月羞花 : 달은 구름 뒤로 모습 감추고 꽃은 부끄러워 숨는다.	沈 魚 落 雁	가라앉을 고기 떨어질 기러기	침 어 락 안

사자성어	뜻	한자	훈	음
他山之石 타산지석	다른 산의 하찮은 돌도 자기 돌을 가는데 도움이 됨. 다른 사람의 하찮은 언행도 자기의 지식(知識)과 인격(人格)을 닦는데 도움이 됨.	他 之	다를 --의	타 지
打草驚蛇 타초경사	풀을 쳐서 뱀을 놀라게 함. 공연히 문제(問題)를 일으켜 화(禍)를 자초함.	驚 蛇	놀라게할 뱀	경 사
卓上空論 탁상공론	책상 위에서 현실(現實)을 무시한 채 벌이는 헛된 토론(討論)이나 이론(理論).	卓 空	높을 헛될	탁 공
泰山北斗 태산북두	태산(泰山)과 북두칠성(北斗七星)을 우러러보듯 사람들로부터 가장 존경(尊敬)받는 사람.	泰 斗	클 별 이름	태 두
兎死狗烹 토사구팽	토끼 사냥이 끝나면 사냥개는 삶아 먹힘. 필요할 때에는 소중히 여기다가 끝나면 버려짐. *한(漢)의 고조(高祖) 유방(劉邦)이 건국 공신(功臣)인 한신(韓信)이 두려워 제거하려 하자 한신이 "날랜 토끼가 죽으면 좋은 개가 삶기고, 높이 나는 새가 없어지면 좋은 활은 들어간다(狡兎死良狗烹 高鳥盡良弓藏)"라고 말한데서 유래.	兎 死 狗 烹	토끼 죽을 개 삶을	토 사 구 팽
破釜沈舟 파부침주	솥을 깨고 돌아갈 배를 가라앉힘. 승리(勝利)하지 않으면 돌아가지 않겠다는 굳은 결의. *항우(項羽)가 조(趙)나라를 구하기 위한 거록(鉅鹿)의 싸움에서 밥 짓는 솥을 깨고 타고 돌아갈 배를 가라앉히고 병사들에게는 3일분의 식량(食糧)만을 나누어주어 진(秦)나라 군을 격파한 일에서 유래.	破 釜 沈 舟	깰 가마솥 가라앉힐 배	파 부 침 주
破邪顯正 파사현정	그릇된 것을 깨뜨리고 올바르게 바로잡음.	邪 顯	간사할 나타날	사 현
破顔大笑 파안대소	얼굴 표정(表情)을 밝게 하여 한바탕 크게 웃음.	顔 笑	얼굴 웃을	안 소
破竹之勢 파죽지세	대를 쪼개는 것과 같은 거침없는 기세(氣勢).	破 勢	깰 기세	파 세
八方美人 팔방미인	어느 모로 보아도 미인. 모든 면에서 두루 능통(能通)한 사람.	方 美	사방 아름다울	방 미
廢愚入賢 폐우입현	어리석은 자를 내보내고 현명한 이를 자리에 둠. *조선 태종(太宗)의 장자인 양녕대군은 장자로서 세자로 책봉되었으나 어느 날 부왕(父王)이 하는 말 "아쉽구나, 충녕(후에 세종대왕)이 양녕과 바뀌어 태어났더라면 좋았을 것을…"을 듣고 부왕의 뜻이 이루어지도록 공부를 팽개치고 놀기 등으로 물의를 일으켜 결국 충녕이 세자가 될 수 있도록 하였다 함.	廢 愚 入 賢	폐할 어리석을 들어질	폐 우 입 현
抱腹絶倒 포복절도	배를 안고 몸을 가누지 못할 정도로 몹시 웃는 모양.	腹 倒	배 넘어질	복 도

부록
사자성어

한자성어	뜻	한자
飽食暖衣 (포식난의)	배불리 먹고 따뜻한 옷을 입음. 넉넉하고 편안(便安)한 생활(生活).	飽 배부를 포 / 暖 따뜻할 난
表裏不同 (표리부동)	겉과 속이 다름.	表 겉 표 / 裏 속 리
風樹之嘆 (풍수지탄)	효도(孝道)하고 싶어도 효도할 어버이가 계시지 않은데 대한 한탄(恨歎). *樹欲靜而風不止 子欲養而親不待 수욕정이풍부지 자욕양이친부대 *나무가 고요하고자 하나 바람이 멎지 않고 자식(子息)이 봉양(奉養)하려 하나 어버이는 기다려 주지 않는다.	豊 바람 풍 / 樹 나무 수 / 之 --의 / 嘆 탄식할 탄
風前燈火 (풍전등화)	바람 앞의 등불처럼 매우 위급(危急)한 상태.	前 앞 전 / 燈 등불 등
皮骨相接 (피골상접)	살가죽과 뼈가 맞붙을 정도로 몹시 마름.	相 서로 상 / 接 붙을 접
彼此一般 (피차일반)	저편이나 이편이나 서로 같음.	彼 저 피 / 此 이 차
匹夫匹婦 (필부필부)	평범(平凡)한 남녀(男女).	匹 혼자 필 / 婦 여자 부
必死則生 (필사즉생)	오직 죽기로 싸우면 그것이 곧 사는 길이다. 위기에 처한 나라를 구하려는 충신의 각오. ↔ 必生則死 : 오로지 살려고 비겁(卑怯)하면 그것이 곧 죽음이다.	必 오로지 필 / 則 곧 즉
夏爐冬扇 (하로동선)	여름에 화로, 겨울에 부채. 격이나 철에 맞지 않는 물건. 제 때를 만나지 못해 쓸 데 없는 물건.	爐 화로 로 / 扇 부채 선
下石上臺 (하석상대)	아랫돌 빼서 윗돌을 굄. 임시변통(臨時變通)으로 이리저리 둘러맞춤.	石 돌 석 / 臺 대 대
鶴首苦待 (학수고대)	학의 머리처럼 길게 늘여 애타게 기다림.	鶴 학 학 / 待 기다릴 대
漢江投石 (한강투석)	한강에 돌 던지기. 아무리 해도 전혀 효과가 없는 일.	漢 강이름 한 / 投 던질 투
咸興差使 (함흥차사)	심부름 간 사람이 소식도 없고 돌아오지도 않음. *차사(差使) : 중요한 임무를 위해 파견하던 임시직. *조선(朝鮮) 3대 왕에 오른 태종(太宗)이 2차의 난(亂)으로 노여움에 차 있는 태조 이성계를 서울로 모셔오고자 함흥(咸興)에 사람을 보냈으나 태조는 이들을 오는 대로 죽이거나 잡아 가두어 버렸기에 보내면 깜깜 무소식이란 고사에서 유래.	咸 다 함 / 興 일어날 흥 / 差 다를 차 / 使 부릴 사

사자성어	뜻	한자 풀이
合縱連衡 (합종연횡)	합종이나 연횡 등 여러 방법으로 여러 당사자나 당파 등이 서로 연합함. ·합종(合縱) : 중국 전국 시대에, 진나라에 대항하기 위하여 그 동쪽에 있던 여섯 나라를 동맹시킨 외교책. ·연횡(連衡) : 진(秦)나라와 그 동쪽에 있던 여섯 나라를 동서로(횡으로)연합하려 하였던 외교책.	合 합할 합 縱 세로 종 連 이을 련 衡 가로 횡 衡 저울대 형
恒茶飯事 (항다반사)	항상 차 마시고 밥 먹는 일. 일상에 흔히 있는 일.	恒 항상 항 茶 차 다·차
解語之花 (해어지화)	말을 이해하는 꽃. 미인을 이르는 말. *당나라 현종(玄宗)이 비빈(妃嬪)·궁녀들을 거느리고 연꽃을 구경하다 양귀비(楊貴妃)를 가리켜 "연꽃의 아름다움도 말을 이해하는 이 꽃에 미치지 못하리라"고 말했다는 데서 유래.	解 이해할 해 語 말씀 어 之 --의 지 花 꽃 화
虛心坦懷 (허심탄회)	감춤이 없이 솔직한 태도로 품은 생각을 터놓고 편하게 함.	坦 평탄할 탄 懷 품을 회
虛張聲勢 (허장성세)	헛되이 소리와 세력만 키워 허세를 부림.	張 크게할 장 勢 기운 세
虛虛實實 (허허실실)	일부러 허점을 드러내 보이거나 상대의 허를 찌르거나 하는 전략.	虛 빌 허 實 열매 실
軒軒丈夫 (헌헌장부)	추녀 같이 반듯하게 생기고 의젓하며 당당한 사내. *추녀 : 처마 네 귀의 기둥 위에 번쩍 들린 크고 긴 서까래.	軒 추녀 헌 丈 어른 장
懸頭刺股 (현두자고)	머리를 천장에 매달고 허벅지를 찔러 가면서 공부를 함.	懸 매달 현 股 넓적다리 고
賢母良妻 (현모양처)	어진 어머니이면서 착한 아내.	賢 어질 현 妻 아내 처
螢雪之功 (형설지공)	어려운 처지에서도 학문에 힘써 이룬 공. *중국 진(晉)나라 차윤(車胤)이 여름에는 반딧불을 이용하여 책을 읽었고, 손강(孫康)이 겨울에 눈빛(雪光)을 이용, 어려움 속에서도 굴하지 않고 공부하여 성공했다 함.	螢 반딧불 형 雪 눈 설 之 --의 지 功 공로 공
兄弟投金 (형제투금)	욕심을 불러일으키는 대상을 과감히 버림. * 형제가 길에서 황금 두 개를 주워 나누어 가졌다. 강에 이르러 배를 타고 가다 갑자기 형이 황금을 강에 버렸다. 곧 바로 동생도 황금을 강에 버렸다. 후에 동생이 그 이유를 형에게 물으니 형이 "황금을 혼자 다 가지면 더 좋았을 거라는 생각이 들어 이는 황금 때문에 생긴 욕심이기에 좋지 않아 버렸다"고 하자 동생 역시 욕심이 생기기에 버렸다는 이야기.	兄 맏 형 弟 아우 제 投 던질 투 金 황금 금

부록
사자성어

狐假虎威 (호가호위)	남의 권세(權勢)를 빌어 허세(虛勢)를 부림. *호랑이가 여우를 잡아 먹으려하자, 여우가 "나는 천제(天帝)가 나를 백수의 왕으로 정하였다. 만일 네가 나를 잡아먹으면 명을 어기는 것이다. 믿기 어렵다면 나를 따라와 봐라. 나를 보고 달아나지 않는 짐승이 없을 것이다" 하여 호랑이가 따라가 보니 과연 모든 짐승이 도망가는 것 이었다. 이에 호랑이를 여우를 놓아주었다. 짐승이 달아난 이유가 여우가 아닌 바로 뒤에 있는 자신이었다는 것을 몰랐던 것이다.	狐 假 虎 威	여우 거짓 범 위엄	호 가 호 위
糊口之策 (호구지책)	가난한 살림에서 겨우 입에 풀칠하며 살아가는 방책.	糊 策	풀칠할 방책	호 책
好事多魔 (호사다마)	좋은 일에는 마귀 즉 방해(妨害)되는 일이 많음.	好 事 魔	좋을 일 마귀	호 사 마
虎視眈眈 (호시탐탐)	범이 먹이를 노려보듯, 기회를 노리고 형세를 살핌.	視 眈	볼 노려볼	시 탐
浩然之氣 (호연지기)	하늘 아래 공명정대(公明正大)하여 조금도 부끄럼이 없는 도덕적(道德的) 용기(勇氣).	浩 氣	넓을 기운	호 기
好衣好食 (호의호식)	좋은 옷과 좋은 음식(飮食). 잘 입고 잘 먹음.	衣 食	옷 먹을	의 식
胡蝶之夢 (호접지몽)	나비가 된 꿈. 인생의 덧없음. *전국시대 사상가(思想家)로 시비(是非)·선악(善惡)·진위(眞僞)·미추(美醜)·빈부(貧富)·귀천(貴賤)을 초월한 무위자연(無爲自然)을 제창한 장자(莊子)가 어느 날 꿈속에서 나비가 되어 놀다가 깨어 '내가 꿈속에서 나비가 된 것일까? 아니면 내가 본시 나비인데 지금 사람이 된 꿈을 꾸고 있는 것인가' 하고 생각했다는 데서...	胡 蝶 之 夢	오랑캐 나비 --의 꿈	호 접 지 몽
惑世誣民 (혹세무민)	세상을 미혹(迷惑)시켜 어지럽히고 백성을 속이는 일.	惑 誣	미혹할 속일	혹 무
魂飛魄散 (혼비백산)	혼이 날아가고 넋이 흩어짐. 몹시 놀라서 넋을 잃음. *魂 : 양(陽)의 기운(氣運)으로, 사람의 정신(精神)을 주관(主管)하며 죽으면 魂은 하늘로 올라가고, *魄 : 음(陰)의 기운으로, 사람의 육체(肉體)를 주관하며 죽으면 魄은 땅으로 간다 함.	魂 飛 魄 散	넋 날 넋 흩어질	혼 비 백 산
昏定晨省 (혼정신성)	저녁에는 잠자리를 보아드리고 이른 아침에는 안부(安否)를 살핌. 부모를 잘 섬기고 효성(孝誠)을 다함.	昏 晨	저물 새벽	혼 신
紅爐點雪 (홍로점설)	벌겋게 단 화로(火爐)에 떨어지는 한 점의 눈. 큰일에 작은 힘이 아무런 도움이 되지 아니함. 도(道)를 깨달아 마음속이 탁 트여 막힘이 없음.	爐 點	화로 점	로 점

사자성어	뜻	한자 풀이
畫龍點睛 (화룡점정)	용을 그릴 때 마지막에 눈을 그려 완성시킨다는 데서, 사물의 완성에 있어 가장 중요한 부분. *화가(畫家)가 부탁을 받고 벽에 용을 그리게 되었다. 그런데 눈동자만은 그리지 않고 남겨 놓아 사람들이 그 이유(理由)를 묻자, "눈동자를 그리면 용이 살아 날아올라가 버립니다"라고 화가가 말하자 무슨 농담(弄談)이냐며 독촉하자 눈동자를 그려 넣으니 갑자기 뇌성과 함께 날아올라갔다는 고사.	畫 그림 화 / 龍 - / 點 점찍을 점 / 睛 눈동자 정
畫蛇添足 (화사첨족)	뱀 그리는데 발을 더함. 쓸데없는 짓을 하여 도리어 잘못됨. *뱀을 빨리 그리는 내기를 하였다. 제일 먼저 그린 사람이 시간이 남아 쓸데없이 없는 발까지 그려 도리어 실패하였다는 옛일에서 유래.	畫 그림 화 / 蛇 뱀 사 / 添 더할 첨 / 足 발 족
畫中之餠 (화중지병)	그림의 떡. 탐이 나도 어찌해 볼 도리가 없는 사물.	畫 그림 화 / 餠 떡 병
換骨奪胎 (환골탈태)	뼈대를 바꾸어 끼고 태를 바꾸어 씀. 용모가 환하게 트이고 아름다워져 전혀 딴사람처럼 됨. 고인(古人)의 시문(詩文)의 형식을 약간 바꾸어 새롭고 아름답게 함.	換 바꿀 환 / 奪 빼앗을 탈
會者定離 (회자정리)	만나면 헤어지는 것이 정해진 이치. 인생의 무상함.	定 정할 정 / 離 헤어질 리
朽木糞墻 (후목분장)	썩은 나무에 조각할 수 없고 썩은 담장은 고칠 수 없음. 정신(精神)이 썩은 사람은 가르칠 수가 없음. 하고자 하는 마음이 없는 사람은 해 볼 도리가 없음. *공자(孔子)의 제자(弟子)인 재여(宰予)가 낮잠을 자는데 화가 난 공자가 그에게 '후목분장'이라고 꾸짖었다 함.	朽 썩을 후 / 木 나무 목 / 糞 똥 분 / 墻 담장 장
後生可畏 (후생가외)	후에 태어난 어린이는 장래가 유망하여 앞으로 어떠한 인물이 될지 모르기에 한편으로 두렵다는 뜻.	可 가히 가 / 畏 두려울 외
後時之歎 (후시지탄)	때가 늦었음을 탄식(歎息)함.	後 늦을 후 / 歎 탄식할 탄
厚顏無恥 (후안무치)	낯이 두꺼워 부끄러움을 모름.	厚 두터울 후 / 恥 부끄러워할 치
諱疾忌醫 (휘질기의)	병을 숨기고 의원을 꺼림. 자신의 결점을 숨기고 고치지 않음	諱 꺼릴 휘 / 疾 병 질
興盡悲來 (흥진비래)	즐거운 일이 다하면 슬픈 일이 옴. 세상일이 돌고 돎.	盡 다할 진 / 悲 슬플 비

도서출판 이비컴의 실용서 브랜드 **이비락**㉩ 은 더불어 사는 삶에 긍정적인 변화를
가져다 줄 유익한 책을 만들기 위해 끊임없이 노력합니다.

원고 및 기획안 문의 : bookbee@naver.com